Die Rechtsprechung

der

Oberlandesgerichte

auf dem Gebiete des Zivilrechts.

Herausgegeben von

B. Mugdan, Kammergerichtsrat a. D.

und

† R. Falkmann, Senatspräsident am Kammergericht.

Dreiundvierzigster Band.

Berlin und Leipzig 1924

Walter de Gruyter & Co.

vormals G. J. Göschen'sche Verlagshandlung :: J. Guttentag, Verlagsbuchhandlung :: Georg Reimer :: Karl J. Trübner :: Veit & Comp.

Druck von Metzger & Wittig in Leipzig.

Gesetzesverzeichnis.

1. Bürgerliches Gesetzbuch.

1b. Einführungsgesetz zum BGB.

2. Handelsgesetzbuch.

9. Wohnungsmangelgesetz

v. 26. Juli 1923.

10. Pr. Gesetz über den Verkehr mit Grundstücken

v. 10. Februar 1923.

11. Zivilprozeßordnung.

12. Grundbuchordnung.

13. Gesetz über die Angelegenheiten der freiwilligen Gerichtsbarkeit.

14. Pr. Gesetz über die freiwillige Gerichtsbarkeit

v. 21. September 1899.

15. Einzelne Reichsgesetze.

1. Sachenrecht.

a) α) Mehrfache Auflassungen.[1] Heilung nach § 185 BGB. Behandlung nach § 17 GBO.

Kammergericht, 1. ZS. Beschluß v. 23. November 1922.

Der eingetragene Eigentümer Hinz hat notariell am 23. Sept. 1921 an die Beschwerdeführerin Adolf aufgelassen. Ihr Bevollmächtigter X. hat sodann das Grundstück an Krause durch notarielle Verhandlung vom 7. Sept. 1922 verkauft und aufgelassen. Diese hat jedoch der Grundbuchrichter am 15. September mit dem Bemerken zurückgeschickt, Adolf sei nicht eingetragen. Am 25. Sept. ging jene Verhandlung unter Beifügung des Auflassungsprotokolls vom 23. Sept. 1921 — Hinz an Adolf — wieder ein. Inzwischen hatte aber die Adolf eine notarielle Verhandlung vom 23. Sept. 1922 eingereicht, in der sie selbst dem Schulz das Grundstück aufläßt und weitere ergänzende Urkunden in Aussicht stellt. Der Richter lehnte nunmehr die Eintragung des Krause ab, weil die Adolf durch Erklärung vom 22. Sept. 1922 die Bevollmächtigung widerrufen habe. Auf Beschwerde des Krause wurde er jedoch angewiesen, von diesem Bedenken abzusehen. In formeller Hinsicht hätte sich freilich das LG. nicht auf die Nachprüfung des vom Grundbuchamte verwerteten Entscheidungsgrundes beschränken dürfen, sondern untersuchen müssen, ob die Zurückweisung des Eintragungsantrags aus anderen Gründen geboten war. Dieser Umstand nötigt jedoch nicht zur Aufhebung des Beschwerdebeschlusses, weil irgendwelche unbehebbare Eintragungshindernisse nicht bestehen....

Der Widerruf der Vollmacht bildet kein solches Hindernis, denn es genügt das Bestehen des Vollmachtsverhältnisses zurzeit der formgerecht erklärten Auflassung (Rsp. 42 S. 119). Ebenso kann aus dem Umstande, daß die Auflassende (Adolf) mangels Eintragung im Grundbuche selbst noch nicht eingetragen ist, nur gefolgert werden, daß sie als Nichtberechtigte über das Grundstück verfügt hat und die Wirksamkeit dieser Verfügung nach § 185 zu beurteilen ist. Die Voraussetzung des § 185 ist hier gegeben, weil der eingetragene Eigentümer der A. das Grundstück aufgelassen und dadurch in jene Verfügung eingewilligt hat (Rsp. 41 S. 156). Der Eintragung der Adolf bedarf es nicht, weil § 40 GBO. nur die Eintragung des wirklich Berechtigten erfordert, das ist aber auch nach mehrfach erfolgter Auflassung der eingetragene Erstveräußerer, da keiner der Auflassungsempfänger mangels Eintragung „Berechtigter" i. S. des § 40 geworden ist.

Auch die am 23. Sept. 1922 von Schulz beantragte Eintragung stand und steht der Erledigung des Eintragungsantrags des Krause nicht entgegen. Nach § 17 GBO. müssen allerdings mehrere dasselbe Recht betreffende Eintragungsanträge nach der Reihenfolge ihres Eingangs erledigt werden. Die

[1] Beantragt der eingetragene Eigentümer das infolge ehelicher GG. eintretendes Miteigentum des andren Ehegatten einzutragen, so hat er die Bescheinigung der Steuerstelle beizubringen; anders nur, wenn bereits zurzeit der Eintragung gütergem. Miteigentum bestanden hätte (KG. 14. Dez. 1922, 1 x 348).

Erledigung erfolgt durch Eintragung, Zurückweisung oder Zwischenverfügung mit Vormerkung aus § 18 GBO. Durch die unter urschriftlicher Rücksendung erlassene Verfügung v. 28. Sept. 1922 wurde dieser Antrag nicht erledigt. Darin ist keine Ablehnung, vielmehr eine — mangels Fristbestimmung ordnungswidrige — Zwischenverfügung zu sehen, denn die Rückgabe weist auf ein behebbares, inzwischen auch behobenes Hindernis, nämlich den fehlenden Nachweis der Auflassung des Hinz an Adolf hin. Die Wirkungen des ersten Eingangs bleiben also trotz der Rückgabe des Antrags bestehen; er ist also vor dem Eingange des Schulz eingegangen und hätte am 28. September, da nunmehr das Hindernis beseitigt war, durch Eintragung erledigt werden müssen. Durch Aufhebung der ablehnenden Verfügung von 28. im Beschwerdeverfahren ist die Sache in die gleiche Lage gebracht, in der sie sich zu der Zeit befand, als sie dem Grundbuchrichter zur Entscheidung vorlag; insofern hat die Beschwerdeentscheidung rückwirkende Kraft. Nunmehr ist also dem Eintragungsantrage des Krause stattzugeben; daraus folgt zugleich, daß der bisher noch unerledigte Antrag des Schulz zurückzuweisen ist. M.

β) **Aussetzung der Eigentumseintragung bis zum Abschluß eines anderen Verfahrens?**

Kammergericht, 1. ZS. Beschluß v. 23. November 1922.

Der Testamentsvollstrecker A. hatte dem B. das Nachlaßgrundstück aufgelassen. Ein Erbe hat jedoch Entlassung des A. und Einziehung des Vollstreckerzeugnisses beantragt und der Eigentumseintragung des B. widersprochen. Darauf setzte das Grundbuchamt die Eintragung bis zur Erledigung des Verfahrens vor dem Nachlaßgericht aus. Allein bei Hindernissen, die einer sofortigen Erledigung des Eintragungsantrags entgegenstehen, weist § 18 GBO. den richtigen Weg (Güthe[3] § 77[3]). Wenn in KGJ. 34 S. 233 für den dort behandelten Fall eine auf Aussetzung hinauslaufende Maßnahme empfohlen ist, so kann dem keine allgemeine Bedeutung beigemessen werden. Ob und wie bei Einwilligung aller Beteiligten oder wenigstens des Antragstellers ausnahmsweise eine Aussetzung möglich ist (BuschZ. 39 S. 105; KGBl. 1911 S. 130), bedarf hier keiner Erörterung, da A. der Aussetzung widersprochen hatte. Hier hätte nur Anlaß bestanden, von A. durch Zwischenverfügung nach § 18 GBO. den Nachweis zu verlangen, daß die Einziehung seines Zeugnisses abgelehnt worden sei. Übrigens ergibt sich aus § 36 GBO., daß dem Grundbuchamt nicht die selbständige Nachprüfung des ihm vorgelegten Zeugnisses zusteht. Es genügt nur dann nicht, wenn Tatsachen seine Unrichtigkeit klar ergeben und vom Nachlaßgericht offenbar nicht berücksichtigt sind (Güthe § 36[17]). Daran fehlte es hier. Auch die zur Kenntnis des Grundbuchamtes gebrachten Einziehungsgründe des Erben rechtfertigen nicht ohne weiteres die Annahme, daß das Nachlaßgericht daraufhin die Einziehung aussprechen werde. Z.r.

b) **Bedeutung des § 877. Ersetzung persönlicher Dienstbarkeiten durch Grunddienstbarkeiten.**

Kammergericht, 1. ZS. Beschluß v. 27. April 1922.

... Die Begründung und Belastung eines dinglichen Rechts behandelt der § 873, die Aufhebung der § 875. Wenn im Anschluß daran § 877 „die Änderung des Inhalts" behandelt, so können damit nur Rechtsgeschäfte gemeint sein, die nicht unter § 873 oder 875 fallen, die also besonders weder eines der bestimmten dinglichen Rechte des BGB. erst zur Entstehung noch auch ein vorhandenes bestimmtes Recht zum Erlöschen bringen sollen. Daraus ergibt sich, daß die Ersetzung einer beschränkten persönlichen Dienstbarkeit durch eine Grunddienstbarkeit nicht eine Änderung des Inhalts der ersteren darstellt, sondern nach dem bei zusammenhaltender Beurteilung den §§ 873, 875, 877 zu entnehmenden Gedanken nur als Aufhebung der persönlichen Dienstbarkeit und Begründung einer Grunddienstbarkeit aufgefaßt werden kann. Die an sich mögliche Änderung der Rechtslage kann also hier nicht als „Veränderung" der in Abt. II Nr. 6 eingetragenen Dienstbarkeit in Spalte 4, 5, sondern nur als eine Neueintragung einer Grunddienstbarkeit unter neuer Nummer in Spalte 1—3 unter Löschung jener Dienstbarkeit grundbuchlich verlautbart werden (vgl. Rosenberg Sachenr. § 877 A 2c). Diese Auffassung findet eine Stütze auch in § 1103. Wenn dort Abs. 2 ausdrücklich ausspricht, daß ein zugunsten einer Person bestehendes Vorkaufsrecht nicht mit dem Eigentum an einem Grundstücke verbunden werden kann, so muß das gleiche auch hinsichtlich der persönlichen Dienstbarkeit gelten. Von einer ausdrücklichen Bestimmung konnte das Gesetz absehen, weil sie als subjektiv persönliches Recht schon äußerlich vermöge Benennung und gesonderter Ordnung gegenüber der subjektiv dinglichen Grunddienstbarkeit als ein anderes Recht gekennzeichnet ist.

Allerdings ist § 877 erst bei der zweiten Lesung mit der Begründung eingeschoben, daß die in I §§ 1134, 1144, 1144a erwähnten Umwandlungen nicht die einzigen möglichen Änderungen dieser Art seien, es könnten alle dinglichen Rechte an fremden Grundstücken nachträglich inhaltlich modizifiziert werden, wenn sich die Modifikation nur innerhalb der für solche Rechte gegebenen Schranken halte (Prot. 3 S. 587). Denn diese letzte Einschränkung nötigt zu der Annahme, daß hier nur an Änderung des Inhalts des jeweiligen bestimmten Rechts — abgesehen von den durch die §§ 1134, 1144 betroffenen Hypotheken, Grund- und Rentenschulden — ohne Aufgabe der ihm wesentlichen gesetzlichen Merkmale gedacht ist. Dazu gehört aber bei der persönlichen Dienstbarkeit, daß der Berechtigte nur eine bestimmte natürliche oder juristische Person, nicht dagegen der jeweilige Eigentümer eines Grundstücks sein kann. Die Bemerkung des RG. (61 S. 341/2) will nur besagen, daß die bezüglich des belasteten Grundstücks gegebenen Befugnisse bei beiden Rechten gleichartige seien, nicht aber, daß beide Rechte ihrem Wesen nach gleich seien und deshalb auf dem Wege des § 877 das eine Recht in das andere „nur geändert werden" könne.[1]

[1] a) Der § 880 BGB., auf den allein bei Rangveränderungen die Vorlegung der Briefe vorstehender Hypotheken für den Antragsteller (§ 42) und die Vermerkungspflicht des Grund-

c) **§ 892 im Falle der Enteignung.**

Kammergericht, 1. ZS. Beschluß v. 16. November 1922.

Die auf dem Blatte Nr. 60 eingetragenen Grundstücke 10—49 des Bestandsverzeichnisses sind notariell dem Beschwerdeführer A. verkauft und aufgelassen, die Eigentumseintragung unterblieb jedoch, weil die Quittung der Steuerstelle fehlte. Inzwischen ersuchte der Regierungspräsident als Bezirkswohnungskommissar auf Grund seines gegen den Verkäufer B. erlassenen und zugestellten Enteignungsbeschlusses, durch den die Nrn. 10—25 des Bestandsverzeichnisses gemäß §§ 3, 4 VO. v. 9. Dez. 1919 enteignet und der SiedlungsGmbH. überwiesen worden, für diese die Grundstücke auf ein besonderes Blatt umzuschreiben. Nach Eingang der Steuerquittung wurde A. als Eigentümer der Grundstücke 10—49 eingetragen. Demnächst wurden jedoch die Nrn. 10—25 auf den Namen der SiedlungsGmbH. nach Blatt Nr. 85 übertragen. Die Beschwerde hierüber ist mit Recht zurückgewiesen.

... Es fragt sich, ob das Eigentum der SiedlungsGmbH. durch nachträgliche Eintragung des A. wieder verloren gegangen ist. Da sich nach § 873 die Eigentumsänderung erst mit dem Abschluß der Einigung und Eintragung vollendet, so genügt im Falle vorgängiger Auflassung nicht, daß dem Veräußerer zurzeit der Auflassung das Eigentum zustand, vielmehr muß es auch noch zurzeit der Eintragung vorhanden sein. An der letzteren Voraussetzung fehlt es hier bei Nr. 10—25. Dieser Mangel hätte jedoch mit Rücksicht darauf, daß zurzeit der Eintragung des A. noch das Eigentumsrecht des B. eingetragen war, der Wirksamkeit der Übertragung nicht entgegengestanden, wenn der Grundsatz des § 892 hier anwendbar wäre. Auf den Glauben des Grundbuchs kann sich jedoch A. überhaupt nicht berufen. Die Enteignung ist ein in Ausübung staatlichen Hoheitsrechts vorgenommener öffentlich-rechtlicher Eingriff in das Eigentumsrecht, der bezweckt, den enteigneten Gegenstand einem gemeinnützigen Unternehmen dienstbar zu machen. Sie vollzieht sich rechtlich nicht durch eine Übertragung des bisherigen Eigentumsrechts auf den Unternehmer, sondern dadurch, daß das bisherige Eigentum vernichtet und in der Person des Unternehmers kraft staatlicher Verleihung neues Eigentum entsteht (RG. 61 S. 162). Demgemäß wirkt die Enteignung gegenüber dem jeweiligen Eigentümer des enteigneten Gegenstandes, auch wenn sie von vornherein gegen einen Nichtberechtigten gerichtet war oder wenn im Falle eines während des Verfahrens vorkommenden Eigentumswechsels der neue Eigentümer nicht zugezogen war. Daraus folgt, daß erst recht eine vor Vollziehung der Enteignung vorgenommene Auflassung, die ja erst den Beginn der Eigentumsübertragung darstellt, gegenüber dem Rechte

buchamts (§ 62 GBO.) gestützt werden könnte, ist auf den gesetzlichen Rangvorbehalt der Reichsnotopferhypothek nicht anwendbar (KG. 5. Sept. und 6. Okt. 1921, 1a x 222, 262).

b) Der § 881 ist eine dem Eigentümer gegebene Befugnis und kann vom Grundbuchamt nicht dazu verwendet werden, in ein bereits bestehendes Rechtsverhältnis einzugreifen und einem später entstehenden Recht von Amtswegen einen Vorzug zu verschaffen, den es nicht kraft Gesetzes hat (KG. 9. Nov. 1922, 1 x 309).

des Unternehmers ihre Wirkung verlieren muß. Sie kann daher auch einem nach Vollziehung der Enteignung sich vollendenden Eigentumsübergang nicht als Grundlage dienen, mag der Erwerber gutgläubig sein oder nicht. Demgemäß hätte hier das Grundbuchamt, nachdem es die Vollziehung der Enteignung erfahren hatte, den Eintragungsantrag des A. durch eine neue Zwischenverfügung beanstanden sollen, um festzustellen, ob wegen des Ausscheidens der enteigneten Grundstücke die ganze Auflassung als hinfällig anzusehen sei. Durch die gleichwohl vorgenommene Eintragung ist das Grundbuch mindestens hinsichtlich der enteigneten Grundstücke unrichtig geworden. Es diente daher lediglich der Berichtigung dieser Unrichtigkeit, wenn das Grundbuchamt demnächst die enteigneten Grundstücke auf die SiedlungsGmbH. eintrug. Zur Eintragung eines Widerspruchs gegen deren Eigentum (§ 54 S. 1 GBO.) ist hiernach kein Grund vorhanden. M.

d) **Miteigentum. Regelung der Benutzung und Unterhaltung. Eintragung als Belastung.**

Kammergericht, 1. ZS. Beschluß v. 13. April 1922.

Auf Antrag des Beschwerdeführers ist der andre Miteigentümer A. dahin verurteilt, daß im Grundbuch eingetragen werde: Die Benutzung und Unterhaltung der vom Hausflur zum Boden führenden Leiter steht den beiden Miteigentümern gemeinschaftlich zu. Die Vorlegung des Urteils überhebt das Grundbuchamt nicht der Prüfung, ob die gemäß § 1010 beantragte Eintragung zulässig ist. Die Vorinstanzen haben aber aus Rechtsirrtum angenommen, daß das Urteil eine Verpflichtung ausspreche, die sich nach dem Gesetze von selbst verstehe. Ob die Leiter als Bestandteil oder als Zubehör des Hauses anzusehen ist, kann dahingestellt bleiben. In jedem Falle bedeutet die Benutzung der Leiter auch die des Hauses. Aus § 743² ergibt sich nicht ohne weiteres ein Recht zur Mitbenutzung der Leiter; er gibt nur einen allgemeinen Rahmen, innerhalb dessen eine besondere Regelung auf Grund der tatsächlichen Verhältnisse möglich ist. Eine solche liegt hier vor. Zweifelhaft kann nur sein, ob auch die Unterhaltungspflicht eintragungsfähig ist. Da sie aber mit der Benutzung zusammenhängt, ist ihre Eintragung, wenn sie zugleich mit der Regelung der Benutzung erfolgt, inhaltlich zulässig. Auch überflüssig erscheint sie nicht. Wenn sie auch aus § 748 folgt, so dient es doch der besseren Veranschaulichung der Rechtslage, wenn auf sie im Zusammenhange mit der andren Eintragung hingewiesen wird; bei der Kürze des Hinweises wird das Grundbuch nicht unübersichtlich. Im übrigen bedeutet das Urteil, daß A. die Eintragung zu dulden habe; seine darin zugleich liegende Verurteilung zur Bewilligung der Eintragung gilt daher nach § 894 ZPO. mit der Rechtskraft als erklärt. Ob die Eintragung rechtsändernde oder bloß berichtigende Eigenschaft hat (Güthe 2 S. 1733), kann auf sich beruhen; die Bewilligung reicht in jedem Fall als Unterlage für die Eintragung aus. Es besteht auch kein Bedenken, dem Antrage, der das ganze Grundstück als betroffen ansieht, die Regelung als Belastung beider Grundstücksanteile einzutragen, da der notarielle Antrag die hinsichtlich des Anteils des Beschwerdeführers erforderliche Bewilligung zu ersetzen geeignet ist. M.

e) **Subjektiv-dingliche Belastung zugunsten reeller Grundstücksteile?**

Kammergericht, 1. ZS. Beschluß v. 10. November 1921.

Die Frage, ob eine subjektiv-dingliche Belastung für den jeweiligen Eigentümer eines reellen Grundstücksteiles eingetragen werden kann, wird in der Rechtslehre nur bei der Grunddienstbarkeit erörtert und dort von Wolff (Sachenr.³ § 106 I 1) und Gierke (Sachenr. § 144 I) verneint, von Planck (BGB. vor § 1018²) und Crome (System § 431 Nr. 5) bejaht. Der ersteren Ansicht ist beizupflichten. § 1018 spricht von der Grunddienstbarkeit als einer Belastung zugunsten des jeweiligen Eigentümers. Während Entw. I § 787 als einheitliches Grundstück auch das Katastergrundstück, dh. jedes im Flurbuch mit einer besonderen Nummer geführte Grundstück bezeichnete, ist nach dem geltenden Recht darunter lediglich das Grundbuchgrundstück, dh. diejenige räumlich abgegrenzte Bodenfläche zu verstehen, die auf einem besonderen Grundbuchblatte für sich allein oder auf einem gemeinschaftlichen unter besonderer Nummer im Verzeichnis der Grundstücke eingetragen steht (RG. 84 S. 269; KGJ. 49 S. 232; Güthe³ § 3⁶). Sind also im Grundbuche mehrere Parzellen unter einer Nummer verzeichnet, so stellen sich diese Katastergrundstücke als unselbständige Teile des einheitlichen Grundbuchgrundstücks dar. Dafür, daß im § 1018 mit dem Grundstücksbegriff ein hiervon abweichender Sinn verbunden sein sollte, liegt kein Anhalt vor. Daraus folgt aber, daß bei der Grunddienstbarkeit das herrschende Grundstück ein selbständiges Grundbuchgrundstück sein muß und daß nicht zugunsten seiner unselbständigen Teile, mögen diese auch den Grenzen nach genau beschrieben oder gar katastermäßig bezeichnet sein, eine Grunddienstbarkeit bestellt werden kann. § 1025 steht hiermit durchaus im Einklang. Dort ist unter „Teilung" die Zerlegung des Grundstücks in mehrere selbständige Grundbuchgrundstücke — sei es durch Übertragung von Teilen auf ein neues Grundbuchblatt oder durch gesonderte Buchung der Teile auf dem bisherigen Blatt — zu verstehen (RGKomm., Planck, Staudinger zu § 1025¹, Windscheid Pand.⁹ § 261a N. 8a). Die einzige Abweichung findet sich in § 6 S. 2 GBO.; es erscheint jedoch nicht gerechtfertigt, diese erst in den 2. Entw. aufgenommene Vorschrift auf andre Tatbestände anzuwenden. Eine andere Frage ist die, ob die Ausübung der Grunddienstbarkeit zugunsten eines reellen Grundstücksteils oder an einem solchen beschränkt werden kann. Eine dahingehende Beschränkung, wie sie hinsichtlich des belasteten Grundstücks vorgesehen ist, wird auch für das herrschende Grundstück zuzulassen sein (Wolff, Gierke a. a. O.). Sie setzt nicht voraus, daß der betroffene Teil zu einem selbständigen Grundstück gestaltet wird, vielmehr genügt, daß der für die Ausübung in Betracht kommende Teil durch Bezugnahme auf eine Karte oder durch genaue Beschreibung bezeichnet wird (RJA. 8, S. 139; KGJ. 50 S. 131).

Bei der subjektiv-dinglichen Reallast ist die Rechtslage für die hier in

Betracht kommenden Gesichtspunkte im wesentlichen gleich. Der Begriff jener Dinglichkeit ist im § 1105² ebenso bestimmt, wie im § 1018. Die in § 1109 zugelassene Teilung wird auch hier im Sinn einer Zerlegung in mehrere selbständige Grundbuchgrundstücke verstanden (GRKomm., Planck, Staudinger). Hiernach kann auch eine Reallast für den jeweiligen Eigentümer eines Grundstücksanteils nur dann bestellt werden, wenn der Teil durch Abschreibung zum selbständigen Grundstück umgestaltet wird. Dazu ist, wenn es sich wie hier um den Teil einer Parzelle handelt, die Vorlegung einer Katasterkarte und demgemäß eine katastermäßige Vermessung des Teiles erforderlich (§ 30 AllgVf. v. 20. Nov. 1899). Die Beteiligten können aber auch die Reallast zugunsten der ganzen Parzelle bestellen, vorausgesetzt, daß diese ein Grundbuchgrundstück darstellt.

f) **Ist die Abtretung der Ausübung des Nießbrauchs eintragbar?**[1]

Kammergericht, 1. ZS. Beschluß v. 6. Juli 1922.

Allerdings ist mit RG. 101 S. 5 die Möglichkeit anzuerkennen, mittels Überlassung der Ausübung die aus dem Nießbrauch fließenden Einzelrechte auf den Erwerber zu eigenem Rechte zu übertragen. Aber das dingliche Recht als solches geht nicht über. Der § 873 ist daher nicht anwendbar, die Übertragung der Besitz- und Nutzungsrechte vollzieht sich durch formlosen Abtretungsvertrag und Übergabe. Fraglich kann nur sein, ob die Überlassung der Ausübung unter dem Gesichtspunkte der Inhaltsänderung (§ 877) eingetragen werden müßte (so Biermann³ § 877 a. E., Rosenberg § 877 a I 2 e). Ob das für gewisse Tatbestände, zB. § 1023 berechtigt ist, mag dahingestellt bleiben, hier dagegen berührt der bloße Personenwechsel nicht den Inhalt des dinglichen Rechts. Weiter ist zu prüfen, ob die Eintragung wenigstens zulässig ist. Das wird in der Rechtslehre überwiegend verneint (AM. RGKomm. § 1059¹, Predari² S. 472). Ob in KGJ. 40 S. 254 und 48 S. 212 die Möglichkeit, durch Übertragung der Nießbrauchsausübung einzelne Rechte auf den Erwerber unmittelbar zu übertragen, ausgeschlossen werden sollte, ist nicht sicher ersichtlich; wäre das der Fall, so wäre die Begründung insoweit zu berichtigen. Im Ergebnisse träfe sie trotzdem zu. Irgendein dingliches Recht am Nießbrauch oder am belasteten Grundstücke wird dem Erwerber nicht verschafft. Abweichendes folgt auch nicht aus RG. 101 S. 5. Wenn es dort heißt, daß die Überlassung der aus dem Nießbrauche fließenden Rechte mit dinglicher Kraft erfolge, so ist damit nichts anderes gemeint, als daß der Erwerber die Macht hat, die ihm übertragenen Rechte gegen den Eigentümer geltend zu machen. Kommt also der Nießbrauchsüberlassung keine sachenrecht-

[1] a) Neben einem bestehenden Nießbrauche kann noch ein weiterer bestellt werden; die sich daraus ergebenden Schwierigkeiten löst das Gesetz durch die §§ 1060, 1024 (KG. 2. Nov. 1922, 1 x 313).

b) Wenn im Angebot eines Grundstücks sich der Verkäufer den Nießbrauch vorbehält und allseitig dessen Eintragung bewilligt und beantragt wird, so heißt der Erwerber durch die Annahme des Angebots dessen sämtliche Bestimmungen in vollem Umfange gut; deshalb gilt auch die Bewilligung der Nießbrauchseintragung als vom Erwerber erklärt (KG. 30. Nov. 1922, 1 x 341).

liche Bedeutung zu, so ist sie auch nicht eintragungsfähig (Güthe vor § 13 GBO. N. 60, 61). Z.r.

g) α) **Fällt das Recht zu einer einzigen Nutzungshandlung unter § 1090?**

Bayer. Oberstes Landesgericht, 3S. Beschluß v. 19. Februar 1921.

Das Recht der beschränkten persönlichen Dienstbarkeit ist im wesentlichen dem Rechte der Grunddienstbarkeiten nachgebildet; ihr Inhalt kann alles, aber auch nur das sein, was Inhalt einer Grunddienstbarkeit sein kann. Es sind daher folgende Arten als rechtlich zulässig zu unterscheiden: a) Dienstbarkeiten auf Benutzung eines Grundstücks in einzelnen Beziehungen; b) Rechte darauf, daß gewisse Handlungen auf dem Grundstücke nicht vorgenommen werden dürfen; c) die Ausschließung eines Rechts, das sich aus dem Grundstücks-eigentum einem anderen Grundstück gegenüber ergibt. Hier kommt nur die erstere Art in Frage. Das Recht, das durch den Vertrag der Stadtgemeinde eingeräumt wird, besteht darin, daß diese die auf dem Grundstück des X. errichteten Holzlegen, deren Errichtung sie gestattet, nach Ablauf des 1. Juli 1925 ohne Zustimmung der Eigentümer abbrechen und über das Abbruchmaterial verfügen darf. Darin liegt lediglich ein Gestattungsvertrag im Sinne des § 956[1]. Der dadurch geschaffene Anspruch ist ein rein schuldrechtlicher auf seinerzeitige Überlassung der Materialien als bewegliche Sachen. Die Berechtigung erschöpft sich sohin ihrem Inhalte nach in einer einzigen Nutzungshandlung. Es ist nicht abzusehen, inwiefern hier dieses Recht einen dauernden Zustand in sich schließen soll. Dadurch, daß jemand die rechtliche Möglichkeit hat, einen bestimmten Zustand herbeizuführen, kann die Handlung selbst, zu der er berechtigt ist, noch nicht zu einer dauernden Benutzungsart werden (Rsp. 9 S. 307). Ähnlich lag der Fall des RG. 60 S. 317.... Das weitere Interesse, das die Stadt mit jener Abmachung verbindet, nämlich bei späteren Neubauten auf dem X.schen Grundstück eine günstigere Stellung hinsichtlich der Straßenherstellungskosten zu erhalten, kann den Rechtscharakter der Vereinbarung keinesfalls ändern. Auch darf das wirtschaftliche Bedürfnis, einen schuldrechtlichen Anspruch dinglich zu sichern, nicht dazu führen, den gesetzlich geschlossenen Rahmen eines dinglichen Grundstücksrechts, wie er im § 1090 aufgestellt ist, ausdehnend zu erweitern...[1] Kn.

β) **Wie weit gestattet § 1093 mietähnliche Bestimmungen?**

Kammergericht, 1. 3S. Beschluß v. 9. November 1922.

Eine inhaltlich unzulässige Eintragung liegt nicht vor. Im § 3 des Vertrags ist zunächst bezüglich der Wohnräume ein reines dingliches Wohnungsrecht gemäß § 1093 enthalten. In § 4, der die Beziehungen zwischen der Berechtigten A. und dem Besteller des Rechts näher regelt und deshalb für die Frage, ob nicht etwa doch ein nach BGB. nicht mit dinglicher Wirkung unstatthaftes Mietverhältnis beabsichtigt ist, herangezogen werden muß, sind

[1] Das Recht zur Gewinnung von Kali kann als beschränkte persönliche Dienstbarkeit begründet werden. Die dabei vorgesehene Übertragbarkeit ist durch eine Erklärung des Beteiligten, daß die Übertragbarkeit wegfallen oder gemäß § 1092 S. 2 auf die Ausübung beschränkt werden soll, leicht zu beheben (KG. 9. Febr. 1922, 1 x 30).

allerdings Bestimmungen getroffen, die das Rechtsverhältnis in einzelnen Punkten der Miete ähnlich machen. Allein, daß die A. ein Entgelt für das Wohnungsrecht zu zahlen hat, steht auch in Form einer regelmäßigen mietähnlichen Vergütung (jährlich 300 Mark) nicht der Annahme einer persönlichen Dienstbarkeit entgegen (RG. 54 S. 233). Dasselbe gilt von der Bestimmung, daß A. einen Teil der Räume erweitern darf, eine solche Möglichkeit ergibt sich aus § 1092 S. 2. Daß A. auch dem Eigentümer vermieten darf und dieser ein Vormietrecht hat, ist ebenfalls mit § 1093 vereinbar; denn sie bleibt immer noch die unter Ausschluß des Eigentümers dinglich Berechtigte, die nur auf Grund schuldrechtlicher Verpflichtung ihm zeitweise den Gebrauch der Räume überläßt. Auch daß im Falle dieser Vermietung der Eigentümer die Instandsetzungspflicht haben soll, macht das Rechtsverhältnis nicht zur Miete. Zwar hat nach §§ 1093, 1041 der Berechtigte die gewöhnlichen Unterhaltungskosten zu tragen und schließt eine entgegenstehende Vereinbarung begrifflich das Vorliegen einer persönlichen Dienstbarkeit aus (KGJ. 24 S. 121). Hier hat aber nach § 4 grundsätzlich die A. die Instandsetzungskosten zu tragen und der Eigentümer nur, wenn und soweit er die Räume mietet; er trägt sie also nicht als Eigentümer, nicht als Pflicht gegenüber dem Wohnungsberechtigten, sondern nur in seiner danebengehenden Eigenschaft als Mieter aus einem erst zu begründenden Schuldverhältnisse zum Berechtigten. Endlich ist auch die Bestimmung, daß A. mit dreimonatiger Frist kündigen darf, nicht zur Annahme eines Mietverhältnisses geeignet. Zwar unterliegt das dingliche Wohnungsrecht dem einseitigen Verzicht aus § 873. Wenn aber hier zulässigerweise die A. eine reine schuldrechtliche Pflicht zur Zahlung einer laufenden Vergütung übernommen hat, so steht nichts entgegen, daß für die Beendigung dieser Verpflichtung der Berechtigten, der allein das Recht eingeräumt ist, das Rechtsverhältnis vorzeitig zum Erlöschen zu bringen, eine Kündigungsfrist bestimmt wird. M.

h) **Reallast**[1]: α) **Vormerkung. Bestimmter Inhalt.**

Kammergericht, 1. ZS. Beschluß v. 28. September 1922.

Der Reichsfiskus als Grundstückseigentümer und die erbbauberechtigte GmbH. haben die Eintragung einer Vormerkung zur Sicherung des Anspruchs auf eine Reallast gemäß § 12 S. 3 des Erbbauvertrags von 1922 beantragt. Der § 12 lautet: „Die auf das Erbbaugelände entfallenden wiederkehrenden öffentlich-rechtlichen Lasten trägt die Gesellschaft. Diese hat den vom Fiskus für die einmaligen öffentlich-rechtlichen Lasten gezahlten Betrag von der Zahlung

[1] Die Pflicht zur Errichtung eines Zaunes stellt keine Reallast dar; dagegen könnte die Unterhaltung des Zaunes als eine, wenn auch nicht regelmäßig wiederkehrende Leistung nach § 1105 eingetragen werden; in Preußen steht aber das Ges. v. 2. März 1850 §§ 1, 2, 6^1 entgegen (KG. 26. Januar 1922, 1 x 10). — Wenn der Bauer A., sofern er selber noch wirtschaftete, seinen Töchtern bei ihrer Verheiratung nach Recht und Sitte eine Ausstattung geben und die Hochzeit aus dem Grundstück ausrichten würde, so muß bei dessen Überlassung zum zulässigen Inhalt der A. aus dem Grundstück zu gewährenden Versorgung auch gehören können, daß das übernehmende Kind jene Leistungen als Teil des A. gewährten Altenteils übernimmt (KG. 22. Juni 1922, 1 x 156).

ab mit 2 % zu verzinsen. Der Fiskus kann die Bestellung einer Reallast am Erbbaurecht zugunsten des jeweiligen Grundstückseigentümers für die nach S. 2 zu zahlenden Zinsen und die Eintragung einer entsprechenden Vormerkung verlangen." Der Antrag ist mit Recht zurückgewiesen. Das LG. geht davon aus, daß, was nicht eingetragen, auch nicht vorgemerkt werden könne. Dieser Satz enthält keinen Rechtsirrtum (RG. 55 S. 270). Er darf auch nicht so beschränkt werden, daß das dingliche Recht nur seiner Natur nach, also im allgemeinen eintragbar sei, er besagt vielmehr, daß die Anforderungen, die bei Eintragung eines dinglichen Rechts für dessen Merkmale vom Grundbuchrichter zu stellen sind, auch bei der Eintragung einer entsprechenden Vormerkung gewahrt sein müssen. Das folgt aus dem Wesen einer solchen Vormerkung, die einen (gegenwärtigen oder künftigen, bedingten oder unbedingten) schuldrechtlichen Anspruch zur Bestellung eines solchen (bestimmten) Rechts voraussetzt, der also ein Anspruch auf Verschaffung eines zurzeit noch nicht näher bestimmten Rechts nach künftigem Eintritt der für seinen Inhalt maßgebenden Unterlagen oder Voraussetzungen nicht genügt. Das folgt ferner aus den Wirkungen einer derartigen Vormerkung im allgemeinen (§ 883[2,3]), im Konkurs (§ 24 KO.), in der Zwangsversteigerung (§ 48 ZVG.) und in einzelnen sonstigen Fällen wie § 439[2], 1971 BGB. (KGJ. 25 S. 170), indem aus dieser Behandlung die Notwendigkeit des Bestehens bestimmter Merkmale des dinglichen Rechts erhellt.

Der vorgenannte Satz führt hier zur Ablehnung der Eintragung. Wie das LG. ohne Rechtsirrtum ausführt, wird die Höhe der einzelnen Leistungen einer Reallast wie der hier fraglichen weder aus dem Grundbuch noch aus den sonstigen Umständen ersichtlich. Bezüglich der Merkmale einer durch unmittelbare Eintragung oder Bezugnahme (§ 874) einzutragenden Reallast gibt das Gesetz keine ausdrücklichen Vorschriften. Das entspricht der Art dieses Rechtsgebildes, das sehr verschiedenartige Leistungen umfaßt. Müssen also die allgemeinen Grundsätze herangezogen werden, so kann hier die Geldrente als nicht ständige, nach EG. Art. 115, §§ 91, 6 Pr. AblG. v. 2. März 1850 als Reallast begründet werden. Es muß also angegeben werden, wonach sich die Höhe der Renten bestimmt. Das KG. ist in der Zulassung der Angabe von Umständen, die diese Höhe bestimmen, schon so weit gegangen, als dies möglich ist, indem es die Verweisung auf Umstände zuläßt, die aus dem Grundbuch oder den Grundakten nicht ersichtlich sind (KGJ. 51 S. 271). Hier ist aber nicht auf bestimmte Umstände verwiesen; die Verweisung läßt vielmehr alle Aufwendungen für einmalige öffentlich-rechtliche Lasten zu, die nach der heutigen an sich schon schwer zu übersehenden wie nach der künftigen bis 2007 reichenden, ganz unübersehbaren Gesetzgebung erforderlich werden können. Dabei mag auch auf die jetzige Neigung der Gesetzgebung hingewiesen werden, öffentlichrechtliche Pflichten bei der Regelung von Privatrechtsverhältnissen stärker zu betonen. Ob eine Verweisung auf bestimmte öffentlich-rechtliche Lasten, wie Anliegerbeiträge, Geländeaufschließungskosten o. dgl.

eintragbar wäre, ist hier nicht zu entscheiden.... Bei Brückenbau- und ähnlichen Lasten handelt es sich dagegen um klare, übersehbare und daher auch bestimmbare Rechtsverhältnisse, die überall im Rechtsleben vorkommen und mit der hier bestehenden Ungewißheit nicht vergleichbar sind. M.

β) **Anpassung an die jeweilige Wirtschaftslage.**

OLG. Braunschweig, 2. ZS. Beschluß v. 12. Dezember 1922.

Altenteilsleistungen, die auf dem Hof eingetragen stehen und in fortlaufenden, lebenslänglich zu gewährenden Einkünften bestehen, haben zwar rein formal die Rechtsnatur von Reallasten und beruhen auf erbrechtlicher Grundlage, haben inhaltlich aber ihrer wirtschaftlichen Zweckbestimmung nach regelmäßig den Charakter von Unterhaltsverbindlichkeiten. Die Normierung von Unterhaltsbeiträgen ist aber in Anpassung an die jeweilige Wirtschaftslage auch dann abänderungsfähig, wenn sie auf privater Parteiverfügung beruht; das ist grundsätzlich in der Voraussetzung anzuerkennen, daß sich der maßgebende Wille des Bezugsberechtigten bei Berücksichtigung des von ihm verfolgten Zwecks und unter Anwendung des Grundsatzes von Treu und Glauben entsprechend auslegen läßt. Deshalb sind auch Altenteilsverpflichtungen ungeachtet ihrer dinglichen Natur gegebenenfalls an die gegenwärtige Wirtschaftslage anpassungsfähig. Die Rechtsverfolgung läßt sich sonach nicht als aussichtslos bezeichnen. v. F.

γ) **Zahlung in Goldmark. Eintragungsfähigkeit.**

Kammergericht, 1. ZS. Beschluß v. 9. November 1922.

Die Vertragsbestimmung, daß der Käufer dem Verkäufer eine lebenslängliche Rente von monatlich 30 Mark Goldmark zu entrichten hat, kann so gemeint sein, daß damit eine gewöhnliche Gattungsschuld begründet werden sollte. Sie kann aber auch als Vereinbarung einer in bestimmter Münzsorte zahlbaren Geldschuld (Geldsortenschuld) aufgefaßt werden; in diesem Falle bestände wiederum die doppelte Möglichkeit, daß die Beteiligten entweder nur eine den Nennbetrag der Forderung unberührt lassende Zahlungsbestimmung treffen (gewöhnliche Goldklausel) oder eine dem jeweiligen Wert der Goldmark entsprechende und demgemäß der Höhe nach schwankende Forderung zur Entstehung bringen wollten (Goldwertklausel). Die Vereinbarung einer gewöhnlichen Gattungsschuld dürfte kaum im Sinne der Beteiligten gelegen haben, weil hier bei nachträglicher Unmöglichkeit der Zahlung in 10- oder 20-Markstücken oder im Falle nachträglichen Unvermögens die Schuld erlöschen würde (§ 275). Aber auch eine Geldschuld mit gewöhnlicher Goldklausel scheint nicht beabsichtigt zu sein; denn in diesem Falle würde, da sich deutsche Goldmünzen nicht mehr im Umlaufe befinden, nach § 245 so zu zahlen sein, wie wenn die Münzsorte nicht bestimmt wäre, so daß der Nennbetrag der Forderung in Papiermark gezahlt werden müßte. Wenn auch hiernach eine erhebliche Wahrscheinlichkeit für eine Geldschuld mit Goldwertklausel spricht, so fehlt es doch an einer zuverlässigen Unterlage hierfür. Der Notar war nicht befugt, die Absicht der Beteiligten maßgebend festzustellen; auch lassen seine Angaben die Zweifel über deren wirklichen Willen fortbestehen... Wenn die Vorinstanzen unter diesen Umständen eine nähere Erklärung über die Bedeutung der Klausel erforderten, so ist dagegen kein rechtliches Bedenken zu erheben. Es ist auch zutreffend, daß das Grundbuchamt von jener Erklärung, die Erledigung der sämtlichen Anträge (auf Eigentumseintragung) abhängig machte, weil sie zueinander im inneren Zusammenhange des § 16² GBO. stehen. Hiernach ist die weitere Beschwerde über die erste Zwischenverfügung zurückzuweisen.

In der zweiten Zwischenverfügung hat das Grundbuchamt bei Unterstellung einer Gattungsschuld die Eintragungsfähigkeit der Klausel verneint. Das LG. ist mit Recht dem entgegengetreten. Es handelt sich um eine Reallast; bei ihr sind aus dem Grundstück wiederkehrende Leistungen zu entrichten. Diese brauchen nicht von vornherein fest bestimmt zu sein, vielmehr genügt, daß sie bestimmbar sind (KGJ. 52 S. 271). Hier läßt sich der Wert der zu entrichtenden Goldmünzen jederzeit durch Umrechnung in Papiermark ermitteln. Daß dadurch eine der Höhe nach schwankende Belastnng eintritt, ist hier kein Hindernis, da die Leistungen nicht gleich groß sein müssen. Der auch für Reallasten geltende § 28 S. 2 GBO. ist nicht anwendbar, wenn wie hier Goldstücke als Ware geschuldet werden... Auch für den Fall, daß die Beteiligten durch ergänzende Erklärungen darlegen wollen, daß es sich um eine Goldwertklausel handelt, stände der Eintragung nichts im Wege. Bei der Hypothek, Grund- und Rentenschuld wird allerdings die Eintragungsfähigkeit verneint, weil hier bestimmte, der Höhe nach die Belastung genau kennzeichnende Geldbeträge einzutragen sind (§§ 1115,, 1190, 1192, 1199), bei jener Klausel aber eine mit dem jeweiligen Wert der Goldmünzen schwankende Belastung einträte. Bei der Reallast trifft jedoch diese Erwägung nicht zu, weil hier der Umfang der Belastung nicht fest bestimmt sein muß. Eine Eintragung dahin, daß monatlich 30 Mark in Reichsgoldmünzen oder ein ihrem jeweiligen Wert entsprechender Betrag in Papiermark zu entrichten ist, wäre daher mit der Natur der Reallast durchaus vereinbar. M.

i) **Hypothek: α) für vorbeschiedenes Vatererbe?**

Kammergericht, 1. ZS. Beschluß v. 17. November 1921.

Ob die Voraussetzung des § 1113, das Vorhandensein einer sei es auch nur künftigen oder bedingten Forderung, gegeben ist, hat auch der Grundbuchrichter zu prüfen. Allerdings kann er regelmäßig einen Nachweis dafür, daß die Forderung besteht oder künftig entstehen kann, nicht verlangen, er hat sich vielmehr mit der bloßen Angabe eines Schuldverhältnisses zu begnügen. Wenn er aber aus den Angaben des Betroffenen oder aus sonstigen ihm bekannten Tatsachen die Unmöglichkeit der Entstehung ersieht, hat er die Eintragung abzulehnen. Hier hat der Beschwerdeführer erklärt, daß er „an vorbeschiedenem Vatererbe" seinem Sohne 4000 Mark verschulde. Die Vorinstanzen haben jedoch die Möglichkeit der Entstehung einer erbrechtlichen Forderung, aber auch eine Forderung aus einem Schenkungsversprechen ohne Rechtsirrtum verneint. Durch den Erbschaftsanspruch wird eine Forderung gegen den Erblasser nicht begründet (vgl. Rsp. 14 S. 97; KGJ. 40 S. 260). Als Schenkungsversprechen entbehrt aber die Urkunde, die nur beglaubigt ist, der Form des § 518. Eine Heilung gemäß Abs. 2 kommt nicht in Betracht; denn die Bestellung der Hypothek bedeutet nicht die Bewirkung der versprochenen Leistung, darunter kann vielmehr nur die Zahlung der 4000 Mark nebst Zinsen verstanden werden (RG. 88 S. 366).[1] K.l.

β) **Eintragung von Forderungen in Goldmark.**

Bayer. Oberstes Landesgericht, 3S. Beschluß v. 4. Juli 1922.

... Wenngleich formell das ReichsmünzG. nicht aufgehoben ist, so ist gleichwohl nach dem derzeit bestehenden Rechtszustande die Papiermark Reichswährung (vgl. auch JW. 1921 S. 1269). Die Eintragung von Forderungen kann aus diesem Grunde zurzeit nur in Papiermark geschehen. Die Goldmark als solche ist derzeit nicht nur kein gesetzliches Zahlungsmittel mehr, sie ist auch als gesetzlicher Rechnungswert noch nicht anerkannt, wenngleich letzteres von vielen Seiten befürwortet wird (vgl. aO.). Die Eintragung der Goldmark als Zahlungsart bei der Hypothek ist sohin derzeit nicht vereinbar mit dem allgemeinen grundbuchrechtlichen Grundsatze der erforderlichen Bestimmtheit. Die Goldmark unterliegt zurzeit einer schwankenden Kursbasis. Weiter einzutragende Realgläubiger könnten bei Eintragung von Hypotheken in Goldmark den Vorgang aus dem Grundbuche nicht mit Sicherheit entnehmen, auch etwa entstehende Eigentümerhypotheken könnten nicht bestimmt umgrenzt werden. Die Dinglichmachung einer Goldklausel im Sinne einer Goldmünzklausel ist nur ermöglicht im Wege besonderer gesetzlicher Ermächtigung, vgl. zB. die VO. vom 13. Februar 1920. Will ein Gläubiger die Zwecke einer Goldmünzklausel oder auch einer Goldwertklausel erreichen, so ist dies nur in der Weise angängig, daß er die volle vermeintliche Kursdifferenz innerhalb des Rahmens einer Höchsthypothek nach Papiermark von vornherein unterbringt oder daß er eine Verkehrshypothek für den Nennbetrag in Papiermark errichtet und daneben eine Kursdifferenzhypothek in Form einer Höchsthypothek zur Deckung der Kursschwankungen bestellt wird (Rsp. 42 S. 167). Kn.

γ) **Bruchteils- oder selbständige Einzelhypotheken.**[2]

Kammergericht, 1. 3S. Beschluß v. 4. Januar 1923.

... Wenn auch Bruchteilshypotheken rechtlich möglich sind, so ist doch angesichts der entgegenstehenden Vermutung des § 420 und wegen der aus ihnen für die Gläubiger sich ergebenden Erschwerungen (§§ 744, 747) bei

[1] Die Bewilligung der Eintragung einer Beihilfehypothek „nach den Reichsratsbestimmungen v. 10. Januar 1920 über die Gewährung von Darlehen aus Reichsmitteln zur Schaffung neuer Wohnungen und den AusfVorschriften des Reichsarbeitsmin. v. 22. Januar 1920" macht nicht in einer den Anforderungen des Grundbuchverkehrs genügenden Weise die einzelnen Hypothekenbedingungen zum Gegenstande der Bewilligung (KG. 22. Sept. 1921, x 230).

[2]) Für eine Forderung gegen mehrere Schuldner kann grundsätzlich eine einheitliche Hypothek nur eingetragen werden, wenn die Schuldner in einer Verpflichtungsgemeinschaft stehen (RG. 75 S. 247); dafür genügt nicht der Hinweis auf eine früher entstandene Verbindlichkeit, da diese nur zu einem bestimmten Teil in der Person eines jeden der Schuldner entstanden sein kann (KG. 8. Juni 1922, 1 x 157).

Feststellung eines dahingehenden Willens mit besonderer Vorsicht zu verfahren. Hier spricht allerdings der die Eintragungsbewilligung enthaltende Teil mehr für die Absicht, eine wirkliche Bruchteilshypothek zu bestellen. Immerhin entstehen auch schon hier daraus Zweifel, weil es sich von selbst versteht, daß Bruchteile eines einheitlichen Rechts keinen verschiedenen Rang haben können. Noch größere Zweifel entstehen aus den vorhergehenden Erklärungen über das Forderungsverhältnis, wo zwar im Eingange von einem Darlehn von 20 Millionen, dann aber im Anschluß an die Bezeichnung der Teilbeträge von 10, 5, 3 und 2 Millionen mehrfach von Darlehen in der Mehrzahl die Rede ist. Da eine verschiedene rechtliche Gestaltung der Hypothek und der zugrunde liegenden Forderungen nicht möglich ist, so muß damit gerechnet werden, daß der Beschwerdeführer auch in der Bewilligung die Bestellung von 4 selbständigen Einzelhypotheken im Sinne gehabt und nur der Einfachheit wegen von einer in Bruchteile zerlegten Hypothek von 20 Millionen gesprochen hat, um damit den Maßstab für die Berechnung der Einzelbeträge anzugeben. Bei dieser Sache ist ein Widerspruch zwischen der vorgenommenen Eintragung von 4 Einzelhypotheken für die Gläubiger zu gleichem Range und der Bewilligung und daher eine Unrichtigkeit des Grundbuchs nicht glaubhaft gemacht.

δ) **Nachträgliche Zinsänderungen und § 62 GBO.**

Kammergericht, 1. ZS. Beschluß v. 16. November 1922.

Auf dem Grundstücke haften für die Beschwerdeführerin 6 Hypotheken, deren Zins- und Zahlungsbedingungen in der notariellen Urkunde vom 3. Juli geändert sind und eingetragen werden sollen. Das Grundbuchamt hat die Beibringung von 6 begl. Abschriften der Urkunde vom 3. Juli zur Verbindung mit den einzelnen Briefen verlangt... Allein eine Verpflichtung der Beteiligten, die Abänderungsurkunden in so vielen Abschriften beizubringen, als Briefe in Frage kommen, besteht nicht. Geht das Gesetz davon aus, daß eine Änderung bei der Hypothek grundsätzlich auf dem Brief zu vermerken ist, so muß die Einreichung einer Urkunde, in der für sämtliche Hypotheken die Abänderungen vereinbart sind, genügen. Der Richter ist damit in die Lage versetzt, einen die Abänderungen erschöpfend wiedergebenden Vermerk auf den Brief zu setzen. Will er, was ihm freisteht, aus Zweckmäßigkeitsgründen (zB. wegen des Umfangs der Abänderungen) von der Regel abweichen und eine Verbindung beglaubigter Abschriften mit jenem Briefe vornehmen, so muß er sich diese Abschriften selbst beschaffen. Es entspricht dies auch der Billigkeit, insofern die Beteiligten regelmäßig nicht wissen können, ob das Grundbuchamt sich mit einem Vermerk begnügen werde. M.

k) **Höchsthypotheken. Bestellung von Teilhypotheken.**

α) Kammergericht, 1. ZS. Beschluß v. 15. Dezember 1921.

Auch bei Höchsthypotheken kann nicht nur nach, sondern auch vor Feststellung des Schlußguthabens die aus dem Forderungskreis entspringende Forderung in mehrere selbständige Teilforderungen zerlegt werden (KGJ. 24 S. 253, 51 S. 342). Dies ist entweder nachträglich oder in der Weise möglich, daß von vornherein für selbständig gemachte Teile der Forderung verschiedene Hypotheken eingetragen werden. Während aber bei andren Hypotheken die Selbständigkeit der Teilforderungen ohne weiteres erkennbar ist, trifft dies bei Höchsthypotheken nicht immer zu. Da nämlich hier trotz der Teilung der Forderungskreis bei den einzelnen Teilhypotheken der gleiche bleibt, so werden, wenn die Teilung lediglich durch die Zerlegung des Höchstbetrags in entsprechende Teilbeträge ausgedrückt wird, leicht unklare Verhältnisse geschaffen. Insbesondere wird, wenn es sich um verschiedene Grundstücke handelt, eine der Gesamtbelastung ähnliche Rechtslage herbeigeführt, wie sie das Gesetz nicht vorsieht. Daraus können sich dann, zumal wenn die festgestellte Forderung hinter dem Gesamtbetrage der mehreren Höchsthypotheken zurückbleibt, die in KGJ. 49 S. 222 dargelegten Schwierigkeiten ergeben. Die lassen sich jedoch vermeiden, wenn in der Bewilligung und erforderlichenfalls auch in der Eintragungsformel die Reihenfolge angegeben wird, in der die einzelnen Teilbeträge der aus dem Forderungskreise entsprungenen Forderung durch die verschiedenen Höchsthypotheken gesichert werden. So würden in dem aO. behandelten Fall, in welchem ein Kredit von 45000 Mark durch Belastung dreier Grundstücke durch Höchsthypotheken von je 15000 Mark gesichert werden sollte, die Eintragungen zu lauten haben: 1. beim Grundstück A 15000 Mark Sicherungshypothek für alle gegenwärtigen und künftigen Ansprüche aus laufender Verbindung bis zum Höchstbetrage von 15000 Mark; 2. bei B: 15000 Mark ... Ansprüche, soweit sie den Betrag von 15000 Mark übersteigen, bis zum Höchstbetrage von 15000 Mark; 3. bei C: 15000 Mark ... Ansprüche, soweit sie den Betrag von 30000 Mark übersteigen, bis zum Höchstbetrage von 15000 Mark. Wird so verfahren, so ist deutlich erkennbar, welchem bestimmten Forderungsteile jede einzelne Höchsthypothek zur Sicherung dient, die Möglichkeit einer solchen Teilung hat auch aO. nicht bezweifelt werden sollen.... Im Beschlusse vom 23. Juni 1911 (BankA. 21 S. 17) ist sie ausdrücklich anerkannt.[1]

Entsprechendes gilt auch bei der Erhöhung des gesicherten Betrags. Wird bei einer dem Betrage nach feststehenden Forderung zunächst nur ein Teil hypothekarisch gesichert, wird zB. nur für die Hälfte des Kaufpreises von 1000 Mark eine Hypothek eingetragen, so kann nachträglich auch für den Rest sei es an demselben, sei es an einem zweiten Grundstück eine Einzelhypothek bestellt werden. Die Sache liegt nicht anders, als wenn von vornherein für die Teile Einzelhypotheken eingetragen worden wären. Zum Begriffe der Höchsthypothek gehört es, daß nur der Höchstbetrag bestimmt, im übrigen aber die Feststellung der Forderung vorbehalten wird. Überschreitet nun das bei der Feststellung sich ergebende Schlußguthaben den Höchstbetrag, so war der Gläubiger in Wahrheit nur wegen eines Teilbetrags gesichert. Es muß daher auch möglich sein, einen weiteren Betrag des Guthabens durch nachträgliche Eintragung einer anderen Einzelhypothek zu sichern. Dabei

[1] Ebenso OLG. Dresden 22. Nov. 1921, dagegen Kretzschmar (JW. 1922 S. 229)

bedarf es aber aus demselben Grunde wie bei der Teilung wieder eines ausdrücklichen Hinweises darauf, daß die neue Hypothek einen den bisherigen Höchstbetrag übersteigenden Teil des Guthabens betrifft.... Ob das Schlußguthaben den Höchstbetrag der alten Hypothek übersteigen wird, braucht bei der Eintragung der neuen Hypothek angesichts des § 1113[2] nicht festzustehen. Nur dann, wenn für das Grundbuchamt erkennbar sein sollte, daß eine höhere Forderung nicht entstehen kann, wäre eine neue Einzelhypothek unzulässig (KGJ. 40 S. 258). In diesem Falle käme vielmehr nur eine als weitere Sicherheit für den bereits gesicherten Forderungsteil dienende Gesamthypothek in Betracht. M.

β) Kammergericht, 1. ZS. Beschluß v. 8. Juni 1922.

Die vorliegend gewählte Fassung: „Die neue Höchsthypothek soll alle nicht schon durch die bereits eingetragenen Höchsthypotheken gesicherten Forderungen sichern" bezweckt nach der Beschwerde auch Deckung etwaiger Ausfälle, die an den voreingetragenen Hypotheken infolge Nichtigkeit oder sonst eintreten. Hierin zeigt sich aber, daß die neue Hypothek nicht ausschließlich für einen die Höchstbeträge der Vorhypotheken übersteigenden Forderungsteil bestellt werden soll, sondern bis zur Höhe des etwaigen Ausfalls bei einer der Vorhypotheken auch für diejenigen Forderungsteile, für die bereits andre Hypotheken eingetragen stehen. Insoweit würde also eine Doppelsicherung des Guthabens herbeigeführt werden (BankA. 21 S. 151). Es kann dahingestellt bleiben, ob dieser Erfolg, wie das OLG. Dresden (aO. S. 177) annimmt, dadurch erreicht werden kann, daß die spätere Hypothek als bedingte bestellt wird. Ist dies gewollt, so muß es unzweideutig ausgedrückt werden. Hier wäre aber nach der Fassung der Urkunde und den Sachumständen eine solche Auslegung auch objektiv nicht zu rechtfertigen.... Der von Kretzschmar (ZBl.FG. 1922 S. 338) aufgestellte Satz: „Die Hypothek, die für eine jede einzelne Teilforderung besteht, ist also die besondere rechtliche Bedeutung, die der Forderung erkennbare Selbständigkeit verschafft" trifft für die Höchsthypothek nicht zu, wenn in der Bewilligung die Forderungsbeträge, die durch die einzelnen Höchsthypotheken gesichert werden sollen, nicht voneinander unterscheidbar abgeteilt sind, denn sonst wäre die Möglichkeit nicht beseitigt, daß der Gläubiger wegen desselben Teils die eine oder die andre Höchsthypothek oder beide nebeneinander beansprucht. Die Rechtssicherheit des Grundbuchverkehrs erfordert aber, daß aus dem Grundbuch ersichtlich sei, für welche Teile des aus dem Kreditverhältnis herauswachsenden Saldos die einzelnen Rangstellen innerhalb der Höchstbeträge beansprucht werden können. Dabei braucht nur für die Frage, welcher Forderungsteil des Guthabens durch die neue Hypothek gesichert ist, auf das einheitliche Gesamtkonto zurückgegangen zu werden; die Wirksamkeit der auf selbständiger Einigung und Eintragung beruhenden Hypothek ist dagegen unabhängig von der der Vorhypotheken zu beurteilen. Durch eine Löschung oder Abtretung einer der früheren Höchsthypotheken werden die nacheingetragenen Höchsthypotheken nicht berührt; sie bieten nach wie vor Sicherheit nur für den Teilbetrag der Forderung, für den sie eingetragen stehen. Daß wegen eines Ausfalls an einer der Vorhypotheken der Gläubiger nicht aus der Nachhypothek Deckung suchen kann, sind Folgen, die sich aus den zwingenden Normen des Hypothekenrechts ergeben....

Sind die voreingetragenen Höchsthypotheken auch mit dem hier gerügten Mangel behaftet, so sind sie trotzdem nicht als inhaltlich unzulässig anzusehen, weil sie nicht ohne weiteres dartun, daß sie für die gleichen Forderungsteile eingetragen stehen (vgl. RG. 88 S. 83). Auch eine „Unrichtigkeit" kommt nicht in Frage, wenn sie sich mit dem Inhalte der Bewilligungen decken; denn unter dieser Voraussetzung stände noch nicht fest, daß hinsichtlich dieser Höchsthypotheken der Grundbuchinhalt der wirklichen Rechtslage i. S. des § 894 BGB. (§ 4 GBO.) widerstreite (vgl. den Beschluß i. S. 159/21). Es handelt sich vielmehr nur um Unklarheiten nach der Richtung, ob ganz oder teilweise Doppelbelastungen verlautbart sind. Auf ihre Beseitigung durch Anregung formgerechter (§ 29 GBO) Erklärungen der Beteiligten wird das Grundbuchamt Bedacht nehmen müssen (Rsp. 15 S. 245). M.

l) **Begründung einer auf Zeit beschränkten Rentenschuld.**

Kammergericht, 1. ZS. Beschluß v. 29. Juni 1922.

... Die im bisherigen Rechte nicht bekannte Rentenschuld verdankt ihre Einführung ins BGB. der hauptsächlich in landwirtschaftlichen Kreisen vertretenen Ansicht, daß die Belastung des ländlichen Grundbesitzes, der nur Früchte gäbe, mit Kapitalschulden unnatürlich sei (Planck N. 2d vor § 1113). Daraus folgt aber nur der Ausschluß des Rechts des Gläubigers auf Kapitalauszahlung, nicht aber auch, daß dem Eigentümer verwehrt sein müsse, Rentenschulden auf Zeit zu begründen. Es ist also anzunehmen, daß sie ebenso wie gewöhnliche Grundschulden und Hypotheken unter einer Bedingung oder Befristung bestellt werden können. Soweit KGJ. 20 S. 212 einen abweichenden Standpunkt vertritt, ist er aufzugeben. Hieraus folgt aber nicht ohne weiteres, daß diese Entscheidung selbst aufzugeben ist. Dort handelte es sich um eine auf 54 Jahre vereinbarte Rente, die der Verzinsung und Tilgung eines von einer Bodenkreditanstalt gewährten Kapitals dienen sollte. Das KG. hat die Rentenschuld für einen solchen Geschäftszweck in der dort vereinbarten Weise nicht für verwendbar erachtet.... Gegen die Begründung mögen einzelne Einwendungen erhoben werden können, es mag gesagt werden, daß es Sache des Gläubigers ist, ob er sich mit der ihm ungünstigen Behandlung der Tilgungsbeträge abfindet und daß dem Eigentümer mit einer vereinbarten, also jederzeit abänderungsfähigen Unkündbarkeit bei einer Grundschuld nicht so gedient ist, wie mit der gesetzlichen Unkündbarkeit bei der Rentenschuld. In der Hauptsache liegt aber die Auffassung zugrunde, daß letztere Schuld der Dienstbarmachung für Kapitalbelastung mit einer auf viele Jahre verteilten Kapitalabtragung innerlich widerstrebt. Demgegenüber ist allerdings zu erwägen, daß es nicht Aufgabe des Grundbuchrichters ist, zu untersuchen, ob

Beteiligte, die sich einer der zulässigen Formen der Belastung bedienen, einen der gewählten Form entsprechenden Geschäftszweck wollen (KGJ. 21 S. 312, wo die in 20 S. 212 beanstandete Eintragung zugelassen ist; vgl. auch RG. 85 S. 247). Wie in einem Falle, der dem in 20 S. 212 entschiedenen ähnlich liegt, zu entscheiden wäre, kann aber unentschieden bleiben. Denn hier soll die Rentenschuld der Begleichung eines Kaufguthabens dienen; sie beträgt jährlich 20000 Mark, kann mit 240000 Mark abgelöst werden und soll für die Lebensdauer des Verkäufers diesem und nach dessen Tode seiner Frau auf deren Lebenszeit zustehen. Wie die Beschwerde darlegt, liegt dem Verkäufer viel an einer den gewöhnlichen Zins übersteigenden Leistung zu seinen Lebzeiten, dagegen sehr wenig am Vorhandensein einer Kapitalforderung im Nachlaß. Das sind Beweggründe, wie sie meist der Bestellung einer Rente zugrunde liegen; ihrer Eintragung stehen also die in KGJ. 20 S. 212 für entscheidend erachteten Gesichtspunkte nicht entgegen.

m) **Haftung für den Verlust einer verpfändeten Uhr.**

OLG. Karlsruhe, 3. ZS. Urteil v. 30. Dezember 1922.

Zwischen den Streitteilen bestand auf Grund der Verpfändung von Ende 1919 ein Pfandvertrag nach § 1204 ff. BGB. Als ein nach §§ 34, 38 GewO. zugelassener Pfandverleiher war der Beklagte zunächst nicht Kaufmann. Er ist auch nicht wegen seines Pfandverleihgeschäfts ins Handelsregister eingetragen worden, sondern wegen seines Antiquitätenhandels. Ob die Vermutung des § 344 HGB. auch für Geschäfte zutrifft, deren Betrieb nicht aus Gründen der Kriegs- und Nachkriegszeit, sondern schon nach der GewO. an eine behördliche Genehmigung geknüpft worden ist, ist wohl aus den später noch zu erörternden Gründen zu verneinen. Wenn der Beklagte die Uhr weiterverpfändete und später beim städtischen Pfandhaus auslöste, so wurde dadurch lediglich ein Rechtsverhältnis zwischen ihm und dem Pfandhaus begründet, das den Kläger nicht berührte. Erfüllungsort für die Rückgabe des Pfandes war nach §§ 269, 1223 BGB. Freiburg. Das Ersuchen des nach Berlin verzogenen Klägers vom Februar 1920 um Übersendung der Uhr ging über den Rahmen des Pfandvertrags hinaus und Beklagter brauchte es nicht zu erfüllen. Wenn er es aber als Geschäftsmann übernahm, so ging er einen Dienst(Werk)vertrag, der eine Geschäftsbesorgung zum Gegenstand hatte, im Sinne des § 675 ein und vertrat nach § 276 Fahrlässigkeit. Das LG. hat sie, von den Verpflichtungen eines Verwahrers ausgehend, in der Unterlassung einer Versicherung der Sendung gefunden. Diese Ansicht ist, mag der Beklagte Verwahrer oder Beauftragter sein, nicht ganz zweifelsfrei, da der Kommissionär, also ein Kaufmann, nach § 390² HGB. wegen der Unterlassung der Versicherung nur verantwortlich ist, wenn ihn der Kommittent angewiesen hatte, das Gut zu versichern. Allerdings bezieht sich nach RG. 28 S. 140 diese Vorschrift nur auf Versicherungen im eigentlichen Sinn, also auf Verträge, deren einziger Zweck und Inhalt die Übernahme einer fremden Vermögensgefahr durch die eine Partei gegen ein von der andern zu leistendes

Entgelt ist, nicht aber auf Fälle, wo die Übernahme dieser Gefahr nur einen Teil des Vertragszwecks bildet und neben der Beförderung nebenherläuft. Ebenso sind für die Frage, ob sich der Spediteur durch Unterlassung einer derartigen Angabe (Deklaration) von Frachtgut verantwortlich mache, lediglich die allgemeinen Vorschriften über die Sorgfaltspflicht der Frachtführer, Spediteure oder der Kaufleute maßgebend. Nimmt man aber auch an, daß den Beklagten der vom ihm eingegangene Dienst(Werk)vertrag im allgemeinen oder mit Rücksicht auf die damals herrschende Unsicherheit der staatlichen Verkehrsanstalten zur Versendung der Uhr als Wertsache verpflichtet habe, so war er gleichwohl dieser Verpflichtung überhoben. Denn schon vorher einmal, als die gleich unsicheren Postverhältnisse bestanden, hatte er die Uhr versichert geschickt, der Kläger machte ihm aber wegen der dadurch erwachsenen Kosten Vorwürfe und drückte damit aus, daß er aus Ersparnisgründen, eine billigere, aber weniger sichere Art der Versendung wünsche. Es kann sich sonach wegen eines dabei eingetretenen Verlustes nicht an den Beklagten halten, da diesen keine Fahrlässigkeit trifft. W.r.

2. Recht der Schuldverhältnisse.

a) § 242 bei Vorbehalt der Lieferungsmöglichkeit.

OLG. Hamburg, 3. ZS. Urteil v. 2. März 1922.

In dem Vertrag über Stroh hatte sich der Kläger „Lieferungsmöglichkeit" vorbehalten und auf wiederholte Mahnungen erklärt, daß er nur dann zur Lieferung verpflichtet sei, falls auch ihn seine Verkäufer beliefere. Auf ein weiteres Schreiben erwiderte er dann: „Ich habe meinem Ablader eine Nachfrist bis 1. März gestellt; ich hoffe Sie damit einverstanden." Wie die letzten Worte erkennen lassen, hatte eine Antwort nur Zweck, wenn die Beklagte die Erklärung ablehnen konnte; dazu war sie aber bei dem erwähnten Vorbehalt nicht berechtigt. Ihr Stillschweigen kann daher nur als Zustimmung aufgefaßt werden. Nun enthält aber die Erklärung des Klägers nicht bloß die Mitteilung, daß er, wenn sein Ablader nicht bis zum 1. März liefere, auch nicht liefern werde, sondern auch das Angebot an die Beklagte, sich mit der Nichtlieferung, dh. mit der Aufhebung des Vertrags, einverstanden zu erklären. Dieses Angebot hat sie durch ihr Stillschweigen angenommen. Da das Stroh dem Kläger nicht geliefert ist, gleichgültig aus welchem Grunde, so war damit der Vertrag erledigt. Auch abgesehen hiervon ist die Beklagte nicht mehr verpflichtet, das Haferstroh abzunehmen. Der Grundsatz des § 242, der für die Leistung des Schuldners maßgebend ist, gilt in gleichem Maße auch für den Gläubiger (Warn. 9 Nr. 239).[1] Bei den heutigen Geschäftsverhältnissen, unter denen erhebliche Preisschwankungen innerhalb kurzer Zeit, namentlich auch in landwirtschaftlichen Artikeln, an

[1] Demgemäß hatte der Kläger die Bauarbeiten zur Anlegung des Treppenhauses in seiner Villa, zu deren Kostentragung sich die Beklagte ihm gegenüber verpflichtet hatte, unverzüglich vorzunehmen, auch wenn sie nicht besonders vereinbart hatten, die Bauarbeiten sollten sogleich begonnen werden (OLG. Kiel, 1. ZS. Urteil v. 21. Dez. 1922). B.p.

der Tagesordnung sind, wäre es nach Treu und Glauben Pflicht des Klägers gewesen, alsbald nach dem Ablauf des 1. März mitzuteilen, daß er auf Erfüllung des Vertrags beharre. Wenn er damit 6 Wochen wartete, so bedeutete das nichts anderes, als daß er bis dahin auf Kosten der Beklagten spekulierte. Das war um so gefahrloser für ihn, als er beim Steigen der Preise sich mit Erfolg auf die Vertragsklausel berufen konnte. V.

b) α) **Festlegung eines ausländischen Schadens in Mark. Nachträgliche Erhöhung.**

OLG. Hamburg, 1. ZS. Urteil v. 15. März 1922.

Das Schiff der hiesigen Beklagten ist mit dem Dampfer des Klägers (Dänen) in deutschen Gewässern zusammengestoßen. Für das dadurch begründete Schuldverhältnis kann danach nur das deutsche Recht maßgebend sein. Nach ihm richtet sich, wie, ob überhaupt eine Ersatzpflicht anzunehmen sei, so auch, in welcher Art, in welchem Umfange, unter welchen Maßgaben und wo die Beklagte ihr zu genügen habe. Daraus folgt aber, daß, wenn der Kläger Ersatz seines Schadens in Natur verlangt hätte, ihn nur in Deutschland hätte fordern können und die Beklagte ihn nur dort zu leisten gehabt hätte. Demgemäß kann weiter aber auch, wenn er gemäß § 249 BGB. statt der Herstellung den dazu erforderlichen Geldbetrag beansprucht hat, Gegenstand dieses gleichfalls in Deutschland zu erfüllenden Schuldverhältnisses nur deutsches Geld sein. Daran ändert nichts, daß er sein in Dänemark beheimatetes Schiff durch eine dortige Werft ausbessern zu lassen berechtigt war. Die dafür aufgewandten Beträge und Ausgaben in dänischen Kronen bildeten nicht die Geldsumme, die er von der Beklagten fordern konnte, vielmehr waren jene Kronen nur ein Rechenbetrag, mittels dessen er bei ihrer Umrechnung zum Tageskurse in der Lage war, den Betrag deutschen Geldes zu finden, den er anstatt seines Schadens in Natur verlangen durfte. Wenn er daher seine Unkosten mit 5635 Mark, die er durch Umrechnung der Kronen errechnet hatte im Vorprozesse forderte, so war das eben der volle Schaden, den er nach dem Gesetze ersetzt verlangen konnte. Hat er aber dort seinen Kollisionsschaden schon in vollem Umfange geltend gemacht, so kann er ihn nicht jetzt noch erhöhen wollen.

Sofern er aber Schadensersatz dafür erstrebt, daß Beklagte die Erstattung des Kollisionsschadens schuldhaft verzögert habe, so gilt von dieser Schadensforderung nichts anderes: Sitz auch dieses Schuldverhältnisses ist Deutschland und somit wird es nach Art und Inhalt gleichfalls durch das deutsche Recht bestimmt. Es kann mithin auch die Verzugsschuld der Beklagten nur in der Verpflichtung bestehen, eine Summe deutschen Geldes zu zahlen; der Kläger kann daher zum Ausgleich des ihm angeblich über den Kollisionsschaden hinaus bereiteten Vermögensnachteils nicht einen Betrag ausländischen Geldes abzüglich des Markbetrags beanspruchen, den ihm Beklagte als Ersatz für die Beschädigung ihres Dampfers selbst zu vergüten hat. Übrigens ist nicht anzunehmen, daß er gerade diesen Markbetrag bei rechtzeitiger Zahlung alsbald nach Dänemark hinübergenommen und in Kronen umgewechselt hätte.

Er läßt seine Schiffe regelmäßig auch auf Hamburg fahren und steht mit hiesigen Firmen in stetem Geschäftsverkehr, daher darf angenommen werden, daß er, ebenso wie andere derartige ausländische Unternehmen auch, stets ein Markkonto bei einer deutschen Bank unterhält. Auf die einfache, durch nichts weiter erläuterte Behauptung, daß er den Markbetrag sofort in Kronen umgetauscht hätte, hätte er sich nicht beschränken dürfen. B.

β) **Zahlung der in Belgien während des Krieges begründeten Forderung.**

OLG. Braunschweig, 2. ZS. Urteil v. 8. November 1921.

Auf das Angebot des Klägers von Gent hat der Beklagte im September 1918 Pflanzen bestellt und alsbald mit einer Rechnung über 1140 Franken erhalten. Die Klageforderung auf diese 1140 Franken fällt nicht unter Art. 296[1] FriedensV., denn sie ist erst während des Krieges, nicht schon vorher fällig geworden und gründet sich auf einen erst während des Krieges geschlossenen Vertrag. Seine Ausführung ist zwar hinsichtlich der Zahlung infolge der kriegerischen Verhältnisse, aber nicht infolge einer Erklärung des Krieges ausgesetzt worden. Der Einwand des Beklagten, daß der Vertragswille der Parteien beim Vertragschluß dahin gegangen sei, er solle nach seiner Wahl in Franken oder zu dem für Belgien vorgeschriebenen Zwangskurse in deutschem Gelde zu zahlen befugt sein, ist nicht richtig. Damals bestanden allerdings noch die auf Grund des Art. 43 Haager LandkriegO. erlassenen VO. vom 3. Oktober und 15. November 1914 zu Recht; sie sind aber nicht Teil des Vertrags geworden. Die erste VO. über die Verpflichtung, deutsches Geld zum Zwangskurs anzunehmen, gehört nicht in das Schuldrecht, sondern in das Recht der Währung (JW. 1921 S. 167) und ist deshalb mit der Freigabe Belgiens beseitigt, ohne auf die zu jener Zeit begründeten Vertragsrechte nachzuwirken. Ob der Beklagte die Zahlung in Mark zu dem angegebenen Zwangskurse hat zum Vertragsbestandteile machen wollen, kann dahingestellt bleiben. Die Absicht des Klägers wird nicht dahin gegangen sein, den Zwangskurs auch in der Zeit nach Aufhebung der deutschen VO. gegen sich gelten zu lassen.... W.n.

c) **Schadensberechnung:** α) **bei nichtigem Deckungskaufe.**

OLG. Stuttgart, 2. ZS. Urteil v. 31. März 1921.

Der Kläger hat sich, weil ihm die Beklagte die verkaufte Ware nicht lieferte, bei X. gedeckt, dem die dafür erforderliche Handelserlaubnis damals gefehlt haben soll. Allein der Kläger stützt sich nicht auf den bloßen — allenfalls nichtigen — Abschluß des Geschäfts und ihm dadurch gegen X. erwachsene Verpflichtungen, sondern auf das vollzogene Geschäft und den ihm durch die Zahlung für die Lieferung erwachsenen Mehraufwand. Dieser wäre genau ebenso erwachsen, wenn X. die Erlaubnis damals schon gehabt hätte oder wenn das Geschäft damals mit einer erlaubt handelnden Firma abgeschlossen worden wäre; die Beklagte zeigt nicht, wo sonst billiger zu kaufen gewesen wäre. Formelle Gültigkeit des vollzogenen Deckungsgeschäfts ist keine rechtliche Voraussetzung der konkreten Schadensrechnung nach einem Deckungskauf, für den abweichend vom Selbsthilfeverkauf nach § 373 HGB.

feste Normen überhaupt nicht gelten. Er ist nur Mittel zu dem Zweck, den in Stich gelassenen Käufer durch Verschaffung der Ware klaglos zu stellen; der dafür gemachte Aufwand steht unter § 287 ZPO. derart, daß selbst ein unter Annahme wucherischer Bedingungen entstandener Aufwand angerechnet werden kann (Staub HGB. Anh. zu § 374[67]), sofern nur der Käufer neben dem eigenen Interesse auch Treu und Glauben gegenüber dem Verkäufer wahrt. S.

β) **Voraussetzungen einer Vorteilsausgleichung.**

OLG. München, 3. ZS. Urteil v. 30. Mai 1922.

Der Beklagte hat 1920 dem Kläger um 8500 Mark ein Motorrad verkauft. Da dieses aus Heeresbeständen gestohlen war, wurde es bei dem Kläger beschlagnahmt, ihm aber wieder um 6000 Mark verkauft. Gegen die Klage auf Rückzahlung des Kaufpreises macht Beklagter geltend, daß aus dem schädigenden Ereignisse zugleich ein Nutzen von 2500 Mark dem Kläger erwachsen sei. Allein wenn sich dieser an den Eigentümer wendete, um von ihm das Rad zu kaufen und wenn ihm dies dann schließlich auch gelang, so ist dies ein Ereignis, dessen Eintritt ganz von dem freien Willen der Erfassungsstelle für Heeresgut abhängig war. Nichts deutet darauf hin, daß diese Behörde dem Kläger etwa wegen des ihm durch den Kauf zugegangenen Schadens einen niedrigeren Kaufpreis bewilligt hätte. Ebensowenig sind sonstige Anhaltspunkte dafür vorhanden, daß dieser Verkauf irgendwie wegen des früheren Kaufes erfolgt wäre. Der bloße Umstand, daß hier der geschädigte Käufer zufällig durch einen selbständigen Kaufvertrag den ihm entzogenen Kaufgegenstand wieder erlangte, berechtigt den früheren Verkäufer, der an sich kein Recht auf den Kaufpreis hatte, nicht, hieraus für sich einen Vorteil abzuleiten, der in Wirklichkeit auf Zahlung eines Teiles des Kaufpreises hinausläuft. Der § 446² trifft hier nicht zu, weil der Käufer die Rechte der Erfassungsstelle anerkennen mußte und das Rad entweder an sie unmittelbar herausgegeben hat oder es nur für sie verwahrte, die daher gemäß § 868 den mittelbaren Besitz hatte. Das Rad hat also der Kläger an den Eigentümer herausgegeben. H.n.

Dazu: OLG. Hamburg, 2. ZS. Urteil v. 23. März 1922.

Der Kläger hat allerdings infolge seiner — durch die Beklagten verschuldeten — Entlassung aus dem Dienste bei X. 745 Mark an Erwerbslosenunterstützung bezogen, er ist jedoch nicht verpflichtet, diese auf seinen Schaden durch Verdienstentgang anzurechnen. Es kann dahingestellt bleiben, ob jener Vorteil mit dem Vorgehen der Beklagten, das sie ersatzpflichtig gemacht hat, in einem solchen inneren Zusammenhange steht, daß Vorteilsausgleichung geboten wäre (Oertmann, Vorteilsausgleichung S. 117, 142). Denn zunächst steht keineswegs fest, ob die Unterstützung dem Kläger verbleibt und er nicht vielmehr verpflichtet ist, sie zurückzuzahlen, sobald er anderweitigen Ersatz für seinen Verdienstentgang zu erlangen in der Lage ist; außerdem ist ihm nicht zuzumuten, im Interesse der Beklagten die Unterstützung zu behalten und von einer, wenn auch nur durch den Anstand gebotenen Rückzahlung an das Arbeitsamt, aus den ihm von den Ersatzpflichtigen zufließenden Mitteln abzustehen. B.

γ) **Stillschweigender Verzicht auf Ersatzansprüche.**

OLG. Kiel, 1. ZS. Urteil v. 21. Dezember 1922.

Ein Grundsatz, daß sich der Gläubiger eines Sukzessivgeschäfts seine Schadensansprüche wegen Nicht- oder mangelhafter Lieferung früherer Teilposten bei Meidung ihres Verlustes jedesmal besonders vorbehalten müsse, ist in dieser Allgemeinheit dem geltenden Recht unbekannt; er widerspräche auch dem alten Satze: Verzichte werden nicht vermutet. Auch aus § 341[3] ergibt sich, daß im allgemeinen ein derartiger weitreichender Grundsatz nicht besteht. Hier hat aber die Beklagte volle $1^1/_2$ Jahre fortgesetzt trotz beständiger Mahnungen und Vorbehalte ihrer angeblichen Ersatzansprüche dem Kläger Brotmarken in viel zu geringen Mengen zurückerstattet. Wenn er trotzdem die Geschäftsverbindungen nicht löste, sondern ständig Brot weiter lieferte, so liegt hierin ein Verzicht auf etwaige Schadensansprüche. Die Vorbehalte könnten als ernstlich gemeinte nicht anerkannt werden, sondern wären nur als „facto contrariae" zu bewerten, wie auch die Kammer für HS., die zur richtigen Beurteilung kaufmännischen Gebarens ganz besonders berufen ist, diesen Schluß zieht. Der Kläger wäre überdies in der Lage gewesen, eine ordnungsmäßige Ablieferung der Brotmarken dadurch herbeizuführen, daß er der Beklagten nur so viel Brote geliefert hätte, als der zuletzt von ihr abgegebenen Menge von Brotmarken entsprach, die Unterlassung dieser Maßnahme ist ihm daher als mitwirkendes Verschulden anzurechnen. B.p.

d) **Alternative Ermächtigung. Widerruf der Ausübung?**

OLG. Braunschweig, 1. ZS. Urteil v. 16. September 1921.

Nach dem Hofverlaßvertrage von 1902 sollte ganz in das Belieben des klagenden Ausgedingers verstellt sein, ob er statt der grundsätzlich geschuldeten Naturalleistungen eine Geldrente beanspruchen wolle. Dadurch ist ihm kein Wahlrecht im Sinne der §§ 262f. eingeräumt, es sollte kein Schuldverhältnis mit alternativem Inhalte geschaffen werden, vielmehr ist sein Inhalt fest bestimmt und dem Kläger nur die Substitutionsbefugnis eingeräumt. Dieses Rechtsverhältnis ist als alternative Ermächtigung des Gläubigers zu bezeichnen.

Das BGB. enthält darüber aber überhaupt keine Regeln (Warn. 16 S. 248) und seine nähere rechtliche Beurteilung ist deshalb in jedem Einzelfall unter Beachtung der §§ 133, 157, 242 lediglich durch Auslegung zu gewinnen. Diese führt aber zu dem Ergebnis, daß der Klägerin an die einmal erklärte Substitution hat gebunden sein sollen. Dafür spricht zunächst der § 4 des Vertrags: ganz allgemein hat sich der Kläger danach für die Eventualleistung entscheiden dürfen. Allgemein und uneingeschränkt abgegebene Willenserklärungen bewirken aber stets eine dauernde Bindung. Eine solche ist deshalb auch hier als gewollt anzunehmen. Es hätte bestimmt werden müssen, falls der Kläger seine Erklärung auf gewisse Zeit hätte beschränken oder jederzeit widerrufen dürfen. Nichts spricht dafür, daß ihm stillschweigend diese Befugnis hätte eingeräumt sein sollen, zumal sie ein sehr weitgehendes Ausnahmerecht enthält. Ferner hat der Kläger 1903 zurzeit des damaligen Prozesses allgemein die Eventualleistung verlangt und diese seitdem bis 1920 regelmäßig erhalten, ohne daß er sein Verlangen hätte zu wiederholen brauchen. Auch hieraus geht wenigstens so viel hervor, daß nach der Auffassung der Parteien die Erklärung des Klägers im Sinne des Vertrags Dauercharakter gehabt hat und nicht nur für ein Jahr berechnet gewesen ist. Allerdings hat jetzt die Änderung der wirtschaftlichen Verhältnisse die Grundlage, auf der der Vertrag abgeschlossen ist, völlig verschoben. Selbst wenn man aber die neuere Rechtsprechung über den Einfluß der wirtschaftlichen Umwälzung auf den gegenwärtigen Fall übertragen will, könnte das doch niemals dazu führen, dem Kläger das im Vertrage gar nicht vorgesehene Änderungsrecht einzuräumen. W. n.

e) **Zahlung einer streitigen Schuld durch Dritte.**

OLG. Braunschweig, 2. ZS. Urteil v. 14. März 1922.

Der Kläger hat an den Verband 2170 Mark, die die Beklagte als dessen Mitglied angeblich an Beiträgen für 1918 schuldete, verauslagt und verlangt nunmehr Ersatz. Das LG. hat ihn abgewiesen; denn entweder habe er gemäß § 267 in eigenem Namen gezahlt und dadurch die Schuld getilgt, dann habe die Geschäftsführung dem Willen der Beklagten widersprochen; sei aber für Rechnung der Beklagten gezahlt, dann sei nach § 177 jene Schuld nicht getilgt. Diese Ausführungen beruhen auf Rechtsirrtum. Der § 267 bestimmt nicht, unter welchen Umständen die Verbindlichkeit des Schuldners durch die Leistung eines Dritten getilgt wird, sondern in welchen Fällen der Gläubiger die Leistung eines Dritten zurückweisen darf oder nicht. Es kommt daher nur darauf an, daß, wie nicht bestritten wird, gezahlt ist mit der Erklärung, die Zahlung erfolge auf die streitige Verbindlichkeit, daß also diese getilgt werden solle. Dadurch ist die streitige Schuld getilgt, einerlei, ob mit oder ohne Zustimmung der Beklagten gezahlt ist. Irrig ist die Meinung, daß nach § 177 die Schuld nicht getilgt wäre, wenn der Zahlende in Vertretung der Beklagten ohne deren Einwilligung gezahlt hätte. Die Erfüllung des Schuldverhältnisses ist jedenfalls nach der herrschenden Ansicht kein Erfüllungsvertrag, sondern sie kommt lediglich durch die Tatsache der Leistung zustande. Ist also hier durch die Zahlung des Klägers die streitige Schuld getilgt, so ist die Beklagte auf Kosten des Zahlenden bereichert (JW. 1903 B. S. 8[19]). Das LG. hält allerdings den § 814 deshalb für anwendbar, weil der Kläger zur Erfüllung einer Verbindlichkeit geleistet und gewußt habe, daß er zur Leistung nicht verpflichtet sei. Allein § 814 setzt voraus, daß zur Erfüllung einer dem Leistenden gegenüber dem Bereicherten bestehenden Verbindlichkeit geleistet wird. Hier hat aber der Kläger zur Erfüllung nicht einer ihm gegenüber der Beklagten, sondern einer dieser gegenüber dem Verband obliegenden Verbindlichkeit an diesen geleistet. Daher ist das Bestehen der Schuld zu prüfen... W. n.

f) **Erfüllungsort**[1]: α) **für Bankschulden. Vereinbarung nach § 40 ZPO.**

OLG. Braunschweig, 1. ZS. Urteil v. 17. November 1922.

Die hiesige Staatsbank hat Geld dem klagenden Lande L. dargeliehen und die dort ausgestellte Schuldurkunde ausgehändigt erhalten. Der beklagte Staatsfiskus behauptet, daß die verbriefte Schuld im Inlande zu erfüllen und nach § 2 StStG. zu verstempeln ist. In erster Linie beruft er sich auf Nr. 20 der Geschäftsbedingungen der Staatsbank dafür, daß ein besonderer Erfüllungsort vereinbart sei. Dort ist jedoch nur von der Vereinbarung eines Gerichtsstandes die Rede, die der § 40 ZPO. zuläßt. Der Erfüllungsort ist aber nicht bloß für die Zuständigkeit des Gerichts nach § 29 ZPO., sondern auch für den Verzug (§§ 284, 293) und für das anzuwendende Recht maßgebend. Wenn deshalb aus der Vereinbarung des Erfüllungsorts die Zuständigkeit des Gerichts in Rahmen des § 29 ZPO. folgt, so ist doch aus der Vereinbarung eines Gerichtsstandes nicht auf den Erfüllungsort einer Verbindlichkeit zu schließen. Beklagter macht weiter geltend, daß nach anerkanntem Handelsgebrauch kreditsuchende Kunden ihre Verpflichtungen im Geschäftsraum der Bank zu erfüllen hätten. Ein solcher Brauch, der nicht aus Schrifttum und Rechtsprechung zu folgern ist, könnte vielleicht auf den Barverkehr der in der Umgebung wohnenden Geschäftskunden Anwendung finden. Dieser wird aber fortschreitend verdrängt durch den Überweisungs-(Giro)-Verkehr von Bank zu Bank oder durch Vermittlung einer Großbank der Reichsbank, der Postscheckeinrichtung. Wie bekannt, besitzt die Staatsbank nicht nur 17 eigene Zweigkassen außerhalb und laufende Konten bei der Reichsbank und beim Postscheckamt, sondern sie unterhält mit größeren Banken in allen Teilen Deutschlands rege Geschäftsbeziehungen und läßt bei solchen Banken zB. die auf sie gezogenen Schecks einlösen. Mit diesem ausgebreiteten Zahlungs- und Verrechnungsverkehr erscheint die Bindung der Bankkunden an die Pflicht, in der Zentralstelle der Bank zu erfüllen, unvereinbar. Ein solcher Zwang würde die unleugbaren Vorteile des erleichterten Geldumlaufs zu einem erheblichen Teil ausschalten und die Geschäftskunden der Bank zu unnötigen Opfern an Porto, Reisen usw. nötigen. Der Senat verneint aus diesen Gründen und kraft eigener Erfahrung das Bestehen des behaupteten allgemeinen Handelsgebrauchs. Für die hier fr. Zinspflicht des Klägers kann nach den ganzen Umständen nicht wohl der Geschäftsraum der Staatsbank als Erfüllungsort in Betracht kommen. Ein persönlicher Verkehr der L.schen Finanzbeamten oder Beauftragten erscheint ausgeschlossen. Auch Barzahlung hierfür ist in der Regel wenig zweckmäßig. Die Zahlungsbedingungen sind in der Urkunde nicht einheitlich festgelegt... Jedenfalls haben die Vertragschließenden auf die Zahlung an die hiesige Hauptbankkasse keinerlei Wert gelegt. v. F.

[1] Die Abrede der Parteien, daß N. Erfüllung für die Anzahlung auf den Kaufpreis sei, bedeutet nur, wie der Käufer seiner Übersendungspflicht aus § 270 nachkommen soll (OLG. Oldenburg, Urteil v. 5. Januar 1921; Z. 48 S. 193).

β) **„ein vom Gläubiger anzugebender Ort".**

OLG. Hamburg, 3. ZS. Urteil v. 11. Juli 1922.

Nach § 8 der Lieferungsbedingungen ist „Erfüllungsort der Sitz der Bauwerft oder ein von dieser anzugebender Ort". Wenn auch die Gültigkeit eines derartigen Vorbehalts trotz seiner Ungewöhnlichkeit nicht zu verneinen ist, so kann er doch nach § 157 nur so ausgelegt werden, daß er seine zeitliche Grenze mit der Bewirkung der klägerischen Leistung finden sollte. Die Bedingungen sind vom Verein der Flußschiffwerften herausgegeben und bezwecken naturgemäß, das Interesse der Bootswerften wahrzunehmen. In ihrem Interesse kann es liegen, für ihre Leistung, die Ablieferung des Bootes, einen anderen Erfüllungsort zu bestimmen als den Sitz der Bauwerft, sei es, daß sie irgendwo eine Zweigniederlassung hat, bei der der Bau fertiggestellt wird, oder daß sie aus irgendwelchen Gründen den Bau ganz oder teilweise auf einer anderen Werft herstellen läßt. Ist dagegen das Boot abgenommen, so hat die Werft kein Interesse mehr daran, einen anderen Erfüllungsort zu bestimmen. Ihre Leistung ist erledigt und im Regelfall auch die des Bestellers, der den Rest des Kaufpreises bei Abnahme zu zahlen hat. Es verstieße gegen Treu und Glauben, wenn die Werft den Besteller bis zum letzten Augenblick im Ungewissen darüber lassen könnte, wo er seine noch restliche Leistung zu erfüllen habe und wo eine etwaige Streitigkeit aus dem Vertrage auszutragen sei. B.

g) **Begriff der im Verkehr erforderlichen Sorgfalt.**

α) Bayer. Oberstes Landesgericht, ZS. Urteil v. 26. November 1921.

Unter dieser Sorgfalt kann nur jenes Maß von Aufmerksamkeit verstanden werden, das man von einem vernünftig denkenden und gewissenhaften Menschen in dem Verhältnisse des Verkehrs billigerweise verlangen kann. Daß die Bahnverwaltung in ihrem Wirkungskreise dieser Sorgfaltspflicht bei der Einführung und Verwendung des 1915 als Maschinenschmiermittel eingeführten (giftigen) Teerfettöls nicht genügt habe, kann nach den Darlegungen des Berufungsgerichts nicht behauptet werden. Dieses hat auch beachtet, daß nach § 618 für den Dienstberechtigten eine Erkundigungspflicht über die Brauchbarkeit und Unschädlichkeit der dem Dienstverpflichteten zu stellenden Gerätschaften und Stoffe, sowie im Falle gebotener Vorsicht bei deren Benützung auch die Verpflichtung zur Warnung und Belehrung und zur Vorkehrung des geeigneten Schutzes für Leben und Gesundheit des Bediensteten besteht.... Ebensowenig hat die Verwaltung gegen diese Sorgfaltspflicht deshalb verstoßen, weil sie den Kläger trotz seiner beiden ersten Erkrankungen wieder im Lokomotivdienste verwendet. Denn er hat sich selbst wieder für dienstfähig erachtet und zur Fortsetzung seines früheren Dienstes gemeldet. Sich in solchem Falle dem Verlangen des Bediensteten zu widersetzen, kann dem Dienstherrn, wenn nicht besondere Gründe vorliegen, um so weniger zugemutet werden, als ihm auch wegen der Verweigerung der Wiederverwendung eine Ersatzpflicht erwachsen könnte. Solche besondere

Gründe lagen aber nach den beiden ersten Erkrankungen des Klägers und deren Heilung nicht vor.... Kn.

β) OLG. Braunschweig, 1. ZS. Urteil v. 27. Mai 1921.

Die Klägerin ließ sich im Frisiersalon des Beklagten durch dessen Tochter Hilde die Haare mit Benzin waschen. Dort befinden sich 5 Kabinen, die durch 2 m hohe, oben nicht abschließende Wände voneinander getrennt sind. Während die Haare der Klägerin in Kabine I gewaschen wurden, brannte in der Nachbarkabine (II) eine kleine Gasflamme, weil der Beklagte angeordnet hatte, daß die zur Erhitzung der Brennscheren dienenden Gasflammen auch nach Benutzung klein gestellt fortbrennen sollten. An dieser Gasflamme der Nebenkabine haben sich die durch die Kopfwäsche emporgewirbelten Benzindämpfe, nachdem sie sich jenseits der trennenden Wand infolge ihrer Schwere gesenkt hatten, entzündet und die Klägerin an Kopf und Händen verletzt. Die Klage auf Schadensersatz ist begründet.... Die Hilde gibt zu, daß sie die Feuergefährlichkeit von Benzin kannte, auch wußte, daß die Gasflammen in den einzelnen Kabinen durchbrennen sollten. Gleichwohl überzeugte sie sich nicht, daß in den übrigen Kabinen, besonders in II die Flammen ausgedreht waren. Hierin liegt eine grobe Fahrlässigkeit, da die dortige Flamme kaum $2^1/_2$ m von dem mit Benzin getränkten Kopf der Klägerin entfernt war. Die Zeugin hätte bei der ihr als Friseurgehilfin berufsmäßig obliegenden Sorgfaltspflicht die Entzündungsgefahr erkennen können und müssen. Sie hatte sich zu überzeugen, daß in der Umgebung nirgends eine Flamme brannte. Die Pflicht, alle Flammen in den sämtlichen Kabinen vor der Benzinwäsche zu löschen, erkennen die drei vernommenen Friseure an. Eine Rechtspflicht der Klägerin, die Geschäftsräume nach offenen Flammen zu durchsuchen, kann aus dem Vertrage nicht hergeleitet werden. Nur dem Beklagten oder seinen Angestellten lag die Pflicht ob, sein Gewerbe so einzurichten und auszuüben, daß seine Kunden vor Gefahren bewahrt blieben. Darauf darf sich jeder, der einen Friseurladen betritt, verlassen und nach der Verkehrssitte kann ihm eine Nachprüfung der Verkehrssicherheit der Geschäftsräume auf verborgene Fehler nicht zugemutet werden. Auch der Anspruch auf Schmerzensgeld ist begründet.... Der Beklagte mußte infolge seiner erwähnten Anordnung mit besonderer Sorgfalt verhindern, daß während des Brennens der Flammen Benzin zum Haarwaschen verwendet wurde. Das hat er in der Weise getan, daß er Benzinwäschen ohne seine besondere Genehmigung verbot. Er hat aber versäumt, dies Verbot in ausreichender Weise bekannt zu geben, denn die Hilde hat davon keine Kenntnis erlangt. Darin liegt ein eigenes Verschulden des Beklagten, das für den Unfall ursächlich war. Jedenfalls hat er bei der Leitung der Verrichtungen seiner Gehilfen die verkehrserforderliche Sorgfalt verletzt. Ein Mitverschulden der Klägerin liegt nicht vor. Nichts spricht dafür, daß sie das Brennen von Gasflammen in anderen Abteilen bemerkt hätte; von ihrem Sitze konnte sie aber die Flamme im Nachbarraume nicht sehen. W.n.

h) **Zur Anwendung der §§ 294, 295 BGB.**

OLG. Braunschweig, 1. ZS. Urteil v. 3. Juni 1921.

Die Beklagte, die im Mai und Juni 1919 drei nach Preis, Größe und Ausführung verschiedene Posten Schwarzblechdosen bestellt hatte, rügte nach Empfang von Ausfallmustern aus dem ersten Auftrage die eckige Ausführung und stellte Annahmeverweigerung in Aussicht, falls die anderen Dosen ebenso schlecht ausgeführt sein sollten. Der Kläger erklärte den gerügten Mangel als Materialfehler für unvermeidlich und verlangte im weiteren Verlauf unter Ablehnung von Ausfallmustern aus den übrigen Aufträgen den Verzicht auf die Rüge der Eckigkeit. Als sich Beklagte hierzu nur bereit fand, wenn ihre Kundschaft den Fehler nicht beanstandete, lieferte der Kläger zwar im September noch Dosen aus dem ersten Auftrage, lehnte jedoch am 18. Oktober nach erfolgloser Nachfristsetzung weitere Lieferung ab. Die Klage auf Schadensersatz ist unbegründet.

Die Bemängelung der Ausfallmuster gab dem Kläger keinen Anlaß, die Lieferung von Probedosen aus den anderen Aufträgen, zu der sie sich verpflichtet hatte, zu verweigern. Diese Aufträge waren zeitlich und inhaltlich verschieden und erhielten dadurch, daß die Dosen sämtlich aus Schwarzblech hergestellt werden sollten, noch keinen einheitlichen Charakter mit der Folge, daß eine Sachmängelrüge bezüglich des ersten Auftrags gleichzeitig eine Beanstandung der Dosen aus den beiden anderen Aufträgen bedeutete. Wenn auch die Rüge in der Beschaffenheit des Rohmaterials ihren Grund hatte, so befreite dieser Umstand sie nicht von ihrer Vertragspflicht, Ausfallmuster für alle Aufträge zu liefern. Die beiden Vorbehalte, die die Beklagte ausgesprochen hatte — Vermeidung der Eckigkeit, Nichtbeanstandung durch die Kundschaft —, gaben dem Kläger kein Recht, anstelle der Realoblation des § 294 sich mit der Verbaloblation des § 295 zu begnügen, denn sie bedeuteten keine Annahmeverweigerung im voraus. Hätte der Kläger die Eckigkeit nach seiner Behauptung gemäß §§ 651, 459 nicht zu vertreten, so ist nicht einzusehen, weshalb er nicht seiner Vertragspflicht genügte und alsdann auf den Kaufpreis klagte, zumal die Septemberlieferung nicht beanstandet worden war. Der Vorbehalt, daß die Kundschaft nicht die Eckigkeit beanstandete, war bedeutungslos, wenn der Mangel beim Schwarzblech unvermeidlich war; die Vertragsmäßigkeit der daraus herzustellenden Dosen wäre durch den Mangel nicht beeinträchtigt. Ein Annahmeverzug der Beklagten liegt hiernach nicht vor. W.n.

i) **Verkauf von Rohteer. Zur VO. v. 7. Juni 1920 §§ 13, 14.**

OLG. Braunschweig, 2. ZS. Urteil v. 27. Juni 1922.

Aus dem Vertrage vom Juni 1919 hat der klagende Dachpappenfabrikant Lieferung von Rohteer beansprucht. Beklagter wendet ein, daß seit der VO. v. 7. Okt. 1910 (RGBl. S. 1783) Teer nur noch zur Weiterverarbeitung in Teerdestillationen freigegeben werde. Das LG. hat verurteilt. Im Laufe der Berufung ist die VO. v. 7. Juni 1920 (RGBl. S. 1156) in Kraft getreten (RG. 101 S. 164). Berücksichtigt man ihren § 13 für sich allein, dann ist auch die Nichtigkeit des gegenwärtigen Vertrags eingetreten, da der Kläger keine Volldestillation betreibt. Infolgedessen ist dann sowohl der Anspruch auf Lieferung hinfällig geworden, wie der jetzt hilfsweise beanspruchte Schadensersatz. Denn auch dieser hat seine Rechtsgrundlage in dem nichtigen Vertrage (RG. 102 S. 205). Ob Beklagter schon vorher in Verzug geraten ist und im Rahmen des § 287 BGB. auch für Zufall haften würde, ändert nichts daran. Rechtsgrundlage ist auch dann der ursprüngliche Vertrag geblieben. Eine andere Rechtslage wäre nur dann eingetreten, wenn der Schadensanspruch auf § 326 gestützt wäre, weil mit Ablauf der Nachfrist der ursprüngliche Vertrag hinfällig wird (RG. 101 S. 422); eine Nachfrist ist indessen überhaupt nicht gesetzt. Nun ist indessen in § 14² VO. für Dachpappenfabriken, selbst wenn sie ohne Destillation betrieben werden, Befreiung vorgesehen, und es fragt sich, welchen Einfluß diese Bestimmung im Verhältnis zum § 13 auf die Rechtsbeständigkeit der alten Verträge hat.

Sind diese grundsätzlich nach § 13 nichtig, dann lassen sie sich nur aufrecht erhalten, wenn die Parteien trotzdem bis zur Entscheidung des Wirtschaftsverbandes über die einzuholende Genehmigung an ihre früheren Abmachungen haben gebunden sein wollen. Eine solche Konstruktion ist möglich, bis dahin besteht dann ein Schwebezustand (Recht 17 Nr. 422; RG. 98 S. 47). Voraussetzung ist aber, daß beide Parteien einverständlich den Vertrag als schwebenden haben aufrecht erhalten wissen wollen; gegenüber der Nichtigkeit, die sonst eingetreten wäre, bedarf es eines neuen Übereinkommens. Dafür, daß hier ein derartiger Parteiwille zu vermuten wäre, spricht aber nichts; das führt unmittelbar zur Klagabweisung.

Andererseits ist auch die Auslegung denkbar, daß die alten Verträge nicht schlechtweg, sondern nur für den Fall der Nichterteilung der Befreiung haben für nichtig erklärt werden sollen. Entscheidend ist die Frage, ob der Wirtschaftsverband den erforderlichen Freigabeschein erteilt hätte. Gemäß seinem Beschlusse vom 12. März 1921 hätten zwar die Gasanstalten beiden Parteien Rohteer geliefert, aber nur zur Verwendung im eigenen Betriebe; der Kläger hat aber den gekauften Teer gleich darauf an X. in Berlin weiterverkauft. v. F.

k) **Unwiderrufliche Vollmacht zur Veräußerung von Grundeigentum.**[1]

α) Kammergericht, 1. ZS. Beschluß v. 21. Dezember 1922.

Es kann dahingestellt bleiben, ob die notariell beglaubigte Vollmacht mit Rücksicht auf ihren umfassenden Inhalt und den Ausschluß der Widerruflichkeit gegen die guten Sitten verstößt, obwohl sie — anders in KGJ. 47 S. 150 und Rsp. 42 S. 106 — auf das Grundeigentum des Machtgebers beschränkt ist. Denn eine Vollmacht bedarf trotz § 167² dann einer Form, wenn sie erkennbar dazu bestimmt ist, dieselbe rechtliche Bindung des Machtgebers

[1] Verträge über die Einbringung eines Grundstücks in eine Gesellschaft bedürfen der Form des § 313; denn sie begründen die Verpflichtung, das Grundstück auf die Gesellschaft zu übertragen (OLG. 27. Mai 1920; Entsch. 76 S. 203). — Der RFinanzhof 7 S. 235 tritt dem RG. 85 S. 273 bei.

herbeizuführen, wie das formgerechte Rechtsgeschäft, auf das sich die Vollmacht bezieht. Deshalb bedarf sie der Form des § 313, wenn sich der Machtgeber bindend der Verfügung über ein Grundstück zugunsten des Bevollmächtigten begibt. Durch eine unwiderrufliche Vollmacht soll regelmäßig nach der Absicht der Beteiligten eine bindende Verpflichtung zur Übertragung des Eigentums an den vom Bevollmächtigten ausgewählten Dritten begründet, also der gleiche Zweck erreicht werden, wie durch ein Verpflichtungsgeschäft des § 313; hierauf weist schon der Inhalt der Vollmacht hin. Wollte man aber selbst die Unwiderruflichkeit als einen, abgesonderter rechtlicher Beurteilung fähigen Teil des in der Vollmachtserteilung liegenden Rechtsgeschäfts ansehen, so wäre mindestens dieser Teil nichtig; die Vollmacht könnte höchstens als widerrufliche rechtlichen Bestand haben (§ 139).... M.

β) **Erstreckt sich § 313 S. 2 auf Auflassungsvollmachten?**

OLG. Kiel, 1. ZS. Urteil v. 16. November 1922.

Der Kläger hat 1914 sein Grundstück notariell verkauft und darin Auflassungsvollmacht dem X. erteilt. Auf dessen Auflassung ist das Eigentum auf die Beklagte umgeschrieben. Jetzt verlangt der Kläger die Rückauflassung, weil der Vertrag den Kaufpreis um 1000 Mark zu niedrig angebe und deshalb nichtig sei. Die Beklagte wendet ein, daß die 1000 Mark aus einem selbständigen Vertrag über einige Maschinen zu zahlen gewesen seien. Der Klaganspruch ist unbegründet.... In RG. 94 S. 147 ist allerdings aus § 139 für den Fall, daß der notarielle Vertrag wegen Angabe eines zu niedrigen Preises nichtig ist, auch die darin erklärte Auflassungsvollmacht für nichtig erklärt. Dagegen hat das RG. 104 S. 102 in einem wohl anders gestalteten, aber nicht grundsätzlich verschiedenen Falle zutreffend ausgeführt, daß eine zur Nichtigkeit führende Verknüpfung der beiden Rechtsgeschäfte (Kaufvertrag, Auflassung) jedenfalls dann ausgeschlossen sei, wenn die Parteien das nichtige Geschäft nur zur Verdeckung eines andren wirklich gewollten Geschäfts erklärt und dieses hätten erfüllen wollen. Dieser Grundsatz ist auch hier anzuwenden, wo mit dem nichtigen, zum Schein erklärten Kaufvertrage nicht die Auflassung, sondern die Auflassungsvollmacht verbunden ist. Sie war zweifellos nicht dazu bestimmt, die Auflassung gemäß dem Scheinvertrage durchzuführen; denn dieser sollte ja gerade nicht durchgeführt werden. Waren aber die Parteien darüber einig, daß nicht die beurkundeten, sondern die früheren mündlichen Vereinbarungen ihr Kaufgeschäft richtig enthielten, so ist die Vollmacht dahin zu verstehen, daß die Auflassungserklärung des X. gemäß den mündlichen Abmachungen wirken solle. Diese Auslegung widerspricht jedenfalls nicht dem Wortlaut der Vollmacht, die schlechthin, nicht beschränkt durch einen Hinweis auf den Vertrag, erteilt ist. — Auch die vorliegenden Umstände sprechen dafür. Dem Kläger lag daran, sein zur Zwangsversteigerung gestelltes Grundstück zu veräußern und dabei noch eine Barzahlung von 1000 Mark zu erlangen; diese Absicht erreichte er, sobald der mündliche Vertrag durch Auflassung geheilt wurde. Auch der Beklagte hätte die Vollmacht auf Eigentumseintragung erklärt; denn für ihn war unerheblich, ob er für die Maschinen besonders 1000 Mark zahlte, oder ob er sie als Zubehör erhielt und dafür den Kaufpreis um 1000 Mark erhöhte. Ebenso waren beide Teile im Zeitpunkte der Auflassung über den Vertrag einig, so wie sie ihn mündlich geschlossen hatten....[1] Dr. B.p.

1) **Zur Anwendung des § 315. Beweislast.**

α) OLG. Rostock, 2. ZS. Urteil v. 16. Februar 1921.

...Die Beklagte gibt zu, Alteisen zu bestimmten Preisen dem Kläger verkauft zu haben, bestreitet aber, sich zur Lieferung von Alteisen bindend verpflichtet zu haben, sie habe vielmehr dem Kläger beim Vertragsschluß erklärt, daß sie das zu liefernde Eisen aus ihren Alteisenbeständen erst aussortieren wolle und daß der Kläger dann bekommen könne, was sie aussortiert haben werde. Eine solche Erklärung war dahin zu verstehen, daß Beklagte das alte Eisen, das sie nach ihrer Meinung in ihrem Gewerbebetriebe noch verwenden konnte, für sich behalten und nur das für sie entbehrliche Eisen dem Kläger liefern wolle. Damit hätte sie sich, da ein objektiver Maßstab für die Aussortierung fehlte, besonders in dem Umfang ihres Gewerbebetriebs für sich allein nicht gegeben war, vorbehalten, den Kaufgegenstand nach ihrem Belieben zu bestimmen, so daß sie keinen rechtsgültigen Verkauf vorgenommen hätte (RGKomm. § 315[1]). Der Hervorhebung, daß sie selbst aussortieren wolle, bedurfte es nicht, um erkennen zu lassen, daß sie die Aussortierung nach ihrem Belieben vornehmen wolle. Der Kläger hat den Vertrag, auf den er sich stützt, zu beweisen und hat darüber nur den Eid zugeschoben, auf den zu erkennen ist. J.n.

β) **Arzthonorar für Behandlung von Ausländern.**

OLG. Hamburg, 3. ZS. Urteil v. 16. Mai 1922.

Der Kläger ist Augenspezialist und hat den Zahlmeister X. im Auftrage der Beklagten, auf deren Dampfer er Dienste tut, vom 13. März bis 1. Juni 1920 ärztlich behandelt. Er fordert das hierorts seines Erachtens angemessene Honorar mit einem Zuschlag von 100%, weil die Beklagte „valutastarke" Ausländerin sei. Eine ausdrückliche Vereinbarung über die Höhe der Vergütung ist nicht getroffen. Eine stillschweigende Einigung kann in der vorbehaltlosen Annahme der Rechnungen des Klägers nicht gefunden werden. Freilich ist früher für den Handelsverkehr ausgesprochen worden, daß vorbehaltlose Annahme von Rechnungen über gekaufte Ware als Genehmigung des vorher nicht vereinbarten Preises zu gelten habe. Ob dieser Ansicht auch heute noch zu folgen wäre (so Staub HGB. § 346[1])[6], braucht nicht erörtert zu werden, denn ihre aus den Besonderheiten des Handelsverkehrs zu entnehmenden Gründe treffen für den übrigen bürgerlichen Verkehr nicht zu. Eine Taxe (§ 80[2] GewO.) kommt in Hamburg nicht in Frage. Der Kläger hat daher, gleichgültig, ob es sich um einen Dienst- oder um einen Werkvertrag handelt, Anspruch auf die am Ort

[1] Das RG. hat das Armenrechtsgesuch als aussichtslos am 20. Januar 1923 abgewiesen (5 A 5).

der Leistung (Hamburg) übliche Vergütung. Nach dem Gutachten des vom hiesigen Gesundheitsamt benannten Sachverständigen wäre, wenn es sich um einen in Deutschland ansässigen deutschen Auftraggeber handelte, eine Vergütung von 1600 Mark mit einem Zuschlag von 200 Mark üblich, da die Beklagte ein „gut florierendes Unternehmen" betreibe. Wie er weiter ausführt, hat die hiesige Ärztekammer den Ärzten anheimgegeben, bei Valutaausländern die für Deutsche üblichen Sätze um 50 bis 100% zu erhöhen; doch habe sich eine feste einheitliche Praxis in Hamburg noch nicht gebildet; zurzeit würden allgemein 100% genommen. Danach kann jedenfalls für die hier allein fragliche Zeit, also für Frühjahr 1920, nicht festgestellt werden, daß hierorts jener Zuschlag bei Auftraggebern, die ihren Wohnsitz in valutastarken Ländern haben, üblich sei. Demgemäß verbleibt es bei der allgemeinen Regelung der §§ 315, 316 BGB. Also fragt sich lediglich, ob der streitige Zuschlag von 2600 Mark der Billigkeit entspricht. Bei der Bestimmung der Höhe der Gegenleistung für eine ärztliche Behandlung sind zwar in erster Linie der Umfang und die mehr oder weniger große Schwierigkeit der Behandlung selbst zu berücksichtigen. Es kommt aber auch darauf an, ob es sich bei dem Arzt um eine Fachautorität auf einem speziellen Gebiet handelt und ob ein wirtschaftlich schwacher oder ein kapitalkräftiger Auftraggeber in Frage steht. Denn da im Krankheitsfalle der einzelne auf ärztliche Hülfe angewiesen ist und sich damit in einer Zwangslage befindet, andererseits aber die ärztliche Behandlung, die der Erhaltung von Leben und Gesundheit der Staatsbürger dient, einem Interesse der Allgemeinheit, also dem öffentlichen Interesse entgegenkommt, so entspricht es dem natürlichen sozialen Empfinden, wenn für die ärztliche Vergütung nicht nach dem Stande, wohl aber nach der wirtschaftlichen Lage des einzelnen Auftraggebers unterschieden und damit ein den Interessen des Arztes wie der Allgemeinheit gerecht werdender billiger Ausgleich getroffen wird. Gerade dieser Gesichtspunkt muß dazu führen, bei der Bemessung ärztlichen Honorars auch die Tatsache zu berücksichtigen, daß der Auftraggeber ein Ausländer ist, weil dann die Erwägung des öffentlichen Interesses und der Gemeinnützigkeit der ärztlichen Tätigkeit vielfach weniger ins Gewicht fällt und jedenfalls gegenüber solchen Ausländern versagt, die gerade um der ärztlichen Behandlung willen nach Deutschland kommen.

Vorliegend handelt es sich um eine langwierige, nicht einfache Behandlung durch einen Spezialisten, der in seinem Fach „anerkannt, aber keine der ersten Autoritäten Hamburgs ist". Als Auftraggeber stand ihm die recht kapitalkräftige Angehörige eines Landes mit höchster Valuta gegenüber. Der streitige Zuschlag entspricht daher dem billigen Ermessen. V.

m) α) **Rücktritt aus § 326 bei teilweiser Leistung.**

OLG. Hamburg, 5. ZS. Urteil v. 27. Januar 1922.

Der Kläger hat der Beklagten den für einen Fischschupper erteilten Gebrauchsmusterschutz nebst „allen gegenwärtig vorhandenen Herstellungseinrichtungen und Fertigwaren", also das gesamte Geschäft, für 20000 Mark verkauft. Da jedoch X., dem er die Herstellung des Fischschuppers übertragen hatte, die Herausgabe der dafür benötigten, von X. angefertigten Stanzen, Formen und Werkzeuge ablehnte, verweigerte Beklagte die Zahlung des Restkaufpreises und trat nach Fristsetzung zurück. Dieser Rücktritt war nach §§ 326, 325 berechtigt, weil der Vertrag trotz Teilbarkeit der Leistungen an sich nach der rechtlichen und wirtschaftlichen Lage nur durch eine einheitliche Leistung erfüllt werden konnte (Staub Anh. zu § 374[131]). Für die Leistung des Verkäufers war ein Gesamtpreis zu zahlen, ohne daß sich erkennen ließe, wie die Parteien die einzelnen Teilleistungen (Musterschutz, Herstellungseinrichtungen, Fertigware) bewertet haben. Bereits das weist darauf hin, daß von den vereinbarten Leistungen nicht eine allein gekauft worden wäre, sondern daß sie nur in ihrer Verbindung als Ganzes gekauft sind. Anderseits spricht gegen eine Belassung der Spezialwerkzeuge in der Hand des X., dem die Beklagte die Herstellung nicht weiter überlassen wollte, schon die dadurch für X. geschaffene und zum mindesten erleichterte Möglichkeit der unbefugten Weiterherstellung, also ein recht gewichtiges Interesse der Beklagten, bei dessen Verletzung die mit dem Musterschutz erworbenen Rechte zum mindesten für die Zeit bis zur Erwirkung einer dies verbietenden gerichtlichen Verfügung erheblich beeinträchtigt wurden. Es ist aber weiter nicht zu verkennen, daß auch der Besitz der Herstellungseinrichtungen selbst für Beklagte von erheblichem Interesse war. Die Biegevorrichtung war ohne weiteres wieder zu verwenden. Der Besitz der Stempel und Stanzen aber, mochten diese auch für andere Maschinen nicht passend gemacht werden können, erleichterte der Beklagten zum mindesten die Neuanfertigung solcher, u. z. auch dann, wenn ihr Zeichnungen dieser Teile zur Verfügung standen. Selbst einem technisch nicht durchgebildeten und im Lesen von technischen Zeichnungen nicht bewanderten Arbeiter mußte die Anfertigung neuer, nur in den Maßen veränderter Stanzen und Stempel nach vorliegenden Mustern ohne weiteres möglich sein. B.

β) **Abnahmeverzug. Androhung des Verkaufs.[1] Schadensberechnung.**

OLG. Rostock, 2. ZS. Urteil v. 1. Juni 1922.

Die Beklagte hat für ihr Interesse an der Abnahme der verkauften Ware eine Reihe von Tatsachen dargelegt, auf die es jedoch nicht ankommt, weil sie bei der Nachfristsetzung nicht die Annahme der Leistung abgelehnt, sondern nur angekündigt hat, daß sie die Ware für Rechnung des Klägers verkaufen und ihn für den Mindererlös haftbar machen werde. Darin liegt

[1] Wenn der klagende Käufer für den Fall fruchtlosen Fristablaufs androht, daß er sich, wie, wo und wann er kann, eindecken werde, so behält er sich damit nicht etwa nur das Recht zum Deckungskauf für gewisse Eindeckungsmöglichkeiten vor, sondern drückt seine Absicht aus, dabei ohne Berücksichtigung der Interessen der Beklagten jede sich zur Deckung bietende Gelegenheit wahrnehmen zu wollen; die Erklärung ergibt also deutlich, daß er sich nach Fristablauf auf die Leistung der Beklagten nicht mehr einlassen wolle (OLG. Königsberg, 1. ZS. Urteil v. 10. Mai 1921).

überhaupt keine bestimmte Erklärung, welche rechtlichen Folgerungen die Beklagte ziehen will; sondern höchstens die Androhung des Selbsthilfeverkaufs nach § 383 BGB. oder § 373 HGB. (RG. 53 S. 71). Die Beklagte hat jedoch selbst nicht behauptet, die dort vorgeschriebenen Formen bei dem späteren Verkauf gewahrt zu haben ... Weiter führt sie aus, daß sie die für den Kläger bestimmte Ware alsbald nach Ablauf der Frist anderweit verkauft habe, daß sie sich daher, auf dessen spätere Lieferungsaufforderung anderweit hätte eindecken und dann die höheren Preise hätte aufwenden müssen, wie der Kläger sie bei seinem Deckungskaufe gezahlt habe, so daß er in Wirklichkeit gar keinen Schaden gehabt habe. Allerdings hatte sie, auch wenn sie nicht wirksam zurückgetreten war, nicht nötig, die Ware dauernd auf Lager zu behalten, sondern durfte sie im laufenden Geschäftsbetriebe veräußern, jedenfalls dann, wenn sich der Kläger in schuldhaftem Verzuge der Abnahme befand. Ihre Leistungspflicht blieb freilich bei Bestand; es genügte aber, wenn sie sich auf die Lieferungsaufforderung des Klägers erneut mit Ware versah. Mußte sie dann mehr zahlen, als bei dem ursprünglichen Ankaufe, so konnte sie dies Mehr in Rechnung stellen. Ohne weiteres ist aber klar, daß sie darzulegen hat, wieviel sie mehr hätte aufwenden müssen; das hat sie nicht getan ... J. n.

γ) **bei Ausschluß aller Ersatzansprüche. Ausfuhrerlaubnis.**

OLG. Braunschweig, 1. ZS. Urteil v. 16. September 1921.

Die Beklagte hat eine Maschine für 27995 Mark verkauft, sie aber trotz Mahnung und Nachfristsetzung nicht geliefert. Gegen die Klage auf Schadensersatz hat Beklagte eingewandt, daß es sich um ein Auslandsgeschäft gehandelt habe und ihr die Ausfuhrbewilligung nicht erteilt sei. Dieser Einwand ist nicht deshalb belanglos, weil die Lieferung ins Ausland nicht zum Vertragsbestandteil erhoben sei. Denn der Verkäufer hat nach Handelsgebrauch bei Distanzkäufen die Übersendungspflicht an den Wohnort des Käufers (Rsp. 13 S. 406) und infolgedessen auch die Pflicht, mit der Sorgfalt eines ordentlichen Kaufmanns alles zur Erreichung dieses Zwecks Erforderliche zu tun, soweit es in seinen Kräften steht. Hier hat deshalb dazu auch die Einholung der Ausfuhrbewilligung gehört. Ist diese ihr nicht erteilt, dann ist ihr die Erfüllung ihrer Pflicht ohne ihre Schuld unmöglich geworden und ihr Verzug nicht eingetreten. Allerdings hat der Kläger später nur noch um Übersendung der Maschine an die Kölner Speditionsfirma gebeten. Beklagte hat dies aber deshalb abgelehnt, weil der Kläger seine Absicht, die Maschine ins Ausland zu bekommen, auf Umwegen erreichen wollte. Hätte er diese Absicht wirklich noch gehabt, so wäre es der Beklagten in der Tat nicht zuzumuten, ihm dabei behilflich zu sein und und sich auf diese Weise an einer Schiebung zu beteiligen (RG. 99 S. 157). Daß sie daneben wegen der Preissteigerung auch sonst nicht zur Lieferung bereit gewesen wäre, ändert nichts daran. Indessen macht ein anderer Grund die angebotene Beweisaufnahme entbehrlich.

Nach ihren Lieferungsbedingungen hat Beklagte Verzugsstrafen, die nicht ausdrücklich vereinbart seien, und alle sonstigen Ansprüche im Falle einer Lieferfristüberschreitung grundsätzlich abgelehnt und selbst bei Vereinbarung einer Verzugsstrafe den Käufer nur beschränkte Ersatzansprüche zugebilligt, alle anderen Entschädigungsansprüche aber und namentlich den Rücktritt ausgeschlossen. Dieser weitestgehende Ausschluß aller Folgen des Erfüllungsverzugs umfaßt aber in Rücksicht auf den dispositiven Charakter des § 326 (LZ. 17 S. 1325) auch den darauf gestützten Anspruch auf Schadensersatz wegen Nichterfüllung. Daß Beklagte die Lieferung überall abgelehnt hat, ändert nichts daran; denn der Kläger hat daraufhin wegen Verzugs Ansprüche auf § 326[1] geltend gemacht und gerade diese sind vertragsmäßig ausgeschlossen. Ihm ist der Anspruch auf Erfüllung verblieben. W.n.

δ) **Sukzessivlieferung. Rechtzeitige Rücktrittserklärung.**[1]

OLG. Hamburg, 5. ZS. Urteil v. 5. Oktober 1921.

Der Kläger hatte in zwei Abschlüssen 30000 und 20000 Flaschen Schaumwein verkauft, die in Raten von 7000 Flaschen abzunehmen waren. Nach Lieferung der ersten Rate hatte die Beklagte die zweite Rate wegen mangelhafter Beschaffenheit nicht abgenommen und ist deshalb wegen der weiteren Raten beider Abschlüsse vom Vertrage zurückgetreten. Mit Recht hat das LG. die Klage insoweit abgewiesen, als sie Schadensersatz wegen Nichtabnahme der zweiten Rate verlangt. Nach der Rechnung handelt es sich dabei um eine Partie 1/14, während in Wirklichkeit die Partie 18/19 für die Beklagte bestimmt war. Dem Geschäftsführer der Beklagten ist bei der Besichtigung in Berlin unstreitig eine Partie gezeigt, die so schlecht war, daß sie nicht abgenommen zu werden brauchte, und zwar war dies nicht die Partie 18/19, wobei dahingestellt bleiben kann, ob es sich hier um ein Versehen eines Angestellten des Lagerhalters X. handelte, oder ob man versucht hat, jene Partie nachträglich unterzuschieben. Die Beklagte hatte nach dem Vertrage ein Recht, den Wein in Berlin zu besichtigen. Der Kläger war daher verpflichtet, ihr dort die Ware zur Untersuchung vorzuführen, so daß X. und dessen Angestellte dabei Erfüllungsgehilfen nach § 278 waren. Dasselbe gilt von allen anderen Personen, die für den Kläger mitwirkten, um die Besichtigung zu ermöglichen. Die gezeigte Partie muß als vom Kläger zur Erfüllung angeboten gelten, und die Beklagte brauchte sich nicht darauf verweisen zu lassen, daß eine falsche Ware gezeigt worden sei. . . .

Dagegen war der auf positive Vertragsverletzung gestützte Rücktritt der Beklagten unberechtigt. Ob überhaupt ein solches Recht in Frage gekommen wäre, nachdem die beiden ersten Raten mangelhaft ausgefallen waren, und ob die Beklagte namentlich auch vom zweiten Abschluß zurücktreten konnte, bedarf keiner Entscheidung. Sie hat es jedenfalls verspätet geltend gemacht. . . . Ebenso wie die Rechte aus § 226 in angemessener Frist auszuüben sind, erfordern Treu und Glauben ganz besonders, daß, wer wegen positiver Ver-

[1] Bei den regelmäßig erfolgenden Teillieferungen des Verkäufers und seiner sich darin aussprechenden Erfüllungsbereitschaft treffen die Voraussetzungen einer verfrühten Nachfristsetzung (RG. 93 S. 182) nicht zu (OLG. Hamburg, 5. ZS. Urteil v. 28. Okt. 1921). V.

tragsverletzung bei Sukzessivlieferungsverträgen zurücktreten will, dies ohne ungebührliche Verzögerung erklärt. Der andere Teil muß möglichst bald Klarheit darüber haben, ob er weitere Lieferungen vorzubereiten hat. Der Zurücktretende braucht zwar nicht im einzelnen anzugeben, worin er die Verletzung findet, aus seiner Erklärung muß aber doch im großen und ganzen hervorgehen, daß gerade eine ganz bestimmte Verletzung geltend gemacht werden soll (Staub, Anhang zu HGB. § 374[181]). Die Beklagte hat aber ihren Rücktritt erst am 14. August 1919 auf die Mängel der beiden ersten Raten gestützt, nachdem sie die Junirate schon vor dem 21. Juli besichtigt hatte. Gewiß mußte ihr ein angemessener Zeitraum zur Ermittlung des Sachverhalts und zur Überlegung, namentlich auch zur Beratung mit ihren Abnehmern, gegeben werden (vgl. Staub aO.). Allein schon am 29. Juli hatte sie weitere Lieferungen abgelehnt und hätte sich daher auf den schlechten Ausfall der beiden ersten Raten berufen müssen, wenn sie darauf ihren Rücktritt stützen wollte. Stützte sie damals ihr Rücktrittsrecht darauf, daß der Sekt nicht unmittelbar von der Fabrik stamme und Kettenhandel vorliege, durfte der Kläger mit Recht diese Weigerung für haltlos ansehen. Denn er hatte ersteres nicht verbindlich zugesagt. Kettenhandel kam aber nicht in Frage, da Sekt kein Gegenstand des täglichen Bedarfs ist, vielmehr bei den hohen Preisen für Schaumwein schon 1919 als Luxusartikel anzusehen war, für den auch in den begüterten Kreisen der Bevölkerung damals kein täglich sich erneuernder Bedarf bestand (RG. III 271/19, in Gegensatz zu RGSt. 53 S. 117) . . . V.

ε) **Setzen einer Überlegungsfrist auf Grund des § 326?**

OLG. Hamburg, 5. ZS. Urteil v. 28. Oktober 1921.

Die Beklagte hat am 1. Nov. 1920 von X. 1000 holl. Gulden zu 2595 % auf Abruf Ende 1920 gekauft und ihm diesen Abschluß auch sofort schriftlich bestätigt. Unter demselben Datum erhielt sie von dem Kläger eine Bestätigung, daß dieser ihr 1000 Gulden zum bezeichneten Kurse verkauft habe. Sie mußte hieraus ersehen, daß X. für den Kläger gehandelt habe, und dieser ihr Vertragsgegner sein wolle. Demgemäß bat alsbald ihr Prokurist den Kläger, über die Gulden zum Kurse von 2595 % einen Scheck an eine Bank auszuhändigen, der Gegenwert werde am nächsten Tage seinem Konto überwiesen werden. Mit diesem Schreiben erklärte die Beklagte ihr Einverständnis, daß nicht mehr X., sondern der Kläger als ihr Vertragsgegner in Frage komme; zugleich rief sie die gekauften Gulden ab. Am folgenden Tage erklärte sie durch den Fernsprecher, jenes Schreiben beruhe auf einem Irrtum und solle nicht gelten; im übrigen seien die Gulden erst Ende 1920 abzunehmen, worauf der Kläger erwiderte, er nehme davon Anmerkung. Beklagte deutet dieses Gespräch dahin, daß sie das Vertragsverhältnis zwischen ihm und dem Kläger wieder aufgehoben habe und wiederum den X. als ihren Vertragsgegner ansehe. Allein ihre Erklärung war nicht anders als dahin verständlich, daß der sofortige Abruf nicht gelten solle, was besonders die Schlußworte noch klarstellten. . . . Sie durfte daher, als der Kläger sie um eine nachträgliche Bestätigung darüber ersuchte, daß er die Gulden durch Vermittlung des X. ihr verkauft habe, nicht erwidern, sie habe nur von X. Gulden gekauft. Diese Erklärung enthielt also eine Weigerung der Vertragserfüllung. Es kann unerörtert bleiben, ob der Kläger hiernach schon die Rechte aus § 326 geltend machen durfte. Jedenfalls war er berechtigt, der Beklagten zur Klarstellung eine Überlegungsfrist zu setzen (vgl. Planck § 326 S. 396, 408). Dies hat er am 25. November getan und sein Anwalt die bis zum 26. gesetzte Frist am 26. bis 29. mittags verlängert. Diese Fristen waren nicht solche des § 326 im engeren Sinne, denn Beklagte war mit der Vertragserfüllung nicht im Verzug, brauchte vielmehr erst Ende 1920 abzunehmen und zu zahlen, aber das Recht des Klägers folgt ohne weiteres aus ihrem vertragswidrigen Verhalten, § 326 ist entsprechend anzuwenden. Es ist deshalb auch unerheblich, ob die erste Frist etwa schon abgelaufen war, als sie bis zum 29. verlängert wurde, es lag darin lediglich ein Entgegenkommen. Der Kläger, der angekündigt hatte, die Gulden schon am 26. verkaufen zu wollen, hatte nicht etwa zum Nachteil des Beklagten spekuliert, als er sich entschloß, ihr noch bis 29. Überlegungszeit zu geben und nun erklärte, erst am 29. verkaufen zu wollen. Eventuell wäre die erste Frist in der Tat reichlich kurz und ihre Verlängerung angemessen gewesen, so daß dann durch die erste Frist die schließlich bestimmte in Lauf gesetzt wurde.

Der fruchtlose Fristablauf berechtigte den Kläger, den anderen Teil sogleich wie einen Schuldner, der nicht erfüllt hat, zu behandeln und den entstandenen Schaden sogleich festzustellen. Ob er befugt gewesen wäre, mit dem Verkauf der Gulden noch zu warten, kann unerörtert bleiben, jedenfalls war er dazu nicht verpflichtet, vielmehr erforderte gerade die Rücksicht auch auf die Beklagte, alsbald den Verkauf vorzunehmen, da die spätere Kursentwicklung unsicher war. Dies allein entspricht sowohl dem Handelsverkehr, wie auch der Billigkeit. B.

5) § 326 gegenüber der Bek. v. 14. Dez. 1916 § 13 Nr. 2.

Kammergericht, 8. ZS. Beschluß v. 22. November 1921.

Der Gläubiger hat 2 Tage nach angeordneter Geschäftsaufsicht bei dem Schuldner pfänden lassen. Dies war nach § 6² Bek. v. 14. Dez. 1916 unzulässig. . . . Von den Ausnahmefällen des § 13 könnte nur die Nr. 2 in Betracht kommen. Wie ihr Wortlaut ergibt, muß es sich um einen gegenseitigen Vertrag handeln, dessen Erfüllung beiden Teilen noch möglich ist, auf Grund dessen der Gläubiger noch erfüllen muß und einen Anspruch auf Erfüllung gegen den Schuldner hat. Dafür spricht auch der gesetzgeberische Grund für diese bevorrechtigte Stellung des in Nr. 2 bezeichneten Gläubigers; nur wenn dieser noch an den unter Geschäftsaufsicht stehenden Schuldner zu leisten hat und leistungsbereit ist, ist es gerechtfertigt, seinem Anspruch auf die Gegenleistung einen Vorzug vor den anderen persönlichen Gläubigern zu gewähren. Die Voraussetzung der Nr. 2 ist aber nicht gegeben, wenn wie hier schon vor der Anordnung wegen Verzugs des Schuldners gemäß § 326 BGB. eine angemessene Nachfrist gesetzt und abgelaufen ist. Dann ist der Anspruch auf Erfüllung ausgeschlossen, und der Gläubiger hat, falls er nicht vom Vertrage zurücktritt, nur noch einen einseitigen Schadensanspruch wegen Nichterfüllung, der den in Nr. 2 erwähnten Ansprüchen nicht gleichzustellen ist. Aus § 13² folgt nichts Gegenteiliges. Er betrifft, soweit er auf § 9² verweist, den Fall, daß der Schuldner nach der Anordnung der Geschäftsaufsicht die Erfüllung mit Genehmigung des Gerichts abgelehnt hat und der Gläubiger aus diesem Grunde Schadensersatz wegen Nichterfüllung fordert.... B.

n) **Weihnachtslieferung als Fixgeschäft.**

OLG. Kassel, 1. ZS. Urteil v. 5. Januar 1922.

Der Kläger hat am 16. Dezember Nüsse und Zwiebeln verkauft und der Beklagten hierher gesandt, wo sie am 27. ankamen, aber nicht abgenommen sind. Die Klage auf den Kaufpreis ist unbegründet. Sind die Nüsse für den Verkauf zu Weihnachten bestellt, so liegt ein „Fixgeschäft" im Sinn von § 361 BGB. und, da beide Kaufleute sind, auch von § 376 HGB. vor. Mußten sie nach der Vereinbarung so rechtzeitig geliefert werden, daß die Beklagte sie zu Weihnachten weiter verkaufen konnte, so war eine hinreichende bestimmte Erfüllungszeit zu einer Geschäftsbedingung des Inhalts erhoben, daß eine spätere Erfüllung nicht mehr als Vertragserfüllung gelten sollte. Wie nach RG. 101 S. 363 eine Zeitbestimmung: „im Mai" für die Eigenschaft als Fixgeschäft genügt, so noch mehr die „zu Weihnachten", die noch weniger Spielraum gewährt und zugleich ähnlich wie bei Börsengeschäften über Waren mit stark schwankenden Preisen (Rsp. 8 S. 236) scharf und deutlich den Grund der Bestimmung zeigt (vgl. auch RG. 62 S. 182). Wann eine solche Frist, auf den Tag entschieden, abläuft, kann hier dahinstehen, weil erst nach Weihnachten erfüllt ist. Die Beklagte ist dann sofort zurückgetreten und zwar mit Wirkung für das ganze Geschäft; denn sie konnte bei der Bahn die Nüsse nicht von den Zwiebeln trennen, der Kläger hat ihr aber nicht etwa dann die Zwiebeln, für deren Lieferung keine Zeit vereinbart war, getrennt angeboten. Daß aber die Frist als vereinbart gilt, ergibt sich daraus, daß für die wenige Tage vorher bestellte und zugesandte Probe ausdrücklich die Absendung als „beschleunigtes Eilgut" vereinbart und ausgeführt war. Der Umstand, daß dies geschehen ist, um die Probe der Beklagten zum „kupfernen Sonntag" zur Verfügung zu stellen, spricht dafür, daß die Hauptlieferung vertragsmäßig auch vor Weihnachten erfüllt sein sollte. Ist bei der späteren Bestellung jene Vereinbarung nicht wiederholt worden, so hat doch auch der Kläger sie für das Hauptgeschäft vorausgesetzt, denn er hat angeordnet, die Ware als „beschleunigtes Eilgut" abzusenden, anderseits die Rechnung mit diesem Vermerke versehen. Vor allem hat aber die Beklagte bei der Bestellung der Hauptware erklärt, daß sie diese zu Weihnachten brauche.... G.

Dazu: OLG. Braunschweig, 2. ZS. Urteil v. 31. Januar 1922.

Die Fassung des Angebots der Beklagten vom 8. August 1919: „Ich habe augenblicklich abzugeben und biete Ihnen freibleibend an ..." ergibt nicht schon den Willen der Parteien, nur ein Brennholz-Saisongeschäft für den Winter 1919/20 abzuschließen. Allerdings wollte Beklagte ihr Lager baldmöglichst räumen und der Kläger das Holz baldmöglichst haben, um es an seine Kunden abzusetzen. Allein die Ausdrücke „augenblicklich" und „freibleibend" ergänzen einander nur in dem Sinne, daß Beklagte die Gebundenheit des Angebots ausschließen und auf schleunigen Zugriff hinweisen wollte, wie es wohl auch mit den Worten geschieht „solange Vorrat reicht". Daß sich „freibleibend" auch auf den Lieferungsabschluß bezogen habe, ist nicht behauptet. Der Schriftwechsel ergibt aber, daß der Kläger ein fortdauerndes Interesse an der Lieferung bekundet und niemals ausdrücklich oder stillschweigend darauf verzichtet hat. Der Vertrag steht also seinem jetzigen Lieferungsbegehren nicht im Wege. v. F.

o) **Annahme von Geldscheinpäckchen ohne Nachzählen.**[1]

OLG. München, 4. ZS. Urteil v. 10. Dezember 1921.

Der Kläger entnahm als Kunde der Bank an deren Schalter 15000 Mark und erhielt drei je unter einem Kreuzband mit Aufdruck zusammengefaßte Notenbündel zu 5000 Mark. Ohne nachzuzählen, verbrachte er sie nach seiner Behauptung unverzüglich in das von ihm bei jener Bank gemietete Schrankfach. Erst später will er entdeckt haben, daß auf einem der Bündel der Aufdruck „5000 Mark" durchstrichen und „ca. 4000 Mark" handschriftlich darüber gesetzt war, sowie daß dieses Kreuzband in der Tat statt 100 Scheine zu 50 Mark nur deren 79 enthielt. Die Klage auf den Fehlbetrag von 1050 Mark ist unbegründet. Ein Gewohnheitsrecht, demzufolge im Zahlungsverkehr mit Papiergeld die vorbehaltlose Annahme jeden weiteren Anspruch abschneiden soll, kann, von der rechtlichen Möglichkeit der Bildung von Gewohnheitsrecht neben und gegen das geschriebene Reichsrecht ganz abgesehen, nicht anerkannt werden. Wohl aber ist eine, keineswegs auf den Verkehr unter Kaufleuten (§ 346 HGB) beschränkte Verkehrssitte des Inhalts unabweisbar, daß, wer eine Zahlung in gebündelten Scheinen, sei es nach Zählung ohne begleitende Beanstandung oder unter Verzicht auf Zählung, vorbehaltslos annimmt, damit auch diese ihm als Erfüllung angebotene Leistung als Erfüllung angenommen hat. Diese Verkehrssitte (im Sinne der §§ 157, 242 BGB.) ist nicht einmal notwendig auf den Kassenverkehr des Bankiers zu beschränken und ihre Wirksamkeit nicht davon abhängig zu machen, daß die Aufschrift des Notenbündels eine Haftbarkeit für die Übereinstimmung des Inhalts mit der Bezifferung ablehnt, und an den Empfänger die Mahnung richtet, beim Empfang nachzuzählen. Mit dem Einwand, es sei ihm bei dem Gedränge am Bankschalter objektiv die Nachzählung der Notenbündel gar nicht möglich gewesen, kann der Kläger nicht gehört werden. Vielmehr

[1] Mag auch im Bankverkehr Brauch sein, daß, wer Geldscheinbündel ohne sofortige Nachzählung annimmt, die Gefahr trägt, wenn sie versehentlich nicht die angegebene Summe enthalten, so gilt dies doch nicht bei Zahlungen eines Viehhändlers an einen andern (OLG. Jena, 2. ZS. Urteil v. 24. Juni 1921; JW. S. 1329[6]). Vgl. Rsp. 41 S.104.

kann es sich hier nur um eine Schwierigkeit, um die Nötigung, die Sache unter lästigen Begleitumständen abzumachen, handeln; auch die Gefahr, beim Nachzählen inmitten des nachdrängenden Publikums bestohlen zu werden, ist bei der nötigen Umsicht vermeidbar. Nach der Aussage des A., der die Auszahlung machte, hätte der Kläger trotz des Andranges an der Kasse nach der Beschaffenheit des Schaltertisches die Bündel unmittelbar bei Empfang sehr wohl nachzählen können. Nicht unbeachtlich ist aber auch die Versicherung des Zeugen, daß er eine Beanstandung durch den Kläger als ihm wohlbekannten alten Kunden auch nicht abgelehnt hätte, wenn der Kläger die Noten nicht auf dem Zahltisch, sondern allsogleich auf einem der in der Mitte des Bankvorraums stehenden Tische nachgezählt hätte. Gegen eine Auslegung seines Verhaltens als Willenserklärung dahin, daß er die Leistung als eine der obwaltenden Verbindlichkeit entsprechende Erfüllung anerkenne, kann der Kläger auch nicht vorschützen, daß die Beklagte selbst die Bündel nicht nachgezählt habe, also die Gefahr ihrer Übereinstimmung mit der Aufschrift auf den Kunden abwälze. Allein erstens übernimmt die Beklagte und jede Privatbank, die es ebenso macht, was eben ihre Sache ist, doch zunächst gegenüber der Reichsbank, von der die Noten bezogen werden, die gleiche Gefahr, sodann entspricht das ganze Gebaren unter den gegebenen Verhältnissen einer nicht zu umgehenden Notwendigkeit, und schließlich erfolgt die zuzugebende Überwältigung der Gefahr nicht durch einen Winkelzug, sondern offen. Das machte der oben berührte Aufdruck des Kreuzbandes deutlich, wenn die ausgebende Bank auch die Gewährschaft dadurch nicht einseitig ausschließen kann. Es ist dem Kunden unbenommen zu erklären, daß er sich auf diese Art der Zahlung nicht einlasse, sondern das (Papier-) Geld vorgezählt verlange. Nach § 363 hat der Gläubiger nachzuweisen, daß die Leistung unvollständig gewesen sei. Dieser Beweis ist mißglückt. . . . H.n.

p) **Bedeutung einer Quittung unter Vorbehalt.**

OLG. Kiel, 1. ZS. Urteil v. 19. Februar 1923.

Anfang Januar 1922 vorm. 10 Uhr ließ der Kläger, der bei der beklagten Bank ein Girokonto hatte, durch seinen Buchhalter einen Betrag von angeblich 51000 Mark in kleinen Scheinen einzahlen. Da das Geld nicht sofort nachgezählt werden konnte, erklärte der Kassierer, er nehme es nur unter Vorbehalt an und schrieb auf die Quittung entsprechend „unter Vorbehalt". Das Geld wurde sodann auf einen im Kassenraum befindlichen Tisch gelegt und erst nach Kassenschluß (1 Uhr) nachgezählt, wobei nur 44600 Mark festgestellt wurden. Die Klage auf Zahlung weiterer 6400 Mark ist unbegründet. Weder der Zeitpunkt noch die Ursache des Abhandenkommens der 6400 Mark sind irgendwie aufgeklärt. Ebensowenig ist es durch die Art der Aufbewahrung des Geldes bis zur Durchzählung verursacht. Bei dieser Sachlage kann die Entscheidung nur auf die Beweislast abgestellt werden. Hätte die Beklagte über den Empfang von 51000 Mark vorbehaltlos quittiert, so müßte sie ihre Behauptung, weniger gezahlt erhalten zu haben, unzweifelhaft beweisen. Die Besonderheit der Vorbehaltsquittung liegt aber darin, daß sich der Erklärende gegen die seinem formellen Empfangsbekenntnis innewohnende Beweiskraft gerade verwahren und erst einer späteren Nachprüfung vorbehalten will, ob er den in der Quittung genannten Geldbetrag überhaupt empfangen hat. Er bekennt sich also nur dazu, daß an ihn überhaupt gezahlt worden ist, nicht dagegen zu einer Zahlung der angegebenen Höhe. Ebenso wie bei Nichtausstellung einer Quittung trägt bei Vorbehaltsquittungen der Zahlende die Gefahr des Beweises für die Höhe seiner Zahlung. Will er diese Gefahr nicht übernehmen, so darf er das Geld ohne vorbehaltloses Empfangsbekenntnis nicht aus der Hand geben. Die Erwägung des LG., daß die Banken die Sicherheit des Verkehrslebens gefährdeten, wenn sie größere Geldbeträge nicht sofort nachzählten und nur unter Vorbehalt annähmen, kann an dieser Verteilung der Beweislast nichts ändern, da niemand gezwungen ist, sein Geld gegen eine bloße Vorbehaltsquittung zu zahlen. Von einem Verschulden des Zahlungsempfängers könnte die Beweislast für die Zahlung nur unter ganz besonderen Umständen, zB. dann beeinflußt werden, wenn er dem Zahlenden die Beweisführung vereitelt oder erschwert haben sollte. Eine mit Willen des Zahlenden erteilte Vorbehaltsquittung enthält jedoch kein so geartetes Verschulden. Auch hat die Beklagte den Kläger sofort nach der Durchzählung des Geldes von dem Fehlbetrage benachrichtigt, so daß er alle zur Beweissicherung geeigneten Maßnahmen ergreifen konnte. Dr. B.p.

q) **Anzeige der Forderungsabtretung. § 410 BGB.**[1]

OLG. Stuttgart, 2. ZS. Beschluß v. 28. April 1922.

Der Regelfall des § 410 ist der, daß der neue Gläubiger eine Urkunde des alten Gläubigers über die Abtretung dem Schuldner aushändigt. Dieser soll in Stand gesetzt werden, ruhig zu prüfen, ob die Abtretung in Ordnung sei; zugleich wird ihm ein Beweismittel für die Abtretung in die Hände gegeben und belassen. Dies spricht dafür, daß auch die Anzeige des § 410² eine solche sein muß, die in die Hände des Schuldners gelangt und dort verbleibt, daß also das einfache Vorweisen einer schriftlichen Mitteilung nicht genügt. Dafür spricht auch der Wortlaut des § 409. Sein Abs. 1 spricht von einer Anzeige schlechthin, wonach hier eine mündliche Anzeige genügt, folgeweise auch eine schriftliche, lediglich vorgewiesene Mitteilung genügen muß. Im § 410 aber ist ausdrücklich Aushändigung der Urkunde und schriftliche Anzeige verlangt. Hier hat aber der Kläger nur den vom bisherigen Gläubiger mitunterschriebenen Vertrag vorgezeigt. S.

r) **Verkäufer, der wirtschaftlich nur Vermittler ist.**

α) OLG. Hamburg, 5. ZS. Urteil v. 5. Oktober 1921.

Der Beklagte hat in Anlage 1 ausdrücklich erklärt, daß er 10000 Apparate dem Kläger verkaufe. An diese Willenserklärung ist er gebunden, er könnte

[1] Die Abtretung des abtretungsfähigen Gehaltsteils, die zur Sicherheit einer in fremder Währung rückzahlbaren Darlehnsschuld bis zu deren Tilgung erklärt wird, ist wirksam; insbes. wird die Schuld dadurch, daß sie auf fremde Währung lautet, nicht unbestimmbar (OLG. Karlsruhe 14. Juli 1921; Rpr. 1922 S. 73).

denn beweisen, daß sie nicht dem wahren Willen der Parteien entsprochen habe. Hierfür genügt aber noch nicht der Nachweis, daß er wirtschaftlich nur Vermittler zwischen dem Fabrikanten N. und dem Kläger war und daß die Beteiligten sich dessen bewußt waren. Denn auch, wer wirtschaftlich nur Vermittler ist, tritt häufig in rechtlicher Beziehung als Käufer oder Verkäufer auf, und zwar mit dem Willen, alle Folgerungen daraus zu ziehen. Daß Beklagter dies ebenfalls beabsichtigt hat, ist um so wahrscheinlicher, als er auch dem N. gegenüber als Selbstkontrahent aufgetreten ist. Beklagter müßte daher ganz besondere Umstände dafür dartun, daß die Anlage 1 nur eine Form sein sollte. Hierfür reicht nicht aus, daß der Kläger seinem Teilhaber erklärte, Beklagter habe eine zu hohe Provision berechnet, und daß der Prokurist des Klägers äußerte, die Aufforderungen und Fristsetzungen seien nur deshalb an den Beklagten gerichtet, damit dieser einen Druck auf den Fabrikanten ausübe. Dies läßt zwar deutlich erkennen, daß der Kläger den Beklagten wirtschaftlich nur als Vermittler betrachtete, beweist aber nichts dafür, daß er ihn nicht rechtlich als seinen Verkäufer behandeln wollte. V.

β) **Beschlagnahme der Ware als Rechts- oder Sachmangel?**

Kammergericht, 7. ZS. Urteil v. 27. Mai 1921.

Die Kartoffelstärke, die der Kläger gekauft und erhalten hat, ist bei ihm 1919 auf Veranlassung des Kriegsausschusses beschlagnahmt, nach einigen Monaten aber wieder freigegeben worden. Die Klage auf Rückzahlung des Kaufpreises ist unbegründet. Es handelt sich hier nicht um „Rechte" eines Dritten; denn § 434 betrifft nur solche persönlichen Rechte, denen eine Wirksamkeit gegen den Käufer als dem Rechtsnachfolger des Verpflichteten innewohnt, also reine Zivilrechte. Einen persönlichen Aneignungsanspruch auf die Stärke hat jedoch die Kriegsgesellschaft nicht gehabt; die Beschlagnahme beruht vielmehr auf dem öffentlichen Recht und könnte allenfalls als ein Mangel des § 459 angesehen werden, der die bei dem Kaufe vorausgesetzte Möglichkeit des Gebrauchs der Stärke beeinträchtigte. Indessen hat er nur einige Monate gedauert und diese vorübergehende Verfügungsbeschränkung reicht nicht aus, einen Sachmangel des § 459 zu begründen. L.n.

γ) **Handel mit Schecks auf Wien.**

OLG. Hamburg, 7. ZS. Urteil v. 3. Februar 1922.

Der Kläger hat von der Beklagten im Oktober 1920 für 300000 Kronen Schecks auf Wien gekauft. Die bezogene Firma hat den Gegenwert bezahlt. Die Devisenbank in Wien hat jedoch die Gutschrift des Devisenbetrags abgelehnt, weil die bezogene Firma die Fakturen nicht vorlegen konnte. Die Schecks sind zurückgekommen und die Beklagte hat den Kaufpreis zurückgezahlt. Der Kläger hat sich eingedeckt und verlangt auf Grund des § 437 Ersatz des Unterschieds. Der Anspruch ist begründet. Nach dem Gutachten gilt „Inlands-(Alt-)Wien" handelsüblich nur dann als verkauft, wenn es ausdrücklich vereinbart worden ist. Werden dagegen wie hier lediglich Schecks auf Wien verkauft, so bedeutet das handelsüblich immer „Auslandswien", das im Verkehr auch „Deutschösterreich" genannt wird. Da hier außerdem von den verkauften Schecks drei den Vermerk „Deutschösterreich" tragen und die Beklagte auf einem Scheck den Vermerk „Deutschösterreich" auf Wunsch des Klägers noch besonders hinzugefügt hat, so ergibt sich auch daraus, daß tatsächlich „Auslandswien" verkauft worden ist. Die Beklagte muß, wenn sie mit solchen Schecks handelt, auch die Handelsbräuche gegen sich gelten lassen. Die hier verkauften Schecks sind aber nur „Inlandswien" gewesen, weil der Kronenbetrag nicht wieder ins Ausland ausgeführt werden konnte. Nach dem Gutachten kann in Österreich nur der Gegenwert für bestimmte vom Ausland nach Österreich eingeführte Waren wieder ins Ausland hinaus. Zu diesem Zwecke müssen aber der Devisenzentrale die Originalrechnungen vorgelegt werden. Es war deshalb nicht möglich, die Kronen wieder auszuführen. Der Verkäufer von „Auslandswien" haftet aber, wie mit dem Sachverständigen anzunehmen ist, dafür, daß die Kronen wieder ausgeführt werden können. V.

δ) **Auslieferung der die Kaufsache betreffenden Urkunden. Bedeutung des § 536 ZPO.**

OLG. Rostock, 1. ZS. Urteil v. 6. Juni 1921.

Der Handel mit Kraftwagen unterlag bei dem Vertragschlusse der Parteien bestimmten, jetzt zum Teil fortgefallenen, gesetzlichen Beschränkungen, besonders war die genaue Herkunft der Fahrzeuge und bei Wagen, die früher dem Heere gehört hatten, die Bescheinigung der amtlichen Verkaufsabteilung nachzuweisen. Das LG. hält den Verkäufer aus § 444 für verpflichtet, die hiernach erforderlichen Urkunden seinem Käufer zu beschaffen. Der Beklagte macht geltend, daß sich § 443 nur auf die im Besitz des Verkäufers befindlichen Papiere bezieht; daran hat es hier gefehlt. Indessen ergibt sich jene Verpflichtung schon aus der grundsätzlichen Rechtsstellung des Verkäufers. Hat dieser das Eigentum an der Sache und zwar frei von Rechten Dritter zu beschaffen (§§ 433/4), so gehörte hier dazu der urkundliche Nachweis über die Vorbesitzer und die Zustimmung der Reichsstelle. Denn diese Urkunden bedingten die Rechtswirksamkeit der Eigentumsübertragung; ohne sie konnte der Kaufvertrag nicht erfüllt werden. Ihre Beschaffung gehörte demnach zur Leistung des Verkäufers, ohne daß es darauf ankommt, ob der Kläger, Beklagter oder beide Teile diese Notwendigkeit kannten. Ebenso ist dem Beklagten nicht gelungen, die Zeugnisse zu beschaffen. Die persönlichen Hindernisse, auf die er gestoßen sein mag, bedeuten keine sachliche Unmöglichkeit. Er konnte seinen Verkäufer rechtzeitig zum Nachweis der Herkunft des Wagens in Anspruch nehmen und durfte nicht weiterverkaufen, bevor er sich vergewissert hatte, daß er seinem Käufer das Recht an der Sache verschaffen konnte. Er hatte daher die Nichtbeschaffung der Urkunden zu vertreten und kam durch die Mahnung seines Käufers in Verzug, ohne daß es des Nachweises eines weiteren Verschuldens bedarf. Demgemäß war der Kläger berechtigt, eine Nachfrist zu setzen und nach ihrem fruchtlosen Ablaufe zurückzutreten. Wenn auch dieser Rücktritt nicht alsbald ausgesprochen zu werden braucht, so kann unter Umständen aus dem besonderen Verhalten des Gläubigers ein Verzicht auf die durch den Verzug des Schuldners gewonnenen Rechte gefolgert werden. Solche Umstände liegen hier vor.... Mit dieser Feststellung ist, obwohl nur ein Teilurteil angefochten war, zwar in der Sache der ganze Rechtsstreit entschieden.... Das Berufungsurteil kann indessen aus prozessualen Gründen den Rechtsstreit nicht in weiterem Umfang erledigen, als dies in erster Instanz geschehen ist. Der dort nicht entschiedene Teil der Hauptsache und der Kosten muß somit dem LG. überlassen bleiben [Rsp. 40 S. 384γ). Dr. Br.

ε) **Wer trägt die Gefahr einer Beschlagnahme?**

OLG. Hamburg, 6. ZS. Urteil v. 8. Dezember 1921.

Die Beklagte, die für den Kläger die Versendung der ihm verkauften Ware übernommen hatte, ließ diesen Auftrag durch ihre hiesigen Spediteure ausführen. Diese übergaben die Ware dann der Eisenbahn zur Beförderung an die in Berlin ansässigen Spediteure des Klägers. Die Kisten wurden aber dort auf dem Güterbahnhof noch vor der Auslieferung beschlagnahmt. Zu dieser Zeit gehörten sie noch der Beklagten, die das Eigentum dadurch, daß sie ihren Spediteuren die Ware zur Versendung übergab, nicht verloren hatte. Der Käufer trug zwar nach § 446 die Gefahr des Unterganges und der Verschlechterung, aber nicht die der Beschlagnahme. Diese machte die Übergabe und Verschaffung des Eigentums an der Spezies, auf die sich das Schuldverhältnis nach § 243² beschränkt hatte, unmöglich. Der Grund ihrer Aufrechterhaltung war aber nicht sowohl das Fehlen einer Einfuhrbewilligung, als vielmehr der Verdacht des Kettenhandels, eines Vergehens, dessen sich die Beklagte (wie dargelegt wird) schuldig gemacht hatte. Sie hatte dafür aufzukommen, daß sie zur Erfüllung des Vertrags keine Ware verwandte, die von ihr durch Kettenhandel erworben und deshalb der Gefahr einer Beschlagnahme ausgesetzt war. Der Kläger kann daher Schadensersatz wegen Nichterfüllung sowohl nach § 325¹ oder wegen Rücktritts nach § 326 als auch wegen positiver Vertragsverletzung verlangen. Der Vertrag ist endgültig erledigt. Die Beklagte hat Lieferung vertraglicher Ware ernstlich geweigert.... B.

Dazu: **Versendung der Kaufsache unter falscher Anschrift.**

Kammergericht, 7. ZS. Urteil v. 8. April 1921.

Der Zeitpunkt für den Gefahrübergang bleibt derselbe, mag der Verkäufer die Sache an die richtige oder an die falsche Anschrift senden. Aber er haftet, wenn er bei der Absendung ein Versehen begeht, für jeden Schaden, der daraus entsteht. Diese Haftung wird nicht schon dadurch begründet, daß irgendein Schaden die Ware (hier Pferde) betreffe; vielmehr muß der Schaden das Pferd gerade deshalb betroffen haben, weil es infolge des Versehens besonders schädigenden Einflüssen ausgesetzt worden ist; Schaden und Versehen müssen zusammenhängen; dies muß der klagende Käufer als Grundlage seines Anspruchs beweisen. L.n.

ζ) **Art der Versendung.**[1] **Verkehrssitte. Mitverschulden.**
OLG. Rostock, 2. ZS. Urteil v. 13. April 1921.

Zu den Leistungspflichten des Klägers aus dem Kaufvertrage gehörte die Versendung des bestellten Blankleders an die Beklagte. Auch dabei hatte er als Kaufmann vor allem die Handelsüblichkeit innezuhalten (§ 346 HGB.). Als Verkehrs- und Handelssitte für die hier streitige Art der Versendung ist die Verkehrssitte an dem Orte maßgebend, an dem die Sendung aufgegeben wurde, also am Sitze der Handelsniederlassung des Klägers (Jauer). Nach der Auskunft der zuständigen Handelskammer Liegnitz war in ihrem Bezirke schon im November 1919, also zur Zeit der Aufgabe des streitigen Leders zur Post, bei Versendung von Blankleder mit der Post die Aufgabe als Wertpaket handelsüblich. Der Kläger als Kaufmann hatte sich um die von ihm zu beobachtenden Handelsbräuche zu kümmern (Recht 1903 S. 603 Nr. 3058) und muß den aus fahrlässiger Verletzung dieser Vertragspflicht erwachsenen Schaden der Beklagten ersetzen (Warn. 3 S. 257, RG. 53 S. 201). Aber auch ein Verschulden der Beklagten hat mitgewirkt. Der Handelsbrauch, wertvolle Waren als Wertpaket zu senden, war keinesfalls ein allgemeiner, sondern hatte sich in anderen Handelskammerbezirken für ebenso wertvolle Waren wie Blankleder nicht herausgebildet, wie die überreichten Äußerungen der Berliner und Breslauer Handelskammern dartun. Das mußte die Beklagte als ordentlicher Kaufmann wissen, und sie konnte nicht damit rechnen, daß im Liegnitzer Bezirk gerade für Blankleder ein besonderer Handelsbrauch entstanden war. Bei Beobachtung der verkehrserforderlichen Sorgfalt mußte sie daher, wenn sie sich vor Schaden bewahren wollte, dem Kläger die Versendung als Wertpaket zur Pflicht machen. Daher Teilung des Schadens. J.n.

Dazu: OLG. Braunschweig, 2. ZS. Urteil v. 14. Februar 1922.

Die Beklagte in Berlin, die 1919 von dem dortigen Platzagenten des Klägers 500 Flaschen deutschen Weinbrand gekauft hatte, verweigerte mit Recht die Bezahlung des Kaufpreisrestes, weil der Kläger die unterwegs geraubte Sendung vertragswidrig nicht gegen die ihr zugestoßene Gefahr, sondern nur gegen die üblichen Transportgefahren (Diebstahl) versicherte. Nach dem Beweisergebnis hat sie wegen der unruhigen Zeitverhältnisse den Kaufabschluß abhängig gemacht von der Zusage, daß ihr genügende Gewähr für den Empfang der Ware geboten werde durch eine weitgehende Versicherung des Frachtguts gegen die Transportgefahren und ohne Rücksicht auf die dadurch etwa entstehenden, von ihr zu tragenden besonders hohen Unkosten. Der Agent hat dann mit ihr verabredet, daß die Ware unter Versicherung „gegen alle Zufälle" versandt werden solle. Bei dieser Sachlage ist unerheblich, ob ausdrücklich die Versicherung gegen Aufruhr und Plünderung bedungen ist, da solche Zufälle unter die Versicherung gegen jegliche Transportgefahr fielen (vgl. § 129 VersVG. Staub, HGB. § 456[8]). Nun war aber A.

[1] Hat der Käufer Zusendung in Flaschen angeordnet, der Verkäufer aber die Ware im Faß geschickt, so ist § 447² unanwendbar, denn es handelt sich um die Art der Verpackung; diese gehört hier zur Qualität (RG., 7. ZS. Urteil v. 4. Okt. 1921).

Handlungsagent mit Abschlußvollmacht (§ 84 HGB.) und daher der Vertrag in allen seinen Bestandteilen so verbindlich, als wenn der Kläger selbst abgeschlossen hätte. Das gilt namentlich auch für die Abrede wegen der Transportversicherung, da die Handlungsvollmacht solche und ähnliche Abweichungen von der üblichen Norm, die das Interesse des Geschäftsherrn nicht gefährden oder verletzen, auch dann gestattet, wenn wie hier der Agent an allgemeine Lieferungsbedingungen seiner Firma gebunden ist. A. handelte gegenüber der Bereitwilligkeit der Beklagten, die Mehrkosten zu tragen, durchaus noch im Rahmen seiner Vertretungsmacht, wenn er eine Versicherung gegen alle Gefahren auf Kosten der Beklagten zusagte, da hierdurch dem Kläger keine lästigeren Vertragspflichten erwuchsen (Rsp. 14 S. 347; RG. 51 S. 147). Mit Unrecht wendet auch der Kläger ein, daß er den so erteilten Auftrag nicht angenommen habe. Sein Schreiben vom 17. Febr. enthält überhaupt keine „Bestätigung" des von A. erzielten Abschlusses und bezweckt nicht, den Inhalt der getroffenen Vereinbarung ersehen zu lassen und deren Prüfung dem Vertragsgegner zu ermöglichen. Hierin liegt lediglich eine Nachricht über den Eingang des Auftrags, verbunden mit einer Rechnung. Der bloße Rechnungsvermerk aber: „Transportversicherung 199 Mark" war nicht geeignet, als Ablehnung der bedungenen Versicherung gewertet zu werden, vielmehr mußte daraus die Beklagte nach Treu und Glauben entnehmen, daß der Kläger die mit A. vereinbarte Versicherung genommen hatte. Es bedurfte daher keines Widerspruchs gegen das Schreiben.... Der Kläger haftet daher der Beklagten wegen positiver Vertragsverletzung oder schuldhaft mangelhafter Erfüllung (RG. Komm. § 276[6]; § 325[5]; § 242[1]) oder aus § 447[2] auf Schadensersatz, der mindestens dem Kaufpreiswerte gleichkommt. W.n.

η) **Gewährleistung. Zugesicherte Eigenschaft.**

OLG. Stuttgart, 1. ZS. Urteil v. 2. Dezember 1921.

Dem Kuhfleisch war vor dem Verkauf der amtliche Stempel „bankwürdig" aufgedrückt worden und zwar durch den Fleischbeschauer X. Der zuständige Tierarzt wollte das Fleisch als nicht bankwürdig stempeln lassen. Es ist gleichgültig, ob hier ein Versehen oder eine Absicht des X. vorlag; jedenfalls war die Abstempelung als „bankwürdig" einer wörtlichen Zusicherung dieser Eigenschaft gleich zu erachten und die Kläger haften für deren Fehlen. Übrigens träfe auch § 459[1] zu, denn das Fleisch war zurzeit der Übergabe mit einem Fehler behaftet, der den Wert und die Tauglichkeit zum gewöhnlichen Gebrauch erheblich minderte. Während Beklagter für das Fleisch, das er für bankwürdig hielt, 3500 Mark zahlen sollte, hatte es nicht einmal 1100 Mark Verkaufswert. S.

Dazu: **Ausschließung der Haftung bei Feinmaschinen.**

OLG. München, 4. ZS. Urteil v. 4. Mai 1922.

Beim Verkaufe gewisser Feinmaschinen an den Gebraucher, so bei Uhren, Näh-, Schreibmaschinen u. dgl. hat sich die Übung ausgebildet, neben oder statt der gesetzlichen Gewährleistung wegen Sachmängel eine Haftung dafür zu übernehmen, daß sich bei der Maschine innerhalb einer bestimmten Zeit keine Mängel zeigen und daß solche kostenlos beseitigt werden. Für diese besondere Haftung wird meist der Ausdruck „Garantie" gebraucht, und man spricht dann gewöhnlich von einer einjährigen oder sonstwie zeitlich bemessenen „Garantie". Auch das Anpreisungsheft der Beklagten bestimmt unter dem Schlagworte „Garantie", daß unter Ausschluß von Wandlung und Schadensersatz die Maschinenteile, an denen sich binnen 1 Jahres Material- oder Arbeitsfehler zeigen, unentgeltlich hergerichtet und ersetzt werden. Wenn also der Konkursverwalter der Beklagten in seinem Schreiben erklärt, daß er die Maschine ohne Garantie verkaufe, so kann dies nur dahin gedeutet werden, daß er eine besondere Haftungsvereinbarung im dargelegten Sinne nicht eingehen wolle. Er hätte, wenn er auch die in § 459 begründete Haftung für Sachmängel und einen hierauf gestützten Wandelungsanspruch ausschließen wollte, dies in anderer, unzweideutiger Weise tun müssen. H. n.

ϑ) **Verjährung. Unterbrechung durch Beweissicherung?**

OLG. Breslau, 2. ZS. Urteil v. 4. April 1921.

Der Kläger hatte von der Beklagten am 17. April 1919 „Alma"-Saatkartoffeln käuflich erworben. Nachdem er sie ausgesteckt hatte, stellte er fest, daß auf jedem Morgen 5—10 Stauden fremde Kartoffelarten gewachsen waren und daß deswegen die Ernte nicht als Saatgut anerkannt werden könnte. Er beantragte deshalb am 8. Sept. 1919 Beweissicherung und hat dadurch die Verjährung aus § 477 unterbrochen. Seine Ansicht, daß dieses Verfahren erst mit der Wertfestsetzung v. 13. Okt. 1919 und mit der gleichzeitigen Erledigung seines Antrags auf Abschrift des vom Sachverständigen überreichten Kartoffelheftes endete, ist unzutreffend. Es endete vielmehr mit der Beendigung der gerichtlichen Beweisaufnahme selbst. Nachträgliche Handlungen des Gerichts, die die Beweisaufnahme betreffen, sind nicht mehr Prozeßführungshandlungen, die das Verfahren als solches fortsetzen. Dazu gehören auch die Wertfestsetzung aus §§ 9 flg. D.GKG. und die Erledigung von Anträgen auf Aktenabschriften, es sei denn, daß diese Anträge gestellt werden, um auf Grund der erhaltenen Abschriften weitere Anträge für das Beweissicherungsverfahren selbst zu stellen, was aber hier nicht der Fall ist. Das Verfahren ist danach mit der Vernehmung der Sachverständigen am 2. Oktober 1919 beendet (s. auch Recht 1916 Nr. 2083, wo es mit der Einreichung eines schriftlichen Gutachtens für beendet erachtet wurde). . . . Schn.

s) **Gesetzliches Vorkaufsrecht:** α) **Rückwirkende Kraft.**

OLG. Braunschweig, 2. ZS. Urteil v. 29. November 1921.

Der Beklagte hat notariell am 1. Mai 1920 sein Wohnhaus an A. verkauft. In diesen Vertrag ist, nachdem das LandBeschG. durch städtische Satzung vom 4. Juni 1920 auf Wohnhäuser ausgedehnt worden, anstelle des A. der Landwirt Hermann am 24. Juni eingetreten. In einer weiteren notariellen Vereinbarung haben Beklagter und Hermann am 12. Juli 1920 den Vertrag vom 1. Mai aufgehoben; hiervon ist die klagende Stadtgemeinde alsbald benachrichtigt. Sie verlangt deshalb auf Grund des ihr nach dem LandBeschG. zustehenden Vorkaufsrechts lediglich Erfüllung des vom Beklagten mit A. geschlossenen Vertrags. Der Anspruch ist jedoch unbegründet. Allerdings ergibt sich die Zuständigkeit der Landesgesetzgebung für dieses Gesetz aus EG. Art. 109, 218; denn es kommt nicht darauf an, ob der Kläger vorliegend das Vorkaufsrecht im öffentlichen oder Privatinteresse ausübt, sondern nur darauf, daß das Gesetz es unzweifelhaft im öffentlichen Interesse eingeführt hat. Das Gesetz ist aber sinngemäß auf die Kaufverträge zu beschränken, die die Beteiligten nach seinem Erlaß, also in Kenntnis des sich daraus ergebenden Vorkaufsrechts, abgeschlossen haben. Die gegenteilige Ansicht würde zu Unbilligkeiten führen, die nicht gewollt sein können. Das wäre ganz besonders zB. der Fall bei zeitlich weit zurückliegenden Kaufverträgen, deren Bedingungen den heutigen wirtschaftlichen Verhältnissen nicht mehr entsprechen. Auch die Fristen in § 4 Ges. und in § 3 AusfG. sprechen für die hier vertretene Ansicht. Dieser stehen nicht entgegen die Verpflichtung des Eigentümers zur Anzeige des obligatorischen Vertrags und das Verbot, den Eigentumsübergang einzutragen, bevor die Nichtausübung des Vorkaufsrechts nachgewiesen ist. Die Klägerin hat daher aus dem Kaufvertrage vom 1. Mai kein Vorkaufsrecht erworben. W.n.

Dazu: **Verzicht vor Kaufabschluß. Mitteilung nach § 510[1].**

OLG. Braunschweig, 2. ZS. Urteil v. 24. Oktober 1922.

Bei der im Auftrage des A. vorgenommenen Versteigerung seines Grundbesitzes haben auch die Kläger auf je 1 Morgen Land geboten und den Zuschlag erhalten. Am 1. Juli 1919 hat der Notar die Kaufverträge verlautbart und die Genehmigung der Kreisdirektion erwirkt. Anfang 1920 hat er der beklagten Gemeinde den Verzicht auf ihr gesetzliches Vorkaufsrecht nahegelegt, aber den Bescheid erhalten, daß sie sich dieses Recht vorbehalte. Mit der Behauptung, die Beklagte habe schon vorher auf ihr Recht verzichtet, jedenfalls aber es nicht rechtzeitig ausgeübt, ist auf entsprechende Feststellung geklagt. Der Anspruch ist jedoch unbegründet.

Nach § 5 Nr. 1 LandBG. sind auf das gesetzliche Vorkaufsrecht die §§ 505—509, 510[1], 1098[2], 1099—1102 BGB. entsprechend anwendbar. Daher steht die Gemeinde in einem durch gesetzlichen Zwang herbeigeführten Vertragsverhältnisse zum Grundeigentümer, aber auch nur zu diesem, nicht zu seinen Käufern. Allerdings bezeichnet der § 510 S. 2 die Mitteilung des Verpflichteten als ersetzbar durch die des dritten (Käufers). Dieser besorgt jedoch dabei bloß ein Geschäft des Verpflichteten und nur diesem gegenüber kann die Erklärung des Berechtigten wirksam erfolgen (§ 505 S. 1). Daraus folgt, daß auch in gleicher Weise eine bereits im voraus auf ein Kaufangebot des Dritten und dessen Mitteilung abgegebene Erklärung des Berechtigten, das Vorkaufsrecht für den Fall des Kaufabschlusses nicht ausüben zu sollen, rechtsverbindlich nur gegenüber dem Verpflichteten abgegeben werden kann. Dieser kann sich zwar dabei eines Vertreters bedienen und solcher kann auch der Dritte sein; dann bedarf es aber einer besonderen Bevollmächtigung, die nur beim beurkundenden Notar vermutet wird (§ 3

Nr. 6 AusfBek. vom 4. Juli 1919; § 15 GBO.). Solche im voraus erklärte Ablehnung hat die Wirkung eines Verzichts (RGKomm. § 504³, 510¹), die zwar nicht der Annahme durch den Gegner, aber doch der Kundgebung an ihn bedarf (RG. 66 S. 344). Den Verzicht hätte auch wirksam der Vorsteher der Beklagten als deren Vertreter erklären können, sofern ein entsprechender Willensakt des Gemeinderats vorlag, der nach § 52 LandGO. in allen wichtigen Angelegenheiten die Gemeinde zu vertreten und die Veräußerung ihrer Gerechtsame zu genehmigen hat. Ein derartiger Beschluß liegt aber nicht vor. . . .[1]

Ebensowenig ist das Vorkaufsrecht durch Ablauf der Frist erloschen. Für ihren Beginn kann nur die behauptete Mitteilung des Versteigerers V. vom August 1919 in Frage kommen, da seine unerläßliche Voraussetzung, ein rechtsgültiger Kaufvertrag (RG. 98 S. 47; BayZ. 18 S. 18), erst am 1. Juli 1919 beurkundet wurde. Mag auch V. als zur Mitteilung bevollmächtigter Vertreter des A. gelten, so hat er doch den Vertragsinhalt nicht so mitgeteilt, daß der Berechtigte genau erkennnen konnte, in welche Rechte und Pflichten er durch die Ausübung des Vorkaufsrechts eintritt (RGKomm. § 510¹). Waren auch dem Gemeindevorsteher die Namen der Kaufparteien, Größe und Lage der verkauften Pläne, der Kaufpreis und die Beurkundung durch den Notar ohnehin bekannt, so hat ihm doch V. die näheren Vertragsbedingungen nicht mitgeteilt, sich vielmehr darauf beschränkt, unter Hinweis auf die in seiner Hand befindlichen notariellen Verträge, die er aber weder vorlegte noch vorlas noch sonst inhaltlich bekannt gab, nach etwaigen Bedenken wegen Einholung der Genehmigung der Kreisdirektion (zur Auflassung gemäß § 1 der BGO. vom 15. März 1918, RGBl. S. 123) zu fragen. Das ist aber keine Mitteilung im Sinne des § 510 S. 1 . . .

Daher kommt nur die im Auftrage der Beteiligten erfolgte Mitteilung des Notars in Frage. In der Antwort der Beklagten, daß sie zufolge Gemeinderatsbeschlusses sich das Vorkaufsrecht „vorbehält", liegt unzweideutig die Erklärung, das Recht ausüben zu wollen. v. F.

β) **des ReichssiedlungsG. bei formwidrigem Kaufvertrage.**

OLG. Rostock, 1. ZS. Urteil v. 13. Februar 1922.

Das Vorkaufsrecht des Siedlungsunternehmens kann nach § 6 RSG. wie jedes andere Vorkaufsrecht, erst dann ausgeübt werden, wenn der Eigentümer einen Kaufvertrag über ein landwirtschaftliches Grundstück geschlossen hat. Das ist nicht der Fall, wenn der Vertrag wegen eines Formerfordernisses

[1] Der § 505 spricht von der Ausübung des Vorkaufs und läßt damit den Kauf zwischen dem Berechtigten und dem Verpflichteten zustande kommen. Ein Kauf wird aber bei Nichtausübung jenes Rechts nicht begründet; deshalb muß jedem Kaufliebhaber gestattet sein, sie sich vom Berechtigten im voraus gegen oder ohne Entgelt versprechen zu lassen. Dadurch erlischt nicht das Recht als solches, sondern es soll nur gegenüber dem Dritten für einen bestimmten Fall nicht geltend gemacht werden. Das „wesentliche Interesse" an der Klärung der Sachlage, mit dem die 2. Komm. das Recht der Mitteilung begründet, besteht auch hier und bildet eine geeignete Grundlage für ein Abkommen des Dritten mit dem Berechtigten. D. H.

ungültig ist, wenn zB. der darin angegebene Kaufpreis nicht der wahren Verabredung entspricht, sondern zum Scheine getroffen ist, zB. um die staatlichen Behörden über die Höhe der fällig gewordenen Abgaben und Gebühren zu täuschen. Es liegt dann nicht anders, als ob überhaupt lediglich ein formloses Abkommen vorläge. Freilich können die Vertragsparteien ihm durch Auflassung und Eintragung Gültigkeit verschaffen. Aber das liegt zurzeit nicht vor; hier handelt es sich lediglich darum, ob die Klägerin zu den im gerichtlichen Vertrage niedergelegten Bedingungen das Vorkaufsrecht ausüben kann. Sie kann nicht etwa geltend machen, daß die Vertragsparteien ihr als Dritter gegenüber an die im Vertrage gemachten Angaben gebunden seien. Allerdings muß der Urheber einer Willenserklärung diese dem Vertragsgegner gegenüber so gelten lassen, wie dieser sie verstehen mußte; aber es handelt sich hier nicht um die Deutung von Erklärungen, die zwischen den Prozeßparteien gewechselt sind — diese kämen, wenn nicht überhaupt hier durch Gesetz das Vorkaufsrecht begründet wäre, bei dessen Begründung in Betracht —, sondern darum, ob die Bedingung eingetreten ist, unter der das einmal begründete Vorkaufsrecht entstehen soll, nämlich der Abschluß eines rechtswirksamen Grundstückskaufs. Gleichgültig ist dabei, ob etwa die Vertragsparteien das Zustandekommen eines formgültigen Vertrags vereitelt haben. Die Klägerin hat kein Recht darauf, daß sie ihr Vorkaufsrecht ausüben könne, sie ist nicht im Rechtssinne geschädigt und ihr gegenüber wird nicht arglistig gehandelt, wenn sie in der Erwartung getäuscht wird, daß der Vorkaufsfall eingetreten sei. Aus dem gleichen Grund ist hier auch nicht der Satz anwendbar, daß sich niemand auf seine eigene Arglist berufen dürfe. Der § 162[1] endlich ist hier deshalb ausgeschlossen, weil die Klägerin kein Recht auf Eintritt der Bedingung hat und der, wenn auch vorsätzlich herbeigeführte Abschluß eines rechtsunwirksamen Vertrags keine wider Treu und Glauben erfolgende Verhinderung jenes Eintritts ist. Dr. Br.

*γ) **bei Grundstücksteilen und Tauschverträgen.***

Kammergericht, 1. ZS. Beschluß v. 7. Dezember 1922.

Der Beschwerdeführer hat als Testamentsvollstrecker vom Grundbesitze des Erblassers das 7 ha große Grundstück Nr. 3 des Bestandsverz. gegen einen 7 ha großen Teil des M.schen Grundstücks verkauft und notariell aufgelassen. Auf die Anzeige des Kulturamts in Torgau, daß ihm vom Landlieferungsverband der Provinz das am Nachlaßgrundstücke nach § 14 RSG. zustehende Vorkaufsrecht zugunsten des Siedlungsunternehmens B. übertragen und dieses Recht demnächst ausgeübt worden sei, haben die Vorinstanzen die Eintragung der Eigentumsänderungen mit Recht ausgesetzt. . . . Allerdings fehlt es im § 14 an einer dem § 4 entsprechenden ausdrücklichen Vorschrift dahin, daß sich das Vorkaufsrecht auf die Teile des betroffenen Grundbesitzes erstreckt. Allein aus der Bestimmung des § 14, daß das Vorkaufsrecht hinsichtlich der großen Güter anstelle des im § 4 für kleineren Grundbesitz vorgesehenen Vorkaufsrechts tritt, ergibt sich ohne weiteres die entsprechende Anwendbarkeit des § 4 in dem bezeichneten Punkte. . . .

Ob und wieweit das vertragsmäßige Vorkaufsrecht des BGB. gegenüber einem Tauschvertrag ausgeübt werden kann, richtet sich nach § 515 BGB. Da nun der Berechtigte regelmäßig nicht in der Lage sein wird, die dem Vertragsgegner des Verpflichteten obliegende Tauschleistung zu bewirken, so sind die Vorschriften über den Vorkauf jedenfalls dann auf den Tausch unanwendbar, wenn der Berechtigte die Tauschleistung nicht gewähren kann (RG. 88 S. 361, 101 S. 101). Für das gesetzliche Vorkaufsrecht des § 14 RSG. gelten die 5—11 das. entsprechend. Nach § 11 sind aber die §§ 5 bis 10 „sinngemäß" auf andere Verträge anzuwenden, die auf die Veräußerung eines Grundstücks gegen Entgelt gerichtet sind. Zu diesen Verträgen gehört an sich der Tausch.... Daraus, daß § 11 eine ausdrückliche Bestimmung über ihn vermissen läßt, kann nicht gefolgert werden, daß das Vorkaufsrecht ausgeschlossen sein solle. Vielmehr läßt seine gegenüber dem § 9[1] PrVO. v. 23. Dez. 1918 weitergehende Fassung darauf schließen, daß er jenes Recht bei allen auf die entgeltliche Veräußerung eines Grundstücks gerichteten Verträgen einschließlich des Tausches und der Einbringung in Gesellschaften gewähren wollte. Hierfür spricht auch der Zweck des Vorkaufsrechts. Es soll dazu dienen, unter Vermeidung der Enteignung Ansiedlungsland zu beschaffen. § 11 läßt das Bestreben erkennen, dies tunlichst zu erleichtern, indem außer dem Verkauf auch andere Fälle der entgeltlichen Veräußerung erfaßt werden sollen. Danach rechtfertigt sich die Annahme, daß durch das Wort „sinngemäß" nicht die Anwendbarkeit der §§ 5—10 auf die dort bezeichneten Verträge in Zweifel gestellt, sondern nur die Art der Anwendung entsprechend dem Unterschiede zwischen Kauf und anderen Veräußerungen offen gelassen ist. In dieser Beziehung zeigt sich allerdings insofern eine Lücke im Gesetz, als es im Gegensatz zum § 9[2] Pr. VO. v. 23. Dez. 1918 an einer Vorschrift für den Fall fehlt, daß der Vorkaufsberechtigte die dem Dritten obliegende Tauschleistung zu bewirken außerstande ist. Worauf die Unterlassung beruht, ist nicht ersichtlich. Jedenfalls spricht nichts dafür, daß dadurch die Unanwendbarkeit der §§ 5—10 auf den Tausch ausgedrückt werden sollte; vielmehr muß angenommen werden, daß eine Bestimmung deshalb nicht aufgenommen ist, weil der Gesetzgeber sie für überflüssig hielt. In der Tat läßt sich die Lücke durch die Heranziehung des im § 8 RSG. für entsprechend anwendbar erklärten § 507 S. 1 BGB. ausfüllen. Allerdings stellt sich die dem Dritten obliegende Tauschleistung nicht als Neben-, sondern als Hauptleistung dar. Da aber § 11 RSG. von einer sinngemäßen Anwendung spricht, so erscheint die Auslegung möglich und im Einklang mit der Bedeutung des § 11 geboten, daß das, was im § 507 S. 1 beim Kauf für die Nebenleistung gesagt ist, beim Tausch entsprechend für die Hauptleistung zu gelten hat. Daraus, daß Bestimmungen über die Wertfeststellung fehlen, ergeben sich keine Bedenken, da der Wert durch Schiedsgutachter oder im Prozeßwege einwandfrei festgestellt werden kann. Zuzugeben ist, daß diese Regelung unter Umständen, zB. wenn zur Abrundung benachbarte Grundstücke ausgetauscht werden, Härten mit sich bringen kann; diese Möglichkeit kann jedoch nicht das hier gewonnene Ergebnis in Frage stellen. . . . M.

t) **Zum Begriff des Schenkungsversprechens.**[1]

α) OLG. Kiel, 1. ZS. Urteil v. 11. Dezember 1922.

Die offene HG. Mann & Co. zu Berlin, gegen die dem Kläger eine Forderung zustand, geriet 1903 in Konkurs. Bei den (erfolglosen) Verhandlungen über einen Zwangsvergleich erklärte A. Mann, er werde den Ausfall den Gläubigern bezahlen, sobald er dazu imstande sei. Im April 1910 teilte er auch dem Kläger mit, daß er nunmehr dessen Ausfall voll nachzahlen werde und sogleich 10% darauf übersende. Ende 1918 schrieb ihm nun die Beklagte Mann & Co. GmbH. in Altona: „Für uns liegt rechtlich keine Verpflichtung vor, die Schulden der Berliner Firma zu bezahlen, weil beide für sich völlig getrennte Geschäfte sind. Moralisch liegt allerdings eine Verpflichtung vor, und wir erklären uns bereit, jene Schulden auf uns zu übernehmen unter der Bedingung, daß wir sie innerhalb zweier Jahre nach dem Friedensschluß mit England zu bezahlen haben." Nachdem die Parteien die Höhe der Forderung auf 4500 Mark festgestellt hatten, teilte die Beklagte mit, daß sie diesen Betrag für den Kläger in ihren Büchern vorgetragen habe, und zahlte die Zinsen für 1920 und 1921. Die Klage auf das Hauptgeld nebst weiteren Zinsen ist begründet.

Die Forderung des Klägers ist durch die Auflösung der Berliner Firma nicht erloschen, wie schon daraus ersichtlich ist, daß dann ein Bürge aus seiner Verpflichtung frei würde (§ 767), was unmöglich Rechtens sein kann. Dem BGB. ist der Wegfall des Schuldners als Grund für die Beendigung eines Schuldverhältnisses unbekannt. Wenn auch die Schuld einer aufgelösten juristischen Person beim Fehlen eines Rechtsnachfolgers uneinziehbar sein kann, so hört sie doch nicht auf, zu bestehen. Für die sonach fortbestehende Schuld wollte die Beklagte aufkommen, nicht aber eine neue abstrakte Schuld des § 780 begründen, sie wollte so viel als eigene Schuld leisten, wie jene Firma damals schuldete. Sie hat sich auch nicht etwa verbürgen wollen; dagegen spricht schon der Wortlaut ihres Schreibens und ihre Annahme, daß nach der Auflösung der Gesellschaft von dieser keine Zahlung zu erwarten sei. Wollte sie aber statt des Schuldners zahlen, so hat sie dessen Schuld übernommen. Als Schuldübernahme bezeichnet sie selber den Rechtsvorgang

[1] Bei der Frage, ob in der Übereignung gegen Übernahme der Hypotheken ein lästiger Vertrag oder Schenkung unter einer Auflage vorliegt, ist zu unterscheiden, ob der Erwerber die Schulden auch persönlich als eigene Schulden übernommen hat; unterblieb dies, so hat er nur die dingliche Verhaftung des Grundstücks zu dulden, worin höchstens eine Wertminderung der geschenkten Sache zum Ausdruck kommt (Pr. OVerwG. 76 S. 501). — Schenkung, wenn einem der Aktionäre gestattet wird, zum Nennwert ausgegebene Aktien mit einem geringeren Betrage zu bezahlen (RFH. JW. 1922 S. 946). — Zuwendungen, deren Wirksamkeit von einer behördlichen Genehmigung abhängen (Pr. AG. Art. 6 § 1), sind aufschiebend bedingt (RFH. 1 S. 16). — Kosten der Erfüllung eines Schenkungsversprechens hat der Schenker zu tragen (aO. S. 59).

in ihrem Schreiben. Sie gab die Erklärung nicht im fremden Interesse ab, wie dies bei einer Bürgschaft der Fall wäre, sondern in ihrem wohlverstandenen eigenen. Wenn sie auch das Bestehen einer rechtlichen Verpflichtung ablehnt, so hatte sie doch ein Interesse daran, daß die Schulden der Berliner Gesellschaft getilgt wurden. Sie schreibt selbst, daß eine moralische Verpflichtung für sie bestehe und erfahrungsgemäß begleicht ein Kaufmann, der Wert auf seinen guten Ruf legt, derartige Verpflichtungen. Ob der Schuldner ausscheiden oder die Beklagte nur neben ihm Schuldner werden sollte, ist hier unerheblich. Irgendwelche Formvorschriften kommen auch im letzteren Falle schon deshalb, weil die Beklagte Kaufmann ist, nicht in Frage, es läge denn ein Schenkungsversprechen vor. Dies ist aber hier nicht anzunehmen. Allerdings kann in der Erklärung, dem Gläubiger den Betrag seiner Forderung leisten zu wollen, eine unentgeltliche Zuwendung an ihn liegen, wenn nämlich wie hier die Forderung gegen die aufgelöste Gesellschaft wertlos ist (RG. 51 S. 416). Dagegen fehlt die weitere Voraussetzung der Schenkung, daß beide Teile über diese Unentgeltlichkeit einig waren. Den Worten der Beklagten, für sie liege keine rechtliche Verpflichtung vor, ist kein Anhalt dafür zu entnehmen, ob sie ihre Leistung als unentgeltliche übernehmen wollte; ein Verzicht des Klägers auf seine Forderung kann ihr als genügendes Entgelt erschienen sein. Wird aber auch zu ihren Gunsten unterstellt, daß sie den Verzicht für wertlos erachtete, so ist doch nicht festzustellen, daß der Kläger seinerseits das Angebot als das Versprechen einer unentgeltlichen Leistung annehmen wollte. Für ihn sprach der Umstand mit, daß A. M. 1910 die Zahlung der Restschuld versprochen und bereits 10 % gezahlt hatte. . . . Dr. B.p.

β) OLG. Braunschweig, 1. ZS. Urteil v. 10. Juni 1921.

Der Beklagte hat sich 1919 verpflichtet, für das von der Frau des Klägers 1915 geborene Kind, als dessen Vater er sich bekannte, Unterhalt zu zahlen. Diese Verpflichtung ist jedoch nicht rechtswirksam. Um einen Vergleich handelt es sich nicht. Objektiv hat keine Ungewißheit des § 779 bestanden; denn der Kläger ist bei der Geburt des Kindes zugegen und die Frist des § 1594 deshalb 1919 längst verstrichen gewesen. Nur subjektiv mag damals eine solche Ungewißheit bestanden haben. Die Streitfrage, ob sie genügt (Staudinger § 779 I 3b; RGKomm. § 779²), bedarf indessen keiner Entscheidung, denn jedenfalls liegt kein gegenseitiges Nachgeben vor. Beklagter hat sich angeblich allgemein zu freiwilliger Unterhaltszahlung verpflichtet, während der Kläger nichts nachließ (Seuff. 60 Nr. 146). Dagegen steht in Anbetracht des Ablaufs der Anfechtungsfrist objektiv eine reine Freigebigkeit in Frage; bei Annahme einer Verpflichtung hätte es wenigstens der Kläger wohl nicht bei der ganz allgemein gehaltenen Erklärung bewenden lassen und ebenso kann angenommen werden, daß Beklagter in Kenntnis der Rechtslage nur einer sittlichen Pflicht hat nachkommen wollen (RG. 94 S. 325). Alsdann fehlt die Form des § 518. Allerdings kann gerade in subjektiver Beziehung zweifelhaft sein, ob die Voraussetzungen einer Schenkung vorliegen; mindestens beim Beklagten läßt sich auch annehmen, daß er einer irrtümlich von ihm angenommen rechtlichen Verpflichtung hat entsprechen wollen, zumal er gebeten hat, von einer Unterhaltsklage gegen ihn abzusehen. Aber auch in diesem Fall ist die Rechtswirksamkeit der Erklärung wegen ihrer zu großen Unbestimmtheit ausgeschlossen. Denn Beklagter hat unter Anerkennung seiner Vaterschaft lediglich geäußert, er wolle freiwillig bezahlen. Das läßt sich unmöglich als die Übernahme der Verpflichtung auslegen, nun den ganzen gesetzlichen Unterhalt, sogar bis zum 16. Lebensjahre des Kindes zahlen zu wollen. Selbst der Kläger hat eine soweit gehende Verpflichtung nicht darin gesehen, denn er verlangt nur einen monatlichen Zuschuß von 40 Mark. Dazu fehlt es auch an jedweder Angabe über Höhe und Dauer; sie sind also ganz in die Willkür des Beklagten gestellt und darum rechtsunwirksam (RG. 85 S. 291). W.n.

u) α) **Errichtung eines Jagdhochsitzes für den Jagdpächter als Miete oder Leihe?**

OLG. Kiel, 1. ZS. Urteil v. 27. November 1921.

Die Beklagte, deren Grundbesitz zum Jagdbezirke des Klägers gehört, hatte diesem erlaubt, auf ihrem Gebiete einen Jagdhochsitz anzulegen und zwar gegen jährliche Lieferung zweier Hasen. Demnächst hat sie jedoch diesen Hochsitz verkauft und entfernt. Die Klage auf seine Wiederherstellung oder Ersatz seiner Herstellungskosten ist begründet. Die zur Herstellung des Sitzes gebrauchten Bretter, Nägel, Dachpappen ꝛc sind durch die Lieferung zweifellos Eigentum des Klägers geworden. Einige Teile, besonders die Pfosten, sind aus dem Walde der Beklagten entnommen. Daß zwei mit ihren Wurzeln im Boden blieben, zwei aus gefällten Bäumen hergestellt wurden, ist unerheblich. Keinesfalls sind die dem Kläger gehörenden Teile wesentliche Bestandteile des Grundstücks geworden (§ 93). Auch durch Verbindung der einzelnen Teile beim Bauen trat eine Veränderung in den Eigentumsverhältnissen nicht ein, da alle Teile sich voneinander trennen ließen (§ 946). In der vorsätzlichen Entfernung liegt also eine rechtswidrige Verletzung fremden Eigentums. Die Natur des Vertrags ist allerdings zweifelhaft. Sein Gegenstand war nicht der Sitz als solcher, sondern der Boden, auf dem er stehen durfte. Der Vertrag begründete ein Pachtverhältnis deshalb nicht, weil der Kläger keinen Fruchtgenuß des Grundstücks erhielt. Auch Leihe liegt nicht vor, denn er hatte als Jagdpächter ein länger dauerndes Interesse an dem Sitz und hätte die erheblichen Baukosten nicht aufgewendet, wenn er rein vom Belieben der Beklagten abhängig war und jeden Tag damit rechnen konnte, den Bau wieder entfernen zu müssen. Auch die Gegenleistung spricht entschieden gegen die Zulässigkeit beliebigen Widerrufs.

Für die Entscheidung, ob der Vertrag Miete oder Leihe ist, wird wesentlich sein, ob die Gegenleistung den Parteien als gleichwertige Entlohnung erschien oder ob der Kläger sich damit gewissermaßen nur erkenntlich zeigen wollte. Daneben können noch andere Gesichtspunkte, zB. die den Umständen nach beabsichtigte Vertragsdauer beachtlich sein. Eine weitere

Klarstellung ist jedoch nicht erforderlich, da in beiden Fällen gleich zu entscheiden ist. Die Leihe ist für Beklagte günstiger, da dann ihre Haftung geringer ist (§ 599). Daher ist, obwohl sie selber den Vertrag als Miete ansieht, zu ihren Gunsten Leihe zu unterstellen, so daß sie nur für grobe Fahrlässigkeit haftet. Auch für die Entziehung der verliehenen Sache haftet der Verleiher nur in diesem Umfang. In der Handlungsweise der Beklagten liegt jedenfalls grobe Fahrlässigkeit. Aus dem Vertrag ist ihr kein Recht auf Beseitigung des Hochsitzes erwachsen. Sie hat auch nichts darüber vorgebracht, aus welchen Gründen der Vertrag beendigt sei.[1] Dr. B.p.

β) **Unter § 558 fällt die Beseitigung von Gebäuderesten.**

OLG. Kiel, 1. ZS. Urteil v. 10. Juli 1922.

Der Kläger hatte die Ausbeutung eines auf seinem Grundstück befindlichen Tonlagers dem Beklagten pachtweise überlassen. Nach beendigter Pacht ist dieses Grundstück im Mai 1919 zurückgegeben worden, auf ihm befinden sich aber noch Brandüberreste (Mauern, Schutt, Tonstücke 2c) der zur Ausbeutung des Tonlagers errichteten Gebäude. Der Kläger verlangt die Entfernung dieser Reste, deren Verbleib sich als eine vom Pächter zu vertretende Veränderung oder Verschlechterung des Pachtgegenstandes darstelle. Ein so gearteter Anspruch ist als ein Ersatzanspruch im Sinne der §§ 558, 548, 581 anzusehen, obwohl er nicht auf eine Geldleistung gerichtet ist. Jedenfalls wären jene Vorschriften im Wege der Analogie anzuwenden. Denn der in §§ 547², 558¹ geregelte Anspruch des Mieters auf Wegnahme einer Einrichtung bildet das Gegenstück zu dem des Vermieters auf Beseitigung einer Einrichtung oder ihrer Überreste (Rsp. 10 S. 251) und ist ihm so nahe verwandt, daß sich die Analogie von selber ergibt. Der § 558 soll nun eine schnelle Auseinandersetzung der Beteiligten ermöglichen und verhüten, daß noch längere Zeit nach beendeter Miete Ansprüche erhoben werden (RG. 75 S. 117). Nach seinem Grundgedanken und seiner Entstehung sind deshalb nicht nur die gesetzlichen, sondern auch die vertraglichen Ersatzansprüche dieser Vorschrift unterzuordnen (RG. 87 S. 281). Eine Ausdehnung des § 558 auf Fälle vorliegender Art läge daher durchaus im Sinne des Gesetzes. Dr. B.p.

γ) **Nachträgliche Zustimmung des Wohnungsamts.[2] Vermieterpfandrecht.**

OLG. Frankfurt, 5. ZS. Urteil v. 12. Dezember 1921.

Nachdem der Kläger dem X. Räume mietweise überlassen hatte, ließ dort der Beklagte gegen X. pfänden und versteigern. Das LG. hat die Be-

[1] Hatte der beklagte Mieter nach dem mit der Firma X. geschlossenen Vertrage Lieferung „frei Fabrik" bedungen, wollte er also den Leuten des X. den Zutritt zu seiner Fabrik in den durch die Beförderung der Waren bedingten Grenzen gestatten, so bediente er sich dieser Leute zur Ausübung des Mietgebrauchs und damit zur Erfüllung der damit verbundenen Obhutspflicht; für die vom Fuhrmann durch unvorsichtiges Fahren verübten Beschädigungen der Durchfahrt haftet er nach § 548 (OLG. Düsseldorf 28. April 1921; JW. 1922 S. 230). Ebenso OLG. Naumburg 9. Febr. 1922 (NaumbAZ. S. 22).

[2] Anwendung polizeilichen Zwanges zur Räumung beschlagnahmter Wohnungen und Durchführung von Zwangsmietverträgen: Bf. v. 30. Nov. 1922, GS. 444. — Eine Datierung des Nachtrags zum Mietvertrag ist nicht erforderlich (OLG. Karlsruhe 11. Nov. 1921).

reicherungsklage abgewiesen, weil der Mietvertrag wegen fehlender Zustimmung des MEA. unwirksam gewesen sei. Dieser Ansicht kann allerdings jetzt, nachdem die nachträgliche Zustimmung beigebracht ist, nicht mehr beigepflichtet werden. Der Vertrag, der an sich gegen ein gesetzliches Verbot verstößt, ist nicht nach § 134 nichtig, weil sich aus dem Gesetz ein anderes ergibt; denn die Verträge, um die es sich handelt, sind nicht wegen ihrer Natur verboten, sondern nur wegen der besonderen Umstände, unter denen sie vorgenommen werden. Dagegen hat das Gesetz durch den Vorbehalt der Zustimmung einen Zustand „schwebender Ungewißheit" und dadurch die einstweilige Bindung der Parteien herbeigeführt. Die Wirksamkeit war von dieser Zustimmung aufschiebend bedingt und trat mit ihr rückwirkend ein, ohne jedoch vorher im Zwangswege getroffene Verfügungen unwirksam zu machen (§ 184). Der § 161 trifft hier nicht zu, weil der Mietvertrag keine „Verfügung" über die Mietsache, sondern nur schuldrechtliche Verpflichtungen bezüglich dieser begründet.[1]

v) **Erfordert die Kündigung von Läden usw. die Genehmigung des MietEA.?**

Kammergericht, 17. ZS. Zwischenurteil v. 15. Januar 1923.

... Diese Entstehungsgeschichte zeigt, daß die Begriffe Läden und Werkstätten in der jetzigen Fassung der §§ 5, 6 MSchVO. keiner erweiternden Auslegung fähig sind. Es sollten nicht etwa neben den Wohnungen als den Mittelpunkten des Familienlebens nun auch alle gewerblichen Betriebsstätten besonders geschützt werden, sondern letztere nur in bestimmtem Umfange (so auch RG. 103 S. 273). Werkstätten und Läden sind die Betriebsräume des Handwerkers und Kleinkaufmanns, also von Leuten, die, wie der durchschnittliche Wohnungsinhaber, sich wegen Kapitalmangels am wenigsten gegenüber dem Mietwucher selbst helfen konnten. Den Inhabern von Fabrik-, Lager-, Dienst- und Geschäftsräumen (im weiteren Sinne) blieb dieser Schutz versagt. Er gilt deshalb auch nicht für den Großbetrieb der Beklagten. Daß zu deren Mieträumen ein ehemaliger Laden gehörte, ist unerheblich. Der Mietvertrag bezieht sich auf 5 Stockwerke, dabei spielt der Laden eine ganz untergeordnete Rolle; die Bureauräume sind die Hauptsache. Nach ihr aber ist der ganze Vertrag zu beurteilen. Die Bureauräume unter den Begriff der Werkstätten bringen zu wollen, widerspricht dem allgemeinen Sprachgebrauch. Werkstätte ist ein Raum, in dem nach Art eines kleineren Fabrikbetriebs mit Maschinen oder der Hand körperlich Rohmaterial verarbeitet wird. Bureauräume fallen vielmehr unter den in der WMV. genannten Begriff der Geschäftsräume, in denen der Kaufmann und sein Personal die Geschäfte

[1] Der § 184² ist hier nicht anwendbar; denn er setzt voraus, daß kraft eines Privatrechts der Genehmigende über den Gegenstand „verfügt" hatte. Das Amt bestimmt aber kraft öffentlichen Rechts und „verfügt" in keinem Fall über die Sachen des Mieters (vgl. Rsp. 41 S. 92). Dagegen trifft § 161 hier zu. Denn durch die Einbringung der Sachen auf Grund des bedingten Mietvertrags ist das Vermieterpfandrecht für die (noch bedingten) Verpflichtungen des Mieters entstanden und wird nach § 1357 ein Vertragspfand, also eine „Verfügung", begründet. Die Pfändung der Sachen ist zwar zulässig; nach Eintritt der Bedingung gebührt aber dem Vermieter der Vorrang. D. H.

erledigen. Das trifft hier zu. Von den Geschäftsräumen sind nur die Läden besonders geschützt.

Nach § 6 bedurfe hiernach die Kündigung der Bureauräume keiner Zustimmung des MEA. Dies war auch die Auffassung des preuß. Wohlfahrtsministers; denn er hat am 5. Dezember 1919 die Notstandsgemeinden angewiesen, in die auf §§ 5, 6 bezügliche örtliche VO. noch Bureaus und Geschäftsräume mit aufzunehmen. Durch Runderlaß am 7. März 1921 hat er schließlich für „Wohn-, Geschäftsräume, Bureaus, Läden und Werkstätten" allgemein „Mieträume" gesetzt und danach macht der § 2 des Berliner Wohnungsnotrechts vom 12. Mai 1921 für alle Mieträume die Kündigung von Zustimmung des MEA. abhängig. Die beiden Erlasse stützten sich aber zu Unrecht auf die übereinstimmenden §§ 5a MSchV. und 9 WMV. Der § 5a, durch die Novelle vom 22. Juni 1919 gleichzeitig mit der Änderung des § 6 eingefügt, legte danach selbst fest, wie weit die Beschränkung der Kündigungsfreiheit gehen dürfe und schloß den § 6 alsdann von der Änderungsbefugnis aus, indem er die allgemeine Ermächtigsklausel als § 5a davor stellte und die Landeszentralbehörden nur zu anderen Maßnahmen als §§ 2 bis 5 ermächtigte. Die Länder dürfen deshalb den § 6 nicht ändern, zumal dies auch keine andere Maßregel wäre. Der § 9 WMV. gilt hier überhaupt nicht. Die MSchV. will Mieter, die schon Verträge haben, schützen, die WMV. dagegen die zweckmäßige Ausnutzung des vorhandenen Wohnraums sichern, also Mietlustigen Wohnraum verschaffen. Diese Scheidung ist streng durchzuführen. Dementsprechend haben sich auch die auf die allgemeinen Ermächtigungsklauseln gestützten Anordnungen der Landeszentralbehörden je nach ihrem Inhalt (Schutz der Mieter oder Raumbeschaffung) der MSchV. oder WMV. einzugliedern. Maßnahmen zum Schutz bestehender Mietverträge können niemals auf § 9 WMV. gestützt werden, weil sie die MSchV. ergänzen. Das ist auch der erkennbare Wille des Reichsgesetzgebers, der nachträglich in die MSchV. den § 5a einfügte, während der § 9 WMV. von Anfang an galt. Erst durch § 5a wurde für dieses Gebiet den Landeszentralbehörden die Ergänzungsbefugnis verliehen, die sie auf dem Wohnungsmangelgebiet bereits hatten. Danach ist § 2 des Groß-Berliner Wohnungsnotrechts ungültig, soweit er mehr als Wohnräume, Läden und Werkstätten betrifft. Darüber, ob § 2 MSchV., wonach jeder Mieter, also auch der von Bureauräumen, seinerseits gegenüber einer Kündigung das MEA. anrufen kann, in Berlin zurzeit gilt, ist der Rechtsspruch noch nicht entscheidungsreif.[1] M.

w) **PachtSchO.**[2]; α) **Nachprüfung der Beschlüsse des PEA.**

OLG. Braunschweig, 2. ZS. Urteil v. 3. Oktober 1922.

[1] Ebenso kann das Wohnungsamt nur über die für Wohnungsuchende bestimmten Räume einen Zwangsmietvertrag festsetzen; dagegen versagt das Gesetz ihm für Läden ohne oder mit Nebengelaß eine solche Befugnis, deshalb ist § 6 der Bek. v. 12. Mai 1921 ungültig (Urteil desselben ZS. v. 11. Januar 1923).

[2] Die vor 29. Sept. 1922 beantragte Verlängerung eines nachher ablaufenden Pachtverhältnisses über ein Grundstück von 2,5 ha hat das Beschwerdegericht stets nach neuem

Der Beklagte, Pächter des Ritterguts, hat davon 157 Morgen Weideland für 1920 und 1921 um je 125 Mark weiter verpachtet. Auf seinen Antrag hat das PEA. am 21. Sept. 1921 entschieden, daß der Kläger 5300 Mark nachzuzahlen habe. Dieser fordert den Betrag zurück, weil die Voraussetzung für ein Eingreifen des PEA. insofern gefehlt habe, als nicht sein Verhalten, sondern umgekehrt gerade das des Beklagten eine „offenbare Unbilligkeit" darstelle. Damit will er die Unanfechtbarkeit der Beschlüsse des PEA. wieder beseitigen und für die Gerichte das Recht beanspruchen, die materielle Entscheidung des PEA. nachzuprüfen. Das ist indessen unzulässig und für den völlig gleichen Fall der MieterSchO. v. 23. September 1918 § 7 einmütig abgelehnt (RG. 101 S. 53, 115; 103 S. 315). Liegt formell die Entscheidung eines nach der PachtSchO. eingesetzten PEA. vor und verhält sie sich über eine ihm überwiesene Materie, so ist der Inhalt des Beschlusses sowohl für die Parteien als für ein später entscheidendes Gericht sachlich bindend (JW. 50 S. 1344 gegen 46 S. 956). Nur insoweit ist eine Nachprüfung gegeben, ob sich das Amt im Rahmen seiner Spruchbefugnis gehalten hat, also ein Rechtsverhältnis vorliegt, dessen Regelung innerhalb der Grenzen der ihm zugewiesenen Ermächtigung liegt. Das ist aber der Fall, wenn die Vertragsteile über den Pachtzins streiten und das Amt das Vorliegen einer der Voraussetzungen des § 1² PSchO. bejaht. . . . v. F.

β) Zuständigkeit bei Einbeziehung von Wohnräumen.[1]

Kammergericht, 17. ZS. Rechtsentscheid v. 12. März 1923.

Der Antragsteller hatte sein Wohnhaus mit einem 13 ar großen Garten dem Pächter, der es mit seiner aus vier Personen bestehenden Familie bewohnt, für einen Jahreszins von 34, später 65 Mark überlassen und sich mit ihm im Sommer 1921 dahin verständigt, daß für den Garten ein besonderer Pachtzins von 200 Mark, für die Wohnung aber ein Mietzins von 1000 Mark zu zahlen sei. Seinem Antrage vom 6. Nov. 1922, für den Garten den angemessenen Pachtzins festzusetzen, hat das PEA. entsprochen. Dagegen will das LG. die Zuständigkeit des PEA. aus § 1² PSchO. nur für solche Wohn- (Wirtschafts-) Räume annehmen, die als Nebensache im landwirtschaftlichen Betriebe diesen nur ermöglichen oder erleichtern sollten. Dieser Ansicht war beizutreten. Wie der Wortlaut jenes Abs. 2 klar erkennen läßt, wird die Zuständigkeit des PEA., die begründet erscheint, weil der eigentliche Zweck des ihr unterworfenen Rechtsverhältnisses die Nutzung des Grundstücks durch landwirtschaftliche oder ähnliche Bebauung ist, auf Wohn- oder Wirtschaftsräume ausgedehnt, auf die sich der Vertrag ohne Änderung seines Zweckes erstreckt. Das Ziel dieser Erweiterung ist die Einheitlichkeit der Entscheidung über das ganze Rechtsverhältnis. Dies läßt Abs. 2 Satz 2 er-

Recht zu beurteilen (KG., Rechtsentscheid v. 18. Dez. 1922, 17 Y 12). Ebenso ist die Pr. PSchO. v. 27. Sept. 1922 § 45, der eine Verfahrensvorschrift darstellt, auch dann anzuwenden, wenn bereits vor ihrem Inkrafttreten das PEA. entschieden hatte (KG. 4. Januar 1923, 17 Y 16/22).

[1] V. über Ausdehnung der Pr. PSchO. auf Jagdpacht- und Fischereipachtverträge vom 23. Nov. 1922 (GS. 440).

kennen: „Soweit das PEA. zuständig ist, finden die für die Regelung der Mietzinsbildung erlassenen Vorschriften keine Anwendung, denn es entscheidet lediglich auf Grund der PSchO." (Drucks. des RT. Nr. 4187 S. 16 flg.). Der § 1² unterstellt also dem PEA. nicht etwa ein Rechtsverhältnis, das nicht schon seinem Wesen nach gemäß § 1¹ vor es gehörte. Vielmehr beseitigt die Vorschrift nur etwaige Zweifel an der Befugnis des Amts, beim Vorliegen eines unter Abs. 1 fallenden Vertrags zugleich über den auf Räumlichkeiten sich beziehenden Teil des Rechtsverhältnisses zu befinden. Hiernach ist das Amt zuständig, wenn ein Grundstück zu landwirtschaftlicher Nutzung überlassen ist und die Einbeziehung von Wohn- oder Wirtschaftsgebäuden in das Rechtsverhältnis lediglich diesem Hauptzweck dient. Ob dies der Fall ist, muß vornehmlich nach wirtschaftlichen Gesichtspunkten beurteilt werden. Insbesondere wird die Zuständigkeit zu verneinen sein, wenn bei der Überlassung eines Wohnhauses wohl die Nutzung eines räumlich dazu gehörigen Gartens gestattet, aus den Umständen aber zu entnehmen ist, daß die Benutzung des Hauses als Wohnung den wesentlichen Zweck des Rechtsverhältnisses ausmacht. Daran ändert auch nichts, wenn über den Garten besondere Abmachungen getroffen sind, sofern nur ihre wirtschaftliche Unselbständigkeit im Verhältnis zu den über das Haus die Einheit des Vertragszwecks und die überragende Bedeutung der Hausbenutzung erkennen läßt. Dr. G.

γ) **Erhöhung des im voraus zahlbaren Pachtzinses, der bei der Zahlung noch angemessen war?**

Kammergericht, 17. ZS. Rechtsentscheid v. 8. Januar 1923.

Für die zu landwirtschaftlicher Nutzung verpachteten Grundstücke ist der Pachtzins jährlich im voraus zu zahlen. Er ist auch pünktlich bezahlt worden und war zurzeit der Zahlung angemessen. Im letzten Pachtmonat hat der Verpächter, der nur die Nutzung des Landes gewährt, nicht etwa Gebäude instand hält oder Steuern vom Lande trägt, Erhöhung des Pachtzinses beantragt und am 28. Sept. 1922 erwirkt. . . . Allein die hier noch anwendbare frühere PSchO. § 2 Abs. 1b, 2 — der § 2 der neuen PSchO. weicht insoweit inhaltlich nicht ab — soll Abhilfe nur in den Fällen ermöglichen, in denen es als ein schwerer Mißstand empfunden wird, wenn zwischen den Leistungen der Parteien ein Wertverhältnis besteht, das die eine Leistung nach vernünftiger Erwägung nicht mehr als die Gegenleistung der anderen erscheinen läßt. Dabei rechtfertigt nicht jede Wertverschiebung eine Abänderung des Vertrags, vielmehr muß eine schwere Unbilligkeit oder die Gefahr der Notlage ohne die Abänderung eintreten oder zu befürchten sein. Nur auf die Wirkungen des Vertrags kommt es an, nicht aber auf die Einwirkung anderer, mit dem Vertrage nicht zusammenhängender Einflüsse auf die Vermögenslage der Vertragsteile. Ist aber der angemessene Pachtzins entsprechend dem Vertrage vorausbezahlt worden, so können diese Voraussetzungen der Abänderung in der Pachtzeit, für die gezahlt ist, auf Grund einer erneuten Änderung der wirtschaftlichen Verhältnisse nicht mehr erfüllt werden. Der Verpächter hat für seine Leistung eine angemessene Gegenleistung bereits empfangen. Diese kann durch Umstände, die mit dem Pachtverhältnisse nicht zusammenhängen, nicht mehr zu einer unangemessenen werden, nachdem sie zurzeit der Leistung angemessen war. Auf das Wertverhältnis zwischen den Vertragsleistungen kann die Änderung der Wirtschaftslage nur einwirken, solange die Leistung des Pächters ganz oder teilweise noch nicht bewirkt ist. Es kann dahingestellt bleiben, wie weit dieser Satz auch für die Leistung des Verpächters gilt, die als eine dauernde während der ganzen Pachtzeit betrachtet werden könnte. Der vorliegende Fall erfordert nur eine Entscheidung bezüglich des Pachtzinses, der für das ganze Pachtjahr einmalig zu zahlen war. Ist der Verpächter durch die nachträgliche Änderung, bes. durch die Geldentwertung, in eine Notlage geraten, so beruht diese Folge nicht mehr auf einer Wertverschiebung der Leistungen, sondern auf anderen Ursachen, nämlich auf der Entwertung der in Geld bestehenden Vermögensteile. Diese hat der Verpächter wie zahlreiche andere, die nicht an Pachtverhältnissen beteiligt sind, getroffen und beruht nicht darauf, daß die vereinbarte Pachtsumme außer Verhältnis zur Überlassung des Pachtrechts getreten ist. Es war allein seine Sache, die erhaltene Summe als Teil seines Vermögens, soweit möglich, durch geeignete Maßnahmen der drohenden Entwertung zu entziehen. Wäre ihm das gelungen, so würde er eine Unbilligkeit oder Notlage in keinem höheren Maß empfinden können, als wenn er am Schlusse des Pachtjahres einen zu dieser Zeit angemessenen Pachtzins erhalten hätte.... Dr. G.

δ) **§ 2[1b] bei letztwillig angeordneter Pachtverlängerung.**

Kammergericht, 17. ZS. Rechtsentscheid v. 4. Januar 1923.

Der Erblasser, der zur landwirtschaftlichen Nutzung Grundstücke verpachtet hatte, hat 1921 letztwillig bestimmt, daß seine Erben die Pachtung noch 5 Jahre für höchstens den jetzigen Pachtzins zu belassen hätten. Die Vollstrecker haben dessen Erhöhung begehrt, da der bisherige Zins eine schwere Unbilligkeit darstelle. Das PEA. hat dem Antrage durch den angefochtenen Beschluß vom 7. Juli 1922 entsprochen. Die Rechtsfrage war mit dem LG. zu bejahen, und zwar sowohl für die jetzige wie für die frühere Pr. PSchO., so daß nichts darauf ankommt, welche von ihnen hier anzuwenden ist. Nach § 1 RPSchO. vom 9. Juni 1920, an dessen Wortlaut insoweit auch das Ges. vom 29. Juni 1922 nichts geändert hat, sind die Schutzvorschriften nicht nur auf die Fälle, in denen Grundstücke verpachtet oder verliehen sind, sondern auch auf alle sonstigen Fälle anzuwenden, in denen der Genuß der Erzeugnisse gegen Entgelt übertragen ist. In ebenso weiten Grenzen hat die Pr. PSchO. v. 3. Juli 1920/25. Jan. 1921 und die v. 27. Sept. 1922 ihre Anwendung erstreckt. Nach § 1 muß ihr regelmäßig jedes Rechtsverhältnis unterstellt sein, das wirtschaftlich ähnliche Beziehungen zwischen den Beteiligten schafft wie ein Pachtvertrag, indem es sich als Überlassung des Fruchtgenusses gegen Entgelt darstellt. Von dieser Regel wäre nur dann abzuweichen, wenn das Gesetz deutliche Anhaltspunkte dafür ergäbe. Das ist bei einem Pachtvertrage nicht der Fall, den die Erben deshalb abgeschlossen oder verlängert haben, weil der Erblasser dies angeordnet hat. Stellt sich diese Verfügung als Auflage des § 2192 dar, hat also der Begünstigte überhaupt kein eigenes Recht auf ihre Vollziehung, so besteht zwischen ihm und den Erben überhaupt kein anderes Rechtsverhältnis als der abgeschlossene oder verlängerte Pachtvertrag, der sich in nichts von sonstigen Pachtverträgen unterscheidet. Aber auch bei Annahme eines Vermächtnisses ist die Rechtslage nicht anders zu beurteilen. Dann darf allerdings der Begünstigte dessen Erfüllung fordern (§ 2174), also den Abschluß erzwingen. Nach Erfüllung dieses Anspruchs besteht wiederum ein Pachtverhältnis, das wie jedes andere der PSchO. unterfällt. Gerade die allgemeine Fassung der Schutzvorschriften schließt es aus, den Fall anders zu beurteilen, nur weil der Vertrag in Erfüllung eines Vermächtnisses abgeschlossen ist. Dadurch wird die Verfügung, soweit sie sich über die Höhe des Pachtzinses äußert, keineswegs bedeutungslos; vielmehr ist wie in jedem anderen Falle zu prüfen, ob für die Abänderung der Leistungen die Voraussetzungen der PSchO. tatsächlich erfüllt sind. In dieser Hinsicht werden die Anforderungen mit Rücksicht auf die angeordnete Zinshöhe je nach Lage des Falles verschieden zu stellen sein, besonders wird für eine schwere Unbilligkeit ausschlaggebend sein, in welchem Umfange die Verfügung bei sinngemäßer Auslegung eine unentgeltliche Zuwendung bezweckte oder das Verhältnis von Leistung und Gegenleistung zwischen dem Fruchtgenusse und dem Pachtzinse gewahrt wissen wollte. Dr. G.

ε) Ist die Änderung des Geldwertes zu berücksichtigen, die bis zur Rechtskraft oder späteren Fälligkeit voraussichtlich eintreten wird?[1]

Kammergericht, 17. ZS. Rechtsentscheid v. 19. März 1923.

Auf den Antrag der Verpächter hat das PEA. den Pachtzins für 1922 am 24. Nov. 1922 anderweit festgesetzt, wobei es den Wert von $2\frac{1}{2}$ Zentner Weizen zugrunde legte und nach den Durchschnittspreisen von September und Anfang Oktober 1922 berechnete. Auf die Beschwerde der Verpächter will das LG. aus Gründen der Billigkeit auch die nach Ablauf des Pachtjahres eingetretene Geldentwertung berücksichtigt sehen. Dem war im wesentlichen beizutreten.... Der § 2² zieht, indem er die Voraussetzungen für die Abänderungsbefugnis regelt, zugleich die Grenzen für ihre Anwendung. Danach ist die Abänderung des Vertrags zulässig, insoweit er mit dem bisherigen Inhalt eine Ausbeutung der Notlage oder offenbar eine schwere Unbilligkeit darstellt, oder das Eintreten einer wirtschaftlichen Not befürchten läßt. Die Leistungen sind also nach billigem Ermessen (§ 20¹) derart anders zu bestimmen, daß jene Folgen aus den veränderten wirtschaftlichen Verhältnissen behoben werden, wobei natürlich zu sorgen ist, daß die Gefahr wirtschaftlicher

[1] Das PEA., das den Zins vom 1. Juli 1922 ab erhöht, kann zugleich anordnen, daß er in Zukunft in demselben Verhältnisse steigt, wie das Gehalt eines mittleren Beamten, der am 1. Okt. 1922 das Höchstgehalt der 7. Gruppe bezogen hat. Die Einschränkung des § 3² steht nicht entgegen, denn die Entstehungsgeschichte des mit ihm gleichlautenden § 2 Abs. 1b S. 2 RPSchO. v. 29. Juni 1922 (Drucks. des RT. S. 8080) ergibt, daß sich die gesetzliche Regelung durchaus nicht gegen die Festsetzung eines gleitenden Pachtzinses richten sollte, sondern allein eine den Parteien aufgenötigte Natural(wert)pacht untersagt (KG. 21. Dez. 1922).

Not (Unbilligkeit) nicht etwa für den Vertragsgegner eintritt. Da sich jene Veränderung auch vornehmlich in der Geldentwertung ausdrückt, so ist dieser in dem angegebenen Rahmen bei der Neuregelung Rechnung zu tragen. Als der Zeitpunkt, der dabei ins Auge zu fassen ist, muß die Fälligkeit der neu festgesetzten Leistung gelten. Die Unbilligkeit des unveränderten Vertrags und seine Beziehung auf die vorhandene oder drohende Notlage entspringt der Verschiebung des Wertverhältnisses zwischen den Leistungen beider Teile. Ist sie derartig geworden, daß die in § 2[2] beschriebenen Folgen eingetreten sind, gebietet die PSchO. eine Abänderung des Vertrags zur Beseitigung dieser Folgen. Nur wenn für die Zeit, zu der zu leisten, ein entsprechendes Wertverhältnis zur Gegenleistung hergestellt wird, kann dieser Zweck erreicht werden. Deshalb muß die Abmessung der Leistungsänderung auf den Zeitpunkt der Fälligkeit abgestellt werden. Dagegen ist nicht zu beachten, ob etwa vom Schuldner eine verspätete Erfüllung zu gewärtigen ist, denn die Folgen einer solchen beruhen nicht in dem Sinn auf dem Vertrag und der wirtschaftlichen Veränderung, wie es die PSchO. für ihre Anwendbarkeit erfordert. Wie deshalb die Säumigkeit des Schuldners die Abänderung des Vertrags nicht rechtfertigen kann, so darf auch ihr in der Zukunft möglicher Eintritt nicht für den Umfang dieser Änderung maßgebend sein. Dieses Ergebnis ist auch nicht unbillig, weil der Gläubiger insoweit Schutz durch das bürgerliche Recht genießt.

Ist somit die Fälligkeit des neu festgesetzten Pachtzinses für seine Bemessung mit Rücksicht auf die ständige Veränderung der wirtschaftlichen Verhältnisse maßgebend, so kommt es auf den Zeitpunkt an, zu dem die Entscheidung des PEA. Rechtskraft erlangt. Frühestens zu dieser Zeit kann der Mehrbetrag des Pachtzinses fällig werden, denn erst der rechtskräftige Beschluß über den Pachtstreit gilt nach § 46[1] unter den Parteien als Vertragsinhalt und schafft damit die Grundlage für die Zinsforderung, soweit sie den bisherigen Betrag übersteigt. Daran ändert auch nichts, wenn der Zins für eine vergangene Zeit festgesetzt wird, denn zu berücksichtigen ist in solchem Falle die Geldentwertung bis zur Fälligkeit des erhöhten Zinses und diese kann nicht vor der Rechtskraft eintreten. Wird dagegen ein Zins erhöht, der nach dem Vertrag oder gemäß der Entscheidung des PEA. erst später fällig wird, so ist aus den angegebenen Gründen dieser Zeitpunkt und nicht der Eintritt der Rechtskraft maßgebend. Was für die Geldentwertung, gilt in gleicher Weise für das Steigen der Kaufkraft des deutschen Geldes, also überhaupt für die Änderung des Geldwertes. Insoweit wird das PEA. vor eine Aufgabe gestellt, die es nicht rein rechnerisch zu lösen vermag. Besonders in den zahlreichen Fällen, in denen die Rechtskraft seiner Entscheidung zugrunde zu legen ist, vermag es den Zeitpunkt nicht genau zu bestimmen. Es hat deshalb bezüglich der Geldwertänderung in besonderem Maß das billige Ermessen anzuwenden. Der vom LG. angeregte Gedanke, die Summe des Pachtzinses in Beziehung zu einer Inderzahl zu bringen, kann unter Umständen als geeignetes Mittel zur Lösung entstehender Schwierigkeiten bieten.

Auch das Beschwerdegericht vermag die seit dem Beschlusse des PEA. eingetretenen Veränderungen zu berücksichtigen. Allerdings ist es nur zur rechtlichen Nachprüfung dieses Beschlusses berufen. Der § 34 S. 2 gibt ihm jedoch in gewissen Grenzen die Befugnis, neue Tatsachen zu berücksichtigen, zB. wenn das PEA. zwar die Leistung auf den Tag der Rechtskraft abgestellt hat, die weitere Entwicklung der Geldwertänderung aber zeigt, daß es dabei geirrt hat. Das LG. kann dann auch von Anordnung einzelner tatsächlicher Feststellungen absehen, wenn es aus eigener Sachkunde zu entscheiden vermag. Dr. G.

3) **Wann müssen die Umstände vorliegen, die die Unbilligkeit nach § 2² begründen?**

Kammergericht, 17. ZS. Rechtsentscheid v. 19. Februar 1923.

Der Verpächter, der sein 150 ha großes Grundstück zu landwirtschaftlicher Nutzung verpachtet hatte, hat Ende 1921 Neufestsetzung des Pachtzinses beantragt. Nach längeren Vergleichsbemühungen hat das PEA. ihn am 3. Nov. 1922 erhöht, weil eine offenbare schwere Unbilligkeit vorliege. Die Rechtsbeschwerde des Pächters bestreitet, daß sein Pachtangebot eine solche Unbilligkeit darstelle, darunter falle umgekehrt das Verhalten des Verpächters, der an der Neufestsetzung durch das PEA. festhalten wolle. Auf den Fall ist in seinem ganzen Umfange die neue PSchO. vom 27. Sept. 1922 anzuwenden, da erst nach ihrem Inkrafttreten entschieden wurde (§ 48³); daran ändert auch nichts, daß auch für ein schon mit 30. Juni 1922 abgelaufenes Pachtjahr zu entscheiden war. — Der Beschwerdegrund ist aber nach §§ 26, 28² stets in der Entscheidung des PEA. zu suchen, so daß es keinesfalls auf Umstände ankommt, die zeitlich erst nachher eintraten. Deshalb vermag der Pächter die Rechtsbeschwerde nicht darauf zu stützen, daß der Verpächter an der Neufestsetzung des Pachtzinses festhalten will, wohl aber darauf, daß das PEA. den Begriff der Unbilligkeit, also § 2², verletze. Eine solche Verletzung vermag er aber nicht durch Berufung auf die von ihm selbst angebotene Erhöhung darzutun. Denn nach § 2² ist die Abänderung des Pachtzinses nur von der Wirkung abhängig, die eine Beibehaltung der Bestimmungen des Vertrags hätte. Dagegen kommt es nicht auf das Verhalten der Vertragsteile oder eines von ihnen an. Deshalb ist unerheblich, ob der Pächter eine Erhöhung des Pachtzinses vor der Entscheidung angeboten hat, und das PEA. ist bei dieser in keiner Weise durch ein solches Angebot behindert. Dagegen folgt aus dem Zwecke der Schutzvorschriften, die zur Behebung schwerer Unbilligkeiten dienen sollen, ohne weiteres, daß die Neufestsetzung des Pachtzinses, die erfolgt, weil der bestehende Vertrag für die Verpächter offenbar unbillig ist, nicht zugleich eine schwere Unbilligkeit gegenüber dem Pächter schaffen darf. Hat das PEA. nicht diesen Gesichtspunkt beachtet, so ist das Gesetz verletzt. Dr. G.

η) **Sind im Falle des § 3¹ Notlage zc des Pächters besonders festzustellen?**
Kammergericht, 17. ZS. Rechtsentscheid v. 5. Februar 1923.

Der Pächter, der einen Morgen Ackerland bis 1. Okt. 1922 pachtete, sonst aber nicht insgesamt 10 ha Land zur Bewirtschaftung besitzt, hat erfolglos beantragt, das Pachtverhältnis auf zwei Jahre zu verlängern. Der Auffassung des LG., daß das PEA. in jedem Falle des § 3 die Voraussetzungen des § 2² festzustellen habe, war nicht beizutreten.... Schon nach seinem Wortlaut stellt sich § 3¹ als eine Sonderregelung für Anträge aus § 2¹ᵃ Nr. 1, 2 dar, die die Pächter mit sonst nicht 10 ha Wirtschaftsland stellen und denen das PEA. regelmäßig entsprechen soll. Nur soweit der Pächter besonders schlecht wirtschaftet, fällt die Anwendung des § 3 völlig fort und ist nach § 2 zu entscheiden. Offensichtlich sollen also Verlängerungsanträge nur ausnahmsweise abgewiesen werden. Mit dieser Absicht wäre nicht vereinbar, wenn trotzdem festgestellt werden müßte, daß auf seiten des Pächters eine der Voraussetzungen des § 2² erfüllt ist. Gerade die dort aufgestellten Erfordernisse bringen mit sich, daß das Eingreifen des PEA. als Ausnahme gilt. Die Verlängerung in den Fällen des § 3 soll jedoch die Regel bilden, sie kann also nicht an jene Voraussetzungen des § 2 gebunden sein, die sie zur Ausnahme gestalten würde. Wohl aber hat das PEA., da dem Antrage nicht stets, sondern nur regelmäßig zu entsprechen ist, nach dem gesamten Sachverhalte zu prüfen, ob die Verlängerung nicht etwa gegenüber dem Verpächter eine Unbilligkeit oder Gefährdung im Sinne des § 2² bedeutet. Diese Auslegung des § 3 wird auch durch die Entstehungsgeschichte des — wörtlich übereinstimmenden — § 1³ RPSchO. v. 29. Juni 1922 bestätigt.... Dr. G.

ϑ) **Gegen die Entscheidungen des Vorsitzenden aus § 12² Pr. PSchO. ist die Rechtsbeschwerde zulässig.**
Kammergericht, 17. ZS. Rechtsentscheid v. 4. Januar 1923.

Die Erhöhung des Pachtzinses hat der Vorsitzende am 18. Nov. 1922 abgelehnt, weil der Antrag erst nach Ablauf des Pachtjahres beim PEA. eingegangen sei.... Nach § 3 RPSchO. vom 29. Juni 1922 bleibt zwar die Einrichtung des PEA. und die Regelung des Verfahrens den obersten Landesbehörden überlassen, es muß aber ein Rechtsmittel gegen Schlußentscheidungen des PEA. zugelassen sein. Als solche sind unbedenklich alle Entscheidungen zu betrachten, die Anträge aus dem eigentlichen Pachtschutzrecht, also aus § 2 Pr. PSchO., der inhaltlich mit dem § 1 RPSchO. übereinstimmt, endgültig erledigen, so daß das PEA. nicht weiter sachlich über sie entscheidet. Dazu gehört auch die Entscheidung über die hier beantragte Abänderung des Pachtzinses, wenn sie diesen Antrag wegen verspäteten Eingangs ablehnt. Hiergegen mußte also Preußen ein Rechtsmittel zulassen, wenn es sich im Rahmen der reichsgesetzlichen Ermächtigung halten wollte. Da nicht anzunehmen ist, daß die Pr. PSchO. die ihr gesteckten Grenzen überschreiten sollte, so kann ihr Wortlaut nur dahin aufgefaßt werden, daß die Entscheidung aus § 12², wenngleich sie durch den Vorsitzenden allein erfolgt, dennoch als eine solche des PEA. im Sinne des § 25 zu betrachten ist und deshalb mit der Rechtsbeschwerde angefochten werden kann. Dr. G.

3. Recht der Schuldverhältnisse.

a) **Auflassung auf Grund der im nichtigen Kaufvertrag erklärten Vollmacht.**[1] **Nachweis ihres Fortbestehens. Gerichtsverbot der Eigentumseintragung.**

Kammergericht, 1. ZS. Beschluß v. 22. März 1923.

Der eingetragene Eigentümer E. hat notariell am 3. August 1922 sein Grundstück dem Beschwerdeführer B. verkauft und in derselben Urkunde den X. zur Auflassungserklärung ermächtigt; demgemäß hat X. in notarieller Verhandlung vom 12. Dez. 1922 aufgelassen. An diesem Tage hat E. wegen zu niedriger Angabe des Kaufpreises gegen B. und X. eine einstw. Verfügung, die dem B. die Stellung des Antrags auf Eigentumseintragung und dem Grundbuchamte deren Vornahme verbietet, erwirkt und zu den Grundakten eingereicht. Am Tage darauf beantragte gleichwohl der Notar diese Eintragung mit dem Bemerken, daß ihm am 12. nachm. die einstw. Verfügung zugestellt worden, nachdem bereits am Vorm. aufgelassen war. Die Vorinstanzen lehnten ab. Die weitere Beschwerde ist unbegründet....

1. Die Frage, ob die auf der Scheinnatur der Preisabrede beruhende Nichtigkeit eines Kaufvertrags auch die darin erteilte Auflassungsvollmacht nichtig macht, hat das RG. 94 S. 147 auf Grund des § 139 BGB. bejaht (vgl. auch 97 S. 273). Derselbe Senat hat jedoch später (103 S. 302, 104 S. 299) Zweifel gegen diese Begründung geäußert. Sie erscheint auch nicht haltbar; denn die Vollmacht bleibt, wenn sie auch den den Scheinpreis enthaltenden Vertrag nicht verwirklichen kann, doch für die Verwirklichung eines daneben laufenden, die wirkliche Preisvereinbarung enthaltenden mündlichen Kaufvertrags mit Rücksicht auf dessen aus § 313 S. 2 sich ergebende Heilbarkeit von Bedeutung. Entsprechend dem mutmaßlichen Willen der Beteiligten, das mündlich Vereinbarte auszuführen, hätten sie die Vollmacht auch dann erteilt, wenn sie die Nichtigkeit des Kaufvertrags kannten. Dagegen trifft die in RG. 103 S. 302, 104 S. 299 aufgestellte neue Erwägung zu. Für diese kommt freilich der Gesichtspunkt des § 139 nicht in Betracht, weil die Frage, ob das Rechtsgeschäft auch ohne den nichtigen Teil vorgenommen wäre, nach dem Zeitpunkt des Vertragsschlusses zu beurteilen ist, während sich die Frage, ob die Beteiligten bis zur Auflassung bei dem mündlich Vereinbarten stehen geblieben sind, erst später entscheidet. Wohl aber läßt sich im Sinne des RG. geltend machen: Wie anerkannt, kann ein mündlicher Grundstückskauf gemäß § 313 S. 2 nur dann geheilt werden, wenn die ihm entsprechende Willensübereinstimmung der Beteiligten bis zur Auflassung bestand (Gruchot 57 S. 947). Da nun in Fällen dieser Art die Vollmacht zu dem Zweck erteilt wird, den mündlichen Vertrag durch Auflassung zu heilen, diesen Erfolg aber nur unter der bezeichneten Voraussetzung

[1] Nach § 313 S. 2 wird auch die beim Vertragschluß zugleich formlos getroffene Verbarung, daß der Käufer unter gewissen Voraussetzungen zur Rückauflassung bestimmter Flächen verpflichtet sein oder dem Verkäufer das Wiederkaufsrecht zustehen soll, deshalb geheilt, weil sie als Bestandteil des Kaufvertrags zu gelten hat (RG. 4. Nov. 1922, V 118).

eintreten kann, so ist nach dem erkennbaren Willen auch die Wirksamkeit der Vollmacht davon abhängig, daß sich der Machtgeber nicht bis zur Auflassung vor dem mündlich Vereinbarten gegenüber der andren Partei losgesagt hat (vgl. oben S. 30). Daran fehlt es hier. Der Verkäufer hat selbst nicht behauptet, schon vorher die Nichtigkeit des Kaufvertrags geltend gemacht zu haben; seine in der einstw. Verfügung ausgedrückte Willenskundgebung hat aber erst mit deren Zustellung, also erst nach der Auflassung rechtsgeschäftliche Bedeutung erlangt.

2. Die Vertretungsmacht eines Bevollmächtigten hat das Grundbuchamt selbständig zu prüfen; maßgebend ist dabei der Zeitpunkt, in welchem die Erklärung durch Zugang an den Empfangsberechtigten wirksam geworden ist (KGJ. 37 S. 221), hier also die Auflassung v. 12. Dez. 1922. Da hierbei der Käufer zugegen war, so genügt, daß damals die Vollmacht bestanden hat.... Die Vorinstanzen haben jedoch mit der Möglichkeit gerechnet, daß die Vollmacht schon vorher widerrufen worden. Das Amtsgericht hat deshalb den Nachweis, daß X. bei der Auflassung eine Ausfertigung der Vollmachtsurkunde besessen habe, erfordert und auf die Erklärung des Notars, daß eine Ausfertigung damals noch nicht erteilt gewesen sei, den Antrag auch aus diesem Grunde zurückgewiesen. Allein wenn auch hiernach der Besitz der Vollmachtsurkunde ein besonders wichtiges Mittel ist, um das Grundbuchamt vom Fortbestehen der Vollmacht zu überzeugen, so ist er doch nicht das einzige Mittel. Bedarf es nämlich nicht des (gleichfalls durch Vorlegung der Vollmachtsurkunde zu führenden) Nachweises, daß die Vollmachtserteilung dem Empfangsberechtigten gegenüber abgegeben worden ist (KGJ. 35 S. 236, 37 S. 225), steht vielmehr wie hier fest, daß die Vollmacht durch Zugang an ihn wirksam geworden ist, so wird sich das Grundbuchamt häufig, zumal wenn seit der Erteilung kein zu langer Zeitraum verstrichen ist, in freier Beweiswürdigung mit dem bloßen Nachweis der Vollmachtserteilung begnügen können. In der Rechtslehre wird denn auch zB. angenommen, daß, wenn die Vollmacht zu Protokoll des Grundbuchamts erteilt ist und danach der zu Bevollmächtigende oder der Dritte zugegen war, die Vorlegung einer Ausfertigung der Vollmachtsurkunde entbehrlich sei, vielmehr die Bezugnahme auf das Protokoll genüge (Arnheim § 30[20], Oberneck 2 S. 604, Turnau-Förster 2 S. 254). Dem ist mit der Einschränkung beizupflichten, daß aus dem Ablauf einer erheblichen Zwischenzeit oder sonst gegen das Fortbestehen der Vollmacht keine Bedenken erwachsen. Wenn vielfach (KGJ. 23 S. 121, 33 S. 149, 43 S. 156; Rsp. 5 S. 299, 12 S. 155) der Besitz der Vollmachtsurkunde als notwendig bezeichnet worden ist, so erklärt sich dies dadurch, daß dort die Vollmacht gegenüber dem Bevollmächtigten erteilt war und ihr Zugang an den Empfangsberechtigten nicht nachgewiesen werden konnte. Hier hat X. bei der Auflassung auf das Protokoll desselben Notars v. 3. August 1922 Bezug genommen. Der dazwischen liegende Zeitraum ist nicht so groß, daß daraus Bedenken herzuleiten wären. Ein Widerruf der

Vollmacht ist zum ersten Male durch die Zustellung der einstw. Verfügung erklärt.... Das abweichende Ergebnis Rsp. 40 S. 45 erklärt sich aus der Besonderheit des damaligen Falles, der mit Rücksicht auf näher dargelegte Verdachtsgründe zu einer besonders strengen Prüfung Anlaß gab. — Selbst wenn man aber mit dem Erlöschen der Vollmacht rechnen durfte, so konnte dies doch nicht zum Nachteile des Beschwerdeführers berücksichtigt werden, weil nach § 170 die Vollmacht, die wie hier einem Dritten gegenüber erklärt wird, in Kraft bleibt, bis ihm das Erlöschen angezeigt wird. Allerdings ist in Rsp. 10 S. 67 für den entsprechenden Tatbestand des § 172² ausgesprochen, der Besitz der Vollmachtsurkunde genüge nicht im Grundbuchverfahren; denn der Grundbuchrichter stehe mit den Beteiligten nicht im rechtsgeschäftlichen Verkehr, habe vielmehr als staatliches Organ der fr. G. die Voraussetzungen festzustellen, unter denen das Gesetz die Vornahme einer bestimmten Amtshandlung als zulässig und geboten erachte. Jener Satz trifft aber in seiner Allgemeinheit nicht zu; er paßt nur für Fälle, in denen der Bevollmächtigte die Eintragung gegenüber dem Grundbuchamt erklärt. Dagegen steht in Fällen vorliegender Art der Anwendung der §§ 170, 172² auch im Grundbuchverkehr nichts entgegen....

3. Das in der einstw. Verfügung getroffene Verbot hat das Grundbuchamt dadurch für erledigt angesehen, daß sich B. und der Notar über es hinweggesetzt hätten. Das Verbot an das Grundbuchamt, die Eintragung vorzunehmen, hat es mangels einer rechtlichen Grundlage für unzulässig erachtet. Die letztere Erwägung ist rechtlich bedenkenfrei.[1] Zu prüfen bleibt aber noch, ob das an B. gerichtete Verbot entgegensteht. Die Eigentumsänderung verwirklicht sich durch Auflassung und Eintragung. Ist zunächst nur aufgelassen, so erlangt dadurch zwar der Erwerber keinen Anspruch gegen den Veräußerer auf weitere Erfüllung, wohl aber die Befugnis, ohne weiteres die Eintragung herbeizuführen. Diese Befugnis ist, da sie den Erwerb eines Rechts ermöglicht, materiell-rechtlicher Art und wird verwirklicht durch den nach § 13¹ GBO. erforderlichen Antrag. Mit Rücksicht auf die Unwiderruflichkeit der Auflassung (§ 873²) kann der Veräußerer durch bloßen Widerspruch die Erledigung des Antrags nicht hindern (Güthe § 13⁴⁵). Er ist aber, wenn ihn zB. wegen Bereicherung oder auf Grund eines Rücktrittsrechts, ein schuldrechtlicher Anspruch auf Rückgängigmachung der Auflassung zusteht, in der Lage, mit Hilfe des Prozeßgerichts, bes. durch einstw. Verfügung in die Vollendung der Rechtsänderung einzugreifen. Das hier ausgesprochene Verbot an B. hält sich im Rahmen des § 938 ZPO. Da es sich nur an den Erwerber wendet, greift es nicht unzulässig in die Tätigkeit des Grundbuchamts ein, auch wenn die Folge sein sollte, daß dieses an die Erledigung des im Widerspruch mit dem Verbot gestellten Antrags gehindert wird (JW. 1921 S. 533). — Eintragungshindernisse hat das Grundbuchamt nicht nur dann zu berücksichtigen, wenn sie aus dem Grundbuch hervorgehen,

[1] KGJ. 32 S. 185, 43 S. 205, 1 x 63/23. NA. KG. 14. März 1923 (24 w 214).

sondern auch dann, wenn es auf sonstige Weise amtlich davon Kenntnis erlangt. Als solches Hindernis stellt sich die zu den Grundakten gebrachte einstw. Verfügung dar, soweit dadurch dem V. verboten ist, die Eigentumsänderung zu beantragen. Dieser hier bei der Auflassung gestellte Antrag ist erst mit seiner Einreichung, also nach Zustellung jener Verfügung wirksam geworden. Der Verstoß gegen letztere kann zwar nicht dahin führen, den Antrag als nicht gestellt zu behandeln, wohl aber nötigt er dazu, der aus der Verfügung sich ergebenden Rechtslage Rechnung zu tragen (RG. 69 S. 123). Ist nun der Antrag hier das einzige Mittel zur Vollendung des Rechtserwerbs, so ist die Verfügung, obwohl sie nur die Stellung des Eintragungsantrags verbietet, dahin zu deuten, daß damit gleichzeitig dem V. verboten ist, seinen Rechtserwerb durch Herbeiführung der Eintragung zum Ende zu führen. In dieser materiell-rechtlichen Bedeutung wirkt das Verbot eintragungshindernd. Die bei relativen Verfügungsbeschränkungen erörterte Streitfrage, ob diese im Fall ihrer Nichteintragung weiteren Verfügungseintragungen über das betroffene Recht entgegenstehen (KGJ. 44 S. 179), kommt hier nicht in Betracht. Denn es handelt sich nicht um eine Beschränkung der Verfügungsmacht des Berechtigten; sodann könnte die Auffassung, daß die weiteren Eintragungen nicht gehindert werden, hier auch deswegen nicht Platz greifen, weil die Rechtsänderung lediglich das Rechtsverhältnis der Vertragschließenden betrifft, also nicht bloß relativ wirkt. Ein Anspruch des Erwerbers gegen das Grundbuchamt, die den Erwerb vollendende Eintragung vorzunehmen, besteht nur dann, wenn die Voraussetzungen dafür bis zur Eintragung vorhanden sind. Daran fehlt es, wenn durch ein gerichtliches Verbot an den Erwerber in dessen Recht, auf Grund der Auflassung sich das Eigentum zu verschaffen, rechtzeitig wie hier eingegriffen wird. Ob es auch dann noch wirkt, wenn der Antrag bereits vorher eingereicht war, bedarf hier keiner Entscheidung (vgl. OLG. Dresden Ann. 30 S. 64). Der jetzige Fall zeigt zugleich, daß für den Veräußerer ein dringendes Bedürfnis besteht, durch Mitteilung der einstw. Verfügung auf die Entschließung des Grundbuchamts einzuwirken, zumal ein Ersuchen des Prozeßgerichts nach § 941 ZPO. in diesem Falle nicht in Betracht kommt. Ebenso wie hier wird sich auch sonst der Erwerber nicht abhalten lassen, seine Eintragung herbeizuführen. Dann kann dies mit Rücksicht auf § 313 S. 2 BGB. den Anspruch des Veräußerers vereiteln, falls er sich darauf gründet, daß das Veräußerungsgeschäft wegen Formmangels ungültig war. Auch besteht für ihn die Gefahr, daß das Grundstück durch Verfügungen des Erwerbers zugunsten gutgläubiger Dritter belastet oder ihm gar entzogen wird. **M.**

Dazu: Bayer. Oberstes Landesgericht, ZS. Beschluß v. 31. Januar 1923.

Den die Auflassung nebst EintrAntrag enthaltenden Kaufvertrag hatte der Notar bereits dem Grundbuchamt vorgelegt, als der Verkäufer eine einstw. Verfügung des Inhalts erwirkte, der Käufer habe darein zu willigen, daß das Notariat den — einen zu niedrigen Preis beurkundenden — Vertrag sofort zurücknimmt und nicht wieder vorlegt. Der Antrag auf Eintragung der Auflassung ist mit Recht zurückgewiesen. An sich kann der Käufer die Grundsätze des § 13 GBO. insofern verwerten, als ein Antragsteller immer nur seinen Antrag, nicht den des anderen Antragsberechtigten zurücknehmen darf (vgl. KGJ. 24 S. 91). Hier hat aber die einstw. Verfügung vor dem Vollzuge des Antrags in dessen weitere Behandlung eingegriffen. Das Grundbuchamt muß allerdings im allgemeinen prüfen, ob das Prozeßgericht zu der beschlossenen Maßnahme an sich gesetzlich ermächtigt ist. Diese Voraussetzungen sind aber hier erfüllt: das Prozeßgericht hat nach § 938 ZPO. völlig freie Hand, welche Anordnungen es nach Lage des Falles treffen will. Andrerseits liegt aber auch der Endzweck der Verfügung klar zutage, daß der Vertrag einstweilen nicht vollzogen wird. Ob die nähere Fassung der Verfügung völlig zutreffend war, hat das Grundbuchamt so wenig nachzuprüfen wie ihre näheren Grundlagen, sofern nur der erstrebte Endzweck klar erhellt. Keinesfalls kann aus § 894 ZPO. eine Einschränkung des Gerichts im Rahmen einer einstw. Verfügung gefolgert werden. Im übrigen bildet deren eigentliche Grundlage das Ge- und Verbot an den Notar.[1] **Kn.**

b) **Verkauf gefärbter Nahrungsmittel als Betrug?**[2]

OLG. Hamburg, 5. ZS. Urteil v. 24. November 1922.

Der Kläger, der 1000 Dosen „Caviara" gekauft hat, will arglistig getäuscht sein: er habe nicht gewußt, daß der Fischrogen gefärbt sei. Allein selbst wenn sich auf dem beim Kauf vorgelegten Muster und ebenso auf den gelieferten Kruken nicht das Wort „gefärbt" befunden hat, liegt doch keine Täuschung vor. Denn der Kläger hat gewußt, daß kein echter Kaviar verkauft wurde; war dieser aber nicht echt, so ist gleichgültig, ob er gefärbt war. Das Färben eines Nahrungsmittels ist etwas Gewöhnliches, nur gesundheitschädliche Farben dürfen dabei nicht verwendet werden (Ges. vom 5. Juli 1887). Als verfälscht ist es nur dann anzusehen, wenn dadurch die Verwechslung mit einem anderen erzielt werden soll. Der Schlußsatz der Verfügung des LandwMin. vom 20. April 1920, daß künstlich gefärbter Rogen von anderen Fischen als Störarten als verfälscht zu betrachten sei, ist in dieser Allgemeinheit mißverständlich. Er kann nur dahin verstanden werden: wenn die Färbung zur Täuschung geschieht, wenn also der gefärbte Fischrogen als Kaviar verkauft wird, nicht aber, wenn wie hier eine Täuschung

[1] Der bloße Widerruf der Auflassung und der Eintragungsbewilligung kann ohne eine entsprechende einstw. Verfügung nicht den Vollzug aufhalten (Beschluß desselben ZS. v. 7. April 1923 III 20).

[2] Liefert der Verkäufer vor der Fälligkeit auf Wunsch teilweise, so muß der Käufer, wenn Kasse gegen Lieferung vereinbart war, Zugumzug gegen die Teillieferung zahlen (OLG. Hamburg, 6. ZS. Urteil v. 15. Februar 1923; HGZ. S. 93). — Die aus dem Rechte auf Lieferung einer mangelfreien Sache sich ergebenden Verpflichtungen (§ 480) sind nach § 348 Zugumzug zu erfüllen; dieser Rechtssatz führt aber auf den Wohnort des Käufers als den gemeinsamen Erfüllungsort (OLG. Dresden, 4. ZS. Urteil v. 21. Nov. 1921; SächsArch. 1923 S. 103).

durch die Bezeichnung ausgeschlossen wird. Damit ist zugleich gesagt, daß kein Verstoß gegen die VO. vom 26. Juni 1916 vorliegt. Denn sie spricht von Nahrungsmitteln, die unter einer zur Täuschung geeigneten Bezeichnung feilgehalten werden. B.

c) **Kinomiete mit Verkaufsrecht. Haftung für Nachmieter?**

Kammergericht, 17. ZS. Urteil v. 30. November 1922.

Die Kläger haben das in ihrem Hause befindliche Kino mit Heizanlage dem Beklagten vermietet. Dieser hat die Beseitigung aller von ihm herbeigeführten Schäden übernommen und haftet bei Abtretung an Nachmieter für die Erfüllung aller Pflichten und Leistungen im ganzen Vertragsumfang selbstschuldnerisch. Nachdem er das ihm besonders eingeräumte Recht, das Kino zu verkaufen, ausgeübt hatte, hat der vom Nachmieter übernommene Heizer den Heizkessel beschädigt. Gegen die Ersatzklage macht der Beklagte geltend, daß er nur für die Mietzahlung haftbar sei, nicht für ein Verschulden eines Nachmieters, wenn zB. ein Brand das ganze Haus zerstöre. Allein es ist nicht einzusehen, weshalb die Haftung für alle Pflichten, also auch für die Ersatzpflicht aus Verschulden als aus dem klaren Wortlaut sich ergebende Folge nicht gewollt oder unsittlich sein soll. Auch erhöht sich die Haftung des Beklagten nicht, wenn er für das Versehen seines Heizers auch unter dem Nachmieter einzustehen hat. Sie ist auch nicht unbillig, da ihm das Recht zum Verkauf des Kinos und damit zur Übertragung des Mieterrechts im voraus erteilt war. Achtete er beim Verkauf auf Gewissenhaftigkeit des Nachmieters, dann bedeutete die Klausel keine merkliche Gefahr für ihn.[1] Z.r.

d) α) **„Pflegevertrag" als Dienstvertrag[2], Schenkung oder Leibrente?**

Bayer. Oberstes Landesgericht, ZS. Urteil v. 22. April 1922.

Die Beklagte war, als ihr Mann 1912 fortzog, auf dem Anwesen ihres klagenden Schwiegervaters wohnen geblieben. Ende 1912 schloß dieser mit ihr einen notariellen „Pflegevertrag". Darin verpflichtete sie sich, ihm alle häuslichen Arbeiten zu verrichten, wie es in ihrem Stand und an ihrem Wohnort gebräuchlich ist, ihn auch im Alter und in Krankheit zu pflegen. Er bestellte ihr dagegen einen lebenslänglichen Wohnsitz, der umfassen soll

[1] Eine vereinbarte Darlehnsvergütung ist im Zweifel nur zu gewähren, wenn das Darlehn beansprucht wird (OLG. Dresden, 10. ZS. Urteil v. 19. Okt. 1922; SächsArch. 1923 S. 32).

[2] a) Schauspieler, die für „W. und Filialen" verpflichtet sind, haben nur an solchen Orten aufzutreten, an denen der Beklagte von W. aus als dem Hauptsitze seiner Tätigkeit Niederlassungen seines Unternehmens führte. Für das Kündigungsrecht, das der Bühnenleitung in Fällen des Krieges, politischer Unruhen rc eingeräumt ist, sind die Verhältnisse am Orte der Niederlassung des Theaters maßgebend, gleichviel ob sie anderweitig an einem ruhigen Ort eine geeignete Bühne zu finden vermag oder nicht (OLG. Oldenburg, Urteil v. 8. Nov. 1919; OldZ. 47 S. 171).

b) Die Vertragsbestimmung, daß der Lehrling bei sofortiger Entlassung nicht ohne Genehmigung des Lehrherrn Vereinen irgendwelcher Art beitreten darf, widerspricht dem Art. 159 Reichsverf. und macht nach § 139 BGB. den ganzen Vertrag nichtig (OLG. Hamm, 26. Juli 1922; JW. 1923 S. 240).

c) Wer eine Handschrift „zur Verfilmung" erwirbt, hat sie zu verfilmen und zur Aufführung vorzubereiten (RG. 21. Dez. 1921; JW. 1922 S. 1457).

zur Wohnung die linke Hälfte des Hauses, zum Gebrauch einen Teil der Ställe und des Gartens ausgeschieden, einen anderen Teil des Anwesens zum Mitgebrauch mit dem Eigentümer nach Bedarf. Er verpflichtete sich ferner, ihr 5000 Mark zu bezahlen, die jedoch bis zu seinem Tode zinslos gestundet wurden; sollte sie sich wieder verheiraten und das Haus verlassen, so erlischt ihr Wohnsitz im Hause, dagegen bleibt die Zahlungspflicht bestehen. Im Mai 1917 beantragte der Kläger, weil die Beklagte in keiner Weise ihren Verpflichtungen nachkomme, den Pflegevertrag für aufgelöst zu erklären, die Beklagte zur Räumung der Wohnung zu verurteilen und auszusprechen, daß sie von den 5000 Mark nicht mehr als 1250 Mark zu beanspruchen habe. Der Anspruch ist begründet.

1. Der Kläger, alleinstehend und dabei arbeitsbeschränkt, hatte ein Interesse daran, jemand zu haben, der ihm die häuslichen Arbeiten verrichten und ihn pflegen konnte; es lag nahe, die Beklagte auch für die Zukunft zur weiteren Leistung dieser Dienste zu gewinnen und sie vertragsmäßig zu binden. Sie hatte ebenso ein Interesse daran, ihren bisherigen Wirkungskreis auf dem Anwesen zu behalten und sich sowie ihrem Kinde die bisherige Existenz zu wahren. Diese Interessen kamen sich durchaus entgegen, zumal sich beide Teile gut vertrugen, und führten zunächst zu der Vereinbarung von 1911, in welcher als Gegenleistung für die Dienste jährlich 250 Mark ausgemacht waren. Zum Vollzuge dieses Vertrags kam es nicht, weil Beklagte eine einmalige größere Geldzahlung, wenn auch erst nach dem Ableben des Klägers, vorzog und sich zugleich auf dem Anwesen eine räumlich getrennte Wohnung sichern wollte. An dem Inhalte der ursprünglichen Vertragsabsichten wurde also hierdurch nichts geändert; beabsichtigt hatte der Kläger die Sicherstellung persönlicher Dienstleistungen, die Beklagte die Gewährung einer ihr entsprechenden Vergütung für diese auf längere Zeit versprochenen Dienste. Damit sind die Merkmale des § 611 erschöpfend festgestellt.... Ohne Einfluß ist die Art der Vergütung; notwendig ist nur, daß die Gegenleistung für die Dienste immer eine Vermögenszuwendung sein muß. Die Gewährung einer selbständigen Wohnung, ebenso wie von anderen Naturalreichnissen, bildet — namentlich auf dem Land, aber auch in der Stadt (Dienstvertrag mit dem Hausmeister) — häufig einen Teil der Vergütung. Der Charakter als Gegenleistung wird auch nicht dadurch aufgehoben, daß das Wohnungsrecht der Beklagten auf deren Lebensdauer eingeräumt wurde, aber auch schon nach dem Vertrag eine zeitlich begrenzte Dauer haben sollte in dem Falle, daß ihre Ehe durch Scheidung oder Tod aufgelöst würde und daß sie sich dann möglicherweise wiederverehelichte, das Haus des Klägers verließ und diesem daher weitere Dienste nicht mehr leistete. Es ist nicht erforderlich, daß, wenn Leistung und Gegenleistung auf längere Zeit hinaus in Aussicht genommen sind, die Zeitdauer für beide gleich sein muß. Dasselbe gilt hinsichtlich der Zahlung von 5000 Mark selbst für den Fall, daß die Beklagte im Fall ihrer Wiederverheiratung vorher das Anwesen ver-

lassen und keine weiteren Dienste leisten würde; denn der Eintritt dieses Ereignisses war ungewiß und jedenfalls erst nach einer Reihe von Jahren zu erwarten.

2. Die Vorinstanzen haben mit Recht abgelehnt, in dem Vertrag eine gemischte Schenkung zu sehen, indem sie die Gleichwertigkeit, welche Leistung und Gegenleistung für jede der Vertragsparteien halten, betonten. Dieser Begriff ist relativ, insofern bei der Festsetzung von Leistung und Vergütung die persönlichen Beziehungen häufig eine nicht untergeordnete Rolle spielen und die Vergütung sehr oft bei der durch Freundschaft, Verwandtschaft verbundenen Personen anders bemessen wird als gegenüber fremden, ohne daß sich hieraus eine Schenkungsabsicht folgern läßt. Wenn hier der Kläger mit Rücksicht auf die schon bewiesene Tüchtigkeit seiner Schwiegertochter und auf das bestehende gute Einvernehmen und Vertrauen, vielleicht auch mit Rücksicht auf andere Umstände, etwa die Schwierigkeit sonst eine geeignete Person zu finden, die Zahlung von 5000 Mark (die ja nur seine Erben belastete) auch für den an sich nicht wahrscheinlichen, jedenfalls nicht sehr frühzeitig eintretenden Fall der Wiederverehelichung der Beklagten zusicherte, so behält die Zuwendung ihre Eigenschaft als gleichwertige Gegenleistung. Dadurch, daß Leistung und Vergütung in ihrer Dauer nicht kalender- oder zahlenmäßig festgelegt sind, sondern infolge ihrer Abhängigkeit von Bedingungen oder Befristungen (Tod des Klägers, Lebensdauer oder Wiederverehelichung der Beklagten) in ihrem Wert schwanken, wird zwar ein gewisser aleatorischer Einschlag geschaffen, aber nicht ihre Gleichwertigkeit betroffen.

3. Ebensowenig fällt der Vertrag unter § 759. Leibrente ist ein einheitliches nutzbares Recht, das dem Berechtigten für die Lebensdauer eines Menschen eingeräumt ist und aus periodisch wiederkehrenden gleichmäßigen Leistungen in Geld oder sonstigen vertretbaren Sachen besteht. Hier dagegen hat der eine Anspruch auf 5000 Mark keine regelmäßig wiederkehrende Leistung zum Gegenstand, sondern die befristete Zahlung einer einmal fälligen Geldsumme; der im Wohnungsrecht enthaltene Anspruch ist ebenfalls keine periodisch wiederkehrende, sondern eine Dauerleistung, und auch diese ist nicht unter allen Umständen durch unauflösliches Vertragsverhältnis auf Lebensdauer der Berechtigten festgelegt, kann vielmehr eben infolge ihrer Abhängigkeit von versprochenen Gegenleistungen unter vertragsmäßig bestimmten Voraussetzungen, nämlich im Falle der Wiederverehelichung, schon vorher wegfallen. . . . Kn.

β) Tarifverträge der Innungen. Verzicht auf den Tariflohn.

Kammergericht, 8. ZS. Urteil v. 25. Februar 1922).

. . . Die Befugnis der Innungen, mit bindender Wirkung für ihre Mitglieder Tarifverträge abzuschließen, ergibt sich allerdings nicht ohne weiteres aus § 1[1] VO. v. 23. Dez. 1918. Diese Vorschrift gewährt eine gesetzliche Vollmacht zu solchem Abschluß nicht etwa einer jeden Vereinigung von Arbeitgebern desselben Berufes, sondern regelt nur die Wirkung rechtsgültig abgeschlossener Tarifverträge und läßt die Frage offen, welche Vereinigungen sie wirksam abschließen dürfen (Wölbling D. JZ. 1919 S. 299; Hueck TarifV. S. 54; aA. Baum JW. 1919 S. 70). Der Umstand, daß hier die Lackierer-Innung den Tarifvertrag abgeschlossen hat, bewirkt allein noch nicht, daß er ihr Mitglied, den Kläger, bindet, sondern es kommt darauf an, ob der Abschluß zu den Aufgaben der Innung gehört. Im § 81a GewO., der ihre obligatorischen Aufgaben enthält, wird der Tarifvertrag nicht ausdrücklich genannt. Er fällt auch nicht unter die Nr. 2. „Förderung eines gedeihlichen Verhältnisses zwischen Meistern und Gesellen"; dabei ist vielmehr an gütliche Beilegung von Streitigkeiten gedacht, nicht aber an Verträge über Arbeitsbedingungen und Lohnverhältnisse. Nach § 81b sind aber die Innungen befugt, ihre Wirksamkeit auf andere ihren Mitgliedern gemeinsame gewerbliche Belange, wie die in § 81a bezeichneten auszudehnen, „insbesondere" steht es ihnen frei, die hier besonders aufgeführten Angelegenheiten zu regeln. Auch hier wird der Tarifvertrag nicht erwähnt, dies hindert aber, da hier nur Beispiele angeführt werden, nicht die Innung, auf Grund des § 81b Abs. 1 auch den Abschluß von Tarifverträgen zu ihren Aufgaben zu machen; doch muß das — wie hier — durch die Satzung nach § 83 geschehen.

Ein Verzicht der Arbeiter auf die höheren Tariflöhne ist möglich und wird besonders durch § 1 VO. nicht ausgeschlossen. Dieser bestimmt nur, daß die Arbeitsverträge dem Tarifvertrag entsprechend abgeschlossen werden, beschränkt die Arbeitnehmer aber nicht in ihrem Rechte, über die Ansprüche zu verfügen, die sie aus dem dem Inhalt des Tarifvertrags entsprechenden Arbeitsvertrag erworben haben. Hierfür spricht der Vergleich mit dem LohnBG., nach welchem der Dienstverpflichtete auch über den verdienten Lohn frei zu verfügen, also auf ihn zu verzichten berechtigt ist. Ein Verzicht liegt aber darin, daß er in Kenntnis des Tarifvertrags und damit seines Anspruchs auf den höheren tarifmäßigen Lohn die Zahlung des geringeren vereinbarten Lohns vorbehaltlos annimmt. V.

γ) **Unfälle der Hausangestellten beim Fensterputzen.**

OLG. Braunschweig, 2. ZS. Urteil v. 6. Dezember 1921.

Die Klägerin, Hausangestellte bei dem beklagten Bahnhofswirt, ist beim Fensterputzen im ersten Stockwerk an der Bahnseite abgestürzt, durch das undurchsichtige Glasdach hindurchgestürzt und auf den Bahnsteig gefallen. Ihr Anspruch auf 750 Mark Arzt- und Pflegekosten ist nur zur Hälfte begründet. Nach den alle Verträge beherrschenden Grundsätzen von Treu und Glauben und Verkehrssitte war Beklagter nicht berechtigt, solche Dienste seiner Hausangestellten aufzutragen, deren Ausführung Leben oder Gesundheit gefährdete. Er hatte dabei besondere Rücksicht auf die Person der Dienstleistenden, ihre Kräfte und Fähigkeiten, zu nehmen (Rsp. 10 S. 180) und besonders gemäß § 618[1] geeignete Gerätschaften bereitzustellen, sowie die Dienstleistungen zu leiten und zu beaufsichtigen (Rsp. 17 S. 411). Die Klägerin legt ein doppeltes Verschulden dem Beklagten zur Last: Er soll auf Ausführung des Fensterputzens bestanden haben, obwohl die Klägerin ihm erklärt hatte, sie fürchte, dabei schwindlig zu werden. Weiter soll er keine geeigneten Gerätschaften gestellt und das Putzen nicht überwacht haben. In beiden Punkten ist das Verschulden bewiesen.... Allerdings befand sich unter den Fenstern ein undurchsichtiges Glasdach. Allein dadurch wurde nur die eine Ursache des Schwindels, nämlich der Blick in die Tiefe, dagegen nicht die Vorstellung beseitigt, durch das zerbrechliche Glas hindurchfallen zu können. Diese Verschuldungen hängen ursächlich mit dem Unfalle zusammen. Aber auch die Klägerin trifft ein solches Verschulden (JW. 1907 S. 249[10]; Rsp. 6 S. 81). Wenn auch nicht ohne weiteres in der Übernahme einer gefährlichen Arbeit ein Verschulden des Dienstpflichtigen zu finden ist (RGKomm. § 618[7]), so litt doch im vorliegenden Falle die Klägerin an erheblicher Schwindelneigung und mußte deshalb die Arbeit auch an dem Unfallstage ablehnen, wie sie das früher mit Erfolg getan hatte. Als Hausangestellte ist sie der Botmäßigkeit des Dienstherrn nicht so unterstellt, daß sie solche für sie gefährliche Dienstleistungen nicht hätte ablehnen dürfen; das entspricht richtiger sozialer Anschauung. W. n.

δ) Haftung des Staates für Diebstähle aus dem Lehrerzimmer.

OLG. Hamburg, 2. ZS. Urteil v. 2. Februar 1922.

Die privatrechtlichen Wirkungen, die das zunächst öffentlich-rechtliche Verhältnis des Staates zu seinen Beamten ausstrahlt, können unter gewissen Umständen die Haftung für den Verlust der in die Diensträume eingebrachten Sachen eines Beamten umfassen; besonders ist der Fall denkbar, daß nach allgemeinen Rechtsgrundsätzen der Staat seine Lehrer, denen aus den Schulräumen die während des Unterrichts sachgemäß abgelegten Kleidungsstücke gestohlen werden, für den Schaden aufzukommen hat. Hierfür wird im allgemeinen die Feststellung erforderlich sein, aber auch genügen, daß die Sachen Opfer einer mangelhaften Verwahrung geworden sind, die nach Lage der Sache zweckmäßig hätte vermieden werden sollen, und die anderseits den Geschädigten autoritativ aufgenötigt worden ist. Hier macht der Kläger geltend, daß der Schuldirektor A. streng darauf gehalten habe, daß keine abgelegten Kleidungsstücke in die Schulzimmer mitgenommen wurden. Es kann unterstellt werden, daß die Lehrer diese Anordnung, die sich zunächst offenbar auf die Sachen der Schüler bezog, auch für ihre Sachen als geltend ansahen und berücksichtigten und daß sie, solange sich niemand im Zimmer aufhielt, den Türschlüssel an einer bestimmten Stelle der Wand des — ziemlich dunkeln — Korridors aufbewahrten. Dies brauchte, solange A. im Amte war (bis 1917), nicht bedenklich zu erscheinen. Damals waren Diebstähle vorliegender Art noch ziemlich selten; Erwerbslose, die seit der Umwälzung zu den Schulbesuchern gehören und unter die sich vielleicht eher unzuverlässige Personen mischen, gab es damals nicht. Eine Fahrlässigkeit der Schulleitung gegen die Lehrer ist aber um so weniger anzunehmen, als diese offenbar mit der Art der Verwahrung ganz einverstanden waren und sie damit auch ihrerseits für zweckmäßig erklärten.... Hätten sie dem A. eine andere zweckmäßige Art der Sicherung ihrer Sachen vorgeschlagen, so hätte er als vernünftiger Mann dagegen nichts einzuwenden gehabt. Diese letzten Erwägungen treffen in erhöhtem Maße für die Zeit zu, seit der M. die Schule leitet, der nach seiner Aussage einem Wunsche der Lehrer, ihre Sachen in die Schulzimmer mitzunehmen, nicht ernstlich widersprochen hätte. Daß die Anregung hierzu nicht von der Schulleitung ausgegangen ist, können die Lehrer, die in erster Linie selber für ihr Eigentum zu sorgen hatten, nicht der Behörde und dem Staat zum Vorwurf machen. Tatsächlich hat seit der Umwälzung durch die gesteigerte Not, die zunehmende Verwilderung der Sitten und den Niedergang der staatlichen Autorität die öffentliche Sicherheit so sehr Schaden gelitten, daß nunmehr wohl die Verwahrung des Schlüssels nicht mehr den Erfordernissen einer angemessenen Sorgfalt entsprach. Wenn sich die Lehrer, denen gegenüber M. sogar seinerseits Bedenken geäußert hat, trotzdem weiter mit dem bisherigen Gebrauch abfanden, so können sie die Folgen mit keinem Rechtsgrund und keinen Billigkeitserwägungen auf die Behörde abwälzen. V.

8) **„Kündigung" des § 5 der SchwerkriegsbeschVO. v. 9. Januar 1919.**
Kammergericht, 8. ZS. Urteil v. 4. Februar 1922.

Die Kläger, nicht nur vorübergehend beschäftigte Schwerkriegsbeschädigte, haben sich in die Liste derjenigen, die infolge von Betriebseinschränkung mit ihrer Entlassung gegen eine Abfindungssumme einverstanden waren, eingetragen und sind dann gegen deren Empfang ausgeschieden, nachdem die Arbeiterräte dieses Verfahren genehmigt hatten. Das LG. erachtet infolge dieser Einigung der Parteien das Vertragsverhältnis für endgültig erloschen. Allein nach § 5 VO. v. 9. Januar/11. August 1919 wäre die Kündigung überhaupt nur wirksam gewesen, wenn die zuständige Fürsorgestelle ihr zugestimmt hätte.... Das von der Beklagten geübte Verfahren ist aber als solche Kündigung zu betrachten. Das Gesetz bezweckt eine weitgehende wirtschaftliche Bevorzugung der arbeitenden Schwerbeschädigten zu schaffen, die, selbst wenn sie zum Austritt vom *Arbeitgeber veranlaßt* waren, nunmehr doch als in seinen Diensten stehende Arbeiter behandelt werden sollen. In diesem weiteren wirtschaftlichen Sinne, nicht in dem gewöhnlichen privatrechtlichen, formell juristischen muß deshalb hier die „Kündigung" verstanden werden. Erforderlich und genügend ist, daß die Absicht des Arbeitgebers der eigentliche Anstoß zur Beseitigung des Arbeitsverhältnisses war. Dieser Wille des Gesetzes ist auch durch § 5² S. 3 klargestellt, wonach der Arbeitgeber eine aus Anlaß der Kündigung bewilligte Abfindung zurückfordern darf. Auch eine solche Abfindung beruht auf einer *Einigung* der Beteiligten. Zeigt sich aber hier, daß das Gesetz nicht bloß an den üblichen *streng einseitigen* Aufhebungsakt der Kündigung denkt, so ist auch das Ausscheiden der Kläger in der Form, wie es sich vollzogen hat, noch als eine „Kündigung" des § 5 anzusehen. V.

ζ) **Bedeutung der „Rabatte“ im Anzeigengewerbe.**

OLG. Hamburg, 1. ZS. Urteil v. 10. Mai 1922.

Die klagende Annoncen-Expedition hat für die bei ihr aufgegebenen Zeitungsanzeigen einen „Rabatt“ von 15%, meistens 50% zugestanden. In Wirklichkeit drückt sich darin der ursprünglich vereinbarte Preis als solcher aus. Dieser bestimmt sich nach der Gebühr, die die Zeitung an sich im allgemeinen berechnet, abzüglich des „Rabatts“, den die Klägerin zu bewilligen vermag, da die Zeitungen ihr als großer Auftragsgeberin ebenfalls einen noch niedrigeren Preis oder noch größeren Rabatt einräumen. Auch bei der Auftragserteilung ist nicht davon die Rede gewesen, daß die Rabatte nur bei pünktlicher Zahlung gewährt werden sollten, vielmehr erhielt der Beklagte diesen niedrigen Preis, weil er ein dauernder Kunde der Klägerin war.... Der Umstand, daß sie die Anzeigen an die Zeitungen sofort bar bezahlen und daher bei dem großen Umfange ihres Geschäftes darauf halten muß, von ihren Kunden das Geld schnell hereinzubekommen, kann sie allein nicht berechtigen, ihren Kunden im Falle der Säumnis den Rabatt zu entziehen. Dieses Recht hätte ausdrücklich vereinbart sein müssen. Daß ein allgemeiner Handelsgebrauch bestehe, der bei erheblichem Zahlungsverzug oder sonstigen Schwierigkeiten zur Streichung der Rabatte berechtigte, ist durchaus unwahrscheinlich, zumal seine Umgrenzung bei der Dehnbarkeit jener Voraussetzungen sehr unbestimmt wäre. Jedenfalls liefe er auf die Möglichkeit hinaus, daß die eine Partei den fest vereinbarten Preis willkürlich wesentlich heraufsetzen könnte, was der stillschweigenden Vereinbarung einer Vertragsstrafe gleichkäme und sich als Mißbrauch darstellt.[1] B.

η) **Begriff der „Arbeiten bei Bauwerken“ nach § 638.**

OLG. Hamburg, 6. ZS. Urteil v. 4. Januar 1923.

... Das gesetzgeberische Motiv für die längere Verjährungszeit bei solchen Einzelarbeiten an einem Grundstücke, die zugleich ein „Bauwerk“ bedeuten (RG. 57 S. 377), trifft offenbar auch bei Arbeiten zu, die nach Errichtung eines Gebäudes zu seiner oder einzelner seiner Teile Erhaltung (Erneuerung) ausgeführt werden. Auch sind diese Arbeiten gleichermaßen ideelle Bestandteile der gesamten, auf das gegenwärtig bestehende Gebäude als solches verwendeten Arbeitsleistung, wenn sie auch zeitlich mit der Errichtung des Gebäudes nicht zusammenfallen und wenn auch die Personen der Hersteller der Arbeiten und ihrer Veränderer oder Erneuerer möglicherweise verschieden sind. Zu erfordern ist natürlich, daß die Arbeiten wirklich dem Bestande des Gebäudes dienen. Ob dies letztere ausschließlich in baulichem Sinne (JW. 1913 S. 133[14]) und nicht vielmehr auch im wirtschaftlichen Sinne (HansGZ. 1917 B. 241) zu verstehen sei, kann hier dahingestellt bleiben. Denn hier dient der Anstrich der Küchen- und der Hausfassade zweifellos rein baulich genommen der Erhaltung des Gebäudes selbst.

[1] In der Aufhebung eines Werkvertrags, dergestalt, daß der Besteller die vom Werkmeister angeschafften Rohstoffe gegen Entgelt übernimmt, liegt ein Kauf, also ein steuerpflichtiger Umsatz (RFH. 10 S. 128).

Im Einzelfalle könnte es ſich zwar lediglich um ein Luxusbedürfnis handeln. Dieſe Annahme liegt aber bei Malerarbeiten der in Rede ſtehenden Art namentlich in heutiger Zeit im allgemeinen fern und es darf, zumal etwas Gegenteiliges nicht behauptet, angenommen werden, daß die Gebäudeteile ſeit längerem des ſchützenden Anſtrichs entbehrt hatten (KGBl. 21 S. 83). B.

e) α) **Verfrachtungsvergütung des Schiffsmäklers bei Nichtausführung des Frachtvertrags.**[1]

OLG. Roſtock, 2. ZS. Urteil v. 7. Oktober 1921.

Der Verfrachtungsvertrag iſt allerdings zwiſchen dem Kläger als Vertreter des Beklagten einerſeits und der A.GmbH. anderſeits abgeſchloſſen, ſo daß ſeine Beſtimmung über die Frachtzahlung kein Beſtandteil eines Vertrags iſt, den die jetzigen Prozeßparteien vereinbart haben. Dieſe ſind aber darüber einig, daß der Maklervertrag zwiſchen ihnen zunächſt durch Fernſprecher abgeſchloſſen iſt, und zwar dahin, daß die Höhe der Vergütung auf 1 % der Fracht feſtgeſetzt iſt, daß aber über die Zeit der Zahlung und darüber, ob ſie von der vereinbarten oder von der verdienten Fracht zu berechnen ſei, nichts abgemacht iſt. Danach iſt gemäß § 652 S. 1 der Mäklerlohn des Klägers ſchon mit dem Zuſtandekommen des von ihm vermittelten Frachtvertrags verdient. Eine abweichende Verkehrsſitte iſt nicht nachgewieſen. Nach dem Gutachten des M. iſt vielmehr in Ermangelung beſonderer Vereinbarungen die Vergütung ſchon mit Abſchluß des Chartervertrags verdient, weil die Tätigkeit des Mäklers damit beendigt ſei. Auch nach dem Gutachten des N. entſpricht es altem Brauche, daß Befrachtungsvergütungen bei der Zeichnung fällig werden und der Makler, der damit ſeine Tätigkeit beendet, ſie dann als verdient anſehen kann; nur aus Entgegenkommen und in Hoffnung auf weitere Geſchäfte verzichten viele Mäkler auf ihre Vergütung bei Nichtausführung des Frachtvertrags. . . . J. n.

β) **Zur Auslegung des Stellenvermittlergeſetzes.**

OLG. Roſtock, 1. ZS. Urteil v. 30. Juni 1921.

Das LG. führt zutreffend aus, daß es ſich hier nicht um einen Vertrag handelt, durch den ſich der Beklagte als Arbeitgeber *verpflichtet*, ſich auch in Zukunft der Mitwirkung des Klägers als Stellenvermittlers zu *bedienen*, ſondern daß er ſich dieſer Mitwirkung für eine größere Zahl von Fällen ſofort bedient. Der § 4 StellenVG. ſteht nicht entgegen; denn er will verhindern, daß Arbeitgeber und Arbeitnehmer dauernd an *einen* Agenten gefeſſelt werden und letzterer ſo wegen der Ausſicht auf neue Vermittlergebühren ein Intereſſe daran gewinnt, Verträge von nur geringer Dauerhaftigkeit zuſtande zu bringen. Hier iſt aber der Vertrag von vornherein darauf gerichtet, daß die Künſtler wechſeln ſollen, weil ein Unternehmen wie das des Beklagten dem Publikum Abwechſlung bieten muß, und die verſchiedenen Fälle, in denen der Kläger von neuem tätig werden ſoll, ſind ſolche,

[1] Das Angebot eines Grundſtücks auf die Zeitungsanzeige, in der ein Mäkler für Kaufluſtige Grundſtücke ſucht, enthält weder einen Auftrag an den Mäkler, noch ein Angebot zum Abſchluſſe eines Mäklervertrags (Urteil desſelben ZS. v. 10. November 1920).

wo die angeworbenen Künstler bestimmungsgemäß alsbald durch andere ersetzt werden sollen. Ebensowenig steht dem Beklagten der § 3[5] Ges. zur Seite, der eine unparteiische Stellung des Vermittlers gewährleisten soll. Der Vermittler würde lediglich den Interessen des Arbeitgebers dann dienstbar gemacht werden, wenn neben dem Vertrage noch ein Dienst- oder Abhängigkeitsverhältnis zwischen den Parteien begründet wäre. Hier liegt aber nichts weiter vor, als der Vermittlungsauftrag selbst, der durch die Übertragung der Auswahl und Zusammenstellung der Künstler auf den Kläger nur eine Ergänzung erfährt. Hiernach muß der Beklagte, der für August und Oktober Künstler unter Umgehung des Klägers angenommen hat, den ihm dadurch entgangenen Gewinn an Gebühren ersetzen. . . . Dr. Br.

f) α) **Haftung der Bank gegenüber ihrem Auftraggeber.**[1]

OLG. Celle, 4. ZS. Urteil v. 2. April 1921.

Der Kläger, der dem X. Rübkuchen verkauft hat, übersandte die Frachtbriefduplikate der beklagten Bank. Dem Ersuchen gemäß erhob diese den Kaufpreis gegen Aushändigung der Dokumente und überwies ihn auf das klägerische Konto bei der D. Bank, die ihn zunächst als Habenposten im Memorial buchte. Als jedoch dann, vor oder nach der Gutschrift im Kontokorrentbuch die Beklagte den Betrag zurückrief und von der D. Bank wiedererhielt, händigte sie ihn dem X. aus und wandte dem Kläger gegenüber ein, daß er den X. durch Lieferung nicht verkehrsfreier Ware betrogen habe. Allein die Rechtsbeziehungen zwischen den Kaufparteien sind zwischen dem Kläger und der von ihm beauftragten Bank grundsätzlich nicht zu erörtern. Allerdings hätte X. die Forderung des Klägers gegen die Beklagte allenfalls mit Arrest belegen sollen; auch durfte sich diese weigern, zur Vollendung eines offenbaren Betruges des Klägers objektiv mitzuwirken (§ 242) und hätte deshalb ihm die Streitsumme vorenthalten oder die Zahlung zurückrufen dürfen. Es fehlt aber jede Möglichkeit, einen Betrug hier festzustellen. . . . Danach hatte die Beklagte die Streitsumme auszuzahlen und zwar — zufolge der ihr gegebenen Anweisung — an die D. Bank. Dem ist sie aber auch nachgekommen. Der hierüber herrschende Streit beruht darauf, daß der banktechnische Hergang verkannt worden ist. Hätten beide Parteien bei der D. Bank ein Konto gehabt und demgemäß die Beklagte dort nichts eingezahlt, so wäre allerdings die Zahlung dadurch vollzogen, daß unter Belastung der Beklagten der Kläger im Kontokorrentbuch erkannt wäre. Entscheidend war dann diese Buchung, nicht die im Memorial, obgleich die letztere die Grund-

[1] Hat der mit einer Versteigerung beauftragte Gerichtsvollzieher die Umsatzsteuer angeblich zu Unrecht bezahlt, so steht nach §§ 674, 675 seiner Erstattungsklage der Einwand entgegen, er habe schuldhaft unterlassen, seine Freistellung von der Steuer durch Rechtsmittel herbeizuführen. Hat aber der Auftraggeber die Steuer bereits bezahlt, so hat er einen klagbaren Anspruch gegen den Ersteher auf Schadloshaltung (RFH. 8 S. 157). — Der Einwand, dem Kläger habe die Erstattungsabsicht gefehlt (§ 685), kann nicht darauf gestützt werden, daß er über ein Jahr lang mit der Frau des Beklagten zusammengelebt habe, vielmehr sind dabei seine Beziehungen zum Beklagten selbst entscheidend (OLG. Kiel 27. Okt. 1921, 1 U 201).

buchung war. Es wird richtig sein, daß die Buchung im Kontokorrent nur dann einer Zahlung gleichstand, wenn die Beklagte ihre Überweisung nicht vorher widerrufen hatte. Hier hatte sie aber auf Girokonto der Reichsbank überwiesen, und diese demgemäß der D. Bank den überwiesenen Betrag gutgebracht. Damit war an die vom Kläger aufgegebene Zahlstelle gezahlt und der Kläger hatte den Kaufpreis von der Beklagten erhalten. Danach wäre er an sich darauf beschränkt, seine Bank zu nötigen, sein Konto richtig zu stellen. Allein die Beklagte hat die D. Bank angestiftet, die Gutschrift zu stornieren, so daß der Kläger anstatt verfügbarer 87000 Mark eine illiquide stornierte Forderung gegen jene Bank hat. In diesem Verhalten, das sich unmittelbar an die Überweisung anschloß, lag eine Verletzung ihrer Pflichten als Beauftragten. Sie haftet aber nicht nur aus Vertrag, sondern auch nach den §§ 867², 678, da sie wissentlich gegen den Willen des Klägers dessen Konto verringerte. Gr.

β) **Unrichtige Auskunft über Deckung von Schecks.**

OLG. Breslau, 2. ZS. Urteil v. 24. Oktober 1921.

Der Kläger hat am 13. Juli auf fernmündliche Anfrage, ob Deckung für einen Scheck des X. von 4180 Mark vorhanden war, von einem Buchhalter der Genossenschaft bejahende Antwort erhalten und darauf den Scheck angenommen, jedoch am 15. Juli bei dessen Vorlegung mangels Deckung nichts empfangen. Er hat, nachdem X. am 4. August in Konkurs geraten war, auf Schadensersatz geklagt und die Unrichtigkeit der Auskunft daraus hergeleitet, daß X. unstreitig am 13. Juli der Beklagten verschuldet war. Dies ist aber nicht entscheidend. Die Auskunft war schon dann nicht unrichtig, wenn die Beklagte bereit war, in Höhe des Schecks dem X. Kredit zu gewähren, gleichviel, ob sie dem X. gegenüber hierzu verpflichtet war. Sie hat aber nach dem Ferngespräch noch Schecks des X. von insgesamt 6000 Mark eingelöst, woraus zu schließen ist, daß sie auch bereit war, den hier fraglichen Scheck zu bezahlen, falls er sofort vorgelegt würde. Ob ein Guthaben im Sinne des § 3 Scheckges. vorhanden war, ob besonders die Deckung auf einem Barbetrage oder auf einem ungedeckten Kredit beruhte, brauchte bei der Auskunft nicht gesagt zu werden. Wollte der Kläger mehr über X., besonders etwas über dessen Zahlungsfähigkeit wissen, so hätte er dies ausdrücken müssen. . . .

Abgesehen hiervon war die Beklagte vertraglich (§ 676) überhaupt nicht zur Auskunftserteilung verpflichtet. Denn zwischen dem Bezogenen und dem Scheckinhaber besteht kraft Gesetzes keine Rechtsbeziehung; jener ist lediglich Zahlungsorgan des Ausstellers und steht dem Scheckinhaber fremd gegenüber. Für die behauptete Zulässigkeit einer fernmündlichen Annahme des Schecks bietet das Scheckges. keine Unterlage; jede Annahme eines Schecks ist vielmehr nach § 10 schlechthin unzulässig, ein schriftlicher Annahmevermerk gilt als nicht geschrieben. Der in England und Nordamerika zulässige zertifizierte Scheck ist bewußt nicht übernommen (Denkschrift S. 13, 25).

Erteilt eine Bank auf Anfrage eine Auskunft über das Konto eines ihrer Geschäftskunden, so geschieht das regelmäßig aus Gefälligkeit; weder bei dem Anfragenden noch bei dem die Auskunft Erteilenden wird ein Verpflichtungswille erkennbar. . . . Schn.

g) **Haftung: α) eines Schülerheims für gestohlene Gegenstände.**

OLG. Stuttgart, 1. ZS. Urteil v. 15. Mai 1922.

Dem minderjährigen Sohn des Klägers, Zögling des städtischen Schülerheims, wurde im Arbeitszimmer der Klasse 1 aus einem Schranke, in welchem 5 Schüler ihre Kleiderablage hatten, eine Geige gestohlen. Der Kläger verlangt 1400 Mark Schadensersatz. Dazu ist er berechtigt, weil er den Vertrag mit der beklagten Stadt abgeschlossen hat und deshalb unerheblich ist, ob die Geige ihm oder seinen Sohne gehörte. In der Sache ist § 701 unanwendbar, wie sich schon aus dem mit dem Schülerheim verfolgten Zweck ergibt. Wenn dort auch (im Gegensatz zu Seminaren aller Art) kein Unterricht erteilt wird, so besteht doch seine erste Aufgabe darin, dem Schüler die Familie zu ersetzen und ihm die Erziehung zu gewähren, die die Familie neben der Schule leisten soll. Darin liegt die Hauptaufgabe; die Beherbergung der Schüler dient diesem Zweck, steht also nicht an erster Stelle. Der Gastwirt hält ein offenes, jedermann zugängliches Lokal. Hier ist dagegen die Zahl der aufzunehmenden Schüler nicht bloß durch die vorhandenen Räumlichkeiten, sondern auch durch die Möglichkeit der Beaufsichtigung begrenzt. Die Aufnahme der Schüler ist von der Prüfung und Genehmigung einer Behörde abhängig; es sollen unzuverlässige Elemente ferngehalten werden. . . . Da ferner der Pensionspreis nach den Selbstkosten der Beklagten berechnet wird so fehlt die Gewerbsmäßigkeit des Betriebs; die tatsächliche Erzielung von Überschüssen und deren Verwendung ist unerheblich. Die Schaffung solcher Erziehungsgelegenheiten stellt lediglich eine gemeinnützige Aufgabe der Beklagten dar, wobei der Charakter eines wirtschaftlichen Betriebs fehlt. Auch ein Verwahrungsvertrag liegt nicht vor, den Schülern wird vielmehr nur Gelegenheit gegeben, ihre Habseligkeiten selbst unter eigener Kontrolle aufzubewahren; dazu dient der verschließbare Kasten auf der Bühne.

Dagegen handelt es sich um einen Vertrag eigener Art, wobei die Verpflichtungen der Anstalt durch die als Vertragsnorm geltende Satzung festgelegt sind. Damit, daß den Schülern ein Kasten zu eigener Benutzung überlassen wurde, hatte die Beklagte alles getan, was man von ihr verlangen konnte. Genügte aber der Kasten, so war es nicht nötig, das Haus, das Arbeitszimmer und den dort nur zur Kleiderablage bestimmten Kasten zu verschließen. Die Beklagte hat aber gleichwohl ihre Vertragspflichten verletzt, weil die von ihr beauftragten Aufsichtspersonen schuldhaft ihrer Überwachungspflicht nicht nachkamen. Erforderlich war eine Kontrolle der Schüler, die der Ephorus selbst vornehmen oder dem Hausmeister übertragen konnte. Die Sicherheit des Eigentums der Schüler ging hier, wo es sich um Erhaltung wertvoller Sachen handelte, der angeblichen Erziehung der Schüler zur Selbständigkeit vor. Wenn der Ephorus beobachtete, daß die Schüler ihre Musikinstrumente in den Schrank des Arbeitszimmers legten, so lag der Gedanke nahe, daß sie dies nicht nur vorübergehend während ihrer dortigen Anwesenheit tun werden, sondern diesen Aufbewahrungsort als ständig betrachteten. Da er hiergegen nichts weiter tat, hat er seine Pflicht versäumt. . . . S.

β) **des Wirts für eingebrachte Fahrzeuge. „Begleiter" des § 701.**

OLG. Kiel, 1. ZS. Urteil v. 6. April 1922.

Im September 1920 fuhren der Kläger und die Beklagten B. und S. im Kraftwagen bei dem mitbeklagten Gastwirt K. vor, der den Wagen auf der Scheunendiele unterstellte. Nachdem die Einkehrenden eine erhebliche Zeche gemacht hatten und der Kläger zu Bett gegangen war, fuhr S. mit dem Wagen, in den auch B. eingestiegen war, fort und stieß gegen einen Baum, so daß der Wagen beschädigt wurde. Die Klage auf Schadensersatz ist begründet.

1. Eine besondere Raummiete über die Scheunendiele ist nicht abgeschlossen worden. Dagegen liegt zweifellos ein Beherbergungsvertrag vor. Nach § 701 haftet K. für die Beschädigung eingebrachter Sachen. Als solche ist der Wagen anzusehen, wie auch Pferde, Wagen und Geschirr von Herbergsgästen allgemein dahin gerechnet werden. Diese Haftung ist nicht dadurch weggefallen, daß der Wagen zurzeit der Beschädigung sich außerhalb der Wirtschaft befand. Ob der Gastwirt durch eigenmächtige Weggabe einer eingebrachten Sache diese ihre Eigenschaft beendet, ist bestritten, aber zu verneinen. Wie das Einbringen eine Tätigkeit des Gastes erfordert, so ist sie auch für die Beendigung des Eingebrachtseins zu erfordern. Vorgänge wie die Pfändung gegen den Willen des Gastes sind eigener Natur, bei ihnen geschieht der Eingriff kraft staatlicher Zwangsgewalt und von einem Schaden kann man bei ihnen überhaupt nicht sprechen. Hat aber bei fortdauernder Beherbergung der Wirt die Sachen eigenmächtig auf die Straße gesetzt oder an Unberechtigte herausgegeben, so ist es weder nach dem Wortlaute des Gesetzes geboten, noch entsprechend der Billigkeit, daß hierdurch die Haftung aus § 701 endigt. Der Hinweis, daß der Wirt in solchem Fall aus § 823 haften könne, führt zu keiner befriedigenden Lösung. Es ist nicht abzusehen, warum der Gast seinerseits die Voraussetzungen des § 823 beweisen soll, während bis dahin der Wirt ohne weiteres haftete, und warum der Wirt seine Haftung durch eine Vertragsverletzung auf außervertragliches Verschulden herabmindern soll.

2. K. wendet ferner ein, daß S., der den Schaden verursachte, ein „Begleiter" des Klägers gewesen sei. Wer als solcher anzusehen ist, wird im wesentlichen Tatfrage sein. Familienangehörige, Pfleger und Bedienstete des Gastes werden regelmäßig „Begleiter" sein, sogar dann, wenn für sie ein besonderer Aufnahmevertrag abgeschlossen ist. Anderseits sind Fälle häufig, in denen für eine größere Gesellschaft ein einzelner die Verhandlungen

mit dem Wirte führt, trotzdem aber jede einzelne Person für sich einen Vertrag schließen will; der Verhandelnde tritt als Bevollmächtigter der anderen auf. Regelmäßig und nach der Verkehrsübung gilt der Vertrag für die übrigen Personen als in deren Namen geschlossen, falls nicht ausdrücklich (zB. durch das Verlangen einer einheitlichen Rechnung auf den Namen des Verhandlungsführers) etwas anderes vereinbart ist. Hier hat der Kläger bei der Ankunft 3 Zimmer verlangt; jedenfalls sprach diese Art der Bestellung nicht dafür, daß ein so enger Zusammenhang zwischen den angesagten Gästen bestand, daß der Kläger als das Haupt der Gesellschaft, die anderen als seine Begleiter anzusehen wären. Das folgt auch nicht aus der Anzahlung, die er machte. Bestellte er für die anderen mit, so lag nahe, daß er auch für sie zugleich eine etwaige Anzahlung leistete. Unerheblich ist, ob K. den S. für einen Begleiter gehalten hat, denn nach der Fassung des § 701 ist maßgebend, ob er wirklich Begleiter war.

3. Neben der Beherbergung ist hier ein Verwahrungsvertrag geschlossen. K. hat die Frage des Klägers, ob er den Wagen in der Scheunendiele auch sicher unterstellen könne, bejaht; er verschließe die Tür, da könne niemand heran. K. hat auch später gezeigt, daß er den Wagen als in seiner besonderen Verwahrung stehend ansehe, denn er hat dem S. zunächst die Herausgabe verweigert. Der Vertrag ist kein unentgeltlicher, mag K. auch für die Aufbewahrung kein besonderes Entgelt gefordert haben. Er nahm als Gastwirt die Fuhrwerke nicht aus bloßer Gefälligkeit, sondern mit Rücksicht auf die entgeltliche Berherbergung auf; sonst hätte der Kläger offenbar den Unterkunftsvertrag nicht abgeschlossen. K. bestreitet aber, daß der Kläger sein Vertragsgegner war. Die Person des Hinterlegers ist allerdings für den Inhalt des Vertrags von entscheidender Bedeutung. Das ergibt sich schon aus der Frage, an wen der Verwahrer als Erfüllung, dh. mit befreiender Wirkung leisten kann. Regelmäßig kommt aber ein Vertrag zwischen den Personen zustande, die über ihn verhandeln. Sollen Dritte berechtigt werden, so muß das durch Offenbarung eines Vertreterverhältnisses oder durch erkennbaren Abschluß zugunsten eines Dritten ersichtlich gemacht werden. Irgendwelche Äußerungen darüber, daß der Kläger nicht für sich selbst den Verwahrungsvertrag abschließe, sind nicht behauptet. Daraus, daß bei der Einbringung des Wagens außer dem Kläger auch S. zugegen war, war auf dessen Eintritt anstelle des Klägers oder auf eine Beteiligung neben diesem nicht zu schließen. Hier liegt also kein Grund vor, zu bezweifeln, daß K. mit dem Kläger abgeschlossen hat. Für diesen Vertrag gilt § 701 S. 2 nicht. Das erscheint ohne weiteres klar, wenn hochwertige Kostbarkeiten in besondere Verwahrung gegeben sind (§ 702), muß aber auch für alle anderen Fälle gelten, denn der Gast hat zu verstehen gegeben, er lege Wert darauf, daß er selbst und kein anderer das Hinterlegte zurückerhält. Durch die hiernach vertragswidrige Herausgabe des Wagens wurde S. in die Lage versetzt, ihn zu benutzen. Die Gefahr einer Beschädigung lag nahe und war voraus-

sehen, denn S. war stark angetrunken, es war ferner Nacht und es ist allgemein bekannt, daß ein Kraftwagen eine verwickelte, nur von Kundigen zu bedienende Maschine ist. Die Herausgabe ist daher ursächlich für den eingetretenen Schaden gewesen....

4. Seinen Anspruch gegen B. stützt der Kläger nur auf unerlaubte Handlung. Eine solche ist aber in der bloßen Mitbenutzung des Wagens nicht zu finden, selbst wenn B. die Trunkenheit des S. kannte und wußte, daß S. nicht zur Benutzung des Wagens befugt war. Dagegen hat B. wahrheitswidrig dem K. mitgeteilt, der Kläger sei mit der Herausgabe des Wagens an S. einverstanden. Hierin liegt eine erdichtete Erklärung, mithin ein vorsätzliches Handeln gegen die guten Sitten. Dem B. kann auch nicht unklar gewesen sein, daß seine Mitteilung den K. zur Herausgabe des Wagens veranlassen werde. In der Entziehung des Wagens und der mit der Benutzung durch S. verbundenen Gefahr einer Beschädigung lag für den Kläger... schon ein Schaden. B. ist daher auch aus § 826 ersatzpflichtig. Die Entziehung des Wagens enthält aber auch eine Verletzung des Eigentums, also eine unerlaubte Handlung des § 823[1]. Durch sie hat er für die weiter eingetretene Schädigung des Wagens die mittelbare Ursache gesetzt, er konnte die naheliegende Gefahr der Beschädigung bei einer Benutzung durch den trunkenen S. voraussehen.... Dr. B.p.

γ) **Verschulden des Gastes bei Verwahrung des Zimmerschlüssels.**

OLG. Stuttgart, 2. ZS. Urteil v. 19. Mai 1921.

Dem Kläger, der einige Tage im Gasthofe des Beklagten wohnte, wurde nachmittags aus seinem verschlossenen Zimmer ein Überzieher gestohlen, nachdem er den Zimmerschlüssel am Türpfosten aufgehängt hatte. Dieser Umstand hat aber den Diebstahl weder verursacht noch auch nur mitverursacht, denn bis dahin war es im Gasthofe des Beklagten allgemein üblich, daß die Gäste beim Verlassen ihrer Zimmer die Schlüssel stecken ließen oder an dem Türpfosten aufhängten. Diese Gepflogenheit kannte der Beklagte, jedenfalls mußte er sie bei pflichtmäßiger Sorgfalt kennen. Trotzdem sah er sich nicht veranlaßt, jemals in irgendwelcher Weise den Gästen ein anderes Verfahren, insbesondere das jetzt dem Kläger angesonnene persönliche Abgeben des Schlüssels am Buffett oder Verbringen an das dortige Schlüsselbrett vorzuschreiben oder die Bediensteten anzuweisen, die Schlüssel in der bezeichneten Weise zu verwahren. Hielt er selbst aber derartige Sicherungsmaßregeln nicht für geboten, so kann er auch dem Kläger nicht vorwerfen, daß er solche anzuwenden unterließ. Das Verhalten des Klägers hat aber auch gar nicht den Diebstahl verursacht; vielmehr kam die Zimmerin O. einige Zeit nach dem Weggang des Klägers in dessen Zimmer, um es zu richten, und hängte nach Beendigung ihrer Arbeit den zur Öffnung benützten Schlüssel in gleicher Weise an dem Türpfosten auf. Daraus, daß zu dieser Zeit der nachher fehlende Schlüssel noch da war, geht zweifelsfrei hervor, daß der Diebstahl erst später, also zu einer Zeit verübt wurde, als die Verwahrung des Schlüssels ausschließlich auf den vom Beklagten zu vertretenden Verhalten der O. beruhte. S.

h) α) **Ist der Kippevertrag ein Gesellschaftsvertrag?**[1]

OLG. Stuttgart, 2. ZS. Urteil v. 9. Juni 1921.

Auf die Erklärung des Beklagten, er erhöhe sein Angebot für die zwei Rappen um 1000 Mark nur dann, wenn der Kläger „Kippe halte", erwiderte dieser „Ich halte Kippe"; erst daraufhin wurde zu dem erhöhten Preis von 21000 Mark abgeschlossen. Dieser „Kippevertrag" hatte, wie bei einer Auslegung nach seinem klarliegenden Grund und seiner Bedeutung in den Kreisen der Händler, besonders beim Pferdehandel, anzunehmen ist, lediglich den Inhalt, daß der Kläger die Gefahr des Geschäfts mitübernehmen, einen Verlust des Beklagten beim Weiterverkaufe der Pferde zur Hälfte tragen, dafür dann aber auch vom Gewinn hälftigen Anteil haben sollte. Es handelt sich hier nicht um einen Gesellschaftsvertrag der §§ 705ff., sondern um einen gegenseitigen Vertrag eigener Art. Sein Gegenstand war nicht die Vereinigung der Vertragschließenden zur Erreichung eines gemeinsamen Zweckes, sondern lediglich die Beteiligung des Klägers am Gewinn und Verlust beim Weiterverkauf der Pferde durch den Beklagten. Dieser hat ausschließlich bezweckt, sich gegen einen Verlust bei dem Geschäft zu sichern, seine Gegenleistung bestand in der Beteiligung des Klägers auch am etwaigen Gewinn (JW. 1906 S. 396). Deshalb steht der Mangel näherer Vereinbarungen besonders über Zahlung des Kaufpreises, Verwahrung, Fütterung und Veräußerung der Pferde nicht der Annahme eines endgültigen Vertragsabschlusses entgegen. Nach Lage der Umstände sollte die Zahlung des Preises und die Versorgung der Pferde bis zu deren vom Beklagten als Händler beabsichtigten, möglichst baldigen Weiterverkauf allein Sache des Käufers sein. S.

β) **Rechtsnatur der Gepäckträgergemeinschaft.**

OLG. Hamburg, 3. ZS. Urteil v. 28. September 1922.

Wenn sich auch die Beklagte nicht als offene HG. ansehen läßt, so sind doch die von ihr gegen ihre Eigenschaft als nicht rechtsfähiger Verein vorgebrachten Bedenken nicht stichhaltig. Wie schon das Urteil des Senats v. 18. Januar 1921 ausführt, bedarf es dazu weder einer geschriebenen Satzung noch einer daraus hervorgehenden Organisation. Ein Betrieb wie der der Beklagten kann ohne bestimmte, wenn auch nur mündliche Abmachungen über die gegenseitigen Rechte und Pflichten nicht bestehen. Ebenso sind unbedenklich die von ihr als ihre Vertreter der Bahnbehörde gegenüber gewählten Obleute auch berufen, sie sonstwie nach außen hin zu vertreten und somit ihren Vorstand zu bilden. Ohne Bedeutung ist hier die Tatsache, daß die Behörde der Beklagten die Preise vorschreibt und

[1] Vereinbaren zwei Aktiengesellschaften unter Einräumung gewisser gegenseitiger Kontrollrechte bei ihrer Geschäftsgebarung die Vereinigung ihrer beiderseitigen Gewinne und deren Verteilung, so liegt ein Gesellschaftsvertrag vor (RFH. 1 S. 50). — Der Vertrag über Aufführung eines Theaterstücks kann nach § 723 wegen Verzögerung der Herausbringung gekündigt werden, wenn dem Kläger ein bestimmter Anteil an der Bruttoeinnahme zusteht, also ein gesellschaftsähnliches Verhältnis besteht (RG. JW. 1922 S. 1215).

auch nach anderen Richtungen hin das Aufsichtsrecht über sie ausübt. Immerhin bleibt der Betrieb nach außen hin als ein von der Bahn gesondertes selbständiges Unternehmen bestehen, wie aus dem Vermerk auf den dem Publikum zu übergebenden Quittungsscheinen: „ohne Haftung der Eisenbahnverwaltung“ deutlich hervorgeht.

Die Gepäckträgertätigkeit zerfällt in zwei Teile: Beförderung von Gepäck innerhalb und außerhalb des Stationsbereichs. Nur die erstere gehört, wie aus der Dienstanweisung hervorgeht, zum Dienste der Gepäckträger. Die letztere gehört dagegen nicht zu den Obliegenheiten der Gepäckträger aus dem mit der Bahn abgeschlossenen Dienstvertrage. Dies geht aus § 7 aO. klar hervor, wonach solche Aufträge nur übernommen werden dürfen, wenn der Dienst es gestattet; die Beklagte schließt sie nicht namens der Bahn, sondern im eigenen Namen und für eigene Rechnung ab. Die Bahn hat, wie die Dienstanweisung ergibt, die Haftung für diese Beförderung ebenso abgelehnt, wie die für die Aufbewahrung des Gepäcks nach Beendigung der Reise und Aushändigung des Gepäcks an den Reisenden sowie vor Antritt der Reise und Übergabe des Gepäcks an die Bahn (Rsp. 7 S. 154, 22 S. 56, 18 S. 218). Damit widerlegt sich auch die Ansicht der Beklagten, daß der Koffer des Klägers in den bahnamtlichen Verwahrungsraum gebracht und in diesem Augenblick ihre Haftung erloschen sei. B.

i) **Keine Bürgschaft für den dinglichen Hypothekenanspruch.**

OLG. Stuttgart, 2. ZS. Urteil v. 15. Dezember 1921.

... Da sich die Bürgenpflicht auf die „Verbindlichkeit eines Dritten“ — gleichviel, welche Rechtsnatur diese hat — beziehen muß, so kann sie jedenfalls nicht betreffen eine Hypothek als die Belastung eines Grundstücks, aus dem eine bestimmte Geldsumme zur Befriedigung einer Forderung zu zahlen ist (§ 1113[1]). Bürgschaft kann für die Forderung eingegangen werden, die auch durch Hypothek gesichert ist; sie kann neben dieser, nicht für sie bestehen. Ob also auch die Hypothek bestehe, ist grundsätzlich gleichgültig für den „Bestand“ der Bürgschaft. Fraglich kann nur sein, ob etwa der Bürgschaftsvertrag bedingt ist durch das Bestehen oder Eintreten der hypothekarischen Sicherung oder aber, wie hier, derart unter der Voraussetzung bestimmter gegenwärtiger oder zukünftiger Verhältnisse eingegangen ist, daß mit deren Wegfall oder Ausbleiben der Vertragszweck nicht mehr erreichbar und dem Bürgen ein Rücktritt zu verstatten ist. In der Bürgschaftserklärung ist hier nichts von einer Bedingung enthalten; nach der Schuldurkunde ist das verbürgte Darlehen gerade deswegen aufgenommen worden, weil die vorausgesetzte Abwicklung des Kaufgeschäfts in der Richtung auf eine Geldbeschaffung für den Verkäufer nicht eingetreten war. Wenn nun für eine anderweitige Geldaufnahme der sofort zur Auszahlung schreitende Geldgeber durch Bürgschaft und demnächst auch durch Hypothek Sicherheit haben wollte und sollte, so kann unmöglich die Bürgschaft als Vertrag mit dem Gläubiger dadurch bedingt gewesen sein, daß auch die Hypothek vom Schuldner bestellt wurde.

Sonst hätte der Gläubiger, der Sicherheit beiderlei Art bekommen sollte, durch Nichthandeln von Schuldner und Bürgen nachträglich die eine Sicherheit, die er hatte, wieder verloren. Nur im Verhältnis zwischen Bürgen und Schuldner konnte die Bestellung der Hypothek Geschäftsbedingung mit der Wirkung des § 775 Nr. 3 sein. Dagegen wäre zwischen ihnen eine auf das Ausbleiben jener Bestellung gestützte Irrtumsanfechtung abweichend vom RG. 75 S. 271 unbegründet, weil hier der Bürge sich des Nichtbestehens der Hypothek bewußt war und für ihn nur die Voraussetzung und Erwartung künftiger Geschehnisse mitbestimmend gewesen sein kann, so daß er im Beweggrunde, nicht aber über den Inhalt der Erklärung (nach § 119) irrte. S.

k) **Vergleich und BRBek. v. 14. Dez. 1916 § 13 Nr. 1.**

OLG. Hamburg, 3. ZS. Urteil v. 23. März 1922.

Der Kläger hatte aus einem Möbelverkauf im Mai 1920 auf Abnahme und Zahlung von 20000 Mark geklagt. Nachdem Ende 1920 über den Beklagten die Geschäftsaufsicht verhängt worden, haben sich die Parteien mit Zustimmung der Aufsichtsperson dahin verglichen, daß Beklagte 13500 Mark zu zahlen und darüber einen Wechsel zu akzeptieren habe. Im September 1921 wurde die Geschäftsaufsicht durch Zwangsvergleich mit 50% beendigt. Der Kläger hat seinen Anteil erhalten und beansprucht nunmehr im Wechselprozeß die restlichen 50%. Der Einwand, daß die Forderung durch den Zwangsvergleich erledigt sei, ist unbegründet. Der Vergleichsvertrag der Parteien erfüllt die Voraussetzungen des § 779 und ist daher ein Rechtsgeschäft, durch das selbständig eine Schuldverbindlichkeit nach dem Parteiwillen begründet worden ist. Auf diesem Vergleich beruht nunmehr kraft einer Novation der Klaganspruch. Der § 13 Nr. 1 Bek. v. 14. Dez. 1916 ist sonach anwendbar. Der entgegenstehenden, im Schrifttum gelegentlich vertretenen Ansicht ist wenigstens für den besonderen hier vorliegenden Fall nicht beizutreten. V.

l) α) **Zur Rechtsnatur des „Lieferscheins“.**

OLG. Hamburg, 6. ZS. Urteil v. 24. November 1921.

Der Kaufmann Meyer, der bei der Beklagten als Lagerhalter Ballen mit Servietten eingelagert hatte, verkaufte davon 549 Ballen an X. und übersandte ihm die als „Lieferschein“ bezeichnete Anlage B. Diese ist in den Formen der Anweisung gehalten, jedoch als solche nicht anzusprechen, weil sie über einen bestimmten Schuldgegenstand lautet; sie konnte daher auch nicht im Sinne des § 784 angenommen werden. Ihrem Inhalt und der Absicht des Meyer nach teilt sie der Beklagten mit, daß der Herausgabeanspruch zur Höhe von 549 Ballen auf X. übergegangen sei. X. hat diesen Schein sofort der Beklagten übersandt und sie gebeten, „uns einen Lieferschein dagegen auszufertigen, der von Ihnen ausgeht und wogegen Sie dieselbe Ware aushändigen“. Demgemäß hat sie die Anlage C vom 6. Januar 1920 ausgestellt, die auf einem Memorandumvordruck unter der Überschrift „Lieferschein“ die Worte enthält: „Hiergegen zu liefern: 549 Ballen je 1000 Stück Servietten“. Darunter folgt der Firmenstempel. Auf dem Vordruck findet sich ferner der Stempel: „Für Einbruchsdiebstahl haften wir nicht." In dem für die Anschrift freigelassenen Raum sind die Worte „Straße 5" eingefügt, wo sich das Lager der Beklagten befindet. Am 10. April 1920 hat sie dann auf Ersuchen des X. an Stelle dieses Lieferscheins zwei über 500 und 49 Ballen ausgestellt. Die Anlage D über 500 Packen gleicht im wesentlichen der Anlage C. Hinzugesetzt ist ein Stempel, durch den die Haftpflicht auf 60 Mark für 50 kg beschränkt wird, und die handschriftliche Bemerkung: „Absetzkosten zu Lasten des Empfängers. Lagergeldfrei bis 30. April 1920." Auf Grund dieses Scheines hat der Kläger am 20. Juni 1920 500 Ballen verlangt, aber nur 464 Ballen erhalten können, da der Rest bereits an die Vorzeiger von den Anl. C und D gleichenden Scheinen ausgegeben war. Es kann nicht verkannt werden, daß die Anlagen C und D, die die Lageradresse der Beklagten enthalten, lediglich unterstempelt sind und einen Berechtigten nicht nennen, lediglich als Legitimationsmarken für den inneren Geschäftsbetrieb anzusehen sind. Gleichwohl muß ihnen mit Rücksicht auf die Umstände, unter denen sie ausgestellt sind, eine weitertragende Bedeutung beigemessen werden.

Die Bitte des X. konnte schlechterdings nicht dahin verstanden werden, daß X. lediglich eine Legitimation wünschte, um die Ware auf dem Lager erhalten zu können. Vielmehr sollte Beklagte ihm gegenüber eine Lieferpflicht abgeben. Dementsprechend ist auch die Bedeutung der Anlage C in diesem Sinne zu bemessen. Die Beklagte hat sich dann über 3 Monate später auf die Ausstellung zweier Lieferscheine eingelassen. Das alles spricht dafür, daß es sich sowohl bei C als, daraus folgend, auch bei D nicht lediglich um die Ausstellung einer — doch zu alsbaldigem Gebrauch bestimmten — Legitimationsmarke handelte. Bei C sowohl als auch ganz besonders bei D sind ferner Zusätze gemacht worden, die die Haftung des Lagerhalters beschränken. Auch das spricht dafür, daß die Beklagte ein Rechtsverhältnis zwischen sich und dem aus dem Schein Berechtigten als bestehend ansah. Besonders bezeichnend sind hierfür die handschriftlichen Zusätze in D. Die Einfügung der Lageradresse steht diesen Schlußfolgerungen nicht entgegen; sie kann im vorliegenden Zusammenhange lediglich die Stelle benennen, bei der die Auslieferung geltend zu machen war. Daß ein Berechtigter nicht genannt ist, legt die Auffassung nahe, die Scheine als Inhaberpapiere anzusehen, die, da es sich nicht um Zahlung einer bestimmten Geldsumme handelt, keiner staatlichen Genehmigung bedurft hätten. Dazu wäre jedoch zum mindesten die Hinzufügung einer im Wege mechanischer Vervielfältigungen hergestellten Namensunterschrift erforderlich gewesen.

Es ist jedoch gar nicht notwendig, ihnen den Charakter von Inhaberpapieren beizulegen. Wollte Beklagte eine selbständige Verpflichtung begründen, so geschah dies gegenüber X., auch ohne daß dessen Namen ausdrücklich genannt wurde. Das konnte formlos ohne Unterschrift geschehen, wenn sich nur aus den Umständen ergab, wer der Verpflichtete war. Die

Anl. C und D, die über die Person des Verpflichteten ja keinen Zweifel lassen, sind daher, auch wenn sie nur mit dem Firmenstempel versehen sind, rechtsverbindlich, mag man sie nun als nach § 350 HGB. formlos gültiges Schuldversprechen oder als kausale Verpflichtungserklärung auffassen. Der sich hieraus ergebende Herausgabeanspruch des X. konnte durch einfache Abtretung übertragen werden. Die Weitergabe des Lieferscheines durch X. an den Kläger bedeutet aber eine solche Übertragung. Der Ersatzanspruch ist somit dem Grunde nach berechtigt. B.

β) **Zahlungsanweisung.**[1] **Annahme. Widerruf.**

OLG. Jena, 2. ZS. Urteil v. 14. Juni 1921.

Der Kläger kaufte von X. Samen und übersandte am 6. Februar 1920 den Kaufpreis an die beklagte Bank mit dem Ersuchen, ihn dem X. gegen Aushändigung eines Duplikatfrachtbriefs über bestimmte Samenmengen auszuzahlen. Nachdem X. diese am 6. Februar der Bahn zur Beförderung, ohne die Auszahlung zu verlangen, übergeben hatte, widerrief der Kläger am 1. März seinen Zahlungsauftrag. X., hiervon benachrichtigt, reichte nunmehr den Duplikatfrachtbrief ein und erhielt den Betrag ausgezahlt. Es fragt sich, ob der Kläger zu seinem Widerruf berechtigt war. Eine Anweisung im Sinne der §§ 783 flg. wäre rechtsgültig nach § 790 widerrufen; denn die Bank hatte die Anweisung dem X. gegenüber noch nicht angenommen, da ihr die Annahme enthaltender Brief verloren gegangen, also dem X. gar nicht zugegangen war. Lag aber nur ein einfacher Auftrag nach §§ 662 flg. vor, so war er nach § 671 jederzeit widerruflich. Sieht man in ihm nicht einen reinen, lediglich im Interesse des Auftraggebers liegenden Auftrag, sondern ein gemischtes Geschäft, so wäre an sich die Vereinbarung der Unwiderruflichkeit wohl möglich gewesen, es fehlt aber hier an Umständen, aus denen man darauf sicher schließen könnte. Um einen zwischen den Parteien auf Leistung an X. geschlossenen Vertrag nach § 328 annehmen zu können, hätte die beweispflichtige Beklagte dafür die besonderen Umstände darlegen müssen. Da es daran fehlt, so gilt nach dem Gutachten der Handelskammer in Leipzig vom 26. April 1921 ein Akkreditiv in der hier vorliegenden Form in Bank- und Handelskreisen allgemein als widerruflich, da es weder als unwiderruflich ausdrücklich bezeichnet noch auch befristet ist. . . . M. l.

γ) **Unter § 807 BGB. fallen Gutscheine (Bons).**

Kammergericht, 7. ZS. Urteil v. 7. Oktober 1921.

Der beklagte Verein, ein Spielklub, hat dem Kläger ein Schriftstück: „Gut für 1500 Mark" ausgestellt, das die Unterschrift des Vereins mit dem Zusatze: „J. V. Friedrich Müller" trägt. Der Kläger glaubte nämlich, ein

[1] Bei Zahlungsanweisungen des § 783, zu denen auch das Akkreditiv gehört, ist für das Abrechnungsverhältnis zwischen Anweisenden und Angewiesenen nicht die Anweisung, sondern nur das daneben zwischen ihnen bestehende innere Rechtsverhältnis maßgebend und das ist im Zweifel, wie auch hier, Auftrag- oder Geschäftsbesorgung; deshalb kann der Kläger nur für bereits erfolgte Auszahlungen nach § 670 Ersatz verlangen (OLG. Braunschweig, 1. ZS. Urteil v. 6. Januar 1922).

Opfer des Falschspiels geworden zu sein. Um ihn zu beruhigen und die peinliche Sache aus der Welt zu schaffen, wurde angeordnet, daß ihm 1500 Mark aus der Vereinskasse gezahlt werden. Da sie aber nicht so viel bares Geld enthielt, entschloß man sich, ihm einen Gutschein zu geben. Sonach war die Urkunde nur ein Ersatz für zurzeit nicht genügend vorhandenes Bargeld und bezweckte ebenso wie bares Geld und an dessen Stelle dem Kläger einen Ersatz für seinen Vermögensschaden zu gewähren. Gerade solche Gutscheine fallen in den Rahmen des § 807, ohne daß es einer staatlichen Genehmigung für ihre rechtswirksame Ausgabe bedarf. L. n.

m) **Bereicherung durch Aneignung beschlagnahmter (gestohlener) Gegenstände.**

α) OLG. Stuttgart, 3. ZS. Urteil v. 21. Juni 1921.

Im Ermittlungsverfahren gegen B. und die Beklagten M. und O. wegen Kettenhandels wurden bei M. Seidenbänder polizeilich beschlagnahmt und dort in einem Wandschrank verschlossen und amtlich versiegelt. Nachdem M. außer Verfolgung gesetzt war, wurden O. und B. zu Geldstrafen verurteilt und die Einziehung der Bänder verfügt. O. legte Revision ein; das Verfahren gegen ihn wurde aber auf Grund der militärischen Amnestie niedergeschlagen. Nunmehr öffnete M. auf Aufforderung des O. den Wandschrank, entnahm die Bänder daraus, verkaufte sie an X. um 1800 Mark und gab dem O. 900 Mark. Die Klage des Fiskus auf je 900 Mark ist begründet.

So wie hier die Bänder beschlagnahmt wurden, haben die Beklagten den Besitz daran verloren, in gleicher Weise, wie er zB. durch Übergabe des einzigen Schlüssels zu einem verschlossenen Raum (Keller) an den darin befindlichen Sachen verloren wird (vgl. RG. 66 S. 263). Dem bisherigen Besitzer war die Möglichkeit entzogen, auf normale Weise die „tatsächliche Gewalt" über die Bänder auszuüben (anders, wenn Sachen nur mit Pfandzeichen versehen im Gewahrsam des Schuldners belassen werden). Der Kläger ist also unmittelbarer Besitzer der Bänder geworden. Demzufolge hat er durch den Einziehungsbeschluß das Eigentum daran erlangt, falls dieser rechtswirksam ist. Das ist zu bejahen. Die Zuziehung der Eigentümer der einzuziehenden Sachen ist in den KriegsVO. nicht (ausdrücklich) vorgeschrieben. Die entsprechenden Vorschriften der StPO. beziehen sich aber unmittelbar nur auf das objektive Verfahren. Handelt es sich wie hier um ein gegen eine bestimmte Person gerichtetes Verfahren, so ist, falls die Einziehung eine Vollstreckung gegen den Eigentümer nicht erfordert, wenn also die Sache beschlagnahmt und im Besitz des Einziehungsberechtigten ist, jener wohl befugt, sich bei dem Verfahren zu melden und zu beteiligen, seine Zuziehung ist aber nicht notwendig (Löwe StPO. vor § 477, A, α). ... Wenn auch die Bänder als dem Kläger abhanden gekommen anzusehen sind (vgl. RG. 101 Nr. 60) und daher § 816 nicht zutrifft, so kann er doch nicht auf ein Vorgehen gegen den gutgläubigen X. verwiesen werden, bei dem sie nicht mehr in Natur vorhanden sind. Dagegen haben die Beklagten, denen allerdings eine fahrlässige Verletzung des fremden Eigentums nicht nachgewiesen werden kann, die Bänder (und deren Wert durch Verkauf) auf Kosten des Klägers ohne rechtlichen Grund erlangt: denn in dieser Weise ist alles erlangt, worauf ein anderer, nicht aber der Erlangende Anspruch hat. Es trifft also § 812 zu und die Beklagten haben demgemäß die Bereicherung (deren Wegfall sie nicht behaupten) dem Kläger herauszugeben. S.

β) OLG. Karlsruhe, 1. ZS. Urteil v. 25. Mai 1921.

X. hatte dem Kläger 20 Ztr. Inlandszucker gestohlen und ihn unter Vorgeben, es handle sich um geschmuggelten Auslandszucker, an die Beklagte um je 350 Mark verkauft, die ihn teils in ihrer Wirtschaft verbrauchte, teils an Verwandte absetzte. Der Kläger verlangt Bezahlung von je 60 Mark = 1200 Mark aus der Bereicherung. Diese liegt bezüglich 14 Ztr. vor; als ihr Zeitpunkt kommt nicht der des Erwerbs, sondern des Verbrauchs durch Vermischung in Betracht. Wie festgestellt ist, hat die Beklagte vor Verlust des guten Glaubens 14 Ztr. in der Wirtschaft und im Haushalt, besonders zum Kuchenbacken verbraucht. Infolgedessen ist sie (durch Vermischung mit eigenen Sachen) gemäß §§ 948, 947² Eigentümerin geworden, während dies vorher wegen § 935 nicht der Fall war. Von diesem Zeitpunkt an ist sie bereichert. Vorher hatte sie einen unsicheren, jederzeit von der Eigentumsklage bedrohten Besitz, für den sie 6300 Mark bezahlt hatte; die Rechtslage des Klägers war damals noch nicht endgültig verschlechtert, da er das Eigentum noch nicht verloren hatte. Durch die Vermischung hatte Beklagte das Eigentum endgültig erlangt und diese Bereicherung wurde ihr auch durch die Verzehrung der Mischung nicht beseitigt, denn sie hat dadurch eigenen andren oder erst anzuschaffenden Zucker erspart und zudem beim Verkauf der Kuchen und in der Wirtschaft bei den heutigen Preisen Gewinne gemacht, die mehr als nur das Entgelt ihrer Arbeit betrugen. Sie ist danach um 14 × 60 = 840 Mark bereichert. Dagegen hat sie an den 6 weiteren Ztr., die sie ohne Vermischung weiter veräußerte, Eigentum nicht erworben, noch auf die Erwerber übertragen. Der Kläger kann es daher auch weiterhin mit der Eigentumsklage an sich bringen. Rpr.

γ) **„Verfügung" im Sinne des § 816. „Nicht mehr bereichert" (§ 818³). Geschäftsfähigkeit Minderjähriger nach § 107.**

OLG. Hamburg, 1. ZS. Urteil v. 6. März 1922.

Die Beklagte hat einen Rentenbrief von dem minderjährigen Lehrling L., der das Papier seinem klagenden Dienstherrn gestohlen hatte, gekauft und an den gutgläubigen X. weiterverkauft und übergeben. Der Anspruch auf Herausgabe des dafür erzielten Erlöses ist begründet. Zwar kommt es darauf, daß der Rentenbrief gestohlen war, für die Verpflichtung der Beklagten nicht entscheidend an. Aber der noch minderjährige L. konnte mangels Einwilligung seines gesetzlichen Vertreters das Eigentum am Papiere nicht rechtswirksam auf die Beklagte übertragen. Ihr Einwand, L. habe durch die Übereignung des ihm nicht gehörigen Wertpapiers kein Recht aufgegeben, sondern zum Austausch dafür Geld erhalten, also nur einen rechtlichen Vorteil erlangt, verkennt die Bedeutung des § 107. Dieser hat nicht den Sinn, daß ein vom Minderjährigen vorgenommenes Rechtsgeschäft, das aus einem nicht in seiner Natur liegenden Grunde für ihn nur vorteilhaft erscheine, ohne Rücksicht auf seine eigentliche Natur auch ohne die Zustimmung des Vertreters rechtswirksam sei. Hier brachte das dingliche Rechtsgeschäft, dh. die Erklärung des Willens, daß das angeblich ihm am Rentenbrief zustehende Eigentum auf Beklagte übergehen solle, ihrer Natur nach dem L. keineswegs nur einen Rechtsvorteil, sondern sie bedeutete für ihn auch die Aufgabe eines Rechts. Sie mußte also, da er ohne Einwilligung seines gesetzlichen Vertreters gehandelt hat, unwirksam bleiben, so daß Beklagte das Eigentum nicht erwarb. Überdies hat sich L. durch die Übereignung jedenfalls des Besitzes des Rentenbriefes begeben, so daß insofern schon auch der dingliche Vertrag für ihn nicht nur rechtlich vorteilhaft war. Die Beklagte verfügte daher über den Rentenbrief, ohne dessen Eigentümer geworden zu sein, als Nichtberechtigte; gleichwohl erwarb X. an ihm das Eigentum. Der § 816 S. 1 muß aber bei seiner allgemeinen Fassung in allen Fällen, in denen jemand über einen fremden Gegenstand eine dem Berechtigten gegenüber wirksame Verfügung getroffen hat, also auch dann Anwendung finden, wenn er wie hier den Gegenstand nicht unmittelbar aus dem Machtbereiche des Berechtigten, sondern durch die Handlungen Dritter erhalten hat.

Die Beklagte verneint endlich nach § 818³ eine Verpflichtung zur Herausgabe, weil eine Bereicherung bei ihr von vornherein nicht vorhanden gewesen sei; denn wenn sie für den Rentenbrief 2938 Mark erlöst habe, so habe sie anderseits doch für seinen Erwerb 2640 Mark aufgewendet; auch müßten ihre allgemeinen Unkosten Berücksichtigung finden. Allein sie ist nicht etwa um den Rentenbrief bereichert worden, da der Verkäufer ihr das Eigentum daran nicht hat übertragen können. Sondern sie hat einen Vermögenszuwachs, der ihr nach § 812 abverlangt werden kann, eben erst in Gestalt der von X. erhaltenen Kaufsumme erfahren. Mit dieser Bereicherung hing aber die Zahlung des von ihr an L. entrichteten Kaufgeldes nicht zusammen. Dieses hat sie nicht in der Erwartung, dadurch jenen Erlös zu erzielen, aufgewandt; es stellt daher keine Ausgabe dar, die jenen Vermögenszuwachs verringerte (RGKomm. § 816²). RG. 98 S. 65 betrifft einen anders liegenden Fall. Zuzugeben ist nur, daß Beklagte insoweit nicht bereichert ist, als auf den Abschluß mit X., wie überhaupt auf jedes im Betriebe ihres Gewerbes abgeschlossene Geschäft anteilig allgemeine Geschäftsunkosten entfallen. . . . B.

δ) **Vertrag über Nichtangabe des Schwängerers.**

OLG. München, 3. ZS. Urteil v. 22. Oktober 1922.

Der Kläger, der die Beklagte geschwängert hatte, schloß, um ein anderes Mädchen heiraten zu können, mit ihr gegen Zahlung von 2000 Mark einen Schweigevertrag, dem sie jedoch zuwiderhandelte. Die Klage auf Rückzahlung der 2000 Mark ist unbegründet. Soweit der Zweck der Geldleistung nur die eigenen, höchst persönlichen Interessen der Beklagten berührte, also sie verpflichten sollte, ihre Beziehungen zum Kläger nicht auszuplaudern, war ihr dies unbenommen. Soweit aber die Rechte des Kindes in Betracht kamen, verbot ihr das Sittengesetz, sich darüber selbständig ohne Mitwirkung des VormGerichts mit dem Kläger auseinanderzusetzen und mit ihm abzuhandeln. Gleichwohl hat sie sich mit der Annahme der 2000 Mark verpflichtet, den Kläger bei der ganzen Angelegenheit aus dem Spiele zu lassen, ihn mit Unterhaltsansprüchen nicht weiter zu behelligen und deshalb auch nicht als Kindsvater anzugeben. Nun hat aber das Kind an der Feststellung, wer sein Vater ist, immerhin ein Interesse, schon mit Rücksicht auf die durch § 1719 geschaffene Möglichkeit späterer Legitimation. Außerdem kann das, was von den 2000 Mark nach Abzug des der Beklagten gut dünkenden Entgeltes für ihre persönliche Schweigepflicht noch übrig bleibt, nicht als genügende Abfindung des Kindes unter den Wirtschaftsverhältnissen von 1918 angesehen werden. Aber auch der Kläger hat die guten Sitten verletzt, indem es den Anstoß zur Regelung der heiklen Angelegenheit gab, die seiner Heirat im Wege stand. Er hatte das Interesse am Schweigevertrag und hat, obwohl er sich über die Verwerflichkeit seines Vorgehens nicht im unklaren sein konnte, durch Anerbieten und Hingabe von 2000 Mark, eine ansehnliche Summe in den Augen der beklagten Häuslerstochter, diese für seinen Zweck zu gewinnen gewußt und verstanden, sie zu bestimmen, bewußt oder unbewußt die Rechte ihres Kindes hintanzusetzen. . . . H. n.

Dazu: OLG. Breslau, 2. ZS. Urteil v. 29. Januar 1923.

Das Verbot, Kohle ohne Bestell- (Bezugs-) Schein für Hausbrandlieferungen zu kaufen und zu verkaufen, ist nicht etwa nur polizeilicher Natur. Gerade um zu verhindern, daß die vorhandenen geringen Kohlenmengen unter die Verbraucher ungleichmäßig verteilt wurden, sind die Bek. vom 24. und 27. Februar 1917 (RGBl. 167, 193) erlassen worden. Gegen die darauf beruhenden Bek. des Reichskohlenkommissars vom 16. August 1917 (§§ 1, 3^1, 4^2, 7), die den Kauf und Verkauf von Hausbrandkohle ohne Bestellschein bestrafen, verstößt daher der Vertrag über die beiden ohne Bestellschein zu liefernden Wagen Kohle und ist deswegen nach § 134 nichtig. Da der Kläger selbst für einen Wagen einen Bezugsschein besorgt hat, waren ihm auch die angegebenen Bek. bekannt. Einer Rückforderung des Kaufpreises für den zweiten ohne Bezugschein zu liefernden Wagen steht daher § 817 S. 2 entgegen. L.

n) **Anwendung des § 823:** α) **auf Einleitung und Durchführung von Streiks.**

OLG. Braunschweig, 1. ZS. Beschluß v. 31. Oktober 1921.

Der Verein der Fuhrwerksbesitzer hat eine einstw. Verfügung beantragt, die verbieten soll: „1. den Beklagten A. und B. a) Streikposten aufzustellen, b) durch diese oder sonst Arbeitswillige an Arbeiten im Transportgewerbe und Verweilen an den Arbeitsstätten zu hindern; 2. den Beklagten C., D. und E. a) Streikposten zu stehen, b) oder sonst durch Gewalt Arbeitswillige an der Aufnahme und Ausführung von Transportarbeiten zu hindern. Seit Oktober 1921 besteht nämlich hier ein von A. organisierter Streik der

Transportarbeiter. Die Streikleitung ist dem B. übertragen, er hat Streikposten aufgestellt, die in den Gewerbebetrieb von 8 Vereinsmitgliedern störend und schadenbringend eingegriffen haben. Der Verein macht den Antrag zunächst aus eigenem Rechte geltend. Allein aus § 2 Nr. 2 der Satzung, wonach der Verein die Wahrung der gemeinschaftlichen Betriebsinteressen seiner Mitglieder bezweckt, ist nicht eine Tragweite ersichtlich, nach der etwa die den Mitgliedern in ihren Betrieben gegen Dritte erwachsenen Ansprüche, besonders Schadens- und Unterlassungsansprüche ohne weiteres auf den Verein übergehen sollten. Er will aber sein Verlangen auch darauf stützen, daß ihm die 8 Firmen ihre Schutzansprüche zur Geltendmachung im eigenen Namen übertragen hätten. Von diesem Gesichtspunkt aus ist die Aktivlegitimation des Antragstellers anzuerkennen. Das hat aber zur Folge, daß der Antrag ohne weiteres als hinfällig erscheint, insoweit er über den Betriebsbereich jener Firmen hinaus auch die Betriebe noch anderer Mitglieder schützen will.

Sachlich ist er zu 1a und 2a hinfällig, denn Streikpostenstehen ist an sich nicht unzulässig im wirtschaftlichen Kampf und dem Bedürfnisse eines Schutzes gegen widerrechtliche Eingriffe der Beklagten C, D. und E., wenn sie als Streikposten Verwendung finden, ist durch die vom LG. erlassene Verfügung genügt. Anders liegt dagegen das übrige Beschwerdeverlangen. Streikeinleitung und Postenaufstellung sind zwar an sich erlaubte Maßnahmen. Aber daß sie bei der Erregung der Gemüter leicht zu rechts- und sittenwidrigen Handlungen der am Streik Beteiligten Anlaß geben, lehrt die Erfahrung. Wer das Kampfmittel des in das Leben weiter Volkskreise tief eingreifenden Streiks in Bewegung setzt und leitet, hat daher die Rechtspflicht, bei der Durchführung des Streiks die äußerste Sorgfalt obwalten zu lassen, daß die besagte Gefahr möglichst hintenan gehalten werde. Dahin gehören Belehrungen und Ermahnungen gegenüber den Streikenden, sich in den Grenzen des Erlaubten zu halten, keine Gewalttätigkeiten zu begehen und vornehmlich eine behutsame Auswahl der mit Einzelaufgaben wie Streikpostenstehen beauftragten Personen. Daran haben es hier A. und B. fehlen lassen; sie haften daher nach §§ 823, 831 für die Ansprüche, die der geschädigten Firma aus den rechtswidrigen Handlungen erwachsen sind. Dazu gehört der Anspruch auf künftige Unterlassung, da Wiederholungsgefahr vorhanden ist. Daß der Rechtsschutz der Strafgesetze nicht ausreicht, zeigt die Aufeinanderfolge der Vorkommnisse und ergibt die Erwägung, daß in den meisten Fällen die Täter nicht der Persönlichkeit nach ermittelt werden können. Der zivilrechtliche Unterlassungsanspruch (1 b) erscheint mithin hier als begründet. W.n.

β) **auf schadhafte Einfriedigungen, glatte Treppen.**

OLG. Kiel, 1. ZS. Urteil v. 14. Juli 1922.

Die Klägerin ging Ende Februar in der Dunkelheit auf der unbebauten Seite der Straße etwa 50 cm von der Einfriedigung entfernt, als ihr Mantel durch einen Windstoß gegen das Drahtgitter geweht und an dessen vorstehenden Enden beschädigt wurde. Die Ersatzklage ist unbegründet. Wie gerichtsbekannt, haben Zäune mit Drahtgeflecht in der Regel kein Deckbrett über den ineinander geflochtenen Drahtenden. Da diese nur wenig herausragen und ein Drahtgeflecht für jedermann, auch insoweit es sich um jene Enden handelt, kenntlich ist, so bedarf es überhaupt keiner Deckleiste zum Schutze des daran Vorübergehenden. Dieser muß sich so weit entfernt halten, daß er durch die Enden des Geflechts nicht gefährdet wird. Die verkehrserforderliche Sorgfalt läßt nicht geboten erscheinen, der Möglichkeit, daß er mit seiner Kleidung an den Drahtenden hängen bleibt, durch besondere Schutzmaßregeln vorzubeugen, deren Anbringung eine nach Lage der Sache überflüssige und den Halter der Einfriedigung über Gebühr beschwerende Belastung darstellen würde. Ebensowenig kann aber verlangt werden, daß er ein Drahtgeflecht fortgesetzt daraufhin überwacht, ob sich vielleicht einzelne Maschen gelöst haben und herunter hängen. Denn es ist den Einflüssen der Witterung in besonderem Maß ausgesetzt und wird hierdurch sowie durch andere Zufälligkeiten gelegentlich in der bezeichneten Weise schadhaft, ohne daß der Verkehr durch derartige geringfügige Schäden irgendwie nennenswert gefährdet erscheint. Auch mit solchen Schäden muß jeder rechnen, der in die Nähe kommt. Die Vorschrift der BauO., daß die polizeilich gebotenen Einfriedigungen unbebauter Grundstücke in gutem Zustande zu erhalten sind, bezieht sich nicht auf Schäden, die vermöge ihrer Geringfügigkeit nicht die Allgemeinheit gefährden. Dr. B.p.

Dazu: OLG. Stuttgart, 1. ZS. Urteil v. 3. Juni 1922.

Der Beklagte hat als Hauseigentümer und Bewohner des 1. Stocks die dahin führende Treppe in verkehrssicherem Zustand und zwar für jedermann zu erhalten. Er kann nicht geltend machen, daß in einem Herrschaftshause dessen Vornehmheit einen möglichst glatten Boden erfordere und daß ihm die Eheleute M., zu denen der auf der Treppe gefallene Kläger auf Besuch kam, vom Wohnungsamt zugewiesen worden seien. . . . Es mag sein, daß sich M. erst nach dem Unfall über die Glätte beschwerte; jedenfalls zeigt die Antwort des Beklagten, daß auch der Zustand der Treppe zurzeit des Unfalls seinem Willen entsprach, wie er ja auch täglich diesen Zustand beobachtete und billigte. Der Beklagte haftet somit aus eigener Schuld gemäß § 823[1]. Die Leibesbeschaffenheit, Unbeholfenheit und Ängstlichkeit des Klägers mögen zu dem Ausgleiten beigetragen haben, können ihm jedoch nicht angerechnet werden. Auch daß er genagelte Schuhe trug, bedeutete keine Fahrlässigkeit; dies war seit den Kriegsjahren fast allgemein üblich.[1] F.

γ) **Scheuwerden von Pferden durch Ankurbeln eines Motorrades.**

OLG. Braunschweig, 2. ZS. Urteil v. 5. April 1922.

---

[1] Kinderspiele sind, sofern sie sich auf das Werfen mit leichten Gegenständen, wie Tannenzapfen, Erdstücken, kleine Stecken beschränken, im allgemeinen ungefährlich; dabei die entfernte Möglichkeit schädlicher Wirkungen in Betracht zu ziehen, verlangt die verkehrserforderliche Sorgfalt nicht (Urteil desselben ZS. v. 10. Febr. 1922).

Eins der Pferde des Klägers ist auf der Straße in G. dadurch verunglückt, daß dort der Beklagte B. durch Ankurbeln seines Motorrades die beiden — unweit davon vor einem Flechtwagen gespannt stehenden — Pferde des Mitbeklagten H. zum Scheuen gebracht hat, so daß das durchgehende Gespann jenes Pferd zu Boden warf und eine Strecke weit mitschleifte. Die Ersatzklage gegen B. ist unbegründet. Nach § 7^2 S. 2 KrFG. lag ihm allerdings eine über das Maß des § 276 BGB. hinausgehende Diligenzpflicht ob (RG. 96 S. 130; JW. 1919 S. 104), der er durch Beobachtung der Polizeivorschriften noch nicht unter allen Umständen genügte (JW. 1906 S. 681[2]). Aber wie bei § 276 sind auch hier die Verkehrsverhältnisse zu berücksichtigen. Der wirtschaftliche Wert der Kraftwagen würde aber in Frage gestellt, wenn B. sein Rad erst aus der Hörweite der H.schen Pferde hätte fortführen müssen. Selbst bei geringem Fuhrwerksverkehr, wie in G., würde das den Kraftwagenverkehr unerträglich belästigen. Schon aus diesem Grunde stellt das Ankurbeln in 25 m Entfernung von Pferden keinen Mangel an der gebotenen Vorsicht dar. Ferner haben sich nach den Erfahrungen des täglichen Lebens die Pferde im großen und ganzen, auch in ablegeneren Gegenden an die Kraftwagen gewöhnt und sind die Ausnahmen nicht zahlreich genug, als daß der Wagenführer sie in allen Fällen in Rechnung stellen müßte (RG. 69 S. 614; JW. 1904 S. 356[7]). Schließlich hat B. annehmen dürfen, daß die Vorschriften über das Absträngen führerlos stehenbleibender Pferde befolgt oder wenigstens gleichwertige Maßregeln getroffen seien. Bei ordnungsmäßigem Absträngen ist aber erfahrungsmäßig wiederum die Besorgnis eines Unfalls so weit herabgemindert, daß er mit ihr nicht zu rechnen brauchte. Dagegen ist der Unfall auf das Scheuwerden der H.schen Pferde zurückzuführen. Ist dafür das Ankurbeln des Motors ursächlich gewesen, so liegt doch noch keine unwiderstehliche, das willkürliche Tun eines Pferdes ausschließende Gewalt vor, sondern nur ein seiner Natur entsprechendes Verhalten (JW. 1913 S. 649[13]). Dem H. ist aber der Entlastungsbeweis des § 833 S. 2 nicht gelungen. Den § 14^4 der StraßenPO. von G., nach welchem er seine beiden Pferde innen hätte absträngen müssen, hat er nicht befolgt.... Die Ansicht, bei ruhigen Tieren wie hier genüge sogar das alleinige Absträngen des einen Pferdes, läßt sich gegenüber jener strikten Vorschrift keinesfalls halten. Das Außerachtlassen polizeilicher Vorschriften, die nur eine Mindestgrenze angeben, bedeutet aber in jedem Fall einen Mangel an Sorgfalt.... Die nicht zu bestreitende Möglichkeit, daß sich der Unfall auch ereignet hätte, wenn beide Pferde vorschriftsmäßig abgesträngt worden, genügt nicht. Der § 833 letzter Halbsatz verlangt den Nachweis der Unabwendbarkeit des Unfalls (Recht 1911 Nr. 3321) und dieser ist hier schlechterdings nicht zu führen. v. F.

δ) **Tierverletzung durch ein Kraftfahrzeug (§§ 17, 7 KrFG.).**

OLG. Stuttgart, 1. ZS. Urteil v. 27. Mai 1921.

Der Hund des Klägers begleitete dessen Angestellte B. und sprang auf ihren Ruf quer über die Straße, als er vom Kraftwagen des Beklagten überfahren wurde. Die Klage auf 2000 Mark Schadenersatz ist begründet. Wird ein Tier durch Zusammenstoß mit einem Kraftwagen verletzt, so kann der § 17² KrFG. zutreffen, wenn nämlich das Tier den Schaden mit verursacht hat. Dazu gehört aber eine Auswirkung der tierischen Energie, aus der der Tierhalter gemäß § 833 BGB. haftbar wäre (vgl. RG. 96 S. 132). Hier ist aber der Hund nicht aus Mutwillen oder aus Feindseligkeit auf den Kraftwagen losgesprungen, sondern nur ihm nicht ausgewichen. Daher scheidet die Teilung des Schadens nach § 17 aus.... Der Anruf der B. bildete ein Verschulden der Person, die die Gewalt über den Hund i.S. des § 4 KrFG. ausübte, wenn ihr damals das Herannahen des Kraftwagens schon bewußt war. Letzteres ist aber nicht erwiesen. Daher bleibt nur die Frage, ob § 7² zugunsten des Beklagten anzuwenden ist. Das Hereinspringen des Hundes in die Straße wie auch der Ruf der B. bildeten für ihn unabwendbare Ereignisse, die den Unfall herbeigeführt haben. Der Beklagte muß deshalb nachweisen, daß er jede nach den Umständen des Falls gebotene Sorgfalt beobachtet habe. Geboten war, daß der Wagenführer bei der Annäherung an die aus der B., dem Pferd und dem Hund bestehende Gruppe die ganz bedeutende Geschwindigkeit verminderte, ferner, daß er wiederholte Warnungszeichen ertönen ließ. Seine Behauptung, daß er dem Hunde nach links ausgewichen sei und gebremst habe, ist aber unerheblich; denn hierin wäre nur ein verspäteter Versuch zu erblicken, den Schaden im letzten Augenblick noch abzuwenden. Dieser Versuch wäre nur bei einer geringeren Geschwindigkeit geglückt. S.

o) α) **Einklagung nicht „erstattungsfähiger" Prozeßkosten auf Grund des § 826 BGB.**[1]

OLG. Hamburg, 4. ZS. Urteil v. 3. November 1922.

Der Kläger verlangt die Erstattung des hier üblichen Teuerungszuschlags und der Sondervergütung mittels besonderer, auf § 826 gestützter Klage. Es handelt sich also hier nicht um Schäden, die unmittelbar durch die unerlaubte Handlung der Beklagten verursacht, sondern um solche, die mittelbar auf sie zurückzuführen sind, insofern der Kläger in seinem Prozeßinteresse Aufwendungen gemacht hat, die zur Führung dieses Prozesses notwendig gewesen sind. Sie gehören als Prozeßschäden zu den Kosten des Rechtsstreits und sind, wenn sie objektiv notwendig waren, jedenfalls nur nach § 103 ZPO. erlangbar.... Allerdings greift die prozeßrechtliche Entscheidung, wer nach § 91 ZPO. die Kosten zu tragen hat, dem materiell-rechtlichen Anspruche des Obsiegenden auf Rückerstattung der ihm im Rahmen des § 91 erwachsenen Kosten, zB. wegen Verschuldens, nicht vor (Seuff. 61 Nr. 133). Damit ist aber nichts dafür gewonnen,

[1] Das Vorbringen, der Beklagte nutze systematisch seine 3 Wirtschaftskonzessionen in der Weise aus, daß er Leute mit einigen Mitteln unter schweren Bedingungen zur Übernahme dieser Wirtschaften veranlasse und sie dann nach Ausbrauch ihres Vermögens einfach auf die Straße setze, genügt nicht zur Anwendung des § 826 (OLG. Kiel 27. Okt. 1921, 1 U 9/20).

ob die Erstattung von Prozeßkosten da, wo sie prozessual nicht gegeben ist, materiell=rechtlich unter dem Gesichtspunkte des § 826 BGB. begründet werden kann, oder ob sie durch prozeßrechtliche Normen ausschließlich bestimmt wird. Die §§ 91 flg. enthalten materielles Prozeßrecht. Sie regeln erschöpfend die Erstattungsfähigkeit der Kosten und den prozessualen Weg zu ihrer Geltendmachung. Die erstere kann daher unter anderen als prozessualen Gesichtspunkten nicht bejaht und auf anderem Wege als dem der Festsetzung nicht festgestellt werden. Die Prozeßkosten haben in dem Rechtsstreit ihren Entstehungsgrund und daher entscheiden auch über ihren Umfang lediglich prozessuale Grundsätze. Wird auf dem vorgeschriebenen Wege die Erstattungsfähigkeit verneint, so gibt es dagegen keinen anderen Rechtsbehelf als die Beschwerde. B.

β) **Anlegung von Rehfallen auf dem Eigenjagdbezirk.**

OLG. Braunschweig, 2. ZS. Urteil v. 25. April 1922.

Maßgebend für die behauptete Sittenwidrigkeit sind hier die Anschauungen, die in Jägerkreisen herrschen. Ferner ist nicht die Denkungsart eines vornehmen Mannes entscheidend, sondern die Auffassung des anständigen Durchschnittsmenschen. Nun mag ein vornehm denkender Waidmann Bedenken tragen, eine Rehfalle anzulegen, wenn es nicht der Schutz des eigenen Wildstandes dringend erheischte; auch geht diese Art der Jagdausübung wegen ihres Dauercharakters weiter wie das Anbauen von Pflanzen und das Futterstreuen diesseits der Grenze oder das in RG. 44 S. 200 für erlaubt erklärte Anblatten. Aber anderseits betont das Gutachten, daß Rehfallen — abgesehen von dem Zustande, der früher im Gebiete des ALR. bestanden hat —, von jeher angelegt seien, daß es in geeigneten Fällen auch jetzt noch geschehe und noch niemand Anstoß daran genommen habe. Ebenso sind in der daselbst angezogenen jagdrechtlichen Literatur Rehfallen stets als erlaubt bezeichnet und auch als Mittel zum Heranlocken fremden Wildes nirgends verurteilt. Danach gilt die Rehfalle nicht als sittenwidrig. v. F.

γ) **Unterlassungsanspruch. Vorwurf des Plagiats.**

OLG. Hamburg, 6. ZS. Beschluß v. 29. Mai 1923.

Verlangt ist eine einstw. Verfügung, die den Gegnern untersagt, die Behauptung zu verbreiten, daß der Antragsteller durch seinen Aufsatz . . . ein Plagiat durch unerlaubte Anlehnung an das Werk des X. begangen habe. Das LG. hat abgelehnt, weil sich der Antrag auf eine nach § 186 StGB. verfolgbare Handlung beziehe. Allein hier tritt, wenigstens nach der gleichzeitig eingereichten Klage, die Tatsache einer angeblichen Beleidigung zurück neben der behaupteten Schädigung des Klägers in seinem Erwerbe und Fortkommen durch Verbreitung der Äußerungen. Die Klage beschränkt sich demgemäß auch nicht auf jenen Unterlassungsanspruch, sondern verlangt weiter Schadensersatz. Es handelt sich danach im wesentlichen nicht sowohl darum, daß der Kläger die ihm zugefügte Beleidigung gerächt wissen will und daß ihm zu ihrer Sühne verholfen werden soll; also kann es sich auch nicht darum handeln, ihm auf dem Gebiete des Zivilrechts zur Erreichung eines solchen

Ziels „einen zweiten Weg zu eröffnen“ (RG. 98 S. 39). Sein berechtigtes Interesse erfordert nicht, daß die Beklagten wegen Beleidigung aus §§ 185, 186 StGB. bestraft werden, sondern ihm wird genügt, wenn er nicht Gefahr läuft, durch weitere Verbreitung jener Äußerungen in seinem Fortkommen noch mehr geschädigt zu werden. Unter diesen Umständen besteht keine innere Nötigung, von der Rechtspflege im Zivil- und Strafgerichtsdienst als von einer Einheit im höheren Sinn auszugehen, wie es das RG. für den Regelfall will. Dem Interesse des Klägers wäre für die Zukunft im wesentlichen schon damit gedient, wenn er in der Lage wäre, Personen, von denen er schriftstellerische Aufträge erwartet, eine gerichtliche Entscheidung vorzulegen, die eine Wiederholung der Äußerungen untersagt. . . . V.

p) **Hunde zur Bewachung ländlicher Anwesen.**

OLG. Braunschweig, 2. ZS. Urteil v. 15. November 1921.

Die Hunde des Beklagten, die nachts 4 Schafe des Klägers auf dessen eingefriedigter Weide angefallen und getötet haben, sind zwar als Haustiere anzusehen; denn sie haben die landwirtschaftlichen Anwesen zu bewachen, wie dies nach den ländlichen Verhältnissen und der Unsicherheit der jetzigen Zeit notwendig und auf dem Lande üblich ist. Sie dienten also dem Berufe und der Erwerbstätigkeit des Beklagten. Auch erfordert der Zweck der Bewachung, daß sie auf dem Hofraume frei umherlaufen können, um an jeder Stelle einen Dieb verscheuchen zu können. Deshalb ist nichts dagegen einzuwenden, wenn sie nachts nicht an die Kette gelegt werden. Aber die Sicherheit im Verkehr erfordert, daß sie die Eigentumsgrenze nicht überschreiten können, daß sie an beliebigem Umhertreiben auf der Straße und auf fremden Grundstücken während der Nacht gehindert sind. Daran hat es gefehlt. Dagegen liegt ein Verschulden des Klägers nicht vor. Es entspricht der Üblichkeit, wenn Schafe nicht jeden Abend auf den Hofraum in den Stall getrieben, sondern nachts auf der eingefriedigten Weide belassen werden. Sie hatten deshalb Schutz, und es war nicht geboten, sie dort noch in einem besonderen Stall oder Raum unterzubringen. W.n.

q) **Haftung aus § 839:** α) **des Notars für seine Vertreter.**

OLG. Rostock, 1. ZS. Urteil v. 6. Februar 1922.

. . . Ein persönliches Verschulden des Beklagten (Notars) kann nicht daraus hergeleitet werden, daß er während seines Urlaubs die in seinem Betriebe behandelten Sachen nicht selbst bearbeitet oder gefördert hat. Nur darum kann es sich handeln, ob er gesetzlich für das Verschulden seines Vertreters aufzukommen hat. In der Klage wird ausgeführt, daß die Handlungen des Beklagten in der Rechtsangelegenheit B.-K. nicht als Amtshandlungen eines Notars aufzufassen seien. Aber wenn wie hier ein Sachwalter als Notar den Kaufvertrag beurkundet und sich zugleich verpflichtet, die Grundbuchverhältnisse für den Käufer zu ordnen, dessen Anerkennung zu veranlassen und die durch die Geldbeschaffungen sich ergebenden Rechtsänderungen zu besorgen, so tritt er durch solche Abmachungen, soweit sie über den Rahmen der Notariatstätigkeit hinausgehen, in ein Vertragsverhältnis zu der Person, die sich nunmehr an ihn, seinen Vertreter oder sein Bureau aus dem Grunde wenden, weil sie ihrerseits mit seinem Auftraggeber in Rechtsbeziehungen treten. Wenn hier die Klägerin und ihr Vater einen Darlehnsvertrag mit dem Käufer B. abschlossen und von ihm angewiesen wurden, das Geld an den Beklagten einzuzahlen, der das Weitere veranlassen werde, so haben sie auf dem Bureau nicht deshalb gezahlt, weil sie ihrerseits den Beklagten mit der Eintragung der Hypothek beauftragt hätten, sondern um vertragsmäßig an B. zu zahlen, der ihnen den Beklagten als die Person bezeichnet hatte, die für ihn das Geld annehmen und die Eintragung besorgen werde. Auch wenn ihnen der Bescheid wurde, die Sache werde von dort erledigt werden, hat hiermit der Beklagte oder sein Vertreter nicht einen Auftrag der Klägerin zur Besorgung übernommen, vielmehr handelte es sich nur um die Ausführung eines für B. übernommenen Geschäfts.

Fraglich kann freilich sein, ob die behauptete Übernahme der Verpflichtung auch die Umschreibung des Grundstücks auf den Käufer, die Regelung der Geldverhältnisse und besonders für den Verkäufer die Eintragung der Hypotheken zu erwirken, auch B. gegenüber eine vertragsmäßige war und nicht vielmehr als Ausfluß und Teil der notariellen Tätigkeit aufgefaßt werden muß. Im letzteren Falle könnte auch von einer der Klägerin gegenüber begründeten Amtspflicht des Notars geredet werden, diese Eintragung ordnungsmäßig und rechtzeitig — vor Weitergabe des empfangenen Geldes an B.! — zu beantragen. Allein diese Begründung der Klage aus § 839 scheitert daran, daß nicht der Beklagte selbst, sondern der ihm vom Ministerium bestellte Vertreter die ihm als Notar obliegende Amtspflicht verletzt hat. Die meckl. NotariatsO. v. 10. Juni 1905 § 20 läßt zwar erkennen, daß sie das Pr. Ges. FG. Art. 101 (vgl. RG. 100 S. 287) als Vorbild genommen hat, aber von ihm absichtlich abgewichen ist, indem sie nur eine Verantwortlichkeit des Vertreters festgesetzt, die des Vertretenen aber fortgelassen hat. Dr. Br.

β) **der Postbeamten für richtige Überkunft der Telegramme?**[1]

OLG. Stuttgart, 2. ZS. Urteil v. 25. Januar 1923.

Die klagende Bank hat in R. an die Deutsche Bank in Berlin einen Auftrag zum Verkauf von dreitausend Mark Aktien drahten lassen. In dem angekommenen Telegramm hieß es: „neuntausend Mark", worauf sofort 9 Aktien verkauft wurden. Die auf Schadensersatz Beklagte hatte das Telegramm richtig von R. nach Stuttgart abgegeben; die dortige Beamtin verstand unrichtig 9000 und meldete diesen Inhalt zurück. Nach § 21 württ. TelegrO. vom 16. Juni 1904 leistet die Verwaltung für die richtige Überkunft der Telegramme keine Gewähr und dieser Ausschluß der Haftung besteht auch, nachdem am 1. April 1920 das Post- und Telegraphenwesen dem Reiche übertragen worden ist. Wenn indessen die Beklagte in Ausübung

[1] Die doppelte Zufertigung derselben Depesche stellt sich nach der Auffassung des Verkehrs und dem Sprachgebrauch als eine „unrichtige Überkunft" im Sinne des § 21 TelegrO. dar, selbst wenn jener Fehler auf Verschulden eines Postangestellten beruht (OLG. Oldenburg, Urteil v. 9. Febr. 1921; Z. 48 S. 163).

einer ihr anvertrauten öffentlichen Gewalt gehandelt und dabei die ihr gegenüber der Klägerin obliegende Amtspflicht verletzt hätte, so käme dem § 21 im Hinblick auf Art. 131 RVerf. keine Bedeutung zu; die Haftung träfe in diesem Fall grundsätzlich das Reich, dem der Rückgriff gegen die Beamtin vorbehalten bliebe. Kann zwar auch bei der Amtstätigkeit der Post- und Telegraphenbeamten die Ausübung öffentlicher Gewalt vorkommen (RG. 91 S. 273), so hat doch Beklagte das Telegramm lediglich in Erfüllung privatrechtlicher, durch Vertrag übernommener Verpflichtungen des Reichs befördert (JW. 1912 S. 751[15]). Die Klägerin kann also das Reich nicht in Anspruch nehmen, wohl aber haftet ihr Beklagte aus § 839 BGB.; denn sie hat übersehen, daß auf dem Rückmeldestreifen die Zahl „neuntausend" statt „dreitausend" gemeldet wurde, und hat diesen Fehler nicht gegenüber der Stuttgarter Beamtin richtiggestellt. Die Rückmeldung hatte nach § 14[4] Dienstanw. gerade den Zweck, einen Schutz vor Verantwortlichkeit wegen unrichtiger Weitergabe des Telegramms zu gewährleisten. Diesem Zweck entsprang die nicht ausdrücklich vorgeschriebene, aber selbstverständliche Pflicht der seit lange im Telegraphendienst tätigen Beklagten, die in der Rückmeldung liegende Quittung der Stuttgarter Beamtin, also nicht bloß die Wortzahl, sondern auch auf den weiteren Inhalt der Rückmeldung, besonders auch deren Zahlenangaben mit der Urschrift des Telegramms zu vergleichen. Sie hatte während der Abnahme des Quittungstelegramms die Urschrift in der Hand, wie dies vorgeschrieben ist, kann also mit einem Blick die Zahlenangaben vergleichen und den Fehler entdecken und sofort berichtigen. Mit Überlastung kann sie sich nicht entschuldigen; die von ihr zu entwickelnde Tätigkeit war sehr einfach und beanspruchte keine nennenswerte Zeit. Durch ihr Verhalten verletzte sie eine Amtspflicht auch gegenüber den an der Beförderung beteiligten Privatpersonen, die auf die Benötigung des Telegraphen und auf die Amtstätigkeit der Beamtin angewiesen sind und nicht jedes Rechtsschutzes entbehren können S.

γ) **der Behörde für Auslegung eigener Verordnungen.**

OLG. Braunschweig, 1. ZS. Urteil v. 1. Dezember 1922.

Der Kläger (Regierungsrat) hat die Verfügung des Staatsmin. vom 14. Febr. 1920, durch die er nach H. versetzt wurde, nicht befolgt, ist aber im Dienststrafverfahren dieserhalb freigesprochen worden, weil der zuständige Beamtenausschuß nicht gehört worden war. Die Klage auf Erstattung der ihm durch jenes Verfahren erwachsenen Auslagen ist unbegründet. Nach § 1 der Bek. v. 7. Nov. 1919 „sollen" bei Staats- oder Gemeindebehörden, die mindestens 20 Beamte beschäftigen, bis Ende 1919 Beamtenausschüsse gewählt werden, die nach § 9 bei Versetzungen und Entlassungen mitwirken „sollen" (Abs. 2) und vor Erlaß derartiger Vorschriften und Anordnungen zu hören „sind" (Abs. 3). Bedeutet „sollen" regelmäßig eine bloß instruktionelle Vorschrift, so ist eine zweifelsfreie Auslegung nach dem Wortlaut nicht ohne weiteres möglich, besonders läßt sich nicht sicher ersehen, daß die Beamtenausschüsse ohne Ausnahme bis Ende 1919 gewählt werden müssen, zumal die Bek. erst unterm 26. Nov. 1919 verkündet ist. Unbestritten bestand am 14. Febr. 1920 beim Staatsmin. noch kein Beamtenausschuß. Es handelt sich um völlig neue Vorschriften, deren Auslegung zu Zweifeln Anlaß gibt. Wollte man auch mit dem Disziplinarhof Mußvorschriften annehmen, so beruht die entgegengesetzte Stellungnahme des Staatsmin. bei Lage der Sache um so weniger auf einem Verschulden, als die Annahme einer Einschränkung der Beamtenhoheit gerade für die höchste Staatsbehörde nicht nahe liegt. Daß bei zweifelhaften Rechtsfragen, über die noch keine höchstrichterlichen Entscheidungen vorliegen, die Richter kein Vorwurf trifft, wenn sie sich einer möglichen Ansicht anschließen, ist mehrfach ausgesprochen (RG. 59 S. 388; 60 S. 395; 85 S. 72). An viel beschäftigte Verwaltungsbeamte, die sich nach der Art ihrer Tätigkeit mit schwierigen Rechtsfragen selten zu befassen haben, darf man eher geringere, keinesfalls aber höhere Ansprüche hinsichtlich der bei Auslegung von Gesetzesvorschriften zu beobachtenden Sorgfalt stellen, wie an Richter.[1] . . . v. F.

r) **Störung des Gewerbebetriebs durch Aufstellung von Streikposten.**

OLG. Stuttgart, 2. ZS. Beschluß v. 1. Dezember 1922.

Durch einstw. Verfügung hat das LG. den Antragsgegnern (Arbeiterverbandsgeschäftsführern) verboten, den Streikposten die Weisung zu erteilen, Arbeitswillige anzuhalten und an dem Betreten des Fabrikgrundstücks zu verhindern. Für die Rechtmäßigkeit des Verbots bedarf es nicht so sehr, daß Streikposten mit Willen der Antragsgegner gegen Arbeitswillige Gewalt, Drohungen angewendet haben, als darauf, ob durch Maßnahmen der Gegner als Streikleiter der Geschäftsbetrieb des Antragstellers gehindert und sein Besitz an dem Fabrikgrundstück gestört worden ist. Dem zu steuern, war das Ziel des Verbots. Der Antragsteller war willens, seinen Betrieb mit Arbeitswilligen, Kriegsbeschädigten und Lehrlingen fortzuführen. Sein eingerichteter Gewerbebetrieb ist ein nach § 823[1] geschütztes Rechtsgut und ein im Zusammenhang mit ihm zu seiner Abstellung vor sich gehender unmittelbarer Eingriff ist widerrechtlich (RG. 76 S. 45). Eine nicht bloß vorübergehende Besetzung der Zugänge zu einem Grundstück, um Personen, die dorthin verkehren wollen und sollen, enthält, selbst wenn sie nicht schon auf dem Grundstücke selbst geschieht, eine Besitzstörung. Ein Recht dazu haben die Antragsgegner nicht dargetan. Der Art. 159 RVerf. gibt nach Inhalt und Entstehungsgeschichte (Recht 1922 S. 85; JW. 1922 S. 997)

[1] Dieser Schlußsatz mag an sich richtig sein, ist aber hier nicht anwendbar, weil das Staatsmin. den Inhalt eines von ihm selbst verfaßten Gesetzes kennen muß, dessen Wortlaut überdies durchaus klar und unzweideutig ist. Die allgemeinen Wendungen des Urteils lassen auch nicht erkennen, worüber das Staatsmin. geirrt hat. Einer Annahme, daß es keine Staatsbehörde sei und nicht 20 Beamte beschäftige, konnte es sich gerade als „vielbeschäftigte" Verwaltungsbehörde nicht hingeben. Ebensowenig konnte es daran, daß es keinen seiner Beamten vor Anhörung des Ausschusses versetzen durfte, zweifeln und mußte sich deshalb sagen, daß es vor allem diesen zu wählen hatte. Sollte es aber angenommen haben, daß eine solche Wahl nach 1. Januar 1920 durch § 1 der Bek. verboten sei, so hätte es gegen alle Regeln der Auslegung grob verstoßen. D. H.

den vereinigten Berufsgenossen irgendwelche Mittel außerhalb des allgemeinen Rechts nicht an die Hand, und die Aufhebung der Strafbestimmung in § 153 GewO. hat die Rechte der Arbeiter in der Richtung auf die Gesetzmäßigkeit irgendwelcher Mittel zur Erreichung gemeinsamer Ziele nicht erweitert. Sie haben die nach dem bürgerlichen Recht geschützten Rechte anderer zu achten. Die Beklagten haben aber Überwachungsposten an der Fabrik mit der Weisung aufgestellt, Arbeitswillige, die sich zur Fabrik begeben wollten, „dahin zu belehren, daß sie gegenüber der Arbeiterschaft verpflichtet seien, auch ihrerseits von der Arbeit wegzubleiben!" Allerdings hat Beklagter G. persönlich einmal vor Arbeitsbeginn die Streikposten kontrolliert. Diesem Gang mögen Absichten nach zwei Seiten beigelegen haben, dahin, daß die angeordnete Überwachung wirksam sei, und dahin, daß sie nicht mit untersagten Mitteln (Gewalt, Drohungen) ausgeführt werde. Aber durch letzteres wird die bezweckte Einwirkung auf den Betrieb und Besitz des Klägers noch nicht rechtmäßig. Was für Aufgaben die Streikposten hatten, geht aus den „Verhaltungsmaßregeln" hervor, wonach sie nötigenfalls lange vor Beginn und lange nach Schluß der Arbeitszeit zu stehen haben, ja auch die Nacht hindurch, um Zu- oder Abtransporte von Stoffen oder Fertigfabrikaten zu verhindern. Auch das System von „Ausweiskarten" zeigt, wie der Verkehr zu und von der Fabrik nur nach Maßgabe der Zulassung der Streikposten vor sich gehen sollte, nicht nach den Bedürfnissen und dem Willen des Klägers, und daß arbeitswillige Arbeiter vom Zutritt abgehalten werden sollten. S.

s) α) **Spezies- oder Gattungsschuld. Geldentwertung.**

OLG. Hamburg, 5. ZS. Urteil v. 2. März 1923.

Nach dem Abkommen vom 11. Mai 1922 hatte Beklagte nicht etwa speziell bestimmte Möbel zu liefern, sondern 2 Speise-, 1 Herrenzimmer und 2 Küchen nach der „Beschreibung" anzufertigen und dem Kläger zu liefern. Diese Verpflichtung stellt daher eine beschränkte Gattungsschuld dar, die auch nicht dadurch zu einer Speziesschuld geworden ist, daß die Möbel von X. angefertigt werden sollten. Selbst wenn dabei auch gesprochen sein sollte, daß zu ihrer Anfertigung das bei X. lagernde Holz zu verwenden sei, so kann das schwerlich in dem Sinne geschehen sein, daß die Herstellung gerade aus diesem Holz erfolgte. Wie das Abkommen klar erkennen läßt, lag dem Kläger gerade daran, daß ihm die Mobel geliefert wurden, nachdem Beklagte die im Mai 1920 verkauften und ihr bezahlten Möbel nicht geliefert hatte. Das Abkommen selbst und die Beschreibung spricht nur allgemein von den zu verwendenden Holzarten; es bestimmt auch nicht, daß gerade X. die Möbel herstellen sollte. Die Beklagte kann sich daher nicht darauf berufen, daß ihr die Erfüllung unmöglich geworden sei, weil X. nicht geliefert habe und das Holz auch nicht anderweit habe beschafft werden können (§ 279).

Aber auch ihre Berufung auf die geänderten Verhältnisse geht fehl.... Der neue Vertrag ist erst zu einer Zeit geschlossen, als gegenüber den Verhältnissen der Jahre 1918 bis 1920 bereits eine erhebliche Preis- und Lohnsteigerung und Geldverschlechterung eingetreten war. Der bei dem früheren Vertragsschluß gezahlte Preis sollte als Zahlung für die nach dem neuen Vertrage zu liefernden Möbel gelten; nur der Lohnunterschied der Zwischenzeit sollte noch vergütet werden; die Möbel sollten zum größten Teil bis 30. Juni 1922, der Rest im August 1922 geliefert werden. Bei Abschluß dieses Vertrags war wirtschaftlich alles unsicher. Eine weitere Erhöhung der Löhne und Preise für alle Stoffe war nicht unvorhersehbar. Jeder vorsichtige Geschäftsmann mußte hiermit rechnen, wenn auch der Juli/August 1922 einsetzende große Marksturz in diesem Umfange nicht erwartet worden war. Damals mußte Beklagte aber den größten Teil der Sachen längst abgeliefert oder so weit fertiggestellt haben, daß sie in Kürze abgeliefert werden konnten. Eine schuldhafte Verzögerung schließt ihr Rücktrittsrecht auf Grund der veränderten Umstande aus, ohne daß es erforderlich wäre, festzustellen, daß sie sich förmlich im Verzuge gemäß § 284 befunden habe (RG. 103 S. 5). Ihre Sache war es, sich rechtzeitig mit Holz zu versorgen und rechtzeitig die Arbeiten zu beginnen. V.

β) **Geldforderungen ausländischer Währung. Verzugsschaden.**

OLG. Hamburg, 7. ZS. Urteil v. 5. Januar 1923.

Der Ersatzanspruch wegen Nichterfüllung geht seiner Natur nach auf Geld, und zwar, da beide Parteien im Inland ansässige Deutsche sind, auch der Kauf im Inland abgeschlossen ist und zu erfüllen war, auf Geld deutscher Währung. Der Kläger hatte die gekaufte Ware zu 37 Pfund Sterling nach Übersee verkauft und verlangt den entgangenen Gewinn, das ist grundsätzlich gerechtfertigt. Da die Parteien als Lieferzeit den 30. November 1921 vereinbart hatten, kann angenommen werden, daß der vom Kläger mit seinem Abnehmer vereinbarte Kaufpreis Mitte Dezember 1921 für ihn verfügbar geworden wäre.... Damals betrug der Durchschnittskurs des Pfund 760, mithin ergibt sich ein entgangener Gewinn von 15218 Mark. Hätte die Beklagte sofort diesen Betrag dem Kläger vergütet, so wäre der Schaden voll ausgeglichen worden. Da spätestens mit diesem Tage die Ersatzforderung in Mark entstanden war, geht die spätere Verschlechterung der Mark zu Lasten des Klägers; er teilt damit lediglich das Los aller Markgläubiger. Solange die Mark gesetzliches Zahlungsmittel ist, kann, wer Mark zu fordern hat, immer nur den Marknennwert seiner Forderung verlangen, mag seit der Entstehung seines Anspruchs der Goldwert und die Kaufkraft der Mark noch so sehr gesunken sein, wie ihm anderseits auch alle Vorteile aus einer Besserung der Mark zugute kommen. Unberührt hiervon bleibt natürlich die Pflicht der Beklagten, einen etwaigen Verzugsschaden zu ersetzen. Zu dessen Begründung führt jedoch der Kläger nur an, daß er als Exporteur alle eingehenden Markbeträge in Waren oder Devisen umsetze, und daß daher für ihn jeder Markbetrag den Wert habe, der nach dem augenblicklichen Kurse dem Goldwert entspreche. Es wird das zweifellos richtig sein, genügt aber nicht, um der

Beklagten die Markentwertung als Verzugsschaden aufzubürden. In der gleichen Lage wie der Kläger befinden sich nicht nur alle Exporteure, sondern auch die meisten übrigen Geschäftsleute, die stets, besonders aber in heutiger Zeit, alle verfügbaren Kapitalien sofort wieder in Waren nmsetzen, aber auch manche Privatleute, die heute ihr verfügbares Geld in Sachwerten oder Valutapapieren anlegen. Der Nachweis, daß sie regelmäßig so verfahren, kann aber nicht dazu führen, daß bei ihnen im Gegensatz zu den übrigen Markgläubigern das Kursrisiko ohne weiteres von ihren Schuldnern (soweit sie im Verzuge sind) getragen wird. Es bedarf vielmehr dazu im Einzelfalle des Nachweises, daß infolge des Nichteingangs gerade der in Frage stehenden Markforderung ihr Bestand an Devisen, Waren ꝛc. geringer war, als er sonst gewesen wäre, wobei dann noch die weitere Frage offen bleibt, ob der Schade von ihnen nicht (schlimmstenfalls durch Aufnahme fremden Geldes) abgewandt werden konnte und mußte. Dieser Nachweis ist hier nicht erbracht, zumal es sich um den vom Weltmarktsstandpunkt aus geringfügigen Betrag von 17 Pfund handelte. Es spricht sicher keine Vermutung dafür, daß der Kläger bei rechtzeitigem Eingang mehr ausländische Devisen oder Waren erworben hätte, als er es jetzt tatsächlich getan hat.[1] B.

Dazu: OLG. Hamburg, 5. ZS. Urteil v. 19. Januar 1923.

Nach dem Beweisergebnisse hätte der Kläger, der auf dem Konto des hier fr. Kaufgeschäftes nur in der englischen Währung rechnete, sogleich den Differenzbetrag in englische Währung umgelegt, wie denn gerichtsbekannt ist, daß die Importfirmen zurzeit erhebliche Bankguthaben in fremder Währung unterhalten, um in dieser kaufen zu können.... Übrigens ist auch der vom LG. auf Grund der Sachkunde der Handelsrichter festgestellte Handelsbrauch, daß in fremder Währung geschlossene Handelsgeschäfte des Großhandels auch vollen Umfangs einschließlich Ersatzforderungen wegen Nichterfüllung in der fremden Währung abzuwickeln sind, durch die Sachverständigen vollauf bestätigt. Dieser Handelsbrauch geht so weit, daß bezüglich solcher Geschäfte auch die öffentlichen Versteigerungen in der fremden Währung stattfinden, wie auch der Mäklerlohn in der fremden Währung berechnet und gezahlt wird. Der Großhandel hat sich in sehr großem Umfang, vor allem soweit er mit dem Ausland Handelsverkehr unterhält, auf fremde Währung eingestellt; diese Tatsache kann im Rechtsleben nicht unbeachtet bleiben; in solchem Falle muß die fremde Währung, wenn sie auch nach dem Rechte nicht als Währung gilt, doch für die Parteien als solche gelten, und daraus

[1] Ob die klagende Reederei, die vermutlich den größeren Teil ihrer Frachten in fremder Währung einnimmt, dagegen einen großen Teil ihrer Betriebskosten in deutschem Gelde bestreitet, den geschuldeten Markbetrag bei rechtzeitiger Zahlung alsbald für jene Kosten verbraucht hätte, oder wie er sonst in ihr Vermögen aufgegangen wäre, ist ungewiß. Zwar ist ihr zu glauben, daß sie alle größeren Beträge, die sie für ihr Geschäft flüssig halten muß, in wertbeständigen Valuten hält. Ganz unsicher scheint aber, ob sie, falls Beklagte ohne Verzug gezahlt hätten, größere liquide Bestände, als tatsächlich geschehen ist, in Kasse behalten hätte (Urteil desselben ZS. v. 18. April 1923).

die notwendige Folgerung gezogen werden. Wenn also der Beklagte in englischer Währung den Verzugsschaden leisten muß, so muß er ihn auch gemäß § 244 zum Kurse des Zahlungstages bewirken. ... V.

γ) **Kurssicherung zur Abwendung eines Valutaschadens.**

OLG. Hamburg, 6. ZS. Urteil v. 17. Februar 1923.

Der Kläger, der die Ware mit der Klausel „Zahlung gegen Lieferschein durch Akkreditiv auf die N.Bank in Hamburg" verkauft hatte, übersandte die Rechnung über 45000 Franken mit Brief vom 4. März 1920 und ersuchte um sofortige Eröffnung des Akkreditivs, das jedoch erst am 28. April gestellt wurde. Die Beklagte ist also nach dem Eintritt der Fälligkeit gemahnt und dadurch in Verzug gesetzt worden. Durch diesen ist aber dem Kläger ein Schaden in Mindesthöhe des Klagebetrags entstanden, weil die Franken seit dem 4. März bis 9. April, an welchem Tage sich der Kläger durch ihren — auf Lieferung innerhalb vier Wochen erfolgten — Verkauf an die Reichsbank den Kurs dieses Tages gesichert hat, erheblich gefallen sind, und weil weiter feststeht, daß der Kläger bei rechtzeitigem Empfang die Franken sofort in Reichswährung umgewechselt hätte. Der Einwand, daß er diesen Schaden durch verspätete Vornahme des Verkaufs selbst verschuldet habe, ist nicht begründet. Der Verkauf an die Reichsbank setzte ihn der Gefahr aus, sich beim Steigen des Kurses teurer eindecken zu müssen, wenn die Beklagte die Franken nicht lieferte; zur Vornahme eines so gewagten Geschäfts war er nicht verpflichtet. ... V.

t) **Zurückbehaltung:** α) **gegenüber der Klage aus § 1042 ZPO.**

OLG. Hamburg, 2. ZS. Urteil v. 15. Februar 1923.

Gegen den Judikatsanspruch dürfen noch solche Einwendungen, die erst nach der Schlußverhandlung entstanden sind, auch im Verfahren gemäß §§ 1042 ff. ZPO. erhoben und nicht auf den Weg des § 767 verwiesen werden. Der Beklagten ist aber eine solche Einrede der Zurückbehaltung aus §§ 273, 322 BGB. nicht erwachsen. Nach § 274² BGB. darf, wenn auf Grund jener Einrede auf Leistung Zugumzug erkannt ist, ohne weiteren Nachweis der Befriedigung des Schuldners (§§ 756, 765 ZPO.) vollstreckt werden, wenn dieser im Verzuge der Annahme ist. Ein Gläubiger, der bei Nichterhebung jener Einrede die an sich zulässige Verurteilung zur Leistung ohne die Zugumzug-Klausel erstritten hat (vgl. Planck BGB. § 322¹), ist aber nicht ungünstiger zu stellen als der Inhaber eines Zugumzug-Titels. Die Beklagte befand sich, wie der Schiedsspruch beweist, gemäß § 293 BGB. dadurch im Verzuge, daß sie die ihr angediente und von ihr sofort untersuchte Ware, die wegen verspätet erhobener Rüge gemäß § 377 HGB. als genehmigt galt, zu empfangen sich geweigert hat. Die Vollstreckung aus dem Schiedsspruch ist also ohne weiteres zulässig. Der Schuldnerin steht in diesem Verfahren nicht das Recht zu, die beizutreibende Leistung von einer noch ausstehenden Gegenleistung abhängig zu machen, gleichviel, ob diese erst jetzt in ungenügender Form angeboten worden ist oder nicht. Deshalb ist ihr Vorbringen unbeachtlich, daß sie, als sie gemäß dem Schiedsspruche die Waren bezahlen und empfangen wollte, festgestellt habe, daß diese mit der von ihr bereits untersuchten nicht identisch sei. V.

β) **wenn beide Teile fällige Ansprüche haben.**

OLG. Hamburg, 1. ZS. Urteil v. 12. März 1923.

Die Beklagte hat durch Drahtung vom 21. Februar, die dem Kläger am selben Tage zuging, ihre Zahlungen bis zur Lieferung der noch ausstehenden Schrottmenge zurückzuhalten erklärt. Hierzu war sie berechtigt; denn den Oktoberabschluß hatte der Kläger im letzten Vierteljahr 1921 und den Novemberabschluß pünktlich auszuführen; am 6. Januar 1922 war ihm bereits bis zum 20. Januar 1922 eine Nachfrist gesetzt. Die Beklagte hatte daher einen fälligen Anspruch auf den noch ausstehenden Schrott aus dem Oktoberabschluß und konnte deshalb ihre geschuldeten Zahlungen nicht nur aus jenem Abschluß (Mark 28000), sondern auch aus dem Novemberabschluß (Mark 45000) zurückbehalten. Denn die beiderseitigen Verpflichtungen beruhten, obwohl an sich zwei getrennte Kaufbestätigungen vorliegen, auf demselben rechtlichen Verhältnisse. Da die Parteien schon länger derart in Geschäftsverbindung miteinander standen, daß die Beklagte vom Kläger Schrott aus abgewrakten Schiffen bezog, so stellen sich hier die beiden Abschlüsse, die zeitlich nahe zusammenfallen, wirtschaftlich als ein einheitliches Verhältnis dar, wenn auch die Lieferungsbedingungen im einzelnen etwas voneinander abweichen.

Demgegenüber kommt nicht in Betracht, daß der Kläger seinerseits mit Schreiben vom 20. Februar 1922 die weiteren Schrottlieferungen von der Zahlung des rückständigen Kaufpreises für die bereits ausgeführten Lieferungen abhängig machte. Zwar hätte er an sich auch wegen seiner fälligen Zahlungsansprüche die restlichen Schrottlieferungen zurückbehalten dürfen, auch aus dem Oktoberabschlusse, da die beiden Abschlüsse rechtlich zusammenhingen. Indes bleibt die Möglichkeit eines Zurückbehaltungsrechts bedeutungslos, solange es nicht wirklich geltend gemacht ist; erst wenn es erkennbar als solches ausgeübt wird, äußert es seine Wirksamkeit. Hier hat aber zuerst die Beklagte ihr Recht ausgeübt. Wenn sich auch der entscheidende Brief des Klägers vom 20. Februar und die entsprechende Drahtung vom 21. gekreuzt haben, so hat doch die letztere, da sie bereits am 21. zuging (§ 130), während der Brief erst am 22. bei der Beklagten eintraf, seine rechtliche Wirksamkeit ausgeübt. Damit war die Beklagte in die vorteilhaftere Lage versetzt, daß sie ihrerseits durch den Brief vom 20. nicht in Verzug geriet.... V.

u) **Verzug mit unerheblichem Teil der Leistung.**[1]

OLG. Hamburg, 5. ZS. Urteil v. 23. März 1923.

[1] Der Verkäufer, der wegen steigender Preise die geschuldete Ware anderweitig vorteilhafter zu verkaufen vermag, darf dieserhalb bei Verzug des Käufers nicht ohne Fristsetzung zurücktreten; der Rücktritt ist vielmehr nur zulässig, wenn das Interesse des Käufers am Empfange der Leistung fortgefallen ist; vgl. JW. 1916 S. 258[5] (OLG. Hamburg, 2. ZS. Urteil v. 12. Mai 1923).

Allerdings begründet der Verzug mit einem unerheblichen Teile der Leistung nicht das Rücktrittsrecht des § 326 (RG. 76 S. 150). Allein der im Juli 1922 vom Kläger einbehaltene Teil des geschuldeten Kaufpreises, wegen dessen ihm im Juli 1922 gemäß § 326 Frist gesetzt war, betrug 9118 Mark, also fast 10%. Damals konnten aber 9118 Mark noch nicht ein unerheblicher Betrag genannt werden, wie denn überhaupt ein Abzug von fast 10% im allgemeinen nicht als geringfügig angesehen werden darf.

Jedoch läßt eine andere Erwägung den Rücktritt der Beklagten als unberechtigt erscheinen. Der Kläger hatte ihr bereits am 1. Juli 1922 mitgeteilt, er habe ihrem Bankkonto 83348 Mark überwiesen; weil er, wie sich aus der Sachlage ergab, die in Rechnung gesetzte Lohnerhöhung nicht ohne weiteres anerkennen wollte. Am 18. Juli hatte die Bank den Eingang dieser Überweisung noch nicht der Beklagten mitgeteilt; diese setzte daher am 18. Juli wegen des ganzen Betrags ihrer Forderung Frist bis 24. Juli mit der Androhung des Rücktritts. Unter diesen Umständen ist bedenklich, ihr das Recht zuzuerkennen, wegen der Nichtzahlung von 9118 Mark zurückzutreten. Denn der Rücktritt war nicht wegen dieses Teilbetrags, sondern wegen des ganzen Betrags angedroht, und der Kläger, der zurzeit der Androhung schon mehr als $^9/_{10}$ gezahlt hatte, konnte füglich zweifeln, ob die Beklagte auch wegen des Restbetrags die Androhung aufrecht erhalte; dies um so mehr, als aus der Sachlage klar war, daß es sich bei der Zurückhaltung um einen Streitpunkt handelte, der der Regelung unter den Parteien bedurfte. Er konnte glauben, mit seiner Zahlung sei die Fristsetzung erledigt; er sah aus dieser, daß die Beklagte seine Überweisung noch nicht erhalten hatte, und konnte damit rechnen, daß sie sich mit der Fristsetzung kreuze. Zwar muß der Schuldner ganz, nicht nur teilweise, erfüllen. Aber durch § 326 soll ihm eine Frist gewährt werden, wenn er nicht oder nicht voll erfüllt, und die dort angedrohten Nachteile sollen ihn erst treffen, wenn ihm Gelegenheit gegeben ist, seine Säumnis zu beseitigen. Er muß dann aber auch darüber Klarheit haben, daß die Sachlage, an die sich die Androhung knüpft, wirklich vorliegt; bestehen darüber nicht unberechtigte Zweifel, so dürfen die Nachteile nicht eintreten. Das Recht des § 326 ist im Rahmen des § 242 auszuüben, der das gesamte Vertragsrecht beherrscht, und es verstieße gegen Treu und Glauben, wenn einen Schuldner, der sich in entschuldbarem Irrtum oder auch nur in berechtigtem Zweifel über die Tragweite oder über das Vorliegen des Falls der Fristsetzung befindet, die Nachteile des § 326 träfen. Die Beklagte hätte also, nachdem sie die Zahlung erhalten hatte, wegen des Restes wiederholt Frist setzen müssen, dann wäre es darauf angekommen, ob ihre Forderung im ganzen Betrage berechtigt, besonders ohne weiteren Nachweis der Lohnerhöhung berechtigt war oder nicht. B.

v) **Pachtschutz: α) Zurücknahme des Antrags ohne Einwilligung des Gegners. Kann der Pächter Erhöhung des Zinses beantragen?**

Kammergericht, 17. ZS. Rechtsentscheid v. 19. April 1923.

Der Verpächter, der im Juni 1922 Erhöhung des Zinses für die Pachtjahre 1921/2 und 1922/3 beantragt hatte, nahm vor dem PEA. am 11. Januar 1923 zunächst den ersten Antrag und, nachdem das PEA. sodann einen Vergleich für 1922/3 vorgeschlagen hatte, seinen Antrag auch wegen dieses Jahres zurück. Der Pächter widersprach und beantragte nunmehr seinerseits, den angemessenen Pachtzins auf 500000 Mark heraufzusetzen. Das PEA. lehnte den Antrag des Pächters, eine Entscheidung über die Höhe des Pachtzinses zu treffen, ab.

1. Die Pr. PSchO. bestimmt über die Zurücknahme des Antrages überhaupt nichts, besonders sieht sie eine Zustimmung des Gegners nicht vor. Bei dieser Rechtslage ist die Zurücknahme jederzeit während des Verfahrens vor dem PEA. zulässig, und der andere Teil kann ihre Wirkung durch seinen Widerspruch nicht vereiteln. Das Gegenteil kann auch nicht etwa aus § 31^2 gefolgert werden. Diese Vorschrift, die zur Zurücknahme der Rechtsbeschwerde eine Zustimmung des Gegners nicht erfordert, läßt einen Rückschluß auf das Verfahren vor dem PEA. überhaupt nicht zu. Allenfalls könnte man daraus folgern, daß der Antrag in erster Instanz überhaupt nicht zurückgenommen werden könne; diese Auffassung ist aber offensichtlich unrichtig. Unmöglich ist aber, aus § 31^2 zu entnehmen, daß die Zurücknahme des Antrags der Zustimmung des Gegners bedürfe, weil das Gegenteil für die Beschwerde ausdrücklich angeordnet sei. Daß § 31^2 besonders auf §§ 514, 515^3 ZPO. hinweist, erklärt sich vielmehr daraus, daß nach § 28^1 PSchO. auf das Beschwerdeverfahren die §§ 550/63 ZPO. entsprechende Anwendung findet. Nach § 557 sind aber die vor dem LG. geltenden Vorschriften entsprechend anwendbar. Fehlte § 31^2 PSchO., so könnte also aus § 271 ZPO. entnommen werden, daß die Beschwerde nur mit Zustimmung des Gegners zurückgenommen werden kann. Dies Erfordernis darf auch nicht schlechthin aus einer sinngemäßen Anwendung des § 271 abgeleitet werden. Schon am 13. Febr. 1922 hat der Senat die Auffassung gebilligt, daß Vorschriften der ZPO., auf die die PSchO. nicht verweist, für das Verfahren in Pachtschutzsachen auch nicht herangezogen werden dürfen. Daran ist auch durch die neue PSchO. nichts geändert. Es kann dahingestellt bleiben, ob einzelne Bestimmungen der ZPO. oder anderer Gesetze sinngemäß angewendet werden können, weil sie allgemeine Grundsätze zur Geltung bringen, die für jedes Verfahren beachtet werden müssen. Dazu gehört § 271 jedenfalls nicht; er enthält vielmehr eine Sonderbestimmung, die für das Pachtschutzverfahren nicht gilt.

2. Im § 2^2 Pr. PSchO. vom 3. Juli 1920 kam klar zum Ausdruck, daß nur der Verpächter einen Erhöhungsantrag zu stellen vermochte, denn das PEA. durfte den Vertrag nur abändern, wenn das Verhalten des einen Teils gewisse ungünstige Folgen für den anderen Teil hervorrief. Danach konnte der Antrag nicht von derjenigen Partei ausgehen, in deren Verhalten die Ursache für die Änderung lag. Inzwischen hat allerdings § 2^2 Pr. PSchO. entsprechend dem § 1^2 RPSchO. (Fassung vom 29. Juni 1922) einen anderen

Wortlaut erhalten: „wenn die objektive Gestaltung der Verhältnisse die ungünstigen Folgen für den einen oder den anderen Teil herbeiführt.“ Dadurch ist aber an der Rechtslage, soweit sie hier interessiert, nichts geändert, wie die Entstehungsgeschichte klar ergibt. Der Entwurf hatte die frühere Fassung beibehalten, die erst der Reichstagsausschuß änderte; der Bericht führt aber aus, daß er den Abs. 2 in etwas klarerer Fassung, wenn auch sachlich mit dem gleichen Inhalt, vorlege. Anträge, die früher unzulässig waren, sollten also nicht zugelassen werden. Es ist auch für einen Erhöhungsantrag des Pächters ein Bedürfnis nicht anzuerkennen. Insbesondere wird dem Pächter dadurch nicht die Gewähr verschafft, daß der Zins für eine gewisse Zukunft unverändert bleibt, denn die rechtskräftige Entscheidung des PEA. hat nach § 46[1] PSchO. nur die gleiche Bedeutung wie eine Vereinbarung, da sie als Vertragsinhalt gilt. Sie hindert also nicht eine erneute Anrufung des PEA. für die gleiche Zeit. Auch des Hilfsmittels, einer Aufhebung des Pachtvertrags wegen der veränderten Umstände vorzubeugen, bedarf er nicht. Es kann hier unerörtert bleiben, ob der Verpächter wegen des Mißverhältnisses zwischen Leistung und Gegenleistung nach bürgerlichem Recht den Vertrag zu lösen vermag. Sofern eine solche Lösung erfolgt, beantwortet sich die Frage, ob der Pächter dagegen geschützt werden kann, durch § 2 Abs. 1a, der den Schutz des Pächters gegen eine Beendigung des Pachtverhältnisses erschöpfend regelt. Dr. G.r.

β) **Anwendung auf den Viehgräsungsvertrag.**

Kammergericht, 17. ZS. Rechtsentscheid v. 4. Juni 1923.

Der Besitzer J. hat mehrere Koppeln Weideland gepachtet und eine Koppel davon im Sommer 1922 dadurch verwertet, daß er mit Viehbesitzern, darunter dem Gräser, Verträge abschloß, nach denen er auf der Koppel bis zum 1. Nov. eine bestimmte Stückzahl Vieh des einzelnen Vertragsgegners grasen ließ, und zugleich die Aufsicht über das Vieh sowie die Instandhaltung der Einfriedigung übernahm. Auf seinen Antrag hat das PEA. das vom Gräser zu zahlende Entgelt am 3. Jan. 1923 erhöht. Der § 1[1] Pr. PSchO. läßt die Anrufung des PEA. nicht nur zu, wenn ein Grundstück zur landwirtschaftlichen Nutzung verpachtet oder verliehen ist, sondern stellt diesen Fällen alle sonstigen Vereinbarungen gleich, die die Übertragung des Genusses der Erzeugnisse gegen Entgelt zum Gegenstande haben. Maßgebend war das Bestreben, alle Rechtsverhältnisse einzubeziehen, die eine landwirtschaftliche Nutzung bezwecken und wirtschaftlich in der Verwendung des landwirtschaftlichen Grundstücks der Pacht gleichen. Es kommt deshalb nicht darauf an, ob die Erfüllung des Vertrags eine Einräumung des Besitzes an dem zu nutzenden Grundstück mit sich bringt, sondern das Augenmerk ist darauf zu richten, ob der Genuß der Erzeugnisse des Grundstücks verschafft werden muß. Das ist aber in Fällen in denen das Vieh des anderen Vertragsteils auf dem Grundstück weidet, anzunehmen, denn in solchen Fällen ist dem Gräser der Genuß der Erzeugnisse übertragen worden, weil er diese dauernd unmittelbar für sich durch Trennung von Boden gewinnt. Da das Weiden von Vieh auf dem Boden des Verpächters den Inhalt des Vertrags bildet und die übrigen Vertragspflichten des Besitzers gegenüber der Gestattung des Fruchtgenusses nur nebensächliche Bedeutung haben, so ist der Viehgräsungsvertrag der PSchO. zu unterstellen. Dr. G.r.

γ) **Anwendung des § 2 Abs. 1b auf Naturalpacht.**

Kammergericht, 17. ZS. Rechtsentscheid v. 29. März 1923.

Der Pächter hat am 28. April 1922 126 Morgen des Pfarrackers für je 60 Pfund Roggen gepachtet. Der Verpächter, dessen Familie aus 10 Personen besteht und der durch sein Amt gezwungen ist, Pferde zu halten, hat im Sept. 1922 einen Antrag auf Pachterhöhung gestellt, da er mit der vereinbarten Roggenabgabe bei den gesteigerten Kosten der Lebensführung nicht mehr auskommen könne. Das PEA. hat am 11. Nov. 1922 den Pachtzins auf je 75 Pfund Roggen festgesetzt. . . . Der § 2 Abs. 1b unterscheidet nicht, ob der zur Nachprüfung gestellte Pachtzins ein Gold-, ein Natural- oder ein Naturalwertzins, ob er als ein festes oder ein gleitendes Entgelt vereinbart ist. Die Geltung eines Naturalzinses hindert also eine Änderung der Vertragsleistung und damit auch eine Erhöhung des Zinses grundsätzlich nicht. Das LG. entnimmt seine Zweifel auch nur aus § 2². . . . Allein keine seiner Voraussetzungen wird durch die Naturalpacht unbedingt ausgeschlossen. Daß der Verpächter trotz des Anspruchs auf Naturalzins in eine wirtschaftliche Notlage geraten kann, ist selbstverständlich. Die Beibehaltung der Vertragsbestimmungen kann sich aber auch als Ausbeutung der Notlage darstellen, wie sie ebenso geeignet sein mag, den Verpächter in die Notlage geraten zu lassen. Beides ist dann anzunehmen, wenn der Verpächter sonst seine wirtschaftliche Lage durch anderweitige Verpachtung des Grundstücks bessern und dadurch die Notlage mehr oder weniger beseitigen oder vermeiden könnte. Es kommt also darauf an, ob zwischen dem vereinbarten und dem angemessenen Pachtzinse ein Unterschied zuungunsten des Verpächters besteht, und ob dieses Mißverhältnis seine wirtschaftliche Lage so verschlechtert, daß es zur Aufrechterhaltung oder Herbeiführung einer Notlage beiträgt. Das kann bei einer unzureichenden Naturalpacht ebensogut geschehen wie bei anderer Bemessung des Pachtzinses. Ebenso kann der Pächter infolge der Leistung des Naturalzinses in Notlage geraten, oder es kann sich die Beibehaltung der Vertragsbestimmungen als Ausbeutung der Notlage des Pächters darstellen.

Daß sich der vereinbarte Pachtzins unter Berücksichtigung der Änderung der wirtschaftlichen Verhältnisse offenbar als eine schwere Unbilligkeit darstellt, wird durch die Naturalpacht ebenfalls nicht ausgeschlossen. Jene Änderung drückt sich am deutlichsten in der schnell fortschreitenden Geldentwertung aus. Sie wirkt, indem sie das Wertverhältnis von Leistung und Gegenleistung verschiebt, auch auf Pachtverträge ein. Ist der Pachtzins in einer festen Geldsumme zu leisten, so tritt er mit fortschreitender Geldentwertung mehr und mehr außer Verhältnis zur Sachleistung des Verpächters.

Die Geldentwertung kann deshalb in solchen Fällen eine „schwere Unbilligkeit" verursachen. Daß sie auf diese Weise eine schwere Unbilligkeit bei Geltung der Naturalpacht herbeiführt, ist, soweit nicht etwa besondere Umstände des Einzelfalles mitwirken, allerdings ausgeschlossen, denn das Wertverhältnis zwischen Leistung und Gegenleistung wird bei einem Naturalzins im wesentlichen unverändert bleiben. Er ist deshalb geeignet, eine Abänderung des Pachtvertrags wegen der fortschreitenden Geldentwertung in zahlreichen Fällen zu vermeiden. Doch schließt sie nicht unbedingt jede Abänderung wegen der Geldentwertung aus, denn die Veränderung der wirtschaftlichen Verhältnisse kann die Unbilligkeit auch in anderer Weise als durch die Wertverschiebung der Leistungen hervorrufen. In der Verteuerung der gesamten Lebenshaltung kommt diese Veränderung ganz allgemein zum Ausdruck und trifft in dieser Weise auch jeden Verpächter und jeden Pächter. Ist der Naturalzins keine ausreichende Gegenleistung für die Überlassung der Pachtnutzung, so hat sich zwar innerhalb des Vertrags das Wertverhältnis der Leistungen trotz der Geldentwertung nicht geändert. Es kann aber sehr wohl als eine schwere Unbilligkeit zutage treten, daß der Verpächter, wenn er durch die zunehmende Teuerung auch nicht in Not geraten und vielleicht auch eine Notlage künftig nicht zu befürchten ist, zu empfindlichen Einschränkungen in seiner standesgemäßen Lebensführung und der seiner Familie gezwungen ist, während er die Nutzungen des Grundstücks gegen einen unangemessenen Pachtzins einem anderen überlassen muß, der sie in Anpassung an die Geldentwertung, mindestens doch mit einem gewissen Konjunkturgewinn zu verwerten vermag. Ebenso kann, wenn die Kaufkraft des Geldes in erheblich stärkerem Maße steigt, als die Einkünfte des Pächters aus dem Pachtlande, eine schwere Unbilligkeit dem Pächter gegenüber eintreten. In allen Fällen wird aber eine Änderung des gleitenden Pachtzinses nur eine durch besondere Umstände zu begründende Ausnahme bilden. Dr. G.r.

δ) **Abweisung eines Antrags, der im Rechtswege verfolgt werden kann?**

Kammergericht, 17. ZS. Rechtsentscheid v. 18. Juni 1923.

Der Pächter, der vom 20. März bis Ende 1922 ein Grundstück zur landwirtschaftlichen Nutzung gepachtet hatte, hat die durch Ges. vom 4. Juli 1922 eingeführte Getreideumlage, die zu $^2/_3$ während der Pachtzeit fällig wurde, insoweit auch geleistet. Wegen des erst 1923 fällig gewordenen Restes hat der Kommunalverband den Verpächter in Anspruch genommen. Deshalb hat der Verpächter rechtzeitig eine Erhöhung des Pachtzinses erfolgreich beantragt. Auf die Beschwerde des Pächters glaubt das LG. einen im Rechtswege zu verfolgenden Anspruch des Verpächters annehmen zu dürfen und vermißt deshalb die Grundlage für eine Entscheidung durch das PEA. Allein dieses ist gemäß § 2 nicht berufen, über Ansprüche aus dem zwischen den Beteiligten bestehenden Rechtsverhältnisse zu entscheiden, sondern ihre Tätigkeit ist eine rechtsgestaltende. Während die Streitigkeiten der Parteien über das bestehende Rechtsverhältnis vor den ordentlichen Gerichten ausgetragen werden, unterliegt es der Prüfung des PEA., ob der Vertrag einer Abänderung bedarf, weil die Beibehaltung seiner Bestimmungen die in § 2² näher bezeichneten Wirkungen haben würde. Dieser Umstand zeigt, daß die Aufgabe des PEA. im wesentlichen eine wirtschaftliche ist. Den berechtigten Interessen der Beteiligten widerspräche aber, wenn das PEA. ein Eingreifen stets dann ablehnen dürfte, wenn es der Ansicht ist, daß das Rechtsverhältnis schon den mit dem Antrage begehrten Inhalt hat. Um so mißlicher wäre eine solche Lösung, weil sie die Parteien häufig über die nach dem Pachtvertrage ihnen zukommenden Rechte und Pflichten zur Anrufung der Gerichte zwingen könnte, diese aber durch die Rechtsauffassung des PEA. in keiner Weise gebunden sind. Eine solche Regelung wäre mit dem Wesen des Pachtschutzrechts unvereinbar. Vielmehr nötigt der wirtschaftliche Zweck der Pachtschutzvorschriften zu der Auffassung, daß ein Antrag nicht deshalb als überflüssig abgewiesen werden darf, weil der Antragsteller nach der Auffassung des PEA. sein Ziel schon durch Erhebung von Ansprüchen aus dem bestehenden Rechtsverhältnis erreichen kann. Eine Ausnahme ist nur insofern anzuerkennen, als die Anrufung des PEA. sich nicht als ein offenbarer Mißbrauch darstellen darf. Sein Eingreifen ist nicht nur eine Mitwirkung bei der Gestaltung von Rechtsverhältnissen, sondern zugleich die Gewährung staatlichen Rechtsschutzes. Ein solcher kann aber nicht nach Belieben, sondern nur beim Vorliegen eines berechtigten Interesses begehrt werden. Fehlt es offensichtlich, so liegt ein Mißbrauch der vom Staate geschaffenen Einrichtung vor, dem auch auf dem Gebiete des Pachtschutzes entgegengetreten werden muß. Dies wäre zB. anzunehmen, wenn der Antragsteller selbst erkannt hat, daß er mit seinem Antrage nichts anderes erreichen kann, als was ihm nach dem Inhalt des bestehenden Rechtsverhältnisses bereits zweifelsfrei zukommt, oder wenn er doch bei Anwendung auch nur geringer Sorgfalt diese Erkenntnis gewinnen mußte. Je nach dem besonderen Sachverhalt des Einzelfalls wird das Fehlen oder der Wegfall des Rechtsschutzinteresses sich aber auch noch aus anderen Umständen ergeben können, insbesondere zuweilen aus dem Verhalten des Antragsgegners zu entnehmen sein. Dr. G. r.

6) **Darf das PEA. den § 157 ZPO. anwenden?**

Kammergericht, 17. ZS. Rechtsentscheid v. 17. Mai 1923.

Die PSchO. vom 27. Sept. 1922 enthält keine Vorschrift, die die Befugnis zur Zurückweisung geschäftsmäßig auftretender Bevollmächtigter gibt. Auch eine Verweisung auf § 157 ZPO. fehlt. Trotzdem wäre eine rechtsähnliche Anwendung vielleicht möglich, wenn § 157¹ einen allgemeinen Grundsatz enthielte, der auch für das Verfahren vor dem PEA. Geltung beanspruchen kann. Das ist aber zu verneinen. Der § 157 soll eine Handhabe bieten, um der Winkeladvokatur entgegenzutreten. Die Parteien, die sich im Zivilprozeß vertreten lassen wollen, finden durch die Zuziehung eines Rechtsanwalts dazu ausreichende Gelegenheit. Dieser erscheint vermöge seiner rechtswissenschaftlichen Vorbildung zur Vertretung in Zivilprozessen weit geeigneter als andere, die das Verhandeln vor Gericht geschäftsmäßig betreiben. Trotzdem ist auch für den Zivilprozeß das Bedürfnis zum Auftreten von Prozeßagenten nicht unbedingt ausgeschlossen (§ 157[4]). Ganz anders liegen die Verhältnisse vor dem PEA. Hier steht das Erfordernis rechtswissenschaftlicher Kenntnisse erheblich hinter der Notwendigkeit zurück, über Erfahrungen in der Landwirtschaft zu verfügen. Es geht deshalb nicht an, die Parteien, die eines Vertreters bedürfen, auf die etwa zur Verfügung stehenden Rechtsanwälte zu verweisen. Vielmehr wird es in zahlreichen Fällen sachgemäß sein, wenn sie die Wahrnehmung ihrer Rechte einer Persönlichkeit übertragen, die zwar nicht Rechtsanwalt ist, aber in den für die Entscheidung wichtigen wirtschaftlichen Angelegenheiten Bescheid weiß. Hier besteht also geradezu ein Bedürfnis, daß auch solche Personen als Vertreter zugelassen werden müssen, die sich durch häufiges Verhandeln vor dem PEA. Erfahrung in der Anwendung des geltenden Rechts auf landwirtschaftliche Pachtungen erworben haben, die also das Verhandeln dort geschäftsmäßig betreiben. Durch den Hinweis auf die angeblich beobachtete Erschwerung einer Einigung durch solche Vertreter ist die Zurückweisung überhaupt nicht zu begründen, denn solche Erwägungen bildeten auch nicht den Grund für die Aufnahme des § 157[1] in die ZPO. Dr. G.r.

w) α) **Ersatz der Erwerbslosenunterstützung nach § 15 EinstV. v. 12. Febr. 1920.**

Kammergericht, 13. ZS. Urteil v. 7. Juni 1923.

... Der Ersatzanspruch der klagenden Stadt aus § 15[1, 2] muß auch dann versagt bleiben, wenn die beklagte Gesellschaft die durch Arbeitsvertrag gegen Gehalt angestellten Einnehmer nicht wegen Einstellung des Betriebs, sondern lediglich zur Verminderung der Arbeitnehmerzahl entlassen hat, und ihr auch eine Vermehrung der Arbeitsgelegenheit durch Verkürzung der Arbeitszeit sehr wohl zugemutet werden konnte. Allerdings hätte sie in diesem Falle nicht nach § 12 kündigen dürfen; dieser ist aber nicht dahin zu verstehen, daß die Kündigung wirkungslos bleiben soll. Sie löst vielmehr das Dienstverhältnis an sich in dem Zeitpunkt auf, für den sie nach Zivilrecht ausgesprochen werden kann, und die Umstände, die ihr nach § 12 entgegenstehen, haben nur zur Folge, daß die Wirkung der Kündigung nachträglich wieder beseitigt werden kann (§§ 14, 22, 27). Dies hängt in erster Linie vom Arbeitgeber, keineswegs aber von ihm allein ab. Es handelt sich um ein Gestaltungsrecht, das nur unter Mitwirkung einer Behörde wirksam wird (Enneccerus 8 1 § 66 S. 161). Der Arbeitnehmer hat binnen 3 Tagen den im § 15 TarifV. v. 23. Dez. 1918 vorgesehenen Schlichtungsausschuß anzurufen. Hinzukommen muß aber, daß dieser den Anspruch auf Weiterbeschäftigung als berechtigt in seinem Schiedsspruch anerkennt und daß der DemKommissar letzteren für verbindlich erklärt. Fehlt es an einem dieser Erfordernisse, so behält die Kündigung ihre Kraft; das ergibt sich aus §§ 14, 22, 23, 25 EinstV. mit § 28 TarifV. Es bleibt also bei der Beendigung des Dienstverhältnisses, wenn der Arbeitnehmer den Ausschuß überhaupt nicht oder rechtzeitig anruft, ebenso wenn ihm der Ausschuß den Anspruch auf Weiterbeschäftigung versagt oder wenn er ihn zwar anerkennt, der DemKommissar den Spruch aber nicht für verbindlich erklärt und sich die Parteien ihm auch nicht freiwillig unterwerfen. Liegt einer dieser Fälle vor, so steht dem Arbeitnehmer ein Anspruch auf Gehalt oder Lohn nicht zu (§ 15^1 EinstV.), während Schadensersatz nur dann beansprucht werden kann, wenn die Kündigung durch verbindlichen Schiedsspruch beseitigt ist, der Arbeitgeber aber die Weiterbeschäftigung ablehnt, ein Fall, auf den sich § 15^2 bezieht. Ob diese Vorschrift notwendig war oder sich erübrigte, weil dem Arbeitnehmer bei Annahmeverzug des Arbeitgebers gemäß § 615 BGB. der Vergütungsanspruch verbleibt, auch dieser Fall daher durch § 15^1 gedeckt wird, kann dahingestellt bleiben. In keinem Falle kann aus § 15^2 etwas für die Ansicht der Klägerin entnommen werden, daß der § 12 VO. ein Schutzgesetz des § 823^2 BGB. bildet und daher eine unter schuldhafter Verletzung jenes § 12 erfolgte Kündigung die Ersatzpflicht des Arbeitgebers auch dann entstehen läßt, wenn der Arbeitnehmer nicht in der im § 14 vorgesehenen Weise verfährt oder das Schlichtungsverfahren nicht mit einem verbindlichen Schiedsspruch auf Weiterbeschäftigung endet. L.n.

β) **Fristlose Kündigung wegen Arbeitsverweigerung.**

OLG. Stuttgart, 3. ZS. Urteil v. 15. Mai 1923.

Die beklagten Hofarbeiter, denen am 3. April 1922 fristlos wegen Arbeitsverweigerung gekündigt worden ist, haben nach § 84 BetrRG. den Schlichtungsausschuß angerufen. Darauf hat der Kläger auf Feststellung der Rechtswirksamkeit der Kündigung geklagt. Beide Beklagte haben am 1. April abgelehnt, einen früh morgens angekommenen Bahnwagen mit Stückgut zu beladen, obgleich dies zu ihren Obliegenheiten gehörte und sie wiederholt beauftragt worden waren, den Wagen zu beladen. Sie berufen sich darauf, daß der Gewerbeinspektor jede Überzeitarbeit an den Vorabenden vor Sonn- und Festtagen verboten habe. Allein er hatte nur die für April und Mai zugelassene regelmäßige Überzeitarbeit, nicht auch vorübergehende Arbeiten, die in Notfällen unverzüglich vorgenommen werden dürfen (Nr. VI der Anordnung v. 23. 11. 1918, RGBl. S. 1334), für die Samstagnachmittage verboten. Bei der Beladung des Wagens hat es sich um eine solche Arbeit gehandelt. Der Wagen sollte deshalb noch am Samstag, 1. April, zwischen 12 und 3 Uhr — mit einem Zeitaufwand von $^1/_2$ bis 1 Stunde — durch 4 Arbeiter beladen werden, weil die möglichst rasche Verwendung des Wagens zur Vermeidung von Standgeld, aber auch im öffentlichen Interesse wegen des damals herrschenden Wagenmangels notwendig war und außerdem die Kundschaft des Klägers die Ware dringend benötigte. Wegen des Wagenmangels mußte er bald angefordert werden, weil sonst die fertige Ware vielleicht mehrere Tage lang nicht hätte abgesandt werden können, und mit der Beladung konnte deshalb erst um die Mittagszeit begonnen werden, weil erst um diese Zeit alles zur Beladung des Wagens erforderliche Stückgut bereit stand. Daraus ist zugleich ersichtlich, daß es nicht anging, den Betriebsrat zuvor noch zur Besprechung wegen Genehmigung der kurzen Überzeitarbeit zu versammeln.... Diese Umstände, die die Dringlichkeit der Arbeit begründeten, waren den Beklagten bekannt, da sie seit längerer Zeit im Betrieb des Klägers arbeiteten und vermöge ihrer Tätigkeit von den Vorgängen, die für Beladung eines Wagens von Bedeutung waren, Kenntnis erhielten. S.

x) **Haftung:** α) **des Theaters für die Kleiderablage. Einschränkung.**

OLG. Hamburg, 1. ZS. Urteil v. 5. Mai 1923.

Die Beklagte haftet dadurch, daß sie den Pelz ordnungsmäßig gegen Aushändigung der üblichen Garderobenmarke in Verwahrung genommen hat, für seinen Verlust auf Schadensersatz. Da in der Bezahlung der Eintrittskarte zugleich ein Entgelt für die Verwahrung enthalten ist, muß die Beklagte für jede Fahrlässigkeit einstehen. Von der Rückgabe wird sie daher nur befreit, wenn sie beweist, daß diese nachträglich ohne ihr Verschulden unmöglich geworden ist.... Ihre Behauptung, die Kleiderablage sei ständig von der Garderobenfrau bewacht, läßt jedoch jede Aufklärung darüber vermissen, welche Maßnahmen getroffen waren, um drohende Diebstähle zu verhindern, und ob besonders die vorhandene Aufsicht ausreicht.... Allerdings hat der Kläger die Aufhängung des Pelzes auf einem besonders gefährdeten Kleiderhaken gewünscht. Allein dieser befand sich ebenfalls wie alle anderen innerhalb des Garderobenraumes mit dem Unterschiede, daß er weniger weit von dem abgrenzenden Tisch entfernt war, wie der an sich dem Kläger zukommende. Die Beklagte muß aber für alle Garderobenstücke, die sie annimmt, in gleicher Weise aufkommen, einerlei, wo sie aufgehängt werden.

Endlich vermag die Beklagte ihre Haftbarkeit nicht durch die Anbringung der Bekanntmachung aufzuheben oder einzuschränken, worin sie für Pelzkragen jeden Ersatz ablehnt und ihn im übrigen auf 1500 Mark herabsetzt. Denn diese Bestimmung verletzt nach der besonderen Sachlage die guten Sitten. Das Publikum, das das Stadttheater besucht, legt die Garderobe nicht nur aus Bequemlichkeit ab, sondern wird hierzu gezwungen, indem niemand mit Mantel in den Zuschauerraum eingelassen wird. Dann widerspricht es aber dem Anstandsgefühl aller billig und gerecht denkenden Leute, daß sich die Beklagte gleichzeitig ihrer regelmäßigen Haftpflicht zu entziehen sucht. Das Stadttheater besitzt als Kunststätte eine gewisse Monopolstellung und darf sie nicht derart ausnutzen, daß es das kunstliebende Publikum der Gefahr aussetzt, für den Verlust ihrer Überkleidung gar nicht oder nur ganz geringfügig entschädigt zu werden. Der Standpunkt, daß niemand ins Theater zu gehen braucht, ist für ein Kunstinstitut wie das Stadttheater unhaltbar, da es durch Pflege der darstellenden Kunst der Bildung und Kultur der Allgemeinheit zu dienen bestimmt und zweifellos auch gewillt ist. Dabei sucht es seine Haftung gerade für den Fall zu beschränken, daß ihm ein Verschulden zur Last fällt. Dazu kommt noch erschwerend, daß die Haftsumme für größe Garderobenstücke mit 1500 Mark bei den heutigen Preisen ganz unverhältnismäßig niedrig ist. Um so mehr widerspricht diese Haftungsbeschränkung den Anforderungen von Redlichkeit und Anstand, als der Besucher bei der Lösung der Eintrittskarten in keiner Weise auf diese Benachteiliguug hingewiesen wird; davon erfährt er durch den Anschlag erst im letzten Augenblicke, wenn ihm nicht wohl zugemutet werden kann, das Theater deshalb wieder zu verlassen, und wenn er möglicherweise sein Eintrittsgeld nicht mehr erstattet erhält. Anderseits darf gewiß auch die Beklagte nicht mit der Gefahr übermäßiger Entschädigungsansprüche belastet werden, die in unserer unsicheren Zeit nicht zu unterschätzen ist. Wenn sie die Mitnahme der Garderobe in den Zuschauerraum gestattete, überließe sie dem Publikum selbst, ob es die Garderobeneinrichtungen gebrauchen will oder nicht. Unter diesen Umständen wäre kaum etwas dagegen einzuwenden, wenn sie die Verlustgefahr bis zu einem gewissen Grade dem Publikum aufbürdete. V.

β) **des Wirts, der die Kleider einer Gesellschaft verwahrt.**

OLG. Hamburg, 5. ZS. Urteil v. 23. Dezember 1922.

... Nimmt der Wirt zwar nicht die Garderobe jedes einzelnen Gastes, wohl aber die einer geschlossenen Mehrheit von Gästen in seine „Obhut", so kann er zwar nicht dafür aufkommen, daß jeder Gast innerhalb des Kreises sein Eigentum zurückerhält, wohl aber, daß die Gesamtheit der Kleider vor dem Eingriff Außenstehender geschützt wird. So liegt die Sache hier. Der Kaufmann A. veranstaltete in den Wirtschaftsräumen des Beklagten eine private Festlichkeit. Den Gästen der Gesellschaft wurde eine Reihe von Haken in dem Garderobenraum angewiesen, für den eine besondere Frau angestellt war. Auf deren Vorhandensein sind sie ausdrücklich hingewiesen worden. Garderobenmarken sind nicht ausgegeben worden; man hat offenbar in beiderseitigem Einverständnis davon abgesehen. Unter diesen Umständen konnten die Gäste davon ausgehen, daß ihr Eigentum vor den Eingriffen ersichtlich Unberechtigter geschützt sei. Ob sie sich auch gegen Eingriffe von Teilnehmern der gleichzeitig anwesenden Tanzgesellschaft für geschützt erachten konnten, kann dahinstehen. Es wäre Sache des Beklagten darzutun, durch welche Umstände die Kleidungsstücke abhanden gekommen sind. Da er selbst vorträgt, daß ein Kellerfenster offen gestanden habe, durch das man habe hineinlangen können, so ist ein Diebstahl durch Außenstehende jedenfalls nicht ausgeschlossen; dieser hätte bei genügender Bewachung durch die Frau verhindert werden können. V.

4. Unlauterer Wettbewerb.

a) α) **Ausspielung von Gewinnen unter den Kunden.**

Kammergericht, 7. ZS. Urteil v. 21. März 1922.

Die Beklagte, die ein Geschäft mit Glassachen betreibt, hat 1921 bei Beginn des Weihnachtsgeschäfts in ihren Schaufenstern „Präsente" ausgestellt und Schilder mit den Worten „dieses alles gratis" angebracht, auch gedruckte Zettel verschickt, wonach jeder Kunde, der für 3 Mark kaufe, eine Nummer erhalte und auf sie einen der ausgestellten Gegenstände durch Ausspielung „gratis" erwerben könne. Diese Maßnahmen kennzeichnen sich als eine unerlaubte Ausspielung des § 286[2] StGB. Zwar ist nicht jede strafbare Handlung zugleich sittenwidrig im Sinne des § 1 UWG., nämlich dann nicht, wenn es sich um gewöhnliche Polizeiübertretung handelt. Im Falle des des § 286[2] liegt aber ein Vergehen vor und der Veranstalter einer Ausspielung handelt sittenwidrig, wenn er dem Spieltrieb des Publikums die Richtung auf seinen eigenen Vermögensvorteil gibt und durch Benutzung der Spielleidenschaft seine eigenen Belange zu fördern sucht.[1]

Ein Verstoß gegen § 3 liegt aber auch darin, daß die Angaben, es seien „Präsente", die „gratis" abgegeben würden, unrichtig waren. Denn die Beklagte hat sich für den Preis dieser zur Ausspielung gestellten Waren dadurch schadlos gehalten, daß sie ihn bei der Festsetzung der Preise für die übrigen Waren ebenso wie die Kosten der Anpreisung (des Druckes der Schilder und Zettel) berücksichtigt hat. Das Publikum ist demnach durch diese Art der Anpreisung getäuscht worden. L.n.

Dazu: OLG. Jena, 3. ZS. Urteil v. 16. März 1922.

... Die beanstandete Angabe „Eigene Hohlglashüttenwerke" bedeutet, daß dem Hauptunternehmen (Glas-, Thermometer-, Porzellanfabrik) ein anderes, worin das zur Herstellung der Thermometer ꝛc. nötige Hohlglas erzeugt wird, angeschlossen ist uz. durch das feste Band des Eigentums. Das ist aber so gut wie wahr, weil das Hohlglashüttenwerk X. dem Beklagten zur Hälfte gehört. Die Käufer legen wohl Wert darauf, daß die Angabe in ihrer wirtschaftlichen Bedeutung richtig ist, nicht darauf, ob das Rechtsverhältnis ganz genau und erschöpfend bezeichnet ist. Die Kreise, für die der Beklagte seine Geschäftspapiere mit der Ankündigung versehen hat, werden deshalb nicht bezweifeln, daß sie doch alle Vorteile genießen, die mit dem Besitz eines eigenen Hohlglashüttenwerkes für das Hauptunternehmen verbunden sind. Daß die „Hohlglashüttenwerke" kein weitverzweigtes Unternehmen sind, sondern nur eine einzelne mäßig große Fabrik, ist aus der Abbildung zu sehen; damit gibt sich die Bezeichnung „Werke" von selbst als eine harmlose Übertreibung zu erkennen. JW. S. 1220.

β) **Bezeichnung einer Zeitschrift als „Hauptorgan" als tatsächliche Angabe. Bedeutung der Höhe der Auflage.**

Kammergericht, 7. ZS. Urteil v. 27. März 1923.

Die Bezeichnung „Hauptorgan für das deutsche Baugewerbe" enthielt nicht nur eine farb- und gegenstandslose Anpreisung, sondern ist als „Angabe" des § 3 zu werten. Darunter verstehen der Leser und der Anzeigende eine Zeitschrift, die im Sprachgebrauch des täglichen Lebens als führend angesehen wird. Führend ist das Fachblatt aber nicht nur dann, wenn es die größte Verbreitung von allen Fachzeitschriften besitzt; vielmehr genügt schon, daß es in den Fachkreisen gutes Ansehen genießt und ihre Fachaufsätze und Anzeigen von einem großen Teile der Fachangehörigen gelesen

[1] Der eingetragene Zeicheninhaber, der sein Zeichen in bewußter Nachahmung zum Wettbewerbe mit dem Ausstattungsberechtigten und zur Täuschung des Publikums wählt, verletzt § 1 UWG. und § 826 BGB. (RG. 106 S. 250).

werden. Dagegen ist die Zahl der Bezieher und die Größe der einzelnen Jahresauflagen anderer Fachblätter nicht immer allein entscheidend. Darf auch die Zeitung selbst in ihren Titeln und Untertiteln dem Publikum nichts Unwahres sagen, so hat die Beklagte mit Recht darauf hingewiesen, daß sowohl die allgemeine Not des Zeitungsgewerbes (Papierpreis, Lohnerhöhung, Verteuerung des Bezugspreises und der Anzeigen), als besonders das Darniederliegen des Baumarktes in der Kriegs- und Nachkriegszeit ihre Auflagenziffer zurzeit verringert hat. Wird aber eine Fachzeitschrift durch allgemeine, in den Zeitläuften begründete Notstandsursachen, besonders durch Krisen im Fache selbst, gezwungen, ihre Auflage zu verringern, so verliert sie damit noch nicht endgültig die alte Bedeutung als führendes Blatt des Gewerbes. Die Beklagte rechnet auch damit, daß bei einer Wiederbelebung der Bautätigkeit ihr Blatt die alte Auflagenzahl wiedergewinnen wird. Ein vorübergehender Rückgang der Auflagenziffer schadet also der Beklagten noch nicht, da diese Verringerung noch keine Abnahme der Leserzahl beweist, dem derzeitigen Darniederliegen des Baugewerbes selbst durchaus entspricht und als Folge der jetzigen Baumarktlage ihre hinreichende Erklärung findet. Erst wenn sie bei späterer Aufnahme der Bautätigkeit außer Stande wäre, ihre alte Auflagenzahl wiederzugewinnen, käme in Frage, ob sie deshalb schon die Bezeichnung „Hauptorgan" niederlegen müßte. L.n.

b) **Voraussetzungen der Verwechslungsgefahr.**

α) Kammergericht, 7. ZS. Urteil v. 28. April 1922.

Beide Parteien handeln in Ölen, sie waren also berechtigt, ihre Handelserzeugnisse in ihrer Firmenbezeichnung auszudrücken. Die Klägerin firmiert: „Olex" Petroleum GmbH., die Beklagte aber „Oleum" GmbH. Beide haben also die lateinische Übersetzung des Wortes Öl gewählt. Allerdings hat die Klägerin hierbei einen Phantasienamen angenommen, dagegen die Beklagte die richtige Übersetzung von Öl. Die beiden Fremdworte unterscheiden sich aber nicht so deutlich voneinander, daß eine Irreführung des breiten Publikums ausgeschlossen wäre, das in beiden Ausdrücken nur ähnliche Fremdwörter sieht. Bei derartiger Ähnlichkeit in der Hauptbezeichnung ist die Fortlassung des Wortes „Petroleum" in der Firma der Beklagten nicht geeignet, der Verwechslungsmöglichkeit ausreichend vorzubeugen. Unerheblich ist auch, daß der Registerrichter die Firma der Beklagten eingetragen hat; denn § 16 verbietet bei Verwechslungsgefahr auch eine an sich befugte Benutzung des Namens. L.n.

β) Kammergericht, 7. ZS. Urteil v. 5. Dezember 1922.

In der Firmenbezeichnung sowohl der Klägerin „mitteldeutsche Elektrizitätswerke GmbH." als der Beklagten „mitteldeutsche Elektromotorenwerke Z. & Co." ist „mitteldeutsch" schlagwortähnlich vorangestellt und mit einem Wort in Verbindung gesetzt, das in seinem ersten Teil ausdrücklich auf einen Gewerbezweig hinweist, der innerhalb des Gebiets der Elektrizität liegt. Schon rein äußerlich wird bei dem ähnlichen Klange der beiden Firmenbezeichnungen und der Ähnlichkeit der Wortbilder die Verwechslungsgefahr hervorgerufen. Diese wird dadurch verstärkt, daß beide Parteien Elektromotoren und Dynamos herstellen und vertreiben. Sie üben also dieselben gewerblichen Tätigkeiten aus; mindestens sind diese der Art nach einander sehr ähnlich, mögen auch bezüglich ihres Umfangs Unterschiede bestehen. Auch die Entstehungsgeschichte der Beklagten ist von Bedeutung. Obgleich ihr Unternehmen bereits 1919 begründet ist, hat sie erst 1921 das Wort „mitteldeutsche" in ihre Firmenbezeichnung aufgenommen. Da sie nur in Berlin, das nicht zu Mitteldeutschland gerechnet werden kann, ihren Sitz hat, so liegt die Annahme nahe, daß sie Verwechslungen mit der Klägerin herbeizuführen beabsichtigte, die weit länger besteht und sich eines ausgedehnten Geschäftsumfanges erfreut. Diese Absicht läßt aber wieder einen Rückschluß auf die objektive Gefahr einer Verwechslung zu. L.n.

γ) OLG. Stuttgart, 3. ZS. Urteil v. 28. November 1922.

Das Wort „Beleuchtungszentrale" ist nicht eine außerhalb der Firma stehende „besondere Bezeichnung", sondern beim Kläger („Beleuchtungszentrale Wilhelm A.") und beim Beklagten („Lichtbüro Gustav B., Allgemeine Beleuchtungszentrale") ein Bestandteil der Firma im Sinn des § 18² HGB. Die Firma des Bekl. ist gegenüber der des Klägers, der Rechtsnachfolger der früheren gemeinschaftlichen Firma ist, die neue, muß sich also von ihr unterscheiden. Der erforderliche registerrechtliche Unterschied ist allerdings vorhanden. Dies schließt aber nicht aus, daß die Firma des Beklagten gegen das UWG. verstößt. Es kommt nicht bloß auf den Wortlaut der Firma an; entscheidend ist die gerichtsbekannte Tatsache, daß sich das Publikum, der früheren Reklame der beiden Firmeninhaber folgend, daran gewöhnt hat, das Geschäft des Klägers als Beleuchtungszentrale zu bezeichnen.... Mit dieser Tatsache ist zu rechnen; der Beklagte will sie sich denn auch zunutze machen, sie trotz seines Ausscheidens aus dem Geschäft für sich ausbeuten, indem er zu Wettbewerbszwecken auch seiner Firma, die nahe dem Geschäfte des Klägers ihren Sitz hat, jenen Bestandteil hinzufügt in der augenscheinlichen Absicht, das Publikum irrezuführen, und so die Gefahr einer Verwechslung mit dem Geschäft des Klägers begründet. Diese Gefahr besteht aber in beträchtlichem Maße bei den von ihm gewählten Zusatz „allgemeine", der den Eindruck, als ob es sich um das einzige und daher „allgemeine", als Beleuchtungszentrale bezeichnete Geschäft handle, erwecken und demgemäß in dem Publikum den Irrtum erregen kann, daß es sich um das ihr unter dieser Bezeichnung bekannte Geschäft des Klägers handle, eine Möglichkeit, die um so näher liegt, als er in verschiedenen Teilen der Stadt Zweiggeschäfte betreibt. Bei der hiernach bestehenden Verwechslungsfähigkeit, die durch die vorhandenen unterscheidenden Bestandteile der beiden Firmen nicht beseitigt werden kann, würde schon die gutgläubige Aufnahme des Zusatzes gegen § 16 verstoßen und — weil hier jede Art der Benützung sich als unzulässig darstellt — den Anspruch des Klägers auf Unterlassung und Löschung dieses Bestandteils rechtfertigen.[1]

[1] Im Geschäftsverkehr treten die Unterscheidungsmerkmale der Weinfirmen „G. C. Lorenz

Die Klage ist aber auch durch § 1 begründet. Im Handel und Verkehr ist es eine durch Ehrlichkeit, Sitte und Anstand gebotene Pflicht jedes Gewerbetreibenden, seine Firma tunlichst von denen seiner Mitbewerber zu unterscheiden. Im Widerspruch damit hat der Beklagte zu Zwecken des Wettbewerbs den beanstandeten Bestandteil in seine Firma aufgenommen, um Verwechslungen herbeizuführen. Sein Einwand, daß er lediglich eine wörtliche Grundlage für die von ihm gewählte Reklame mit den Buchstaben A, B, C habe bekommen wollen, ist nicht überzeugend. Es wäre ihm dann ein Leichtes gewesen, diese Reklame auf andere Worte, zB. „allgemeines Beleuchtungscontor" aufzubauen. Daß es ihm gerade um die Bezeichnung „Beleuchtungscentrale" zu tun ist, ergibt deutlich seine Weigerung, sie, an der ihm angeblich an sich nichts gelegen ist, aufzugeben. S.

δ) **Schutz der Telegrammanschrift[1] gegenüber Warenzeichen.**

OLG. Braunschweig, 1. ZS. Urteil v. 27. Oktober 1922.

Der Kläger, für den seit 1. Juni 1921 das Warenzeichen „Deutscher Ölkönig" eingetragen ist, beantragt, der beklagten Mineralölgesellschaft den Gebrauch der Telegrammanschrift „Ölkönig" zu verbieten. Diese abgekürzte Adresse tritt für den Telegrammverkehr anstelle der Firma und muß ohne weiteres den gleichen Schutz finden. Hier kann man sie freilich nicht von der Firma ableiten, die also aus jenem Worte nicht erkennbar ist. Immerhin weist das Wort auf den Geschäftszweig der Beklagten hin. Diese hat es auf ihren ein- und ausgehenden Telegrammen seit nunmehr 12 Jahren benutzt und die „Telegrammadresse Ölkönig" an ihren Geschäftswagen und in Briefbogen 2c. angebracht. Bei der Wichtigkeit des Telegrammverkehrs besonders im Großhandel konnte in den langen Jahren, zumal in Rücksicht auf die ständigen Hinweise in den Briefbogen, nicht ausbleiben, daß das Wort nach der Auffassung aller beteiligten Geschäftskreise mit dem Erwerbsgeschäft der Beklagten fest verbunden und ein Kennzeichen ihres Unternehmens geworden ist, das in ihren gesamten Geschäftsverkehr eingreift und an Bedeutung der Firma, wenn auch nicht gleich, so doch nahe steht (RG. 77 S. 89). Der Schlußsatz des § 16³ dient zwar zur Abgrenzung gegen das WZG. Die Begründung des § 16 erklärt es aber nicht für ausgeschlossen, daß die besondere Art der Benutzung eines Warenzeichens durch den Eingetragenen eine Handlung darstelle, die dem UWG. unterfalle. Hiermit ist der Gedanke ausgesprochen, daß der Inhaber eines Warenzeichens keinen absoluten Schutz genießt und ein Mißbrauch des formellen Rechts zum Nachteil des redlichen Geschäftsverkehrs anderer unter Umständen angenommen werden kann. Der Kläger hat aber schon vor der Anmeldung seines Warenzeichens der Beklagten den Gebrauch des Wortes „Ölkönig" untersagt, also schon damals gewußt, daß sie das Schlagwort wenigstens im Telegramm-

Meyer" und „Georg Carl Lorenz Lorenz-Meyer" hinter dem, was ihnen gemeinsam ist, völlig zurück (OLG. Hamburg 13. Juni 1923 IV 127).

[1] Ihr Schutz auch über den Ort der Niederlassung hinaus: RG., 2. ZS. 12. April 1921 II 486/20 (NaumbAZ. 1922 S. 3).

verkehr vorbenutzt hat. Er hat sich dadurch nicht abhalten lassen, sich hinter ihrem Rücken das Wort schützen zu lassen. Wenn er ihr nunmehr die lange Zeit vorbenutzte Telegrammanschrift zu verbieten unternimmt, so entbehrt dieses Gebaren der Wohlanständigkeit und verstößt gegen Treu und Glauben im Geschäftsverkehr. Mag auch der Einwand der Schikane rechtlich nicht ganz zutreffen, so läßt sich dem Kläger der Vorwurf nicht ersparen, daß er mit der Klage zwar Zwecke des Wettbewerbs verfolgt, aber gegen die guten Sitten (§ 1 UWG.) verstieß.

Der Klage steht aber auch der § 13 WZG. entgegen. Sein Wortlaut paßt freilich unmittelbar nicht auf den vorliegenden Fall (RG. 64 S. 65). Der § 13 darf aber nicht eng angelegt werden (RG. 77 S. 75). Die Telegrammanschrift tritt für einen wichtigen Teil des Geschäftsverkehrs anstelle der Firma und ist ihr insoweit gleichzusetzen. Hiernach ist der Besitzstand der Beklagten an der Adresse, die sie vor 12 Jahren mit der Post vereinbart hat, durch § 13 geschützt. Zwar hält nur der redliche Gebrauch dem Warenzeichen gegenüber Stand. Indessen liegt nichts dafür vor, daß hier die Telegrammanschrift zu Täuschungszwecken oder unlauter verwendet werde. Ihre Anführung in Geschäftspapieren und Ankündigungen ist üblich und entspricht dem berechtigten Bestreben, sie den beteiligten Handelskreisen bekannt zu geben. v. F.

ε) UWG. bezieht sich auch auf die Bezeichnung von Filmen.

Kammergericht, 7. ZS. Urteil v. 4. April 1922.

Der Kläger hat im Oktober 1921 seinen neuen Film „Zum Paradies der Damen" in mehreren Zeitschriften angekündigt und damit zuerst von dieser Bezeichnung für das Filmgeschäft Besitz ergriffen. Der Titel ist eine besondere Bezeichnung im Sinne des § 16; die dort aufgeführten Druckschriften umfassen alle durch mechanische oder chemische Mittel bewirkten, zur Verbreitung bestimmten Vervielfältigungen von bildlichen Darstellungen mit oder ohne Schrift, also ebenso wie Lichtbilder auch die Filme. Die Beklagte hat einen neuen Film „Das Paradies der Frau" angekündigt. Die beiden Filme sind verwechslungsfähig. In Augen und Sinn springt nur der Begriff „Paradies weiblicher Wesen", die Unterschiede „zum" und „das", sowie „Damen" und „Frau" verlieren sich.[1] L.n.

5. Zivilprozeß.

a) Streitwert[2]: α) mietweise Überlassung einer Grundstücksfläche. Instanzenzug.

OLG. Hamburg, 3. ZS. Beschluß v. 27. April 1922.

[1] Kenntniserlangung (§ 17²) von Betriebsgeheimnissen durch Abschriften von Rezepten und Versuchen: RGSt. 57 S. 12, nicht durch eigene sittenwidrige Handlung: das. 13; Mitteilung an „andre": das.

[2] a) War die Dauer des Mietverhältnisses von vornherein nicht bestimmt und streiten die Parteien über bedingte oder unbedingte Kündigungs- oder Räumungsgenehmigung des MEA., so fehlt es von vornherein an dem Erfordernisse der streitigen Zeit (vgl. RG. 17 S. 376, 33 S. 4); der Steitwert ist vielmehr gemäß dem Interesse des Klägers an der ge-

Der Streitwert des Klagantrags, daß Beklagte zu den in ihrem Grundstücke dem Kläger vermieteten Räumlichkeiten weitere 48 qm mietweise überlasse, war gemäß §§ 3, 8 ZPO. mit § 9 GKG. zu berechnen. Dabei war für die Mietzeit der Zeitraum maßgebend, auf dessen Ende zulässigerweise gekündigt werden konnte, also gemäß § 565 BGB. ein Vierteljahr. Für den Mietwert war die einseitige Angabe des Klägers so wenig entscheidend, wie eine Vereinbarung beider Parteien. Vielmehr mußte hier der gemeine Wert maßgebend sein, uz. zurzeit der Klagerhebung. Diesen schätzt das LG. nach freiem Ermessen auf je 200 Mark, offenbar auf Grund des gerichtlichen Vergleichs. Dem steht nichts im Wege, weil offenbar dieser Betrag nach der Ansicht beider Parteien tatsächlich dem gemeinen Wert um die fragliche Zeit entspricht. Das Amtsgericht hat demnach den Streitwert, den es auf 3000 Mark festsetzte, zu hoch geschätzt. Die Beschwerde hierüber war ausdrücklich im Namen der Beklagten erhoben; diese kann aber nur ein Interesse an der Herabsetzung des Streitwerts haben. Das LG. hat aber den Streitwert auf 9600 Mark festgesetzt. Die weitere Beschwerde, mit der der Kläger eine Herabsetzung der vom Amtsgericht festgesetzten Summe auf 1200 Mark beantragt, ist daher sowohl aus dem erwähnten Grunde, wie auch wegen Vorliegens eines neuen Beschwerdegrundes zulässig und an sich begründet. Nun hat aber das LG befugt seinen eigenen Beschluß dahin, daß es den Wert auf 2400 Mark herabsetzte, geändert und damit auch den amtsgerichtlichen Beschluß insoweit abgeändert. Demnach ist nunmehr die weitere Beschwerde als unbegründet abzuweisen. V.

β) **Räumungsklage wegen Formnichtigkeit des Verkaufs.**

OLG. Karlsruhe, 1. ZS. Beschluß v. 4. März 1922.

Der Kläger, der sein Haus der Beklagten verkauft und alsbald den Besitz überlassen hatte, hat, als sich die Formnichtigkeit des Vertrags herausstellte, auf Räumung geklagt. Hier mit der herrschenden Ansicht den § 6 anzuwenden, geht nicht an. Bei den verschiedenen Arten des Besitzes ist das Interesse des Klägers ganz verschieden; besonders bedeutet die Eigentumsklage auf Herausgabe des Besitzes wirtschaftlich etwas ganz andres, wenn der Gegner Eigenbesitz, wie dann, wenn er Miet-, Pfand- oder sonstigen Fremdbesitz beansprucht. Nur im ersteren Falle kann der Wert dem Werte gleichgesetzt werden, der beim Eigentumsstreit maßgebend sein muß. In den anderen Fällen aber kann er nicht höher angesetzt werden, als der Wert des Anspruchs aus dem Miet- oder Pfandverhältnisse. Hier war unzweifelhaft der Kläger mittelbarer Eigenbesitzer. Nur darüber, ob die Beklagte, bis sie eine andre Wohnung fände, Anspruch auf einen dem Mietbesitz ähnlichen Fremdbesitz habe, war Streit. Deshalb war der Wert unter Beachtung der §§ 8 ZPO., 9a GKG. auf den einjährigen Nutzungswert festzusetzen. Rpr.

forderten Räumung nach § 3 ZPO. zu bemessen (OLG. Braunschweig, 3. Juni 1920 und 5. April 1921).

b) Den Streitwert des nach Erledigung der Hauptsache streitigen Kostenpunktes bilden nur die bis dahin entstandenen Kosten (OLG. Dresden, 2. ZS. Urteil v. 25. Januar 1922; SächsA. S. 235).

γ) **in Ehesachen ein Bruchteil des Jahreseinkommens?**[1]

Kammergericht, 28. ZS. Beschluß v. 20. Oktober 1922.

Das LG. hat den Streitwert auf 5000 Mark festgesetzt. Der Beschwerdeführer (Anwalt) will den Streitwert in Ehesachen regelmäßig schlechtweg auf den drei- oder vierfachen Betrag des Monatseinkommens des Manns festgesetzt wissen. Allein eine derartige Beziehung des Streitwerts zum jeweiligen Einkommen der Parteien hätte im Gesetz besonders ausgedrückt werden müssen. Sie ist auch schon deshalb nicht zweckmäßig, weil sie in Zeiten schwankender Währungsverhältnisse entweder eine ständige Aufhebung der bisherigen und wieder erneute Festsetzung notwendig oder aber die Kostenhöhe von den zurzeit eines bestimmten Prozeßabschnitts zufällig bestehenden Geldverhältnissen abhängig macht. Die zweckmäßigste und dem Sinne des GKG. am meisten gerecht werdende Auslegung des (alten) § 10 wird daher den dortigen Normalbetrag als Streitwert in Fällen festsetzen, in denen die — im allgemeinen ja während des Prozesses sich gleich bleibenden — wirtschaftlichen Verhältnisse der Parteien derartige sind, daß sie ungefähr der Leistungsfähigkeit der Durchschnittsmasse des Volkes entsprechen. Der Geldentwertung kann in Fällen, in denen das Gesetz, wie in §§ 8, 10, selbst bestimmte Geldziffern nennt, nur durch eine gesetzliche Änderung Rechnung getragen werden. Wenn hier der Mann im Juli 1922 monatlich 12000 Mark eingenommen hat, so kann dieses Einkommen nach den damals durch die Geldentwertung bedingten Geldverhältnissen als ein über den Durchschnitt wesentlich hinausgehendes Einkommen nicht bezeichnet werden. B.

Dazu: **Wertberechnung nach Ges. v. 8. Juli 1921 oder v. 31. Dez. 1922?**

OLG. Hamburg, 6. ZS. Beschluß v. 17. Mai 1923.

Am Tage der Klagerhebung (4. Oktober 1922) galt als regelmäßig anzunehmender Streitwert nach dem Gesetz vom 8. Juli 1921 die Summe von 5000 Mark. Das Urteil des LG. ist am 31. Januar 1923 verkündet und beendete, da es unbedingt über die Kosten entschied, nach § 93 des alten GKG. die Instanz. Es konnte also das Ges. vom 31. Dezember 1922 mit seinem neuen Regelstreitwerte von 20000 Mark und erst recht die VO. vom 8. März 1923 (RGBl. 163) keine Anwendung finden. Daß das OLG. am 23. März 1923 für die Berufungsinstanz einen Streitwert von 100000 Mark angenommen hat, liegt daran, daß damals schon das allerneueste Gesetz mit seinem Regelstreitwerte von 100000 Mark galt und daß die Vermögens-, Einkommens- und Standesverhältnisse der Parteien auch hier keinen Anlaß dafür boten, ausnahmsweise von jenem Werte abzugehen. Nach § 11 GebO. kommt es übrigens nicht darauf an, ob mit der Verkündung des Urteils auch für die anwaltliche Tätigkeit des Beschwerdeführers die landgerichtliche Instanz schon beendet ist. War sie es nicht, so ist das von Bedeutung nur für den ihm zukommenden Gebührensatz, nicht aber für den hier allein fr.

[1] Ebenso hat derselbe ZS. am 2. Januar 1923 entschieden. Vgl. dagegen den Beschluß des 15. ZS. v. 31. Okt. 1922 (JW. 1923 S. 56).

Streitwert, der für Gerichts- und Anwaltskosten immer derselbe ist, mag auch die Instanz für beide zu verschiedenen Zeiten enden. W.

δ) **Wertberechnung nach § 4 oder Klagerweiterung?**

OLG. Hamburg, 3. ZS. Beschluß v. 1. Februar 1922.

Die klagende Bank, die zunächst aus einem Anerkenntnisse der Beklagten auf Zahlung von 40739 Pfund geklagt hatte, hat im Laufe des Rechtsstreits den Antrag auf 68399 Pfund erhöht. Es mag zutreffen, daß dieser Anspruch erst mit der Saldierung des laufenden Rechnungskontos entstanden, daher auf anderer rechtlicher Grundlage aufgebaut ist, als der ursprüngliche Betrag. Das ändert aber nicht, daß dieser in den jetzt geforderten 68399 Lire mit enthalten ist. Vom wirtschaftlichen Standpunkt handelt es sich daher bei dem jetzt gestellten Antrag lediglich um die Erweiterung des ursprünglichen Klaganspruchs. Für die Wertberechnung interessiert es nicht, ob der ursprünglich geforderte Saldo aus dem Trattenkonto keinen selbständigen Klaganspruch darstellen konnte. Der Grundsatz behält seine Geltung, daß die im Laufe des Rechtsstreits beantragte Erweiterung des Anspruchs nur für den späteren Prozeßteil wirkt. Aus diesem Grunde hat das LG. mit Recht nur den Unterschied zwischen dem ursprünglich und dem jetzt geforderten Pfund nach dem höheren Kurse bewertet. — Es kann auch nicht beanstandet werden, daß das LG. seiner Berechnung die an der hiesigen Börse festgestellten Kurse deshalb zugrunde gelegt hat, weil der Prozeß hier geführt und von einer hier ansässigen Firma Zahlung in Pfund Sterling verlangt wird. Der Umstand übrigens, daß der Berliner Kurs an dem maßgebenden Tage höher war als der Hamburger, kann sich auch damit erklären, daß gerade hier ein größeres Angebot in Pfunden war als in Berlin. W.

ε) **Kein Abzug der Luxussteuer bei Wertfestsetzung.**

OLG. Stuttgart, 3. ZS. Beschluß v. 11. März 1923.

Von dem Werte des zu liefernden Fahrgestells sind wohl 25% abzusetzen, weil sie nur ein besonderes Geding der Beklagten bezüglich der Weiterverarbeitung der Sache betreffen; dagegen nicht die 15% Luxussteuer, weil diese, die nicht gesondert berechnet werden darf, den objektiven Verkehrswert der Sache erhöht und einen untrennbaren Bestandteil dieses Werts bildet. S.

b) **Gerichtsstand**[1]: α) **bei vereinbarter Akkreditierung.**

OLG. Hamburg, 5. ZS. Urteil v. 9. Dezember 1921.

... Diese Beispiele — RG. 95 S. 164, JW. 1903 B. 137, 1911 S. 361[8], Karlsruhe Rpr. 1915 S. 178, Königsberg Rsp. 40 S. 279 — zeigen, daß bei der Verpflichtung zur Zahlung des Kaufpreises durch eine auswärtige Bank deren Sitz nur in ganz besonderen Fällen als Erfüllungsort angesehen ist. Solche besondere Umstände hat der Kläger nicht bewiesen (RGKomm. BGB. § 269[6]). Soll die Akkreditivbestellung den Verkäufer dafür sichern, daß er gegen Lieferung der Waren sein Geld erhält (JW. 1921 S. 1304),

[1] der Militärpersonen Groß-Berlins: Pr. JMBl. 1923 S. 360.

so tritt diese Sicherheit neben die Zahlungspflicht, nicht an ihre Stelle. Dem Verkäufer bleibt unbenommen, den Käufer unmittelbar auf Zahlung zu belangen, ebenso kann auch der Käufer vorauszahlen, ohne dann zur Akkreditierung verpflichtet zu sein. Überhaupt ist die Gültigkeit des Geschäfts von der Akkreditivbestellung nicht abhängig, wenn sie nicht durchführbar ist. In einem Falle wie hier, wo der Verkäufer in Bremen und der Käufer in Detmold wohnt, ist die Akkreditierung in Bremen auch nicht von so überragender Bedeutung, daß es hier für die ganze Zahlungsverpflichtung des Käufers zum Erfüllungsort wird. Ob es angeht, für die Sicherstellung und die Zahlung einen verschiedenen Erfüllungsort anzunehmen (Rsp. 40 S. 279), kann hier dahingestellt bleiben, da der Schadensanspruch wegen Nichterfüllung auf eine zur Zahlung gemäß § 326 BGB. gesetzte Nachfrist gestützt ist, als Erfüllungsort für ihn daher auch nur der Erfüllungsort für die Zahlungsverpflichtung des Beklagten in Frage kommen kann (Staub, Anh. zu HGB. § 372[9]). Es würde auch der Verkehrsauffassung und dem Willen der Parteien durchaus widersprechen, wenn ein Kaufmann, der an zahlreichen Orten Akkreditive zu stellen hat, überall dort gemäß § 29 ZPO. lediglich wegen der Verpflichtung, dort ein Akkreditiv zu stellen, auf Zahlung verklagt werden könnte. V.

Dagegen: OLG. Hamburg, 2. ZS. Urteil v. 11. Mai 1922.

Die Verpflichtung der Beklagten, Akkreditiv bei der hamburgischen Bankverbindung des Klägers zu stellen, bedeutet nicht nur eine akzessorische Sicherung der Zahlung durch Anweisung bei einem Dritten, wie der hiesige 8. ZS. annimmt; vielmehr ist damit ein klagbares Recht des Verkäufers auf Leistung des Kaufpreises bei der von ihm bestimmten Bank Zugumzug gegen Überlieferung des Dokumentes begründet, nicht anders, wie wenn Barzahlung an der Kasse des Verkäufers in seinem Kontor vereinbart wäre. Mit Recht ist deshalb angenommen worden, daß der Käufer in diesem Falle nicht, wie § 270 BGB. bestimmt, durch Übermittlung des Geldes nach dem Wohnsitze des Verkäufers ohne Änderung des Leistungsortes (§ 269[1] BGB.) zu erfüllen hat, sondern daß als Leistungsort der Ort zu gelten habe, wo das Akkreditiv zu stellen ist (JW. 1919 S. 499[4], Kiel Rsp. 39 S. 69, Hamburg LZ. 1917 S. 1014). V.

β) **Begriff des „Rechtsstreits" im § 36 Nr. 6.**

Kammergericht, 8. ZS. Beschluß v. 28. Januar 1921.

Nachdem der Schuldner gegen den vom örtlich unzuständigen Amtsgericht erlassenen Zahlungsbefehl Widerspruch erhoben hatte und der Rechtsstreit vor das örtlich zuständige LG. verwiesen worden war, wurde hier die Zustellung des ZB. bemängelt und Verjährung eingewendet. Die infolgedessen beantragte Wiederholung der Zustellung (vgl. RG. 105 S. 422) lehnte das LG. ab, weil es den ZB. nicht erlassen habe; das Amtsgericht wiederum lehnte sie ab, weil der Rechtsstreit nicht mehr bei ihm anhängig sei. Der auf § 36 Nr. 6 gestützte Antrag ist unzulässig. Diese Vorschrift sieht dem Wortlaute nach nur den Fall vor, daß es sich um einen „Rechtsstreit" handelt. Die Praxis wendet sie zwar mit Recht auch bei anderen gerichtlichen Verfahren an; immer aber müssen sie solche Angelegenheiten betreffen, die einen selbständigen, in sich abgeschlossenen prozessualen Akt bilden und durch die Ablehnung erledigt wurden. Eine Entscheidung, die das Prozeßgericht im Laufe eines anhängigen Rechtsstreits trifft, will aber diese Erledigung nur vorbereiten.[1] B.

c) **Gilt die vereinbarte Zuständigkeit auch für § 942?**

OLG. München, FerienZS. Urteil v. 14. September 1922.

In dem Vertrage der Parteien auf Lieferung dreier Chassis ist bestimmt, daß „für sämtliche Klagen und Gegenklagen" das sachlich berufene Gericht in Wien ausschließlich zuständig sei. Der Kaufpreis wurde sofort bezahlt. Die Lieferung, die bis Oktober 1919 in Aussicht genommen war, verzögerte sich wesentlich. Erst im Mai 1920 wurden die Chassis von der Beklagten aus Wien nach München versandt und die Aushändigung an den Kläger von Bezahlung eines Teuerungszuschlags zu 50000 Mark abhängig gemacht. Daraufhin erwirkte der Kläger im Juni 1920 gemäß § 942 beim Amtsgericht München einen Beschluß auf Herausgabe der Chassis gegen Hinterlegung von 50000 Mark und brachte ihn auch zum Vollzug. In der ihm gestellten Frist lud er die Beklagte zur Verhandlung über die Rechtmäßigkeit vor das LG. hier; zugleich ließ er auch beim Handelsgericht in Wien Klage in der Hauptsache einreichen und vorsorglich damit den Antrag auf Bestätigung der einstw. Verfügung verbinden. Das Handelsgericht verwies die Sache an das gemäß dem österr. Ges. vom 4. April 1919/1. Oktober 1920 eingeführte Einigungsamt, bei dem bisher noch nicht verhandelt ist. Das LG. wies den Kläger ab, weil ausschließlich das Wiener Gericht zuständig sei. Die Berufung ist begründet. Als Gericht der Hauptsache (Herausgabe der Chassis) kommt zunächst allerdings auf Grund der Vereinbarung das sachlich berufene Wiener Gericht in Frage. Die §§ 937, 942, 943 bestimmen auch für Erlassung oder Rechtfertigung der einstw. Verfügung das Gericht der Hauptsache schlechthin, ohne — wenigstens dem Wortlaut nach — zwischen in- oder ausländischen Gerichten zu unterscheiden. Dennoch muß hier ein Unterschied mit Rücksicht auf den Zweck der Verfügung und deren — von der Hauptsache grundsätzlich verschiedenen — Behandlung im Sinn des § 722 angenommen werden. Für ausländische Verfügungen wird das Vollstreckungsurteil nach § 722 jetzt allgemein, also auch da versagt, wo es für die Entscheidung in der Hauptsache an sich zulässig wäre. Dies gilt besonders auch im Verhältnis gegenüber Österreich, mit der aus dem Grundsatz der Gegenseitigkeit sich ergebenden Folge, daß weder einstw. Verfügungen deutscher Gerichte in Österreich noch umgekehrt

[1] Ein ausländischer Sondergerichtsstand kommt im Fall des § 36 Nr. 3 nicht in Betracht, da er nach seinem Zwecke nur inländische Gerichtsstände im Auge hat (Bay. ObLG. 4. März 1922). Gerichte verschiedener Länder können einen Streit über die Zuständigkeit zur Festsetzung und Auszahlung von Sachverständigengebühren, weil die Rechtshilfe nicht verweigert worden, nicht nach § 160 GVG., sondern nur nach § 36 Nr. 6 austragen (RG., 5. ZS. 20. Nov. 1922; BayZ. 1923 S. 41).

solche österreichischer Gerichte in Deutschland, und zwar gleichgültig, ob sie in Beschluß- oder Urteilsform ergehen, vollstreckt werden können (Bl. RA. 73 S. 646, auch Seuff. Arch. 47 N. 296 mit RG. 49 S. 344). Selbst wenn also das österr. Recht ein Rechtfertigungsverfahren im Sinne des § 722 kennen und wenn das Wiener Handelsgericht (Einigungsamt) eine solche Entscheidung treffen würde, wäre sie in Deutschland niemals vollstreckbar und damit auch ungeeignet, die nur vorläufige Verfügung des Amtsgerichts zu einem — von der ZPO. doch vorgesehenen und gewollten — endgültigen Abschluß zu bringen. Dieses Ergebnis kann der Gesetzgeber nicht gewollt haben, wie ihm auch nicht die Folgewidrigkeit unterstellt werden darf, daß er zwar genau unterscheidet, unter welchen Voraussetzungen ausländische Gerichtsentscheide in Deutschland vollstreckbar sein sollen, anderseits aber den Rechtsbestand einer deutschrichterlichen Verfügung von der Bestätigung durch ein ausländisches Gericht unterschiedslos, also auch da abhängig machen wollte, wo er diesem ausländischen Entscheid aus anderen allgemeinen Gründen die Vollstreckbarkeit versagt. Dieser rechtliche Zwiespalt kann nur in der Weise gelöst werden, daß für das Bestätigungsverfahren des § 942 auch da, wo für die Hauptsache an sich ein ausländisches Gericht zuständig wäre, die Zuständigkeit jenes deutschen Gerichts anerkannt wird, das bei Wegfall des ausländischen Gerichtsstands nach den inländischen Normen für die Hauptsache zuständig wäre (Bl. RA. 73 S. 378).[1] H. n.

d) **Erlischt die Prozeßvollmacht durch Konkurseröffnung?**[2]

Kammergericht, 25. ZS. Beschluß v. 21. Februar 1922.

Der § 240 will nur klarstellen, wer das unterbrochene Verfahren aufzunehmen hat und gegen wen. Dies hängt davon ab, ob der Rechtsstreit für oder gegen den Gemeinschuldner anhängig war und demzufolge entweder vom Verwalter oder aber vom Gläubiger, bei dem in Betracht kommt, ob er dazu sofort oder erst nach der Prüfung seiner angemeldeten Forderung berechtigt ist. Dagegen wird die Frage, wie aufzunehmen ist, allein durch die ZPO. geregelt, also nach § 250 durch die Zustellung eines Schriftsatzes. Dieser kann nach dem zwingenden § 176 wirksam nur an den für die Instanz bestellten Prozeßbevollmächtigten zugestellt werden. Nach § 86 wird die Vollmacht durch eine Veränderung der Prozeßfähigkeit des Machtgebers nicht aufgehoben. Nach § 23 KO. erlischt zwar der zwischen dem Gemeinschuldner und seinem Bevollmächtigten bestehende Dienstvertrag mit der Konkurseröffnung. Ist dieser Bevollmächtigte aber ein Anwalt, so bedarf es nach § 81 ZPO. dem Gegner gegenüber noch der Anzeige von der Bestellung eines anderen Anwalts. Da hier eine solche Anzeige noch nicht vorlag, konnte der Schriftsatz nur an den bisherigen Prozeßvertreter zugestellt werden. M.

[1] Bei Streitigkeiten der GmbH. ist ein Gesellschafter oder dessen gesetzlicher Vertreter nicht als Mitberechtigter oder als Regreßpflichtiger i. S. des § 41 Nr. 1 anzusehen (Pr. OVG. 76 S. 512). Feindschaft des Richters mit dem Prozeßvertreter: JW. 1923 S. 839.

[2] Der § 89 ZPO. ist entsprechend anzuwenden, wenn der Pfleger Namens des Kindes nach dessen Tode klagt (OLG. Naumburg 15. Dez. 1921; AnwZ. 1922 S. 8).

e) **Kostenpflicht:** α) **wenn die Erfüllungsklage wegen Rücktritts aus § 326 BGB. für erledigt erklärt wird.**

OLG. Stettin, 2. ZS. Urteil v. 24. Oktober 1921.

Der Kläger, der aus einem Heukaufe auf Erfüllung geklagt hatte, setzte beim Herannahen der Heuernte eine Frist nach § 326 BGB., erklärte dann den Rücktritt und beantragte schließlich, den Rechtsstreit für erledigt zu erklären. Das LG. legte dem Kläger die Kosten auf, indem es Klageverzicht annahm.... Wenn dieser auch in einer unberechtigten Erledigungserklärung liegen kann, wenn sich nämlich der Klaganspruch durch ein nicht ohne Zutun des Klägers eingetretenes Ereignis erledigt hat (Warn. 12 S. 160), so ist doch hier die Erledigung nicht auf die alleinige Tätigkeit des Klägers zurückzuführen, sondern eine Folge des Verhaltens des Beklagten (aM. Rsp. 37 S. 131 b). [Vgl. JW. 1923 S. 848[22].]

Durch die Nachfrist verwandelt sich die Leistung in eine Fixschuld, die mit dem Ablaufe der Frist nicht mehr erfüllt werden kann. Diese Unmöglichkeit fällt dem Schuldner zur Last, weil er durch Verzugsbereinigung die Fristsetzung wirkungslos machen könnte. Für den Erfüllungsanspruch des Gläubigers hat der Rücktritt keine Bedeutung mehr; er verfügt nur noch über die übrigen aus dem Vertrag etwa schon entstandenen oder sonst noch entstehenden Ansprüche des Gläubigers und zerstört die Gegenansprüche des Schuldners. Folglich ist es der Fristablauf und nicht der Rücktritt, der den Erfüllungsanspruch erledigt. Als Unterlegener im Augenblicke des Fristablaufs muß aber der Beklagte gelten, denn bis dahin war der Anspruch begründet (RG. 57 S. 385). Die gegenteilige Meinung (OLG. Düsseldorf JW. 1922 S. 1407) führt auch zu unbefriedigenden Ergebnissen; stellt der Schuldn während der Frist den Gläubiger klaglos, zB. durch Erfüllung oder durch Aufrechnung zc., so muß er die Kosten tragen; verharrt er dagegen in seiner rechtswidrigen Erfüllungsweigerung, so soll der Gläubiger zu den Kosten verurteilt werden. Man kann nicht einwenden, daß dieser eben nicht zurücktreten darf, sondern den Schadensanspruch wegen Nichterfüllung weiter verfolgen muß. Denn nach der Ansicht des RG. (70 S. 337), die allerdings sehr beachtlichen Widerspruch gefunden hat (Rsp. 16 S. 369, 27 S. 71), könnte ihm dann mit Erfolg Klagänderung eingewendet werden; er liefe also Gefahr, falls während des Rechtsstreits sein Erfüllungsinteresse wegfiel, die Kosten tragen zu müssen (Stein, ZPO. § 268 V 3). D. l.

β) **Erledigung der einstw. Verfügung. Bedeutung der §§ 99³, 344, 924.**

Kammergericht, 15. ZS. Beschluß v. 20. Juni 1923.

Für die Kostenlast nach Erledigung der Hauptsache ist von Bedeutung, ob der Verfügungskläger ein schutzbedürftiges Interesse gehabt hat. Das ist zu verneinen. Der Anspruch auf Lieferung der gekauften Hölzer bestand zwar noch, als er am 3. März die Verfügung beantragte. Er hatte aber am 26. Februar dem säumigen Gegner aus § 326 BGB. eine Frist bis zum 6. März bestimmt. Dadurch verlor er nach Ablauf der Frist den Anspruch auf Lieferung. Diese Rechtswirkung war freilich zurzeit des Antrags noch nicht eingetreten, sie stand aber so nahe bevor, daß eine bis dahin noch zulässige Erfüllung des zu sichernden Anspruchs nicht mehr erzwungen werden konnte; deshalb fehlte es an einem Bedürfnis, ihn noch durch ein Veräußerungsverbot zu sichern. War hiernach der Antrag von vornherein ungerechtfertigt, so treffen die Kosten den Kläger. Dieser hat auch die Kosten des Versäumnisurteils vom 18. März zu tragen, selbst wenn es nicht in gesetzlicher Weise ergangen wäre, da es dann bei der allgemeinen Vorschrift des § 91 verbleibt. Außerdem setzt der § 344 voraus, daß zugunsten des Einsprucheinlegenden entschieden wird, während hier das Versäumnisurteil hätte aufrecht erhalten werden müssen. Schließlich ist es rechtmäßig erlassen; denn der § 924 bezieht sich nur auf neue tatsächliche Behauptungen, solche sind in der Verhandlung nicht vorgebracht. Auch im Verfahren gegen die mitbelangte X. ist die Beschwerde an sich statthaft. Allerdings hat der Kläger noch im erstinstanzlichen Schlußtermin beantragt, ihre Beteiligung am Widerspruchsverfahren für unzulässig zu erklären. Dieser Antrag zur Hauptsache ist aber bei der Endentscheidung übergangen. Da das Urteil gemäß § 321 nicht ergänzt ist, kommt § 99[3] zur Anwendung. Weiter steht der X. aber ein Widerspruchsrecht als Verfügungsbeklagter zu. Maßgebend ist der Inhalt der einstw. Verfügung, die ausdrücklich angeordnet: 2. der X. wird verboten, die Hölzer an den Gegner oder auf dessen Anweisung an Dritte herauszugeben. Damit ist auch gegen X. die Verfügung erlassen worden. Sachlich war sie unbegründet, da ein Anspruch des Klägers gegen sie nicht bestand. Lhd.

γ) **Anwaltstätigkeit für die Sicherheitshinterlegung.**[1]

OLG. Braunschweig, 2. ZS. Beschluß v. 14. Februar 1922.

Die Frage, ob diese Tätigkeit durch die Prozeßgebühr abgegolten wird, ist mit dem hiesigen 1. ZS. (Rsp. 13 S. 265) aus den Gründen des RG. (9 S. 329) zu bejahen. Aber auch bei gegenteiliger Ansicht sind jedenfalls keine besonderen Umstände ersichtlich, die hier für die Hinterlegung und Rücknahme die Zuziehung eines Anwaltes notwendig erscheinen ließen. Daß dem Kläger nicht zugemutet werden könne, sie selbst zu besorgen, weil er mit den Förmlichkeiten der Hinterlegung nicht vertraut sei, kann nicht zugegeben werden. W.n.

δ) **Währungsschaden an der Vollstreckungssicherheit.**

OLG. Hamburg, 5. ZS. Urteil v. 14. Juli 1922.

Nach Hinterlegung der Vollstreckungssicherheit von 20000 Mark zahlte die Beklagte unter Vorbehalt. Ihre Berufung wurde verworfen, worauf der Kläger (Holländer) die 20000 Mark zurückerhielt. Er behauptet, daß er für ihre Beschaffung am 30. Mai 1921 nach dem damaligen Kursstande

[1] Läßt sich der Anwalt gemäß § 496[6] eine Abschrift des vollständigen Urteils vom Gericht erteilen, so sind die Kosten notwendige des § 91 (OLG. Stuttgart 8. Febr. 1922). Dagegen sind die Kosten eines von der Beklagten über den Geisteszustand ihres Mannes eingezogenen Gutachtens nicht zu erstatten; denn wäre es auf jenen Zustand für die Richtigkeit des Ehe- und Erbvertrags angekommen, so hätte er durch gerichtlich ernannte Sachverständige festgestellt werden müssen (OLG. Stuttgart, 2. ZS. Beschluß v. 22. Nov. 1923). S.

923 Gulden habe aufwenden müssen, und daß er Anfang 1922 bei Umwandlung der Mark nur 287 Gulden erlöst habe. Die Klage auf 636 Gulden ist unbegründet... Allerdings treffen die Gründe, mit denen grundsätzlich die Ersatzpflicht des Schuldners aus § 286 BGB. geleugnet wird, nicht zu. Der § 712² ZPO. schließt nicht aus, daß dem Gläubiger die ihm aus einer Vollstreckung erwachsenen Vermögensnachteile zu ersetzen sind, falls sich dies aus dem bürgerlichen Recht begründen läßt. Denn die Haftung des vor Rechtskraft vollstreckenden Gläubigers war besonders auszusprechen, da sie sich aus dem bürgerlichen Recht nicht ergibt. Dagegen befaßt sich die ZPO. nicht mit den Rechtsfolgen des Schuldnerverzugs; ihre Erwähnung an dieser Stelle war daher auch nicht geboten. Auch die Erwägung, daß die Leistung der Sicherheit nicht ursächlich mit dem Schuldnerverzuge zusammenhänge, ist nicht zutreffend. Welche Folgerungen der Gläubiger aus diesem Verzuge zieht, beruht regelmäßig auf seiner Entschließung. War die Vollstreckung durch die Interessenlage geboten, dann liegen auch die für den Gläubiger daraus sich ergebenden nachteiligen Vermögensfolgen innerhalb der Grenzen adäquater Verursachung und es ist weder billig noch im Recht begründet, ihm, der durch den Verzug seines Schuldners zur vorläufigen Vollstreckung genötigt ist, den Ersatz des ihm dadurch entstandenen Schadens zu versagen...

Dagegen hatte der Kläger, obwohl in Holland ansässig, nicht nötig, zur Beschaffung der 20000 Mark Gulden umzuwandeln und so ein Kursrisiko zu schaffen, das in seinen Folgen nicht abzusehen war. Besaß er keine Markguthaben, so bot sich ihm der Weg, gegen Deponierung von Gulden ein Markdarlehn aufzunehmen oder holländische Wertpapiere zu lombardieren. Zum mindesten aber hätte er der Beklagten mitteilen müssen, daß er Gulden verkaufen wolle und dadurch die Gefahr einer Währungsverschlechterung schaffe. Sie hätte dann zweifellos unter Vorbehalt gezahlt oder hinterlegt. B.

6) **„Sofortiges" Anerkenntnis. Unterzeichnung ministerieller Schreiben.**

Kammergericht, 8. ZS. Urteil v. 4. Januar 1922.

Wie die vorausgegangene Freigabeaufforderung, enthielt auch die Widerspruchsklage nichts weiter, als die Angabe, daß der Kläger Eigentümer sei. Aus den ihr beigefügten Rechnungen konnte das Gericht wohl entnehmen, wie der Kläger sein Eigentum zu begründen gedachte, daß er als Tischlermeister die Möbel aus eigenem Material gefertigt und dem Schuldner unter Eigentumsvorbehalt verkauft, also Eigentum erworben und nicht wieder verloren habe. Aber die Beklagte war hierzu nicht in der Lage, da ihr die Rechnungen &c nicht mit zugestellt worden waren; für sie lag nichts vor, als daß der Kläger behauptete, Eigentümer zu sein, und in Aussicht stellte, sein Eigentum demnächst durch in seinen Händen befindliche Rechnungen &c beweisen zu wollen. Ausreichend dargelegt wurde das Eigentum des Klägers der Beklagten erst dadurch, daß ihr im Termine nach Verlesung des Klagabweisungsantrags der Inhalt der Rechnungen bekannt gegeben wurde. Das jetzt erklärte Anerkenntnis des Anspruchs muß noch als ein „sofortiges" angesehen werden.... V.

Dazu: OLG. Hamburg, 6. ZS. Beschluß v. 23. März 1923.

Auf Grund der Bek. vom 23. Juni 1916 (RGBl. 185) hat das Reichswirtschaftsamt Ende 1918 in einem „Im Auftrage: v. A." unterzeichneten Schreiben die vom landesflüchtigen N. vorgenommene Abtretung seines Vermögens an den Kläger in Zürich als nicht geschehen erklärt. Dieses Vermögen wurde sodann auf Grund der VO. v. 12. Juli 1917 unter Zwangsverwaltung des Beklagten gestellt. Nachdem der Kläger auf Auskunft über den Bestand jenes Vermögens und auf dessen Herausgabe geklagt und das LG. Beweis erhoben hatte, hat der Reichsminister für Wiederaufbau unter Hinweis darauf, daß der Senat in Hamburg die Wiedereinbürgerung des N. beschlossen habe, die Anordnung von Ende 1918 aufgehoben, worauf der Hauptanspruch durch Herausgabe des Vermögens erledigt wurde. Das LG. hat den Kläger in die Kosten verurteilt. Die Beschwerde hierüber ist unbegründet.

Die Anordnung von 1918 ist rechtswirksam von einer dazu beauftragten Persönlichkeit erlassen.... Durch den Erlaß vom 11. November 1918 (RAnz. Nr. 268) hat die Regierung die Staatssekretäre und die Chefs der Reichsbehörden mit der vorläufigen Weiterführung der Geschäfte beauftragt. „Außerdem ist im nichtamtlichen Teil (das. Nr. 271) bekannt gemacht, daß die Verteilung des Arbeitsstoffs innerhalb der Reichsregierung keinesfalls einen Ersatz oder eine Aufhebung der bisherigen Staatssekretariate bedeutet; diese behalten vielmehr nach dem Willen der Reichsleitung ausdrücklich und uneingeschränkt ihre Arbeitsgebiete und erledigen die ihnen gegebenen Aufgaben nach der generellen Anweisung der Reichsregierung." Hieraus darf gefolgert werden, daß die Regierungsgewalt demgemäß in dem hier bezeichneten Umfange auch Ende 1918 nicht unterbunden oder unterbrochen war. Zum Geschäftsbereiche des RWAmts gehörten die Angelegenheiten, die sich auf die wirtschaftlichen Kriegsmaßnahmen beziehen (ZBl. 1917 S. 398). Da es als Zentralbehörde unmittelbar dem Reichskanzler unterstellt worden ist (RGBl. 1917 S. 963), so kann auch unbedenklich angenommen werden, daß bei der zeitweisen Nichtbesetzung des Reichskanzlerpostens der Staatssekretär als befugt anzusehen war, die Anordnungen von sich aus zu treffen, die, dem Arbeitsgebiete des Amts angehörig, durch die VO. vom 23. Juni 1916 dem Reichskanzler übertragen waren. Das gilt demnach hinsichtlich der hier fr. Anordnung. Damals war ein Staatssekretär des RWAmts vorhanden. Die Befugnis des Ministerialdirektors v. A. aber, im Auftrage dieses Staatssekretärs zu zeichnen, beruht der Auskunft der RWMin. zufolge auf der allgemeinen Geschäftspraxis der früheren Reichsämter (Reichsministerien), wonach die Abteilungsdirektoren innerhalb des Bereichs der Abteilung die Geschäftssachen abschließend zeichnen, soweit sie nicht auf Grund allgemeiner Richtlinien oder nach Lage des Einzelfalles der Zeichnung durch eine höhere Stelle ausdrücklich vorbehalten sind oder ihnen ohne solchen Vorbehalt vom Direktor auf Grund seines Ermessens zur Zeichnung vorgelegt werden; ein solcher Vorbehalt komme hier nicht in Frage. — Wie in dem beigegebenen Stück Nr. 183 an den Reichsrat (Tagung 1920) der Reichsminister des Innern betont, ist die Frage, wieweit Reichsminister mit der Unterzeichnung dienstlicher Schriftstücke die Staatssekretäre 2c betrauen können, Angelegenheit des inneren Dienstbetriebs. Dasselbe gilt auch hier und deshalb haben die Gerichte diesen besonderen Punkt überhaupt nicht nachzuprüfen.

Mit Recht sind bei solcher Rechtslage dem Kläger die Kosten auferlegt. Der § 93 erscheint analog anwendbar, wenn eine Klaglosstellung im Anerkenntnis des Klaganspruchs erfolgte (RG. 53 S. 324). Hier hat aber der Beklagte, nachdem die gegen die Abtretung des N. gerichtete Anordnung aufgehoben worden war, das abgetretene Vermögen herausgegeben. Darin darf besonders auch das Anerkenntnis des in erster Linie auf Auskunft erhobenen Anspruchs gesehen werden, den dann der Kläger ebenso wie den Herausgabeanspruch unter Zustimmung des Beklagten als erledigt erklärte. § 93 erscheint aber weiter auch anwendbar, wenn das Anerkenntnis (Klaglosstellung) zwar nicht in der ersten Verhandlung, aber doch dann sofort abgegeben wird, sobald der ursprünglich unbegründete Klaganspruch eine ihn begründende Stütze erhält durch irgendein nicht vom Beklagten zu vertretendes Ereignis. Ein solches läge zB. in einer während des Rechtsstreits erfolgenden, dem Standpunkt der Klage Rechnung tragenden Gesetzesänderung. Es liegt auch hier in der Zurücknahme der Anordnung. Die Klaglosstellung ist aber sofort nach seinem Eintritt erfolgt. B.

2) **Festsetzung der Kosten des Schiedsverfahrens.**[1]

OLG. Stuttgart, 2. ZS. Beschluß v. 12. Mai 1922.

Diese Kosten hat nicht das ordentliche Gericht (so KG.), sondern das Schiedsgericht festzusetzen, da sie nicht zu den Kosten im Sinne von § 103flg. gehören. Auch wird häufig nur das Schiedsgericht beurteilen können, ob die Kostenanrechnungen gerechtfertigt sind, und regelmäßig eine solche Entscheidung dem Willen der Parteien entsprechen wird. Nur dann, wenn es nicht mehr zusammentreten kann, zB. weil ein Schiedsrichter gestorben ist, oder wenn sich erhebliche Schwierigkeiten hierbei ergeben, wird das ordentliche Gericht einzutreten haben. Ferner hat das RG. (Rsp. 13 S. 242 Note), Stein (§ 1042 VI[26]) angenommen, daß sich die Schiedsrichter ihr eigenes Honorar dem Betrage nach nicht wirksam zusprechen können. Andere nehmen auch dies an (Rsp. 9 S. 88). Hier haben die Schiedsrichter in der Hauptsache nur bare Auslagen und Zeitversäumnis, nicht aber ein eigentliches Honorar berechnet. S.

[1] Der Gerichtsschreiber kann seinen Festsetzungsbeschluß auf Erinnerung aufheben (OLG. Braunschweig 17. Januar 1922, 2 w 52/21), auch dann, wenn eine Gerichtsentscheidung schon über einen von der neuen Erinnerung nicht berührten Punkt ergangen ist (OLG. Karlsruhe 23. Dez. 1921; Rpr. 1922 S. 53).

f) **Sicherheitsleistungs(Ausländervorschuß)pflicht:** α) **der Engländer.**[1]

OLG. Düsseldorf, 4. ZS. Zwischenurteil v. 23. Februar 1922.

Diese Pflicht kann nicht aus Art. 277 FV. hergeleitet werden; denn er sichert nur allgemein den alliierten Mächten den Rechtschutz, der ihnen nach deutschen Gesetzen nie versagt gewesen ist. Auch Art. 276c das. greift nicht Platz, da die Sicherheit auf die tatsächlich entstehenden Kosten, die nicht höher sind als bei Inländern, verrechnet wird. Endlich ist Art. 291 unanwendbar, weil England bis jetzt nicht das nach Abs. 2 notwendige Verlangen gestellt hat. J.n.

Dazu: OLG. Hamburg, 1. ZS. Beschluß v. 1. März 1922.

Der Kläger (Engländer) beansprucht, obwohl in England Vorschußpflicht für die Gerichtskosten besteht, Befreiung von ihr auf Grund Art. 276c FV. Allein Art. 276 behandelt nicht die Rechte der Angehörigen der alliierten Staaten vor den deutschen Gerichten, sondern will sie nur in ihrer wirtschaftlichen Gleichstellung mit den Deutschen innerhalb Deutschlands vor Nachteilen schützen.... Sie sollen freie Ausübung von Handel und Gewerbe genießen und vor persönlichen und sachlichen Sondersteuern und Lasten geschützt sein. Ihre Behandlung vor Gericht steht dort nicht in Frage und ist in Art. 277 geregelt. Überdies handelt es sich bei dem Ausländervorschuß nicht um eine Höherbelastung der Ausländer mit Gerichtsgebühren, sondern nur um eine Sicherstellung der Staatskasse für die Gebühren allein, die auch deutsche Staatsangehörige in gleicher Höhe zu zahlen haben; sie könnte aber nicht als Sondergebühr für Ausländer, Abgabe oder Steuer abgefaßt werden, da ein etwaiger Überschuß zurückgezahlt wird. B.

β) **der Griechen, besonders in Handelssachen.**

OLG. Hamburg, 3. ZS. Urteil v. 9. Februar 1922.

Die Einrede der mangelnden Sicherheit ist begründet. Mit dem Heimatlande des Klägers (Advokat in Athen) war allerdings die Gegenseitigkeit verbürgt (Handelsvertrag von 1885 Art. 3; RGBl. 1885 S. 23; Rsp. 22 S. 279); dieser Vertrag ist aber durch Art. 289[1] FV. aufgehoben und bis jetzt nicht wieder in Kraft gesetzt worden. — Das Haager Abkommen über den Zivilprozeß (RGBl. 1909 S. 409, S. 430) befreit in Art. 17 die Angehörigen der Vertragsstaaten von der Sicherheitsleistung. Griechenland zählt indessen nicht zu diesen Staaten. Der Art. 277 FV. bedeutet lediglich die Freiheit von dem besonderen, dem Ausländer nach §§ 81, 85 GKG. obliegenden Vorschuß zur Deckung der staatlichen Gefälle, also der Gerichtskosten. Nur in dieser Beschränkung kann der Senat seine frühere Entsch. (Seuff. 16 S. 312) aufrecht erhalten. Der Art. 276d will „die Auferlegung", dh. die neue staatliche Auferlegung von Beschränkungen der Rechte von Angehörigen der gegnerischen Vertragsstaaten verhindern. Das trifft hier nicht zu; vielmehr ist gerade durch die Aufhebung des erwähnten Handelsvertrags von selbst

[1] Ebenso KG. 5. ZS. 7. Dez. 1921, KGBl. 33 S. 48; AG. Cöln (JW. 1922 S. 168). Anwendung des § 110² Nr. 1 gegenüber Finnland: Pr. JMBl. 1922 S. 96, desgleichen gegenüber Littauen und Estland: das. 98; dagegen nicht gegenüber Lettland: das. 68.

der alte Zustand wieder in Kraft getreten. Keinesfalls aber könnte Art. 276 d etwas anderes gemeint haben, als nur die Befreiung von dem Ausländer-Gerichtskostenvorschuß.[1]

γ) der Galizier nach Einverleibung in Polen.

Kammergericht, 14. ZS. Zwischenurteil v. 14. Juli 1922.

Die Einrede aus § 274 Nr. 5 ist begründet. Der Kläger ist nach der Einverleibung von Galizien in Polen Staatsangehöriger der Republik Polen geworden, die dem Haager Abkommen noch nicht beigetreten ist. Dies wäre aber bei der Fassung des Art. 287 FV., die die Anwendung des Abkommens auf die Vertragsstaaten des Abkommens beschränkt, notwendig gewesen. Denn die völkerrechtlichen Verträge der alten Staaten, aus dessen Teilen der Freistaat besteht, sind für ihn erloschen, da es seine Staatsgewalt nicht von diesen Staaten ableitet, sondern sich als neuer Staat betrachtet (Rsp. 41 S. 259). Auch die Art. 276, 277, 291 FV. stehen dem Kläger nicht zur Seite. D.g.

δ) Feststellung der Staatsangehörigkeit.[2]

OLG. München, 3. ZS. Urteil v. 14. Februar 1922.

Die Klägerin, die von ihren erstehelichen Kindern Unterhalt beansprucht, ist infolge ihrer zweiten Verehelichung mit H., der aktiver Offizier der Öst.-Ung. Armee war, nicht mehr Deutsche, sondern Ausländerin im Sinne des § 110 ZPO. und teilt die Heimat und die Staatsangehörigkeit des H. Sie ist dafür, daß sie trotzdem nicht verpflichtet ist, wegen der Prozeßkosten Sicherheit zu leisten, beweispflichtig und sie behauptet, H. besitze die Heimat in Wien, also die Staatsangehörigkeit in Deutsch-Österreich und sei nach der Bek. v. 23. Dezember 1897 (RGBl. S. 792) nicht kautionspflichtig. Dieser Nachweis ist erbracht. Nach Abschn. VI Art. 70 des Friedensvertrags von St. Germain (Österr. StaatsGBl. 1919 S. 995) erwerben alle Personen, die das Heimatrecht in einem Gebiete besitzen, das früher zur öst.-ung. Monarchie gehörte, ohne weiteres die Staatsangehörigkeit des Staates, der auf dem abgetrennten Gebiete die Souveränität ausübt. Maßgebend ist also nicht der Geburtsort oder die Abstammung, sondern die Heimat, und zwar hier die Heimat im Sinne des österr. Heimatges. v. 5. Dez. 1896 (RGBl. Nr. 222). Danach erlangen eheliche Kinder das Heimatrecht in der Gemeinde, wo der Vater bei ihrer Geburt heimatberechtigt (= zuständig) ist, sie folgen bei Veränderungen im Heimatrechte dem Vater, wenn sie nicht eigenberechtigt sind. Militärpersonen werden bezüglich des Heimatrechts, das ihnen beim Eintritt in den Militärdienst und beim Austritt zusteht, nach dem Heimatgesetze be-

[1] Anders ist dagegen in Handelssachen zu entscheiden, weil dann nach Art. 79 der griechischen ZPO. die sonst in Griechenland bestehende Verpflichtung der Ausländer zur Sicherheitsleistung für die Prozeßkosten wegfällt; vgl. Leske-Löwenfeld 2 S. 27 (Urteil desselben ZS. v. 23. Mai 1922). Ebenso Pr. JMBl. 1923 S. 636.

[2] Eine Reichsdeutsche, die 1917 einen Elsaßer geheiratet hat, erwarb dadurch die elsaß-lothr. Staatsangehörigkeit; nur diese verlor sie, wenn ihr Mann auf Grund des FrV. die franz. Staatsangehörigkeit erwirbt, nicht auch die deutsche Reichsangehörigkeit (OLG. Hamm, 5. ZS. Beschluß v. 1. Febr. 1922; JW. 1459).

urteilt. Die „Eigenberechtigung“ tritt ein mit dem Erlöschen der väterlichen Gewalt, also mit der Volljährigkeit, dh. mit der Vollendung des 24. Lebensjahres (Polzer, Heimatgesetznov. Bem. 30 S. 38). Nach den Urkunden ist der Mann der Klägerin 1880 als Sohn des Johann H., der 1891 gestorben und damals in Wien zuständig gewesen ist, geboren und hat hiernach 1891 als erst 10jähriger noch nicht Eigenberechtigter mit seinem Vater das Heimatrecht in Wien besessen. Dafür, daß hierin eine Änderung eingetreten sei, liegen keine Anhaltspunkte, nicht einmal Behauptungen der Beklagten vor. H.n.

ε) **insbesondere klagender Zweigniederlassungen.**

OLG. Hamburg, 6. ZS. Zwischenurteil v. 6. Januar 1923.

Das LG. stützt sich auf § 4 des deutsch-lettischen Vertrags (RGBl. 1920 S. 1624) und mißt der Klägerin, als einer in Riga seßhaften Gesellschaft, da der dortigen Gerichtsbarkeit unterworfen, die lettische Staatsangehörigkeit bei. Es fragt sich hier jedoch zunächst, welche Persönlichkeit rechtlich hinter dem Namen der Klägerin steht. Nach der Bescheinigung steht eine Libauer Filiale in Frage, und die Abschrift aus dem Danziger Handelsregister ergibt, daß dort eine Zweigniederlassung der unter gleicher Firma in London betriebenen Hauptniederlassung eingetragen ist. Die Libauer Filiale steht danach offenbar auf gleicher Stufe wie die Danziger Zweigniederlassung oder ist der letzteren unterstellt. In keinem dieser Fälle sind die Filialen nach der herrschenden Anschauung selbständige Rechtssubjekte, sondern Zubehör der Hauptniederlassung. Die hinter dieser stehende Aktiengesellschaft betreibt aber die Hauptniederlassung in London, hat also dort ihren Sitz und gehört mithin dem englischen Staate an (RG. 38 S. 406). Ob Zweigniederlassungen ausnahmsweise nach ihrem tatsächlichen Aufbau als selbständige Rechtssubjekte angesehen werden können (HansRZ. 1922 S. 515), kann hier dahingestellt bleiben, weil dafür hier weder bezüglich der Libauer noch der Danziger Niederlassung etwas vorliegt. Daß Engländer kautionspflichtig nach § 113 sind, ist jetzt allgemein anerkannt (JW. 1922 S. 1594, HansRZ. 1922 S. 867). W.

g) α) **Gebührenklage des Armenanwalts gegen seine Partei.**[1]

OLG. Düsseldorf, 4. ZS. Urteil v. 20. März 1922.

Der Kläger war seiner Partei, nachdem er schon die Klage für sie erhoben und von ihr einen Honorarschein über 1000 Mark erhalten hatte, im Armenrecht beigeordnet worden. Später stellte sie ihm einen zweiten Schein über 500 Mark aus. Nach Beendigung des Prozesses beanspruchte er Zahlung seiner gesetzlichen Gebühren und der Sonderhonorare.... Allein mit dem Augenblick, in welchem er zum Armenanwalt bestellt war, erlosch jeder Anspruch auf eine Vergütung. Dies gilt nach Wortlaut und Inhalt des § 115 in erster Linie für die seit Bewilligung des Armenrechts ausgeübte Tätigkeit.

[1] Der beim Prozeßgericht zugelassene Anwalt, der zum Pfleger der armen Partei bestellt ist, kann seine Bestellung zum Armenanwalte beantragen, weil er sonst den Prozeß ohne Vorschußleistung (BGB. §§ 1835, 1915, 669) führen müßte (OLG. Rostock, 2. ZS. Urteil v. 24. Febr. 1922; JW. S. 1417).

Für sie steht dem Anwalt eine Vergütung nur dann zu, wenn später die Voraussetzungen des § 125 eintreten; daran fehlt es. Die Bewilligung eines Sonderhonorars nach Erteilung des Armenrechts verletzt, wenn sie nicht nur für den Fall des § 125 erfolgt ist, den § 115 und damit eine zwingende Vorschrift, ist also nach § 134 BGB. nichtig, wenn auch der Anwalt freiwillig gezahlte Beträge annehmen darf. Der Zweck des § 115 ist eben der, daß die arme Partei vorläufig von der Bezahlung von Gebühren und Auslagen befreit sein soll. Wollte man eine Vereinbarung gedachter Art für verbindlich erklären, so könnte die Gefahr einer Umgehung des § 115 bestehen. Demnach kann auch, solange nicht das Armenrecht entzogen ist oder die Voraussetzungen des § 125 eingetreten sind, auf die Befreiung von der Bezahlung der Gebühren nicht verzichtet werden. Dies gilt selbst dann, wenn die Partei das Honorar ohne jedes Verlangen vollkommen freiwillig verspricht.

Der Armenanwalt kann aber auch für die Zeit vor seiner Beiordnung nichts mehr beanspruchen. Dies hat in erster Linie von seinen Gebühren und Auslagen nach Sinn und Zweck des § 115 zu gelten, soweit nicht die besonderen vorgesehenen Voraussetzungen gegeben sind. Dasselbe gilt von einem vorher versprochenen Honorar. Es wird hinfällig und bleibt auch nicht insoweit in Kraft, als es nach dem Willen der Parteien die bereits vorher entfaltete Tätigkeit vergüten sollte. Auch eine derartige Annahme widerspräche dem Sinn und Zweck des § 115, da von der Bestellung zum Armenanwalt an irgendein Anspruch gegen die Partei auf Vergütung nicht mehr bestehen soll.... J. n.

β) Gebühren des Armen- und des späteren Wahlanwalts.

Kammergericht, 3. ZS. Beschluß v. 8. März 1922.

Die Beklagte hat den ihr bestellten Armenanwalt, der für sie streitig verhandelt hatte, durch einen Wahlanwalt ersetzt. Dieser hat sodann für sie gegen den abgewiesenen Kläger die Festsetzung der Prozeß-, Verhandlungs- und Beweisgebühr in voller Höhe erwirkt. Die demnächst vom Armenanwalt beantragte Festsetzung seiner Gebühren wurde abgelehnt. Allein als Ausgleich dafür, daß der Armenanwalt gezwungen ist, die Vertretung einer ihm nicht genehmen Partei und Sache ohne Vorschuß zu übernehmen, ist ihm in § 124 ein selbständiges Recht auf Befriedigung seiner Gebühren gegeben. Dieser Anspruch kann durch eine Verfügung, die die arme Partei selbst oder durch einen Bevollmächtigten ohne Zustimmung des Armenanwalts vornimmt, nicht beeinträchtigt werden, wie sich als die Absicht des Gesetzes aus § 124² ergibt.[1] M.

h) α) Verhandlung ohne Klagezustellung.[2] Kostenentscheidung nach Vergleich.

[1] Diese Gründe sind nicht überzeugend. In der Bestellung eines Wahlanwalts liegt regelmäßig der Verzicht auf die Beiordnung und insoweit auf das Armenrecht. Der Armenanwalt ist nicht mehr Prozeßvertreter und wird auch nicht in der Urteilsform aufgeführt; er kann sich daher nur an seine Partei gemäß § 125 halten. D. H.

[2] a) Verwendung der Kurzschrift: RGSt. 55 S. 1.

b) Der Nebenintervenient ist auch als Streitgenosse der Partei (§ 69) nicht berechtigt, aus einem in seiner Person beruhenden Grunde die Aussetzung des Verfahrens aus § 247 zu beantragen (OLG. Dresden, 3. ZS. Beschluß v. 18. Sept. 1918; SächsA. 1921 S. 143).

OLG. Kiel, 1. ZS. Beschluß v. 27. März 1922.

Nachdem die Klageschrift von der Post als unbestellbar zurückgegeben worden, hat der Kläger in einem dem Prozeßvertreter der Beklagten zugestellten Schriftsatz die Klage zurückgenommen und dabei vermerkt, daß am 8. Febr. Termin sei. Im Termine hat der Kläger die Klagerücknahme wiederholt und dem Antrage der Beklagten, ihm die Kosten aufzuerlegen, widersprochen, weil die Parteien sich verglichen hätten und er dabei nur die Gerichtskosten übernommen hätte. Seine Beschwerde über die Verurteilung in die Prozeßkosten ist begründet. Wenn auch formell eine Klage nicht erhoben war, so haben doch die Parteien in einer Weise verhandelt, als wenn sie ordnungsmäßig erhoben wäre. Regelmäßig beginnt zwar der Rechtsstreit mit der Klagezustellung, doch ist das keine zwingende Formvorschrift. Die Parteien können auf sie verzichten und das haben sie hier getan. Das LG. hatte keinen Anlaß, die Klagezustellung zu prüfen, da beide Parteien über die Klagerhebung nicht stritten. Auf Grund der Verhandlung war es zum Erlaß eines Urteils befugt, dieses ist jedoch unzutreffend. Ein Vergleich, und zwar auch ein außergerichtlicher, ist im Sinne des § 271 einem rechtskräftigen Urteil gleichzuachten. Die Parteien durften im Vergleich über die Hauptsache die Kosten regeln und ihre Vereinbarung schließt die Anwendung irgendwelcher Kostenbestimmung der ZPO. aus. Ein Kostenurteil muß daher, soweit es zulässig ist, dem Vergleich entsprechen. Ob der Vertreter der Beklagten von dem Vergleiche noch keine Kenntnis hatte, ist unerheblich. Die tatsächliche Lage ist maßgebend.

Nach dem Vergleich hatte die Beklagte kein Interesse an einem Urteil, denn sie hatte keinen Erstattungsanspruch, und hinsichtlich der Gerichtskosten war sie nicht Schuldnerin (§ 46, 89 GKG.). Wie bei jeder Klage das Rechtsschutzbedürfnis Prozeßvoraussetzung ist, so wird auch ein Antrag der Beklagten zur Kostenfrage nur zuzulassen sein, falls sie an dem erstrebten Urteil ein Interesse hat. Dem Antrage war auch nicht derart stattzugeben, daß die Kostenlast gemäß dem Vergleich geordnet wurde, denn in derselben Weise hatten die Parteien die Kosten auch ohne Urteil zu tragen. Deshalb trägt die Kosten des Urteils und der Verhandlung die Beklagte gemäß dem entsprechend anwendbaren § 91. Dr. B.p.

β) OLG. Stuttgart, 1. ZS. Urteil v. 31. März 1922.

Der Mangel in der Klagezustellung ist nicht dadurch „überholt", daß der Beklagte von allen späteren Terminen Kenntnis erhalten hat; er kann vielmehr nur durch erneute Zustellung geheilt werden (RG. 99 S. 126); das ist unterblieben. — Ein Mangel liegt aber vor. Nach § 253² Z. 3 muß die Klageschrift die Ladung des Beklagten vor das Prozeßgericht enthalten. Eine Ladung kann nur zu einem bestimmten Termin erfolgen; deshalb gehört dazu die richterliche Terminsbestimmung (WürttJ. 7 S. 299), die hier auf der zugestellten Klageschrift fehlte. Dieser Mangel ist nicht vor der Verhandlung zur Hauptsache wie in den Fällen des § 274, sondern in der nächsten Verhandlung, die auf die Klagerhebung gefolgt ist, nach § 295 zu rügen (RG. 34 S. 396). Im Sitzungsprotokoll vom 14. Februar ist festgestellt, daß der Kläger den Mangel nicht bestritten habe; daraus folgt in Verbindung mit dem Inhalt der Einspruchsschrift, daß Beklagte den Mangel damals geltend gemacht hat. Die Rüge war nicht verspätet; denn diese Verhandlung bildete infolge von Vertagung nur die Fortsetzung der vom 2. Dezember. Hiernach war das ganze Verfahren unzulässig und die Klage angebrachtermaßen abzuweisen. Der § 538 Nr. 2 ist nicht anwendbar, weil keine prozeßhindernde Einrede vorliegt, während sich eine Zurückverweisung aus § 539 durch den Mangel der Rechtshängigkeit verbietet. S.

i) **Rechtsweg**[1]: α) **gegen Verbote spiritistischer Sitzungen.**

OLG. Hamburg, 5. ZS. Urteil v. 13. Oktober 1922.

Nach dem Klagevortrage lassen sich die Kläger bei den von der Polizei verbotenen spiritistischen Sitzungen nur ihre Aufwendungen an Zeit und ihre Auslagen bezahlen, dagegen hat ihnen eine Gewinnabsicht ferngelegen. Danach fallen die verbotenen Handlungen nicht unter einen Gewerbebetrieb. Nach § 24 Ges. v. 23. April 1879 macht aber nur eine Verletzung des als Privatrecht betrachteten Rechts auf freien Gewerbebetrieb[2] den Rechtsweg zulässig. — Dann bleibt nur die Möglichkeit, das verbotene Tun der Kläger als Ausfluß eines privaten Individualrechts auf Handlungsfreiheit anzusehen. Allein das Recht, alles zu tun, was nicht verboten ist, stellt keine echte subjektive Berechtigung, dh. eine von der Rechtsordnung zur Befriedigung eines von ihr anerkannten Interesses dem einzelnen verliehene Willensmacht (Triepel öff. Arch. 40 S. 365; Jelinek, System S. 70) dar, es bedeutet lediglich ein Reflexrecht, eine Reflexwirkung der objektiven Rechtssätze, die Eingriffe in den Kreis der Handlungsfreiheit unter gewissen Voraussetzungen verbieten. Nur jene Berechtigung kann aber unter einem Privatrecht des § 24 verstanden werden. Das ergibt sich schon aus dem Begriff der beiden Arten von Berechtigungen als solchen. Nur ein Anspruch, der von der Rechtsordnung als solcher anerkannt ist und Schutz genießt, kann ein schutzwürdiges Interesse im Sinne des § 24 darstellen.

Diese Rechtslage ist auch durch Art. 114 Reichsverf. nicht geändert worden. Die persönliche Freiheit bedeutet dort allerdings die Freiheit, alles tun zu dürfen, was kein Gesetz verbietet. Sie ist aber gewährleistet nur gegenüber der öffentlichen Gewalt (Meyer-Anschütz Art. 114[1]) und schafft daher keine neue privatrechtliche Berechtigung. Durch Art. 114, der unter „Gesetz" nach ständigem Sprachgebrauch der Verf. auch die Landesgesetz-

[1] Der Einwand, daß ein amtsgerichtlicher Sühneversuch vertraglich nötig sei, betrifft nicht die Zulässigkeit des Rechtsweges, sondern ein aufschiebendes Hindernis, also überhaupt keine prozeßhindernde Einrede (OLG. Karlsruhe 18. Mai 1921; Rpr. 1922 S. 133).

[2] Um einen solchen handelt es sich, wenn der Kläger für seine öffentlichen Vorträge zur Anpreisung eines Mittels (Erleichterung der Geburt) ein Eintrittsgeld erhebt und daraus seinen Erwerb zieht (Urteil des OLG. Hamburg, 5. ZS. v. 13. Okt. 1922).

gebung einschließt (Arndt JW. 1921 S. 1200), ist auch im übrigen an der Bedeutung des § 24 aO. nichts geändert worden.[1] B.

β) **Bei Enteignungen auf Grund des Friedenvertrags.**

Kammergericht, 7. ZS. Urteil v. 19. Mai 1922.

Das inländische Vermögen der Beklagten (Engländerin) wurde während des Krieges liquidiert; die dabei dem Kläger verkauften Matrizen sind auf Grund des Gesetzes vom 31. August 1919 vom preuß. Handelsmin. zugunsten der Beklagten enteignet. Der Kläger begehrt Feststellung seines Eigentums. Die Einrede der Unzulässigkeit des Rechtsweges ist unbegründet. Aus Art. 153 RVerf. folgt, daß der Staat nicht allgemein, sondern nur auf Grund einer besonderen, ihn hierzu ermächtigenden Gesetzesvorschrift enteignen darf. Werden daraus privatrechtliche Ansprüche hergeleitet, so ist zu prüfen, ob sich die Verfügung im Rahmen der gesetzlich dem Staate übertragenen Befugnisse hält. Streiten die Beteiligten darüber, so handelt es sich um eine gewöhnliche Eigentumsklage, bei der der Kläger sein Eigentum durch Berufung auf den Eigentumsakt nachzuweisen sucht. Das Gericht muß dann prüfen, ob der Staat das Recht hatte, eine solche Verfügung mit Wirkung für die Privatpersonen zu erlassen und dadurch neues Eigentum zu begründen.... Diese Nachprüfung muß bei Enteignungen auf Grund des Ges. v. 31. Aug. 1919 besonders gefordert werden. Denn zunächst sind die fr. Bestimmungen des Friedensvertrags äußerst unklar, die Gefahr ihrer fehlsamen Anwendung liegt sehr nahe. Sodann braucht in diesem Verfahren der Betroffene gar nicht gehört zu werden (§ 2); er kann also mit der Zustellung des Bescheides sein Eigentum verlieren, ohne Gelegenheit gehabt zu haben, seine Bedenken gegen die rechtliche Zulässigkeit der Enteignung geltend zu machen. Er soll zwar eine Entschädigung erhalten, diese setzt aber nach bestimmten Richtlinien das Reichswirtschaftsgericht endgültig fest.[2] L. n.

γ) **Zuständigkeit deutscher Gerichte nach Art. 296/8 FrV.**[3]

OLG. Kiel, 1. ZS. Urteil v. 19. Juni 1922.

Der Klaganspruch, der vor 10. Januar 1920 entstanden und fällig geworden ist, fällt nicht unter Art. 296 FrV. Dieser bezieht sich seinem Wortlaute nach nur auf Geldschulden; das ergibt sich auch aus dem § 2 der Anl. zu Art. 296, wo von Geldverbindlichkeiten gesprochen ist. Für Sachen gelten die Art. 297, 298. Sie betreffen jedoch nur Sachen von Ausländern, die

[1] Gegen die Verfallserklärung aus § 72 RGetreideO. steht nach Abs. 2 lediglich der Beschwerdeweg offen; da hier die höhere Verwaltungsbehörde endgültig entscheidet, so sollte nach dem Gesetze sie auch die einzige Instanz sein, die über die Berechtigung jener Erklärung zu entscheiden hatte (Urteil desselben ZS. v. 5. April 1922).

[2] Die DemobilmV. vom 21. Nov. 1918 und die AbgeltungsV. vom 4. Dez. 1919 sind anwendbar auf Unterlieferungsverträge, die erst nach dem Stichtage des 10. Nov. 1918 geschlossen sind, dann anwendbar, wenn nur die Hauptlieferung vorher vereinbart war (KG., 7. ZS. Urteil v. 19. Sept. 1922).

[3] Art. 296 Nr. 1 ist im Verhältnis einer deutschen Aktiengesellschaft als Gläubigerin und einem deutschen Schuldner auch dann nicht anwendbar, wenn erstere die Geldforderung an ihre elsässische Zweigniederlassung abgetreten hat (OLG. Karlsruhe 14. Okt. 1921, Rpr. S. 101).

in Deutschland beschlagnahmt oder sequestriert worden sind, und Sachen von Deutschen im Auslande, nicht jedoch Sachen, die wie hier Deutschen gehören und in Deutschland im Besitze feindlicher Ausländer waren. Für die Streitigkeiten über solche Sachen ist die Zuständigkeit der deutschen Gerichte durch den Friedensvertrag nicht beschränkt. Dr. B.p.

k) α) **Vollstreckung des vorläufig vollstreckbaren Endurteils vor Rechtskraft des Zwischenurteils.**

OLG. Hamburg, 6. ZS. Beschluß v. 26. Juni 1923.

... Der Zweck der Vollstreckbarkeit würde vereitelt, wollte man sie einem Endurteile, das vorläufig vollstreckbar ist und sein soll, deshalb absprechen, weil Teile des Streitstoffs noch nicht endgültig entschieden seien; zudem ermöglicht man einem faulen Schuldner, durch Vorschützung prozeßhindernder Einreden die Vollstreckung bis zur formellen Rechtskraft aller ergehenden Zwischenurteile hinauszuziehen. In allen diesen Beziehungen tritt der Senat gegen die herrschende Meinung dem KG. (Rsp. 18 S. 387) bei. Eine andere Frage ist, ob nicht das LG. durch die der Urteilsform eingefügten Worte „vorbehältlich der Rechtskraft der Zwischenurteile" die Verurteilung in vollem Umfang, also auch ihre vorläufige Vollstreckbarkeit, zu einer durch die Rechtskraft der Zwischenurteile bedingten hat machen wollen. Hierfür läßt sich anführen, daß es sich nach den Urteilsgründen „um ein von der Rechtskraft der Zwischenurteile abhängiges Vorbehaltsurteil" handle. Der Vorbehalt erscheint jedoch als ein zur Klarstellung, besonders zur Verhütung einer voreiligen Rechtskraftbescheinigung, in das nur bei Sicherheitsleistung vorläufig vollstreckbare Räumungsurteil aufgenommener Hinweis auf die vorangegangenen Zwischenurteile und ist mithin als Hinweis darauf zu verstehen, daß das Endurteil, auch wenn es nicht angefochten werden sollte, noch nicht endgültig sei. Es liegt doch nach natürlicher Auffassung die Annahme fern, daß das LG., entgegen seiner Beurteilung des ganzen Streites, die Verurteilung und die Vollstreckbarkeit nur bedingt hat aussprechen wollen; daß es das auch tatsächlich nicht gewollt hat, beweist die eigene Auslegung. ... B.

β) **Offenkundigkeit durch Zeitungsberichte.**[1]

Bayer. Oberstes Landesgericht, ZS. Urteil v. 11. Januar 1922.

... Eine bestimmte Einzeltatsache im engeren Sinne örtlich und zeitlich begrenzt, — hier die nähere Ausgestaltung der Kämpfe im Bahnhofviertel am 1. und 2. Mai 1919 einschließlich der Frage, ob etwa hier die rote Armee als streng militärisch organisierte Truppe aufgetreten ist — kann nicht ohne weiteres als gemeinkundig gelten (Gruchot 38 S. 1138; Warn. 4 Nr. 100). Allerdings wurde ein Zeitungsblatt als hierher bezüglich übergeben, das allenfalls eine Stütze der Offenkundigkeit bilden könnte (vgl. RG. 102 S. 343). Allein der klägerische Vertreter hat es zum Nach-

[1] Die private Kenntnis tatsächlicher Verhältnisse, die nur einzelne Mitglieder eines Verwaltungsgerichts erlangt haben, fällt auch dann nicht unter die Gerichtskundigkeit, wenn sie bei Gelegenheit einer amtlichen Tätigkeit (zB. Abhaltung eines Ortstermins im Auftrage desselben Gerichts) erworben ist (Pr. OVG., 4. S. Urteil v. 7. Febr. 1918; Entsch. 74 S. 70).

weise des gegenteiligen Standpunkts vorgelegt, daß also in diesen Schlußkämpfen die rote Armee als zusammengerottete Menge angesehen werden müsse. Die darin enthaltene kurze Schilderung, die im übrigen keine besonderen Einzelheiten hinsichtlich der Kämpfe um das klägerische Anwesen enthält, anderseits die gegen die Reichswehr hier Kämpfenden mehrfach als „Spartakisten" aufführt, kann jedenfalls als entsprechende Grundlage und Stütze für die Auffassung des Berufungsgerichts und die von ihm angenommene Offenkundigkeit nicht gelten. . . . Kn.

γ) **Vorbehaltsurteil des § 302. Widerklage im Nachverfahren wegen anderen Forderungen bei Zustimmung des Klägers.**

OLG. Hamburg, 3. ZS. Urteil v. 20. April 1922.

Gegen die Klage wegen 450 Mark wurde eine Gegenforderung von 3000 Mark zur Aufrechnung gestellt. Das Amtsgericht hat die Beklagte verurteilt, ihr jedoch die Entscheidung über die „3000 Mark, die sie dem Kläger in dessen Geschäft eingeschossen hat, vorbehalten." Als sie im Nachverfahren widerklagend 3854 Mark forderte, wurde der Rechtsstreit an das LG. verwiesen. Hier ermäßigte sie die jetzt als Provision begründete Gegenforderung auf 800 Mark, von denen sie 450 Mark aufrechnend geltend machte und 350 Mark auf Grund der Widerklage bezahlt verlangte. Aus den Gründen:

Ein Vorbehaltsurteil nach § 302 kann nur insoweit erlassen werden, als die Gegenforderung sich mit der Klageforderung deckt, also soweit aufgerechnet ist, nicht auch zur Höhe des Überschusses; es ist indessen rechtskräftig geworden. Für eine Widerklage war danach im Nachverfahren überhaupt kein Raum. Die Voraussetzungen des § 506[1] waren daher nicht gegeben. Der Verweisungsbeschluß ist aber nach § 506[2] auch insoweit, als der Fall des § 506 nicht vorlag, unanfechtbar, und auch für den gegenwärtigen Rechtszug (§ 512). In Frage steht also lediglich die Gegenforderung auf 800 Mark Provision. Vorbehalten ist aber lediglich die Forderung der Beklagten von 3000 Mark, „die sie dem Kläger in dessen Geschäft eingeschossen hat", die also auf Darlehns- oder Gesellschaftsvertrag gestützt wird. Das Nachverfahren beschränkt sich nun ausschließlich auf die vorbehaltene Forderung. Wird diese wie hier fallen gelassen, so ist für ein weiteres Nachverfahren überhaupt kein Raum. Es fragt sich, ob diese Vorschriften dem Parteiverzicht unterliegen, der hier darin zu finden wäre, daß der Kläger vorbehaltlos zur Sache verhandelt hat. Diese Frage ist zu bejahen, weil die Vorschrift im Interesse einer Beschleunigung und Vereinfachung des Verfahrens, also im Interesse der Parteien gegeben und daher diesen unbenommen ist, sie außer Anwendung zu setzen.[1] . . . B.

δ) **Vollstreckung Züricher, Baseler Urteile.**[2]

[1] Keine Bescheidung eines während der Urteilsverkündigung gestellten Vertagungs- oder Beweisantrags: RGSt. 57 S. 142.

[2] Ebenso ist die Gegenseitigkeit verbürgt: Schaffhausen (Pr. JMBl. 1919 S. 207), Zug (aO. 1921 S. 308), Memel (das. 593), Griechenland, wenn beide Parteien Ausländer sind

OLG. München, 2. ZS. Urteil v. 8. März 1922.

1. Das Handelsgericht Zürich hat am 18. Juni 1920 den Beklagten zur Zahlung von 30000 Frs. nebst Kosten verurteilt. Das Bundesgericht in Lausanne (Kanton Waadt) hat 1921 „die Berufung abgewiesen und das 1. Urteil bestätigt". Das aus diesen Urteilen beantragte Vollstreckungsurteil hält der Beklagte für unzulässig, weil die Gegenseitigkeit nicht gegenüber Urteilen des Bundesgerichts verbürgt sei. Allein dieses Gericht ist Rechtsinstanz, die Berufung kann nur darauf gestützt werden, daß die angefochtene Entscheidung das Bundesrecht verletze, neue Tatsachen dürfen nicht vorgebracht werden (Art. 56, 57, 80 OrganGes. vom 22. März 1893/6. Oktober 1911). Daraus, daß nur geprüft wird, ob das Gesetz verletzt ist, ergibt sich für den hier vorliegenden Fall der Zurückweisung der Berufung, daß das kantonale Urteil nicht durch das des Bundesgerichts ersetzt wird, sondern im Gegenteil durch Erschöpfung des ordentlichen Rechtsmittelweges erst dauernden Bestand erhält. Entsprechend lautet auch das Urteil auf Abweisung der Berufung und Bestätigung. Aus jenem Urteil allein könnte gar nicht vollstreckt werden, weil es in seinem erkennenden Teil die zu bewirkende Leistung nicht enthält. Art. 187 Bundesges. vom 22. November 1850 bestimmte, daß, wenn das Bundesgericht zu einer Geldsumme — sei es unmittelbar oder mittelbar (durch Bestätigung) — verurteilt hat, die Vollstreckung nach den Gesetzen des Kantons einzuleiten ist, in welchem der Schuldner wohnt. Im gleichen Sinne schreibt das Bundesges. über Schuldbetreibung vom 11. April 1889 vor, daß „der Schuldner an seinem Wohnsitz zu betreiben ist". Deshalb kann auch für die Zulässigkeit des Vollstreckungsurteils nur der Rechtszustand des Kantons maßgebend sein, dessen Gericht in der Vorinstanz entschieden hat, weil es wegen der örtlichen Beziehungen des Beklagten zu diesem Gericht örtlich zuständig war. Hier hatte der Beklagte seinen Wohnsitz in Zürich, für dessen Gerichtsurteil das Vollstreckungsurteil zugelassen ist (Gruchot 51 S. 406 auch in einem Falle, wo das Bundesgericht das erste Urteil bestätigt hatte).

2. Vorsorglich hat der Beklagte mit einer schon vor dem Züricher Urteil entstandenen Gegenforderung aufgerechnet. Für die Frage, ob dies im gegenwärtigen Verfahren noch zugelassen werden kann, bedarf es keiner Heranziehung des § 767, maßgebend ist vielmehr § 723! In die daselbst verbotene Prüfung träte aber das deutsche Gericht ein, wenn es erwägen wollte, ob die Forderung nicht schon vor Erlassung des ausländischen Urteils getilgt worden ist. Die Aufrechnung ist nach Schweizer Recht ein Grund für den Untergang der Forderung (Bundesges. vom 30. März 1911 Art. 120 ff.). Um Tilgung der Klageforderung herbeizuführen, hätte der Beklagte die Verrechnung bis zur Schlußverhandlung vor dem Züricher Gericht erklären müssen;

(das. 1922 S. 119); dagegen nicht in Südslawien (das. 52) und Polen (KG. JW. 1919 S. 586, vgl. jedoch Rsp. 39 S. 103 Note 1). Für Deutsch-Österreich verbleibt es bei den bisherigen Vorschriften (Bay. JMBl. 1920 S. 8); vgl. jetzt den Vertrag über Rechtsschutz und Rechtshilfe v. 21. Juni 1923 (Reichstag 1920/4 Nr. 6439).

da er es unterlassen hat, ist er mit der Einrede ausgeschlossen (ZPGes. des Kantons Zürich § 336). Vor dem Bundesgericht hätte er sie überhaupt nicht mehr erheben können (OrganGes. Art. 80). In Einklang hiermit bestimmt Art. 81 Ges. über die Schuldbetreibung, daß im Vollstreckungsverfahren nur mehr der Einwand der Tilgung der Schuld seit Erlaß des Urteils zulässig ist. Damit steht gleichzeitig fest, daß das deutsche Gericht den § 723[1] verletzt, wenn es die vor dem Züricher Gericht gleichviel aus welchen Gründen versäumte und deshalb ausgeschlossene Einrede zuließ.... H. n.

Dazu: OLG. Stuttgart, 3. ZS. Urteil v. 11. Juli 1922.

Der Kläger beantragt, ein Urteil des Appellationsgerichts Basel-Stadt, das ein Urteil des dortigen Zivilgerichts v. 2. Mai 1920 bestätigte, für vollstreckbar zu erklären. Daß zwischen dem Deutschen Reich und jenem Kanton die Gegenseitigkeit durch die Basler ZPO. verbürgt wird, ist nach den Äußerungen des württ. und des Reichsjustizmin. nicht zu bezweifeln. Nach überwiegender Ansicht können der nach § 722 ZPO. erhobenen Klage alle den Anspruch selbst betreffenden Einwendungen entgegengesetzt werden, soweit sie nicht durch § 723[1] ausgeschlossen sind. In Betracht kommen alle nach dem ausländischen Urteil entstandenen Einwendungen. Zuzulassen sind aber auch vorher entstandene, die nach den ausländischen Verfahrensvorschriften in irgend einer Form (Nachverfahren, Gegenklage) vorbehalten ist (Wach, Vortr. S. 318; vgl. Gruchot 300 S. 1164). Denn es steht keineswegs § 767 ZPO. in Frage, da ein deutsches Urteil überhaupt nicht vorliegt. Anderseits dürfen aber auch Einwendungen, mit denen der Beklagte nach den ausländischen Verfahrensvorschriften wegen verspäteter Geltendmachung endgültig ausgeschlossen wurde, nicht mehr entgegengesetzt werden; jene strengeren Vorschriften rechtfertigten — wenigstens regelmäßig — nicht die Feststellung, daß die Anerkennung gegen den Zweck eines deutschen Gesetzes verstoße.. Durch den Vergleich vom 3. Februar 1919 haben die Parteien zwar die Feststellungen des Spediteurs St. vorläufig für maßgebend erklärt, aber dem Beklagten vorbehalten, deren Unrichtigkeit später nachzuweisen. Er kann daher auch gegen das auf Grund des vorläufigen Anerkenntnisses am 2. Mai 1920 erlassene Urteil einwenden, daß er nachträglich den Gegenbeweis führen könne. Entstanden aber ist der Einwand schon dann, wenn Beklagter in solcher Weise von Beweismitteln Kenntnis erhält, daß ihm deren Geltendmachung vernünftigerweise zuzumuten war, er durfte nicht etwa die Urteile in den Prozessen mit seinen Vorderlieferanten abwarten, denn eine endgültige Feststellung war nur im Prozeß zwischen den Parteien möglich. S.

ε) **Zeugnispflicht[1]: Auslegung des Art. 11³ Haager Abk. vom 17. Juli 1905.**

[1] a) Die Zustimmung des Kunden zur Auskunft über dessen Geschäftsbeziehungen, insbes. Börsengeschäfte, wird für den Bankier nicht dadurch ersetzt, daß der klagende Dritte ein Recht auf Auskunft gegen den Kunden hat (OLG. Stuttgart, 13. Sept. 1922).

b) Die Erklärung, den Arzt von seiner Schweigepflicht zu entbinden, kann jederzeit widerrufen werden, besonders auch im Strafverfahren: RGSt. 57 S. 63.

c) AVf. v. 15. Mai 1923 (Pr. JMBl. S. 376): Dem Ersuchungsschreiben an rumänische

OLG. Kiel, 1. ZS. Beschluß v. 21. Dezember 1922.

Der Präsident des Appellationshofes Bern hatte das hiesige Amtsgericht um Vernehmung der Frau A., einer Schwester des Mannes der Beklagten, über das Verhältnis des Erblassers des Klägers zur Beklagten ersucht, besonders darüber, ob diese den Erblasser mehrfach bedrängt hätte, er solle ihnen sein Vermögen vermachen. Als nach § 383 Nr. 3 ZPO. das Zeugnis verweigert wurde, stellte der Präsident dem Amtsgericht zur Prüfung anheim, ob mit Rücksicht auf die Natur des Rechtsstreites und Schwägerschaftsverhältnis der Zeugin die Voraussetzungen des § 385 Nr. 3 erfüllt seien, im Falle der Verneinung aber nach Art. 14² Haager Abk. vom 17. Juli 1905 und Art. 243 ff. Berner ZPO. vom 7. Juli 1918, wonach die Zeugin zur Zeugnisverweigerung nicht berechtigt sei, zu verfahren. Das Amtsgericht legte die Sache dem OLG. vor. Dieses ist in analoger Anwendung des § 160 GVG. zuständig, hält jedoch die Ablehnung des Ersuchens für gerechtfertigt. Die der Zeugin vorzulegenden Fragen beziehen sich auf Tatsachen, die teils mit dem Familienverhältnisse nicht zusammenhängen, teils zu ihm in keinem Bedingungsverhältnisse stehen; § 385 Nr. 3 ist deshalb nicht anzuwenden. Auch das Haager Abk., Art. 14², verpflichtet die Zeugin nicht zur Zeugnisablegung. Diese Pflicht besteht gegenüber dem Staate, der zu Zwecken der Rechtspflege einen Zwang ausübt, um vom Zeugen rechtserhebliche Tatsachen zu erfahren, und beruht auf dem Staatsrecht des die Gerichtsbarkeit ausübenden Staates, ist also öffentlich-rechtlicher Art (Laband, Staatsrecht 3 S. 482). Insoweit die ZPOrdnungen eine solche Pflicht aussprechen oder verneinen, enthalten sie nicht nur Prozeß-, sondern auch Staatsrecht. Diese doppelte Bedeutung äußert ihre Wirkung besonders auf dem Gebiete der Rechtshilfe gegenüber ausländischen Gerichten (Ortlieb, BuschZ. 38 S. 394). Wenn der ersuchte inländische Staat aus Gründen nicht des Prozeß-, sondern des öffentlichen Rechts davon absieht, einen Gewissenszwang auf die in seinem Gebiete befindlichen Personen auszuüben, so liegt darin eine staatsrechtliche Beschränkung der Gerichtsbarkeit gegenüber den Personen, die hiernach von der Zeugnispflicht befreit sein sollen und das Recht der Zeugnisverweigerung ausüben. Diese Schranken können dann aber nicht dadurch beseitigt werden, daß das Recht des ersuchenden ausländischen Staates sie nicht enthält. Die in Art. 14² erwähnte „besondere Form" des ausländischen Rechts wäre deshalb in einem Falle wie dem vorliegenden nur dann anwendbar, wenn der Zeuge von dem ihm nach inländischen Rechte zustehenden Weigerungsrecht aus freien Stücken absieht und sich der „besonderen Form" fügen will. Die Vorschriften Art. 243 ff. Berner ZPO. widersprechen also, insoweit sie die Zeugnispflicht gegenüber

Behörden sind Übersetzungen dieses Schreibens und seiner Anlagen bei Übermittlung an die deutsche Gesandtschaft beizufügen. Diese oder der Berufskonsul in Galatz besorgt übrigens Zustellungen an Reichsdeutsche, deren Vernehmung und Eidesleistung. Vgl. AVf. v. 19. Januar 1923 (aO. 43) über Zeugenvernehmung im Auslande.

d) AVf. v. 6. Dez. 1920 (aO. 704): Ortstermine können zur Kostenersparnis dann, wenn diese sicher vorauszusehen ist, im Einverständnisse mit den Parteien anberaumt werden.

unserer ZPO. erweitern, der deutschen Gesetzgebung und sind deshalb nicht für das ersuchte Gericht bindend. Dieses kann sich weiter auf Art. 11³ Nr. 3 Abk. stützen. Eine Gefährdung der hier erwähnten „Hoheitsrechte" ist dann anzunehmen, wenn das inländische Verbot einer Amtshandlung „der Aufrechterhaltung der Grundlagen des staatlichen und gesellschaftlichen Lebens" dient (Stein, ZPO. 1 S. 21); dazu gehört die Abgrenzung der Pflicht, sich vor Gericht als Zeuge vernehmen zu lassen. Gerade die in § 383 angeführten Gründe beruhen auf den persönlichen Beziehungen des Zeugen zur Partei oder auf ihrer Berufsstellung und bringen in der Berücksichtigung des eigenen und des fremden Interesses der Zeugen zum Ausdruck, welchen Wert das Gesetz auf die Vermeidung einer Störung des Zusammenlebens der Gemeinschaft der sich in seinem Gebiete aufhaltenden Personen legt. Eine Erweiterung der Zeugnispflicht würde dieses Zusammenleben nach Ansicht des Gesetzes stören. Dr. B. p.

ζ) **Läuterung bedingter Urteile bei Nichtzahlung des aus § 356 erforderten Auslagenvorschusses.**

OLG. Hamburg, 4. ZS. Urteil v. 17. Februar 1922.

Nachdem der Eid vorbehaltlos angenommen und daraufhin durch Urteil sämtlichen 4 Inhabern der Beklagten auferlegt worden ist, darf der Senat nicht mehr von sich aus auf die Eidesleistung des einen oder andern Teilhabers als nicht mehr erforderlich verzichten; denn darin läge eine unzulässige Änderung des erlassenen Urteils. Trotzdem kommt es auf die Eidesleistung durch die in Shanghai ansässigen 2 Teilhaber der Beklagten nicht mehr an, weil der Kläger den von ihm als der beweispflichtigen Partei erforderten Auslagenvorschuß nicht gezahlt hat. Die Tatsache, daß der zugeschobene und angenommene Eid durch Urteil auferlegt ist, vermag nichts daran zu ändern, daß es sich um ein Beweisverfahren handelt, auf das die allgemeine Vorschrift des § 356 anzuwenden ist. Bei den verhältnismäßig hohen Kosten einer Eidesabnahme in Shanghai war es daher zulässig und gerechtfertigt, das Ersuchen gemäß § 356 von der vorgängigen Einzahlung eines Vorschusses von 3000 Mark abhängig zu machen. Ob die Rechtsfolge des Fristablaufs die ist, daß der Eid überhaupt nicht mehr als zugeschoben zu gelten hat, oder ob sich die Eidesauflage nunmehr lediglich auf die in Hamburg ansässigen Teilhaber beschränkte, die den Eid ja bereits geleistet haben, mag unerörtert bleiben. Im einen wie im anderen Falle ist das Urteil dahin zu läutern, daß die Klage abgewiesen wird. B.

η) **Auslegung und Anwendung der §§ 465/7 ZPO.**

OLG. Hamburg, 6. ZS. Urteil v. 27. April 1922.

Der Kläger hat innerhalb einer Woche nach dem Eidestermin vom 6. Januar die nachträgliche Abnahme des Eides beantragt und dadurch „die Folgen seiner Versäumnis beseitigt" (§ 466). Es wurde also auch der damals vom Beklagten gestellte Antrag, den Eid als verweigert anzusehen, wirkungslos. Nunmehr war der am 6. auf den 20. Januar angesetzte Verkündungstermin kraft Gesetzes zur Eidesleistung und zur weiteren Verhandlung, also auch zur neuen Antragstellung bestimmt. Mit dieser Maßgabe trat das Verfahren in die alte Lage zurück, nicht anders, als wenn gegen ein Versäumnisurteil Einspruch eingelegt wird (§ 342). Es mußte also, falls der Kläger auch am 20. Januar nicht erschien, wieder nach § 465 verfahren, durfte also nur auf neuen Antrag der Eid als verweigert angesehen und zur Hauptsache verhandelt werden. Da die Leistung eines Parteieides als Beweisaufnahme gilt, so versteht es sich auch schon nach allgemeinen Grundsätzen von selbst, daß nach dem Beweistermin nicht ohne weitere Verhandlung das Endurteil ergehen darf. Der Kläger behauptet zwar selbst nicht, daß er am 20. Januar im Termin erschienen sei; das Protokoll ergibt aber, daß dann nicht weiter verhandelt ist. In prozessual unzulässiger Weise hat also das LG. lediglich die Vorgänge vom 6. Januar zugrunde gelegt und den Eid als verweigert angesehen. Danach rechtfertigt sich die Zurückverweisung der Sache zu weiterem Verfahren (§ 539). Dabei wird das LG. zu prüfen haben, ob es, von der Ansicht ausgehend, daß anders wie bei sonstigen Versäumnissen (vgl. §§ 331, 345) der Beklagte noch jetzt beantragen kann, die Folgen der Versäumnis des schwurpflichtigen Klägers vom 20. Januar auszusprechen, einen Termin zur weiteren Verhandlung ansetzen soll, oder ob jener Antrag nur in der dem Versäumnis folgenden Verhandlung gestellt werden konnte und, weil damals nicht gestellt, die Beweisaufnahme fortgesetzt werden muß, also ein neuer Termin zur Eidesleistung und damit zur Erledigung des Antrags auf nachträgliche Eidesabnahme anzusetzen ist (vgl. Stein § 465, III, IV 1a, 2; Seuffert § 468[2]).

Für die hier getroffene Entscheidung macht es nichts aus, daß der Beklagte vor dem Berufungsgericht nicht vertreten und daß ihm der Antrag auf nachträgliche Eidesabnahme in der zugestellten Berufungsbegründung oder früher früher nicht ausdrücklich mitgeteilt war. Denn in dieser Ehesache handelt es sich nicht um ein eigentliches Versäumnisverfahren, das natürlich unzulässig wäre, und auch nicht darum, daß jene entscheidende Tatsache beim Ausbleiben des Beklagten als zugestanden angenommen wird, sondern darum, daß sie erwiesen ist. Ferner war jener Antrag ein Umstand, der nach § 467 ohne weiteres schon in der ersten Instanz von Amts wegen berücksichtigt werden mußte und der auch schon damals der Mitteilung an den Gegner nicht bedurfte, mit dem der Gegner eines Schwurpflichtigen bei jedem Verfahren nach §§ 465 ff. vielmehr von vornherein rechnen muß. . . . V.

9) **Beweissicherung. Ablehnung der Einstellung.**

Kammergericht, 7. ZS. Beschluß v. 20. Februar 1923.

Nachdem auf Rückzahlung des Kaufpreises geklagt war, hat auf Antrag beider Parteien das Prozeßgericht Beweissicherung über die Beschaffenheit und die angeblichen Mängel der gelieferten Ware angeordnet. Vor ihrer Erledigung hat der Kläger die Klage zurückgenommen und der Fortsetzung des Sicherungsverfahrens erfolglos widersprochen. Die Beschwerde hierüber ist nach § 567 als gegen die Ablehnung der beantragten Einstellung gerichtet an sich zulässig und bedeutet keine Anfechtung der Anordnung i. S. des § 490[1]. Sie ist aber sachlich unbegründet. Nach § 488[2] war die Beklagte berechtigt, die Beweisführung zu verlangen, weil es sich um Mängel der Ware handelte, die der Kläger behauptet und dem Beklagten angezeigt hatte. Das Gesuch ist auch bei dem nach § 486 zuständigen Gericht angebracht, damals war der Rechtsstreit bei dem LG. in der Hauptsache anhängig. Daß er infolge der Klagerücknahme — es war noch nicht mündlich verhandelt — nunmehr als nicht anhängig geworden anzusehen ist (§ 271), kann nichts ändern und die einmal begründete Zuständigkeit für die Beweissicherung nicht beseitigen. Das Ergebnis, daß die Beklagte jetzt gezwungen wäre, sich an das Amtsgericht zu wenden, entspricht unmöglich dem Sinne des § 486[3]. L.n.

l) **Berufung[1]: α) Übergabe der Schrift außerhalb des Dienstgebäudes.**

OLG. Hamburg, 1. ZS. Urteil v. 27. März 1922.

Es kann dahingestellt bleiben, ob die telegraphische Einlegung eines Rechtsmittels zulässig sei; denn das Telegramm ist beim Berufungsgericht erst nach Ablauf der Frist eingegangen. Zu ihrer Wahrung genügte nicht, daß es am letzten Tage nach Schluß der Dienststunden in der Wohnung des Sekretärs X. eingegangen und von diesem mit einem den Eingang und dessen Zeit bescheinigenden Vermerk versehen worden ist; denn da die Sekretäre und Gerichtsschreiber durch die zulässigerweise (JW. 1904 S. 211) erlassene Verfügung des OLGPräsidenten von Ende 1910 angewiesen sind, Schriftsätze, die zur Einreichung bei Gericht bestimmt sind, besonders Schriftsätze zur Einlegung von Rechtsmitteln, außerhalb des Dienstgebäudes in amtlicher Eigenschaft nicht entgegenzunehmen, — eine Dienstanweisung, die durch das an das hiesige Post- und Telegraphenamt gerichtete Ersuchen, Eilsendungen und Telegramme, die wegen Dienstschlusses im Gerichtsgebäude nicht bestellt werden können, in der Wohnung der Sekretäre zu bestellen sind, nicht eingeschränkt worden ist —, so war X., weil nicht befugt, gar nicht in der Lage und übrigens, wie angenommen werden muß, auch nicht willens, das Telegramm in amtlicher Eigenschaft entgegenzunehmen; er hat lediglich aus Gründen der Zweckmäßigkeit gehandelt.[2] B.

β) **Keine Fristsetzung aus § 520[3] in Arrestsachen.**

OLG. Hamburg, 5. ZS. Beschluß v. 21. März 1923.

Im Verfügungsverfahren hat der Vorsitzende auf Grund des § 520[3]

[1] Der in RG. 76 S. 293 für die Revision aufgestellte Grundsatz gilt auch für die Berufung; lediglich der in der Verhandlung gestellte Antrag des Berufungsklägers ist maßgebend (KG., 19. ZS. Urteil v. 10. Okt. 1921). — Gegen ein Ehescheidungsurteil, das sich teils als streitiges, teils als Versäumnisurteil darstellt, ist nur Berufung zulässig (Dresden, 4. Januar 1922; SächsA. S. 229). Die Zulässigkeit des Rechtsmittels braucht nicht festgestellt zu werden, wenn es sachlich jedenfalls unbegründet ist (RFinanzhof 7 S. 206, 8 S. 220).

[2] Da sich die Gerichtsschreiber der verschiedenen Senate gegenseitig in ihren Dienstobliegenheiten vertreten, darf jeder von ihnen auch Schriftstücke für Senate entgegennehmen, bei denen er beschäftigt ist, uz. mangels eines Verbots der Dienstvorschriften auch nach Schluß der Dienststunden, soweit dies innerhalb des Dienstgebäudes erfolgt (Urteil desselben ZS. v. 2. Okt. 1922).

eine Frist für die Prozeßgebühr gesetzt. Allein die Gebühr des § 32 GKG. v. 31. Dezember 1922 ist nicht als „Prozeßgebühr“ bezeichnet und ist auch keine „für das Verfahren im allgemeinen“ zu erhebende „Prozeßgebühr“ des § 20 das.; sie wird vielmehr für das ganze Verfahren erhoben und erhöht sich nur auf die volle Gebühr, wenn durch Urteil entschieden wird (§ 32 S. 2), während nicht etwa eine Urteilsgebühr i. S. des § 20 Nr. 3 erhoben wird. Diese verschiedene Behandlung der Berufung, je nachdem es sich um eine Arrest (Verfügungs) sache handelt oder nicht, entspricht dem Aufbau des neuen GKG. und der ganzen Sachlage. Auch für den ersten Rechtszug ist eine „Prozeßgebühr“ nur vorauszuzahlen, wenn auf Grund einer „Klage“ Termin zu bestimmen ist, und das gilt im Mahnverfahren erst, wenn der Gläubiger ihn beantragt (GKG. § 79[2]). Der Arrestantrag ist nicht mit entsprechenden fiskalischen Sicherungen umkleidet, die ja auch leicht hinderlich werden könnten für die regelmäßig erforderliche Beschleunigung des Verfahrens. Das trifft auch für die Berufungsinstanz zu. Griffe der § 520[3], der schon für gewöhnliche streitige Sachen unter Umständen die Rechtsverfolgung erschwert, hier Platz, so würde das im Arrestverfahren sehr leicht zu Unzuträglichkeiten führen, weil die Fristsetzung weiter den Termin hinausschieben müßte. B.

γ) **Anfechtbarkeit der Beschlüsse aus 520[3].**

OLG. Hamburg, 4. ZS. Beschluß v. 13. Juni 1923.

Hierüber kann nur nach allgemeinen Gesichtspunkten entschieden werden. Allgemeiner Grundsatz der ZPO. ist aber, daß das Gericht an seine Urteile gebunden ist, seine Beschlüsse jedoch jederzeit ändern kann, wenn ihm nicht positiv das Recht dazu versagt ist (§ 577[3]). Wenn der hiesige 1. ZS. die nachträgliche Änderung nicht zuläßt (HansGZ. 1923 S. 138), so kann dem nicht beigetreten werden. Sache des Gesetzgebers wäre gewesen, wenn er von einem anerkannten Grundsatz der ZPO. abweichen wollte, dies unzweideutig auszusprechen; das ist nicht geschehen. Ob die Worte „Wird der Nachweis nicht bis zum Ablauf der Frist erbracht“ bedeuten, daß nicht nur die Zahlung, sondern auch ihre Rechtzeitigkeit nachzuweisen, dh. über eine Glaubhaftmachung hinaus zur vollen richterlichen Überzeugung zu bringen ist, kann dahingestellt bleiben. Der Senat war jedenfalls nicht gehindert, den Erklärungen der Anwaltsgehilfen den vollen Beweis zu entnehmen, daß innerhalb der Frist nicht nur der Vorschuß bezahlt, sondern auch die darüber von der Justizkasse erteilte Quittung dem Gerichtsschreiber vorgelegt worden war.[1] B.

δ) **Wiedereinsetzung bei versäumter Zahlung.**

OLG. Braunschweig, 1. ZS. Zwischenurteil v. 6. Juli 1923.

Im Verhandlungstermin hat die Beklagte zur Hauptsache den Berufungsantrag wiederholt und zugleich gegen die versäumte Einzahlung der Prozeßgebühr die Wiedereinsetzung erbeten. . . . Diese Versäumung ist dadurch

[1]) In Hamburg können nach einer mit dem Anwaltverein getroffenen Vereinbarung die Gerichtskosten statt in bar auch durch einen vom Anwalt auf eine Hamburger Bank oder das Postscheckamt ausgestellten Verrechnungsscheck bezahlt werden und gilt durch dessen Einreichung die Zahlung als geleistet, sofern der Betrag wirklich eingeht (OLG. Hamburg 19. Juni 1923). B.

herbeigeführt, daß die Bureauvorsteherin X. des Verkehrsanwalts B. den Betrag mittels Zahlkarte zwar auf die richtige Kontonummer 2162 der hiesigen Gerichtskasse beim Postscheckamte Hannover aber für die Sportelkasse Hannover eingezahlt hat. Die Beklagte selbst hat die von ihr angeforderte Summe alsbald an den Verkehrsanwalt B. gezahlt. Diesem hatte der Prozeßvertreter M. unverzüglich alles angegeben, was zur rechtzeitigen Einzahlung der Prozeßgebühr erforderlich war und seinem Schreiben auch die Zahlungsauflage in Urschrift beigefügt, aus der alles Nötige, besonders auch die Zahlstellen zu ersehen waren; als solche war auch das Postscheckamt Hannover unter Bezeichnung der Kontonummer 2162 der Gerichtskasse Braunschweig angegeben. Den M. trifft danach kein Vorwurf. Aber auch B. durfte, als er am Tage nach der Einzahlung des Geldes das Schreiben des M. mit der Zahlungsauflage und das eingesandte Geld seiner Bureauvorsteherin mit der Weisung übergab, das Geld, dem Schreiben entsprechend, sofort einzuzahlen, darauf vertrauen, daß die X das klare Schreiben und die Zahlungsauflage richtig lesen und das Geld richtig absenden werde. Mit einem plötzlichen Versagen der Auffassungskraft der X., zu deren Geschäftskreis auch solche Geschäfte, wie das in Rede stehende, gehören, konnte er nicht rechnen. Davon, daß die X. etwa eine für ihre Stellung ungeeignete Persönlichkeit sei, oder daß B. etwa in diesem Falle es an der erforderlichen Überwachung habe fehlen lassen, ist nichts hervorgetreten. Endlich hat M. alles zur Nachholung der versäumten Prozeßhandlung Erforderliche getan. Der Wiedereinsetzungsantrag ist danach gerechtfertigt.[1]

6) **Änderung der Kostenentscheidung des nicht angefochtenen Schlußurteils.**

OLG. Braunschweig, 1. ZS. Urteil v. 27. Oktober 1922.

Beklagter ist durch Teilurteil zu 1085 Mark und dann durch Schlußurteil zu 35 Mark und zu sämtlichen Kosten verurteilt. Die allein gegen das Teilurteil eingelegte Berufung hatte vollen Erfolg. Dadurch ist die Voraussetzung der Kostenentscheidung im Schlußurteil hinfällig geworden. Trotz dessen anscheinend formaler Rechtskraft ist aber prozessual eine Änderung der Kostenentscheidung zulässig und daher hier geboten (Rsp. 3 S. 436, aA. 13 S. 170). Die ZPO. sieht die Kostenentscheidungen als Nebenentscheidungen der Hauptsache an (§§ 99, 308²). Daß im Teilurteil

[1] a) Dasselbe gilt, wenn der Anwalt seine sonst durchaus zuverlässige 49 jährigen Bureauvorsteherin beauftragt hatte, den Vorschuß aus den Barmitteln zu zahlen, sie aber den Auftrag vergessen hatte (OLG. Stuttgart 4. Mai 1923; JW. 859). Dagegen liegt dem Kläger, der seinem Angestellten den Vorschuß zur Absendung übergeben hat, die Ausführung des Auf- zu überwachen (KG. 28. Juni 1923, aO. 846). Ebenso hat der Anwalt seine Partei eingehend auf die schweren Folgen einer Fristversäumung aufmerksam zu machen (OLG. Kiel 29. Juni 1923, aO. 853). — Ist zwar verspätet gezahlt, dem Kläger aber nicht der Rechtsschutz versagt worden, so verstößt dies nicht gegen den Sinn des § 520³; der Mangel ist geheilt (OLG. Naumburg 11. Mai 1923, aO. 857).

b) Die Frist des § 233 beginnt, wenn das „Hindernis" in dem Übersehen des Fristablaufs besteht, mit der Entdeckung dieses Versehens, erfahrungsgemäß gerade durch den Beschluß aus § 520³ (OLG. Stuttgart 4. Mai 1923).

über die Kosten nicht entschieden wird; auch nicht über einen Teil, ist nicht die Folge einer Durchbrechung dieses Grundsatzes, sondern die Folge des anderen Grundsatzes der ZPO., daß bei teilweisem Erfolg die Kosten nach Quoten zu verteilen sind. Ist aber die Kostenentscheidung Nebenentscheidung, so muß sie auch prozessual nach Teilurteilen teils als Nebenentscheidung dieser, teils als solche des Schlußurteils behandelt werden; m. a. W. die formell nur wegen des Teilurteils angegangene höhere Instanz hat, allerdings gebunden durch die Entscheidung des Schlußurteils über die Hauptsache, dessen Kostenentscheidung nachzuprüfen. v. F.

m) **Beschwerdeeinlegung beim Instanzgericht mit falscher Anschrift.**

OLG. Stuttgart, 3. ZS. Beschluß v. 22. April 1922.

Der Rechtsanwalt M. des Klägers legte gegen das Kostenurteil des LG. v. 1. März eine an den ZS. des OLG. gerichtete, bei diesem erst am 5. April eingekommene sofortige Beschwerde ein. M. hatte (weil beim OLG. nicht zugelassen) bei der Registratur des LG. die Schrift eingereicht, sie wurde aber nicht mit einem Eingangsvermerk versehen; vielmehr mußte der Registraturbeamte annehmen, daß sie nur versehentlich beim LG. eingelaufen sei, und hatte keinen Anlaß, vom Inhalt eines an ein anderes Gericht gerichteten Schriftstücks Kenntnis zu nehmen. Hiernach ist die Beschwerde nicht in der vorgeschriebenen Form eingelegt. Diese Unzulässigkeit hätte M. bei Anwendung auch nur eines geringen Grades von Sorgfalt erkennen können (§ 102). S.

n) **Wiederaufnahme. „Andere" Urkunde[1] des § 580 Nr. 7 b.**

OLG. Hamburg, 1. ZS. Beschluß v. 13. Dezember 1922.

Der Beschluß der VormBehörde mag ein ehebrecherisches Treiben der A. für sich allein, wie es das Gesetz erfordern würde, hinreichend beweisen. Aber der Beschwerdeführer hat in seiner Scheidungssache, die er wiederaufgenommen sehen möchte, den Anspruch, daß auch seine Frau für mitschuldig erklärt werde, nicht erhoben. Vor allen Dingen hat aber jener Beschluß bei Erlaß des Scheidungsurteils noch nicht bestanden. Er stellt also eine „andere" Urkunde im Sinne des § 580 Nr. 7b nicht dar; denn darunter kann nur eine solche verstanden werden, die als das Urteil im abgeschlossenen Verfahren erging, bereits errichtet war. V.

o) **Voraussetzungen des Urkundenprozesses.**[2]

OLG. Hamburg, 7. ZS. Urteil v. 28. März 1923.

Der Kläger gründet seinen Ersatzanspruch auf eine Eindeckung bei der Firma X. und legt dafür die Schlußnote vor. Der Beklagte bestreitet sowohl ihre Echtheit als auch die Vornahme des darin verbrieften Kaufgeschäfts; jedenfalls sei es nicht wegen der Nichtlieferung des Beklagten geschlossen. Für die Echtheit kann der Kläger keinen im Urkundenprozeß

[1] Urkunden, die bei Erlaß des Urteils noch nicht vorhanden waren, fallen nicht unter Nr. 7 b,; deshalb bedarf es keiner Entscheidung, ob schriftliche ärztliche Gutachten überhaupt als „Urkunden der Nr. 7 b" angesehen werden können (Pr. OVG. 76 S. 496).

[2] Verstoß gegen § 595[4] beschwert nicht den Beklagten: RG. 106 S. 264.

zulässigen Beweis erbringen; ebensowenig dafür, daß der Kauf von den als Vertragschließenden genannten Personen wirklich und ernstlich, und daß er als Deckungskauf geschlossen ist. In allen diesen Punkten mag sich aus der ganzen Sachlage eine gewisse Wahrscheinlichkeit für die Behauptung des Klägers ergeben. Es fehlt aber an dem prozessualen Erfordernis, daß für sich allein beweiskräftige Urkunden für die die Höhe der Klageforderung begründenden Tatsachen vorgelegt sind. Man kann nicht mit dem LG. die Schlußnote als beweiskräftig ansehen, weil der Beklagte sie nur „formell" bestreite. Der Urkundenprozeß kennt zwei Beweismittel: Die Urkunde und die Eideszuschiebung. Es ist selbstverständlich, daß die Urkunde echt sein muß; solange ihre Echtheit bestritten und nicht zu erweisen ist, ist sie als Beweismittel nicht zu verwerten. Übrigens würde die Schlußnote, ihre Echtheit unterstellt, nichts weiter beweisen, als daß die Vertragschließenden eine Urkunde über ein Kaufgeschäft hergestellt haben; es stände dahin, ob ein Kauf oder ein Deckungskauf tatsächlich geschlossen ist.[1] ... B.

p) **Antragsrecht des Pflegers der Kinder aus § 646.**

Bayer. Oberstes Landesgericht, ZS. Beschluß v. 23. September 1923.

Nach § 646 ZPO. sind antragsberechtigt die Verwandten des zu Entmündigenden, folglich auch deren gesetzliche Vertreter. Vertreter seiner minderjährigen Kinder ist zwar auch jetzt noch der zu entmündigende A. selbst, aber nur soweit ihm nicht das Personensorgerecht und die Wahrnehmung der Unterhaltsansprüche der Kinder entzogen und dem Pfleger übertragen sind. Insoweit ist auf diesen die gesetzliche Vertretung übergegangen. Die Stellung des Entmündigungsantrags fällt aber in den dem Pfleger übertragenen Wirkungskreis; denn das Verfahren aus § 6 Nr. 2, 3 BGB. dient nicht zum wenigsten der Sicherung des Unterhalts der Kinder. Übrigens hatte das VormGericht gar nicht zu prüfen, ob das EntmVerfahren zu Recht eingeleitet war (KGJ. 21 S. 209); vielmehr sind etwaige Einwendungen bei dem für dieses Verfahren zuständigen Richter vorzubringen.[2] M.

[1] Das KG. 26. ZS. hat am 19. März 1921 Beweissicherungsprotokolle (§ 492) in dem über denselben Anspruch angestellten Urkundenprozesse nicht als Urkunden i. S. des § 592 zugelassen (JW. 1922 S. 498). Allein können die im Nachverfahren erster Instanz inzwischen niedergeschriebenen Zeugenaussagen in der Berufungsinstanz des Urkundenprozesses verwertet werden (Rpr. 1903 S. 193, 1906 S. 20), so muß dasselbe von jenen Protokollen gelten. Daß diese einen Teil des bevorstehenden Hauptprozesses bilden, ist hier bedeutungslos; entscheidend ist vielmehr allein die Frage, ob im Urkundenprozeß ein Beweis erhoben werden muß. Das ist nicht der Fall, das Ergebnis liegt bereits in Gestalt einer (öffentlichen) Urkunde vor. Eine andere Frage bildet natürlich ihre Beweiskraft, für die der § 286 gilt, ohne daß hier eine Ergänzung oder Wiederholung des Beweises gestattet ist. D. H.

[2] Wie nach § 664 der Entmündigte die Beiordnung eines Anwalts selbständig beantragen kann, so steht ihm folgerichtig auch gegen die Ablehnung die Beschwerde (ohne Anwaltszwang) zu. Ist vor der Beiordnung nicht die Aussicht, die Klage zu prüfen (Rsp. 17 S. 339), so darf sie auch deshalb nicht rückgängig gemacht werden, weil sich im Laufe des Verfahrens ihre Aussichtslosigkeit herausstellt (OLG. Dresden, 4. ZS. Beschluß v. 11. Okt. 1921; SächsA. 1921 S. 175).

q) **Zwangsvollstreckung**[1]: α) **§ 739 bei Gütertrennung.**

Kammergericht, 21. ZS. Urteil v. 4. Juli 1922.

Betreibt die Frau mit Einwilligung des Mannes selbständig ein Erwerbsgeschäft, so ist allerdings ein Rechtsschutzbedürfnis des Gläubigers für ein Duldungsurteil nicht grundsätzlich zu verneinen. Denn der Mann braucht nach BGB. §§ 1405, 1412 die Vollstreckung in eingebrachtes Gut nicht zu dulden, wenn der Betrieb des Erwerbsgeschäfts die Rechtsstreitigkeit nicht mit sich bringt (§ 774). Hier hat also der Gläubiger ein Interesse daran, vorneweg festzustellen, daß namentlich dieser Fall nicht zutrifft. Im Falle der Gütertrennung bestehen dagegen keinerlei materiellen Rechte des Mannes, die die Grundlage für einen beachtlichen Widerspruch gegen eine Vollstreckung in das Frauenvermögen abgeben könnten. Muß er aber diese Vollstreckung unbedingt dulden, so fehlt jedes Interesse dem Gläubiger, die Duldungspflicht noch durch Urteil feststellen zu lassen. Wollte der Mann dem Gerichtsvollzieher gegenüber, der das Güterrecht der Eheleute nicht nachprüfen kann, die Vollstreckung dadurch verhindern, daß er sich auf die Tatsache der Eheschließung beruft, so kann dem der Gläubiger von vornherein durch einen Auszug aus dem Güterrechtsregister begegnen. Für eine Befürchtung, der Mann könne der Vollstreckung andere Schwierigkeiten bereiten, ist hier kein Anhalt gegeben (Rsp. 26 S. 379, 29 S. 174). Dr. P.

β) **§ 742, wenn die Frau eine zweite Ehe eingeht.**

Kammergericht, 8. ZS. Beschluß v. 22. Juni 1921.

1908 wurde die Frau A. zur Zahlung und ihr Mann zur Duldung verurteilt. Nach Scheidung dieser Ehe und Wiederverheiratung der Frau mit M. hat das LG. den Antrag des Gläubigers, die Klausel gegen M. zu erteilen, deshalb zurückgewiesen, weil M. nicht der Rechtsnachfolger des früheren Mannes sei. Allein es handelt sich nicht darum, daß von dem gegen A. ergangenen Duldungsurteil eine vollstreckbare Ausfertigung gegen M. als den Rechtsnachfolger des A. erteilt werden soll. Vielmehr, da für die jetzige Ehe der Schuldnerin der gesetzliche Güterstand erst nach der Rechtskraft, also nach der Rechtshängigkeit des gegen die Frau ergangenen Zahlungsurteils begann, eine in ihr Eingebrachtes vollstreckbare Ausfertigung gegen M. beantragt. Nach § 742 sind darauf die §§ 727, 730/1 entsprechend anzuwenden. Das bedeutet aber nicht, daß die Ausfertigung nur dann zu erteilen sei, wenn der neue Ehemann Rechtsnachfolger des ersten sei. Vielmehr ist der Antrag schon dann begründet, wenn durch öffentliche Urkunden nachgewiesen ist, daß die erste Ehe geschieden und die Ehe mit M. nach der Rechtshängigkeit geschlossen ist. Bezüglich des Güterstandes ist ein weiterer Nachweis nicht erforderlich, da der Gläubiger behauptet, daß für sie der gesetzliche Güterstand bestehe. B.

[1] Beschließt das LG. die Zurücknahme des Rechtskraftzeugnisses, so weist es damit den Antrag auf dessen Erteilung zurück; deshalb ist die einfache Beschwerde dagegen zulässig (OLG. Karlsruhe 20. Juli 1922; Rpr. S. 123). — Auf eine Übergehung der nach § 712/3 gestellten Anträge ist der § 716 entsprechend anwendbar (StruckmKoch, WilmLevy, aA. Stein); daher ist das Urteil nach § 321 zu ergänzen (OLG. Hamburg, 1. ZS. Beschluß v. 10. Mai 1922).

γ) **Anwendung der §§ 767, 769 auf einstw. Verfügungen?**[1]

Bejaht vom OLG. Braunschweig, 1. ZS. Beschluß v. 27. Oktober 1922.

Die jetzt beklagte Ehefrau hatte eine einstw. Verfügung auf Unterhalt erwirkt und sich mit dem Kläger am 5. Mai gerichtlich dahin verglichen, daß er ihr für die Dauer des Scheidungsprozesses monatlich 800 Mark Unterhalt zahlt. Darauf war sie am 13. Juni verurteilt worden, an ihn eine Reihe von Sachen herauszugeben. Da er dieserhalb vergeblich vollstrecken ließ, glaubt er, in Höhe von 40000 Mark einen zur Aufrechnung geeigneten Ersatzanspruch erworben zu haben, und hat gegen die einstw. Verfügung aus § 767 geklagt. Diese Klage ist neben dem Widerspruch dann, wenn die Verfügung wie bei Unterhaltsansprüchen eine Befriedigung des Antragstellers anordnet, für zulässig zu erachten (Rsp. 20 S. 88, 21 S. 102, 26 S. 381, 40 S. 402; a. A. HansGZ. 21 Bbl. 34; Stein, § 938 III). Demgemäß ist auch zulässig, geeignetenfalls die Vollstreckung nach § 769 einzustellen. Nach dem Beweisergebnisse des Hauptprozesses hat die Beklagte, um den Herausgabeanspruch des Klägers bezüglich der Sachen zu vereiteln, diese beiseite geschafft und dadurch 11000 Mark erhalten. Unter diesen Umständen ist der Kläger zur Aufrechnung gegenüber den Unterhaltsansprüchen berechtigt und darf verlangen, daß die Vollstreckung für unzulässig erklärt wird, bis der von ihm zu entrichtende Unterhalt die Höhe des ihm vorsätzlich zugefügten Schadens erreicht. v. F.

Verneint vom Kammergericht, 15. ZS. Beschluß v. 7. November 1922.

Zu den in § 767 bezeichneten Urteilen gehören nicht die, durch die eine einstw. Verfügung erlassen wird. Schon der Wortlaut spricht von einem „festgestellten" Anspruch, hier dagegen ist lediglich eine vorläufige Anordnung getroffen, durch die in keiner Weise der Entscheidung in der Hauptsache vorgegriffen oder ein Anspruch festgestellt wird. Gegenüber jener Verfügung sind die beiden Rechtsbehelfe aus §§ 924, 927 gegeben, die dem Schutzbedürfnis des Schuldners hinreichend Rechnung tragen. Besonders ist ihm auch die Geltendmachung nachträglich entstandener Einwendungen damit gewährleistet, denn sie führen stets eine Veränderung der Umstände herbei. Am allerwenigsten bedarf er des § 767, dessen Schutz viel weniger weit geht als der des § 927, verhilft er doch dem Schuldner nur zur Beseitigung der schwebenden Vollstreckungsmaßregel, nicht aber des Schuldtitels selbst. Da unmöglich der Gesetzgeber eine überflüssige Häufung von Rechtsbehelfen beabsichtigt haben kann, so hat er mit der Schaffung des § 927 als einer Sondervorschrift die allgemeine Bestimmung des § 767 dahin einschränken wollen, daß sie gegenüber den einen Arrest anordnenden Urteilen nicht habe gelten sollen. Hierzu kommt, daß häufig bei Entstehung nachträglicher Einwendungen der Hauptprozeß noch gar nicht schweben oder wenigstens noch nicht rechtskräftig entschieden sein wird. Es käme daher bei Zulassung des § 767 leicht dazu,

[1] Gegen die Kostenfestsetzung kann Aufrechnung noch nach § 767² eingewendet werden, weil der Anspruch erst mit der Festsetzung erfüllungsfällig wird (OLG. Dresden, 6. ZS. Beschluß v. 27. Juni 1922; SächsA. 1923 S. 38).

daß über die Einrede sowohl im Arrestverfahren, als auch (nachher oder gleichzeitig) im Hauptprozesse verhandelt und entschieden wird. Auch diese Häufung von Entscheidungen über dieselbe Frage kann der Gesetzgeber nicht gewollt haben. L.d.

d) **§ 767 gilt nicht für Verfahren aus § 887.**

OLG. Hamburg, 1. ZS. Beschluß v. 6. Februar 1922.

Einwendungen aus § 767, die der Schuldner in dem gemäß § 887 eingeleiteten Verfahren erhebt, sind schon in diesem zu prüfen. Ebenso wie sie bei der Klage aus § 1042 unbestritten geprüft werden müssen, da bei ihrer Begründetheit kein Anspruch auf einen Vollstreckungstitel mehr besteht, ist auch hier kein Anspruch mehr gegeben, wenn der Schuldner schon erfüllt hat. Damit ist nicht gesagt, daß das Gericht diesen in jedem Fall erst zu hören hätte; es kann vielmehr den Gläubiger ohne weiteres ermächtigen und dem Schuldner die Geltendmachung seiner Einwendungen nach §§ 766, 767, 769 überlassen... B.

e) **§ 769 (771³) gilt für Aussonderungsklagen.**

OLG. Dresden, 6. ZS. Beschluß v. 15. November 1922.

Die Aussonderung und der Widerspruch beruhen auf gleichartigem Rechtsgrunde. Wie sich die erstere gegen die Zugehörigkeit zum Vermögen des Gemeinschuldners wendet, so macht letzterer die Nichtzugehörigkeit des gepfändeten Gegenstandes zum Vermögen des Schuldners geltend. Beide Klagen stimmen auch darin überein, daß nur dem wirklichen Herausgabeanspruche, mag er auf dinglicher oder schuldrechtlicher Grundlage beruhen, nicht aber dem bloßen Verschaffungsanspruch Kraft zuerkannt wird. Wenngleich sie als selbständige Rechtseinrichtungen insofern zu betrachten sind, als sie auf verschiedenen Voraussetzungen beruhen, indem die eine nur gegenüber dem Konkurse, die andre nur gegen die Einzelvollstreckung stattfindet, so handelt es sich dabei doch nicht um einen grundsätzlichen Unterschied. Während die Vollstreckung das Vermögen des Schuldners im Wege der Pfändung beschlagnahmt, kommt es auch beim Konkurs im Wege des offenen Arrestes zu einer entsprechenden Beschlagnahme dieses Vermögens. In dem einen wie im anderen Falle kann in das Vermögen eines Dritten dadurch übergegriffen werden, daß ein nicht dem Schuldner gehörender Gegenstand gepfändet oder als zur Konkursmasse gehörend und von der Beschlagnahme betroffen beansprucht wird. Hier wie dort besteht das Bedürfnis, den Dritten gegen die weitere Vollstreckung zu schützen. Diesen Schutz gewähren für den Widerspruch die §§ 769, 771³. Der entsprechenden Anwendung des § 769 auf die Aussonderung steht nicht entgegen, daß die Vorschriften der Vollstreckung nicht unmittelbar auf das Konkursverfahren anwendbar sind und daß hier die §§ 771, 802 keine Anwendung finden können. Zur Anwendung eignen sich dagegen die Vorschriften des 8. Buches, die mit dem Gegensatz des Konkurses zur Vollstreckung nichts zu tun haben, wie § 766, in gewissen Fällen auch § 767. Daher muß auf Grund des § 769 die Einstellung der Vollstreckung zulässig sein, die den Verwalter auf Grund der vollstreckbaren Ausfertigung des Eröffnungsbeschlusses zur Wegnahme des Aussonderungsgegenstandes zu betreiben vermöchte. —e—

r) **Pfändung: α) städtischer Leihhausscheine nach § 821?** [1]

OLG. Dresden, FerienZS. Beschluß v. 2. August 1922.

Der vom Gerichtsvollzieher gepfändete Leihhausschein der Stadt Leipzig ist kein „Wertpapier" des § 821; denn darunter versteht die ZPO. Urkunden über ein Vermögensrecht, das mit der Urkunde in der Art verknüpft ist, daß nur ihr unmittelbarer Besitzer das Recht ausüben kann. Wie aus §§ 808, 821 folgt, sind Wertpapiere als bewegliche Sachen zu pfänden. Dadurch wird nicht nur an der Urkunde, sondern auch an dem in ihr verkörperten Recht ein Pfandrecht (§ 804) begründet und die regelmäßig durch Versteigerung oder freihändigen Verkauf erfolgende Veräußerung erstreckt sich auf die Urkunde und das Recht. Legitimationspapiere entbehren dieser Verkörperung; das ihnen zugrunde liegende Recht unterliegt daher nur der Rechtspfändung uz. gelten hier, wo es auf Rückgabe der Pfandsache nach Erlöschen des Pfandrechts geht (BGB. § 1223), die §§ 846ff. ZPO.

Anderseits kann der Leihhausschein nicht Gegenstand einer selbständigen Pfändung sein. Sowohl das Vertrags- wie das Pfändungspfandrecht bezweckt, den Gläubiger aus dem Pfande zu befriedigen. Dies ist bei solchen Sachen unerreichbar, die ihrer Art nach nicht in der vom Gesetze vorausgesetzten Weise verwertet werden können. Als Legitimationsurkunde kann der Leihhausschein nicht von dem Anspruche losgelöst sein (vgl. RG. 51 S. 86, 66 S. 27). Das Pfandrecht am Anspruch erstreckt sich kraft Gesetzes auf den Schein, ohne daß im übrigen die Voraussetzungen für den Erwerb des Pfandrechts erfüllt zu sein brauchen (BGB. §§ 952, 1205). Durch Überweisung des Anspruchs erlangt der Gläubiger überdies ein vollstreckungsfähiges Recht auf Herausgabe des Scheins gegen den Schuldner und den zur Herausgabe bereiten dritten Besitzer (ZPO. §§ 836², 849, 883), und auch gegen dazu nicht bereiten Dritten kann er auf Grund des Pfandrechts die Herausgabe des Scheins erwirken, ohne daß gegen sie der Herausgabeanspruch des Schuldners gepfändet werden müßte (BGB. § 1227). Die Zulassung einer selbständigen Pfändung des Scheins böte also dem Gläubiger keine rechtlichen Vorteile. —e—

β) **der eigenen Sache. Zuschlag nach § 895 ZPO. Ansprüche des Schuldners aus § 687² BGB.**

OLG. Hamburg, 6. ZS. Urteil v. 15. März 1923.

Der Kläger, der von der Beklagten einen Kraftwagen für 80000 Mark unter Eigentumsvorbehalt erworben hatte, wurde zur Zahlung der 80000 Mark verurteilt. Die Beklagte ließ jenen Wagen pfänden und sich am 15. Febr. 1922 auf Grund des § 825 überweisen. Auf Beschwerde wurde dieser Beschluß am 25. Febr. aufgehoben und die Vollstreckung eingestellt. Da die Beklagte angeblich den Wagen am 2. März anderweit verwertete, fordert der

[1] Ebenso Falkmann Zwangsv. 741 und die dort angeführten GVAnw.; aM. Bay. ObLG. 16 S. 244, ÖstGH. 47 S. 108 u. 327.

Kläger mit Recht Auskunft darüber.... Ob jemand durch Pfändung einer Sache, an der er sich das Eigentum vorbehalten hatte, den Vorbehalt einbüßt, auf ihn verzichtet, ist Frage des Einzelfalles (RG. 66 S. 348). Bei dem Zahlungsverzug war er ferner in der Lage, nach § 455 BGB. vom Vertrage zurückzutreten. In der Pfändung der Kaufsache liegt gleichfalls nicht ohne weiteres die Ausübung dieses Rücktrittsrechts. Tatsächlich aber sind beide Fragen hier zuungunsten der Beklagten zu beantworten. Zunächst ging ihr Auftrag nicht schlechthin dahin, bei ihrem Schuldner zu pfänden, sondern dahin, gerade den gelieferten Wagen, der ihr gehörte, zu pfänden. Diese Pfändungshandlung als solche war zwar nicht unwirksam, ein Pfandrecht an der eigenen Sache konnte die Beklagte aber nicht erwerben (RG. 79 S. 241). Auf dem Wege des § 825 das Pfandstück für sich zu verwerten, war sie nur dadurch in der Lage, daß sie es als ein ihr nicht gehöriges behandeln ließ, dh. dadurch, daß sie auf ihren Eigentumsvorbehalt verzichtete, was sie durch die Stellung und die ihrem Willen entsprechende Bekanntgabe des Antrags gemäß § 825 ausdrückte. Sie war aber, nachdem das LG. den gemäß § 825 eingeschlagenen Weg für ungangbar erklärt hatte, zur Verwertung auf das regelmäßige Verfahren angewiesen. Sie durfte ihrem Schuldner gegenüber von der Tatsache, daß sie auf jenem Wege in den Besitz des Wagens gelangt war, nicht, wie sie es getan hat, in ihrem alleinigen Interesse Gebrauch machen. Deshalb hat der Schuldner aus der eingeleiteten Pfändung einen Anspruch, der sich nach BGB. § 687² oder nach dessen Analogie gestaltet. Da sie freihändig verkaufte, obwohl sie den Mangel ihrer Berechtigung dazu kannte, so hat sie den Schuldner so zu stellen, als wenn der Wagen im regelmäßigen Verfahren, oder doch gemäß §§ 1234 ff. BGB. verkauft worden wäre, dh. den Überschuß des Verkaufserlöses — der präsumtiv sich auf einer im wesentlichen gleichen Höhe mit dem auf einem jener Wege erzielten Erlöse bewegt — über den Kaufpreis nebst Zinsen und Kosten herauszugeben (vgl. auch § 812 BGB.). Darüber hinaus ist sie aber auch gemäß § 687², 666 BGB. aufklärungspflichtig nach der Richtung, ob und wie sie das Pfandstück freihändig verwertet hat. Denn der Schuldner hat ein Recht darauf, daß die Vollstreckung nicht dadurch ende, daß der Gläubiger zur Deckung der Schuld über das Pfandstück verfügt. B.

Dazu: **§ 825 erfordert gutgläubigen Erwerb. Widerruf einer Schenkung.**

OLG. Hamburg, 5. ZS. Urteil v. 27. April 1923.

Der jüngst verstorbene A., der mit seiner klagenden Frau 1908 Gütertrennung vereinbart und ihr die Wohnung schenkweise übertragen hatte, widerrief diese Schenkung 1917 wegen Undanks. Gleichzeitig bekannte er in vollstreckbarer Urkunde, 2300 Mark der Beklagten zu schulden. Diese ließ in die noch in seinem Besitz befindliche Wohnungseinrichtung vollstrecken, worauf durch Gerichtsbeschluß ihr die gepfändeten Sachen zum Schätzungswerte überlassen wurden. Die Klage auf Herausgabe dieser Sachen ist unbegründet. Mit Unrecht beruft sich zwar die Beklagte darauf, daß durch den Widerruf der

Schenkung das Eigentum an A. zurückgefallen sei. Der berechtigte Widerruf an sich hat nach § 531 BGB. nur Rechtsfolgen auf obligatorischem Gebiet (Staudinger § 531 N. 2a, e). Zu einer Rückübertragung des Eigentums wäre noch, da A. im Besitz des Geschenkes war, eine Einigung nach § 929 S. 2 BGB. erforderlich gewesen. Es ist schon sehr zweifelhaft, ob in dem Widerruf schon der Antrag zu solcher Einigung gesehen werden könnte. Keinesfalls liegt im bloßen Stillschweigen der Klägerin die Annahme solchen Antrags. Dies wäre nur möglich nach § 151 BGB., der nach Lage des Falles schlechterdings nicht angewendet werden kann.

Es fragt sich daher zunächst, ob und unter welchen Voraussetzungen die Beklagte an den Pfandstücken trotz mangelnden Eigentums des A. Eigentum hat erwerben können. Das LG. bezeichnet als unstreitig, daß beim Zuschlage nach § 825 ZPO. die §§ 932 ff. BGB. Anwendung zu finden hätten. Das trifft nicht ganz zu. Stein (§ 825 II 3) erklärt die Übereignung des § 825, ebenso wie die Gerichtsvollzieherversteigerung für einen Staatsakt, der den Gläubiger ohne Rücksicht auf guten Glauben zum Eigentümer mache. Dagegen nehmen die übrigen Erläuterer der ZPO. und des BGB., soweit sie die Frage behandeln, an, daß bürgerliches Recht anzuwenden ist; ebenso die Rechtsprechung (Seuff. 62 Nr. 171, 65 Nr. 82, 71 Nr. 101). Allerdings ist die Überweisung nach § 825 ein Staatsakt, aber er wird lediglich zur Durchführung privater Interessen vorgenommen; er ersetzt, um den Gläubiger zu seinem Rechte zu verhelfen, den Veräußerungswillen des Schuldners. Es besteht deshalb kein Anlaß, diesem Akt, der nicht um seiner selbst willen vorgenommen wird, eine stärkere Kraft beizumessen, als dem Willen des Schuldners, den er ersetzen soll. Es fehlt an jedem rechtspolitischen Interesse, den bösgläubigen Erwerber in solchem Falle mehr zu schützen, als wenn er auf rein privatem Wege erworben hätte. An sich hat die Klägerin den schlechten Glauben der Beklagten nachzuweisen. Da indessen diese gewußt hat, daß A. seiner Frau die Sachen geschenkt und übertragen habe, so muß sie ihrerseits dartun, warum sie trotzdem angenommen hat, daß A. wieder Eigentümer geworden sei. Sie beruft sich darauf, sie habe geglaubt, daß durch den Widerruf der Schenkung A. ohne weiteres das Eigentum wiedererworben habe. Dieser Rechtsirrtum schließt den guten Glauben nicht aus, wenn er nicht grobfahrlässig ist (RG. 74 S. 354). Für einen Laien, dem die Unterschiede zwischen dinglichen und obligatorischen Rechten nicht geläufig sind, liegt nun die vom Zeugen bestätigte Annahme der Beklagten gewiß nahe; Fahrlässigkeit liegt darin nicht. B.

γ) **einer Briefgrundschuld bei Gewahrsam eines Dritten.**

Kammergericht, 1. ZS. Beschluß v. 8. Februar 1923.

... Eine Briefgrundschuld wird wirksam in der Weise gepfändet, daß das Vollstreckungsgericht den Anspruch aus der Grundschuld pfändet und daß der Schuldner den Brief dem Gläubiger oder dessen Vertreter übergibt. Dagegen bedarf es nicht der Zustellung des Pfändungsbeschlusses; diese hat nur die Bedeutung des § 830². Wird der Brief nicht freiwillig herausgegeben, so gilt er als übergeben, wenn der Gerichtsvollzieher ihn dem Schuldner zur Ablieferung an den Gläubiger wegnimmt (§ 830 S. 2, 883). Befindet sich der Brief im Gewahrsam eines Dritten, der die Übergabe verweigert, so bedarf es — nach vorheriger Zustellung des Pfändungsbeschlusses an den Schuldner — eines Beschlusses, durch den der Anspruch des Schuldners auf Herausgabe des Briefes gepfändet und zur Einziehung überwiesen wird. Dagegen kann bei der Bereitschaft des Dritten der Gerichtsvollzieher den freiwillig herausgegebenen Brief für den Gläubiger auf Grund des die Grundschuld pfändenden Beschlusses allein in Empfang nehmen; der Brief gilt dann mit der Herausgabe an den Gerichtsvollzieher als im Sinne des § 830 übergeben. Unter Gewahrsam ist nur die tatsächliche, nicht die rechtliche Verfügungsmacht zu verstehen. Übergabe ist gleichbedeutend mit Besitzverschaffung; hierbei muß mittelbarer Besitz jedenfalls dann genügen, wenn der Pfändungsgläubiger jederzeit in der Lage ist, sich den unmittelbaren Besitz zu verschaffen. Hier hat die Kasse als Hypothekarin nicht der Vollstreckung widersprochen, den Brief vielmehr nach Empfang der geschuldeten Kosten auf Weisung des Gerichtsvollziehers dem Grundbuchamt eingereicht. Dadurch, daß sie den Übermittlungs- und Vorlegungsauftrag annahm und zu dessen Ausführung den Brief zunächst in Händen behielt, trat sie zum Gerichtsvollzieher in ein Verhältnis, das für diesen den mittelbaren Besitz begründete, wobei er jederzeit in der Lage blieb, sich den unmittelbaren Besitz des Briefes zur persönlichen Besorgung der Vorlegung beim Grundbuchamt zu verschaffen.[1] M.

δ) **Anerkenntnis des Drittschuldners nach § 840 ZPO. Haftung des Staats für Sachen der Gefangenen.**

OLG. Hamburg, 5. ZS. Urteil v. 1. März 1922.

Dem X. wurden Schmucksachen bei der Aufnahme ins Gefängnis abgenommen und bei dessen Kasse eingeliefert. Darauf hat der Kläger gegen X. auf Herausgabe jener Sachen gepfändet und auf die gemäß § 840 gerichtete Anfrage die Antwort erhalten, welche Gegenstände für X. verwahrt seien, und daß der gepfändete Anspruch anerkannt werde. Gleichwohl wurden die Sachen dem X. ausgeliefert. Die Schadensersatzklage gegen den Hamburger Staat ist begründet.... Allerdings vermag der Senat nicht der Ansicht beizupflichten, daß gemäß § 840 die bejahende Erklärung des Drittschuldners regelmäßig ein von diesem gegenüber dem Pfändungsgläubiger abgegebenes Leistungsversprechen enthalte. Wenn dies auch vom RG. 29 S. 339, 41 S. 420 sowie den Erläuterern der ZPO. angenommen wird, so hat sich doch sowohl im Schrifttum (Falkmann, Zwangsv. S. 862, Oertmann bei Hellwig, System 2 S. 339, Seuffert § 840 Nr. 5), als auch in der Rechtsprechung

[1] Pfändung von Postsendungen: Pr. JMBl. 1923 S. 303. Der Käufer, der ein Urteil auf Schadensersatz wegen Nichterfüllung des Kaufs gegen den Kommissionär erstritten hat, kann dessen Rückgriffsanspruch gegen den Kommittenden nach § 857 pfänden (RG., 1. ZS. 4. Febr. 1922; Recht Nr. 1205).

(Seuff. 52 S. 65, Anm. 7 S. 73) wohlbegründeter Widerspruch dagegen erhoben. Mit Recht wird darauf hingewiesen, daß dem Drittschuldner weder die Abgabe einer Verpflichtungserklärung angesonnen wird, noch daß er willens ist, eine solche abzugeben. Der Wille, sich dem Auskunft begehrenden Gläubiger selbständig zur Leistung zu verpflichten, wird regelmäßig nicht vorhanden sein; lediglich der ihm durch das Gesetz auferlegten Offenbarungspflicht will er genügen, die Mitteilung von Tatsachen vollziehen. Damit ist auch dem Rechtsschutzbedürfnis des Gläubigers, dem der § 840 dient, vollauf genügt, da ihm nur daran liegen kann, Klarheit darüber zu gewinnen, ob die gepfändete Forderung besteht.

Eines solchen Vertragsverhältnisses bedarf es auch gar nicht, um die Haftung des Beklagten für die Fahrlässigkeit seiner Beamten zu begründen. Denn seine Verpflichtung, die Schmucksachen nicht an X. auszuliefern, ergab sich bereits aus dem Gesetz und war eine Wirkung der Pfändung. Daß sie an X. vor der Überweisung ausgeliefert wurden, hat dabei nur insofern Bedeutung, als bis dahin der Drittschuldner nur an X. und den Pfandgläubiger gemeinschaftlich leisten konnte. Dadurch, daß er trotz der Pfändung den X. befriedigte, wurde er also von seiner Leistungspflicht nicht befreit (RG. 77 S. 254). Das gilt nicht nur dann, wenn es sich um einen Zahlungsanspruch handelt, sondern auch hier, wo Gegenstände herauszugeben waren, er könnte denn geltend machen, daß ihm die Herausgabe durch einen Umstand unmöglich geworden sei, den er nicht zu vertreten habe, nämlich durch ein Verschulden seiner Beamten, für das er nicht einzustehen habe. Darauf kann er sich aber hier nicht berufen. Denn bei Erfüllung der ihm kraft der Pfändung auferlegten Verpflichtung hat er sich der Mitwirkung seiner Beamten bedient und muß daher deren Verschulden als das seiner Erfüllungsgehilfen wie eigenes vertreten. Es ist anerkannt, daß § 278 BGB. auf Verbindlichkeiten jeder Art Anwendung findet, einerlei, ob sie rechtsgeschäftlicher oder gesetzlicher Natur sind. Die Annahme, daß der Beklagte für die Erfüllung der für ihn aus der Pfändung erwachsen Pflichten sich der Mitwirkung der Kassenbeamten bedient hat, ist völlig unbedenklich. Es ergibt sich dies schon daraus, daß er der Kasse die Pfändung mit der Weisung mitgeteilt hat, die Gegenstände nicht an X. auszuliefern. Damit hat er die Erfüllung aller Pflichten, die ihm die Pfändung auferlegte, auf die Kassenbeamten übertragen und die Verantwortung für deren pflichtgemäßes Handeln übernommen. . . . V.

e) **Eintragung des Sequesters (§ 848) als Eigentümers?**

OLG. Rostock, 2. ZS. Beschluß v. 8. Juni 1922.

Auf Antrag des Beschwerdeführers wurde der Anspruch seines Schuldners Koch gegen den eingetragenen Nutzeigentümer M. auf Auflassung der Häuslerei gepfändet. Darauf erklärten M. und der im Vollstreckungsverfahren bestellte Sequester X. vor dem Grundbuchamt ihre Einigung, daß das Nutzeigentum auf X. als Sequester übergehen solle, worauf „X. als Zwangsverwalter“ in

Abt. 1 und sodann eine Sicherungsforderung wegen der Schuld des Koch eingetragen wurden. Als sich später das Grundbuchamt überzeugte, daß die Hypothek mangels Eintragung des Koch als Eigentümers zu Unrecht eingetragen wurde, trug es von Amts wegen bei ihr einen Widerspruch ein. Die weitere Beschwerde hierüber ist begründet. Allerdings war, da X. nur als Vertreter des Koch handelte, dieser einzutragen, der durch die Auflassung an seinen Vertreter Eigentümer werden sollte. Soll aber der unrichtigen Eintragung nicht jede Rechtswirkung abgehen, so sind 2 verschiedene Auffassungen möglich. Entweder ist nur die Fassung unrichtig oder aber X. wenigstens formell (als Treuhänder) Eigentümer geworden. Die erste Auffassung ist vorzuziehen. Durch den Zusatz ist erkennbar ausgedrückt, daß nicht X. in seiner Person als Eigentümer eingetragen werden sollte, sondern der von ihm vertretene Koch. Die Rechtsänderung ist im Sinne des § 873 BGB. eingetragen und ihr Inhalt gibt zu Zweifeln keinen Anlaß. Mit diesem Eigentumsübergang auf Koch hat der Beschwerdeführer nach § 848[2] eine Sicherungshypothek kraft Gesetzes ohne besondere Eintragung erlangt (Güthe GBO. S. 14[4]). Aber auch die zweite Auffassung führt zu keinem anderen Ergebnisse, denn dann war X., wenn er auch nur formell Eigentümer war, zur Bewilligung der Sicherungshypothek berechtigt, deren Eintragung also gleichfalls das Grundbuch nicht unrichtig machte.[1] M.

s) **Zwangsversteigerung.[2] Stillschweigende Genehmigung der Schuldübernahme nach § 53 ZVG.**

OLG. Hamburg, 5. ZS. Urteil v. 12. Januar 1923.

Auf dem Grundstück des W. hafteten für den Kläger drei Darlehnshypotheken über 25000 Mark. Diese fielen in der Zwangsversteigerung 1921 in das geringste Gebot und wurden von den beklagten Erstehern übernommen, denen der Kläger sie 1921 zum 1. Juli 1922 kündigte. Im März 1922 wurde X. als Eigentümer der Landstelle eingetragen, nachdem er im Kaufvertrage die Hypotheken auf den Kaufpreis übernommen hatte. Die Klage auf Rückzahlung der Darlehnsbeträge ist begründet. Der § 53 ZVG. bedeutet, daß der Ersteher die persönliche Haftung des Schuldners ohne weiteres dahin übernimmt, daß er dem Schuldner gegenüber verpflichtet ist, den Gläubiger rechtzeitig zu befriedigen. Dagegen hängt die weitere Wirkung, daß der bisherige Schuldner frei wird und der Ersteher an seine Stelle tritt, von der gemäß § 416 BGB. herbeizuführenden Entschließung des Gläubigers ab. Unabhängig davon geht die Schuld dadurch über, daß der Gläubiger ihre Übernahme genehmigt. Es wäre an sich denkbar, daß die Kündigung

---

[1] Nach § 848 erwächst dem Gläubiger der Anspruch auf eine Sicherungshypothek erst mit der Auflassung an den Sequester und nur gegen diesen (OLG. Rostock, 1. ZS. Beschluß v. 20. Juni 1922).

[2] Ist dem Ersuchen aus § 130 ZVG. nicht die Quittung der Steuerstelle beigefügt, so ist das Grundbuchamt befugt, gemäß § 18 GBO. eine Frist zur Behebung dem Vollstreckungsgericht zu bestimmen; dieses hat den Ersteher zur Beibringung der Quittung zu veranlassen und ihn auf die Folgen der Unterlassung aufmerksam zu machen (OLG. Dresden, 6. ZS. Beschluß v. 18. Mai 1921). —e—

nur darauf abzielte, den dinglichen Anspruch fällig zu machen. Allein sie spricht schlechthin von der Kündigung des Kapitals, also der Forderung, ohne irgendwie auszudrücken, daß sie nur dem dinglichen Anspruche gelte. Hätte der Kläger dies beabsichtigt, so hätte er schwerlich unterlassen, auch dem bisherigen Schuldner zu kündigen, um dadurch auszudrücken, daß er diesen nach wie vor als seinen persönlichen Schuldner betrachte. Deshalb kann sein Verhalten nur dahin gedeutet werden, daß er den W. aus dem Schuldverhältnis als ausgeschieden und die Beklagten als seine alleinigen Schuldner, mithin auch als die Träger der persönlichen Verbindlichkeit ansah. Er hat mithin bereits mit der Kündigung den Schuldübergang als vollzogene Tatsache angenommen und genehmigt, wie er ja auch die Folgerungen aus diesem Schritt durch die Klagerhebung gezogen hat.... V.

t) **Zwangshypotheken:** α) **wertbeständige aus Ges. v. 23. Juni 1923.**

Kammergericht, 1. ZS. Beschluß v. 17. Januar 1924.

... Allerdings bestimmt das Ges. v. 23. Juni 1923 im grundlegenden § 1, daß eine Hypothek unter näher bezeichneten Voraussetzungen in jeweiliger Höhe eines Warenpreises „bestellt" werden kann. „Bestellen" ist nach der Sprache des BGB. bei einer im Zusammenhang mit der Belastung einer Sache erfolgenden Verwendung als Vornahme eines rechtsgeschäftlichen Begründungsaktes zu verstehen (s. Gradenwitz Wörterverz.); besonders beachtlich sind hierbei § 1186[1] und § 1257. Bestellen ist hiernach vom BGB. verwendet in dem auch dem natürlichen Sprachgefühl entsprechenden Sinn einer von dem, dessen Recht beschränkt wird, freiwillig vorgenommenen, dh. rechtsgeschäftlichen Belastung. Die ZPO. gebraucht da, wo sie von der Begründung einer Zwangshypothek spricht, den Ausdruck „eintragen" (§ 866). Sodann ist auffällig, daß das Gesetz, falls es auch wertbeständige Zwangshypotheken zulassen wollte, über die nähere Ausführung dieser Absicht völlig schweigt. Weiter ist bemerkenswert, daß die Begründung lediglich die Bedürfnisse des rechtsgeschäftlichen Realkredits erörtert. Diesen gewiß erheblichen Bedenken steht aber die Erwägung gegenüber, daß für einen Gesetzgeber, der den Wunsch nach Wertbeständigkeit im Hypothekenrecht verwirklichte, kein erkennbarer Grund bestand, vor der Durchführung dieses Gedankens auch für die Zwangsvollstreckung zurückzuschrecken. Diese neueste Reichsgesetzgebung beschäftigt sich mit wertbeständigen Zwangshypotheken in den VO. v. 22. Dez. 1923 und v. 10. Januar 1924. In Erwägung dieser Umstände war daher der von Schlegelberger geäußerten Annahme der Zulassung auch für Zwangshypotheken und schließlich besonders auch seinen Ausführungen über die Durchführung dieser Annahme beizutreten. Ob hier die Eintragung im einzelnen dem Gesetz völlig entspricht, mag dahingestellt bleiben. Wesentliche, ihren Bestand beeinflussende Mängel liegen nicht vor. Der maßgebende Börsenpreis für Roggen ist allerdings nicht angegeben; es wird aber mit Schlegelberger S. 26 anzunehmen sein, daß der Leistungsort, bei Börsennotierungen die Notierung an der dem Leistungsort am meisten benachbarten Börse, gegebenenfalls der

Durchschnitt der Notierungen an mehreren hiernach in Betracht kommenden Börsen maßgebend ist....

β) **aus Pr. Wohnungsges. v. 28. März 1918. Kostenpflicht.**

Kammergericht, ZS. 1a. Beschluß v. 1. Februar 1924.

Dadurch, daß das Wohnungsgesetz die §§ 127—129, 132, 133 LVerwG. auf die im Art. 6 § 3 vorgesehenen Anordnungen des Gemeindevorstandes für entsprechend anwendbar erklärt, sind diesem zwar ausnahmsweise Zwangsrechte verliehen, wie sie sonst nur einer staatlichen Verwaltungsbehörde zukommen, diese Regelung ist auch im öffentlichen Interesse erfolgt. Daraus folgt aber nicht, daß er bei Ausübung der Wohnungsaufsicht nunmehr im Sinne des § 8 Nr. 1 Pr. GKG. als Verwaltungsbehörde gelten müsse. Die Verleihung staatlicher Zwangsmittel an ihn in besonderer Angelegenheit ist vereinbar mit der Annahme, daß die Angelegenheit gleichwohl eine solche der Gemeinden bleibt (WohnG. Art. 6 § 1). Die Stadt A. haftet deshalb für die Kosten einer Sicherungshypothek, da diese aus einem vollstreckbaren Beschluß des Gemeindevorstands gegen den Grundstückseigentümer zur Sicherung der Beträge, die gewisse Instandsetzungsarbeiten bei Ausführung durch Dritte erfordern werden, eingetragen worden ist. Z.r.

u) α) **Herausgabe des Hypothekenbriefes als vertretbare Handlung.**[1]

OLG. Stuttgart, ZS. Beschluß v. 2. März 1923.

A. hat sich in dem Prozeßvergleich verpflichtet, seiner geschiedenen Frau auf dem ihm gehörigen Berliner Hause eine Hypothek von 20000 Mark — nach Vorgang von 19900 Mark Hypotheken — einzuräumen. Der Beschwerdeführer B. hat sich in diesem Vergleich verpflichtet, mit seinen auf jenem Hause ruhenden Hypotheken im Rang hinter die der Antragstellerin zurückzutreten; er verweigert aber die Herausgabe des Hypothekenbriefs. Auf Antrag der Frau A. hat ihm deshalb das LG. bei Geldstrafe bis 1500 Mark oder Haft aufgegeben, den Brief zur Eintragung der Rangänderung dem zuständigen Grundbuchamt alsbald vorzulegen. Allein wenn auch B. dazu verpflichet ist, weil sonst der Rangrücktritt nicht eingetragen wird, so ist diese Vorlegung doch keine Handlung, die nicht von Dritten vorgenommen werden kann. Den regelmäßigen Weg der Wegnahme durch Gerichtsvollzieher (vgl. § 883) hat die Antragstellerin deshalb nicht eingeschlagen, weil sich nach der Erklärung des B. der Brief nicht in seiner Wohnung, sondern als Sicherheit beim Amtsgericht Berlin Mitte befindet. Aber dies ist nicht glaubhaft dargetan, zumal der Hinterlegungsschein, der in solchem Fall immer ausgestellt wird, nicht vorgelegt ist. Würde aber der Brief nicht vorgefunden oder erschienen glaubhaft gemacht, daß er sich nicht in der Wohnung des B. befinde, so käme

[1] a) Die Pfändung eines Herausgabeanspruchs begründet nur ein Pfandrecht an dem persönlichen Anspruche des Schuldners (RGSt. 56 S. 379).

b) Die Ansicht des RGKom. (BGB. § 925[11]), daß aus vorläufig vollstreckbaren Urteilen auf Auflassung nach § 895 ZPO. eine Vormerkung eingetragen oder im Zwangswege nach § 887 vorgegangen werden könne, folgt nicht aus RG. 55 S. 57 und ist auch nicht im Gesetze begründet (OLG. Karlsruhe, 1. ZS. Beschluß v. 7. Dez. 1923).

weiterhin seine Offenbarungspflicht nach § 883[2] in Frage, während dann, wenn sich der Brief im Gewahrsam eines Dritten befände, nach § 886 mit Pfändung und Überweisung des Herausgabeanspruchs vorgegangen werden müßte. Wäre aber der Brief bei dem Amtsgericht als Sicherheit hinterlegt, so könnte, da es sich dann vermutlich um die Beseitigung eines Pfandrechts handelte, wiederum nicht nach § 888 vorgegangen werden. Nur wenn etwa ein einfacher Antrag bei einer Behörde unter Vorlegung der erforderlichen Unterlagen genügte, könnte seine Stellung nach § 888 erzwungen werden (RG. 39 S. 418). S.

β) **Erzwingung einer im Auslande vorzunehmenden Handlung.**

Kammergericht, 23. ZS. Beschluß v. 5. Dezember 1921.

Die Beklagte, rechtskräftig verurteilt, ihren Geschäftsanteil an einer österr. GmbH. auf den Kläger zu übertragen, ist dazu durch 1500 Mark Geldstrafe angehalten worden. Ihre Beschwerde rügt, daß die Übertragung eine vor einem österr. Notar errichtete Urkunde erfordere, eine Handlung in Österreich aber deutsche Gerichte nicht erzwingen dürften. Allein hier soll nicht gegen eine im Ausland befindliche Sache oder Person unmittelbar ein Zwangsmittel gebraucht werden, wie in dem von Hellwig (Lehrb. S. 104) herangezogene Falle; vielmehr ist nur gegen eine im Inland befindliche juristische Person ein Zwang ausgeübt. Dies widerstreitet nicht dem Territorialprinzip, da nicht der deutsche Richter damit in die Hoheit eines fremden Staates eingreift; vielmehr griffe Österreich, wenn es gegen die hiesige Schuldnerin wegen der in Österreich vorzunehmenden Handlung vorginge, in die inländische Gebietshoheit ein, weil gegen eine Person vollstreckt wird und diese im Inland ihren Sitz hat. M.

γ) **Erzwingung der Änderung eines Vereinsnamens.**

Kammergericht, ZS. 1a. Beschluß v. 12. Mai 1922.

Auf die Klage der Beschwerdeführer ist der beklagte Verein verurteilt, die Eintragung „als Radfahrverein Norden 1906" im Vereinsregister löschen zu lassen. Die aus § 894 ZPO. beantragte Löschung ist mit Recht abgelehnt. Diejenige Erklärung, die gemäß § 894 als abgegeben zu gelten hätte, könnte nur in dem Antrage des Vereinsvorstandes gefunden werden, die Eintragung als Radfahrverein, nicht die des Vereins zu löschen. Jener Antrag könnte, da er sich auf den Namen des Vereins beschränkt, nicht zu einer Löschung des Vereins als solchen, ebensowenig aber zu der unzulässigen Löschung des bloßen Namens des Vereins führen. Es liegt auch keine ungenaue, der Auslegung bedürftige Fassung der Urteilsformel vor; die Fassung entspricht vielmehr dem auf Verletzung des Namensrechts gestützten, nicht aber gegen den Bestand des Vereins gerichteten Klagebegehren. Der Verein genügt dem Urteil, wenn er im Wege der Satzungsänderung einen neuen Namen annimmt und diesen durch seinen Vorstand zum Vereinsregister anmeldet (§§ 33, 71 BGB.). Zur Erzwingung dieser Handlungen steht der Weg des § 888 ZPO. offen. M.

Dazu: OLG. Braunschweig, 2. ZS. Beschluß v. 22. November 1921.

Die Abgabe der verlangten Willenserklärung kann nicht Gegenstand einer einstw. Verfügung sein, weil diese sonst die endgültige Entscheidung vorwegnähme. Auch ihre Vollziehbarkeit wäre ausgeschlossen, weil ihr die Wirkung des § 894 versagt bleiben müßte; denn andernfalls läge eine irreparabele Vollstreckungshandlung vor. Danach kann dahingestellt bleiben, ob die beantragte Verfügung im Rahmen des gegenwärtigen, zwischen den Parteien vor dem LG. wegen Vertragserfüllung schwebenden Prozesses nicht schon deshalb unzulässig ist, weil das dort in Streit befangene Rechtsverhältnis im Sinne des § 940 nicht das ganze, zwischen den Parteien bestehende Pachtverhältnis ist, sondern nur der Anspruch, den der Kläger gegen die Beklagten erhoben hat. W. n.

v) **Arrest zc[1]: α) Verbot der Eintragung des Eigentumswechsels. Ersuchen ans Grundbuchamt.**

OLG. Braunschweig, 2. ZS. Beschluß v. 20. Juli 1923.

Die im Hinblick auf den Kaufvertrag erteilte Auflassung ist zwar als selbständiger dinglicher Rechtsakt rechtswirksam (RG. 104 S. 105), aber der Verkäufer, der wie hier auf Grund nichtigen Grundgeschäftes aufgelassen hat, kann diese Leistung zurückfordern (RG. 98 S. 237). Allerdings behauptet er selbst, der Gegner sei noch bei Auflassung mit der Erfüllung der nur mündlich übernommenen Verpflichtung, dem Dritten die bedungenen Mengen Getreide zu liefern, einverstanden gewesen. Dann würde aber auch bezüglich dieser Verpflichtung die Notwendigkeit des Kaufs durch die Eintragung geheilt werden (Gruchot 51 S. 929), so daß es für den Verkäufer an einem Rechtsschutzanspruch fehlen könnte, und die beantragte Verfügung nicht zur Anwendung von Nachteilen notwendig wäre. Allein die Geltendmachung der aus dem Formmangel sich ergebenden Nichtigkeit, uz. auch nach Auflassung, ist das Recht des Verkäufers. Er kann etwa eine Vertragserfüllung ablehnen,

[1] a) Im Arrestverfahren kann, auch wenn ein Prozeßbevollmächtigter im Hauptprozeß bestellt ist, der Partei zugestellt und eine Ersatzzustellung gemäß § 182 vorgenommen werden (OLG. Karlsruhe 5. Januar 1922, Rpr. 97).

b) Erkennt der Kläger im ersten Termin sofort die Erledigung des Arrestes an, so ist die Kostenfrage nicht von dem subjektiven Standpunkte des Klägers zurzeit der Arresterwirkung, sondern von dem des Richters zurzeit der Erledigterklärung aus zu beantworten (OLG. Hamburg, 2. ZS. Urteil v. 18. Okt. 1923).

c) Das Verfahren nach § 926 ist auch dann zulässig, wenn die Arrestforderung inzwischen in dem im Ausland erwirkten Konkurse festgestellt ist, denn diese Feststellung sichert dem Kläger nur die anteilige Befriedigung aus der im Auslande gebildeten Konkursmasse und schließt eine abweichende Entscheidung über die Forderung und die Zulässigkeit der Zwangsvollstreckung nicht aus (Dresden, 4. ZS. Beschluß v. 4. April 1922; SächsA. S. 232).

d) § 929[2.3] gelten auch für die Vollziehung der Arreste der Finanzämter (RFinH. 10 S. 34). — Die Veräußerung gemäß § 930[3] gehört zur Vollstreckung des § 1 Nr. 3 UmsStG. (aO. 8 S. 275).

e) Gegen das Verlangen der Bahn nach allgemeiner Anerkennung der Mangelhaftigkeit einer bisher üblichen Verpackung ist eine einstw. Verf. gegeben (Karlsruhe 11. April 1922, Rpr. 101), wohl aber kann dem Bevollmächtigten verboten werden, die Vollmacht zu gebrauchen (KG. 18. Okt. 1923, 1 x 362).

weil er das Vertrauen zur Vertragstreue des Käufers verloren hat oder das Risiko vermeiden will, daß der im Hauptprozesse ihm obliegende Beweis, der Käufer sei bei der Auflassung mit seiner Lieferpflicht einverstanden gewesen, mit sich bringt... Unbestritten kann das beantragte Ge- und Verbot an eine Partei Gegenstand einer einstw. Verfügung sein (§ 938). Aber auch ein Ersuchen an das Grundbuchamt, die beantragte Eintragung zu unterlassen, begegnet keinem Bedenken, da nach § 941 das Gericht auch befugt ist, um eine Eintragung das Grundbuchamt zu ersuchen und dieses Amt voraussichtlich ohnehin ablehnen würde, im Gegensatz zu einer gerichtlichen Verfügung die Eintragung vorzunehmen (s. auch Rsp. 22 S. 402). v. F.

Dazu: Kammergericht, 1. ZS. Beschluß v. 11. Oktober und 13. Dezember 1923.

Dem Standpunkte des Senats, daß das Prozeßgericht nicht zu einer an das Grundbuchamt gerichteten Anordnung, eine bestimmte Eintragung zu unterlassen, befugt ist (oben S. 67), ist der hiesige 24. ZS. entgegengetreten. Allein wenn dieser zur Widerlegung der Ansicht, daß mittels einstw. Verfügungen Ge- und Verbote an Dritte nicht erlassen werden können, das Beispiel der Sequestration (§ 938²) heranzieht, so wird dabei verkannt, daß sich auch diese Anordnung lediglich an den Antragsgegner richtet. Die Vorschriften des BGB., wonach Vormerkungen oder Widersprüche auf Grund einstw. Verfügungen eingetragen werden (§§ 883, 899), sind einer entsprechenden Anwendung auf Fälle der vorliegenden Art, bei denen es sich nicht um die Vornahme, sondern um die Unterlassung einer Eintragung handelt, nicht fähig. Es besteht auch kein Bedürfnis hierfür; denn der Veräußerer kann durch eine gegen den Erwerber gerichtete, zur Kenntnis des Grundbuchamts gebrachte einstw. Verfügung die Eintragung des Eigentumsübergangs verhindern, auch wenn diese bereits beim Grundbuchamt gestellt ist. M.

β) **§ 929² bei Bestätigung des Arrestes gegen Sicherheit.**

OLG. Hamburg, 1. ZS. Beschluß v. 3. Dezember 1923.

Die einstw. Verfügung auf Löschung des Veräußerungsverbotes war rechtzeitig durch Zustellung des Antrags beim Grundbuchamt vollzogen. Das OLG. hat sie aber auf Widerspruch gegen Sicherheitsleistung bestätigt. Dies ist nicht als Aufhebung der erlassenen und als Erlaß einer neuen Verfügung aufzufassen, sondern sie ist die modifizierte Aufrechterhaltung; es bedurfte daher nicht einer neuen Vollziehung, sondern lediglich zusätzlich der Sicherheitsleistung. Für diese ist daher auch nicht der § 929² anwendbar, sondern eine Frist mußte entweder gerichtlich gesetzt werden oder der Gegner müßte nach § 766 vorgehen. Anders wäre es bei einer in erster Instanz geforderten Sicherheit; in erster Instanz durfte die Verfügung nicht nach Ablauf der Frist vollzogen werden. Vorliegend ist sie aber schon vollzogen und dieser Vollzug fällt nicht fort, ist auch nicht zu wiederholen, wenn sie gegen Sicherheitsleistung bestätigt wird. B.

Dazu: OLG. Hamm, 10. ZS. Beschluß v. 13. März 1924.

Die Berufung, mit der jetzt die Beklagte Aufhebung der einstw. Verfügung wegen Nichthinterlegung der vom LG. als Sicherheit festgesetzten

1000 Goldmark begehrt, ist nicht begründet. Nach §§ 936, 928, 751² ist die Sicherheitsleistung noch nicht zur Zwangsvollstreckung zu rechnen; vielmehr eine ihrer Voraussetzungen. Im § 929² ist die Vollziehungsfrist gesetzt, damit nicht später unter vielleicht völlig veränderten Umständen vollstreckt wird, dieser Grund trifft auch auf spätere Abänderung einer Verfügung zu. Dadurch, daß das Gericht eine Sicherheit fordert, wird die Monatsfrist nicht verlängert; ebensowenig hat hierauf die Einlegung eines Rechtsmittels eine Wirkung. Ordnet das Gericht vor Erlaß des Arrestes Sicherheitsleistung des Antragstellers an, so besteht für diesen keine Gefahr, da der Arrest erst nach Erledigung der Höhe der Sicherheit erlassen wird. Ebenso wird er, wenn der Arrest sofort durch Beschluß erlassen, aber von Sicherheitsleistung abhängig gemacht ist, in den meisten Fällen auf seine Beschwerde innerhalb der Monatsfrist eine Entscheidung erlangen. Wird dagegen mündliche Verhandlung angeordnet und ergeht die Verfügung durch Urteil unter Bestimmung einer Sicherheit, dann wird dem Antragsteller, auch wenn er sich durch ihre Höhe beschwert fühlt, nichts anderes übrig bleiben, als sie innerhalb Monatsfrist zu leisten und die Verfügung zu vollziehen (§ 927). Denn er wird regelmäßig seine Berufung nicht innerhalb jener Frist durchführen können. Genau so liegt der Fall, wenn auf Widerspruch des Gegners oder in der Berufungsinstanz die Verfügung gegen Sicherheit oder gegen deren Erhöhung im Beschluß bestätigt wird. Vorliegend hat der Antragsteller die ursprüngliche niedere Sicherheit rechtzeitig geleistet, gegen ihre im Urteile festgesetzte Erhöhung aber Berufung eingelegt, ohne diese Erhöhung zu leisten. Die deshalb nach § 927 begehrte Aufhebung der Verfügung wäre nach dem Vorstehenden begründet. Allein da die Höhersetzung der Sicherheit eine teilweise Aufhebung bedeutet, hätte das LG. das Urteil nach § 708 Nr. 5 auch ohne Antrag für vorläufig vollstreckbar erklären müssen. Allerdings bedarf die Verfügung keines solchen Ausspruchs, da sie kraft Gesetzes (§ 929) vorläufig vollstreckbar ist. Der Abs. 2, der von der Vollziehung spricht, setzt jedoch, wie der Zusammenhang ergibt, eine für vollstreckbar erklärte Verfügung voraus. Dasselbe muß auch von einem Urteil gelten, das eine bereits erlassene Verfügung abändert; auch dieses muß im Gegensatz zu § 929¹ die Vollstreckbarkeit aussprechen, sofern nicht sofortige Rechtskraft in Frage kommt. Der Antragsteller hatte hiernach zunächst keine Veranlassung, höhere Sicherheit zu leisten; somit ist die Vollziehungsfrist noch nicht abgelaufen. Im übrigen hat das LG. angeordnet, daß die erhöhte Sicherheit binnen 14 Tagen zu leisten ist, ohne in der Formel oder in den Gründen zu sagen, wann die Frist beginnt. Dafür können vier Zeitpunkte in Frage kommen: Die Schlußverhandlung, der Tag der Verkündung, der Zustellung oder der Rechtskraft des Urteils. Bei dieser Undeutlichkeit muß der dem Antragsteller günstigste Zeitpunkt (Rechtskraft) als Anfangstermin angenommen werden. W. n.

γ) **Sequestration eines Geschäfts. Haftet der Staat für die Vergütung des Sequesters, bes. in Armensachen?**

OLG. Hamburg, 3. ZS. Beschluß v. 29. November 1923.

Der Kläger, der sich an dem — jetzt aufgelösten — Geschäft des Beklagten mit Kapital beteiligt hatte, verlangt Auszahlung des ihm bei der Auseinandersetzung zukommenden Betrags. Im Laufe der Berufung hat der Senat durch einstw. Verfügung die Sequestration des Geschäfts angeordnet und den A. zum Sequester ernannt. Dieser nimmt eine ähnliche Stellung wie der Zwangsverwalter ein, er kann deshalb für seine Tätigkeit eine Vergütung verlangen und unter entsprechender Anwendung des § 153 ZVG. ist auch das Gericht, das ihn ernannt hat, befugt, seine Vergütung festzusetzen (Rsp. 33 S. 136). Die Auffassung des OLG. Breslau (das. 19 S. 155), daß hierzu nur das Vollstreckungsgericht in der Lage sei, kann der Senat nicht teilen, da hier keine Vollstreckungshandlung in Frage steht und auch in sonstigen Fällen, in denen einer vom Gericht bestellten Person eine Vergütung zuzubilligen ist, dies stets von den Stellen aus geschieht, durch die die Ernennung erfolgt ist, so beim Vormund (§ 1836 BGB), beim Nachlaßpfleger (§§ 1915 1962), beim Nachlaßverwalter (§ 1987) und beim Konkursverwalter (§ 85 KonkO.).

Dagegen haftet nicht, wie der FerienZS. am 27. August 1923 angenommen hatte, die Gerichtskasse für Auszahlung des Betrags. Zwischen dem Kläger und dem Sequester besteht ein vertragsähnliches Verhältnis, auf Grund dessen dieser sich wegen seiner Vergütung in erster Linie an den Kläger halten muß. Inwieweit die Kosten vom Beklagten zu erstatten sind, oder dem sequestrierten Geschäft zur Last fallen, bedarf hier keiner Entscheidung. Die Tätigkeit des Gerichts erstreckt sich nicht auf die Durchführung oder Vollstreckung der einstw. Verfügung (Stein, ZPO. § 938 III 2). Irgendwelche Rechtsbeziehungen zwischen Gericht und Sequester bestehen nicht, abgesehen von der Tatsache, daß dieser seine Legitimation aus der Ernennung herleitet. Ob er das Amt annehmen will, hängt von seinem Ermessen ab. Er wird auch in keiner Weise durch das Gericht beaufsichtigt und ist nur den Parteien für seine Geschäftsführung verantwortlich. Der Antragsteller kann auch jederzeit auf seine Rechte aus der einstw. Verfügung verzichten. Die Tatsache allein, daß das Gericht den Sequester ernannt hat, begründet aber für dessen Kosten noch keine Haftung der Staatskasse, so wenig, wie dies beim Zwangsverwalter, beim Vormund (Staudinger, BGB. § 1835[6]), beim Nachlaßpfleger (aO. § 1960[4]), beim Nachlaßverwalter (aO. § 1987[3]) und beim Konkursverwalter (Jaeger, KO. § 85[4]) der Fall ist. Auch der Umstand, daß dem Kläger zur Hälfte das Armenrecht bewilligt ist kann hieran nichts ändern. Denn dadurch wird gegenüber Dritten keine Haftung des Staates begründet, die ohne das Armenrecht nicht bestände. Nach § 115 hat die arme Partei lediglich ein Recht auf einstweilige Befreiung von der Zahlung gewisser Kosten, worunter auch solche bare Auslagen des Gerichts fallen, zu deren Verauslagung der Staat nach den sonst geltenden Bestimmungen verpflichtet ist. V.

w) **Schiedsvertrag**[1]: α) **Zum Erfordernis der Schriftlichkeit.**

OLG. Hamburg, 6. ZS. Beschluß v. 16. Mai 1922.

Ein schriftlicher Schiedsvertrag ist hier geschlossen (Rsp. 37 S. 211); denn Schlußnoten sind gewechselt und jede Partei hat die für die andere bestimmte Urkunde unterzeichnet. Diese bezeichnet als „Bedingungen" die Breslauer Schiedsgerichtsbestimmungen und macht sie damit zum Bestandteil des Vertrags. Sie bestimmen aber im § 22: „Für gerichtliche Entscheidungen und Handlungen im Sinne der §§ 1045/6 ist das LG. Breslau zuständig." Danach ist das hiesige LG. nicht für die angeordnete Zeugenvernehmung zuständig. B.

Dazu: Kammergericht, 7. ZS. Urteil v. 23. Mai 1922.

Das LG. hat seine Zuständigkeit für die Klage auf Vollstreckungsurteil auf Grund der Vereinsbestimmungen angenommen, deren § 23 allerdings das Amts- oder das LG. in M. je nach dem Streitwert für zuständig erklärt. Allein ein schriftlicher Schiedsvertrag, für den ein Briefwechsel nicht genügt, ist nicht geschlossen worden und für die streitigen Ansprüche ist das LG. M. weder als allgemeiner noch als besonderer Gerichtsstand zuständig. Nun kann aber der erwähnte § 23 insoweit erst Platz greifen, als er über den Rahmen der §§ 1045/6 hinausgehende Anordnungen trifft. L.n.

β) **Vollstreckungsklage aus österr. Schiedssprüchen.**

OLG. Hamburg, 8. ZS. Urteil v. 13. Oktober 1922.

Die Parteien (Österreicher) schlossen in Wien 1914 einen Vertrag und verabredeten dabei, daß Streitigkeiten aus ihm durch ein Schiedsgericht (Hamburger Handelskammer-Arbitrage) entschieden werden. Nachdem dieses Ende 1916 einen Schiedsspruch gefällt hatte, hat der Kläger, der in Österreich vollstrecken will, auf Erteilung des von der ExekutionsO. § 80 Nr. 3 geforderten Vollstreckungsurteils erfolgreich geklagt. Die Berufung ist unbegründet.

Der vorliegende Schiedsspruch ist ein ausländischer, weil ohne den Vertrag ein ausländischer Richter zu entscheiden hätte. Daß nachträglich gemäß § 23 ZPO. auch ein deutsches Gericht zuständig geworden ist, ist unerheblich, da bei Vertragsschluß nur der ausländische Richter zuständig war. Von den Aufhebungsgründen des § 1041 ZPO. kommt nach Lage der Sache nur die Nr. 1 in Frage. Die Zulässigkeit des Verfahrens hängt von der Gültigkeit des Schiedsvertrags ab, also nach § 577³ österr. ZPO. von der schriftlichen Errichtung. Nach Haeger (Vollstr. im intern. Verkehr S. 190) ist die Schriftform nicht nur dann erfüllt, wenn beide Parteien dieselbe Urkunde unterzeichnet haben, es genügt vielmehr auch ein Briefwechsel der Parteien. Nach der Rechtsprechung ist aber in diesem Fall nötig, daß von mehreren gleichlautenden Urkunden jede Partei eine unterzeichnet. Es kann dahingestellt bleiben, ob diese strenge Auffassung zutreffend ist; denn hier stimmen die von den Parteien gewechselten Briefe, soweit die Vertragsvereinbarungen in Frage

[1] Keine Nichtigkeit der Schiedsgerichtsklausel mangels örtlicher Bezeichnung des Schiedsgerichts oder weil das Grundgeschäft ein Kettengeschäft darstellt (OLG. Dresden, 11. ZS. Urteil v. 13. Okt. 1923; SächsA. 1923 S. 99).

stehen, wörtlich überein. Dazu kommt, daß die Beklagte den Mangel der Schriftform, den sie vor dem Schiedsgericht geltend machen konnte und mußte, dort nicht vorgebracht hat (RG. 27 S. 381). Über die weitere Frage, ob die Voraussetzungen der §§ 79, 80, 81 ExekutionsO. vorliegen, wird das österr. Gericht bei Bewilligung der Exekution gemäß § 3 das. zu befinden haben, besonders auch, ob die Beklagte vor das Schiedsgericht entsprechend § 80 Nr. 2 das. persönlich geladen ist.[1] B.

γ) **Schiedsklausel in nichtigem Vertrage.**

OLG. Hamburg, 3. ZS. Urteil v. 22. Januar 1924.

Der Kaufvertrag der Parteien vom März 1923 ist gemäß § 4b Art. III VO. vom 27. November 1919 nichtig, weil der Kläger der vorgeschriebenen Handelserlaubnis ermangelte. Damit hat das gleiche von der im Vertrag vereinbarten Schiedsgerichtsklausel zu gelten. Beklagte hat aber vorbehaltlos vor dem Schiedsgericht verhandelt und lediglich materielle Verteidigungsmittel geltend gemacht, sich auch insoweit nicht auf den Mangel der Handelserlaubnis berufen. Sie tritt vielmehr jetzt erst mit der Behauptung hervor, das Schiedsverfahren sei unzulässig gewesen. Damit kann sie nicht mehr gehört werden, weil sie nach diesem Verhalten so zu behandeln ist, als habe sie auf jenen formellen Einwand verzichtet. Ob das Schiedsgericht auf Abweisung der Klage wegen Nichtigkeit des Geschäfts hätte erkennen müssen, ist hier nicht zu untersuchen, da das die materielle Richtigkeit des — einem rechtskräftigen Urteil gleichstehenden — Schiedsspruchs betrifft. Materiell ist vielmehr lediglich nachzuprüfen, ob die Beklagte zu einer „verbotenen", dh. zu einer nicht erzwingbaren Handlung (RG. 26 Nr. 77) verurteilt ist, was hier nicht zutrifft. Daher kommt es auch nicht darauf an, daß die Beklagte materiell, also soweit sie darauf einen Einwand gegen den Klaganspruch selbst gründen wollte, auf den Einwand überhaupt nicht verzichten konnte, der Mangel der Handelserlaubnis vielmehr von Amtswegen berücksichtigt werden muß; denn auch dieser Einwand betrifft die materielle Entscheidung des Schiedsgerichts. Die Beklagte will jenen erst nach abgeschlossenem Schiedsverfahren erfahren haben, sie habe daher auf die Unzulässigkeit des Schiedsverfahrens überhaupt nicht verzichten können. Allein hat sie den Mangel als einen so erheblichen Umstand erachtet, daß sie daraus jetzt noch einen Einwand herleitet, der mit den Anschauungen eines ehrbaren Kaufmanns über Treu und Glauben im Handelsverkehr, mit dem Vertrauen auf das gegebene Wort nicht in Einklang steht, so muß gefolgert werden, daß sie sich schon in der Verhandlung vor dem Schiedsgericht der Tragweite des Mangels bewußt war. Unterließ sie aus irgendwelchen Gründen vor dem Schiedsgericht durch eine bloße dahingehende Frage den Punkt ohne weiteres klarzustellen, so hat sie

[1] Die Vergütung des zum Schiedsrichter bestellten Anwalts bestimmt sich, auch wenn der Streit vor der Verhandlung erledigt wird, nach § 315/6 BGB.; zu berücksichtigen sind: Stand und Lebensstellung des Klägers, der Umfang seiner Arbeit und die Sätze, die sonst vereinbart zu werden pflegen (KG., 6. ZS. Urteil v. 9. März 1922; GKBl. 54). Vgl. Rsp. 13 S. 243 Note.

zum wenigsten mit der Möglichkeit jenes Mangels gerechnet, sich aber auch für solchen möglichen Fall auf das Schiedsverfahren einlassen wollen.... B.

δ) **Tragweite einer „Durcharbitrage".**

OLG. Hamburg, 5. ZS. Urteil v. 16. Februar 1923.

Der Kläger hatte der Beklagten bitterfreies Mehl verkauft, das sie dann an die Firma X. und diese nach Prag weiterverkauft hatte; die Ware war aber nicht bitterfrei, wie das Schiedsgericht festgestellt hat. Der Kläger war daher gemäß § 463 BGB. der Beklagten zum Schadensersatz und also auch verpflichtet, sie wegen des entgangenen Gewinnes zu entschädigen. Infolge des Schreibens, in welchem sie ihn ersuchte an X. zu zahlen, will er in den irrigen Glauben, hierzu ihr gegenüber verpflichtet zu sein, versetzt sein und hat die Zahlung geleistet, die er jetzt gemäß § 813 BGB. zurückfordert. Es ist ohne weiteres klar, daß, wenn seine Ersatzpflicht nicht erloschen war, er nicht eine Nichtschuld, sondern eine wirkliche Schuld beglich. Fraglich ist daher allein, ob dieser Ersatzanspruch der Beklagten dadurch unterging, daß sie sich auf die „Durcharbitrage" zwischen X. und dem Kläger eingelassen hat. Diese ist für die Fälle gebräuchlich geworden, daß eine Ware zu gleichen Bedingungen durch mehrere Hände geht. Um die Mühe und Kosten zu sparen, zwischen allen Gliedern einer solchen Kette das Schiedsverfahren auszutragen, vereinbaren alle Beteiligten „Durcharbitrage" zwischen dem ersten und letzten Gliede, die dann für alle Beteiligten zu gelten hat. Vorliegend hatte die Prager Firma die Abnahme der Ware verweigert und den Zeugen L. ersucht, für sie als Schiedsrichter tätig zu sein. Für den Kläger sollte M. Schiedsrichter sein. Es wurde „Durcharbitrage" zwischen X. und dem Kläger vereinbart, die dann auch für die Prager Firma gelten sollte. Ebenso erklärte sich die Beklagte dem Schiedsrichter gegenüber mit der Durcharbitrage einverstanden, sie könne dann „ausscheiden". Ist dieser Vorgang rechtlich so zu verstehen, daß die Beklagte damit dem Schiedsspruch unter allen Umständen unterworfen war, so wäre ihr Ersatzanspruch beseitigt. Denn das Schiedsgericht hat die Wandlung der beiden Verkäufe zwischen X. und der Beklagten und zwischen dieser und dem Kläger ausgesprochen und hat sowohl die Beklagte verpflichten wollen, die Ware zurückzunehmen und den von ihr gezahlten Preis an X. zurückzuzahlen, wie auch den Kläger, dasselbe gegenüber der Beklagten zu tun, also den von ihr empfangenen Preis zurückzuzahlen, aber nicht mehr.... Es läßt sich nicht verkennen, daß in weiten Kreisen der hiesigen Kaufmannschaft die Erklärung, man sei mit Durcharbitrage über sich hinweg einverstanden, so aufgefaßt wird, daß der dies Erklärende sich damit dem Schiedsspruch unterwirft, auch wenn dabei gesagt wird, er „scheide aus". Aber der Sachverständige V., der mit kaufmännischen Schiedsgerichten bei weitem am meisten befaßt ist, hat erklärt, man denke bei der Durcharbitrage zunächst nur an Preisminderung, nicht an Wandlung; wenn diese in Frage komme, hätte er nicht durcharbitriert. Bei dieser Auskunft erschien es bedenklich, eine allgemeine Auslegung des Vorgangs dahin festzustellen, daß der

Schiedsspruch unter allen Umständen für den „Ausscheidenden" zu gelten habe, auch wenn er dabei zu Leistungen verurteilt wird. In der Tat widerspräche solche Verurteilung der Erklärung, man solle oder wolle „ausscheiden". Freilich hat auch V. nicht geleugnet, daß selbst bei der Preisminderung unter Umständen Leistungen des Zwischengliedes vorkommen können, dann nämlich, wenn der in Prozenten festgesetzte Minderwert der Ware auf die verschiedenen Preise der einzelnen Verkäufer und Käufer berechnet wird; allein es handelt sich dabei nur um verhältnismäßig geringe Beträge. Kommen aber wie bei der Wandlung erheblichere Beträge in Frage, so widerspricht es dem feststehenden und in §§ 1034, 1041 Nr. 4 noch ausdrücklich wiedergegebenen Grundsatz, jemanden zu verurteilen, ohne daß ihm Gehör gewährt war. Auf Gehör aber haben bei der „Durcharbitrage" die Zwischenglieder im allgemeinen keinen Anspruch, da sie ausgeschieden sind. Hätte also das Schiedsgericht auf Schadensersatz unter Einschluß der Verpflichtung, die Ware zurückzunehmen, erkannt, so wäre die Beklagte gar nicht berührt, also wahrhaft „ausgeschieden"; aber auf Wandlung und Rückgabe ihres Verkaufsgewinnes konnte es zu ihrem Nachteil nicht erkennen, wenigstens nicht, ohne sie zu hören.... V.

ε) **Aufrechnung gegen die Klage aus § 1042.**

OLG. Hamburg, 3. ZS. Urteil v. 26. Juni 1923.

Selbst wenn die Gegenforderung erst nach dem Schiedsspruch entstanden ist, so ist doch die Aufrechnung nur in drei Fällen zulässig, wenn nämlich entweder der betreibende Gläubiger die Gegenforderung nicht bestreitet oder wenn diese vor dem Erlasse des Vollstreckungsurteils durch einen neuen Schiedsspruch festgestellt wird, oder wenn sie, im Wege der Klage geltend gemacht, die Einrede des Schiedsvertrags nicht begründen könnte. Wollte man darüber hinaus auch die Aufrechnung aus solchen Forderungen zulassen, über deren Berechtigung an sich das Schiedsgericht zu entscheiden hat, so würde man der Gegenpartei das durch den Schiedsvertrag erworbene Recht schmälern, daß über diesen Anspruch nur das Schiedsgericht zu entscheiden hat. V.

χ) **Haftung des ersatzpflichtigen Dritten aus § 323.**

OLG. Hamburg, 4. ZS. Urteil v. 3. Oktober 1923.

1895 wurde der Postschaffner X. während der Ausübung seines Dienstes im Bahnpostwagen durch eine Rangierbewegung derart verletzt, daß er in der Folge pensioniert werden mußte. Auf die Klage des Reichspostfiskus wurde die beklagte Eisenbahn verurteilt, dem Fiskus, solange dieser dem X. jährlich 801 Mark Ruhegehalt zu zahlen hat, diese 801 Mark zu erstatten. Der Kläger verlangt nunmehr Erstattung der Beträge, die er über diese 801 Mark hinaus seit 1. April 1920 an X. auf Grund des Ges. v. 21. Dez. 1920 und der späteren Ergänzungsgesetze zu zahlen habe. Das LG. hat der Klage mit der Begründung entsprochen, daß es sich lediglich um eine Auslegung des früheren Urteils handle. Allein geklagt war im Vorprozeß auf Erstattung von 801 Mark Pension, solange der Kläger sie an X. zu zahlen habe. Nur dieser Anspruch war damals Gegenstand der Entscheidung. Daß man damals beiderseits angenommen haben mag, eine spätere Erhöhung der

Pensionsbezüge werde nicht in Frage kommen, ist bedeutungslos. An der Tatsache, daß nur die in der Urteilsformel getroffene Entscheidung rechtskräftig geworden ist, wird dadurch nichts geändert. — Auch als ein gegenüber dem Vorprozeß selbständiger Schadensanspruch und als eine neue Schadensfolge (JW. 1921 S. 1229) sind die jetzigen Klaganträge nicht aufzufassen. Es handelt sich lediglich darum, daß infolge der Markentwertung die Bezüge des X. seit 1. April 1920 wesentlich erhöht worden sind, um ihm für die Folgen seines Unfalls finanziell denselben Ausgleich zu gewähren, den er bisher erhalten hatte.

Bei dieser Sachlage kommt daher lediglich der § 323 in Betracht. Damit erweist sich gemäß Abs. 3 der Erhöhungsanspruch bis zur Erhebung der vorliegenden Klage als unbegründet. Im übrigen begründen die Zahlungen des Klägers nicht etwa einen eigenen, unmittelbaren Ersatzanspruch gegen die Beklagte, sondern bewirken lediglich die gesetzliche Abtretung der dem X. gegen die Beklagte nach dem HaftpflichtGes. zustehenden Schadensansprüche. Daher ist auch jetzt zu prüfen, ob ohne jene Abtretung X zu solchen Ansprüchen berechtigt wäre. Das ist zu bejahen. Hätte X, ohne Beamter zu sein, im Betriebe der Beklagten einen Unfall erlitten und selbst ein Urteil auf eine jährliche Rente von 801 Mark erstritten, so würde er jetzt eine entsprechende Erhöhung verlangen können, soweit sie lediglich die Geldentwertung ausgliche. Diese ist unbedenklich als eine „wesentliche Veränderung" der für die Höhe seiner Rente maßgeblichen Verhältnisse anzusehen. Weiter ist erwiesen, daß sich in bezug auf Erwerbsfähigkeit des X. seit dem Vorprozesse nichts geändert hat. Deshalb kann dahingestellt bleiben, ob der Kläger diese Fortdauer zu beweisen hat oder ob die Beklagte beweisen muß, daß X., wie sie behauptet, wieder voll erwerbsfähig ist. B.

y) **Ist in der Schweiz die Gegenseitigkeit wegen rein persönlicher Forderungen verbürgt?**

OLG. Hamburg, 6. ZS. Urteil v. 24. November 1923.

Die Feststellung des LG, daß der inländische Beklagte Ende 1920 Vermögen in Zürich besaß, ergibt höchstens, daß das Züricher Gericht damals zur Verhängung des Arrestes zuständig gewesen sein mag. Die hier fraglichen Titel (auf Zahlung einer prozessualen Entschädigung) sind jedoch auf Grund einer „Arrestprosequierungsklage" erlassen. Ob das Züricher Gericht hierzu nach seinem Recht zuständig war, ist belanglos; belanglos also auch, daß die Tatsache des voraufgegangenen unangefochtenen Arrestes genügt, um die Zuständigkeit für jenes Verfahren, in dem die materielle Berechtigung des Arrestanspruchs durchgefochten wird, zu begründen.... Es handelt sich also hier nicht etwa um einen Widerspruch des § 924, sondern um ein Verfahren in der „Hauptsache" ähnlich dem in § 926 ZPO. geregelten. Für diesen Anspruch wären die Züricher Gerichte nach § 23 ZPO. nur zuständig, wenn der Beklagte dort keinen Wohnsitz, aber Vermögen, uz. zurzeit der Klagerhebung, 21. Mai 1921, besaß. Einer Feststellung dessen bedarf es jedoch nicht, weil den Anträgen des Beklagten jedenfalls aus § 328 Nr. 5

in Übereinstimmung mit dem hiesigen 4. ZS. (HansRZ. 1923 S. 343) stattzugeben war. Dort hat das schweiz. Bundesgericht beauskunftet: „Nach der Rechtsprechung des Bundesgerichts kann Art. 59 der Bundesverf. dem Begehren um Vollstreckung eines deutschen Urteils gegen einen hier wohnhaften Schweizer entgegengehalten werden, wenn das Urteil einen persönlichen Anspruch zum Gegenstand hat. Dazu werden aber Ansprüche, die durch Pfand oder Retentionsrecht gesichert sind, nicht gerechnet, weshalb der Vollstreckung eines deutschen Urteils, das einen solchen Anspruch zum Gegenstand hat, wenn dieser am Orte der gelegenen Sache verfolgt wurde, Art. 59 nicht entgegengehalten werden könnte, wobei zu bemerken ist, daß der Arrest nach hiesiger Auffassung einen Anspruch nicht zu einem dinglich gesicherten macht." Hier, wo auf Schadensersatz wegen Nichterfüllung eines Lieferungsvertrags geklagt ist, kommt ein durch Pfand oder Retentionsrecht gesicherter Anspruch, abgesehen von der Arrestlegung, nicht in Frage. Es handelt sich mithin um einen gewöhnlichen persönlichen Anspruch, hinsichtlich dessen die Gegenseitigkeit nicht verbürgt ist. Insbesondere ist dafür, welcher Art der Anspruch ist, den das deutsche Urteil zum Gegenstand hat, naturgemäß hier nicht die deutsche, sondern die schweiz. Rechtsanschauung maßgebend, wie auch die Auskunft selbst deutlich erkennen läßt. Es ist also gleichgültig, ob nach deutschem Recht der Arrest ein Pfandrecht gewährt, zumal er nicht einmal von einem deutschen Gericht erlassen worden ist.... V.

6. Grundbuchsachen.

a) Ermittlungen von Amtswegen. Scheinnatur der Auflassung.

Kammergericht, 1. ZS. Beschluß v. 14. Dezember 1922.

Im Antragsverfahren ist das Grundbuchamt weder berechtigt noch verpflichtet, von Amtswegen Ermittlungen (durch Einholung von Auskünften, Vernehmung von Sachverständigen) anzustellen und daher auch nicht zur Benutzung des so beschafften Beweisstoffes befugt. In der Sache kann dahingestellt bleiben, ob hier die Schaffung eines Eigenjagdbezirks der Haupt- oder nur ein Nebenzweck gewesen ist. Auch im ersteren Falle ist nicht ausgeschlossen, daß die dafür gewählte Rechtsform der Übertragung von Miteigentumsanteilen ernstlich gemeint ist. Die Ansicht des LG., daß der Vertrag einen besonderen Anhalt für eine dahingehende Absicht der Beteiligten ergeben müsse, ist irrig. Vielmehr müssen umgekehrt, wenn nicht — wie das bei der Übertragung ganz winziger Anteile ($^1/_{1000}$) der Fall sein kann — die Scheinnatur offen zutage liegt, besondere Anhaltspunkte dafür gegeben sein, daß die Beteiligten lediglich beabsichtigen, nach außen hin Miteigentum vorzutäuschen. Das läßt sich bei der Höhe der hier übertragenen Miteigentumsanteile und angesichts der die Miteigentumsverhältnisse näher regelnden Vertragsbestimmungen nicht sagen.... M.

Dazu: Kammergericht, 1. ZS. Beschluß v. 4. Oktober 1923.

Jede Verfahrenserklärung — eine solche ist die Bewilligung — unterliegt wie jede materielle Willenserklärung der Auslegung. Die vorliegende

Erklärung (anstelle der Auszugsleistungen eine bestimmte Geldrente treten zu lassen) ist zwar bestimmt und klar, hat aber heute bei der ungeheuren Geldentwertung einen ganz andren Sinn als zurzeit ihrer Abgabe (1917); deshalb kann in ihr nicht mehr die Erklärung gesehen werden, daß die Auszügler die Eintragung dieser Inhaltsänderung wollen und bewilligen.

b) α) **Vorbehalt für den Fall einer Aufwertung.**[1]

Kammergericht, 1. ZS. Beschluß v. 21. Februar 1924.

Der Gläubiger hat nach Bezeichnung der Hypothek v. 6000 Mark bekannt, „daß A. als Grundstückseigentümer diese Forderung bezahlt hat, und ich bewillige die Löschung der Hypothek. Ich willige in diese Löschung nur unter der Bedingung, daß im Fall einer Aufwertung die diesbezüglichen Rechte geltend gemacht werden können". Die hier erteilte Quittung ist nicht für sich allein, gesondert von den sonstigen Bestandteilen der Urkunde, sondern aus deren Gesamtinhalt auszulegen. Mit Recht haben daher die Vorinstanzen der Schlußerklärung, obwohl sie nach der buchstäblichen Fassung nur die Löschungsbewilligung betrifft, nach Sinn und Zweck auch für die Auslegung der Quittung Bedeutung beigemessen. Danach soll der gezahlte Papiermarkbetrag nicht als der volle hypothekarisch gesicherte Betrag angesehen werden, wenn die Aufwertung der Hypothek auf eine den Nennbetrag übersteigende Summe gesetzlich gerechtfertigt sei. Stände die Unzulässigkeit einer dinglichen Aufwertung fest, so wäre freilich der Vorbehalt gegenstandslos. Ob die Markentwertung eine Aufwertung nicht nur nach der persönlichen, sondern auch nach der dinglichen Seite ohne besondere gesetzgeberische Maßnahmen schon nach allgemeinen Rechtserwägungen, bes. im Hinblick auf RG. 107 S. 78 rechtfertigen würde, kann unerörtert bleiben, weil der vorliegende Fall von der die Aufwertung in gewissen zeitlichen und gegenständlichen Grenzen anerkennenden 3 Steuer-NotVO. v. 14. Febr. 1924 mitbetroffen wird, und diese VO., obwohl erst nach der Entscheidung des LG. erlassen,

[1] a) Aus der bloßen Gegenüberstellung der seinerzeit in Gold bewirkten Auszahlung des Darlehns mit der in Papierwährung geleisteten Rückzahlung kann nicht auf die Absicht der Unterzeichner der Quittung geschlossen werden, die Rückzahlung nur als Teilzahlung auf die ganze Schuld annehmen zu wollen (KG. 21. Febr. 1924, 1 x 73).

b) Dem § 11 verb. mit § 1¹ VO. ist zu entnehmen, daß bei vorbehaltloser Annahme einer in Papiermark erfolgten Zahlung nicht nur der bisherige Gläubiger, sondern auch der zahlende Eigentümer, auf den das Hypothekenrecht als Grundschuld übergegangen ist, deren Aufwertung nicht verlangen kann; die Löschung derartiger bedeutungs- und wertlos gewordener Rechte kann der Vollstrecker beantragen; § 2205 BGB. steht nicht entgegen (KG. 21. Februar 1924, 1 x 520/23).

c) An einem „Vorbehalte" des § 16 fehlt es, wenn die Löschung unbedingt bewilligt ist und am Schlusse nur hinzugefügt wird: „alle Rechte aus künftigen Gesetzen werden vorbehalten" (KG. 4. Okt. 1923, 1 x 404). Jetzt läßt jedoch § 11 NotVO. v. 14. Febr. 1924 für die Fälle, in denen unter Vorbehalt quittiert oder die Löschung bewilligt ist, eine Ausnahme dahin zu, daß derartigen Erklärungen rückwirkend ihre etwa angenommene Eignung zu Unterlagen im Grundbuchverkehr wieder entzogen wird, selbst wenn die Hypothek bereits gelöscht worden ist; ihre Wiedereintragung kann dann beantragt werden, wenn nicht Rechte Gutgläubiger entgegenstehen (KG. 28. Februar 1924, 1 x 24).

hier jedenfalls insoweit zu berücksichtigen ist, als sie sich rückwirkende Kraft beimißt (RG. 101 S. 147). Ihrem § 11, der eine Aufwertung bei vorbehaltloser, vor dem Inkrafttreten der VO. erklärter Löschung und Quittung ausschließt, ist durch Gegenschluß zu entnehmen, daß die Aufwertung zulässig sein soll, wenn die bezeichnete, vor jenem Inkrafttreten abgegebenen Erklärung unter Vorbehalt etwaiger Aufwertungsansprüche erfolgt. Die VO. will also rückwirkend auch in den letzteren Fällen zugunsten der Gläubiger eingreifen. In dem miterwähnten Falle des § 1² Nr. 4 (Zahlung „einer durch Hypothek gesicherten Forderung") äußert sich die rückwirkende Kraft in dem Sinne, daß bei der unter Vorbehalt angenommenen Zahlung des Papiermarkbetrags es so angesehen wird, als wenn die Forderung nicht nur in jenem Betrage, sondern in einem nach der VO. aufgewerteten Betrage durch Hypothek gesichert sei. Daraus folgt, daß eine Quittung, die den Empfang des Papiermarknennbetrags bescheinigt, nicht nachweist, daß die gesicherte Forderung in der wirklich bestehenden Höhe bezahlt sei, daß sie also nicht den Übergang der die aufgewertete Forderung sichernden Hypothek auf den Eigentümer dartut. Der eingetragene Gläubiger gilt also nach § 891 weiterhin als Inhaber des Hypothekenrechts. Zur Begründung von Löschungsanträgen sind nur unbedingte Bewilligungen geeignet.

β) **Vorbehaltlose Quittung des (befreiten) Vorerben.**

Kammergericht, 1. ZS. Beschluß v. 21. Februar 1924.

... Nach Art. I § 11 VO. kann der Gläubiger, der die Zahlung der Hypothekenforderung vorbehaltlos angenommen hat, keine Aufwertung verlangen. Wörtlich genommen liegen diese Voraussetzungen hier vor, da A., der die 51000 Mark vorbehaltlos angenommen hat, als Vorerbe Gläubiger der Hypothek war. Dem wirklichen Sinne des Gesetzes widerspricht aber eine solche Auslegung, vielmehr erscheint im Hinblick darauf, daß die vorbehaltlose Annahme als Verzicht auf die Aufwertung aufzufassen ist, die Auffassung gerechtfertigt, daß der Gläubiger nach allgemeinen Vorschriften auf die Aufwertung zu verzichten befugt ist. Der Vorerbe ist aber, auch wenn er befreit ist, nach grundbuchrechtlichen Vorschriften hierzu nur in der Lage, wenn der Verzicht keine unentgeltliche Verfügung (§ 2113² BGB.) ist... Hierfür ist in erster Linie der Begriff der ordnungsmäßigen Verwaltung heranzuziehen (RG. 81 S. 364). Nach diesen Grundsätzen kommt es nicht sowohl darauf an, ob zu der hier fr. Zeit die dem A. zustehenden Hypotheken und -forderungen aufgewertet werden konnten oder ob er die Aufwertung für möglich oder unmöglich gehalten hat, als vielmehr darauf, ob ein die Rechte der Nacherben genügend berücksichtigender guter Haushalter die vom Eigentümer geleistete Zahlung ohne Vorbehalt annehmen durfte. Maßgebender Zeitpunkt ist hier nicht die Ausstellung der Quittung, sondern, da bereits am 26. März 1923 gezahlt worden ist, der Tag dieser Zahlung. Zu dieser Zeit war aber die Frage der Aufwertung noch zu wenig geklärt, als daß auch nur mit einer gewissen Wahrscheinlichkeit auf ihre Anerkennung hatte gerechnet werden können. Erst im weiteren Verlaufe von 1923 ist die Rechtsprechung allmählich dazu übergegangen, die Aufwertung zuzulassen, wobei aber das RG. (107 S. 78) die Frage der dinglichen Aufwertbarkeit immer noch offengelassen hat. Noch widerstrebender hat sich die Reichsgesetzgebung gezeigt, die zum erstenmal die Aufwertung in der angeführten VO. anerkannt hat. A. hat sich sonach im Rahmen einer ordnungsmäßigen Verwaltung gehalten.[1] ...

c) **Einseitige Änderung bewilligter Eintragungen.**

Kammergericht, 1. ZS. Beschluß v. 13. März 1924.

A. hat sein Grundstück am 28. Nov. 1923 notariell seinem Sohn überlassen, der sich verpflichtete, seinen 3 Geschwistern je 500 Goldmark in Anrechnung auf ihr Erbteil zu zahlen, und die Eintragung dieser Verpflichtung beantragte. Sodann haben beide Teile die Auflassung erklärt und die Eintragung des Eigentumswechsels beantragt. Als das Grundbuchamt unter Hinweis darauf, daß eine Goldmarkhypothek nicht eintragbar sei, eine entsprechende Abänderung des Vertrags verlangte, beantragte der Sohn, je eine Hypothek in Höhe des von der Berliner Börse für den Tag vor der Fälligkeit festgesetzten Preises von dem Feingehalt von 25 Zwanzigmarkstücken oder $^{500}/_{2790}$ kg Feingold einzutragen. Die weitere Beschwerde über die Zurückweisung der Anträge ist begründet.

Das Grundbuchamt erwägt, daß die Verpflichtungen des Beschwerdeführers als Bestandteil eines Vertrags nicht einseitig abgeändert werden könnten. Allein es hat grundsätzlich nur die grundbuchrechtlichen Einigungserklärungen, dh. hier die Einigung über den Eigentumsübergang und die Eintragungsbewilligungen, dagegen nicht die zugrunde liegenden schuldrechtlichen Vorgänge zu berücksichtigen. Das LG. folgert die Notwendigkeit des Beitritts des Veräußerers daraus, daß die nach Goldmark bemessene Schuld nicht mit einer solchen in Feingold gleichwertig sei. Dabei verkennt es jedoch die Bedeutung des § 19. Wenn auch das Grundbuchamt regelmäßig solche ihm bekannte Tatsachen, die der Verwirklichung des beabsichtigten Rechtszustandes entgegenstehen, zu berücksichtigen hat, so reicht doch die Abweichung einer abgeänderten Eintragungsbewilligung von dem bisher feststehenden Inhalt der Einigung nicht aus, die beabsichtigte Rechtswirkung als ausgeschlossen anzusehen, da die Möglichkeit besteht, daß auf der Grundlage der abgeänderten Bewilligung eine neue Einigung zustande gekommen ist oder kommen wird. RG. 70 S. 363 besagt nichts Gegenteiliges.

Fraglich kann nur sein, ob nicht nach § 16² eine Zustimmung des Veräußeres erforderlich ist. Es handelt sich um zwei Eintragungen, von denen die eine der Veräußerer mitbeantragt hat. In diesem Antrag ist stillschweigend ausgedrückt, daß die Eintragung des Eigentumswechsels nicht ohne die dafür vereinbarten Hypotheken erfolgen soll. Diese Bestimmung ist auch auf die

[1] Dasselbe gilt für Sept. 1923 (KG. 6. März 1924, 1 x 66); dagegen nicht bezüglich einer am 12. Januar 1924 ausgestellten Quittung (KG. 13. März 1924, 1 x 77).

Auflassungserklärung zu beziehen, bei der sie, da sie zwar die Vollziehung der Auflassung berührt, sie aber nicht im Sinne des § 925² BGB. bedingt, gleichfalls zulässig ist. Eine Änderung der ursprünglichen Bewilligung könnte also in der Tat der nach § 16² vom Veräußerer getroffenen Bestimmung widersprechen.

Unter den jetzigen Währungsverhältnissen kommt jedoch die Goldmark nicht mehr als ein im Umlauf befindliches Zahlungsmittel, sondern nur noch als Maßstab für die Berechnung der in Papiermark zu zahlenden Summe in Betracht, wobei 1 Billion Papiermark einer Goldmark gleichzusetzen ist. Da der gleiche Kurs auch schon beim Vertragschluß bestand, kann die Verpflichtung zur Hypothekeneintragung nur bedeuten, daß für die Forderungen der 3 Geschwister von je 500 Billionen Papiermark wertbeständige Hypotheken auf Goldgrundlage bestellt werden sollten. Nach § 1 Ges. v. 23. Juni 1923 ist dies nur in der Weise möglich, daß die Höhe der aus dem Grundstücke zu zahlenden Geldsumme durch den amtlich festgestellten Preis einer bestimmten Menge von Feingold bestimmt wird. Bei der hiernach gebotenen Änderung der Bewilligung ist der Preis von $^1/_{2790}$ kg Feingold für jede Mark als Maßstab genommen worden. Dieser entspricht aber der Menge, die in den nach dem Ges. v. 9. Juni 1909 ausgeprägten Goldmünzen enthalten war und die auch jetzt noch (zB. im § 6² VO. 15. Okt. 1923) dem Werte von Goldmark zugrunde gelegt wird. Unter diesen Umständen ist gemäß § 133 BGB. anzunehmen, daß die Abänderung auch dem mutmaßlichen Willen des Veräußerers Rechnung trägt. Dabei ist belanglos, daß der Wert der Goldmark auch in Bruchteilen des Dollars bestimmt werden kann (§ 1 VO. 6. Febr. 1924); denn die Wahrscheinlichkeit, daß durch Schwankungen des Dollarkurses eine erhebliche Abweichung zwischen dem so bestimmten und dem in Feingold bestimmten Werte der Goldmark eintritt, ist so gering, daß das Einverständnis des Veräußerers nicht zu bezweifeln wäre. Allerdings legt die Abänderungserklärung den von der Berliner Börse festgesetzten Preis von Feingold zugrunde; diese Abweichung v. § 2 VO. v. 29. Juni 1923 ist jedoch leicht zu beseitigen (§ 18 GBO.). M.

d) **§ 17, wenn alle Zwischenerwerber ihre Eintragung gesondert beantragen.**[1]

Kammergericht, 1. ZS. Beschluß v. 14. Februar 1924.

Nachdem X. sein Grundstück Ende 1921 vor Notar Th. an A. verkauft und aufgelassen hatte, hat Th. die Eintragung des A. beantragt. Vor Erledigung dieses Antrags hat A. im April 1922 vor jenem Notar das Grundstück an B. weiter verkauft und aufgelassen, worauf Th. die Eintragung des Eigentumswechsels beantragte. Bevor dies geschah, hat B. das Grundstück vor demselben Notar am 31. Juli 1922 an C. verkauft und aufgelassen.

[1] Auch wenn die Eigentumseintragung mit Unrecht verweigert worden ist und dieserhalb die Vorentscheidungen aufzuheben gewesen wären, wird dadurch die inzwischen bewirkte andre Eintragung nicht unwirksam; die Tatsache dieser Eintragung hat auch das Gericht der weiteren Beschwerde zu berücksichtigen, weil dadurch dem Eintragungsantrage seine bisherige Grundlage entzogen wird (KG. 4. Okt. 1923, 1 x 287).

C. hat es schließlich am 2. Nov. 1922 vor dem Notar St. an D. verkauft und aufgelassen; St. hat den in der Auflassungsverhandlung gestellten Antrag auf Eintragung des D. zu den Grundakten am 6. Nov. eingereicht. Am 9. Nov. hat Notar Th. auch beantragt, den Eigentumsübergang von B. auf C. einzutragen. Die unmittelbare, ohne Rücksicht auf die Zwischenerwerber vorzunehmende Eintragung des D. wurde abgelehnt, weil hier abweichend von KGJ. 47 S. 158 nicht der Zweit-, sondern der Dritterwerber eingetragen werden soll. Es kann dahingestellt bleiben, ob es sich nicht in Wirklichkeit sogar um den vierten Erwerber handelt und ob die aO. vertretene Rechtsauffassung die weitere Folgerung zuläßt, daß auch die vom Zweit- und Dritterwerber bewilligte Eintragung als mit Einwilligung des eingetragenen Eigentümers vorgenommen anzusehen ist und daher gemäß § 185[1] BGB. wirksam ist. Denn hier liegt nicht nur ein auf die Zwischenauflassungen gestützter Antrag des D. vor, sondern sind gesonderte Anträge auf Eintragung auch aller Zwischenerwerber gestellt. Von diesen ist erst der Antrag auf Eintragung des A. durch Vornahme der Eintragung erledigt. In einem solchen Falle kommt aber die Eintragung einer später beantragten Eigentumsveränderung ohne Rücksicht auf die von den Zwischenerwerbern gestellten Anträge überhaupt nicht in Betracht. Nur wenn lediglich der letzte Erwerber seine Eintragung begehrt, kann § 185[1] BGB. anwendbar werden. Haben dagegen alle Erwerber nacheinander ihre Eintragung beantragt, so ist allein § 17 GBO. maßgebend und darf jedenfalls vor Erledigung des Eigentumsverlangens des B. nicht der C. eingetragen werden. Erledigt i. S. des § 67 ist ein Antrag aber erst, wenn ihm durch Eintragung entsprochen oder wenn er zurückgewiesen oder zurückgenommen oder wenn zu seinen Gunsten gemäß § 18[3] eine Vormerkung (Widerspruch) eingetragen worden ist. Nichts davon ist hier geschehen, insbes. ist der Antrag des B. nicht zurückgenommen. Als Zurücknahme könnte nur der Antrag des Notars St. auf Eintragung des D. ohne Rücksicht auf die Zwischenerwerber gelten. Zur Zurücknahme eines Antrags ist indes nur der Antragsteller selbst oder für ihn der beurkundende Notar berechtigt (KGJ. 28 S. 88). Die Auflassung an B. hat aber nicht St., sondern Th. beurkundet, der auch den Antrag beim Grundbuchamt gestellt hat. Die Zurücknahme des St. wäre daher rechtlich ohne Wirkung, ganz abgesehen davon, daß die Form des § 32 GBO. nicht gewahrt ist (KGJ. 28 S. 88). Ob auch der später gestellte Antrag des C. der Eintragung des D. entgegensteht, kann daher auf sich beruhen. Die Sachlage nötigt jedenfalls nicht dazu, grundsätzlich zu der Frage Stellung zu nehmen, ob i. S. des § 17 dasselbe Recht auch dann betroffen wird, wenn die später beantragte Eintragung die rechtliche Grundlage für die früher begehrte Einschreibung bildet (vgl. Güthe-Triebel § 17[12.13]). M.

e) α) **Zwischenverfügung[1] nach § 18. Auflassungsvormerkung.**

[1] Der bisherige milde Standpunkt, den ohne die Steuerbescheinigung eingereichten Eintragungsantrag nicht sofort zurückzuweisen, darf nicht in einer mit § 18 nicht zu ver-

Kammergericht, 1. ZS. Beschluß v. 11. Januar 1923.

A. hatte sein Grundstück an B. verkauft. B. erklärte am 18. September 1922, obwohl noch nicht als Eigentümer eingetragen, daß er das Grundstück an X. weiterverkauft habe, und beantragte, für diesen eine Auflassungsvormerkung einzutragen. Der Antrag wurde abgewiesen. Hierüber beschwerte sich B., nachdem am 6. Oktober die Auflassungsverhandlung zwischen A. und B. eingegangen und er alsbald als Eigentümer eingetragen worden war. Er meint, daß ihm eine Frist nach § 18 hätte gesetzt werden müssen. Allein im allgemeinen wird bei Eintragungsanträgen, die sich auf Bewilligung eines Nichtberechtigten stützen, kein Anlaß bestehen, mit der Beschaffung der Genehmigung des Berechtigten zu rechnen. Der Anstand lag hier in der mangelnden Genehmigung des A. und die vom Beschwerdeführer nicht erkannte Wirkung einer Zwischenverfügung wäre gewesen, daß seine eigene Eintragung nur nach Eintragung einer Amtsvormerkung zugunsten des in Rede stehenden Antrags hätte erledigt werden dürfen (§ 18²) und, sofern A. die Genehmigung erteilte, dem X. gegenüber unwirksam gewesen wäre (§ 888 BGB.). — Das LG. hat aber übersehen, daß der Antrag erstarkte, als B. als Eigentümer eingetragen wurde (§ 185² BGB.). Mit dieser Veränderung war das bisherige Bedenken weggefallen. In KGJ. 39 S. 166 ist auf diesen Gesichtspunkt nicht eingegangen, weil der Bewilligende zurzeit der Beschwerdeentscheidung auch noch nicht eingetragen, die erfolgte Auflassung an ihn noch nicht bekannt war. Dem Eintragungsantrage wird daher jetzt stattzugeben sein (KGJ. 52 S. 120).

β) **Löschung des Versteigerungsvermerks nach § 18².**

Kammergericht, 1. ZS. Beschluß v. 31. Mai 1923.

Der eingetragene Eigentümer hatte 1922 sein Grundstück notariell an A. aufgelassen, die Erledigung des Eigentumsantrags verzögerte sich jedoch wegen der Steuerbescheinigung. Am 10. Januar 1923 ersuchte das Vollstreckungsgericht um Eintragung des Zwangsversteigerungsvermerks, worauf das Grundbuchamt in Abt. II Nr. 1 Vormerkungen aus § 18² GBO. und unter Nr. 2 jenen Vermerk eintrug. Am 20. Januar wurde A. als Eigentümer unter gleichzeitiger Löschung dieses Vermerks eingetragen. Auf Beschwerde ordnete das LG. die Eintragung eines Widerspruchs gegen diese Löschung an, weil das Grundbuchamt den Vermerk auch dann hätte eintragen müssen, wenn der neue Eigentümer schon eingetragen gewesen wäre und weil es infolgedessen auch nicht befugt gewesen sei, die bereits vorgenommene Eintragung aus der Erwägung, daß das Grundstück nicht mehr dem Schuldner gehöre, zu beseitigen. Diesen Ausführungen ist zuzustimmen. Dem Grundsatze der Entsch. (Rsp. 42 S. 158) liegt die Erwägung zugrunde, die später beantragte Ein-

einbarenden Weise zur Erschwerung oder Verwirrung führen; eine solche würde aber eintreten, wenn eine längere Frist gewährt wird und inzwischen anderweite Eintragungsanträge gestellt werden (KG. 7. Juni 1923, 1 x 188). — Das Fehlen der im § 3 AVf. v. 20. Nov. 1899 vorgeschriebenen Angaben läßt sich durch ein hierauf bezügliches Ersuchen des Katasteramts leicht beheben (KG. 7. Juni 1923, 1 x 193).

tragung werde mit dem Vorbehalte vorgenommen, daß die dem früheren Antrag entgegenstehenden Hindernisse nicht beseitigt würden, weil in diesem Falle dem späteren Antrage die Begründung entzogen werde. Diese für die Regelfälle zutreffende Erwägung kann hier nicht durchgreifen, weil dem Ersuchen auch dann stattzugeben gewesen wäre, wenn der frühere Antrag auf Eigentumseintragung hindernisfrei gewesen wäre, und vor Erledigung des Ersuchens zur Eintragung geführt hätte.

Durch die Löschung des Vermerks ist aber das Grundbuch nicht unrichtig geworden. Die durch die Anordnung der ZwV. herbeigeführte Beschlagnahme, die mit dem Eingang des Ersuchens zu den Grundakten wirksam geworden ist, hat nach § 23 ZVG. die Wirkung eines Veräußerungsverbots. Die Beschlagnahme besteht noch; ihre Wirkungen sind aber erloschen, falls inzwischen der Erwerber auf Grund der Auflassung unanfechtbares Eigentum erlangt hat. Dadurch ist dann die in der Beschlagnahme liegende Verfügungsbeschränkung gegenstandslos geworden, da der Schuldner, gegen den allein sie sich richtet, infolge des Eigentumsverlustes zu weiteren Verfügungen nicht mehr in der Lage ist. Jene Beschränkung stand nach § 878 BGB. der Vollendung des durch die beiderseits bindende Auflassung eingeleiteten Rechtserwerbes nicht entgegen, weil der Eintragungsantrag bereits vor dem Inkrafttreten jener Beschränkung dem Grundbuchamt überreicht war. M.

f) **Berichtigung oder Auflassung:** α) **im Falle der RVO. § 412.**

OLG. Karlsruhe, 1. ZS. Beschluß v. 16. April 1923.

Ob dadurch, daß die Mitglieder des Krankenkassenverbandes alle bis auf eines weggefallen sind, der Verband zu bestehen aufgehört hat, kann zweifelhaft sein. Es wäre denkbar, daß er neben der verbliebenen Ortskrankenkasse rechtlich so lange fortbesteht, bis er aufgelöst ist; dann wäre zweifellos das Grundstück unverändert Eigentum des Verbandes geblieben. Aber auch bei der Annahme seines Aufhörens ist doch damit seine Rechtspersönlichkeit nicht in jeder Hinsicht erloschen. Sein Vermögen geht nämlich nicht durch Gesamtrechtsnachfolge auf die OKK. oder eine andere Person über. Voraussetzung dafür wäre eine ausdrückliche Vorschrift, an der es fehlt. Der § 412 RVO. läßt im Gegenteil erkennen, daß nur das Reinvermögen des Verbandes auf dessen Rechtsnachfolger übergehen soll. Daraus folgt, daß der Verband in der Lage sein muß, die Schulden zu tilgen und so sein Reinvermögen äußerlich herzustellen; bis die hierdurch erforderlichen Geschäfte abgewickelt sind, muß danach der Verband als fortbestehend gelten (§ 301 S. 2 RVO.). Dem somit in Liquidation befindlichen Verbande gehört auch heute noch das Grundstück. Das Grundbuch, das dieses Eigentum aufweist, ist sonach richtig und bietet für eine Berichtigung keinen Raum. Nur durch Auflassung kann das Grundstück in das Eigentum der OKK. gelangen, eine Rechtslage, die namentlich dann erhebliche Bedeutung gewönne, wenn das Verbandsvermögen überschuldet wäre. M.

β) **bei Parzellenverwechslung.**

Kammergericht, 1. ZS. Beschluß v. 7. Februar 1924.

Der Eigentümer des Trennstücks 58 und die als Eigentümer des Trennstücks 59 eingetragenen Eheleute haben notariell erklärt, es liege Parzellenverwechslung vor, und Berichtigung des Grundbuchs bewilligt. Das Grundbuchamt hat abgelehnt, weil Auflassungen geboten seien. Das LG. hält dagegen eine Berichtigung für erfolgreich; es geht von dem rechtsirrtumsfreien Standpunkt aus, daß bei Vorlegung einer Berichtigungsbewilligung der Grundbuchrichter der Prüfung, ob tatsächlich ein anderer Rechtsstand als der durch das Grundbuch ausgewiesene besteht, regelmäßig enthoben ist. Es übersieht aber den Satz, daß die Bewilligung abzulehnen ist, wenn das als Berichtigung Einzutragende bisher noch nicht dinglich außerhalb des Grundbuchs besteht, mag auch auf seine dingliche Herstellung ein schuldrechtlicher Anspruch vorliegen (RG. 73 S. 157). Hier berufen sich aber die Beschwerdeführer auf rechtsgeschäftlichen Erwerb der von ihnen besessenen Trennstücke, haben also an ihnen das Eigentum rechtsgeschäftlich nicht erwerben können. Wenn das Bay. ObLG. (Rsp. 40 S. 260) in gleichem Falle die Berichtigung zuläßt, weil durch sie das Grundbuch nicht unrichtig werde, so ist das letztere allerdings richtig, aber nur deshalb, weil sämtliche Voraussetzungen eines rechtsgeschäftlichen Eigentumsüberganges außer der beantragten Eintragung vorlagen, diese also als rechtsändernde das Grundbuch richtig machte und nicht, weil sie als berichtigende das Grundbuch einem schon vorher bestehenden Rechtszustand anpaßte. Der Fall zeigt, daß es nicht immer zutrifft, wenn man den oben erwähnten Satz damit begründet, daß die etwaige Eintragung das Grundbuch unrichtig statt richtig machen würde. Es wird also hier der Auflassung bedürfen, wenn nicht der in KGJ. 37 S. 262 angedeutete Weg gangbar ist, der auch die Entscheidung (Rsp. aO.) rechtfertigt, so daß § 79 nicht in Betracht zu ziehen ist. Es kann sich nämlich fragen, ob nicht von der Erwägung aus, daß die den Buchungen zugrunde liegenden Auflassungen bei richtiger Auslegung andere als die verbuchten Trennstücke betrafen, die damals gestellten Eintragungsanträge noch unerledigt sind und die irrige Erledigung infolge Einverständnisses der Parteien rückgängig gemacht werden kann. Bei KGJ. und Rsp. aO. handelt es sich um einfach liegende Fälle, in denen ein Eigentümer an verschiedene Personen Trennstücke aufgelassen und dabei deren Bezeichnungen verwechselt hatte und sämtliche Beteiligte über diesen Irrtum einig waren. Inwieweit ein solcher Weg der Herbeiführung eines richtigen Grundbuchs hier gangbar ist, läßt sich nach den vorhandenen Unterlagen nicht beurteilen, da die Beschwerdeführer die Trennstücke zu verschiedenen Zeiten von verschiedenen voreingetragenen Personen erworben haben und nicht zu ersehen ist, wann und wie der angebliche Irrtum entstanden ist. Immerhin scheinen gutgläubig erworbene Rechte Dritter (Güthe § 2[49]) der Erledigung im genannten Sinne nicht entgegenzustehen. M.

g) α) **Zur Auslegung und Anwendung des § 28 S. 1.**

Kammergericht, 1. ZS. Beschluß v. 21. Februar 1924.

Eine zu strenge Auslegung des § 28 entspricht nicht dem Geiste des

Gesetzes. Bei der Abtretung einer Gesamthypothek, die nur für alle Grundstücke einheitlich ausführbar ist, wird regelmäßig ein abgeschriebenes Grundstück als durch das Stammgrundstück mitbezeichnet angesehen werden können.

Dazu: Kammergericht, 1. ZS. Beschluß v. 20. Dezember 1923.

Stehen auf einem Grundbuchblatt mehrere selbständige Grundstücke, so bedarf es zu deren einheitlicher Auflassung nicht der besonderen Hervorhebung der einzelnen Grundstücke, vielmehr genügt, wenn dabei klar zum Ausdruck kommt, daß der gesamte Bestand des Blattes auf den neuen Eigentümer übergehen soll; § 133 BGB. findet Anwendung.[1]

β) **Rentenmarkhypotheken sind nicht eintragbar.**

Kammergericht, 1. ZS. Beschluß v. 6. März 1924.

Die Rentenmark ist die Werteinheit der Rentenbankscheine, die von der gemäß VO. v. 15. Okt. 1923 (RGBl. I 963) errichteten Rentenbank auf Grund von Rentenbriefen ausgegeben werden (Bankarch. 23 S. 29); sie ist keine neue Reichswährung. Jenen Scheinen ist die Eigenschaft von Zahlungsmitteln und Geldzeichen zugesprochen (VO. § 14), die Vorschriften über Geldschulden sind auf Rentenbankschulden für entsprechend anwendbar, Wechsel und Schecks in Rentenmark für ausstellbar erklärt (RGBl. I 1092 §§ 51 f.), ebenso Geschäftsanteile und Haftsummen bei Genossenschaften (aO. 1243), aber der § 28 S. 2 GBO. ist bisher nicht zugunsten der Rentenmark eingeschränkt. Der abweichenden Ansicht Ricks (Z. des d. Notarvereins 1923 S. 164, 1924 S. 36; JW. 1924 S. 154) ist bei dem Stande der Gesetzgebung nicht beizupflichten. Auch die VO. v. 22. Dez. 1923 (RGBl. I 1239) § 26 f. hat für Hypotheken außerhalb des Ges. über wertbeständige Hypotheken an der Reichswährung und der Notwendigkeit der Umrechnung in sie bei Eintragungen festgehalten. Daran ändert auch die VO. v. 10. Januar 1924 (RGBl. I 27) Art. II nichts. Die Rentenbank ist nur eine Übergangsmaßnahme und ihre Einbürgerung im Geldverkehr spricht noch nicht für ihre Verwendung im regelmäßig langfristigen Grundkredit, auch schafft das Ges. v. 23. Juni 1923 Möglichkeiten wertbeständiger Hypotheken, falls die Beteiligten eine Eintragung in Billionen Mark Reichswährung nicht wünschen. M.

Dazu: OLG. Braunschweig, 1. ZS. Beschluß v. 23. Februar 1924.

Dem in der Beschwerde hauptsächlich hervorgehobenen Verkehrsbedürfnis nach dinglicher Sicherung einer wertbeständigen Forderung ist mit Rücksicht auf den Währungsverfall schon durch das Ges. vom 23. Juni 1923 und die dazu erlassenen DurchfBest. (RGBl. I S. 482, 933, 1075 und 1089) Rechnung getragen. Darüber hinaus sind aber weitere wertbeständige Maßstäbe für gleichliegende Fälle dinglicher Belastung bisher nicht zugelassen. Mag auch seitdem der Verkehr und vielfach die Reichsgesetzgebung selbst zur Goldmark-

[1] Ebenso umfaßt die Auflassung der „Grundbesitzung AStraße Nr. 9" erkennbar auch den daselbst belegenen, wenngleich unter zwei besonderen Nummern eingetragenen städtischen, teils bebauten, teils unbebauten Hofraum, die verlangte Beibringung einer die Parzellen katastermäßig bezeichnenden Nachtragsverhandlung ist daher unbegründet (KG. 21. Dez. 1921, 1 x 352).

rechnung übergegangen sein, so kann doch gerade aus dem Fehlen einer die Goldmark in das Grundbuchrecht einführenden ausdrücklichen Regelung auf den solcher Maßnahme entgegenstehenden Willen des Gesetzgebers geschlossen werden und zwar besonders wegen der besonders strengen Formvorschriften dieses Rechtsgebiets. Darauf deutet auch der Umstand hin, daß die Entstehung der in Goldmark bemessenen Sicherungshypotheken für die Zwangsvollstreckung nicht vorgesehen ist.

Zur Kennzeichnung der bei dieser Rechtslage zu besorgenden Unsicherheit und Verwirrung genügt es darauf hinzuweisen, daß der Geschäftsverkehr unter Goldmark wegen der überragenden Bedeutung des nordamerikanischen Währungsgoldes vornehmlich den Gegenwert von $^{10}/_{42}$ des Dollars nach dem jeweils amtlich festgestellten mittleren Stande an der Berliner Börse versteht; dagegen sind in den neueren reichsrechtlichen Bestimmungen auch andere, hiervon und voneinander abweichende Maßstäbe der Berechnung der Goldmark für die in Betracht kommenden Gebiete zugrunde gelegt. So ist zwar nach der Steuer-NotVO. vom 14. Februar 1924 die Goldmark verschiedentlich auf Grund des bezeichneten Berliner Dollarkurses zu berechnen (§§ 2^{2}, 3, 4^{2}, $22^{3,4}$). Im übrigen wird für das Steuerrecht aber nach § 2^{3} VO. vom 11. und § 2^{2} VO. vom 13. Oktober 1923 (RGBl. I S. 939, 951) fortlaufend ein besonderer Maßstab veröffentlicht. Dieser ist auch in verschiedenen die Rechtspflege betreffenden VO. vorläufig für maßgebend erklärt (vgl. zB. vom 13. Dezember 1923 Art. II^{4}, vom 10. Januar 1924 Art. I^{2}). Im Rahmen der Rentenbankgesetzgebung ist wiederum durch §§ 6^{2}, 9 VO. vom 15. Oktober 1923 sowie § 8 VO. vom 14. November 1923 für die Grundschulden und Schuldverschreibungen die Goldmark dem Werte von $^{1}/_{2790}$ kg Feingold gleichgesetzt, berechnet nach dem gemäß § 2 VO. vom 29. Juni 1923 bekannt gegebenen Londoner Goldpreise. Die durch § 10^{2} RentenbankVO. zwar vorgesehene Eintragung dieser Grundschulden im Grundbuch ist nach § 30^{1} DurchfBest. einstweilen ausgesetzt, mithin über ihre Form noch nicht entschieden. Schon diese Buntscheckigkeit legt klar, daß die Goldmark — weit davon entfernt, als Reichswährung im Sinne des § 28 S. 2 GBO. angesehen werden zu können — weder ein eindeutig bestimmter noch auch nur ein ohne nähere Erläuterungen und Kenntnis des Willens der Beteiligten bestimmbarer Rechnungsbegriff ist. v. F.

b) **Erklärungen über Aufhebung einer Bewilligung.**[1]

OLG. Karlsruhe, 1. ZS. Beschluß v. 19. Mai 1923.

Die privatschriftliche Vereinbarung der Parteien, wonach die früher erteilte Auflassung aufgelöst sein soll, stellt sich als eine für die Eintragungsentscheidung ausschlaggebende Erklärung dar. Allerdings ist in § 29 wohl

[1] Läßt die Fassung des Prozeßvergleichs keine Bedenken darüber zu, daß die Beteiligten die Löschung einer Post ohne jeden weiteren Vorbehalt im Vergleiche selbst bindend erklären wollten, so kann die Form des § 29 als erfüllt gelten. Ebenso hat das Prozeßgericht nicht bloß hinsichtlich der Form und der Beurkundung, sondern auch hinsichtlich der Vertretung und der Vollmachtsfragen maßgebend zu befinden (Bay. ObLG. 1. Dez. 1922 III Nr. 65).

vorzugsweise an Erklärungen gedacht, die erforderlich sind, um zu einer Grundbucheintragung zu gelangen, nicht an solche, die wie hier maßgebend sind, um sie abzulehnen. Aber die Beweisvorschriften des § 29 bezwecken, eine möglichst große Zuverlässigkeit aller Grundlagen der Eintragung zu erreichen, weil dieser mit Rücksicht auf die Vorschriften über den Schutz des guten Glaubens von weittragender Bedeutung ist. Nicht geringer ist die Bedeutung der Nichteintragung, sie hat zur Folge, daß das bisher Eingetragene als richtig anzusehen ist und guten Glauben begründet, wenn es auch der wahren Sachlage widerspricht. Die Grundlagen für eine Entscheidung, die mit Rücksicht auf rechtsgeschäftliche, entgegenstehende Erklärungen eine Eintragung ablehnen, müssen deshalb ebenso zuverlässig sein und in vorgeschriebener Form vorliegen.... M.

i) **Zulässiger Inhalt, Dauer der vom Vormund erteilten Vollmacht.**[1]

Kammergericht, 1. ZS. Beschluß v. 25. Oktober 1923.

... Die vom Vormund dem X. erteilte Vollmacht bezog sich auf die Angelegenheiten, die mit der Versteigerung des im Miteigentum des Mündels Karl stehenden Grundstücke verbunden waren, bes. auch auf die Bewilligung der Löschung der für den Steigpreisrest eingetragenen Hypothek. Es handelt sich also um eine Angelegenheit, deren Regelung zweckmäßig schon während der Vormundschaft im Mündelinteresse vorgenommen wurde und der Erledigung durch einen Bevollmächtigten des Vormunds nicht verschlossen war. Die Vollmacht bedurfte auch nicht der Genehmigung des VormGerichts (Rsp. 5 S. 410). Der Bevollmächtigte hat aber die Löschung zu einer Zeit erklärt, als der bisherige Mündel bereits volljährig war, die Vormundschaft und damit die Vertretungsmacht des Vormunds also schon beendet war. Die Vorinstanzen nahmen an, daß die Vollmacht erloschen sei. Allein ihr liegt ein Auftrag zugrunde, der nach § 672 nicht durch den Tod und auch nicht durch den Eintritt der Geschäftsunfähigkeit des Machtgebers erlischt; das gleiche muß beim Wegfall seines gesetzlichen Vertreters gelten (aM. Blume, FamR. § 1793; Planck § 1793[7]; Dernburg II 2 § 298 I 6). Durch den Auftrag wird gemäß § 164 ein Auftragsverhältnis unmittelbar zwischen dem Mündel als Auftraggeber und dem Dritten begründet; es dauert, wenn der Auftrag nicht als zeitlich beschränkt erteilt wurde, über die Volljährigkeit des Mündels hinaus. Besteht es aber fort, so behält nach §§ 168, 672 auch die auf ihm beruhende Vollmacht nach der Großjährigkeit Geltung, es sei denn, daß sie widerrufen wurde. Diese Folge benachteiligt nicht die Interessen des bisherigen Mündels; denn es kann nach § 1890 Auskunft über schwebende Rechtsverhältnisse und laufende Vollmachten verlangen und die dadurch zu seiner Kenntnis gelangenden, ihm unerwünschten Vollmachten widerrufen.

[1] Nach § 50 BremVerfassung können die Vorinstanzen nur den Nachweis, daß der Senat den Syndikus A., dem der Deputation für Häfen rc vorsitzenden Senator für diese Tätigkeit beigeordnet hat, nicht aber den Spezialnachweis verlangen, daß dieser Senator seine Vertretung bezüglich Unterzeichnung der Veräußerervollmacht dem Syndikus übertragen hat (OLG. Hamburg, 1. ZS. Beschluß v. 12. Dez. 1921, F 94).

Die hier vorliegende Vollmacht ist nach ihrem Inhalt nicht auf die Dauer der Vormundschaft beschränkt. Der Bevollmächtigte war also bei Bewilligung der Löschung ermächtigt, über die Teilhypothek des großjährig gewordenen Mündels in dessen Namen zu verfügen. Einer Genehmigung des VormGerichts bedurfte die Bewilligung, obwohl sie eine Verfügung über ein Recht des § 1812 darstellt, deshalb nicht, weil der Vertretene zu dem für die Genehmigungsbedürftigkeit maßgebenden Zeitpunkt der Vornahme des Geschäfts volljährig und somit unbeschränkt geschäftsfähig war. Aber auch eine Genehmigung des volljährig Gewordenen war nicht erforderlich, weil die unwiderrufene Vollmacht so wirkte, als wenn Karl selbst die Willenserklärung abgegeben hätte (§ 164). Der § 1820³ ist nicht anwendbar, weil er sich nur auf Verträge bezieht und einen Vertrag voraussetzt, zu dem die Genehmigung des VormGerichts erforderlich ist (Abs. 1 S. 1), der also vor Beendigung der Vormundschaft abgeschlossen ist. M.

k) **Der Inhalt des Erbscheins muß unzweideutig sein.** [1]

Kammergericht, 1. ZS. Beschluß v. 28. Februar 1924.

Der vorgelegte Erbschein leidet an Unklarheiten und ist deshalb nicht geeignet, die Erbfolge nach § 36 nachzuweisen (Rsp. 21 S. 346). Er beginnt: „Vorerbin ist die Witwe. Als Nacherben sind bezüglich der einen Hälfte, der des Vermögens des Erblassers eingesetzt: M, N, Z." Wenn er also hier für das Vorerbschaftsvermögen, also den Nachlaß des verstorbenen Mannes, von einer Hälfte spricht, so ist das an sich schon unklar. Wenn er weiter von einer Teilung des nach dem Tode auch der Vorerbin vorhandenen ganzen Nachlasses in 2 Hälften spricht und Erbfolge der Nacherben in diese Hälfte erwähnt, so tritt das dazu in Widerspruch, daß vorher von der Nacherbfolge in die eine Vermögenshälfte der Vorerbschaft gehandelt ist. Es geht nicht an, von einer Hälfte des Nachlasses des Erblassers zu sprechen, anderseits diese Hälfte auf das nach dem Tode beider Ehegatten vorhandene Gesamtvermögen zu beziehen. Wollen kinderlose, gemeinschaftlich verfügende Eheleute nach ihrer beider Tode ihren Gesamtnachlaß einheitlich behandelt und je zur Hälfte von den beiderseitigen Verwandten als Erben des Letztlebenden beerbt sehen, so ist das eine Erbeinsetzung nach § 2269 BGB. Mit ihr ist aber unvereinbar, daß ein Ehegatte für den Fall seines Vorversterbens und der Wiederverheiratung des anderen die von diesem bezüglich einer Hälfte am Gesamtvermögen eingesetzten Verwandten für diese Hälfte zu Nacherben beruft. Dagegen ist möglich, für den Fall der Wiederverheiratung von der Erbfolge nach § 2269 abzusehen und für diesen Fall, also bedingt eine Vor- und Nacherbschaft einzusetzen, die dann nur in das vom Erstverstorbenen hinterlassene Vermögen stattfinden kann (KGJ. 42 S. 109); für solchen Fall wird dann also die Zusammenfassung des beiderseitigen Vermögens in einen einheitlichen

[1] Nach § 37 genügt ein Zeugnis des Nachlaßgerichts zum Nachweise der Erbfolge und der Eintragungsbewilligung; soweit aber letztere bereits dem Grundbuchamt eingereicht ist, kann die Bescheinigung über sie aus dem Zeugnis fortbleiben. Dagegen muß dieses die Angabe der TestVollstreckung wie der Erbschein enthalten (KG. 3. Mai 1923, 1 x 140).

Nachlaß ausgeschlossen. Eine Unklarheit des Testaments hierüber hätte der Nachlaßrichter durch Auslegung beseitigen müssen, und nicht in den Erbschein übernehmen dürfen.

l) **Zuständigkeit:** α) **des Kulturamtsvorstehers**[1] **nach § 39.**

Kammergericht, 1. ZS. Beschluß v. 20. Dezember 1923.

Nach dem Ges. v. 3. Juni 1919 bilden die Kulturämter eine selbständige Behörde erster Instanz, für die feste Amtsbezirke in dem Sinne bestehen, daß sie alle innerhalb dieser Bezirke vorkommenden, zur gesetzlichen Zuständigkeit der Auseinandersetzungsbehörden gehörigen Angelegenheiten zu erledigen haben, ohne daß es eines Auftrags des Landeskulturamts bedarf und ohne daß die vorgesetzte Behörde befugt wäre, ein andres Kulturamt mit der Erledigung zu beauftragen (Peltzer S. 44[1]). Demgemäß bestimmt § 9 aO.: „Der Vorsteher des Kulturamts bearbeitet alle Geschäfte, . . . An ihn sind alle Anträge in diesen Angelegenheiten zu richten." Hiernach sind grundsätzlich alle Geschäfte der früheren Generalkommissionen auf den Vorsteher des Kulturamts übergegangen (Begr. zu §§ 9, 17). Dazu gehören die Einleitung und Bearbeitung der Gemeinheitsteilungen, bes. die Aufstellung und Vorlegung des Rezesses, während dessen Bestätigung dem Präsidenten des LKA. vorbehalten ist (§ 16 II 6). Die Vorinstanzen glauben aus § 16 herleiten zu sollen, daß auch die an den Rezeß sich anschließenden Eintragungsersuchen an das Grundbuchamt allein dem Präsidenten zustehen. Allein daß ihm die Bestätigung des Rezesses vorbehalten ist, erklärt sich aus der besonderen Wichtigkeit dieses Geschäfts, läßt aber nicht die Folgerung zu, daß die lediglich eine Ausführung des Rezesses bezweckende Eintragungsersuchen gleichfalls von dieser Behörde ausgehen müssen. Dazu hätte es angesichts des § 9 einer ausdrücklichen Vorschrift bedurft. Damit stehen die AusfBest. v. 20. Dez. 1919 (Peltzer 672) im Einklang.[2] M.

β) **der Auflösungsämter für Eintragung von „Schutzforstvermerken".**[3]

---

[1] Hat der Bezirkswohnungskommissar verschiedene Teile des Ritterguts enteignet und der Siedlungsgesellschaft überwiesen, so ist das von ihm gesetzmäßig (§ 2[1] VO. v. 4. Febr. 1921, GS. 315) erlassene Ersuchen auf Eintragung der Eigentumsänderung nicht mit Rücksicht auf eine in Abs. 2 eingetragene Verfügungsbeschränkung (ALR. I 4 §§ 15/19) zu beanstanden, ebenso wie auch nicht zu prüfen ist, ob den aus diesem Eintrag Berechtigten gemäß § 4 VO. Gelegenheit zur Äußerung gegeben ist und ob deren Entschädigungsansprüche genügend gewahrt worden sind (KG. 20. Sept. 1923, 1 x 329).

[2] Wird ein Anerbengut auf mehrere Erwerber zu Bruchteilen aufgelassen — diese Möglichkeit ist im § 36 Ges. v. 8. Juni 1896 vorausgesetzt, wenn auch nach § 30 beim Tode eines Miteigentümers die Bestimmungen über die anerbenrechtliche Erbfolge und die Auseinandersetzung (§§ 10 ff.) nicht anwendbar sind —, so ist § 7[1] nicht anwendbar, weil er eine Zerlegung in reale Teile voraussetzt; dagegen ist die Genehmigung nach § 7[2] das. erforderlich, da es sich um eine Veräußerung im ganzen handelt und nicht feststeht, daß die Erwerber zu den dort bezeichneten Personen gehören; da jedoch mit der Veräußerung eine Aufhebung der wirtschaftlichen Selbständigkeit nicht verbunden ist, ist für die Erteilung der Genehmigung nicht der Präsident nach § 16 II 4 Ges. über die LKBehörden, sondern der Kulturamtsvorsteher zuständig (KG. 6. März 1924, 1 x 70).

[3] Dem Rechtsentscheid Nr. 17 des Landesamts für Familiengüter, wonach das Auflösungsamt zur Erteilung von Folgezeugnissen für allodifizierte Lehen im Falle der nach § 7

Kammergericht, 1. ZS. Beschluß v. 18. Januar 1923.

... Nach § 12 ZwangsauflV. v. 19. Nov. 1920 (GS. S. 463) entsteht das durch diese eingeführte „Waldgut" durch einen der Genehmigung des Justizministers bedürfenden Beschluß des Auflösungsamts; die vorgeschriebene Eintragung im Grundbuch bedeutet hier also zweifellos nur die Verlautbarung eines außerhalb des Grundbuchs durch Verwaltungsakt entstandenen Rechtszustands. Aus dieser Stellungnahme ohne weiteres für den durch das Adelsges. v. 23. Juni 1920 (GS. 367) eingeführten „Schutzforst" einen Rückschluß zu ziehen, geht nicht an, da die rechtliche Behandlung des Waldes nicht einheitlich und klar ist. Die Zweifelhaftigkeit spiegelt sich in der Uneinheitlichkeit der Kommentare von Modersohn (Einl. S. 3, Waldverf. § 8[1b]) und Breme (Waldrecht S. 28[4c])... Der Senat entscheidet sich dahin, daß die Schutzforsteigenschaft bereits außerhalb des Grundbuchs entsteht und darin lediglich verlautbart wird. Wesentlich ist hierbei, daß der § 7 Adelsges. das Gewicht auf den die freiwillige Unterwerfung enthaltenden Familienschluß legt und der Grundbucheintragung nur die Bedeutung einer „Sicherung" der „Erfüllung" der darin übernommenen „Verpflichtung" zuweist, also die Pflichten — d. i. das Sonderrecht — nicht erst durch die Eintragung, sondern vorher entstehen läßt. Die Lage ist hier insofern eine andere als bei der Einführung des Anerbenrechts, als über letztere lediglich der Willensentschluß des Besitzers entscheidet; er mußte deshalb durch ein erkennbares Tatbestandsmerkmal gekennzeichnet werden. Hier muß dagegen ministerielle Entschließung vorhanden sein; es liegt wohl kaum in der Absicht des Gesetzgebers, ihr nur interne, von Herbeiführung der Eintragung durch das Auflösungsamt abhängige Bedeutung zu geben. Schließlich weist der Verlauf, den die Wald-Gesetzgebung durch Schaffung der beiden Rechtsformen und ihre demnächstige Ausgleichung durch das Ges. v. 7. Januar 1922 (GS. S. 5) genommen hat, darauf hin, Unterschiede zwischen beiden Rechtsformen, die durch das Gesetz nicht genügend geboten sind, nicht durch die Rechtsprechung hineinzutragen. Die Unterstellung eines waldbestandenen, bisher fideikommissarisch gebundenen Grundstücks unter Schutzforstrecht knüpft sich also an den Verwaltungsakt der Genehmigung eines diesbezüglichen Rechtsaktes des Besitzers. Da sie das Eigentum besonders gestaltet, seinem Inhalt eine besondere Eigenschaft verleiht, muß sie die Kraft haben, sich ohne weiteres gegen alle am Grundstücke rechtlich Beteiligten durchzusetzen, seien diese dinglich Berechtigte oder Personen, zu deren Gunsten Verfügungsbeschränkungen bestehen. Die Schutzforsteigenschaft ist also unabhängig von den Vorschriften über den gutgläubigen Erwerb, — diese betreffen nach § 892 BGB. das Verfügungsrecht des eingetragenen Eigentümers und das Bestehen sonstiger dinglicher Rechte sowie

hann. Ges. v. 13. April 1836 eingetretenen Sukzession nach Lehnrecht zuständig ist, war beizutreten. Daraus ergibt sich, daß das Auflösungsamt auch zu der Entscheidung darüber zuständig ist, ob noch eine Sukzession in das allodifizierte Lehn nach Lehnrecht stattfindet. Die Richtigkeit dieser Entscheidung hat das Grundbuchamt sowenig wie beim Erbschein nachzuprüfen (KG. 27. Sept. 1923, 1 x 263).

Verfügungsbeschränkungen zugunsten Dritter —, und über den Rang; denn in § 46 GBO. regelt sie nur das Verfahren des Grundbuchamts beim Zusammentreffen mehrerer auf solche Rechte und Beschränkungen bezüglichen Anträge und in §§ 879 ff. BGB. das Rangverhältnis bei mehreren Eintragungen uz. nur von beschränkten dinglichen Rechten. Daraus ergibt sich hier, daß das Auflösungsamt die Verantwortung für die rechtlichen und tatsächlichen Voraussetzungen seines Ersuchens (§ 5^2 Waldverf. v. 31. Dez. 1920, JMBl. 1921 S. 30) übernimmt. Der Grundbuchrichter hat lediglich die Gesetzlichkeit des Ersuchens selbst und das Vorliegen der durch es nicht ersetzten Eintragungsvoraussetzungen zu prüfen. Ob zurzeit des Ersuchens noch die fideikomm. Bindung bestehen oder eingetragen sein muß, kann unerörtert bleiben, da sie hier bestand und eingetragen war. Ob der für den Antrag aus § 13 GBO. aufgestellte Satz, daß die Berechtigung zu ihm noch bei Vornahme der Eintragung vorhanden sein muß (Güthe § 13^{48}), für ein behördliches Ersuchen entsprechend anwendbar ist, kann dahingestellt bleiben, da auch im Falle seiner Bejahung die Befugnis des Auflösungsamts trotz eingetretener Veränderung im Rechtsstande des Grundstücks — Enteignung auf Grund des § 15 RSiedlG. zugunsten des Landlieferungsverbands — fortbesteht; denn es ist diejenige Behörde, die den Waldschutz bei der Fideikommißauflösung durchzuführen hat. Auch in materiell-rechtlicher Beziehung sind die seit Erlaß des Ersuchens eingetretenen Veränderungen der Rechtsverhältnisse am Grundstücke gleichgültig. Die von den Vorinstanzen der Enteignung beigelegte Wirkung bestände nur dann, wenn dem noch nicht erledigten Ersuchen wesentliche Erledigungsvoraussetzungen inzwischen entzogen wären. Ein solcher Fortfall liegt aber weder darin, daß der Eigentümer gewechselt hat — auch der neue Eigentümer erwirbt das Eigentum nur in seiner Sondergestaltung —, noch darin, daß sich dieser Wechsel durch Enteignung vollzogen hat, denn ihre Wirkung besteht nur darin, daß alle privatrechtlichen Verpflichtungen, die auf dem Grundstücke haften und nicht übernommen sind, also die Rechte der Realberechtigten erlöschen (§§ 15^3 RSG. § 9 AG. dazu, 45 EnteignG.). . .

Die Sachlage ist hier nun folgende: Das Auflösungsamt hatte unter Bezugnahme auf den Beschluß v. 16. Dez. 1921, daß in der Herrschaft R. ein Schutzforst namens ... liegt und die Flächen, die in der Handzeichnung umrandet sind, umfaßt, um Übernahme der Güter auf ein einheitliches Grundbuchblatt und Eintragung des Schutzforstvermerks ersucht. Das Grundbuchamt hatte die „Zusammenschreibung" wegen Verwirrungsbesorgnis abgelehnt und angefragt, ob das Ersuchen auf Eintragung auf jedem der Güter „erweitert" werde. Für die hier einschlägige Grundbuchbehandlung unterscheidet aber die Waldverf. §§ 6, 1, 10 zwischen der — von Amtswegen vorzunehmenden — Übertragung auf ein einheitliches Grundbuchblatt und der Vereinigung der reinen Schutzforstgrundstücke zu einem einheitlichen Grundstücke, die der Eigentümer zu beantragen hat. Hier betraf das Ersuchen unabgesonderte

Waldflächen; wenn in seinen Inhalt aufgenommen ist, daß die Güter auf ein Blatt zu übernehmen seien, so handelt es sich also hierbei um den Hinweis auf eine nach § 10 von Amtswegen obliegende Maßnahme. Die Lage hat das Grundbuchamt verkannt; schon das Wort „Zusammenschreibung" ist an sich unklar. Die Ablehnung wegen Verwirrungsbesorgnis war unzulässig. Ferner stellt § 4 GBO. die Maßnahme in das Ermessen des Grundbuchamts, ist aber durch § 10 Waldverf. ausgeschaltet. Die Zulässigkeit dazu wird an sich schon allgemein angenommen (Güthe Einl. Nr. 36), besonders muß sie für die hier zugunsten der Landesgesetzgebung bestehenden Vorbehalte gegeben sein. Es mag nicht ganz zweifellos sein, wie die Verfügung des Grundbuchamts aufzufassen ist, weil sie lediglich das — strenggenommen nicht zum Ersuchen gehörige — Ansuchen um Übernahme auf ein einheitliches Grundstück ablehnt und auf den Kern (Eintragung des Schutzforstvermerks) nicht entscheidend eingeht. Der Senat entschließt sich dahin, daß durch sie das Ersuchen in der gestellten Form überhaupt abgelehnt werden sollte, uz. deswegen, weil es auf die nach Meinung des Richters unstatthafte Eintragung auf gemeinschaftlichem Blatt gerichtet war. Diese Ablehnung war aber unbegründet....

m) **Anwendung des § 41: α) bei der fortgesetzten GG.**

Kammergericht, 1. ZS. Beschluß v. 18. Oktober 1923.

... Den Standpunkt, daß bei der fortgesetzten GG. der § 41 nicht entsprechend anwendbar sei, hat der Beschluß vom 9. Mai 1923 (1 x 149) für den Fall aufgegeben, daß beide Ehegatten als Berechtigte eingetragen stehen. Bei erneuter Prüfung ist er auch für den hier gegebenen Fall, daß nur einer der Ehegatten eingetragen ist, nicht aufrecht zu erhalten. Für die bisherige Rechtsprechung war die Erwägung maßgebend, daß § 41[1] eine der Erbfolge ähnliche Gesamtheit erfordere; die Teilnehmer der fortgesetzten GG. seien aber ebensowenig erbenähnliche Gesamtrechtsnachfolger wie es die Eheleute hinsichtlich der in die GG. fallenden Gegenstände seien (KGJ. 52 S. 136). Dabei wird zu Unrecht Gewicht auf den Gesichtspunkt der „Nachfolge" in dem Sinne eines völligen allgemeinen Eintritts eines Rechtssubjekts an die Stelle eines andren in dessen vermögensrechtliche Beziehungen gelegt. Dem erbrechtlichen Vermögensübergang i. S. des § 41[1] ähnlich sind aus andren Anlässen eintretende Vermögensübergänge schon dann, wenn sie sich kraft Gesetzes, dh. ohne besondere Übertragungsakte vollziehen, und der Erwerbende kraft Gesetzes auch in die aus grundbuchlichen Eintragungen folgenden Rechtslagen eintritt. Das ist aber beim Eintritt der fortgesetzten GG. auch dann der Fall, wenn nur einer der Ehegatten eingetragen ist. Hat er ein Grundstück durch eine auf materiell-rechtlicher Unterlage beruhende Eintragung erworben, so tritt zunächst der andere Ehegatte in jenem Zeitpunkte — bei nachfolgender Ehe mit der Eheschließung — in die durch die Eintragung entstandene Rechtslage (§ 1438 BGB.). Beim Tode des einen Ehegatten treten an seine Stelle die gemeinschaftlichen Abkömmlinge in das Gemeinschaftsverhältnis, bes. auch in die aus den Grundbucheintragungen für die Ehegatten geschaffene Rechtsstellung ein. Daß es sich hierbei im Verhältnis zwischen den Teilnehmern einerseits und dem eingetragenen Ehegatten anderseits nur um einen mittelbaren Gesamtrechtsübergang handelt — es steht als Vermittlungsglied die eheliche GG. dazwischen —, kann die entsprechende Anwendbarkeit des § 41[1] nicht hindern. Denn auch beim Erbeserben des Eingetragenen vollzieht sich der Gesamtrechtsübergang vom Eingetragenen (erster Erblasser) auf den Verfügenden (Erbeserben) nur mittelbar durch das Zwischenglied eines andren Gesamtrechtserwerbers (Erben); trotzdem ist dabei § 41[1] entsprechend anwendbar (RG. 53 S. 298; KGJ. 36 S. 242, 49 S. 174).

Allerdings muß der erbenähnliche Rechtsübergang auf einen eingetragenen früheren Rechtsinhaber, wenn auch nur mittelbar, zurückgreifen; denn § 41[1] spricht vom Erben des Eingetragenen. Bei der fortgesetzten GG. steht nach obigem zwischen dem Eingetragenen und dem Verfügenden die eheliche GG. oder richtiger die Ehegatten als deren Rechtsträger. Aus der bisherigen Rechtsprechung, wonach es bei grundbuchmäßigen Verfügungen der gütergem. Ehegatten gemäß § 40 der vorherigen Eintragung beider Ehegatten bedürfe, könnten Bedenken insofern hergeleitet werden, als man von einem erbenähnlichen Rechtsübergange des § 41[1] bezüglich des Verhältnisses des eingetragenen Ehegatten zu den Teilnehmern der fortgesetzten GG. nicht gut sprechen könnte, wenn ein andrer Rechtsinhaber (die ehelichen Gütergenossen) dazwischen steht, der nur bei vorheriger Eintragung über das Recht grundbuchmäßig verfügen könnte, dessen Eintragung aber nach Übergang der ehelichen in die fortgesetzte GG. nicht mehr zulässig wäre, weil sie das Grundbuch unrichtig machen würde. Der Senat gibt jedoch nunmehr auch in dieser Hinsicht seine bisherige Rechtsprechung auf, weil nach obigem auch bei Umwandlung von Einzel- in gütergem. Eigentum, die sich kraft Gesetzes vollzieht, die Anwendung des § 41 gerechtfertigt erscheint (vgl. auch RG. 84 S. 71). Eine vorherige Eintragung der Teilnehmer würde schließlich mit Rücksicht darauf, daß sie aus dem Grundbuch sofort wieder bei der Einschreibung der Übertragung oder Aufhebung verschwinden müßte, praktisch wertlos und darum zwecklos, für die Übersichtlichkeit aber nachteilig und für die Beteiligten kostspielig wäre. Bei der hier fr. westf. GG. sind die maßgebenden Rechtsverhältnisse nicht anders wie nach BGB. zu beurteilen....

β) auf den Vorerben, der eine von ihm bezahlte Hypothek abtritt? Zinserhöhung. Zustimmung der Nacherben.

Kammergericht, 1. ZS. Beschluß v. 10. Januar 1924.

Ausweislich des Grundbuchs ist Vorerbin des 1915 verstorbenen Eigentümers A. dessen Witwe, Nacherben sind der ersteheliche Sohn Karl und der Sohn Hellmuth aus der Ehe mit der Witwe. Auf dem Grundstück hafteten seit 1910 als Briefhypotheken 41000 Mark für K. und 11000 Mark für R. Der Testamentsvollstrecker des R. hat 1921 über Zahlung von Kapital und Zinsen „durch die Eigentümerin des Grundstücks" quittiert; K. hat 1923 seine Hypotheken an die Witwe abgetreten. Diese hat die Umschreibung der gesamten Posten u. z. als Grundschuld auf Hellmuth unter Erklärung einer entsprechenden Abtretung und unter Erhöhung des Zinssatzes auf 10 % beantragt. Das Amtsgericht hat die Zustimmung des Karl gefordert. Das LG. hat diese Auflage bezüglich der R.schen Hypotheken gebilligt, im übrigen der Beschwerde stattgegeben. Die weitere Beschwerde ist bezüglich der R.schen Hypothek begründet....

Ausgangspunkt ist § 40¹ verb. mit § 52 GBO. Danach muß zu einer Eintragung der durch sie Betroffene eingetragen sein oder, wenn dies bisher nicht der Fall ist, eingetragen werden. Die Ausnahme des § 40² liegt nicht vor, denn ein Anerkenntnis des R. oder seines Vollstreckers über einen kraft Gesetzes erfolgten Rechtsübergang ist nicht beigebracht, die Quittung ohne solches Anerkenntnis gehört aber nicht zu den im § 1115 BGB., § 40² GBO. genannten Urkunden. Ebensowenig liegt der § 41 vor; denn die Witwe ist nicht Erbin des Gläubigers R. Danach müßte sie an sich zunächst als Eigentümer-Grundschuldgläubigerin sich eintragen lassen. Das KG. hat aber in langjähriger fester Übung angenommen, daß es dieser Eintragung nicht bedarf, da der Eigentümer zugleich als eventueller Gläubiger der Hypotheken gelte. Diese Rechtsprechung ist nicht unbestritten; von ihr abzuweichen, bietet aber der vorliegende Fall keinen ausreichenden Grund. Über ihre Durchführung können hier verschiedene Ansichten bestehen. Man könnte sagen, es sei nach unmittelbarer Umschreibung der Hypothek als Grundschuld auf Hellmuth aus dem Grundbuch nicht feststellbar, ob die Post während der Durchgangszeit als Eigentümergrundschuld zur Vorerbschaft oder zum sonstigen Vermögen der A. gehört habe (so KGJ. 50 S. 210 in einem anders liegenden Falle). Diese Ansicht bedeutete für das Grundbuchamt den Zwang, diese materiellrechtliche Frage nachzuprüfen oder jedenfalls die Zustimmung der Nacherben zu fordern. Schon diese Folgerung zeigt, daß jene Ansicht nicht zu billigen ist. Man könnte sodann sagen, es sei nur ein Verlegenheitsbehelf gegenüber § 40, wenn man die Eigentümereintragung zugleich als Gläubigereintragung für Eigentümergrundschulden auffaßte; dieser Behelf sei nicht mehr möglich, wenn bezüglich des Eigentums eine Verfügungsbeschränkung durch Nacherbenrechte eingetragen sei, weil alsdann keine Zweifelsfragen entständen. Auch diese Ansicht ist nicht zu billigen, weil die erwähnte Rechtsprechung auch vor der Lösung in besonderen Fällen nicht zurückschrecken darf. Alsdann bleiben für ihre Durchführung hier zwei Möglichkeiten: als Gläubigerin während der Durchgangszeit für die Hypothek als Eigentümergrundschuld ist vom Grundbuch die Witwe entweder als Vorerbin oder ohne diese Beschränkung ausgewiesen. Die Entscheidung kann nur in ersterem Sinn ergehen. Die Eintragung eines Nacherben besagt, daß das Recht, zB. Eigentum oder Hypothek, einem Sondervermögen des Eigentümers oder Gläubigers angehört; die rechtlichen Wirkungen dieser Zugehörigkeit äußern sich nicht nur in einer Verfügungsbeschränkung zugunsten der Nacherben, sondern auch in sonstiger Weise zB. darin, daß der Rechtsinhaber bezüglich der Gegenstände des

Sondervermögens zwar an sich darin freier Herr ist, aber doch dem Nacherben gegenüber zur ordnungsmäßigen Verwaltung verpflichtet ist, und schließlich besonders darin, daß mit dem Eintritt der Nacherbfolge das ganze Sondervermögen auf den Nacherben übergeht. Von der Rechtsprechung des KG. aus ist es unmöglich, die bezüglich des Eigentums durch einen Nacherbenvermerk ausgewiesene Zugehörigkeit zu einem Sondervermögen zu übergehen; maW. die Eintragung in Abt. I kann nicht für Eigentum und Eigentümergrundschuld verschieden gelesen werden.... Will ein als Vorerbe aus dem Grundbuch ersichtlicher Eigentümer einer zur Eigentümergrundschuld gewordenen Hypothek ohne die Verfügungsbeschränkung weiter übertragen, weil sie in sein freies Vermögen gefallen gewesen sei, so muß er materiell-rechtlich einen das Surrogationsprinzip (§ 2111 BGB.) ausschließenden Sachverhalt nachweisen und formell-rechtlich nach § 40¹ GBO. seine Eintragung als unbeschränkter Gläubiger herbeiführen. Der Grundbuchrichter wird in neuer Zwischenverfügung auf die Erfordernisse eines so gemeinten Antrags hinzuweisen haben.

Die Frage, ob aus der vorgelegten Quittung der Übergang der in eine Eigentümergrundschuld der Vorerbschaft oder des sonstigen Vermögens der Witwe zu entnehmen ist, ist nicht mit abschließender Bestimmtheit zB. zu beantworten. Deshalb ist sie aber noch nicht eine ungeeignete Eintragungsunterlage. In solchen Fällen muß sie gemäß der für das Grundbuchverfahren gebotenen Vorsicht bis zum anderweiten Beweis dahin verstanden werden, daß die Zahlung mit Nachlaßmitteln erfolgt ist (vgl. KGJ. 43 S. 264). Der Währungsverfall kann hier nicht verwertet werden, weil die Quittung vom Juni 1921 datiert. — Zu beachten ist, daß die Beschwerdeführerin für sämtliche Posten den Zinssatz erhöht hat. Darin liegt hinsichtlich der rangschlechteren Hypotheken ihre eigene Zustimmung gemäß § 1119 BGB., aber soweit an einer Hypothek Nacherbenrechte bestehen, bedarf die Erhöhung als Verfügung auch noch der Zustimmung der Nacherben (§ 2113¹ BGB.). Solange nicht hinsichtlich der R.schen Hypotheken durch deren Umschreibung auf Helmuth die der Beschwerdeführerin gegenüber bestehenden Nacherbenrechte als eingetragen anzusehen sind, wird also aus diesem von der Entscheidung des LG. nicht betroffenen Gesichtspunkt die Umschreibung der K.schen Hypotheken Nr. 1 und 2a beanstandet werden müssen.

n) **Genügt nach § 48 die Erklärung der Erwerber?**[1]

Kammergericht, 1. ZS. Beschluß v. 14. Juni 1923.

Das LG. hält bei der Auflassung eine Erklärung der Erwerber über

[1] Ebensowenig ist eine Ergänzungserklärung des Veräußerers erforderlich, wenn er anläßlich der Verheiratung seines Sohnes an diesen und dessen künftige Ehefrau gemeinschaftlich aufgelassen hat und kein Anhalt dafür erkennbar ist, daß er das Eigentum nur zu einem bestimmten Gemeinschafts- oder Anteilsverhältnis habe übertragen wollen. Wird eine formgerechte Erklärung des Mannes dahin nachgebracht, daß zurzeit der Auflassung ein Erwerb zu gleichen Anteilen von beiden Erwerbern gewollt war, so wird, da nach § 742 BGB. die Vermutung hierfür spricht, dem Antrag auf Eintragung der Eheleute zu je $1/2$ stattzugeben sein, ohne daß es noch einer besonderen Erklärung der Frau bedarf (KG. 6. Dez. 1923, 1 x 477).

das gemäß § 48 einzutragende Gemeinschaftsverhältnis nicht für genügend, es müsse auch eine damit übereinstimmende Erklärung des Veräußerers vorhanden sein. Einer grundsätzlichen Nachprüfung dieser Ansicht bedarf es hier nicht. Jedenfalls reicht es aus, wenn auch ohne ausdrückliche Erklärung des Veräußerers dessen Übereinstimmung mit den Angaben des Erwerbers erhellt. An diese Feststellung sind keine strengen Anforderungen zu stellen, weil es dem Veräußerer regelmäßig gleichgültig sein wird, in welcher Weise die Erwerber ihre rechtlichen Beziehungen untereinander ordnen.

Dazu: Kammergericht, 1. ZS. Beschluß v. 8. November 1923.

... Es kann dahingestellt bleiben, ob mit Güthe § 48[13], Oberneck S. 30 (vgl. auch RG. 76 S. 413) zu fordern ist, daß die Einigung auch auf das Beteiligungsverhältnis der Käufer zu erstrecken sei, oder ob mit Planck (BGB. § 925[5]), OLG. Dresden und Colmar (ZBl. 1 S. 967, 4 S. 624) die Abgabe einer Erklärung der Käufer über jenes Verhältnis beim Erwerbe gleichgültig ist. Jedenfalls ist Predari § 48[11] darin beizupflichten, daß der Verkäufer regelmäßig bei der Ordnung der Rechtsbeziehungen unter den Erwerbern nicht beteiligt ist und sein Wille im Zweifel auf die Übertragung des Eigentums, gleichviel wie sich jene Beziehungen gestalten, gerichtet ist. Vorliegend trifft diese Regel jedenfalls zu und es ist kein Grund ersichtlich, aus dem eine Ergänzung der Auflassungsverhandlung zur Abgabe einer ausdrücklichen Erklärung der Käufer dem Verkäufer gegenüber für notwendig erachtet werden konnte. Die einseitige Erklärung der Käufer genügt also, sie muß aber die Rechtslage so wiedergeben, wie sie sich im Augenblick der Auflassung darstellte; denn die Eintragung vollendet lediglich das in diesem Zeitpunkt Gewollte (Predari aO.). M.

o) **Bedeutung des § 50. Aufwertung des Altenteils.**

OLG. Braunschweig, 2. ZS. Urteil v. 29. Januar 1924.

Für den Kläger steht seit 1905 ein Altenteil eingetragen. Es besteht aus Wohnung, Beköstigung und Taschengeld und räumt dem Kläger, wenn und solange er seine Wohnung zugunsten des Hofannehmers aufgebe, das Recht ein, von ihm eine jährliche Rente von 250 Mark zu verlangen. Der Kläger, der die Wohnung schon seit längeren Jahren aufgegeben und seitdem die Geldrente bezogen hat, verlangt von dem Beklagten, der das Grundstück 1920 erworben hat, eine Geldrente in Höhe des Gegenwertes von 14 Roggenzentnern, den diese eine Woche vor der Fälligkeit an der Magdeburger Börse hatten. Der Anspruch ist begründet.

Eine schuldrechtliche Verpflichtung hat zwar Beklagter nicht übernommen; im Kaufvertrag erklärt er nur, es sei ihm bekannt, daß auf dem Grundstück ein Altenteil ruhe. Immerhin haftet er auch persönlich im Rahmen des § 1108[1] BGB., der auch im braunschw. Anerbenrecht gilt. Ob diesem Recht der belastete Hof unterworfen ist, der seit langen Jahren zum Betriebe einer Gastwirtschaft dient, bedarf keiner Prüfung. Auch im verneinenden Falle folgt die Rechtswirksamkeit der Eintragung aus § 50. Nur aus formellen Gründen, um eine Überfüllung des Grundbuchs zu verhüten, zur Erleichterung der Grundbuchführung ist durch § 50 die zusammenfassende Eintragung aller einzelnen dinglichen Rechte, aus denen ein Altenteil besteht, unter Bezugnahme auf die Eintragungsbewilligung zugelassen; sachlich gelten die einzelnen dinglichen Rechte als eingetragen. Allerdings setzt § 50 eine zulässige Bezugnahme voraus und solche liegt nicht vor, wenn nur eine Mehrheit einzelner, außerhalb eines Altenteils festgesetzter dinglicher Rechte eingetragen werden soll. Hier ist die Bewilligung aber auf eine als Altenteil zusammengefaßte Mehrheit solcher dinglichen Rechte gerichtet. Daraus folgt die formelle Gültigkeit der Eintragung und daraus ferner gemäß § 891 BGB. die Legitimation des Klägers zur Erhebung des allein auf das Grundbuch gestützten Rechtsstreits. Rein formal haben die eingetragenen Altenteilsleistungen die Rechtsnatur von Reallasten, ihrer wirtschaftlichen Zweckbestimmung nach sind es aber Unterhaltsverbindlichkeiten. Mit Rücksicht darauf ist bei den Verpflichtungen, die in periodischen Geldleistungen bestehen, nach Maßgabe des Währungsverfalls eine Aufwertung als zulässig anerkannt. Das Gesetz v. 18. Juli 1923 (RGBl. I S. 815) und die entsprechende VO. v. 24. Sept. 1923 (G. u. V. S. Nr. 41 S. 309) haben nicht erst die Möglichkeit zu solcher Aufwertung geschaffen, sie haben nur die Bedeutung einer Sanktion und ihr wesentlicher Zweck besteht daneben in der Schaffung eines besonderen Einigungsverfahrens. Die Bestimmungen des letzteren, namentlich über das Maß der zuzubilligenden Aufwertung sind selbstverständlich für den gegenwärtigen Rechtsstreit nicht bindend und ebensowenig ist dadurch der Rechtsweg ausgeschlossen. Auch grundbuchrechtliche Bedenken stehen nicht entgegen. Wenn sich der Umfang der eingetragenen Altenteilsrechte ihrem inneren Wesen nach bei Währungsschwankungen automatisch ändert, werden die Rechte der im Range nachfolgenden Berechtigten durch die Aufwertung nicht geändert und ebensowenig wird dadurch der § 892 BGB. verletzt. Wirtschaftlich würde das Versagen der Aufwertung bei steigenden Grundstückswerten sogar eine unverdiente Besserung für die Vermögenslage der nachfolgenden Berechtigten enthalten. Überdies können Geldrenten auch außerhalb des bäuerlichen Altenteilsrechts in der Form einer eigentlichen Reallast begründet werden, so daß es der Festsetzung einer bestimmten Höhe nicht bedarf (RGKomm. § 1105[6]; Rsp. 12 S. 281) und namentlich die §§ 1199 ff. BGB., nach denen bei Bestellung einer Rentenschuld bestimmte Geldsummen eingetragen werden müssen, gar nicht in Frage kommen.[1] v. F.

p) **Zur Auslegung der §§ 71, 80, 89 GBO.**

α) Wird eine Parzelle zwar unter Nichtbeachtung des § 45 und ohne einen Vermerk über die Berichtigung der Bestandsangaben kurzer Hand als 1a des Bestandes im Grundbuch nachgetragen, so wird der Buchung durch

[1] Einer Bekanntmachung gemäß § 55 bedarf es nicht, um die Eintragung wirksam zu machen. Ob dazu überhaupt erforderlich ist, daß sie den Beteiligten oder den das Grundbuch einsehenden Interessenten bekannt geworden ist (Güthe, Arnheim, Oberneck) oder ob die bloße Tatsache der Einschreibung genügt (Rsp. 11 S. 2), mag dahingestellt bleiben; denn hier hat der Beschwerdeführer von der Eintragung Kenntnis genommen (KG. 26. April 1923, 1 x 119).

diese vorschriftswidrige Ausführung nicht die Eigenschaft einer „Eintragung" genommen (KG. 10. Januar 1924, 1x 519/23).

β) Die Direktion der Landesbank der Provinz Westfalen ist nach § 11 der Satzung als ein Organ der Provinzialverwaltung unter öffentlicher Autorität nach eigenem Ermessen für öffentliche Zwecke tätig, und hat die Eigenschaft einer „Behörde" des § 80 GBO. — Als „Aufnahme von Urkunde" (Art. 32 PrFG.) gilt auch, wie die Motive außer Zweifel stellen, die Beglaubigung von Unterschriften (KG. 1. Febr. 1923, 1x 19).

Ebenso ist die Landesbank der Provinz Schleswig-Holstein eine öffentliche Behörde i. S. des § 80 GBO. Die gesetzliche Ermächtigung für die Übertragung öffentlich-rechtlicher Obliegenheiten auf andre zu diesem Zwecke zu schaffende selbständige Behörde enthält der § 99 ProvO. v. 27. Mai 1888, während der Vorstand hins. der Entstehung, des Zweckes und der Organisation dieses Kreditinstituts den allgemeinen Begriffserfordernissen für eine öffentliche Behörde entspricht, vgl. KGJ. 11 S. 136, 26 S. 254; RGSt. 16 S. 250; JMBl. 1904 S. 316 (KG. 10. Januar 1924, 1x 516/23).

γ) Die Entscheidung (KGJ. 29 S. 119) ist bei erneuter Prüfung nicht aufrecht zu halten: die nachträgliche Aufnahme der katastermäßigen Bezeichnung der Auenparzellen in das Grundbuch stellt keine Neubuchung eines bisher nicht eingetragenen Grundstücks, sondern die — gemäß § 89 GBO., AVf. v. 18. Febr. 1911 von Amtswegen zu bewirkende — Berichtigung des nachgetragenen Flächenbestandes dar (KG. 13 Sept. 1923, 1x 316).

q) **Grundbuchberichtigung vor bestätigtem Rezesse.**

Kammergericht, 1. ZS. Beschluß v. 24. Mai 1923.

Nach § 1 Ges. v. 26. Juni 1875 geht zwar bei Zusammenlegungen das Eigentum an den Abfindungsstücken schon vor Bestätigung des Rezessas mit Ausführung des endgültig festgestellten Plans über, das Grundbuch ist aber erst auf Grund der gemäß § 2 bewirkten Fortschreibung des Katasters zu berichtigen. Dies ist hier bisher nicht geschehen. Ob schon vorher das Ergebnis der Auseinandersetzung durch einen entsprechenden Grundbuchvermerk unter Bezeichnung der Abfindungsstücke nach dem Plan verlautbart werden kann, mag dahingestellt bleiben. Der Vermerk hätte ordnungsmäßig in der Weise gemacht werden müssen, daß unter Aufrechthaltung der Eintragungen der bisherigen Katasterparzellen in den Spalten 11, 12 des Verzeichnisses auf deren Ersetzung durch die Abfindungsgrundstücke hingewiesen wurde. Statt dessen sind hier die auf die abgefundenen Grundstücke Nr. 3, 4 bezüglichen Eintragungen im Bestandsverz. gerötet und unter Nr. 5, 6, 7 daselbst die nach dem Plan bezeichneten Abfindungsstücke eingetragen worden. Dadurch sind unter Verletzung des § 3 AVf. v. 20. Nov. 1899 die katastermäßig bezeichneten Grundstücke als solche aus dem Grundbuch ausgeschieden. Hieran wird dadurch nichts geändert, daß in der Spalte 3 der Abt. I vermerkt ist, daß auf Grund der Abfindungsbescheinigung eingetragen worden ist. Auch wenn hierdurch die Eintragung hinreichend deutlich als eine nur vorläufige gekennzeichnet ist, so bleibt doch bestehen, daß einstweilen die Bezeichnung der Grundstücke nicht mit dem Kataster übereinstimmt. Sie ist nebst den dadurch veranlaßten Vermerken in Abt. I und III rückgängig zu machen und die ursprüngliche Bezeichnung wiederherzustellen, wobei dem Grundbuchamt überlassen bleibt, in den Spalten 11, 12 den erörterten Vermerk zu machen.[1] M.

r) **Urkundeneinsicht nach AVf. v. 20. Nov. 1899 § 36.**

Kammergericht, 1. ZS. Beschluß v. 27. März 1924.

Die weitere Beschwerde ist zulässig, da der das Amtsgericht zur Abschrifterteilung anweisende Beschwerdebeschluß einer auf Grund des § 36 AVf. v. 20. Nov. 1899 erlassenen Entscheidung in einer Grundbuchangelegenheit und deshalb den dafür in §§ 71, 78 GBO. gegebenen Rechtsmitteln zugänglich ist. Die für § 11 GBO. die Sachbeschwerde nicht zulassenden Entscheidungen (Rsp. 29 S. 392; KGJ. 48 S. 252) kommen hier nicht in Frage, weil hier § 36 AVf. v. 20. Nov. 1899 und nicht § 11 GBO. maßgebend ist.... Als „berechtigtes Interesse" des § 36 ist jedes „verständige durch die Sachlage gerechtfertigte Interesse" anzusehen, also auch rein tatsächliche, bes. wirtschaftliche, wissenschaftliche, künstlerische, Familien- und Pietätsinteressen, sofern sie im Einzelfall der behördlichen Förderung nicht unwürdig sind (Rsp. 25 S. 370). Daß die verwandtschaftliche Anteilnahme an den Angelegenheiten Minderjähriger, bes. auch hinsichtlich einer Erbauseinandersetzung, behördlicher Beachtung würdig sind, ist um so unbedenklicher, als das BGB. (§§ 1847, 1859, 1862, 1915) die Eignung Verwandter zur Wahrnehmung der Interessen Minderjähriger ausdrücklich anerkennt. — Die im § 36 erforderte „Darlegung" besteht in dem überzeugenden Behaupten der auf das Interesse hinweisenden sachlichen und persönlichen Verhältnisse. Eine Glaubhaftmachung ist dort nicht vorgeschrieben. Ebensowenig ist das Gericht zu besonderen Ermittlungen über die Richtigkeit der Darstellung, bes. zur Anhörung des Grundeigentümers oder sonst dinglich Berechtigter verpflichtet....

7. Freiwillige Gerichtsbarkeit.

a) **„Beteiligter" des § 6 Nr. 4. Verfahren bei verspätetem Einspruch.**

Kammergericht, 1. ZS. Beschluß v. 26. April 1923.

... Bei der angefochtenen Entscheidung hat A. als Vorsitzender der Handelskammer mitgewirkt. Diese mußte aber als „Beteiligte" des § 6 Nr. 4 gelten, wenn sie das Verfahren gegen den Beschwerdeführer auf Eintragung seiner Firma durch ihren Antrag veranlaßt hätte. Eine Antragstellung liegt jedenfalls in ihrer auf Anfrage des Amtsgerichts abgegebenen Erklärung, das auf jener Eintragung bestanden werde. Diese Erklärung hätte für sie auch ein Beschwerderecht begründet, wenn das Amtsgericht die Eintragungspflicht verneint hätte. Nach § 35^2 Ges. v. 24. Febr. 1870/19. Aug. 1897

[1] Nach dem Staatsvertrage vom März/April 1920 (RGBl. 773) § 2^3 S. 3 ist nicht nur für Berichtigung (Beschluß v. 26. Mai 1921, 1 x 130), sondern auch im Grundbuchanlegungsverfahren nicht ausgeschlossen, für den Übergang des bisher ungebuchten Grundstücks eines Landes auf das Reich andre Beweismittel als die im Satz 2 bezeichneten Urkunden, bes. Katasterauszüge beizubringen (KG. 11. Okt. 1923, 1 x 334).

werden aber die Handelskammern als juristische Personen durch ihren Vorsitzenden oder dessen Stellvertreter vertreten. Als Vorsitzender wäre daher X. an der Ausübung des Richteramts gehindert gewesen. Ein gleiches Hindernis hätte aber auch bestanden, wenn er nicht Vorsitzender wäre; denn jedenfalls hat er dann als Mitglied die vom Amtsgericht erforderte Äußerung abgegeben und daher in dieser Angelegenheit die Eigenschaft eines wenn nicht gesetzlichen, so doch bestellten Vertreters der HK. ausgenützt....

Bei der nochmaligen Erörterung hat das LG. zu beachten, daß der Einspruch beim Amtsgericht verspätet eingegangen und der Nichterhebung gleich zu achten ist. Er hindert nicht die Straffestsetzung und führt nicht zur Aufhebung der bereits festgesetzten Strafe (KGJ. 49 S. 140). Nachdem aber das LG. die Straffestsetzung aufgehoben hatte, wurde das Amtsgericht nicht genötigt, den Einspruch als rechtzeitig zu behandeln und nach §§ 134/5 weiter zu verfahren; vielmehr konnte es nur nach § 133 entscheiden: der Einspruch war als unzulässig zu verwerfen, die angedrohte Strafe festzusetzen und die frühere Verfügung unter erneuter Ordnungsstrafe zu wiederholen. Statt dessen ist es nach § 134 in eine sachliche Erörterung eingetreten, es hat den Einspruch nach § 135^2 als sachlich unbegründet verworfen und nach Abs. 3 eine neue jetzt angefochtene Verfügung erlassen. Soweit es ferner die angedrohte Strafe von 300 Mark festsetzt, deckt sich die Entscheidung ihrem Inhalte nach mit einer solchen, die nach § 133^3 erlassen werden mußte. Daß die erneute Verfügung sich dem § 135^3 S. 2 anpaßt, ist unbeachtlich, da sie, nur mit dem Einspruch anfechtbar, nicht von der sofortigen Beschwerde betroffen wird. Kann die Straffestsetzung des Amtsgerichts nur als nach § 133 ergangene Anordnung Bestand haben, so hat das die Anwendung des § 139^2 zur Folge. Das LG. wird daher, da die gesetzliche Grundlage des Verfahrens gegeben ist, ohne Prüfung der Eintragungspflicht die sofortige Beschwerde gegen die Straffestsetzung mit der Maßgabe zurückweisen müssen, daß der Einspruch als unzulässig zu verwerfen ist. Das Amtsgericht wird eine neue Verfügung gemäß § 133^1 zu erlassen haben.[1] Erst im Verfahren auf einen Einspruch gegen diese Verfügung ist darüber zu entscheiden, ob der Beschwerdeführer ein eintragungspflichtiges Gewerbe betreibt.[2]

b) **Berufung der Versammlung nach § 37 BGB.**

Kammergericht, 1. FerienZS. Beschluß v. 16. August 1923.

... Die Verfügung, durch die das Amtsgericht die 10 Vereinsmitglieder zur Einberufung einer Generalversammlung ermächtigt, ist nach § 16 FGG. mit der Zustellung an sie wirksam geworden. Eine Vorschrift, wonach sie erst mit der Rechtskraft wirksam wird (so RGKomm. BGB. § 37), besteht

[1] Es verstößt nicht gegen § 12 FGG., wenn die Vorinstanzen bei ihren nur eine vorläufige Regelung betreffenden Entscheidungen aus § 1635 BGB. lediglich das ihnen zurzeit zugängliche Glaubhaftmachungsmaterial berücksichtigt haben (KG. 5. Jan. 1923, 1a x 906/22).

[2] Auch in der nach § 133 oder § 135^3 wiederholten Verfügung darf die Auflage „oder binnen ... den Gebrauch der Firma mittels Einspruchs zu rechtfertigen" nicht fehlen (KG. 28. Febr. 1924, 1 x 68).

nicht. Daran hat auch die sofortige Beschwerde nichts geändert (§ 24 FGG.). Dagegen hätte die gemäß Abs. 3 das. erlassene einstw. Anordnung v. 8. Juni das Recht der Antragsteller beeinträchtigt, wenn sie ihnen gegenüber noch vor Abhaltung der Versammlung wirksam geworden wäre. Hierfür gilt die allgemeine Vorschrift des § 16 FGG. Hier richtete sich die Anordnung ihrem Inhalte nach an die Antragsteller, diesen ist sie jedoch nicht zugestellt worden. Danach ist die Versammlung vom 9. Juni durchaus ordnungsmäßig einberufen und abgehalten worden. Das LG. hätte daher, wenn dies ihm bekannt gewesen wäre, die Beschwerde als unzulässig verwerfen müssen. Dagegen steht jetzt fest, daß die Beschwerde gegenstandslos geworden ist. Eine Entscheidung über die Aufhebung der amtsgerichtlichen Verfügung entbehrt daher jeder praktischen Bedeutung. [Ebenso 1 x 418/23.] M.

c) **Beschwerderecht des Vertragsgegners aus § 20 FGG.**[1]

Bayer. Oberstes Landesgericht, ZS. Beschluß v. 4. Juni 1923.

A. verkaufte Anfang 1922 eine noch zu vermessende Fläche um 6000 Mark an den Beschwerdeführer K. und erklärte nach der Vermessung Anfang 1923 die Auflassung, nachdem er sich inzwischen mit der minderjährigen Anna E. verehelicht und mit ihr allgemeine GG. vereinbart hatte. Der Vater der Anna genehmigte die Haupt- und Nachtragsurkunde, das VormGericht versagte jedoch die Genehmigung, weil der Kaufpreis nicht mehr wertentsprechend sei. Das LG. hat die Beschwerde mit Recht als unzulässig verworfen... Allerdings ist hier der A. durch den Kaufvertrag verpflichtet, die weggemessene Fläche aufzulassen und bildet diese Verpflichtung nach § 1459 BGB. eine Gesamtgutsverbindlichkeit, weshalb auch die Anna A. die Auflassung zu erklären hat. Allein wie der Umstand, daß der Minderjährige zu einem unter § 1821 fallenden Rechtsgeschäfte verpflichtet ist, die Genehmigung nicht entbehrlich macht, so gibt dieser Umstand dem Vertragsgegner nicht die Befugnis, gegen ihre Verweigerung die Beschwerde einzulegen. Der Dritte kann vielmehr seinen Anspruch nur im Prozeßwege gegen den Minderjährigen verfolgen. M.

d) **Weitere Beschwerde:** *α*) **zu Protokoll des Richters.**

Bayer. Oberstes Landesgericht, ZS. Beschluß v. 4. Juni 1923.

Allerdings hat nicht der Gerichtsschreiber, sondern der Nachlaßrichter die weitere Beschwerde aufgenommen und ohne Zuziehung und Mitfertigung des Gerichtsschreibers unterzeichnet. Allein die Formvorschrift des § 29 bezweckt, daß der Beschwerdeführer durch eine mit dem Gerichtsverfahren und dem materiellen Rechte vertraute Person beraten werden soll, damit er nicht unnützerweise von vornherein aussichtslose Rechtsbehelfe gebraucht. Dieser

[1] Der Vermächtnisnehmer wird in seinem Recht durch Erteilung eines unrichtigen Zeugnisses über das Erbrecht nicht beeinträchtigt; wirtschaftliche Interessen an der Beseitigung des Erbscheins genügen für § 20 nicht (KG. 15. Febr. 1923, 1 x 1). Dagegen ist jeder einzelne Vollstrecker befugt, dahin zu wirken, daß ihm in dem zu erteilenden Zeugnis nur der als Mitvollstrecker zur Seite gestellt wird, der nach dem rechtswirksam erklärten Willen des Erblassers dazu bestimmt ist. Ebenso hat jeder einzelne Erbe das Recht, für die Befolgung der Anordnungen des Erblassers zu sorgen (KG. 7. Febr. 1924, 1 x 17).

Absicht wird, soweit die Beratung an der Gerichtsstelle durch die amtliche Tätigkeit einer Gerichtsperson in Frage kommt, dadurch Rechnung getragen, daß der Beschwerdewille zu Protokoll des Gerichtsschreibers erklärt werden kann. Selbstverständlich wird aber der Zweck der Hintanhaltung unzulässiger Beschwerden in noch höherem Grade gewahrt, wenn statt des Gerichtsschreibers ein (an sich hiezu nicht verpflichteter) Richter des zuständigen Gerichts den Beschwerdeführer berät und das Rechtsmittel entgegennimmt. Es wird daher die frühere gegenteilige Auffassung des Senats nicht aufrechterhalten.[1]

β) **nur wegen des Ausspruchs der Kostenfolge.**

Kammergericht, 1. ZS. Beschluß v. 24. April 1924.

Das LG. hat auf Beschwerde der Antragsteller den Vollstrecker entlassen und zugleich, ohne daß dies beantragt war, ihm die Kosten auferlegt. Der Zulässigkeit seiner weiteren Beschwerde stehen die Beschlüsse KGJ. 47 S. 275, 52 S. 1 nicht entgegen; denn dort ist ausgeführt, daß der mit der Hauptentscheidung verbundene Ausspruch der Kostenfolge nur eine Anweisung an den Gerichtsschreiber hinsichtlich des Kostenansatzes bedeutet und daher vor Erledigung der Hauptsache keiner selbständigen Anfechtung zugänglich sei. Anders verhält es sich, wenn das Gericht zwischen mehreren Beteiligten die Kostenlast regelt und einen zu den Kosten verurteilt. Dann handelt es sich nicht um den Ausspruch der ohne weiteres aus dem Pr. GKG. sich ergebenden Kostenfolge, sondern um eine wahre Entscheidung, wer von mehreren Beteiligten die Kosten zu tragen hat. Sie beruht nicht auf jenem Ges., das lediglich die Gebührenpflicht gegenüber der Staatskasse, aber nicht die Verteilung der Kostenlast zwischen Beteiligten regelt. Sie findet ihre Grundlage im Art. 9 Pr. FG. Als eine besondere, eine Verurteilung aussprechende Entscheidung unterliegt sie nach §§ 19, 20 FGG. der Beschwerde, wie außerdem aus Art. 11 Pr. FG. hervorgeht. Der Kostenausspruch des LG. stellt sich aber als eine gemäß Art. 9 getroffene Entscheidung dar. Da der Vollstrecker weder Antragsteller noch Beschwerdeführer war, so liegt ihm keine Gebührenpflicht gegenüber der Staatskasse ob. Auch der § 105 GKG. bürdet ihm die Gebühren nicht auf, sondern regelt nur die Höhe des Kostenansatzes für die Beschwerde. Wenn es dort heißt: „soweit die Kosten einem Gegner zur Last fallen," so liegt darin keine Bestimmung, daß sie einem Gegner auferlegt werden dürfen. Die Verurteilung beruht danach hier allein auf Art. 9; sie kann daher selbständig angefochten werden. Zugleich ergibt sich daraus, daß hier die weitere Beschwerde nur als sofortige zulässig ist. Da das LG. den Vollstrecker entlassen hat, so steht ihm hiergegen die sofortige weitere Beschwerde zu (§ 81² FGG.). Nach Art. 1 Pr. FG. kann aber auch in dem Fall, daß gegen die Entscheidung in der Hauptsache die sofortige Beschwerde stattfindet, die Entscheidung über die Kostenpflicht nur mit dieser Beschwerde

[1] AA. Hamburg, 2. ZS. am 16. März 1923; KG. Rsp. 42 S. 183. Dabei ist der Fall nicht berücksichtigt, daß bei kleinen Gerichten die mittleren Beamten sämtlich (an Grippe) erkrankt sind. Soll nun die gemäß § 9² Ges. v. 3. März 1879 berufene Person die Beschwerdeschrift aufnehmen oder der Richter sich selbst zum Gerichtsschreiber berufen? D. H.

angefochten werden. Die im Art. 11² bestimmte Beschwerdesumme ist hier bedeutungslos, da sie nur für die selbständige Anfechtung der Kostenfestsetzung (Art. 10) gilt....

e) **Akteneinsicht oder Bekanntgabe durch Vorlesen?**

Bayer. Oberstes Landesgericht, ZS. Beschluß v. 20. Januar 1923.

Nach § 34 ist die Gewährung der Akteneinsicht in das pflichtgemäße Ermessen des Gerichts gestellt, ein Rechtsanspruch hierauf besteht auch dann nicht, wenn an sich das berechtigte Interesse an der Einsichtnahme glaubhaft gemacht ist. Auch in diesem Falle kann sie verweigert werden, wenn ihm ein gleich oder noch höher berechtigtes Interesse der Öffentlichkeit oder eines Dritten an der Geheimhaltung des Akteninhalts gegenübersteht (vgl. Samml. 14 S. 80). Die Geheimhaltung darf aber nicht so weit gehen, daß dem Antragsteller A. die Verfolgung oder Verteidigung seines Rechts unmöglich gemacht wird. Hier hat das LG. festgestellt, daß A. Personen, die ihm mißliebig sind, belästigt, und daraus geschlossen, daß solche Belästigungen auch den Personen drohen, die in dem hier anhängigen Fürsorgeerziehungsverfahren als Zeugen vernommen sind.... Gegen derartige Belästigungen geschützt zu werden, haben jene Personen ein sehr erhebliches Interesse. Es besteht aber auch ein erhebliches öffentliches Interesse daran, daß A. nicht die Akten einsieht. Das Amtsgericht weist mit Recht darauf hin, daß in Zukunft in vielen Fällen nicht mehr möglich wäre, ein FEVerfahren sachgemäß durchzuführen, wenn bekannt würde, daß Zeugen sich der Belästigung durch die Erziehungsberechtigten, besonders Beleidigungsklagen wie im Falle des X. aussetzten. Es ist in der Tat zu befürchten, daß sich niemand mehr herbeilassen würde, den Organen der Jugendfürsorge und den VormGerichten sachdienliche Angaben zu machen. Das Interesse der Öffentlichkeit, dem vorzubeugen, ist derart dringend, daß ihm gegenüber das Interesse der Beteiligten an der Akteneinsicht jedenfalls dann zurückstehen muß, wenn wie hier greifbare Anhaltspunkte dafür bestehen, daß tatsächlich den Zeugen die geschilderte Gefahr droht. — Dagegen wird es regelmäßig möglich sein, den Akteninhalt auf andre Weise, besonders durch Verlesen der Protokolle und Erhebungen unter Weglassung der Namen der Zeugen und Auskunftspersonen, in einer Weise bekannt zu machen, daß das Interesse sowohl des Antragstellers an der Kenntnis des zu seiner Rechtsverfolgung erforderlichen Akteninhalts als auch der Zeugen und der Öffentlichkeit an dem Schutze der Zeugen gegen Belästigungen gleichermaßen gewahrt wird. Falls der Beschwerdeführer in diesem Umfange die Bekanntgabe des Akteninhalts verlangt, wird diese ihm nicht verweigert werden können. M.

f) **Ausdehnende Auslegung des § 43 Abs. 2 FGG.**

Kammergericht, ZS. 1a. Beschluß v. 23. März 1923.

... Der Beschluß des Amtsgerichts v. 15. August stellt sich nach BGB. §§ 1700, 1635 S. 2 als eine vorläufige Anordnung dar. Hätte es nur diesen Beschluß erlassen, so wäre dessen Aufhebung wegen örtlicher Unzuständigkeit nicht zu beanstanden (Rsp. 42 S. 180). Es hatte aber vorher schon eine Pflegschaft für die Kinder eingeleitet und den X. zum Pfleger bestellt. Danach ergibt sich: war die Pflegschaft sachlich zutreffend eingeleitet und deshalb eine Beschwerde wegen örtlicher Unzuständigkeit mit dem Ziele der Aufhebung des bisherigen Verfahrens oder der Pflegschaft unzulässig (KGJ. 30 S. 4, 47 S. 14⁴), so führt der Gedanke des § 43² dazu, diese Aufhebung auch bei allen einzelnen Verrichtungen des VormGerichts im Sinne des § 43¹ auszuschließen, die jenes Gericht während des Bestehens der Pflegschaft und vor einer seine örtliche Zuständigkeit für deren Weiterführung aus § 5 verneinenden Entscheidung getroffen hat. Insofern bedarf der in Rsp. 42 S. 180 ausgesprochene Grundsatz einer Einschränkung. M.

g) **Handelssachen: α) Eintragung einer polnisch gewordenen Gesellschaft bei Rückverlegung ihres Sitzes.**

Kammergericht, 1. ZS. Beschluß v. 7. Februar 1924.

Nachdem 1921 die Beschwerdeführerin (GmbH.) in das Handelsregister des Amtsgerichts Kattowitz eingetragen worden war, haben am 14. April 1923 die Gesellschafter die Verlegung des Sitzes der Gesellschaft nach Beuthen beschlossen. Das polnische Kreisgericht in Kattowitz hat die Sitzverlegung in das Register eingetragen. Dagegen haben die Vorinstanzen angenommen, daß die Gesellschaft ihre Eintragung nur durch Neugründung erreichen könne. Die weitere Beschwerde ist begründet....

Aus Art. 4 § 4 des deutsch-poln. Abkommens v. 15. Mai 1922 ist nur eine Verpflichtung des deutschen Vertragsteils zu entnehmen, die Gesellschaft in ihrer ausländischen Rechtspersönlichkeit, die anstelle der inländischen getreten ist, anzuerkennen, solange sie nach polnischem Rechte besteht. Nicht aber gibt er eine Vorschrift für die Behandlung der Gesellschaft, nachdem sie durch Rückverlegung ihres Sitzes die ausländische Rechtspersönlichkeit aufgegeben hat. Dafür sind allein die Grundsätze des deutschen Rechts maßgebend. Bedeutungslos ist daher auch, wenn das Verfahren der polnischen Registerbehörde, die das Amtsgericht Beuthen von der Eintragung der Sitzverlegung benachrichtigte, auf den Standpunkt der polnischen Rechtsauffassung hinweist, daß schon auf Grund der Sitzverlegung das Amtsgericht Beuthen für die weitere Registerführung zuständig sei. RG. (7 S. 68) ergibt nun nicht ohne weiteres die Ansicht, daß auch eine nach deutschem Recht gegründete Gesellschaft bei einer Sitzverlegung vom Ausland ins Inland der Auflösung verfallen müsse. RG. 88 S. 53 erwägt, daß einer juristischen Person nicht freigestellt sein könne, die ihr von dem einen Staat und für dessen Rechtsgebiet erteilte Rechtspersönlichkeit in einen andren Staat hinüberzutragen und dort in der nach den Gesetzen dieses Staates nicht zu erlangenden Gesellschaftsform ein gewerbliches Unternehmen zu betreiben. Das Urteil trifft also nicht den Fall, daß die Gesetze des alten und des neuen Sitzstaates an die Verleihung der Rechtsfähigkeit die gleichen Anforderungen stellen (vgl. Isay, Staatsang. jur. Pers. S. 134 ff.; Schwandt, Deutsche AG. im Rechtsverkehr mit Frankreich und England S. 89, 98; Gruchot 65 S. 415 ff.). Vorliegend berechtigen aber folgende Umstände eine besondere Beurteilung.

Die Gesellschaft ist unter deutscher Rechtshoheit gegründet und in ein deutsches Register eingetragen worden. Sie ist unter der ihr aufgezwungenen fremden Staatshoheit denselben Gesetzen unterworfen geblieben (Art. 1 § 1¹·² Abk.). Von der Befugnis des § 2, während eines Zeitraums von 15 Jahren die geltenden materiell-rechtlichen Bestimmungen durch andere zu ersetzen, hat Polen bezüglich des Rechts der GmbH. keinen Gebrauch gemacht und die Geltung des Dekrets v. 8. Febr. 1919 (Z. für HR. 84 S. 189) auf Kongreßpolen beschränkt. Die Gesellschaft, die auch in demselben Register weitergeführt ist (Art. 3 § 4¹ Abk. v. 11. Juni 1922), hat sich daher in ihrer Daseinsform und in ihrer rechtlichen Gestaltung unverändert erhalten. Im Zeitpunkte der Sitzverlegung genügte sie den Erfordernissen des deutschen Gesetzes. Nach alledem ist die Annahme gerechtfertigt, daß durch die Sitzverlegung ihre Rechtspersönlichkeit nicht unterbrochen ist, daß vielmehr damit in unmittelbarem Anschluß an den Verlust der ausländischen ihre frühere inländische Rechtspersönlichkeit wieder auflebte.[1]

β) **Löschung der Eintragung des Geschäftsübergangs, wenn diesen nur der Erwerber angemeldet hatte.**

Kammergericht, 1. ZS. Beschluß v. 1. Februar 1923.

... Das HGB. enthält keine Vorschrift darüber, wer im Fall eines Geschäftsübergangs die Eintragung zum Handelsregister anzumelden habe. Daß sie eine Anmeldung beider Teile, also auch des bisherigen Inhabers voraussetzt, folgt aus der Natur der Sache; denn sie ist für diesen von solcher Tragweite, daß sie nicht ohne seine Willenskundgebung, die auch durch rechtskräftige Verurteilung (§ 894 ZPO.) herbeigeführt werden kann, erfolgen darf. Aus der Vorlegung eines Veräußerungsvertrags erhellt nur ein im Zeitpunkte des Vertragsschlusses auf Geschäftsübertragung gerichteter Wille des Inhabers, während offen bleibt, ob sich der Übergang noch im Zeitpunkte der Vorlegung des Vertrags und der Eintragung mit jenem Willen deckt. Das Registergericht muß daher die Eintragung davon abhängig machen, daß die Anmeldung auch durch den bisherigen Inhaber bewirkt oder ein gegen ihn ergangenes rechtskräftiges Urteil vorgelegt wurde....

Die Frage, ob sich die Anmeldung des bisherigen Inhabers als wesentliche Voraussetzung des § 142¹ FGG. darstellt, ist hier zu bejahen. Bei der Eintragung des Übergangs handelt es sich um eine solche rechtsfeststellender Art, bei der die Erfordernisse der Anmeldung nur dem Zwecke dienen, die Übereinstimmung der Eintragung mit der materiellen Rechtslage zu gewährleisten. Der Mangel einer rein prozessualen Voraussetzung rechtfertigt deshalb die Löschung dann nicht, wenn die Eintragung mit der materiellen Rechtslage übereinstimmt (KGJ. 48 S. 115, Rsp. 28 S. 238; vgl. auch BayObLG. KGJ. 53 S. 257). Hier leidet die Anmeldung nicht an dem

[1] Für eine Anordnung des LG., die Postanstalt davon zu benachrichtigen, daß die Übernahme der Firma durch X. zu Unrecht eingetragen worden und das Amtsgericht zur Löschung dieser Eintragung angewiesen sei, fehlt die gesetzliche Grundlage (KG. 3. Nov. 1922, 1a x 796).

Mangel, daß die zur Vertretung des Anmeldungspflichtigen erforderliche Personenzahl nicht mitgewirkt hat, sondern darum, daß von zwei Anmeldungspflichtigen der eine überhaupt nicht angemeldet hat. Aber auch bei solchem Formmangel wäre es ein unverständlicher Formalismus und läge weder im öffentlichen noch im Interesse der Beteiligten, wenn man bei sachlicher Richtigkeit der Eintragung ihre Löschung von Amtswegen zuließe. Vorliegend kann indessen nicht wie in KGJ. 48 S. 115 ohne weiteres festgestellt werden, daß die Eintragung der materiellen Rechtslage entspricht; denn der bisherige Inhaber hat den Vertrag wegen Betrugs angefochten und spricht ihm jede Rechtswirkung ab. Es kann fraglich sein, ob eine solche Unsicherheit für § 142 genügt oder ob nicht vielmehr der Mangel einer wesentlichen Voraussetzung nur bei festgestellter Unrichtigkeit anzunehmen ist. Hierbei würde der Übernehmer durch die Löschung beschwert, wenn er im Prozeßwege zur Wiederherstellung der Eintragung, die tatsächlich dem durch den Vertrag eingetretenen Rechtszustand entspricht, und die Anmeldung des bisherigen Inhabers erzwingen müßte. Dieser hat aber an der Löschung ein schutzwürdigeres Interesse, denn er erstrebt nur die Wiederherstellung eines Zustandes, in welchem eine Änderung eintreten zu lassen der Registerrichter nicht befugt war. Dagegen verliert der Übernehmer durch die Löschung nur einen durch einen Verfahrensmangel erlangten Vorteil. Da die Löschung nicht von der Feststellung der sachlichen Unrichtigkeit abhängt, vielmehr genügt, daß ihre sachliche Richtigkeit nicht feststeht, kann das Löschungsverfahren nicht bis zur Prozeßentscheidung (§ 127) ausgesetzt werden.

γ) **oder eines in der Entwicklung befindlichen Betriebes.**

Kammergericht, ZS. 1a. Beschluß v. 12. Januar 1923.

... Auch die Vorbereitungstätigkeit gehört zum Gewerbebetriebe; deshalb kann selbst ein erst in der Entwicklung befindlicher Betrieb eingetragen werden (KGJ. 42 S. 159; Rsp. 16 S. 61). Es muß aber eine Gewähr bestehen oder es müssen doch wenigstens zuverlässige Anhaltspunkte dafür gegeben sein, daß das Unternehmen in Zukunft eine die Firmenbezeichnung rechtfertigende Einrichtung und Ausgestaltung erfährt (Rsp. 42 S. 209[6]). Eine bestimmte Frist dafür läßt sich nicht allgemein festlegen. Es kommt auf die Umstände des Einzelfalles an; nur sie können ergeben, in welchem Zeitpunkt angemessen der Eintritt der Voraussetzung erwartet werden muß. Bis dahin besteht ein gewisser Schwebezustand, wie bei auflösend bedingten Geschäften. Erfüllt sich im maßgebenden Zeitpunkt nicht die Voraussetzung, so steht nunmehr fest, daß die Eintragung wegen Mangels einer wesentlichen Voraussetzung unzulässig war und ist § 142 anwendbar, ohne daß es — wie im Falle der Erfüllung — noch auf die subjektive Seite, d. h. darauf ankommt, ob der Anmeldende etwa arglistig gehandelt, besonders durch vorzeitige Anmeldung des noch nicht vorhandenen Betriebes sich lediglich eine ihm nicht zukommende Firma zum Schaden eines Dritten hatte sichern wollen (vgl. KGJ. 31 S. 151). Es handelt sich also hier nicht um eine nachträglich eingetretene Unzulässigkeit — in diesem Falle wäre § 142 unanwendbar —, sondern darum, daß die Frage, ob ein Mangel einer wesentlichen Voraussetzung vorlag, im Zeitpunkt der gleichwohl nicht aufschiebbaren Eintragung noch nicht endgültig zu übersehen war, und erst später sich entscheiden konnte. In solchen Fällen ist der Weg des § 142 gegeben... Die Länge der seit der Eintragung verstrichenen Zeit ist nur einer der zu berücksichtigenden Umstände. In Betracht zu ziehen waren besonders die vom Beschwerdeführer behaupteten Widerstände und Schwierigkeiten, die sich dem Fortgange des ernstlich begonnenen Fabrikbaus entgegenstellen...

δ) **Beseitigung der Löschung einer GmbH. im Löschungsverfahren.**[1]

Kammergericht, 1 S. 1a. Beschluß v. 17. November 1922.

Die Frage, ob eine im Löschungsverfahren erfolgte Löschung einer GmbH. wieder im Wege eines Löschungsverfahrens beseitigt werden darf, ist nach § 142 zu entscheiden. Die „wesentlichen Voraussetzungen" für die Löschung sind aus der gesetzlichen Gestaltung dieses Verfahrens zu entnehmen (§§ 142[2,3], 141[3,4], 144[1]).... Wie aus § 141[4] („darf") erhellt, muß die Löschung, wenn eine der dort bezeichneten beiden Voraussetzungen gegeben ist, nicht unbedingt erfolgen. Ist kein Widerspruch erhoben, so ist es dem Gericht immer noch freigestellt, von der Löschung abzusehen, wenn es diese bei nochmaliger Prüfung nicht für gerechtfertigt ansieht. Nimmt es aber die Löschung vor, so setzt sie nicht das Vorliegen eines materiellen Löschungsgrunds voraus. Sie hat zur wesentlichen Voraussetzung allein, daß in einem nach § 144 eingeleiteten Verfahren kein Widerspruch erhoben war. Nur Einwendungen, die auf das Fehlen dieser Voraussetzungen gegründet sind, können zu einem neuen Verfahren führen, das die Beseitigung der von Amtswegen bewirkten Löschung zum Ziele hat. Besonders eine dem Gesetze nicht entsprechende Fristbestimmung oder der Nichtablauf der Frist können die Grundlage für das neue Verfahren bilden. Liegt die andere Voraussetzung des § 141[4] vor, ist nämlich Widerspruch erhoben und rechtskräftig zurückgewiesen und damit die materielle Löschungsbefugnis des Gerichts festgestellt, so ist eine Abstandnahme von der Löschung nur dann möglich, aber auch geboten, wenn der Löschungsgrund später fortgefallen ist. Nur dann kann die Löschung im neuen Verfahren beseitigt werden.... M.

ε) **Löschung der trotz Widerrufs der Anmeldung eingetragenen GmbH.**

Kammergericht, 1. ZS. Beschluß v. 10. Januar 1924.

Durch notariellen Vertrag von Ende 1922 haben A., B. und M. die GmbH. mit 60000 Mark Stammkapital gegründet und A. und B. zu Geschäftsführern bestellt. Nachdem jenes Kapital mehrmals erhöht worden, ging am 31. Okt. 1923 die von A. und B. notariell erklärte Erhöhung auf 120 Millionen beim Amtsgericht ein. Schon vorher, am 29. Okt., war dort

[1] Die Eintragung des durch einstw. Verfügung auf Grund des § 29 BGB. bestellten Geschäftsführers ist ohne das durch die §§ 142 ff. FGG. geordnete Verfahren zu löschen, wenn der Registerrichter, der dabei an die Rechtsauffassungen des Prozeßrichters nicht gebunden ist, feststellt, daß die Voraussetzung des § 29 BGB. gefehlt hat (KG. 1. März 1923, 1 x 46).

eine Eingabe von A. und B. eingetroffen, wonach sie durch Kündigung aus der Gesellschaft ausgeschieden seien, und deshalb beantragten, „sie weder als Gesellschafter noch als Geschäftsführer einzutragen". Das Amtsgericht wies daraufhin die Anmeldung zurück, trug jedoch auf Anweisung des LG. die Gesellschaft am 23. Nov. 1923 ein. Die weitere Beschwerde der Geschäftsführer ist begründet.

...Grundsätzlich ist eine Anmeldung zum Handelsregister widerruflich. Ob dieses Recht zeitlich durch den Erlaß der Eintragungsverfügung (Lehmann HGB. § 12[12]) oder durch die Eintragung (Staub § 12[10]) begrenzt wird, kann hier unerörtert bleiben, da bei Eingang der Anträge v. 29. Okt. 1923, um deren Bedeutung als Widerruf der Anmeldung es sich handelt, keine Verfügung vorlag. Bedenken könnten sich nur ergeben, wenn die Anmeldung in Erfüllung eines öffentlich-rechtlichen Zwanges erfolgt und der Widerruf unbegründet ist (Ehrenberg Handb. 1 S. 576). Ein solcher Zwang fehlt bei Eintragungen rechtsbegründenden Charakters. Er ist für die Anmeldung gemäß § 7 GmbHG. mangels eines staatlichen Interesses, daß eine in Gründung begriffene Gesellschaft durch Eintragung das rechtliche Dasein erlangt (§ 11), auch durch § 79 ausdrücklich ausgeschlossen. Daß der Widerruf an keine Form gebunden ist, folgt schon aus dem Fehlen einer Vorschrift, wie sie der § 32 GBO. und der § 109 FGG. enthält.

...Der Antrag der Beschwerdeführer, sie nicht als Gesellschafter einzutragen, ließ, da der § 10 GmbHG. eine Eintragung der Gesellschafter ausschließt, nur die Deutung zu, daß eine Gesellschaft, der die Beschwerdeführer als Gesellschafter angehören, nicht eingetragen werden sollte. Die früheren Anmeldungen, die eine unter Mitwirkung der Beschwerdeführer gegründete GmbH. entstehen lassen wollten, waren daher als widerrufen anzusehen. Als Widerruf der Anmeldung im ganzen war auch der weitere Antrag der Beschwerdeführer, sie nicht als Geschäftsführer einzutragen, aufzufassen, da nach § 10[1] eine Gesellschaft ohne Angabe der Geschäftsführer nicht eingetragen werden kann. Die Eintragung war hiernach unzulässig. Daraus folgt aber noch nicht ohne weiteres, daß die Gesellschaft auch von Amtswegen gelöscht werden kann; die Voraussetzungen dafür bestimmen sich vielmehr nach § 144 FGG. (KGJ. 37 S. 156).... Danach kann wohl ein Verstoß bei der Anmeldung, so die Nichtbeachtung der Form, die Nichtigkeit der eingetragenen Gesellschaft nicht begründen. Dagegen kann die Gesellschaft durch eine Eintragung, die ohne Anmeldung der dazu Berufenen vorgenommen ist, nicht entstehen...[1]

ζ) **Bedeutung des „Hörens" im § 146.**

OLG. Karlsruhe, 1. ZS. Beschluß v. 9. März 1923.

Der Antrag des Erich A., ihn zur Einberufung einer Generalversamm-

[1] § 144[1] ist anzuwenden, wenn eine GmbH., deren Firma die firmenrechtlichen Vorschriften verletzt, ohne die gleichzeitige Eintragung einer neu angenommenen Firma gelöscht werden soll; Abs. 2 das. regelt nur den Fall der den Bestand der Gesellschaft nicht berührenden Löschung eines Gesellschafterbeschlusses (KG. 12. April 1923, 1 x 109).

lung der M. Aktiengesellschaft zu ermächtigen, wurde nach deren Anhörung zurückgewiesen, weil Theo A. antragsberechtigt sei. Dem daraufhin von letzterem wiederholten Antrage wurde ohne weitere Erhebungen stattgegeben. Allein die Frage, ob dem § 146[1] genügt war, ist bei der festgestellten Sachlage zu verneinen. Die Gesellschaft hatte nämlich dem Antrage des Erich gegenüber nur geltend gemacht, sie sei bereit, die Versammlung einzuberufen; sie leugnete damit eine wesentliche Voraussetzung des Antrags und stellte die demnächstige Einberufung in Aussicht; es müßten erst die durch die Kapitalserhöhungen hinzugetretenen Aktionäre ihre Aktienurkunden erhalten, damit sie ihre Rechte ausüben könnten. Diese Darlegung ist allerdings irrig. Den Inhabern der jungen Aktien kann eine Hinterlegungspflicht, wie die Satzung als Vorbedingung für die Teilnahme an der Generalversammlung vorsieht, nicht obliegen; sie können darum auch ohne Aktienurkunde ihr Stimmrecht auf rechtzeitigen Nachweis ihrer Aktionäreigenschaft hin ausüben. Gerade deshalb mußten die Gesellschaftsorgane unter Hinweis auf diesen Umstand darüber gehört werden, ob sie nicht alsbald zur Einberufung bereit seien. Ohne derartige Belehrung und ohne jede weitere Ermittelung war nicht klargelegt, ob sich Vorstand und Aufsichtsrat tatsächlich in versteckter Form weigern, die Versammlung zu berufen.

h) **Vereinssachen. Anmeldung durch den wirklichen Vorstand.**

Bayer. Oberstes Landesgericht, ZS. Beschluß v. 13. Dezember 1922.

Auf Antrag des A. und des B., die sich als vertretungsberechtigte Vorstandsmitglieder bezeichneten, wurde der „Turnverein Wald, gegründet 1900" in das Vereinsregister eingetragen. Der — nicht eingetragene — Turnverein Wald, vertreten durch Franz K. als Vorstand, legte, weil der Verein nicht vom Vorstande angemeldet worden, Beschwerde erfolglos ein. Die weitere Beschwerde ist nach § 27—29 FGG. fristlos zulässig, weil das LG. lediglich als Gericht zweiter Instanz tätig geworden ist, indem es die Beschwerde als unbegründet zurückwies und damit ausdrückte, daß es keinen Anlaß habe, als erste Instanz nach § 143 FGG. ein Löschungsverfahren seinerseits einzuleiten. Sie ist auch begründet. Das Registergericht genügt nach § 57[2] BGB. seiner Prüfungspflicht, wenn es wie hier feststellt, daß der angemeldete Vereinsname von den Namen der bereits bestehenden eingetragenen Vereine sich deutlich unterscheidet. Hiermit ist aber nicht gesagt, daß jener bis dahin nicht rechtsfähige Verein infolge der unbeanstandeten Eintragung ein Recht auf den eingetragenen Namen erwirbt. Es ist denkbar, daß bei der Spaltung eines Vereins infolge von Vereinszwistigkeiten Streitigkeiten nicht nur über das Eigentum an den Vereinsutensilien, sondern vor allem auch über das Recht zur Führung des Vereinsnamens entstehen. Ist der bis dahin bestehende Verein schon eingetragen gewesen, so bietet der § 57[2] BGB. eine genügende Handhabe dagegen, daß zwei rechtsfähige Vereine mit gleichem oder ähnlichen Namen zum rechtlichen Dasein gelangen. Bei einem nicht eingetragenen Verein fällt zwar die Möglichkeit einer solchen Feststellung an der Hand des Registers fort. Hiedurch wird aber nichts an der Tatsache geändert, daß ein solches vereinsmäßiges Gebilde mit korporativer Verfassung (§§ 54, 705) tatsächlich besteht. Inwieweit es einen klagbaren Anspruch auf Schutz des von ihm geführten Namens hat, ist im Weg eines zivilrechtlichen Streitverfahrens auszutragen. Wohl aber hat der Registerrichter nach § 59[1] zu prüfen, ob ein Verein zur Eintragung durch den wirklichen Vorstand dieses zwar noch nicht rechtsfähigen, aber tatsächlich bestehenden Gebildes angemeldet worden; diesem Zwecke dient auch § 59[2] Nr. 2. Eine Eintragung, die trotz dieser Vorschriften, etwa infolge Täuschung des Richters, erfolgt ist, leidet an dem Mangel einer nach BGB. §§ 59, 60 wesentlichen Voraussetzung, ist daher unzulässig im Sinne der §§ 159, 142/3 FGG. Hier hat das LG. nicht festgestellt, daß A. und B. Vorstände, dh. bevollmächtigte Geschäftsführer des 1900 gegründeten Turnvereins gewesen sind.... Die Richtlinien, die sich in der Rechtsprechung (RG. 74 S. 114, 78 S. 101) herausgebildet haben, gelten nicht nur für Zivilstreitigkeiten, sondern auch für ein Verfahren der fr. G. G.

i) **Bedeutung der Wertsfeststellung des § 164 FGG.**[1]

Bayer. Oberstes Landesgericht, ZS. Beschluß v. 31. Januar 1923.

...Der § 164 setzt nach seinem Wortlaute voraus, daß jemandem durch eine bestimmte Vorschrift des bürgerlichen Rechts ausdrücklich die Befugnis eingeräumt sein muß, den Zustand oder Wert einer Sache durch Sachverständige feststellen zu lassen (vgl. RJA. 12 S. 55). Als Anwendungfälle erscheinen hiernach — abgesehen von den in der Denkschr. erwähnten Vorschriften — die §§ 1075[2] BGB.; 438[3], 404[1], 608/9 HGB.; 61[2] BSchG. und wohl auch § 120 KO. In diesen Fällen handelt es sich um ein Beweissicherungsverfahren. Sein Unterschied von dem der §§ 485 ff. ZPO. besteht darin, daß das Recht auf die Zustands(Werts)feststellung durch das bürgerliche Recht gewährleistet sein muß, nach §§ 485 ZPO. dagegen an prozeßrechtliche Voraussetzungen geknüpft ist. Die Begutachtung hat darum auch nur den Charakter eines Gutachtens, es wird keine den Gegner bindende Feststellung getroffen, dieser braucht nicht einmal notwendig mitzuwirken. Wenn zB. der Mann nach § 1372[2] den Zustand der in seinem Besitze befindlichen eingebrachten Sachen feststellen lassen will, braucht die Frau nicht mitzuwirken. Die Feststellung schafft aber nicht Recht unter den Ehegatten; im späteren Rechtsstreite nach Beendigung des Güterstandes ist die Frau nicht gehindert nachzuweisen, daß sich das eingebrachte Gut in einem besseren Zustande befunden habe. Einen hievon völlig verschiedenen Charakter haben die §§ 1477[2], 1501[1]. Ist infolge von Meinungsverschiedenheiten der Wert der zu übernehmenden Gegenstände festzustellen, so kann diese Feststellung

[1] Nach § 163 FGG. hat das Gericht der fr. Ger. nur zur Ableistung des Offenbarungseides, nicht zur Erlangung der Auskunft und des Nachlaßverzeichnisses (§ 2028 BGB.) mitzuwirken. Deshalb kann ein Termin zur Leistung jenes Eides nur verlangt werden, wenn zugleich das Nachlaßverzeichnis oder die erteilte Auskunft vorgelegt oder, wenn diese mündlich gegeben wurde, ihr Inhalt mitgeteilt wird (KG. 17. April 1924, 1 x 148).

nur in dem Sinne, daß sie Recht unter den Parteien schafft, also nur im Rechtsstreit geschehen. Daneben kann nicht noch jeder Teil das Recht haben, für sich allein den Wert nach § 164 feststellen zu lassen; sie haben vielmehr das Verfahren der §§ 86—99 FGG. zu beantragen, in welchem dann das Gericht Sachverständige über den Wert vernehmen darf.[1] M.

8. Sachenrecht.

a) Besitz: α) früherer Eheleute an gemeinsam gemieteten Räumen.

OLG. Hamburg, 3. ZS. Urteil v. 7. Februar 1924.

Die Parteien (frühere Eheleute) stehen zueinander in keinem Vertragsverhältnis. Unstreitig haben sie aber die streitige Wohnung gemeinsam gemietet. Der Kläger hat ihren Besitz aus Anlaß der anhängigen Scheidungsklage seinerzeit aufgegeben, ohne auf seine Rechte zu verzichten. Jetzt verlangt er mit der Behauptung, seinerzeit sei vereinbart, daß die Beklagte nach der Scheidung die Wohnung dem Kläger allein überlassen solle, Besitzüberlassung und Räumung, hilfsweise Einräumung des Mitbesitzes. Der zweite Antrag ist ohne weiteres mit Rücksicht auf die bezüglich des Besitzes der Mietwohnung bestehende Rechtsgemeinschaft begründet. Besitzschutz kann nicht in Frage kommen, weil verbotene Eigenmacht nicht behauptet noch den Tatsachen zu entnehmen ist. Auch der Besitz kann indessen den Gegenstand einer Rechtsgemeinschaft im Sinne der §§ 741ff. bilden, weil er vom Gesetz als Recht anerkannt ist (Enneccerus Lehrbuch II 2 § 403; RGKomm. § 741[1]). Für den weitergehenden Antrag trifft zweifellos den Kläger die Beweislast für die von ihm behauptete Abrede... B.

β) Besitzschutz im Fall einer Enteignung.

OLG. Hamburg, 2. ZS. Urteil v. 22. März 1923.

Wesen und Rechtsfolgen der auf Grund der Bescheide des Bezirkswohnungskommissars gemäß der ReichsVO. vom 9. Dezember 1919 erfolgten Enteignung können nicht nach Landes- sondern nur nach Reichsrecht bestimmt

[1] a) Wird die Blindheit (FGG. § 169) erst am Schlusse der Verhandlung, also in dem Zeitpunkt, in welchem die Unterschrift zu leisten ist, festgestellt, so kann die Erklärung des Blindseins im Sinne der Erklärung der Schreibunfähigkeit ausgelegt werden; vgl. RG. 97 S. 295; JW. 1917 S. 220 (KG. 23. Nov. 1923, 1 x 455). — Die Erklärung des Antragstellers, daß der Antrag sich erledigt habe, besagt inhaltlich, daß dieser nicht mehr aufrecht erhalten und eine Entscheidung nicht mehr verlangt; hernach ist die Ablehnung einer Kostenentscheidung nicht zu beanstanden (KG. 12. April 1923, 1 x 110).

b) Die Voraussetzung des Pr. FG. Art. 1 liegt nur dann vor, wenn das Gericht in der Hauptsache eine Entscheidung fällt, nicht aber dann, wenn sich diese erledigt hat (KG. 12. Apri 1923, 1 x 67/23).

c) Die Ordnungsstrafe (Art. 15 aO.) kann, auch wenn sich die Erfüllung der vom Gericht angeordneten Verkehrsregelung für die Vergangenheit nicht mehr erzwingen läßt, doch als Antrieb künftiger Pflichterfüllung noch festgesetzt werden (KG. 12. Okt. 1923, 1a x 721).

d) Das Pr. Ges. v. 2. Januar 1924 (GS. 5) Art. I § 3 hat den früheren bei Überweisung der Vermittlung an Notare maßgebenden Rechtszustand (Pr. FG. Art. 193) nur insofern geändert, als es jetzt keiner Überweisung durch das Nachlaßgericht bedarf und als die Notare ausschließlich zur Vermittlung der Auseinandersetzung berufen sind (KG. 10. April 1924, 1 x 153).

werden. In der VO. ist aber damit, daß durch die Enteignung eine völlige Entziehung des Eigentums eintreten soll (§§ 3, 5), über die Besitzverhältnisse noch nichts gesagt. Sollte der Bescheid auch bedeuten, daß er außer dem Eigentum (RG. 61 S. 106; Seuff. 33 Nr. 36) auch den Besitz am enteigneten Gegenstand unmittelbar übertrüge, so hätte die VO. dies ausdrücklich bestimmen müssen. Es ist nicht zulässig, dem schweren Eingriff in die privaten Rechte, durch Auslegung unter Berufung auf die Absicht der VO. über deren ausdrückliche Bestimmungen hinaus weiter auszudehnen und damit die spärlichen Rechtsgarantien gegen diesen Eingriff noch zu vermindern. Eine Besitzeinweisung auf dem Verwaltungswege hat die VO. überall nicht vorgesehen, so daß hier nicht zu untersuchen ist, ob der Enteigner sich in den Besitz setzen darf, ohne damit verbotene Eigenmacht zu begehen. Ein gemeines deutsches Reichsrecht, wonach der Enteignungsbescheid bereits die Besitzverhältnisse regeln würde oder eine behördliche Besitzeinweisung mit der Wirkung der Entziehung des Besitzes für den Enteigneten zulässig wäre, wie einige Landesrechte sie kennen, hat sich bisher nicht gebildet. Das Schrifttum vertritt den Standpunkt, daß der Enteignete zwar die Wegnahme des enteigneten Gegenstandes zu gestatten hat, selbstverständlich jedoch unter Beobachtung der im Gesetze vorgeschriebenen Formen und Regeln. Grundsätzlich wird daher daran festzuhalten sein, daß der als besonders wirksam ausgebildete privatrechtliche Besitzschutz auch gegenüber der Enteignung bestehen bleiben und der Enteigner, wie jeder andere Eigentümer, dem das Recht zum Besitze aus seinem Eigentum erwächst (§ 985 BGB.), auf dem Wege Rechtens sich den Besitz verschaffen muß. Auch durch § 864² BGB. wird die Besitzstörung der Beklagten nicht nachträglich gerechtfertigt, indem der zeitlich nach der Besitzstörung liegende Enteignungsbescheid einem rechtskräftigen Urteile (§ 219 BGB.) nicht im Sinne des § 864 gleichzustellen ist. B.

γ) **Schadensersatz wegen verbotener Eigenmacht.**

OLG. Hamburg, 5. ZS. Urteil v. 26. Juni 1923.

Der Kläger verlangt Schadensersatz, weil die Beklagte ihm Ende 1922 das ihr abgemietete Zimmer rechtswidrig vorenthalten habe. Er stützt sich auf Vertragsverletzung. Allein nach dem Beweisergebnisse haben sich die Parteien im November dahin geeinigt, das Mietverhältnis spätestens am 1. Dezember aufzulösen. Hiernach hatte der Kläger ein vertragsmäßiges Recht auf die Wohnung ab 1. Dezember nicht mehr. Wohl aber hatte er in diesem Zeitpunkt den Besitz an der Wohnung noch keineswegs aufgegeben. Er war, wenn auch zu Unrecht, der Meinung, daß Beklagte sein Anerbieten, den Vertrag auf 1. Dezember aufzulösen, abgelehnt hatte, und beansprucht deshalb das Recht, das gemietete Zimmer noch bis 1. Januar 1923 zu bewohnen. Das hatte er ihr in der Anlage 1 zum Ausdruck gebracht, und sie mußte sich deshalb darüber klar sein, daß er keineswegs gewillt war, den Besitz der Wohnung vorzeitig aufzugeben, wie er auch noch seine Sachen darin hatte und die Schlüssel nicht abgegeben hatte. Es bedeutete daher fraglos im Sinne des § 858 verbotene Eigenmacht, wenn sie ihm gegen dessen Willen den Besitz entzog. Dadurch hat sie sich ersatzpflichtig gemacht, wenn sie schuldhaft handelte, also wußte, daß der Kläger die Wohnung nicht räumen wollte. Ihre Schutzbehauptung, daß sie ein Recht auszuüben glaubte, wäre erheblich, wenn sie aus entschuldbarem Irrtum ihre Handlungsweise für erlaubt gehalten hätte. Jeder Vermieter weiß aber, daß er nicht berechtigt ist, seinen Mieter eigenmächtig zu entfernen oder auszusperren; daß er vielmehr gerichtliche Maßnahmen erwirken muß. Es ist daher davon auszugehen, daß auch die Beklagte sich darüber nicht im unklaren war. B.

b) **Auflassungserklärung:** α) **Geschäftunfähiger. Bestätigung nach § 141.**

Kammergericht, 1. ZS. Beschluß v. 24. Januar 1924.

Der Grundbuchrichter darf die Eigentumseintragung ablehnen, wenn sich nach der vor ihm vorgenommenen Auflassung Zweifel an der Geschäftsfähigkeit eines Beteiligten ergeben, denn er hat von Amtswegen die Rechtsgültigkeit der Auflassung zu prüfen... Vorliegend sind ihm die Zweifel erst nachträglich auf Grund des gegen den Auflassenden M. eingeleiteten Entmündigungsverfahrens gekommen. Die Verwendung der ihm darin bekannt gewordenen Tatsachen unterliegt keinem Bedenken, da er alle ihm bekannten Umstände berücksichtigen darf, die gegen die volle Geschäftsfähigkeit eines Beteiligten sprechen. Er ist auch befugt und verpflichtet, diese Zweifel so lange geltend zu machen, als über den Antrag noch nicht durch Eintragung befunden ist. Voraussetzung ist aber, daß die Tatsachen auch mit Grund auf das Fehlen der Geschäftsfähigkeit schließen lassen (KGJ. 35 S. 200). Da M. bei der Auflassung volljährig und nicht entmündigt war, so waren nur solche Bedenken gerechtfertigt, die den Schluß gestatten, daß sich M. damals in einem Zustande des § 104 Nr. 2 befand. Dieser Zustand wird nicht dadurch ausgeschlossen, daß später M. nur wegen Geistesschwäche entmündigt wurde (Gruchot 53 S. 902). Auf Grund der dort erstatteten Gutachten konnten die Vorinstanzen Zweifel an der Geschäftsfähigkeit des M. zurzeit der Auflassung hegen. Sie genügen, es ist nicht etwa erforderlich, daß der Grundbuchrichter die volle Überzeugung von der Geschäftsunfähigkeit gewinnt; er darf vielmehr nur dann eintragen, wenn er überzeugt ist, daß M. nicht geschäftsunfähig war.

Durch Zwischenverfügung dem Beschwerdeführer die Beibringung der Genehmigung des dem M. bestellten Vormunds aufzugeben, lag kein Anlaß vor. Denn war die Auflassung nichtig, so konnte sie auch nicht durch diese Genehmigung gültig werden. In Frage konnte nur die Bestätigung kommen, die jedoch nach § 141[1] als erneute Vornahme der Auflassung zu beurteilen ist (RG. 61 S. 266). Die Zwischenverfügung ist aber dann nicht anwendbar, wenn wie hier der Antrag überhaupt keinen Erfolg haben kann. Eine Genehmigung des Vormunds ist rechtlich erst möglich geworden für Rechtsgeschäfte, die M. nach seiner Entmündigung vorgenommen hat. M.

β) **an ein Gebilde ohne Rechtspersönlichkeit.**

OLG. Hamburg, 1. ZS. Beschluß v. 1. Februar 1924.

Die Auflassung lautet: „ich übertrage das Eigentum auf den Namen der Handelsvertretung der Russ. sozialistischen Sowjet Republik". Eine Person, an die übertragen wird, ist nicht genannt. Nach § 873 gehört aber zur Eigentumsübertragung die Einigung des Berechtigten und des andern Teils. Daraus folgt, daß aus der Auflassungserklärung hervorgehen muß, an welche Personen das Grundstück aufgelassen werden soll. Im Wege der Auslegung ließe sich vielleicht sagen, daß der Name einer Person ein unkorrekter Ausdruck für die Person selbst sein solle; hier ist aber auch nicht die genannte Handelsvertretung, sondern die Russ. Sowjet Republik eingetragen worden, weil nach der tatsächlichen Feststellung erstere kein selbständiges Rechtssubjekt ist. Will man also so weit gehen, dem Grundbuchrichter zu gestatten, daß er eine auf den Namen einer Person lautende Auflassung dahin auslegen darf, daß als Erwerber die Person selbst gemeint ist, so versagt die Auslegung, wenn wie hier die Person (Handelsvertretung ...) keine Person im Rechtssinn ist. Es ist nicht Aufgabe des Grundbuchrichters, anstelle einer nicht bestehenden Person, an die aufgelassen ist, eine anderere bestehende Person zu setzen als dem mutmaßlichen Willen der Parteien entsprechend. M.

γ) **Veräußerung von Grundstücken preußischer Bistümer.**

Kammergericht, 1. ZS. Beschluß v. 11. Oktober 1923.

... Unter Bezug auf ALR. II 11 § 1032 sprechen sich die Erläuterer der GBO. allgemein dahin aus, daß zur Veräußerung von Grundstücken des Bistums die Genehmigung des Domkapitels nötig sei. Dieser Rechtssatz ist jedoch nicht ohne weiteres für ganz Preußen anwendbar. Das ALR. ist keine allgemeine Rechtsquelle für dieses; wie in sonstigen Beziehungen wird innerhalb Preußens das landrechtliche und das linksrheinische Preußen — daß vorliegend das Grundstück selbst rechtsrheinisch ist, ist belanglos — unterschieden (Hinschius, Kirchenges. der Jahre 1874/5 S. 109; Korman, Kirchenr. Veräußerungsbeschr. 31). Es läßt sich auch nicht annehmen, daß § 1032 ohne weiteres als öffentliches Recht Preußens im linksrheinischen Teil angewendet werden müsse. Mit Anschütz (VerfUrk. 1912 S. 83, 89) ist davon auszugehen, daß, soweit nicht besondere Gesetze Feststellungen treffen oder der Inhalt von Gesetzen auf ihre Allgemeingültigkeit hinweist, nur die Verfassungs-, nicht auch die Verwaltungsnormen eines einverleibenden Staates auf Gebietserweiterungen Anwendung finden (ebenso Hatscheck, Staatsr. 1 S. 140). Die Anordnung der Zustimmung des Domkapitels gehört nicht zu den Verfassungsnormen. Allerdings hat der § 1032 lediglich einen Rechtssatz des gemeinen kath. Kirchenrechts aufgenommen (Hinschius Kirchenr. 1878 2 S. 159). Indessen ist im linksrheinischen Preußen durch Staatsgesetze von 1809, 1813 die Geltung kanonischer Beschränkungen kraft Kirchenrechts beseitigt worden (Anschütz aO. 36/7, 85). M.

δ) **Neue Auflassung bei genehmigungsbedürftigen Gesellschaften.**

Kammergericht, 1. ZS. Beschluß v. 4. Oktober 1923.

Die beschwerdeführende GmbH. ist am 20. Juni 1923 im Handelsregister eingetragen worden, nachdem 6 Tage vorher für sie der angebliche Geschäftsführer G. das Grundstück des A. gekauft und aufgelassen erhalten hatte. Den Antrag auf Eigentumseintragung beanstandete das Grundbuchamt, weil die Vertretungsbefugnis des G. nicht nachgewiesen sei. Darauf ging eine notarielle Verhandlung ein, in der M. als angeblicher nunmehriger Geschäftsführer die Erklärungen des G. genehmigte. Der Rechtspfleger hielt eine Wiederholung der Auflassung für erforderlich. Bevor das Grundbuchamt über die hiergegen eingelegte Erinnerung entschied, widersprach der Veräußerer dem Antrage, weil er bereits vor der Genehmigung des M. den Rücktritt gemäß § 178 BGB. erklärt habe. Der Grundbuchrichter hielt die zur Wirksamkeit der Auflassung notwendige Genehmigung des M. durch dessen Erklärung v. 26. Febr. 1923 für nachgewiesen, weil der vorherige Rücktritt des Veräußerers nicht in der Form des § 29 GBO. nachgewiesen sei; dagegen bedürfe es der behördlichen Genehmigung des Ges. v. 10. Febr. 1923. Dieses Verlangen hält das LG. mit Recht für begründet und hat deshalb die Beschwerde im Satz 1 seines Beschlusses zurückgewiesen. Die daran im 2. Satz angeschlossene Anweisung, über den Antrag anderweit zu entscheiden, will nur besagen, daß das Grundbuchamt zu Unrecht die Auflassung mit Rücksicht auf die Erklärung des M. als geeignete Unterlage für den Eigentumsantrag ansehe, daß vielmehr eine neue Auflassung erforderlich sei. Auf das Bestehen dieses zweiten Hindernisses durfte aber das LG. nur unverbindlich hinweisen (KGJ. 43 S. 139). Satz 2 kommt daher in Fortfall.

Was die weitere Behandlung anlangt, so ist dem LG. im wesentlichen beizutreten... Wie bei der Vollmacht ein vorheriges Erlöschen durch Widerruf die Unwirksamkeit des Rechtsgeschäfts (vorbehaltlich späterer Genehmigung: § 177[1] BGB.) bewirkt, so hängt bei genehmigungsbedürftigen Geschäften die Wirksamkeit einer Genehmigung von dem verbindlichen Fortbestehen der rechtsgeschäftlichen Erklärung des Vertragsgegners, von dem Nichtwiderrufensein seiner Erklärung ab. In beiden Fällen handelt es sich also darum, ob ein Rechtsgeschäft (Auflassung) möglicherweise wegen eines vorher erklärten Widerrufs einer für das Geschäft wesentlichen Parteierklärung unwirksam sei und deshalb den Eintragungsantrag nicht begründet. Mit Recht nimmt daher das LG. an, daß es sich um analoge Verhältnisse handelt. Zu weit geht es aber, wenn es auf *jeden* Fall eine neue Auflassung erfordert. Es ist vielmehr dem selbständigen pflichtgemäßen Ermessen des Grundbuchrichters überlassen, ob und durch welche Mittel er den Beweis für möglich hält, daß der Widerruf vor der Genehmigung des M. nicht der Beschwerdeführerin zugegangen ist, ein Beweis, der nur nach § 29 GBO. geführt werden könnte und nur in Frage käme, wenn M. zurzeit der Erklärung wirksam bestellter Geschäftsführer war. Dies letztere muß gemäß § 29 nachgewiesen werden. Läßt sich die Vertretereigenschaft des M. einerseits und das Nichtwiderrufensein der Auflassung durch den Veräußerer nicht in der vorgedachten Weise nachweisen, so bleibt allerdings nur eine Wiederholung der Auflassung übrig.

c) **SperrGes. v. 10. Febr. 1923:** α) **Schwebende Geschäfte.**

Kammergericht, 1. ZS. Beschluß v. 14. Juni und 5. Juli 1923.

Hat für einen Teil ein auftragloser Vertreter aufgelassen, hat aber der Vertreter die Genehmigung erst nach dem Inkrafttreten des Ges. v. 10. Febr. 1923 erteilt, so liegt nach § 177[1] bis zu dieser Erteilung noch kein wirksamer Vertrag vor. Anderseits ist aber eine rechtlich gesicherte Grundlage für das künftige Zustandekommen des Vertrags geschaffen; dies zeigt sich namentlich darin, daß es eines Widerrufes bedarf, wenn der andere Teil das Zustandekommen verhindern will und daß der Widerspruch unter Umständen ausgeschlossen ist (§ 178). Da weiter nach § 184 die Genehmigung zurückwirkt, so wird es häufig zweifelhaft sein, ob und inwieweit ein neues Gesetz auf ein schwebendes Vertragsverhältnis dieser Art einwirkt. Abzulehnen ist jedenfalls die Ansicht Staudingers, daß das Geschäft nach dem bei seiner Vornahme geltenden Gesetze zu beurteilen sei; sie trägt der Tatsache, daß das neue Gesetz das Geschäft noch in einem unfertigen Zustande vorfindet, zu wenig Rechnung. Eine allgemein gültige Lösung wird überhaupt kaum möglich sein, vielmehr erscheint bei jedem Gesetze eine besondere Prüfung unter Berücksichtigung seines Zweckes und der Bedeutung der einzelnen Vorschriften erforderlich. Das Ges. v. 10. Febr. 1923 soll dem Schutze wichtiger Allgemeininteressen dienen, besonders die Handhabe bieten, einer spekulativen Ausbeute der Notlage des städtischen Grundbesitzes entgegenzutreten. Dies legt die Annahme nahe, daß es im Rahmen des § 15 die Geschäfte in einem möglichst weitgehenden Umfange treffen wollte. Eine Schranke wäre dabei nur in der Unzulässigkeit des Eingriffs in wohlerwobene Rechte zu finden. Von solchen kann jedoch hier nicht die Rede sein. Die Bedeutung der Genehmigungspflicht als einer zu den privatrechtlichen Vereinbarungen hinzutretende öffentliche Anerkennung des Geschäfts ist mit der Annahme einer Rückwirkung durchaus vereinbar.[1]

β) **„Offenkundig" (§ 1 Nr. 2a). Einholung von Auskünften.**

Kammergericht, 1. ZS. Beschluß v. 25. Oktober 1923.

... Wäre die Auskunft, die das LG. eingeholt hat, zugrunde zu legen, so wäre allerdings eine Genehmigung erforderlich, weil die Benutzung der Grundstücke für Schrebergärten nicht als gewerbsmäßig gartenwirtschaftliche Benutzung i. S. des § 1 Nr. 2a anzusehen wäre. Das Verfahren des LG. entsprach jedoch nicht den gesetzlichen Vorschriften. Offenkundig ist, was dem Grundbuchamt bereits auf amtlichem oder außeramtlichem Wege so zuverlässig bekannt geworden ist, daß es keines Nachweises bedarf. Hiernach war das LG. nicht befugt, sich durch Einholung der Auskunft die Unterlagen für seine Kenntnis zu beschaffen, da dies auf eine Beweisführung hinauslief, wie sie auch sonst im Antragsverfahren des Grundbuchamts unzulässig ist. Aus demselben Grunde war das LG. aber auch nicht verpflichtet, dem Antrage des Beschwerdeführers entsprechend eine Ortsbesichtigung vorzunehmen. Viel-

[1] Vor der Entstehung einer GmbH. kann ein für sie gültiges Geschäft nicht vorgenommen werden (RG. 105 S. 228); noch weitergehend ist aber anzunehmen, daß ein solches Geschäft nicht vor der Genehmigung durch die entstandene GmbH. als gültiges Geschäft des § 15 Ges. v. 10. Febr. 1923 gilt (KG. 6. Dez. 1923, 1 x 458).

mehr hatte es auf Grund der bereits vorhandenen Unterlagen zu prüfen, ob die Tatsachen, aus denen die Beschwerde die Entbehrlichkeit der Genehmigung herleitet, offenkundig waren. Der Umstand, daß die Grundstücke 2—4 im Grundbuch entsprechend dem Kataster als Acker bezeichnet sind, reicht nicht aus, zweifelsfrei festzustellen, daß sie ganz oder überwiegend im landw. Betrieb oder gewerbsmäßig gartenwirtschaftlich genutzt werden, da die Benutzungsart sich häufig ändert und mit dieser Möglichkeit zu rechnen ist, wenn sie wie hier an der Straße liegen. Dasselbe muß auch für das ebenfalls dem gartenwirtsch. Betriebe dienende Grundstück 1a gelten. Im übrigen wäre, da es sich um eine einheitliche Veräußerung handelt, die Genehmigung für das ganze Geschäft auch dann erforderlich, wenn für das letztere Grundstück die Voraussetzungen des § 1 Abs. 2b aus dem Grundbuche zu entnehmen wären....[1]

γ) **Beginn[2] der Frist des § 7. Inhalt der Erklärung.**

Kammergericht, 1. ZS. Beschluß v. 13. Dezember 1923.

Die Vorinstanzen haben sich darauf beschränkt, die Zulässigkeit der beantragten Eigentumseintragung nach § 10[1] Nr. 4 zu prüfen, die aus § 7[3, 4] die Folgerungen für das Grundbuchverfahren zieht. Nach der Bescheinigung des Magistrats v. 11. April 1923 ist der Antrag auf Genehmigung bei ihm am 31. März eingegangen. Der Antrag war zwar nicht ordnungsmäßig gestellt, weil er nicht die Anlagen des § 6[1] Nr. 1, 2 enthielt. Die zuständige Behörde brauchte daher nach den AusfBest. zu § 6[2] (JMBl. 1923 S. 29) die Bescheinigung erst zu erteilen, wenn der Antrag i. S. des § 6[1] vollständig vorliegt. Wurde sie jedoch bereits vorher erteilt, so wird damit ihre Bedeutung dem Grundbuchamte gegenüber nicht beeinträchtigt. Die dreiwöchige Frist ist daher gemäß §§ 186, 187[1], 188[2] BGB. mit dem Ablaufe des 21. April 1923 beendet. Innerhalb dieser Frist ist aber dem Grundbuchamte gegenüber nur erklärt worden, daß die Genehmigung „zurzeit" versagt wird. Diese Erklärung genügt nicht. Wie nämlich aus dem Zusammenhange des § 7[3, 4], bes. aber aus § 10[1] Nr. 4 sich ergibt, kommt nur eine Erklärung gemäß § 7[3] in Frage. Sie muß also dahin gehen, daß die Genehmigung

[1] a) Wie sich das Gericht bei bestehenden Zweifeln zu verhalten habe, sagt das Gesetz ausdrücklich nicht; die Zwischenverfügung auf Beschaffung einer Bescheinigung des Magistrats, daß die Genehmigung nach § 1[2a] nicht erforderlich sei, beruht nicht auf rechtsirriger Gesetzesauslegung (KG. 1. Nov. 1923, 1 x 423).

b) Die Einräumung eines dinglichen Vorkaufsrechts bedarf nicht der Genehmigung aus § 1, weil der aus ihm Berechtigte noch nicht ein Verfügungsrecht über das Grundstück, noch auch die Möglichkeit erlangt, sich ein solches zu verschaffen (KG. 14. Febr. 1924, 1 x 41).

c) Unter die im § 3 Nr. 2 Ges. aufgeführten „Rechtsgeschäfte unter Ehegatten" fällt nur ein die Veräußerung von einem Ehegatten an den andren betreffendes, also den Eigentumswechsel zwischen den Ehegatten vermittelndes Rechtsgeschäft, nicht aber die Einbringung eines Grundstücks in eine GmbH., selbst wenn der Gesellschaftsvertrag zwischen Ehegatten abgeschlossen wird, weil Erwerber nicht der andere Ehegatte, sondern die Gesellschaft werden soll (KG. 17. Januar 1924, 1 x 10).

[2] Dieser Beginn ist jedenfalls nicht durch die Urkunde über die Zustellung der Mitteilung von der Aufnahme einer genehmigungspflichtigen Veräußerung, sondern durch Eingangsbescheinigung nachzuweisen (KG. 29. Nov. 1923, 1 x 440).

erteilt oder versagt wird. Unzureichend wäre daher die Mitteilung, daß die Entscheidung erst nach Vornahme der übrigen Ermittelungen erfolgen werde. Aber auch die hier abgegebene Erklärung entspricht nicht dem § 7³. Denn aus dem Zwecke und der Bedeutung der dort gesetzten Frist ergibt sich, daß der Bescheid einen unzweideutigen und endgültigen Ausspruch enthalten muß. Die Erklärung v. 14. April entspricht dem nicht. Wenn sie auch die Genehmigung versagt, so geht doch aus dem Zusatz „zurzeit" hervor, daß es sich nur um eine vorläufige Stellungnahme handelt; es ist aber unzulässig, daß sich die Behörde auf diese Weise die Frist verlängert. Die einmal gemäß § 7⁴ eingetretene Folge ist ebenso wie die ausdrückliche Genehmigung endgültig (§ 8¹). Eine nachträglich ausgesprochene und selbst im Beschwerdeverfahren aufrecht erhaltene Versagung vermag sie nicht ungeschehen zu machen, denn es handelt sich bei § 7⁴ nicht um eine widerlegbare Rechtsvermutung, sondern um eine schlechthin bestimmte Rechtsfolge. M.

δ) **Bedeutung der Frist für die Beschwerdeentscheidung.**

Kammergericht, 1. ZS. Beschluß v. 6. Dezember 1923.

... Für die Beschwerdeinstanz enthält das Gesetz weder in § 8 eine dem § 7⁴ entsprechende Vorschrift, noch in § 10 eine für das Grundbuchamt maßgebende, dem Abs. 1 Nr. 4 ähnliche Bestimmung. Aus dieser offensichtlich bewußt verschiedenartigen Gestaltung der beiden für die Genehmigung in Frage kommenden Instanzen ist zu entnehmen, daß das Gesetz keine entsprechende Anwendung des § 7⁴ für das Beschwerdeverfahren zuläßt. Wie aus dem Zusammenhalt mit der im § 8 geregelten Beschwerdefrist hervorgeht, sollte dadurch, daß sowohl für die Einlegung der Beschwerde wie auch für deren Entscheidung Fristen festgesetzt wurden, die für die Vertragsteile wichtige Frage der Genehmigung und damit der Rechtswirksamkeit des Geschäfts mit möglichster Beschleunigung geklärt werden. Zu diesem Zwecke hatte der Entwurf in § 11 nur die Befristung des Beschwerderechts vorgesehen. Im Gesetz ist dann noch die Frist für die Beschwerdeentscheidung hinzugefügt worden. Hierbei kommt jedoch beiden Befristungen nicht dieselbe Bedeutung zu. Die Versäumung der Beschwerdefrist macht die Beschwerde unzulässig und den Bescheid des Magistrats (Landrats) zu einer endgültigen Entscheidung. Dagegen berührt die Verletzung der Frist für die Beschwerdeentscheidung nicht deren Wirksamkeit; dabei handelt es sich nur um eine Anweisung an die zur Entscheidung berufene Stelle. Dies wird durch § 8 AusfBest. v. 27. Febr. 1923 (JMBl. 29) bestätigt.

Dazu: Kammergericht, 1. ZS. Beschluß v. 13. Dezember 1923.

... Es ist sehr wohl möglich, daß der Oberpräsident durch den bloßen Ausspruch der Aufhebung der bezirksamtlichen Versagung die tatsächliche Genehmigung (§ 10 Nr. 2) genügend auszudrücken glaubte; einen Anhalt nach dieser Richtung werden möglicherweise die aus seinen Akten ersichtlichen Entscheidungsgründe ergeben. Sind sie sachlicher Natur (§ 4), so wird es angenommen werden können; sind sie rein formaler Natur (Nichtanhörung des Ausschusses (§ 2²), so wird ohne anderweite Anhaltspunkte eine Genehmigung kaum anzunehmen sein.... Wird diese nicht festgestellt, so können die Beteiligten das zuständige Bezirksamt erneut gemäß § 6 angehen, um nachträglich die tatsächliche Genehmigung zu erlangen oder der Wirkungen des § 7[3,4] teilhaftig zu werden. M.

d) α) **Ist neben der Genehmigung der Bek. v. 15. März 1918 noch die des Ges. v. 10. Februar 1923 geboten? Bedeutung des § 1 Nr. 2a das.**

Kammergericht, 1. ZS. Beschluß v. 7. Oktober 1923.

Der Eigentümer hat eine Parzelle an die Beschwerdeführerin notariell verkauft und aufgelassen. Der Oberbürgermeister von Berlin hat zwar den Kaufvertrag gemäß § 1 Bek. v. 15. März 1918 (RGBl. 123) genehmigt, die Vorinstanzen verlangen aber noch die Genehmigung nach dem Ges. v. 10. Febr. 1923 durch das Bezirksamt. Die Beschwerde hält dies nach § 3 Nr. 4 das. für unzutreffend. Allein sowohl in der Begründung zum Ges. v. 10. Febr. 1923 (Drucks. 4051) als auch in den AusfBest. (JMBl. 1923 S. 290) ist diese Bestimmung dahin erläutert, daß nach Art. 7 § 2 AG. zum BGB. nicht preußische juristische Personen zum Erwerbe von Grundstücken der Genehmigung der Landeszentralbehörden[1] bedürfen und daß deshalb nicht erforderlich erscheine, derartige Rechtsgeschäfte dem Ges. v. 10. Febr. 1923 zu unterwerfen. Die Genehmigung aus der Bek. v. 1918 macht mithin, wenn die sonstigen Voraussetzungen des Ges. v. 1923 gegeben sind, die nach diesem grundsätzlich notwendige Genehmigung noch nicht entbehrlich. Nun schließt aber dieses Gesetz, das nach seiner Begründung neben der Sicherung der allgemeinen Volkswohlfahrt gegen die Gefahren spekulativer Ausbeute besonders volkswirtschaftliche Zwecke verfolgt, durch § 1 Nr. 2a seine Anwendbarkeit auf Grundstücke aus, die ganz oder überwiegend anderen Zwecken dienen oder für solche nutzbar gemacht werden können. Den aus der Veräußerung von Grundstücken letzterer Art drohenden Gefahren will die Bek. v. 1918 begegnen; hierbei beläßt es das Ges. v. 1923. Das Grundbuchamt hat selbständig zu prüfen, ob dieses Gesetz vorliegend anwendbar ist, wie dies auch aus § 10 Nr. 1 hervorgeht... Für die Frage, ob ein im Sinne des § 1 Nr. 2a genutztes oder nutzbares Grundstück in Betracht kommt, ist lediglich der Zustand zurzeit der Veräußerung maßgebend. Denn die durch die Bek. v. 1918 vorgeschriebene Genehmigung bezweckt gerade zu verhüten, daß Grundstücke, die bisher land-(forst-)wirtschaftlich genutzt (nutzbar) waren, zum Schaden der Volksernährung dieser Nutzungsart entfremdet werden. Der Katasterauszug von 1908 bezeichnet zwar dies veräußerte Trennstück als Acker; er ist aber wegen seines Alters nicht mehr maßgebend. Es bedarf eines neuen Steuerbuchauszuges oder eines Zeugnisses der Gemeindebehörde über die Nutzungsart.[2]

[1] Der Oberbürgermeister ist keine Landeszentralbehörde. Deshalb fällt die von ihm gemäß der BRV. v. 15. März 1918 erteilte Genehmigung zur „Parzellierung", die allerdings nicht nur das katastermäßige Vermessen, sondern zugleich die Veräußerung der vermessenen Teile umfaßt, nicht unter § 3 Nr. 4 des GrVG. (KG. 25. Okt. 1923, 1 x 379).

[2] Der § 4[2] BRV. v. 15. März 1918 — vgl. den entsprechenden § 11 GrVerkG. — ist

β) **Erteilung der Genehmigung nach ihrer endgültigen Versagung.**

Kammergericht, 1. ZS. Beschluß v. 24. Januar 1924.

Der Landrat hat den Kaufvertrag v. 1. August 1920 am 5. Mai 1921 und die notarielle Auflassnng v. 24. August 1921 am 1. Okt. 1923 genehmigt, nachdem er am 12. Okt. 1920 die Genehmigung zum Verkauf verweigert und dies den Beteiligten bekanntgemacht hatte, ohne daß Rechtsmittel dagegen ergriffen worden. Das LG. hält aber die Genehmigung v. 5. Mai 1921 insofern für bedeutungsvoll und der VO. v. 15. März 1918 genügend, als sie die Auflassung v. 24. August 1921 betreffe. Der Einwand, § 1 verlange sie sowohl für das Grundgeschäft wie für dessen Erfüllung, schlägt nicht durch, weil die Genehmigung einer Auflassung zugleich als die des Grundgeschäfts aufzufassen ist. Der fernere Einwand, daß bei ihrer endgültigen Versagung zum Grundgeschäft eine Genehmigung des Erfüllungsgeschäfts ausgeschlossen ist, hat einen Anschein von Berechtigung, weil der Landrat sonst auf einem Umwege sich von der Unwiderruflichkeit seiner Entscheidung wieder befreie. Allein seine Bindung beruht auf dem Gedanken, daß von ihr die Wirksamkeit des Geschäfts abhängt und daß die Entscheidung hierüber endgültig sein müsse, da ein Schwanken für die Rechtssicherheit unerträglich sei. Danach ist jedes einseitige Betreiben einer Veränderung der einmal vom Landrat genommenen Stellung durch einen Beteiligten auszuschließen. Anders aber liegt es, wenn beide Parteien übereinstimmend das infolge der Versagung unwirksame Geschäft freiwillig erfüllen wollen und dazu die Genehmigung erneut nachsuchen. Das ist ein Abschluß eines neuen Geschäfts gleichen Inhalts mit dem früheren (vgl. § 141[1]). Wenn sie nunmehr die Genehmigung erhalten, so ist der Landrat dabei von seiner früheren Stellungnahme unabhängig. Die Auflassung v. 24. August 1921 enthält ein freiwilliges Rückgreifen der Beteiligten auf den Inhalt eines an sich unwirksamen Kaufvertrags. Hätte der Landrat ausdrücklich diese Auflassung genehmigt, so wäre eine Bindung an seine frühere Entscheidung zu verneinen. Anders kann die Sachlage nicht deshalb beurteilt werden, weil die Genehmigung v. 5. Mai 1921 ganz allgemein erfolgt ist; sie ist dann zu verstehen als eine Erklärung des Landrats, daß er gegen den jetzigen Abschluß eines Kaufs dieses Inhalts und seiner Vollziehung durch Auflassung nichts einzuwenden habe.[1]

e) **Umwandlung von Hypotheken in wertbeständige.**

Kammergericht, 1. ZS. Beschluß v. 10. Januar 1924.

Da das Ges. v. 23. Juni 1923 eine Vorschrift, die die Umwandlung

---

dahin auszulegen, daß der nach Abs. 1 eingetragene Widerspruch nur dann zu löschen ist, wenn die zuständige Behörde darum ersucht oder die Veräußerung genehmigt ist; die Löschungsbewilligung des früheren Eigentümers genügt nicht; vgl. Gruchot 62 S. 453 (KG. 11. Okt. 1923, 1 x 347).

[1] Steht die Erklärung des Mannes „ich stimme zu" unter dem Antrage der Frau, außer anderen „Posten" und „Lasten" auch die Last Abt. II Nr. 8 zu löschen, und ist dort ein Nießbrauch für den Mann vermerkt, so drückt dieser unzweideutig aus, daß auch er die Löschung des Nießbrauchs wolle (KG. 27. März 1924, 1 x 110).

einer Hypothek des BGB. in eine wertbeständige allgemein zuläßt, nicht enthält, so ist die Zulässigkeit nur anzuerkennen, wenn es sich um eine Inhaltsänderung des § 877 handelt. Mit Rücksicht auf die Verschiedenheit des Wesens beider Belastungsarten, von denen die eine bei der jetzigen Währung als dem Werte nach schwankend anzusehen, die andere dagegen wertbeständig ist, kann es schon zweifelhaft sein, ob überhaupt eine Hypothek des BGB. durch eine wertbeständige Hypothek ersetzt werden kann. Jedenfalls setzt aber die Inhaltsänderung voraus, daß sie sich im Rahmen der bisherigen Belastung hält, also nicht der eingetragene Kapitalbetrag erhöht wird (KGJ. 40 S. 282). In solchem Falle wird, soweit die Erhöhung reicht, ein neues Recht begründet; dies kann nicht durch einen Änderungsvermerk, sondern nur durch Eintragung an besonderer Stelle ausgedrückt werden. Hieran wird auch dadurch nichts geändert, daß gleich- oder nachstehende Berechtigte nicht vorhanden sind, wie es auch bedeutungslos ist, wenn beim Vorhandensein solcher ihre Zustimmung beigebracht wird. Bei der Ersetzung durch eine höhere wertbeständige Hypothek ist nicht einmal möglich, die Neueintragung an besonderer Stelle auf die Erhöhung zu beschränken, vielmehr ist, da eine einheitliche wertbeständige Hypothek geschaffen werden soll, die ganze erhöhte Hypothek neu einzutragen. Daß die bisherige Hypothek bereits 1912 mit Goldwert bestellt worden, ist unbeachtlich, vielmehr kommt es auf den zurzeit der Umwandlung vorhandenen Wert der Belastung an. Die 1913 bei der Hypothek eingetragene Goldklausel ist durch die VO. v. 28. Sept. 1914 bis zum Erlaß eines gegenteiligen Ges. außer Kraft gesetzt. M.

f) **Gefährdungshaftung.**

OLG. Hamburg, 4. ZS. Urteil v. 25. April 1922.

Die Deutsche Seewarte, eine Reichsbehörde, unterhält seit dem Sommer 1920 in A. eine Drachenwarte, die zu Beobachtungen Meßapparate enthaltende Kastendrachen aufsteigen läßt. Diese werden, von einer feststehenden Winde aus an einem sich allmählich abrollenden Drahtseil mehrere km weit in die Luft hochgelassen. Um das Gewicht des Seils auszugleichen und dem Drachen einen möglichst großen Auftrieb zu geben, werden am Seil mehrere kleinere Haltedrachen befestigt. Im Mai 1922 ist nun bei einem Aufstieg das Drahtseil dicht an der Winde gerissen. Der losgerissene Teil des Seils ist abgetrieben und hat sich auf eine 1921 errichtete Hochspannungsleitung der Überlandzentrale gelegt; das Ende des Drahtseils ist dann auf eine dort weidende Kuh des Klägers gefallen, und der durch den Draht gehende elektrische Strom der Zentrale hat sie sofort getötet. Der Kläger hält das Reich aus der Gefährdungshaftung für ersatzpflichtig. Der Anspruch ist begründet...

Das LG. legt Gewicht darauf, daß das Drahtseil ein erhebliches Gewicht und daher beim Herabseilen eine beträchtliche Wucht habe. Allein neben dem am Ende sitzenden Hauptdrachen verhinderm vor allem die in der Länge des Seils angebrachten Haltedrachen, daß bei einem Losreißen des Drachens das Seil mit der seinem Gewicht entsprechenden Wucht zur Erde fallen kann;

sie bewirken, daß es mit den an ihm befestigten Drachen nur langsam herunterkommt. Hierbei ist also eine nennenswerte Gefährdung, wie von den Drachen selbst, so auch von dem Drahtseil an sich nicht zu erwarten. Trotzdem hat es sich jedenfalls hier um eine typische Betriebsgefahr gehandelt, die in der Tatsache lag, daß in der Nähe der Drachenwarte die Hochspannungsleitung vorüberführte. Allerdings hat erst diese ein Jahr später gelegte Leitung eine Betriebsgefahr der Drachenwarte überhaupt geschaffen. Das vermag aber nichts daran zu ändern, daß es der Weiterbetrieb der Drachenaufstiege gewesen ist, was den Unfall erst ermöglicht hat. Man kann nicht sagen, daß nicht das an sich ungefährliche Reißen des Drahtseils, sondern ausschließlich die Hochspannungsleitung die Ursache des Unfalls gewesen sei. Daß ohne diese Leitung der Unfall nicht eingetreten wäre, ist nicht entscheidend. Ebensowenig hat es sich hier lediglich um eine unglückliche Verkettung besonderer Umstände gehandelt. Denn ein bloßer Zufall liegt (JW. 1922 S. 770) eben dann nicht vor, wenn die Gefahr dem Betrieb in der Art eigentümlich ist, daß mit ihrer Verwirklichung gerechnet werden muß. Hier handelt es sich um eine solche, die die Drachenwarte als der Unternehmer des Betriebes durch irgendwelche Schutzmaßnahmen nicht zu beseitigen vermag, gegen die aber auch der Einzelne sowohl wie die Allgemeinheit machtlos sind. B.

g) **Vereinigung des Schuldvertrags und der Auflassung in einer Urkunde. Dingliches Vorkaufsrecht.**

Kammergericht, 1. ZS. Beschluß v. 15. November 1923.

Ob an dem Grundsatze, daß der Grundbuchrichter nicht die Rechtsgültigkeit des Grundgeschäfts zu prüfen hat, etwas geändert, besonders die Selbständigkeit der Auflassung dadurch aufgehoben wird, daß der Schuldvertrag und die dingliche Einigung wie hier in einer Urkunde vereinigt werden, ist viel umstritten. Mit Rücksicht auf § 925² ist diese Verknüpfung i. S. eines einheitlichen Rechtsgeschäfts gemäß § 139 rechtlich unmöglich und daher nicht anzunehmen. Nach § 923 ist die Auflassung unter einer Bedingung unzulässig; um eine solche würde es sich allerdings nicht handeln, wenn die Auflassung mit dem Schuldvertrage zu *einem* Rechtsgeschäfte zusammengefaßt würde. Nach dem gemäß § 139 unterstellten Willen der Parteien wären aber diese beiden Geschäfte hinsichtlich ihrer Rechtsgültigkeit voneinander abhängig gemacht. Diese Verbindung schafft ein ganz ähnliches Verhältnis wie beim bedingten Geschäft (André Festg. für Enneccerus S. 14) und muß daher dem § 925² unterstellt werden, mithin zur Unwirksamkeit der Auflassung führen. Ein darauf gerichteter Wille der Beteiligten kann aber nicht ohne weiteres unterstellt werden, vielmehr ist davon auszugehen, daß sie ihre Erklärungen so abgegeben haben, daß diese rechtlichen Bestand haben können. Hiernach kann aus dem Umstand allein, daß sie den Kaufvertrag mit der Auflassung in einer Urkunde verbunden haben, nicht gefolgert werden, daß sie beide i. S. von § 139 in Abhängigkeit voneinander haben setzen wollen. Die Vorinstanzen durften daher den Eigentumsantrag nicht deshalb ablehnen, weil der Übernahmervertrag nichtig sei [ebenso Beschluß v. 17. Januar 1924, 1x 9]. Sie hatten vielmehr lediglich gemäß § 16² FGG. zu prüfen, ob ihm deshalb nicht zu entsprechen sei, weil der Erledigung der anderen Anträge Bedenken entgegenstehen. Solche bestehen nur gegenüber der Eintragung des im § 9 bestimmten Vorkaufsrechts. Die Ansicht des LG., daß dieses durch die Bestimmung, nach dem Tode des Überlassenden solle der Bruder Otto vorkaufsberechtigt sein, übertragbar gemacht sei, trifft freilich nicht zu; denn nach §§ 514, 1098 kann ein andres bestimmt werden, also die Übertragbarkeit vereinbart werden. Im § 9 ist jedoch davon nichts gesagt; auch wird nicht etwa schon jetzt eine bedingte Übertragung des Vorkaufsrechts durch Vereinbarung zwischen dem Überlasser und Otto X. vorgenommen (BGB. §§ 398, 413); vielmehr räumt der Erwerber des Grundbesitzes lediglich auch seinem Bruder Otto vom Tode des Überlassers ab das Vorkaufsrecht ein. Dagegen sind keine rechtliche Einwendungen zu erheben; bei der Eintragung ist jedoch zu berücksichtigen, daß zwei Vorkaufsrechte bestellt sind, die unter getrennten Nummern zu vermerken sind. Dagegen geben die im § 9² für das Vorkaufsrecht getroffenen Bestimmungen Anlaß zu Bedenken. Daselbst wird im Anschluß an Abs. 1, der dem Überlasser und dem Otto für alle Verkaufsfälle ein dingliches Vorkaufsrecht einräumt, der Vorkaufspreis geregelt. Dieser Teil wäre, auf das dingliche Vorkaufsrecht bezogen, unzulässig (RG. 67 S. 43; 104 S. 123); mit der Ausübung des Rechts kommt vielmehr stets der Kauf zwischen dem Berechtigten und dem Verpflichteten unter den Bedingungen zustande, die der Verpflichtete mit dem Dritten vereinbart hatte. Es kann daher zweifelhaft sein, ob die Beteiligten hinsichtlich des Preises tatsächlich diese gesetzliche Wirkung für den Fall der Ausübung des Vorkaufsrechts gewollt haben. Der Umstand, daß sie den § 9² von der Eintragung ausschlossen, beseitigt für sich allein nicht diesen Zweifel; denn es kann gleichwohl ihr Wille dahin gegangen sein, daß bei Ausübung des Vorkaufsrechts die dort getroffene Preisregelung gelten sollte. Anderseits besteht die Möglichkeit, daß dem § 9² nur obligatorische Wirkung zwischen den Vertragschließenden zukommen sollte. Der Grundverkehr erfordert aber klare Erklärungen. Da der Zweifel leicht durch Erklärung der Beteiligten behoben werden kann, ist ihnen gemäß § 18 GBO. dazu Gelegenheit zu geben.

h) **Eigentumsübergang:** α) **bei Übersendung und Zurverfügungstellung.**

OLG. Stuttgart, 1. ZS. Urteil v. 19. Februar 1923.

Der Kläger bestellte im April ein Werkzeug, lieferbar binnen 4 Wochen zu dem dann geltenden Tagespreis, und erhielt es am 13. Mai mit einer Rechnung über 19373 Mark. Er beanstandete den Preis und schrieb schließlich am 5. Juli: wenn Beklagte ihm das Werkzeug nicht um 12500 Mark überlasse, stelle er es „am hiesigen Platz zur Verfügung“. Gegen den am 11. Juli erwirkten Zahlungsbefehl erhob er Widerspruch, worauf Beklagte das Werkzeug aus der Fabrik des Klägers abholte und die Klage auf Zahlung zurücknahm. Nunmehr verlangt der Kläger aus Eigentum und unerlaubter

Handlung die Herausgabe des Werkzeugs. Es kann schon zweifelhaft sein, ob er überhaupt dessen Eigentümer geworden ist. In der Zusendung einer Ware zum Kauf oder zum Vollzug eines Kauf(Werklieferung)vertrags wird regelmäßig das Angebot der Übereignung liegen. Es kann aber auch darin die Willensmeinung liegen, Eigentum nur übertragen zu wollen, wenn auch der schuldrechtliche Vertrag wirksam sei (vgl. GR. 104 S. 103; Strohal in Iherings J. 27 S. 343, 350). Deshalb muß im einzelnen Fall genau geprüft werden, ob ein solcher Wille rechtlich bedeutsam erkennbar ist (Iherings J. 44 S. 413; Dernburg, bürg. Recht 3 § 100 Nr. 2). Im Interesse der Verkehrssicherheit darf aber hier in Rücksichtnahme auf eine (mögliche) stillschweigende Willensmeinung nicht zu weit gegangen werden. Wer also zum Vollzug eines schon abgeschlossenen Vertrags die Sache mit einer Rechnung übersendet, muß dabei für die Regel äußerlich erkennbar machen, wenn die Übereignung davon abhängen soll, daß der Empfänger den begehrten Preis anerkenne. Mangels jeden Anhalts ist hienach auch vorliegend anzunehmen, daß Beklagter mit der Übersendung des Werkzeugs das Eigentum daran auf den Kläger übertragen wollte, ohne dies von der Billigung des begehrten Preises abhängig zu machen. — In der Annahme einer dergestalt übersandten Sache ferner liegt regelmäßig der Wille, den Übereignungsantrag des Gegners anzunehmen. Auch das ist nicht notwendig der Fall (JW. 1904 S. 61[21]; Recht 1921 Nr. 2803) und auch vorliegend ließe sich denken, daß der Kläger das Werkzeug nur vorläufig zur Verwahrung übernehmen wollte. Es liegt aber auch hier nach den Umständen die Auffassung näher, daß er das Werkzeug alsbald zu Eigentum erwerben wollte und erworben hat, in dem Gedanken, daß über den Preis eine Einigung zu erzielen sein werde.

Der Kläger hat aber mangels Einigung über den Preis am 5. Juli das Werkzeug zur Verfügung gestellt. Darin wird regelmäßig der Wille, das Eigentum wieder zurückübertragen zu wollen, liegen und in dem Eingehen auf dieses Ansinnen, regelmäßig dem Abschluß eines Wandelungsvertrags verbunden mit Abholung des Gegenstands, wiederum meist die dingliche Einigung über die Rückübertragung des Eigentums gefunden werden können. Das muß aber nicht so sein (Staub, HGB. § 382 Anhang Anm. 61, anderseits Planck § 929 IV 3b. In der Zurverfügungstellung wird aber weiter nach den Gepflogenheiten des regelmäßigen Geschäftsverkehrs der Wille des Erklärenden gesehen, den Gegenstand auf unbestimmte Zeit zu möglichem Rückerwerb dem Gegner zur Verfügung zu halten. Nach § 150[1] gilt allerdings die verspätete Annahme eines Antrags als neuer Antrag. Allein sie ist nicht verspätet, wenn sich der Antragsteller ausdrücklich oder verkehrsüblich stillschweigend über die Zeit unverzüglicher Annahmemöglichkeit hinaus an seinen Antrag gebunden hat. So liegt es regelmäßig bei der Zurverfügungstellung. Man muß aber bei ihr in billiger Auslegung des Geschäftsverkehrs noch weiter gehen und sie auch bei Beanstandung durch den Gegner weiter wirken lassen, solange sie aufrecht erhalten, nicht widerrufen wird (Staub aO.; Seuff. 62

Nr. 230). Hier hat die Bekl. durch den Zahlungsbefehl wohl ausgedrückt, daß sie den Vertrag nicht auflösen wolle, und nunmehr stand dem Kläger frei, sich dem anzuschließen. Erhob er aber, nachdem er entschieden erklärt hatte, er stelle das Werkzeug zur Verfügung, wenn er es nicht um 12500 Mark bekomme, ohne weitere Erklärung gegen den auf eine höhere Summe lautenden Zahlungsbefehl Widerspruch, so liegt darin im Zweifel erneut die Erklärung, daß er es zu solchem Preis nicht haben wolle. Er hat hienach die Zurfügungstellung aufrecht erhalten, zumal er bis Ende Sept. geschwiegen und dann erst geklagt hat... S.

Dazu: OLG. Braunschweig, 1. ZS. Urteil v. 12. Oktober 1923.

Der Kläger will nach § 930 das **Eigentum an dem gekauften Herd** dadurch erworben haben, daß mit seinem stillschweigenden Einverständnis die beklagte Verkäuferin den Herd für ihn in Verwahrung genommen habe. Allein er hat auf das Schreiben vom 28. Oktober 1918, in dem die Beklagte die Abnahme bis 1. November fordert, widrigenfalls sie den Herd auf seine Kosten auf Lager nehmen werde, nichts erwidert und erst im Juni 1920 die Lieferung gefordert. Sein Schweigen ist nach § 157 zu deuten. Im Hinblick auf das vorliegende Kaufgeschäft hat die Beklagte die ihr obliegende Erfüllung neben dem Verlangen zur Abnahme der Kaufsache durch Angebot eines Verwahrungsvertrags vorgeschlagen. Hierauf hatte er innerhalb angemessener Frist zu erwidern (§ 147²); er kann nicht nach 18 Monaten durch sein Verlangen nach Herausgabe des Herdes auf das Angebot zurückkommen und nunmehr die Annahme mit bindender Wirkung für die Beklagte erklären. Wenn diese die Sachen längere Zeit als für den Kläger bestimmt auf Lager hielt und mit Verkaufszetteln auf seinen Namen versah, so kann er aus solchem Entgegenkommen Rechte für sich nicht herleiten, deren er durch sein Schweigen verlustig gegangen war.... v. F.

β) **im Miteigentum stehender Sachen. Guter Glaube.**

OLG. Hamburg, FerienZS. Urteil v. 26. Juli 1923.

Unstreitig hat X., als er 1921 das hier streitige Schiff von Müller erwarb, zusammen mit dem Beklagten in einer Gesellschaft (§ 705) gelebt und es für diese, erst Ende 1922 aufgelöste Gesellschaft erstanden. Folglich konnte X. es im Juli 1922 nicht allein, sondern nur in Gemeinschaft mit dem Beklagten auf den Kläger zu Eigentum übertragen. Nun hat zwar der insoweit beweispflichtige Beklagte nicht dargelegt, daß der Kläger damals wußte oder infolge grober Fahrlässigkeit nicht wußte, daß es dem X. nicht allein gehöre. Es darf also davon ausgegangen werden, daß der Kläger damals in gutem Glauben war. Dieser deckt zwar nicht den Mangel der Verfügungsberechtigung. Hier handelt es sich aber in erster Linie um den Mangel des Alleineigentums, gegen den der Erwerber durch guten Glauben geschützt wird. Das ist hinsichtlich der Veräußerung von Nachlaßgegenständen durch einen Miterben höchstrichterlich anerkannt und hat für alle Fälle des Gesamthandeigentums zu gelten.

Im Juli 1922 befand sich jedoch das Schiff bereits im Gewahrsam des Reichs, mit dem der X. einen Verwahrungsvertrag geschlossen hatte. Zwischen beiden bestand mithin ein Rechtsverhältnis nach § 868. X. war daher mittelbarer Besitzer und konnte deshalb das Eigentum auf den Kläger nur mit der Abtretung des Herausgabeanspruchs übertragen. Ein solcher Vertrag ist aber nicht damals, sondern erst jetzt nach Einlegung der Berufung geschlossen worden. Zu dieser Zeit war aber der Kläger nicht mehr in gutem Glauben an das Alleineigentum des X., denn inzwischen sind ihm das zwischen X. und dem Beklagten bestehende Gesellschaftsverhältnis jedenfalls durch diesen Rechtsstreit bekannt geworden.[1] B.

i) α) **Anspruch aus §§ 1004, 907 gegen den Staat als Inhaber eines Sportplatzes.**

OLG. Hamburg, 5. ZS. Urteil v. 6. Juni 1923.

Der Kläger wird als Eigentümer eines Hauses mit Garten durch den Spielbetrieb auf dem unmittelbar dahinter belegenen Spielplatz des beklagten Staats am Klinikweg beeinträchtigt, und zwar durch übermäßigen Lärm und Staub, ferner dadurch, daß Bälle und Steine auf sein Grundstück fliegen und daß die Spieler, um die Bälle zu holen, in seinen Garten eindringen... Der Platz ist unmittelbar eingeschlossen an zwei Seiten von Privatgrundstücken, die mit ihren Hintergärten an den Platz angrenzen; die dritte Seite grenzt an einen öffentlichen Weg, den Klinikweg; hier ist der Platz mit einem eisernen Gitter abgeschlossen, in dem sich Tore befinden; an der vierten Seite befindet sich eine Turnhalle, die wiederum mit einer öffentlichen Realschule in Verbindung steht. Öffentlicher Verkehr findet auf dem Platz nicht statt; die zuständige Stelle überläßt ihn vielmehr an Schulen und Vereine zum Spielen im Wege besonderer Verfügung und Anordnung. Freilich duldet sie stillschweigend, daß er auch von wilden Spielern benutzt wird; aber das ist keine öffentliche Benutzung, kein Gemeingebrauch. Der Platz kann jederzeit geschlossen werden, Gitter und Tore sind vorhanden. Er ist also kein öffentlicher Platz, sondern ein Grundstück des Verwaltungsvermögens (Fleiner, Inst. §§ 20, 21), wie die Grundstücke, auf denen sich Schul- und Krankenhäuser befinden. Gegenüber solchen Grundstücken und den auf ihnen ausgeübten Betrieben kommt es für § 1004 darauf an, ob der störende Betrieb im öffentlichen Rechte wurzelt (RG. 56 S. 25: Läuten mit Kirchenglocken). Gehört die vom Staat, der Gemeinde oder der öffentlich-rechtlichen Korporation geübte (zugelassene) Tätigkeit zu den engeren Aufgaben des Staates und hat sie öffenttlich-rechtlichen Charakter, so muß das Privatrecht dem öffentlichen Recht weichen. Die Unterlassung eines solchen Betriebes kann ein Privatmann nicht beanspruchen; gilt dies schon nach der GewO. für die konzessionierten gewerblichen Betriebe, so gilt es desto mehr für die vom Staat rc selbst gehaltenen Betriebe, sofern diese nicht zum Finanzvermögen (wie Domänen rc) gehören (Fleiner S. 305). Der hamburgische Staat hat schon seit vielen Jahren sich der Einrichtung

[1] Durch Zerschneiden einzelner Bildgruppen und Altarwerke, um sie als Teile der gestohlenen Altarbildwerke unkenntlich zu machen, werden diese Teile nicht zu völlig neuen Sachen i. S. des § 950 BGB.: RGSt. 57 S. 159.

von Spiel- und Sportplätzen angenommen; es kommt dabei nicht darauf an, daß er sich bei deren Einrichtung vielfach der geldlichen Unterstützung von Sport- und Spielvereinen bedient haben mag; jedenfalls ist es als staatliche Aufgabe angesehen worden, solche Plätze (zZ. 45) einzurichten, von denen einige öffentliche Plätze im Sinne von Plätzen, die dem Gemeinbrauch offen stehen, sein mögen. Eine staatliche Kommission für Leibesübungen vergibt und verwaltet die Plätze, deren Instandhaltung der Behörde für Gartenwesen im übrigen obliegt. Hat also der Staat solches Spiel- und Sportwesen im öffentlichen Interesse, das zweifellos vorhanden ist, besonders seit Abschaffung der Wehrpflicht, in die Hand genommen, so liegt in der bestimmungsgemäßen Benutzung der Plätze ein staatlicher Betrieb, oder sie ist solchem wenigstens gleich zu achten. Das LG. hat daher die Klaganträge, die nur auf Verbot des Spielens auf dem Platze überhaupt gerichtet waren, mit Recht abgewiesen.

Dagegen ist der jetzt gestellte Hilfsantrag, Vorkehrungen dagegen zu treffen, daß Bälle auf das Grundstück des Klägers fliegen und übermäßiger Lärm und Staub dieses beeinträchtigen, zum größten Teil berechtigt.... Denn nach dem Beweisergebnisse liegt die Sache so, daß sich bei dem geregelten Spielbetrieb, dh. bei dem der Schulen und Vereine bei trockenem Wetter wegen ungenügenden Sprengens übermäßiger Staub entwickelt; ferner, daß bei dem Spiel der wilden Spieler daneben auch übermäßiger Lärm und Unfug mit über die Grenzen geschleuderten Bällen und Nachklettern stattfindet. Nur der geregelte Spielbetrieb kann als solcher gelten, den der Staat in seine Hand genommen hat. Gewiß kann es auch zur staatlichen Aufgabe gemacht werden, der Jugend und den Sportlustigen Plätze zum ungehinderten und unbeaufsichtigten Spiel zur Verfügung zu stellen, aber das ist hinsichtlich des hier fraglichen Platzes nicht geschehen. Dieser ist nur notgedrungen und widerwillig den wilden Spielern überlassen, weil es an Geldmitteln für die Aufsicht fehlt. Das ist keine Verwaltungshandlung, die den Charakter der Benutzung des Spielplatzes ändert, sondern lediglich ein eingerissener Übelstand. Wenn Fleiner aO. sagt, daß Private den Betrieb einer öffentlichen Anstalt nicht hindern können und deren Einwirkungen dulden müssen, so ist damit immer nur gemeint, soweit der Betrieb diese schädlichen Einwirkungen mit sich bringt, soweit sie unvermeidlich sind. Wird zB. mit Kirchenglocken Unfug getrieben, wird auf einem militärischen Schießplatz von Unbefugten geschossen und dies nachlässigerweise geduldet, so endet hier der Schutz des öffentlichen Rechts. Allerdings beruhen die Übelstände großenteils auf Geldmangel, und es ist nicht ganz von der Hand zu weisen, daß bei der allgemeinen Verarmung die Anforderungen an Aufsicht und gute Einrichtungen herabgesetzt werden müssen. Allein dies kann immer nur in mäßigen Grenzen verlangt werden. Die von den Zeugen geschilderten erheblichen Übelstände braucht der Kläger nicht zu dulden, soweit sie nicht auch bei geregeltem Spielbetrieb unvermeidlich sind.... B.

β) **Begriff des „Abhandenkommens" im § 1007.**

OLG. Hamburg, 3. ZS. Urteil v. 31. Januar 1924.

Der minderjährige Kläger hat ohne Zustimmung seines Vormunds ein ihm nicht gehöriges Klavier dem Beklagten verkauft und gegen Empfang des Kaufpreises übergeben. Auf Besitzverletzung gemäß §§ 989 ff. könnte Kläger aber die Klage auf Rückgabe nur stützen gemäß § 1007, also wenn ihm das Piano „abhanden gekommen" wäre. In der Tat wird die Ansicht vertreten, daß ein beschränkt Geschäftsfähiger eine Sache gemäß § 111 rechtswirksam nicht weggeben könne und sie ihm daher, wenn er es gleichwohl tue, im Sinne des Sachenrechts abhanden gekommen sei (RGKomm. § 935[4]). Allein mag jene erste Voraussetzung auch gegeben sein, so rechtfertigt sie nicht den daraus gezogenen Schluß, der sich, wie gerade der vorliegende Fall zeigt, so weit von dem Sprachgebrauch des „Abhandenkommens" entfernt, daß die mit ihm gegebene Gesetzesauslegung abzulehnen ist. Daraus folgt weiter, daß auch für einen sich lediglich auf Besitz gründenden Bereicherungsanspruch, soweit ein solcher rechtlich überhaupt anzuerkennen ist, kein Raum bleibt. B.

k) **Kündbare persönliche Dienstbarkeit.**[1]

Kammergericht, 1. ZS. Beschluß v. 22. März 1923.

Der Eigentümer hat für die Firma A. eine beschränkte persönliche Dienstbarkeit, das Grundstück auf 15 Jahre zu Wohn- und Geschäftszwecken benutzen zu dürfen, bewilligt mit der Bestimmung, daß die Dienstbarkeit beim Eintritt des Endtermins auf weitere je 5 Jahre in Kraft bleibt, wenn sie nicht ein Jahr vorher gekündigt wird. Für dieselbe Zeit soll ein Vorkaufsrecht eingetragen werden. Die Kündigungsbestimmung ist mit der Rechtsnatur der beschränkten persönlichen Dienstbarkeit nicht unvereinbar und bedeutet, daß diese und das Vorkaufsrecht durch die Kündigung auflösend bedingt sind. Die Bestellung sowohl bedingter wie auch befristeter dinglicher Rechte ist mangels entgegenstehender Gesetze zulässig. Durch die Kündbarkeit wird daher auch nicht ohne weiteres das durch die Eintragung zu sichernde Rechtsverhältnis als ein bloßes Mietsverhältnis gekennzeichnet. Z.r.

l) **Kann Hypotheken der Vorrang vor Vorkaufsrechten eingeräumt werden?**

OLG. Braunschweig, 1. ZS. Beschluß v. 9. Februar 1923.

[1] a) Die Verpflichtung, die in den Wohnräumen befindliche Wasserzu- und -abflußanlage zu unterhalten, kann abweichend von der Regel der §§ 1093, 1041 auf Grund der §§ 1090, 1021 dem Eigentümer auferlegt werden (KG. 11. Januar 1923, 1 x 364/22). Vgl. oben S. 8.

b) Dem Pächter eines Weiderechts steht die Klage aus § 1027 BGB. nicht zu, weil ihm kein dingliches Recht gebührt (OLG. Bamberg, 1. ZS. Urteil v. 24. Nov. 1922, BayZ. 1923 S. 51).

c) Wie nach § 2 Ges. v. 31. Okt. 1848 (KGJ. 34 S. 239), so kann auch nach § 2[2] JagdO. v. 15. Juli 1907 das Jagdrecht nicht als dingliches Recht an fremdem Grund und Boden, also auch nicht in Gestalt einer beschränkten persönlichen Dienstbarkeit begründet werden (KG. 11. Januar 1923, 1 x 361/22).

d) Eine auf die Entenjagd beschränkte Berechtigung kann, da es sich hierbei um ein persönliches Nutzungsrecht handelt, bei Unanwendbarkeit der §§ 20/24 Pr. JagdO. durch formlosen Vertrag begründet werden (RGSt. 57 S. 79).

Auf dem Grundbesitze des A. sind für die hiesige Staatsbank Hypotheken eingetragen. Damals war schon ein Vorkaufsrecht für die minderjährigen A. vermerkt, deren gesetzlicher Vertreter unter Zustimmung des VormGerichts jenen Hypotheken den Vorrang vor ihrem Vorkaufsrecht einräumte. Grundbuchrechtlich wäre die beantragte Eintragung dieser Vorrangseinräumung nur dann unzulässig, wenn sie überflüssig wäre, die Staatsbank also keinerlei wirtschaftliches oder rechtliches Interesse an der Eintragung haben könnte. Das aber kann nicht anerkannt werden. Dem dinglichen Vorkaufsrecht ist in § 1098² mindestens Dritten gegenüber — ob auch dem Grundeigentümer gegenüber ist streitig — die Wirkung einer Vormerkung gegeben. Danach muß das Recht schon von seiner Eintragung an auch gegen solche begrenzte Belastungen geschützt sein, die es vereiteln oder beeinträchtigen (§ 883²), wie gegen eine völlige Überlastung des Grundstücks mit Hypotheken im kollusiven Einverständnisse zwischen Grundeigentümer und Hypothekarier. Es kann dagegen nicht angeführt werden, daß solange kein Vorkaufsfall vorliege und das Vorkaufsrecht noch nicht ausgeübt sei, kein zu sicherndes Recht bestehe. Denn das Recht besteht, wenn auch doppelt bedingt (RG. 72 S. 385) schon von der Eintragung an im Keime. Die Rechtsfrage ist sehr streitig (RGKomm. § 1098⁵, JheringJ. 40 S. 327; **Sekler**, Vormerkung S. 288). Es ist aber nicht Sache des Grundbuchrichters, Rechtsfragen zu entscheiden, solange nicht zwingende Vorschriften des Grundbuchrechts es erfordern. Das ist aber nicht der Fall. Gegen das Gesetz ist die von allen Beteiligten gewünschte Eintragung nicht, ebensowenig kann sie mit Sicherheit als völlig unnötig oder unerheblich bezeichnet werden. Danach war der weiteren Beschwerde stattzugeben. v. F.

m) **Reallast: α) Gegenseitige (Bullengerechtigkeit). Aufwertung.**[1]

OLG. Hamburg, 3. ZS. Urteil v. 24. April 1923.

... Aus diesem Material ergibt sich zunächst, daß die Bollenwiese des Beklagten mit einer Reallast belastet war und gemäß Art. 184 EG. auch nach 1900 belastet geblieben ist. Den Kreis der Berechtigten fest zu bestimmen, ist schwierig, denn der Ausdruck „zum Nutzen der ganzen Dorfschaft" ist mehrdeutig. Da jedoch die Aktivlegitimation der Kläger im Vorprozesse nicht bemängelt worden ist, so darf davon ausgegangen werden, daß die Rechtsnachfolger dieser Kläger in Eigentum oder Erbpacht an einer zur Gemeinde gehörigen Hofstelle zu den Berechtigten gehören. Einer von ihnen ist unstreitig der Kläger. Schon der landwirtschaftliche Zweck der Gerechtigkeit ergibt, daß die ursprünglich Berechtigten nicht persönlich, sondern nur als Eigentümer ihrer Hofstellen berechtigt waren....

Begründet war die Reallast 1776 durch Vertrag zwischen der Gutsherrschaft und dem Bauernvogt zugunsten der Hofstellenbesitzer. Abgeändert

[1] Unter den gegenwärtigen Verhältnissen der Geldentwertung ist eine Geldreallast, deren einzelne Leistungen auf dem beweglichen Geldwert einer von vornherein bestimmten Menge von Roggen beruhen, als eine „feste" Geldrente i. S. des Pr. Ablösungsges. § 91 anzusehen (KG. 15. Nov. 1923, 1 x 448).

werden konnte ihr Inhalt jederzeit durch Vertrag zwischen dem Verpflichteten und den Berechtigten. Eine solche Abänderung ist zwischen den Rechtsvorgängern der Parteien im Vorprozesse bereits rechtskräftig dahin festgestellt worden, daß die 33 großen Stellenbesitzer je neun Schilling jährlich zahlen sollten. Dabei handelt es sich um eine Reihe von Reallasten, die auf Zahlung einer jährlichen Abgabe an den Eigentümer der Bullenwiese gerichtet sind, auf den Hofstellen der 33 großen Besitzer ruhen und zur Bullengerechtigkeit selbst inhaltlich in einem bestimmten gegenseitigen Abhängigkeitsverhältnis stehen. Gegenseitige Reallasten waren dem deutschen Privatrecht so wenig unbekannt, wie Bedingungen und Zeitbestimmungen bei Reallasten begrifflich ausgeschlossen waren. Die Verpflichtung aus der Bullengerechtigkeit ist zwar nicht von der rechtzeitigen Zahlung sämtlicher Beiträge abhängig; sie ist aber bedingt durch die Möglichkeit, die Abgabe von 33 Besitzern zu fordern, dh. durch den rechtsgültigen Bestand von 33 Reallasten. Die Ansprüche des einzelnen Besitzers auf die Benutzung des Bullen hängen nur von der Zahlung der ihm obliegenden Abgabe ab.

Die Frage, ob bei dem bisher gezahlten Entgelt von je 0,68 Mark auch jetzt noch die Erfüllung der Reallast dem Beklagten zuzumuten ist, muß zu dessen Gunsten entschieden werden. Den § 242 auch auf dingliche Rechtsverhältnisse anzuwenden, bei denen bestimmte fortlaufend wiederkehrende Leistungen durch bestimmte Gegenleistungen bedingt sind, bestehen keine Bedenken. Daraus folgt freilich keineswegs, daß jede im normalen Verlauf der Dinge liegende Veränderung in den Erträgnissen der Bullenwiese, in der Kaufkraft des Geldes, im Preise der Bullen einem der Beteiligten schon das Recht gibt, die zu bewirkende Leistung nach seinem Belieben zu verändern. Nur die Entwertung der gezahlten 33 × 0,68 Mark ist auszugleichen. Welchen Wert die Benutzung und die Pflegekosten inzwischen erreicht haben, ist ebenso bedeutungslos, wie daß der Beklagte vom Bullen noch andere Kühe decken läßt. Anderseits ist dem Antrage des Widerklägers nicht zu folgen, der den Inhalt der Reallast völlig beiseite schieben und die Berechtigten für jeden einzelnen Deckakt zahlen lassen will. Im Rahmen der gestellten Anträge läßt sich lediglich entscheiden, daß der Beklagte die Reallast nur gegen eine der Entwertung des deutschen Geldes entsprechend veränderte Abgabe zu erfüllen hat. Vom Gemeinsinn der Beteiligten wird es abhängen, die Höhe dieser Abgabe zu bestimmen, sei es in einer Erhöhung des Geldbetrags, sei es in seinem Ersatz durch einen den örtlichen Verhältnissen angepaßten Wertmesser. V.

β) **Bestimmte Gestaltung der jeweiligen Leistungen.**

Kammergericht, 1. ZS. Beschluß v. 24. Mai 1923.

Die Witwe A. hat notariell ihr Grundstück ihrem Sohne Fritz verkauft und aufgelassen. Dieser hat sich — außer einem Wohnungsrecht und dem Nießbrauch am Garten — verpflichtet: „der A. bis zu ihrem Lebensende $^1/_{10}$ eines Jahreseinkommens u. z. am 1. eines jeden Monats $^1/_{10}$ seines Einkommens im vorhergehenden Monat zu zahlen; maßgebend ist der Tariflohn, in dessen Ermangelung der übliche Lohn. Der Käufer ist als Gärtner-Vollgehilfe in L. beschäftigt; die A. ist berechtigt, als Mindestbetrag den für diese Gehilfen gültigen Tariflohn zu beanspruchen."

Die Vorinstanzen haben die Eintragung dieser Reallast mit Recht abgelehnt. Allerdings handelt es sich nicht, wie das LG. annimmt, um wiederkehrende Leistungen, die nicht in Geld bestehen und erst darein umgewandelt werden müssen. Das Recht, das hier geschaffen werden soll, besteht vielmehr in der Pflicht zu wiederkehrenden Geldbeträgen, deren Höhe sich nach dem jedesmaligen Einkommen des Fritz bestimmen soll. Nun eignet sich die Reallast, die nicht festbestimmte Geldbeträge erfordert, vielmehr Ungleichmäßigkeit der wiederkehrenden Leistungen zuläßt, bei der gegenwärtigen Geltentwertung mehr als die Hypothek ꝛc. für die Geldabfindung eines Gutsüberlassers, aber auch bei der Bestellung einer Reallast ist es unerläßlich, die einzelnen jeweiligen Leistungen bestimmter zu gestalten (vgl. oben S. 11, KGJ. 51 S. 271). Es mag daher eine auf den bestimmten örtlichen Tariflohnsatz schlechthin verweisende Eintragung zulässig sein. Der hier gewählte Maßstab läßt aber zu vielen in zufälligen oder persönlichen Verhältnissen liegenden Umständen (Arbeitsfähigkeit, -gelegenheit, -willen) Spielraum, er würde auch zu Zweifeln Anlaß geben, wenn etwa Fritz sich selbständig machte, ob der gesamte Erwerb oder nur der auf Arbeit zurückzuführende Bestandteil — also im Unterschied zum Kapital- und Unternehmergewinn — gemeint sein soll, er könnte schließlich dann zu den größten Weiterungen führen, wenn Fritz das Grundstück weiter veräußerte. Es genügt auch nicht, daß die Berechtigte nach der Bewilligung den Leipziger Tariflohn zugrunde legen darf, weil dadurch nur der Mindestbetrag der Leistungen ausgedrückt, Mehransprüche also zugelassen sind und weil dadurch die aus den gedachten persönlichen Verhältnissen möglichen Zweifel nicht ausgeschlossen sind.[1] M.

n) **Hypothek: α) Schweizer Goldhypotheken.**[2]

[1] Hat sich der Gutsübernehmer verpflichtet, in Erfüllung der Ausstattungspflicht seiner Eltern der 1905 geborenen Schwester Anfang 1930 eine Wohnungseinrichtung ꝛc und in den nächsten 3 Jahren je eine trächtige Stärke zu liefern, so ist die Eintragung einer Reallast zulässig, weil sich die sämtlichen Leistungen als Ausfluß eines einheitlichen Rechtsverhältnisses darstellen und weil auch die Nachleistungen von erheblichem Werte sind (KG. 24. Januar 1924, 1 x 22).

[2] a) Unter Art. 2 des Zusatzabk. v. 25. März 1923 fallen nur solche Hypotheken, die am 31. Juli 1914 für einen Schweizer der dort bezeichneten Art eingetragen gewesen sind. Auch der Wortlaut des Art. 1 des Hauptabk. läßt sich in diesem Sinne auffassen, wenn die Zeitbestimmung „vor 31. Juli 1914" auch auf die Worte „durch Hypothek an einem deutschen Grundstück gesicherten Geldforderungen" bezogen wird. Der bloße Abschluß des Beleihungsvertrags vor 31. Juli 1914 genügt deshalb nicht (KG. 31. Januar und 6. März 1924, 1 x 13, 75).

Auch die Darlehnssumme muß vor 31. Juli 1914 hingegeben sein; denn nach dem zugrunde liegenden deutschen Rechte (RG. 103 S. 261) entsteht die Forderung des Darlehnsgläubigers erst mit der Hingabe (BGB. § 607). Ebenso entsteht nach § 1163 S. 1 die Gläubigerhypothek erst mit der Zahlung des Darlehns (KG. 20. März 1924, 1 x 104).

b) Die Eintragung einer Goldmünzklausel im Jahre 1919 war an sich weder unter Ver-

Kammergericht, 1. ZS. Beschluß v. 17. April 1924.

Das Vorhandensein einer das Vertragsverhältnis in seinen wesentlichen Beziehungen regelnden Vereinbarung schließt nach Art. 5 Zusatzabkommen (RGBl. 1923 II S. 286) dessen Anwendung aus, es sei denn, daß die Anwendbarkeit trotz der Vereinbarungen ausdrücklich bedungen ist. Hier ist die Zinszahlung und die Kündigungsbedingung abweichend vom Haupt- und Zusatzabkommen geregelt. Wenn damit *wesentliche* Beziehungen geregelt sind, so kommt also eine Eintragung nach dem ZusA. nicht in Frage; daß solche Regelung vorliege, behauptet der Eigentümer. Die Feststellung, ob das der Fall, weist Art. 5[2] ZusA. ausschließlich der Vertrauensstelle (bez. dem Prozeßgericht) zu, der Grundbuchrichter kann diese Frage nicht selbständig entscheiden. Sind die Parteien über die Bedeutung ihrer Vereinbarungen im Sinne des Art. 5 uneinig, so darf das Grundbuchamt vor Beibringung dieser Entscheidung nicht eintragen; diese Bedeutung des Art. 5[2] wird durch Art. 3 nicht in Frage gestellt. Die Eintragung auf einseitigen Antrag (Art. 11) hat die vorherige Prüfung der Anwendbarkeit des Gesetzes, also die Klärung der in Art. 5 behandelten Frage zur Voraussetzung. Die Entscheidung hat der Antragsteller beizubringen.[1] Z.-r.

β) **Eintragung von Zinseszinsen. Wertbeständiges Pfandbriefdarlehn einer Hypothekenbank.**[2]

Kammergericht, 1. ZS. Beschluß v. 14. Februar 1924.

Das LG. **hält die dingliche Sicherung der Verzugszinsen von Zinsen nur durch Eintragung einer Höchsthypothek für zulässig (KGJ. 20 S. 199). Diese Auffassung, die auch jetzt noch von Güthe[4] S. 216, Oberneck 2 S. 102, Turnau-Förster § 1115[2] vertreten wird, steht jedoch mit der späteren Rechtsprechung des RG. nicht mehr im Einklang. Danach brauchen die in § 1115[1] erwähnten anderen Nebenleistungen nicht in einem bestimmten Geldbetrag ausgedrückt zu sein, vielmehr genügt es, wenn im Eintragungsvermerk — Bezugnahme reicht hier nicht aus — die Umstände angegeben werden, aus denen sich, wie zB. bei Angabe der Prozente und der Dauer der Leistung sich der Umfang der Belastung berechnen läßt, wobei es mit Rücksicht auf § 1113[2] kein Hindernis bildet, daß sie nur unter gewissen Bedingungen zu bewirken sind (KGJ. 36 S. 233; 42 S. 256; 49 S. 211; vgl. auch Gruchot 57 S. 156; Rsp. 20 S. 408). Fälle der vorliegenden Art können,**

letzung gesetzlicher Vorschriften vorgenommen noch ihrem Inhalte nach unzulässig; an dieser Rechtslage hat sich auch durch die 3. SteuerNV. nichts geändert. Aber die damalige Goldklausel, die durch die BRVO. v. 28. Sept. 1914 bis auf ein weiteres unverbindlich geworden ist, kann durch eine neue Goldklausel nur unter Zustimmung der nachstehenden Hypothekengläubiger eingetragen werden (RG. Beschluß v. 24. Mai 1924 V 1).

[1] Hypotheken in ausländischer Währung werden nur zugelassen, wenn sie dem deutschen Handel und der deutschen Industrie die Beschaffung von Rohstoffen im Ausland ermöglichen (AVf. v. 22. Januar 1924, Pr. JMBl. 29).

[2] Schreiben des RJustizmin. v. 12./3. 24 (JMBl. 144): Für die Wertbestimmung einer wertbeständigen Hypothek im Versteigerungstermine (§ 4) gelten keine andren Grundsätze als für die Wertfeststellung im Teilungsplane nach § 6[1] Ges. v. 29. Juni 1923.

wenn nur mit Rücksicht auf die Angabe der Dauer der Leistungen der Höchstbetrag der Zinseszinsen bestimmbar bleibt, nicht anders beurteilt werden. Hier kann aus dem Feingoldpreis und dem Prozentsatz der Betrag der halbjährlichen Zinsen und daraus unter Berücksichtigung des Prozentsatzes die Höhe der jedesmaligen Zinseszinsen berechnet werden. Da die Zahl der Halbjahre, in denen Zinseszinsen fällig werden können, mit der feststehenden Zahl der Halbjahre, für die Zinsen zu bezahlen sind, übereinstimmt, so fehlt es nicht an der Möglichkeit, den höchstmöglichen Betrag der Belastung, vorbehaltlich der Schwankung des Feingoldpreises, erkennbar zu machen. Das gleiche gilt für die Zinsen rückständiger Verwaltungskostenbeiträge.

Nach der Schuldurkunde soll für die Ermittlung des Goldpreises und die Umrechnung bei pünktlicher Zahlung ein anderer Zeitpunkt zugrunde gelegt werden als bei unpünktlicher. Das ist zulässig. Denn wenn auch im § 2¹ VO. v. 29. Juni 1923 nur von einem Goldpreise und Satz 2 nur von einem Tage die Rede ist, so hat damit der Entscheidung, ob mehrere Goldpreise und mehrere maßgebende Tage zugrunde gelegt werden können, nicht vorgegriffen werden sollen. Sie hängt nur davon ab, ob bei Festsetzung verschiedener Zeitpunkte eine größere Unbestimmtheit der Belastung eintritt als sie sich schon aus der Natur der wertbeständigen Hypothek ergibt. Das ist zu verneinen angesichts der Unmöglichkeit, die Preis- und Kursgestaltung im voraus zu bestimmen.

Für die Berechnung der Rückstände einschließlich Verzugszinsen kann die Bank den letzten im Reichsanzeiger bekanntgemachten Londoner Goldpreis zugrunde legen. Im Falle der Entwertung der deutschen Währung zwischen Fälligkeit und Eingang der Leistung soll sie aber das Recht haben, auch den Mittelkurs an der nächsten auf den Tag des Eingangs folgenden Berliner Börse zu nehmen. Sie könnte dadurch einen unberechtigten Gewinn haben; dieses Bedenken liegt aber auf einem Gebiete, dessen Regelung den Beteiligten, erforderlichenfalls der Aufsichtsbehörde für die Hypothekenbanken, überlassen ist. . . . Z. r.

γ) **Beschränkungen des dem Schuldner im § 14² HypBankGes. eingeräumten Rechts.**

Kammergericht, 1. ZS. Beschluß v. 15. November 1923.

. . . Wird das Darlehn einer Hypothekenbank in Pfandbriefen gewährt, so ist dem Schuldner nach § 14² urkundlich das Recht einzuräumen, die Hypothek nach seiner Wahl in Gold oder in Pfandbriefen der Bank nach dem Nennwerte zurückzuzahlen. Dieses Rechtsverhältnis kennzeichnet sich als eine Wahlschuld iS. der §§ 262/5 BGB. Nach der Meinung des Grundbuchamts handelt es sich bei der Vereinbarung v. 2. Sept. 1923 nicht um eine solche Wahlschuld, sondern um eine Ersetzungsbefugnis. Dafür spricht allerdings, daß zunächst die Verpflichtung des Schuldners, das Darlehn in Goldpfandbriefen zurückzugewähren, an die Spitze gestellt und dann erst im besonderen Satze gesagt ist, daß Rückzahlungen auch in bar geleistet werden dürfen. Läge jedoch eine Ersetzungsbefugnis vor, so würde, da dann als die geschuldete Leistung nur die Rückzahlung in Pfandbriefen anzusehen wäre, im Falle der Unmöglichkeit dieser Leistung der Schuldner von seiner Schuldnerverpflichtung frei werden, eine Wirkung, die offensichtlich nicht beabsichtigt ist. Die Voranstellung der Verpflichtung, Pfandbriefe zurückzugewähren, läßt sich dadurch erklären, daß nach der Regel des § 607 BGB. als Darlehn hingegebene vertretbare Sachen in gleicher Art, Güte und Menge zurückzuerstatten sind. Das Wahlrecht des Schuldners ist allerdings insofern beschränkt worden, als er die Absicht, in bar zu zahlen, gleichzeitig mit der Kündigung zu erklären hat und als bei Unterlassung dieser Erklärung das Recht der Barzahlung verwirkt ist. Es kann jedoch dahingestellt bleiben, ob diese Beschränkung gegen § 14² S. 3 verstößt. Wie die Begründung (Reichst. 1898/9 Anl. 2 S. 936) ergibt, handelt es sich bei denjenigen Bestimmungen, die sich auf den Geschäftsbetrieb der Hypothekenbanken beziehen, lediglich um Gebiete des öffentlichen Rechts, deren Beobachtung von der Aufsichtsbehörde zu überwachen ist und deren Verletzung die Organe der Bank haftbar machen kann; dagegen bewendet es in privatrechtlicher Beziehung bei den allgemeinen bürgerlichen Gesetzen, soweit nicht wie bei § 17 anders bestimmt ist. Da für § 14² S. 2 nichts Abweichendes gilt, kann daher auch hier eine Zuwiderhandlung nur Anlaß zum Einschreiben der Aufsichtsbehörde geben, nicht aber eine Nichtigkeit der Vereinbarung herbeiführen.

Bei der Frage, ob nach dem allgemeinen bürgerlichen Recht die Vereinbarung eintragungsfähig ist, ist die schuldrechtliche und die dingliche Seite zu unterscheiden. In ersterer handelt es sich nicht, wie das Grundbuchamt annimmt, um ein mit Bedingungen verknüpftes Wahlrecht, sondern darum, daß die Ausübung des Wahlrechts befristet ist. Das BGB. enthält über die Zeit der Wahl nur den § 264, der nachgiebiges Recht enthält und einer Vereinbarung, daß der Schuldner schon zu einem vor der Erfüllung (Fälligkeit) liegenden Zeitpunkte zu wählen hat, nicht entgegensteht. Ebensowenig ist die Zulässigkeit einer für den Fall nicht rechtzeitiger Wahlausübung vereinbarten Rechtsverwirkung nicht zu bezweifeln. Hiernach ist die Vereinbarung schuldrechtlich wirksam. Dagegen meint das LG., daß ihre Eintragung dem Grundsatze des § 1113 BGB. widersprechen würde, da der Schuldner unter gewissen Voraussetzungen ausschließlich Pfandbriefe zu leisten habe, diese Verpflichtung aber bei dem Schwanken der Kurse der erforderlichen Bestimmtheit entbehre. Dabei befindet sich das LG. im Einklang mit der in der Rechtslehre herrschenden Auffassung. Diese hält zwar eine Wahlschuld mit Wahlrecht des Schuldners gemäß § 12² S. 2 für eintragungsfähig, verneint dagegen die Eintragungsfähigkeit, wenn die Forderung nur auf Rückgewähr in Pfandbriefen oder Geld gerichtet ist. Als Grund wird meist angegeben, daß der Umfang der Belastung nicht aus dem Grundbuch ersichtlich sei; es wird aber auch geltend gemacht, daß die Hypothek nur zur Sicherung einer Geldforderung eingetragen werden könne. Diese Gründe würden auch der Eintragung der in § 14² S. 2 geregelten Wahlschuld entgegenstehen, weil der Gläubiger unter der Voraussetzung des § 264 BGB. auch beim Wahlrecht des Schuldners die Vollstreckung nach seiner Wahl auf die eine oder die andere Leistung richten kann und weil eine reine Geldforderung auch in diesem Falle nicht vorliegt. Die Gründe sind aber nicht stichhaltig, weil zunächst das Grundstück selbst durch die Verpflichtung zur Rückgewähr von Pfandbriefen nicht belastet wird. Das zeigt sich darin, daß der Gläubiger gar nicht im Zwangswege Befriedigung wegen seiner darauf bezüglichen Forderung suchen kann, da er weder bei der Zwangsversteigerung den Erlös noch bei der Zwangsverwaltung die Miet-(Pacht-)Zinsen gezahlt verlangen darf. Daß sodann der Hypothek nur eine Geldforderung zugrunde liegen kann, ist richtig und hieran ist auch durch Ges. v. 23. Juni 1923 nichts geändert worden (§ 3). Daraus folgt aber noch nicht, daß bei einer Vereinbarung, wonach die Forderung nach Wahl in Geld oder Pfandbriefen zurückzuerstatten ist, die Eintragung der Hypothek unzulässig sei. Vielmehr ergibt sich die Möglichkeit, die Vereinbarung als gewöhnliche Zahlungsbestimmung bei der Hypothek einzutragen derart, daß als zu sichernde Forderung lediglich die Zahlung des mit dem Nennbetrag der Pfandbriefe sich deckenden Geldbetrags angegeben und daneben auf die Möglichkeit, die Forderung durch Pfandbriefe zu tilgen, hingewiesen wird (KGJ. 36 S. 229). Damit wird nichts von der Vereinbarung Abweichendes eingetragen, vielmehr nur ausgedrückt, daß eine Befriedigung aus dem Grundstücke nur wegen der Geldforderung möglich ist. RG. 38 S. 228 steht nicht entgegen. M.

δ) **Verkehrshypothek für eine in Landschaftspfandbriefen nach deren Nennwert rückzahlbaren Darlehnsforderung.**

Kammergericht, 1. ZS. Beschluß v. 24. April 1924.

Der in KGJ. 35 S. 274 (s. auch 53 S. 203) ausgesprochene Satz, daß der Art. 167 EG. BGB. der Satzung landschaftlicher Kreditinstitute als objektiver Rechtsnorm die hemmungslose Durchbrechung des Liegenschaftsrechts des BGB. ermögliche, entspricht nicht der herrschenden Rechtslehre. Ein Teil des Schrifttums nimmt an, daß Art. 167 ohne Landesgesetzgebung, wie sie zB. verfahrensrechtlich zum entsprechenden Vorbehalt des § 83 GBO. in Art. 31 PrAG. erlassen ist, wie sie aber in materiell-rechtlicher Beziehung nicht besteht, keine Grundlage für eine Sonderrechtsbildung sei... Der Senat läßt die Berechtigung dieser Ansicht dahingestellt, hält aber eine einschränkende Auslegung des Art. 167 dahin für geboten, daß die Reichsgesetzgebung jenen Kreditanstalten eine Sonderrechtsentwicklung nur bei Beachtung der das reichsrechtliche Liegenschaftsrecht beherrschenden allgemeinen Grundsätze gestatten wollte. Von diesem Standpunkt aus ist die Eintragung einer Verkehrshypothek für eine in Pfandbriefen rückzahlbare, nach dem Nennwert bezifferte Darlehnsforderung abzulehnen nicht nur aus dem im Schrifttum allein betonten Bedenken, daß die jeweilige Kurshöhe ungewiß ist, sondern auch weil die Forderung keine Geldforderung ist.

o) **Wertbeständige Hypotheken in Höhe von Feingold, berechnet nach englischer Währung.**

Kammergericht, 1. ZS. Beschlüsse v. 10. und 24. April 1924.

Auszugehen ist davon, daß das Ges. v. 23. Juni 1923 für die wertbeständige dingliche Belastung nur bestimmte, von ihm bezeichnete Maßstäbe zugelassen, der Verkehr aber andre Wertmesser eingebürgert hat, besonders nach Goldmark rechnet. Die Frage, ob für eine nach letzterem Wertmesser berechnete Forderung eine Hypothek nach einem der Maßstäbe des angef. Ges. bestellt werden kann, ist streitig, hier aber nur für die Verkehrs- und die gewöhnliche Sicherungshypothek zu entscheiden. Für die Bejahung ließe sich das Entgegenkommen gegen Verkehrswünsche und der Umstand anführen, daß bei der Zwangsbefriedigung die Goldmark erst nach dem Wertbestand im Zeitpunkt der Befriedigung umzurechnen ist; übrigens mußte aber der Grundbuchrichter befugt sein, für die Übereinstimmung des in zwei verschiedenen Maßstäben ausgedrückten Geldbetrags zZ. der Eintragung, falls sie ihm nicht bekannt, einen Nachweis zu fordern, da andernfalls der Antrag unschlüssig sein könnte. Erhebliche Gründe sprechen aber für die verneinende Ansicht. Während das Pfand für die Forderung in deren jeweiligem Bestand haftet (BGB. § 1210), beruht die hypothekarische Belastung gemäß dem Bestimmtheitsgrundsatz auf einem festen, aus dem Grundbuch ersichtlichen, ziffernmäßig oder wertbeständig ausgedrückten Goldbetrag u. z. ist sie insoweit Hypothek, als sie dem Kläger zur Befriedigung einer ihm zustehenden oder nach § 1138 als bestehend geltenden Forderung dient. Würden nun Forderung und Belastung in zwei verschiedenen wertbeständigen Maßstäben ausgedrückt, so entstände bei auseinandergehender Wertentwicklung eine fortwährenden Schwankungen unterworfene Ungewißheit. Zwar haftet bei höher zu bewertender Forderung das Grundstück nicht über den niedrigen dinglichen Wert hinaus; im umgekehrten Falle wäre aber das Grundstück überlastet und bestände insoweit eine Eigentümergrundschuld (§ 1163). Das führte besonders bei Schwanken der Werte bei mehrfachen Eigentumswechsel zu großer Rechtsunsicherheit. Diesen im Liegenschaftsrecht nicht wünschenswerten Erscheinungen wird vorgebeugt, wenn Einheitlichkeit des Wertungsmaßstabes verlangt wird, der Antragsteller also die Forderung in einen der dinglich zugelassenen Maßstäbe nach dem Wertbestande zZ. der Antragstellung umzurechnen hat. Diese Anforderung belastet nicht ungebührlich den Verkehr, bei der Zwangsbefriedigung wäre sie auch in dem Fall unvermeidlich, daß die wertbeständige Hypothek für Goldmarkforderungen zugelassen würde (vgl. VO. v. 22. Dez. 1923 § 26f.; oben S. 182/3).

p) **Wertbeständige Höchsthypothek. Festsetzung des Stichtages?**

Bayer. Oberstes Landesgericht, ZS. Beschluß v. 24. April 1924.

Bei der Höchstbetragshypothek dauert das dingliche Recht — das völlig selbständig ist im Verhältnis zu den einzelnen Forderungen —, so lange bis das Rechtsverhältnis endgültig abgeschlossen ist (RG. 56 S. 323). Solange dieser Abschluß nicht feststeht, steht zunächst die Hypothek dem Grundeigentümer zu (RG. 97 S. 223). Bei Beginn des Kredit- und Schuldverhältnisses kann nun jedenfalls dieser Zeitpunkt nicht von vornherein schon im Sinn eines bestimmten Stichtags kalendermäßig festgesetzt werden. Wollte man aber die Beteiligten dazu für gebunden erachten, so wären sie gezwungen, entweder auch an diesem Tage das Schuldverhältnis zugleich zu beendigen oder aber die hohen Kosten einer neuen Hypothekenbestellung auf sich zu nehmen. Dazu kommt, daß der Gläubiger bei einer etwa einsetzenden Geldentwertung gerade infolge des vereinbarten Stichtags eine schwere Einbuße erfahren würde, wogegen ihm keine Hilfsmittel zuständen. Alle diese Umstände weisen darauf hin, daß der Gesetzgeber nicht bei der wertbeständigen Höchsthypothek (hier auf 150 Ztr. Roggen lautend) die Beteiligten zur Festlegung eines besonderen Stichtags für die Umrechnung von vornherein hat zwingen wollen; er hat auch in § 3 Ges. v. 23. Juni 1923 keine derartige Anordnung aufgenommen. Daher darf davon ausgegangen werden, daß die Bestimmung der maßgebenden Börse als Ortsbestimmung genügt und daß anderseits als selbstverständliche Zeitbestimmung für die Umrechnung die Beendigung des Kreditverhältnisses in obigem Sinne ohne weiteres zu unterstellen ist, wobei in rechtsähnlicher Anwendung des — nur auf Feingoldhypotheken abgestellten — § 2 VO. v. 29. Juni 1923 der Vortag jenes Endzeitpunkts auch hier maßgebend sein wird.

q) **Zwangshypotheken in Goldmark: α) wegen Reichssteuern.**

Bayer. Oberstes Landesgericht, ZS. Beschluß v. 29. Februar 1924.

Das Finanzamt hat beantragt, wegen 5897 Mark rückständiger Reichssteuern eine Vollstreckungs-Sicherheitshypothek in Goldmark einzutragen. Die Vorinstanzen haben den Antrag mit Recht zurückgewiesen. . . .

a) Die Mark i. S. der Reichswährung ist Papiermark geworden (RG. 103 S. 384; JW. 1923 S. 126). Der Regel nach sind daher im Hinblick auf § 1115 BGB. mit § 28 S. 2 GBO. die Beträge in Papierwährung einzutragen. Das Ges. v. 23. Juni 1923 hat die Goldwerthypothek dahin zugelassen, daß die Summe nach dem Warenpreise einer bestimmten Menge Feingold festgelegt werden kann. Die Umrechnung in die deutsche Währung hat nach dem Mittelkurs an der Berliner Börse zu erfolgen. Eingetragen wird solchen Falls die Feingoldmenge als Wertmaßstab. . . Im Verkehrsleben, im Steuerrechte und durch VO. über die Goldbilanzen wurde als Rechnungsmaßstab die Goldmark eingeführt. Unter ihr ist der Gegenwert v. $^{10}/_{42}$ des nordamerik. Dollars zu verstehen, dessen Goldumrechnungssatz der Reichsfinanzminister bestimmt (VO. v. 11. Okt. 1923 § 2[a]); sie ist sohin ausschließlich auf den Kurswert des Dollars abgestellt und dessen Wertschwankungen unterworfen (Pinner JW. 1924 S. 135). Als Goldmark kann aber auch eine bestimmte Feingoldmenge verstanden werden, sie stellt nach § 3 Münzges. v. 1. Juni 1909 $^{1}/_{2790}$ kg Feingold dar. Dieser Begriff ist der gesetzlichen Grundschuld unterstellt, die die Rentenbank nach VO. v. 15. Okt 1923 erworben hat. Auch im privaten Hypothekenverkehr, bes. von Pfandbriefanstalten, werden bei der Belastung nach dem Ges. über wertbeständige Hypotheken solche Feingoldmengen gewählt.

b) Weiterhin hat die VO. v. 28. Dez. 1923 § 26a den Begriff des wertbeständigen Schuldtitels aufgestellt. Hiernach kann in Urteilen, die zu zu zahlende Geldsumme bestimmt werden: 1. auch in solchen Umlaufsmitteln, die von den öffentlichen Kassen in Zahlung genommen werden, 2. nach Maßgabe einer amtlichen Teuerungszahl, 3. nach sonstigen zulässigen Werteinheiten, die amtlich festgestellt werden. Im letzteren Sinne (3) hat die VO. v. 10. Jan. 1924 die Bestimmung in Goldmark zugelassen. Darunter ist aber wiederum die auf dem Kurswert des Dollars aufgebaute Rechnungseinheit zu verstehen, wie sich zweifelsfrei aus Art. I² ergibt. Der Art. II das. kann aber hier überhaupt nicht weiter von Belang sein; er wollte nur die Zulässigkeit der Vollstreckungsklausel nach § 800, 794 Nr. 5 ZPO. klarstellen und damit die hier aufgetauchte Streitfrage erledigen (BayZ. 1924 S. 3).

Es kann aber nicht angenommen werden, daß ein wertbeständiger Schuldtitel, auch wenn er auf Goldmark lautet, ohne weitere gesetzliche Angleichung die Voraussetzungen zu einer wertbeständigen Hypothek in sich birgt. So sehr die „Goldmarkhypothek" in diesem Sinne für das Verkehrsleben erwünscht wäre, so hat doch — man darf wohl sagen leider, vgl. Rieks JW. 1924 S. 154 — der Gesetzgeber bisher diesen Schritt absichtlich nicht gemacht. Daß er aber eine derartige Gleichstellung bisher nicht will, folgt aus § 26f VO. v. 22. Dez. 1923. Die — freilich nicht ganz klar gefaßte — Vorschrift will zweierlei Arten, nämlich wertbeständige und Höchstbetrags-Zwangshypotheken einführen. Die Kennzeichnung in Satz 1 („Forderungen, für die... eingetragen") kann nur im unmittelbaren Zusammenhange mit dem Ges. über wertbeständige Hypotheken verstanden werden. Der Gesetzgeber wollte den besonderen Standpunkt dieses Gesetzes nicht verlassen und keineswegs ohne weiteres eine völlige Gleichstellung der Leistungen im Sinne dieses Gesetzes mit den Forderungen aus wertbeständigen Schuldtiteln herbeiführen. Hätte er dies gewollt, so hätte er in § 26f eine ganz andre Fassung wählen müssen. Eine derartige Gleichstellung würde auch die in jenem Gesetz aufgestellten Maßstäbe verwischen, wobei darauf zu verweisen ist, daß die Goldmark nach Maßgabe des Dollarkurses in der DurchfV. v. 2. Nov. 1923 nur in sehr beschränktem Umfang und unter ganz andren Voraussetzungen als Wertmaßstab für die wertbeständige Hypothek zugelassen wurde. Daß eine auf Goldmark nach einer bestimmten Feingoldmenge lautende Forderung die Grundlage auch für wertbeständige Zwangshypotheken des § 26f Satz 1 abgeben kann, erhellt ohne weiteres; allein die Steuer-Goldmark ist ausschließlich auf den Dollarkurs aufgebaut und sohin kann eine solche Forderung nicht unter jenen Satz 1 gebracht werden. Eine Zwangshypothek aus Steuerforderungen kann daher in Goldmark nur nach Satz 2 § 26f eingetragen werden. Hierbei sind die geschuldeten Beträge in Papiermark umzurechnen, u. z., wie anzunehmen ist, vom Gläubiger. Es bleibt Sache des Grundbuchamts, die Berechnung, die der Formvorschrift des § 29 GBO. nicht unterliegt, nachzuprüfen (BayZ. 1924 S. 3).

β) **aus Arresturteilen, die auf Goldmark lauten.**

Kammergericht, 1. ZS. Beschlüsse v. 17. April 1924.

Auf Grund eines auf 4500 Goldmark lautenden Arrestbefehls hat das Grundbuchamt eine Sicherungshypothek zum Höchstbetrage von 4500 Billionen Papiermark eingetragen. Dieses Verfahren verletzt nicht die gesetzlichen Vorschriften. Nach Art. I VO. v. 10. Jan. 1924 verb. mit Art. I A3 § 26a VO. v. 22. Dez. 1923 (RGBl. 1239) können wertbeständige Hypotheken auf Goldmark lauten; die Zulässigkeit des auf Goldmark lautenden Arrestbefehls erscheint deshalb unbedenklich. Der § 26a nennt zwar nur Urteile zc. Es fehlt aber jeder Anlaß und innere Grund, für einen durch Urteil angeordneten Arrest Wertbeständigkeit zuzulassen, für einen durch Beschluß erlassenen dagegen zu verneinen.

γ) **Erhöhung der eingetragenen Summe wegen Geldentwertung.**

Bayer. Oberstes Landesgericht, ZS. Beschluß v. 17. Januar 1924.

Der Arrestbefehl gibt zwar die zu sichernden Forderungen ausschließlich in fremder Währung an. Die gemäß §§ 932, 886 ZPO. beantragte Sicherungs-Höchsthypothek ist aber (entsprechend RG. 106 S. 74) unter Umrechnung nach dem amtlichen Kurse des Vortages nur in Papiermark eingetragen worden. Diese Beträge — nicht die Forderungen in fremder Währung — stellen sohin die maßgebenden Höchstbeträge dar, für die das Grundstück haftet; sie allein geben die „bestimmte Geldsumme" des § 1113 ab. Sollen nun im Hinblick auf ein weiteres Sinken der Mark weitere Forderungsteile im Arrestwege gesichert werden, so ist dies nur möglich und zulässig im Wege weiterer Belastung des Grundstücks, die zugleich nach der Sachlage nicht anders denn als neuerlicher Vollstreckungsakt selbständiger Art prozessual und grundbücherlich aufgefaßt werden kann. . . . Die vom Beschwerdeführer beantragte Erhöhung der eingetragenen Hypothek bedeutet im Grunde nichts andres als eine Aufwertung der bereits u. z. in Papiermark eingetragenen Hypothek über deren grundbücherlich festgelegten Rahmen hinaus. Solche aber ist in dieser Form nicht möglich; denn das geltende Recht begrenzt um der Verkehrssicherheit willen die Höhe auf die aus dem Grundbuch ersichtliche bestimmte Geldsumme. Für einen neuerlichen selbständigen Sicherungsakt auf Grund des Arrestbefehls ist aber die Frist des § 929[2] ZPO. bereits verstrichen.

9. Mieterschutz. Pachtschutzordnung.

a) **Beschwerde, wenn der Antrag aus § 6 Ges. v. 1. Juni 1923 erst in der Berufung gestellt ist.**

OLG. Hamburg, 2. ZS. Beschluß v. 3. April 1924.

Die Beklagten, durch Urteil des Amtsgerichts vom 21. August 1923 zur Räumung der Mietwohnung verurteilt, haben Berufung eingelegt und im Termine vom 15. Oktober 1923 gemäß §§ 51, 6 MSchG. vom 1. Juni 1923 beantragt, die Zwangsvollstreckung von der Sicherung ausreichender Ersatzräume abhängig zu machen. Das LG. hat auf einen Eid des Klägers erkannt und in den Gründen für den Fall der Eidesleistung den beantragten

Vorbehalt abgelehnt. Die Beklagten haben deshalb sofortige Beschwerde eingelegt; diese ist jedoch nicht zulässig. In dem ähnlich gelagerten Falle des § 99³ ZPO., wo ebenfalls gegen ein auf mündliche Verhandlung ergangenes Urteil eine Beschwerde zugelassen ist, kann diese gegen ein Berufungsurteil des LG. nicht wegen des Kostenpunktes eingelegt werden, weil in der Hauptsache ein weiteres Rechtsmittel nicht gegeben ist. Dieselben Grundsätze müssen auch für die Auslegung des § 14 MSchG. gelten. Es wäre auch hier ein eigenartiges Ergebnis, wenn der Mieter in der Hauptsache kein weiteres Rechtsmittel hat, wegen eines Nebenpunktes aber eine Entscheidung des OLG. beantragen könnte. § 14 ist vielmehr dahin auszulegen, daß die Beschwerde in den dort ausdrücklich genannten Fällen des § 6²·⁴ nur anstelle der Berufung und nur insoweit stattfindet, als diese zulässig ist. Dabei kann es keinen Unterschied machen, ob der Antrag aus § 6 in der ersten oder erst in der zweiten Instanz gestellt ist, oder wie hier erst in letzterer gestellt werden konnte. Dies gilt auch bei Beschwerde gegen ein Berufungsurteil des LG. für Urteile in solchen Sachen, die vor dem Inkrafttreten des MSchG. anhängig geworden sind, da § 51 eine entsprechende Anwendung der §§ 6²·⁴, 14 vorschreibt. B.

b) **„Seit 1. Oktober 1923 dürfen die MEÄ. nur mit Beisitzern tagen, die gemäß der AusfVO. vom 25. September 1923 neu gewählt sind."**

Kammergericht, 17. ZS. Rechtsentscheid v. 13. März 1924 (Y 16).

... Die Vorschriften über die Besetzung der MEA. sind durch das vom 1. Juni 1923 (§§ 7²⁻⁶, 38³·⁵) völlig geändert worden.... Das Nähere regelt die oberste Landesbehörde, in Preußen also der Wohlfahrtsminister (GS. 1919 S. 173), der darüber die VO. vom 25. September 1923 (GS. 449) erlassen hat. Im übrigen wird auf die §§ 2—5, 7—10 der 1. AusfVO. des JustizMin. vom 15. Aug. 1923 (GS. 405) Bezug genommen. Die Gesamtheit dieser Anordnungen ergibt, daß seit dem 1. Oktober 1923 die früher gewählten Beisitzer nicht mehr tätig sein dürfen. Schon der Kreis der zum Beisitzeramte berufenen Personen ist jetzt ein anderer. Früher hatten Hausbesitzer mitzuwirken, auch wenn sie keine Mieter hatten; jetzt müssen es Vermieter aus dem Kreise der Hausbesitzer sein. Die Vorschlagslisten, die nunmehr berücksichtigt werden müssen, können also ganz anders ausfallen. Die abzugebende Verpflichtungserklärung und die Vorschriften des GVG. schränken anderseits den Kreis der zugelassenen Personen erheblich ein. Selbst die die Wahl vornehmende Stelle ist nicht immer dieselbe geblieben. Schließlich hat nach § 5 VO. vom 15. Aug. 1923 die Wahl jeweils für das folgende Geschäftsjahr zu erfolgen; der gewählte Beisitzer hat also immer nur ein Jahr mitzuwirken. Nur aus Zweckmäßigkeitsgründen, weil das MSchG. am 1. Oktober in Kraft trat, sollen nach § 12 VO. ausnahmsweise die ersten Beisitzer 5/4 Jahre tätig sein, um eine Wahl für nur ein Vierteljahr zu vermeiden. Diese Bestimmung ist dann in § 6 VO. vom 25. Sept. 1923 übernommen. Sie will nicht die Amtszeit der früher, unter ganz anderen Verhältnissen gewählten Beisitzer, die schon unbestimmt lange Zeit im Amte waren, verlängern, sondern ausnahmsweise sollen die jetzt neugewählten Beisitzer bis Ende 1924 tätig sein können. Kr.

c) **„Seit 1. Oktober 1923 ist gegen die auf Grund von § 9d WMVO. und von § 16 RMG. ergehenden Beschwerdeentscheidungen der MEA. dem unmittelbar Betroffenen die Rechtsbeschwerde an das LG. gegeben.“**[1]

Kammergericht, 17. ZS. Rechtsentscheid v. 20. März 1924 (Y 11).

... Die WMVO. gewährte keine Rechtsmittel gegen die Verfügung der Wohnungsämter. Ihr fügte alsdann das Reichsges. vom 11. Mai 1920 den § 9d ein, der dem unmittelbar Betroffenen gegen jede Einzelverfügung ein Beschwerderecht an das MEA. gab. Das nähere den obersten Landesbehörden überlassene Verfahren wurde für Preußen durch die AusfVorschriften des Wohlfahrtsminister vom 3. Juli 1920 (GS. 361) geregelt, die in Nr. 8 die Anordnung der Reichsregierung für das Verfahren vor den MEÄ. vom 23. Sept. 1918 (RGBl. 1146) für anwendbar erklärten, damit also ausdrückten, daß das MEA. bei seiner gesamten Spruchtätigkeit aus der Mieterschutz- und Wohnungsmangelgesetzgebung nach einheitlichen Verfahrensgrundsätzen vorzugehen habe. Sodann brachte den MEÄ. das RMG. neue Aufgaben, die ebenfalls bezüglich der Verfahrensregelung denselben reichsrechtlichen Vorschriften unterfielen. Die ausgedehnte Zuständigkeit der MEÄ. zur Entscheidung schwerwiegender Rechtsfragen ließ alsdann den Ruf nach einer Oberinstanz nicht mehr verstummen und diese Forderung wurde erfüllt im MSchG., das, wie sein § 37 besagt, für die den MEÄ. im RMG., dem MSchG. und der WMVO. zugewiesenen Aufgaben einheitliche Bestimmungen über die Besetzung der MEÄ. geben wollte, und daran in §§ 40ff. eine Verfahrensordnung in kurzen Zügen knüpfte, die ihre nähere Ausgestaltung in der VerfA. v. 19. Sept. 1923 (RGBl. I 889) erhielt. Auch diese Bestimmungen sollten ganz allgemein für alle reichsrechtlich den MEÄ. übertragenen Aufgaben gelten. Das wird durch § 41² S. 3 MSchG. klargestellt, wo unter den für die Rechtsbeschwerde gegebenen Vorschriften gesagt ist, daß die Verletzung des § 5a WMVO. einen absoluten Beschwerdegrund abgebe. Dieser § 5a aber behandelte die Inanspruchnahme öffentlicher Gebäude, also einen Sonderfall des Beschlagnahmerechts. Daraus folgt, daß jedenfalls das MSchG. auch in Beschlagnahmesachen die Rechtsbeschwerde gegen die Beschwerdeentscheidung des MEA. zulassen wollte. Wo ausnahmsweise diese Entscheidung endgültig sein sollte, ist das, wie § 16¹ S. 2 MSchG. ergibt, ausdrücklich gesagt. Nach alledem ergibt das Gesetz, daß die unter der WMVO. eingelegten Beschwerden an das MEA., sofern dessen Entscheidung erst nach dem Inkrafttreten des MSchG. ergangen ist, die Rechtsbeschwerde an das LG. mit eröffnet haben.

[1] a) Dagegen ist in Mieterschutzsachen die weitere Beschwerde gegen die auf Rechtsbeschwerde ergangenen Entsch. der LG. weder im MSchG. noch in den Pr. AusfBest. gegeben und deshalb unzulässig (Rechtsentscheid v. 3. März 1924).

b) „Gegen die Entsch. der Einigungsämter als Kleingartenschiedsgerichte findet eine Rechtsbeschwerde nicht statt (Rechtsentscheid v. 14. April 1924, Y 21).

Dieser Rechtszustand darf nicht aus dem Auge gelassen werden, wenn man die Änderungen betrachtet, die seit der Verkündung des MSchG. durch die Abänderung der WMVO. eingetreten sind. Gegen die Zuständigkeit der MEÄ. als Beschwerdeinstanz waren von verschiedenen Seiten Einwendungen erhoben worden. Die Reichsregierung nahm deshalb in den am 14. Juni 1923 vorgelegten Entwurf zur Änderung der WMVO. anstelle des § 9d die Bestimmung auf, daß das Nähere über die Beschwerde, also auch hinsichtlich der Zuständigkeit, die oberste Landesbehörde regeln solle; die bisher reichsrechtlich verordnete Zuständigkeit der MEÄ. wurde damit gestrichen. So entstand der jetzige § 16 WMG. Die preuß. oberste Landesbehörde fand aber keine Bedenken, es bei der Zuständigkeit der MEÄ. zu belassen, und bestimmte deshalb in § 2 AusfBest. vom 11. Sept. 1923 (GS. 432), daß das MEÄ. über die vom Reichsgesetz zwingend vorgeschriebene Beschwerde entscheiden solle. Bei unbefangener Würdigung ist diese Vorschrift dahin auszulegen, daß der Minister mit ihr erklären wollte, die bisherige reichsrechtliche Regelung habe weiter seinen Beifall und er mache deshalb von der Erlaubnis, ein preuß. Sonderbeschwerdeverfahren zu schaffen, keinen Gebrauch. Wenn eine reichsrechtliche Zuständigkeitsvorschrift beseitigt wird, um den Ländern freie Hand zu lassen, und ein Land einfach die bisherige reichsrechtliche Bestimmung wiederholt, so muß man annehmen, daß die gesamte reichsrechtliche Regelung nunmehr kraft Landesrechts weiter gelten solle, sofern nicht zwingende Gründe dem entgegenstehen. Solche Gründe aber liegen hier nicht vor. Allerdings sind die §§ 37—39 MSchG. nicht für entsprechend anwendbar erklärt. Das war aber auch nicht nötig, weil es selbstverständlich war. Der Minister wußte, als er die AusfBest. erließ, daß binnen wenigen Wochen das MSchG. in Kraft trat und daß dieses die Organisation der MEÄ. in wesentlichen Punkten veränderte. Es erscheint schlechterdings ausgeschlossen, daß er im Sinne gehabt hätte, die MEÄ. für die diesen von ihm übertragenen Aufgaben in der überlebten, vom Reichsgesetzgeber aufgegebenen Form zu verewigen. Das wäre eine sinnlose Vorschrift gewesen, die ohne jeden praktischen Wert nichts als Verwirrung angerichtet und Kosten verursacht hätte. Es ist deshalb als zweifellos gewollt zu unterstellen, daß der Minister die MEÄ. in ihrer jeweils reichsrechtlich vorgeschriebenen Organisation hat beauftragen wollen. Eben das muß aber auch für das zu beobachtende Verfahren gelten. Die Verfahrensvorschriften des MSchG. und der VerfA. v. 19. Sept. 1923 sind nichts als eine zeitgemäße Verbesserung des früheren Verfahrens, das nur in allgemeinen Umrissen geregelt war. Diese Verbesserungen für Wohnungsmangelsachen auszuschließen, lag ebenfalls kein Grund vor. Sollte es für Preußen einfach bei einer Fortgeltung der reichsrechtlichen Regelung verbleiben, so verstand sich von selbst, daß auch das zeitgemäße neue Verfahren beobachtet werden sollte. Aus § 32² AusfBest. v. 11. Sept. 1923 mit Nr. 8 AusfVorschr. v. 3. Juli 1920 (GS. 361) ist nichts Gegenteiliges zu entnehmen; denn der Minister konnte sich natürlich nur auf die schon vorhandenen reichsrechtlichen Verfahrensvorschriften beziehen. Eine ausdrückliche Bezugnahme auf das Verfahren des MSchG. und der VerfA. hätte sich in Form einer NachtragsVO. zwar empfohlen, ihr Nichterscheinen ist aber nicht ausschlaggebend, weil man im Wege der Auslegung zu demselben Ergebnis gelangen kann. Auch aus Nr. 6 AusfVorschr. vom 3. Juli 1920 ist nichts zu entnehmen. Es ist zwar dringend erwünscht, daß diese die Vollstreckbarkeit angefochtener Entscheidungen betreffende Vorschrift in irgendeiner Weise mit §§ 21^5, 20^2 VerfA. abgestimmt wird; der Umstand allein aber, daß dies anscheinend versehentlich bisher nicht geschehen ist, kann für die Auslegung der AusfBest. v. 11. Sept. 1923 keine besondere Bedeutung haben.

Ein wesentlicher Bestandteil des hiernach anwendbaren Verfahrens des MSchG. und der VerfA. ist aber die Zulassung und die Regelung der Rechtsbeschwerde. Vom Standpunkte des Reichsgesetzes aus ist die Beschwerdefähigkeit jeder Entscheidung des MEA. eine wesentliche Verfahrensbestimmung. Wie oben bereits dargetan, rechnet § 41 MSchG. sogar ausdrücklich mit Rechtsbeschwerden, die sich auf Verfügungen der WÄ. beziehen. Die uneingeschränkte Übernahme der Zuständigkeit der MEÄ. in die preuß. Verfahrensregelung für Wohnungsmangelsachen kann deshalb nur dahin verstanden werden, daß auch das reichsrechtlich geordnete Rechtsbeschwerdeverfahren hier ebenfalls gelten soll. Kr

Dazu: **„Gegen die Beschwerdeentscheidung des MEA. in Wohnungsmangelangelegenheiten kann auch die Gemeindebehörde Rechtsbeschwerde einlegen."**

Kammergericht, 17. ZS. Rechtsentscheid v. 20. März 1924 (Y 10).

Wem das Beschwerderecht zustehe, ist weder in § 41 MSchG. noch in der VerfA. ausdrücklich gesagt. Aus allgemeinen in der Natur der Sache begründeten Erwägungen ist deshalb anzunehmen, daß es jedem am Verfahren Beteiligten zusteht, dessen angebliches Recht durch die Entscheidung des MEA. beeinträchtigt worden ist. Als Recht in diesem Sinn ist unbedenklich auch die dem WA. eingeräumte Befugnis zur Zwangsbewirtschaftung des vorhandenen Wohnraums anzusehen. Das WA. hat auch am Verfahren als beteiligt zu gelten; denn es ist eine Verwaltungsbehörde. Das MEA. hat dagegen Streitigkeiten in einer Art von streitigem Verfahren als eine unparteiische, zu den Rechtsuchenden in keinem Überordnungsverhältnis stehende Instanz zu entscheiden; es ist deshalb einem Verwaltungsgericht zu vergleichen. Im Verwaltungsstreitverfahren aber hat auch die angegriffene Behörde das Recht, als Partei ihre Verfügung zu verteidigen und notfalls Rechtsmittel einzulegen. Es ist vielleicht kein Zufall, rechtfertigt sich aber jedenfalls aus diesen Darlegungen, daß § 41^4 MSchG. den farblosen Ausdruck „Gegner des Beschwerdeführers" verwendet und diesem Gegner den unbedingten Anspruch auf Einlegung der Anschlußbeschwerde gibt. Gegner des durch die Beschlagnahme betroffenen Verfügungsberechtigten ist zweifellos das WA., da man sich einen anderen

Gegner nicht denken kann und irgendein Gegner vorhanden sein muß. Hat es aber ein Anschlußbeschwerderecht, so muß man ihm auch, wenn es selbst allein oder in erster Linie benachteiligt worden ist, auch die selbständige Rechtsbeschwerde einräumen, zumal das Verfahren auch auf die Wohnungsmangelbeschwerden mit zugeschnitten ist (Y. 11/24). Allerdings geben § 9d WMVO. und § 16 WMG. die „Beschwerde" (an das MEA.), von der man gemeinhin nur dort spricht, wo das Rechtsmittel an eine gleichgeartete Dienststelle geht. Wo das nicht zutrifft, ist sonst ein anderer Ausdruck gewählt worden. Gegen Strafverfügungen wird „gerichtliche Entscheidung beantragt" und § 16 Satz 2 MSchG. spricht richtiger davon, daß der Mieter beim MEA. „Einwendungen" gegen die Auffassung des WA. erheben könne. So ist auch hier davon auszugehen, daß es sich um keine eigentliche Beschwerde handelt, sondern daß nur das gerichtsartige MEA. zur Entscheidung angerufen wird.

Auch die weitere Frage, ob etwa die genannten § 9d (§ 16) das Beschwerderecht selbst zum Nachteil des WA. ausgeschlossen haben, ist zu verneinen. Als § 9d die Beschwerde einführte, die an das MEA. zu gehen hatte, überließ er der obersten Landesbehörde das nähere Verfahren. Da es damals noch keine dem MEA. übergeordnete Instanz gab, so konnte begrifflich das WA. nicht als Beschwerdeführer in Betracht kommen, weil ja seine Verfügung allein angefochten werden sollte. In Preußen konnte und mußte man sich deshalb darauf beschränken, den Kreis der auf der Gegenseite Beschwerdeberechtigten zu umschreiben, was durch Nr. 2 AusfVorschr. v. 3. Juli 1920 geschah. Als dann das WMG. verabschiedet wurde, lag allerdings das MSchG. bereits vor. Jetzt entschloß man sich aber, den Ländern die Möglichkeit zu verschaffen, die Anfechtung von Verfügungen der WA. allein auf den Dienstaufsichtsweg zu beschränken. Strich man aber die Zuständigkeit des MEA. als Beschwerdestelle, so fiel damit reichsrechtlich auch die Rechtsbeschwerde und die Möglichkeit eines eigenen Beschwerderechts des WA., das im Dienstaufsichtsverfahren nicht denkbar war. Bei dieser Einstellung ist erklärlich, daß auch § 16 WMG. ein Beschwerderecht des WA. nicht nennt, ohne daß es ihm auch dann versagt sein sollte, wenn die Länder das MEA. als Beschwerdestelle wieder einführten. Der § 2[1] Pr. AusfBest. vom 11. Sept. 1923 schließlich ist lediglich als Zuständigkeitsanordnung zu werten, wobei ohne Notwendigkeit der Inhalt des § 16 WMG. mit abgeschrieben wurde. Aus dieser Fassung eine Ausschließung der Rechtsbeschwerde des WA. herzuleiten, erscheint nicht zwingend, eben weil es sich offenbar nach dem Willen des Ministers nur um die Zuständigkeitsregelung handelte. Kr.

d) **„Bei der Entscheidung des MEA. in Sachen, in denen die Gemeindebehörde Partei ist, insbes. bei der Festsetzung von Zwangsmietverträgen, darf kein früheres oder jetziges Mitglied des die Gemeinde nach außen vertretenden Organs mitwirken."**

Kammergericht, 17. ZS. Rechtsentscheid v. 31. Januar 1924 (Y 30/23).

Nach § 4 S. 2 WMG. hat nur die Gemeindebehörde das Recht, das

MEA. wegen Festsetzung des Zwangsvertrags anzugehen. Der Wohnungsuchende hat darauf kein selbständiges Recht und ist bei dem Verfahren nicht beteiligt; er hat nach § 5^2 der Anordn. v. 19. September 1923 nur den Anspruch, „auch" gehört zu werden. Eine Folge seiner mangelnden Parteistellung ist, daß das MEA. die Gemeindebehörde selbst als Mieter in jenem Vertrage bezeichnen darf (§ 4^2 WMG.). Alles das wäre begrifflich undenkbar, wenn nicht die Behörde die wahre Antragstellerin wäre.[1] ... Hier liegt die Vertretung bei dem Magistrat in seiner Gesamtheit als Organ, nicht bei den einzelnen Mitgliedern. Daraus folgt jedoch nicht, daß das einzelne Mitglied Richter in Angelegenheiten der Stadtgemeinde sein könnte. Der — gemäß §§ 38^4 83 MSchG. hier anwendbare — § 41 ZPO. schließt die dort genannten Personen als Richter aus, weil sie kraft ihres Amtes als gesetzliche Vertreter verpflichtet sind, die Interessen der durch sie vertretenen natürlichen oder juristischen Person so sehr in den Vordergrund zu rücken, daß sie nicht als unbefangen gelten können. Das trifft aber nicht bloß bei dem Alleinvertreter zu, sondern auch bei jedem, der einem Organ angehört, das in seiner Gesamtheit jene Interessen vertritt. Der Fall liegt also nicht anders, als wenn der Vorstand einer Aktiengesellschaft aus mehreren, nur gesamtvertretungsberechtigten Personen zusammengesetzt ist. Mit Recht ist deshalb in RGSt. 11 S. 223 auch der Gegenvormund als Richter für ausgeschlossen erklärt. Wie weit die ZPO. den an die richterliche Unparteilichkeit zu legenden Maßstab faßt, ergibt sich besonders auch daraus, daß nicht Richter sein darf, wer als gesetzlicher Vertreter aufzutreten berechtigt gewesen ist. Auch bei ihm wird also vorausgesetzt, daß sein Interesse noch so groß ist, daß er nicht als unbefangen gelten dürfe. Dieser offenbare Wille des Gesetzes hat demnach zur Folge, daß in allen Mietstreitsachen, in denen die Gemeinde Partei ist, kein jetziges oder früheres Mitglied des sie nach außen vertretenden Organs Vor- oder Beisitzer des MEA. sein kann. [Vgl. jetzt § 10 Abs. 4 Pr. VO. v. 27. Febr. 1924, GS. 116.]

e) **„Das LG. darf — abgesehen von der Nachprüfung von Verfahrensmängeln — nur dann tatsächliche Feststellungen des MEA. nachprüfen oder ergänzen, wenn es eine Gesetzesverletzung festgestellt hat und der neuen Tatsachen für die eigene Entscheidung bedarf."**[2]

Kammergericht, 17. ZS. Rechtsentscheid v. 13. März 1924 (Y 5).

Nach der Begründung sollte das MSchG. gegen die Entscheidungen der MEÄ. keine Berufung, also ein mit der Tatsachennachprüfung sich befassendes Rechtsmittel, gewähren, sondern nur eine der Revision nachgebildete Rechtsbeschwerde; dieser Gedanke ist in § 41^1 klar ausgedrückt. Nach Abs. 2 kann sie nur darauf gestützt werden, daß die Entscheidung auf einer Verletzung

[1] „In dem auf den Abschluß eines Zwangsmietvertrags gerichteten Verfahren ist die Gemeindebehörde (das Wohnungsamt) Partei und deshalb berechtigt, Rechtsbeschwerde einzulegen" (Rechtsentscheid v. 6. März 1924, Y 17).

[2] Wenn das LG. einen Beschluß des MEA. aufhebt und an dieses die Sache zurückverweist, so ist ihm grundsätzlich die Kostenentscheidung auch für die landgerichtliche Instanz überlassen (Rechtsentscheid v. 19. Mai 1924, Y 38).

des Gesetzes iS. des § 550 ZPO. beruhe. Eine ausdrückliche Begründung und die Stellung eines Antrags ist nicht vorgeschrieben und nur als Sollvorschrift in § 21 S. 3 VerfA. v. 19. Sept. 1923 vorgesehen. Daraus folgt, daß das LG. ohne Rücksicht darauf, ob Beschwerdegründe vorgebracht und ob die vorgebrachten gerechtfertigt sind, zu prüfen hat, ob Rechtsverstöße vorgekommen sind, die für die Entscheidung des MEA. zum mindesten maßgeblich gewesen sein können (RG. 82 S. 275). Daß für die Aufdeckung von Verfahrensfehlern oftmals tatsächliche Vorgänge nachzuprüfen sein werden, ist auch bei der Revision nach der ZPO. nicht anders....

Nun hat der Ausschuß des Reichstags den übersichtlichen und rechtlich klaren Inhalt des § 30 (jetzt § 41 MSchG.) durch Einfügung des Abs. 3 durchbrochen. Der Bericht (Drucks. Nr. 5632) sagt dazu, man habe damit das Verfahren mit den entsprechenden Vorschriften der PSchO. in Einklang bringen wollen; es solle verhindert werden, daß eine in tatsächlicher Richtung unrichtige Entscheidung des MEA. nur deshalb nicht abgeändert werden könne, weil sie einen Rechtsirrtum nicht erkennen lasse. Es scheint danach, als ob der Ausschuß den Grundsatz hat durchbrechen wollen, daß nur die rechtliche Fehlerhaftigkeit zur Abänderung der Entscheidung des MEA. führen könne. Wäre diese Auslegung für das Gesetz selbst zwingend, so würde sie zu einer völligen Verwischung der doch zweifellos gewollten Rechtsbeschwerde führen. Ist der Richter befugt, etwas zu tun, wenn es ihm notwendig erscheint, so ist er auch dazu verpflichtet; beides ist schlechterdings nicht voneinander zu trennen. Um beurteilen zu können, ob eine Nachprüfung der tatsächlichen Feststellungen des MEA. „notwendig erscheint", müßte sich also das LG. in jedem Falle damit befassen, die Beweisaufnahme selbst und die tatsächliche Beweiswürdigung das MEA. kritisch zu werten. Die Folge wäre wiederum, daß noch mehr, als es schon sonst geschieht, der Beschwerdeführer solche Würdigung erheischen würde. Damit aber wäre die Beschwerdestelle vollkommen auf dem Standpunkt angelangt, Berufungs- und nicht Rechtsbeschwerdekammer zu sein; denn „notwendig" wäre im Rechtssinne die Nachprüfung nicht bloß dann, wenn das MEA. sich *offensichtlich* in tatsächlicher Richtung geirrt hat, sondern schon dann, wenn das LG. auch nur Bedenken gegen die Feststellungen glaubt haben zu müssen. Diese Folgerungen aber brauchen aus § 41³ nicht gezogen zu werden. In Wahrheit ist § 41 nicht mit der PSchO. in Einklang gebracht. Im § 3¹ Ges. zur Verlängerung der PSchO. vom 29. Juni 1922 war nämlich mit der Berufung als dem normalen Rechtsmittel gerechnet worden und die Befugnis der Länder, eine andere Art von Rechtsmittel einzuführen, wurde dahin *eingeschränkt*, daß in gewissem Umfang auf alle Fälle eine Tatsachennachprüfung der Beschwerdestelle offengehalten werden *müsse*. Die Länder durften danach eine reine Rechtsbeschwerde gar nicht einführen. Beim MSchG. ist dagegen kraft Reichsrechts die Rechtsbeschwerde zum *allein* zulässigen Rechtsmittel erklärt worden („nur" in § 41²). Es ist nicht angängig, wegen eines späteren, mit dem gesamten sonstigen Gesetzesinhalt des nicht in Einklang gebrachten Zusatzes alle übrigen Bestimmungen über das Beschwerdeverfahren gegen ihren Wortlaut umzudeuten. Der § 41³ darf deshalb nur so ausgelegt werden, daß er zum übrigen Gesetzesinhalt paßt. Das aber ist auch durchaus möglich. Trotzdem es sich um eine Rechtsbeschwerde handelt, sind die Befugnisse der Beschwerdestelle gegenüber den des Revisionsgerichts erheblich erweitert. Sie hat nicht bloß die ausdrücklich gerügten Verfahrensverstöße nachzuprüfen (anders § 559 ZPO.), sie kann stets selbst entscheiden, wenn sie dem MEA. nicht beitritt (§ 43 MSchG., anders für die Mehrzahl der Fälle § 565 ZPO.). Ebenso wie das Revisionsgericht kann sie den Beschluß des MEA. bestätigen, wenn sie aus anderen Gründen zum selben Ergebnis gelangt (§ 41² S. 4 MSchG., § 563 ZPO.). In allen diesen Verfahren, die aber durchweg die Feststellung einer Gesetzesverletzung durch das MEA. voraussetzen, kann und wird vielfach erforderlich sein, die tatsächlichen Feststellungen des MEA. zu ergänzen oder nachzuprüfen, auch soweit es sich nicht bloß um die Aufdeckung von Verfahrensverstößen handelt. Die Befugnis, für diese Tätigkeit, die die Grundlage für die eigene Entscheidung der Beschwerdestelle in der Sache selbst abgeben soll, auf das tatsächliche Gebiet übergreifen zu dürfen, verstand sich für eine reine Rechtsbeschwerdeinstanz nicht von selbst. Sie ist ihr aber durch den § 41³ MSchG. beigelegt. So verstanden steht er mit dem übrigen Gesetzesinhalt im Einklang; er darf deshalb auch nicht weitergehend ausgelegt werden. Das LG. hat also, bevor es den § 41³ anwendet, zunächst stets zu prüfen, ob eine Rechtsnorm nicht oder nicht richtig angewendet worden ist, wobei übrigens auch das „billige Ermessen" als solches ein Rechtsbegriff ist, an den sich das MEA. in erster Linie zu halten hat (§ 40³ S. 1). Kr.

f) **„Die abweichende Entscheidung einer außerpreuß. Beschwerdestelle verpflichtet das LG. nicht zur Einholung eines Rechtsentscheids."**
Kammergericht, 17. ZS. Rechtsentscheid v. 13. März 1924 (Y 18).

Das MSchG. selbst sieht keine Bestimmung vor, die einer Zersplitterung der Rechtsprechung auf dem Tätigkeitsgebiete der MEA. vorbeugen. Auch § 249 der VerfA. war weder bestimmt noch geeignet, eine Einheitlichkeit der Rechtsprechung für ganz Deutschland zu gewährleisten. Sollte das geschehen, so hätte von Reichswegen die Vorlegungspflicht angeordnet und besonders vorgesorgt werden müssen, wie es zu halten sei, wenn in den einzelnen Ländern die Obergerichte in ihren Rechtsentscheiden voneinander abweichen wollen. Diese Lücke ist nicht ausgefüllt, im Gegenteil nur bestimmt worden, daß ein LG. allein durch Rechtsentscheide seines übergeordneten Gerichts zur Aktenvorlegung verpflichtet werde, während die in andern Ländern ergangenen Rechtsentscheide nicht verbindlich sind. Dementsprechend verpflichtet § 1 Pr. AusfVO. vom 22. Oktober 1923 auch die LG.e nur zur Beachtung der Rechtsentscheide des Kammergerichts. Der § 24 VerfA. geht also nicht weiter, als daß er die einzelnen Länder ermächtigt, für ihren Bezirk eine Einheitlichkeit der Rechtsprechung zu sichern.... Trotz der insoweit anscheinend klaren Ausdrucksweise des § 24 muß man also annehmen, daß, wenn von einer „andern Beschwerdestelle" die Rede ist, nur eine gleichartige Beschwerdestelle desselben Landes gemeint ist. Das folgt zunächst daraus, daß, wie die Eingangsworte des § 24 zeigen, nicht jede Beschwerdestelle gemeint ist, sondern nur eine solche, die ein LG. oder eine Verwaltungsbehörde ist, also eine solche, die der Beschwerdestelle desjenigen Landes gleichartig ist, dessen Beschwerdestelle von der Entscheidung einer andern Beschwerdestelle abweichen will, so daß für die Vorlegungspflicht die innere Organisation des Beschwerdeverfahrens der einzelnen Länder maßgeblich wäre, mit der sich zu befassen die Beschwerdestellen andrer Länder keinen Anlaß haben. Weiter aber kann es nicht im Willen der Reichsregierung gelegen haben, die Beschwerdestelle eines Landes zur Vorabentscheidung zu zwingen wegen der vorangegangenen Entscheidung der Beschwerdestelle eines andern Landes, dessen Beschwerdestellen nicht verpflichtet worden sind, die Beschlüsse der Beschwerdestellen des eigenen oder gar eines andern Landes zu beachten. Kr.

g) **„Der Lauf der Frist zur Einlegung der Rechtsbeschwerde in MSch-Sachen beginnt: α) gegen einen nicht in Gegenwart des Beteiligten oder seines Bevollmächtigten verkündeten Beschluß für diesen Beteiligten erst mit der Mitteilung an ihn."**

Kammergericht, 17. ZS. Rechtsentscheid v. 28. April 1924 (Y 25).

... Die VerfA. v. 19. Sept. 1923 § 21[6] läßt den § 20[1] bei der Einlegung der Rechtsbeschwerde (§ 21[1]) und bei der Anrufung der Beschwerdestelle gegen den jene Beschwerde als unzulässig verwerfenden Beschluß des MEA. (§ 21[2]) entsprechend anwenden. Auch in diesen beiden Fällen beginnt also die Notfrist „mit der Bekanntgabe der Entscheidung". Was hierunter zu verstehen sei, stellt die VerfA. § 20[1] selbst klar, indem sie ausdrücklich auf § 16[2] verweist. Dort ist aber unzweideutig angeordnet, daß die Beschlüsse den Beteiligten oder deren Bevollmächtigten in der in § 40[1] S. 3 des MSchG. vorgeschriebenen Weise mitzuteilen sind, also in einer Form, die dem MEA. ermöglicht, den Tag des Zugangs bei dem Beteiligten festzustellen. Es ist also eine Übersendung des Beschlusses erforderlich, wobei die Übergabezeit irgendwie festgelegt wird, oder die Eröffnung des Beschlusses mündlich zu Protokoll. Von dieser Vorschrift macht § 16[2] VerfA. lediglich dann eine Ausnahme, wenn der Beschluß des MEA. bereits in Gegenwart der Beteiligten oder seines Bevollmächtigten verkündet worden ist. Nur in diesem Fall also ersetzt die Verkündung die eben beschriebene Mitteilung. Unerheblich ist, ob der Beteiligte zum Termin hätte erscheinen können, ob er also ordnungsmäßig geladen war. Denn das Verfahren vor dem MEA. kennt keine obligatorische mündliche Verhandlung; es muß nur dem Beteiligten Gelegenheit zur Äußerung gegeben werden (§ 40[3] S. 2 MSchG.). Diese Gelegenheit „kann" es in der Form eines Verhandlungstermins geben (§ 7 VerfA.). Ob aber der Beteiligte erscheinen will, ist, sofern nicht das persönliche Erscheinen ausdrücklich angeordnet ist, in sein Ermessen gestellt....

β) **für den Beschwerdeführer, der bei der Verkündung gegenwärtig oder**

vertreten war, mit der Verkündung der Entscheidung (Rechtsentscheid v. 8. Mai 1924, Y 30).

h) **„Das MEA. kann die vor 1. Oktober 1923 erteilte Genehmigung zur Zwangsvollstreckung aus einem Urteil, das zur Herausgabe eines vermieteten oder sonst zum Gebrauch überlassenen Raumes verpflichtet, bis zur Beendigung der ordnungsmäßig durchgeführten Zwangsvollstreckung zurücknehmen"** (KG. 11. Febr. 1924, 17 Y 8). Kr.

i) α) **„Umfaßt ein Mietvertrag Gebäude(-teile) und einen Garten, so kann das MEA. die Friedensmiete nur für das Gebäude(-teile), nicht aber auch für den Garten[1] festsetzen."**

Kammergericht, 17. ZS. Rechtsentscheid v. 8. Mai 1924 (Y 19).

Das RMG. entspringt dem Bedürfnisse, die Mietpreisbildung vor dem ungleichen Spiel der Kräfte zu bewahren, das infolge der überwiegenden Nachfrage nach Wohnungen zu befürchten war. „Mietpreissteigerungen sollen nur insoweit zugelassen werden, als sie durch die Steigerung der für das Haus anzuwendenden Ausgaben notwendig geworden" (Begr. zum allg. Teil). „Grundsätzlich wird aber der bürgerlich-rechtliche Mietvertrag nur insoweit berührt, als es sich um die Höhe der vom Mieter als Entgelt für den Mietraum zu bewirkenden Leistung handelt" (aO. § 19). Demgemäß läßt § 1 die Bildung der gesetzlichen Miete nur für vermietete Gebäude (-teile) zu. Der Umstand, daß mit ihnen andre Sachen, besonders Gärten, den einheitlichen Gegenstand eines Mietvertrags bilden, kann nicht dazu führen, erweiternd auf jene Sachen, die Zwangsbewirtschaftung auszudehnen, zumal der Wille des Gesetzgebers, diese auf Gebäude (-teile) zu beschränken, im RMG. unzweideutig ausgedrückt ist. Für die auf Grund des WMG. zu treffenden behördlichen Maßnahmen teilt auch der Erlaß des Pr. Wohlfahrtsmin. v. 20. April 1924 diesen Standpunkt. Wenn er aber für die Mietzinsbildung abweichender Meinung ist, so ist hierfür ein Grund nicht ersichtlich; insbes. wird die Einheitlichkeit des Vertrags noch nicht durch eine Bestimmung des Mietzinses für die verschiedenen Mietsachen nach verschiedenen Gesichtspunkten aufgelöst.

Ob die Mitüberlassung eines Gartens (hier v. $^1/_2$ Morgen) eine geldwerte Sonderverpflichtung des § 20 RMG. darstellt, entscheidet beim Streit der Parteien das ordentliche Gericht und kann daher nicht im Verfahren vor dem MEA. entschieden werden (vgl. 17 Y 14/24). Deshalb kann auch ein Rechtsentscheid nicht erteilt werden.[2] M.

[1] Die Gründe überzeugen nicht. Die Motive ergeben für die Entscheidung nichts. Ein innerer Grund für obige Unterscheidung ist nicht ersichtlich oder man müßte sie auch für Dach- und Vorgärten, Hofräume 2c gelten lassen. Maßgebend kann doch nur sein, ob der Vertrag zu Wohnzwecken geschlossen worden ist (vgl. Rsp. 5 S. 24 aE.). D. E.

[2] Mit den Zuschlägen für Instandsetzungsarbeiten soll das Haus mit allen seinen Einrichtungen in betriebsfertigem Zustande erhalten werden. Dagegen soll aus dem Betriebskostenzuschlag der eigentliche Betrieb des Hauses bestritten werden; nur in diesem Sinne ist der sehr allgemein gehaltene § 4[1] RMG. zu verstehen. Wo eine Treppenbeleuchtung vorhanden ist, gehört alles, was dazu dient, diese Anlage so zu erhalten, daß sie ihren Zweck erfüllt, zu den Instandsetzungsarbeiten, also auch die Erneuerung der Lampen, sobald sie nötig ist; nur der eigentliche Betrieb der vorher schon betriebsfertigen Anlage gehört zu den Betriebskosten (**KG. 11. Febr. 1924, 17 Y 9**).

β) **Muß der Vermieter, wenn das MEAmt die Einstellung der Sammelheizung anordnet, den widersprechenden Mieter Öfen setzen?**

Kammergericht, 17. ZS. Urteil v. 9. Juli 1923.

Der auf Setzung von Öfen klagende Mieter hat der von 8 Mietern beantragten Einstellung der Sammelheizung vor dem MEA. widersprochen; dieses hat jedoch auf Hilfsantrag des Vermieters angeordnet, daß er „berechtigt bzw. verpflichtet ist, die Sammelheizung ganz einzustellen". Gleichwohl wurde er verurteilt, „die Wohnung mit einer Heizungsmöglichkeit so auszustatten, daß die hier übliche Wärme zu erzielen ist". Denn bei den hier herrschenden Bräuchen gehört zu den Leistungen des Vermieters aus § 536 auch die, daß die Wohnung heizbar sei. Der § 13 RMG. hat daran nichts geändert; er schafft nur die Möglichkeit einer Anordnung über die Einstellung der Sammelheizung. Über ihre Folgen schweigt das Gesetz. Es geht nicht an, daraus zu folgern, daß § 536 durch § 13 dergestalt eingeschränkt wird, daß auch beim Antrage des Vermieters die Mieter keinen Anspruch auf Gewährung andrer Heizungsmöglichkeit haben. Abänderungen der für das gesamte Mietrecht grundlegenden Bestimmungen des BGB. mußte ein Sondergesetz, wie das RMG., unzweideutig anordnen, wenn sie es schaffen wollte. Es hat sich aber darauf beschränkt, als einzige Folge im § 13² die Minderung der Vergütung für die Heizstoffe vorzusehen. Das Gesetz ist als ein „Gesetz über die Regelung der Zinsbildung" eingebracht worden und enthält daneben Vorschriften über die Verwendung der Mietzuschläge. Auch nach dieser Zweckbestimmung hat es nicht beabsichtigt, in den Abschnitt Miete des BGB. einzugreifen, soweit es die hier vorliegende Frage betrifft.

Es fragt sich nur, ob der Hauswirt durch Vertrag von der Gewährung einer Heizungsmöglichkeit befreit worden ist. Aus § 15 RMG. folgt zunächst nur, daß sowohl für den Hauswirt wie für alle Mieter, die vor dem MEA. Parteien waren und für die der Spruch erlassen ist, die Abrede unterstellt wird, daß die Sammelheizung eingestellt werden solle, kraft dieses Spruches auf sie verzichtet haben. Ob der einzelne Mieter aber auch auf jede Möglichkeit einer Ersatzheizung verzichtet hat, darauf gibt § 15 keine Antwort. Allerdings verzichten die Mieter, die die Einstellung beantragen, damit auf die gesamte Leistungspflicht des Vermieters aus § 536, soweit sie sich auf die Beheizbarkeit erstreckt. Anders liegt der Fall jedoch für den Mieter, der der Einstellung widerspricht und gegen den sie nur auf Antrag des Vermieters ausgesprochen ist. Er muß sich nur die Abschaffung der Sammelheizung gefallen lassen, hat aber einen weitergehenden Verzicht nicht erklärt. Er hat Anspruch auf Gewährung einer bewohnbaren, also auch beheizbaren Wohnung und Vermieter muß, da er Sammelheizung nicht zu gewähren braucht, eine andre Heizungsmöglichkeit verschaffen, sei es durch Setzen von Öfen oder durch den Anschluß an eine benachbarte Sammelheizung. Wollte das MEA. den Beklagten von dieser Verpflichtung befreien, dann hätte es dem Antrage der 8 Mieter nur gegen die Verpflichtung stattgeben dürfen, die Wohnungen der andren Mieter mit einer Heizungsmöglichkeit zu versehen. Daß das Gesetz auch zwischen beantragenden und widersprechenden Beteiligten unterscheidet, geht daraus hervor, daß § 13 von der „Berechtigung oder Verpflichtung" des Vermieters redet, dem Beantragenden gegenüber ist er zur Einstellung verpflichtet, dem Widersprechenden gegenüber dazu nur berechtigt.[1] Dr. Gr.

γ) **Das MEA. hat nicht abschließend zu entscheiden, ob ein Gebäude ein Geschäfts- und Industriehaus im Sinne der Nr. III Pr. AusfBest. vom 4. August 1923 ist.**

Kammergericht, 17. ZS. Rechtsentscheid v. 13. März 1924 (Y 14).

Das RMG. gilt gemäß § 1 an sich für alle in Deutschland stehenden Gebäude (-teile). Nach § 22 Satz 3 kann aber jede oberste Landesbehörde bestimmte Arten von Mieträumen vom RMG. ausnehmen. Eine derartige Anordnung hat ohne weiteres das Ausscheiden aller darunter fallender Mieträume aus den für die gesetzliche Miete geltenden Vorschriften zur Folge. Daraus ergibt sich dann weiter von selbst, daß die Miete solcher Räume nach andren Vorschriften zu berechnen ist. Hierüber hat jedoch das MEA., weil es nur die gesetzliche Miete festzusetzen hat, nicht zu entscheiden; der Streit gehört also vor die ordentlichen Gerichte. Diese haben dabei alle ihnen unterbreiteten Rechtsfragen zu prüfen und zu entscheiden, bezüglich deren sie nicht durch eine ausdrückliche gültige Anordnung an die Entscheidung einer anderen Behörde gebunden sind. Solche Bindung kann aber, falls sie beabsichtigt war, in Nr. III[2] Pr. AusfBest. (GS. 1923 S. 382) nicht gesehen werden. Der Begriff des „Geschäftshauses" ist in Abs. 1 genau umrissen. Das MEA. hätte also die Aufgabe, eine reine Rechtsfrage zu lösen, die nämlich, ob der ihm unterbreitete Tatbestand die Voraussetzungen des Abs. 1 erfüllt. Für solche Rechtsfragen sind aber die MEÄ. gänzlich ungeeignet. Sie haben nach billigem Ermessen zu entscheiden. Entscheiden sie dabei eine Rechtsfrage mit, zB. die Zulässigkeit oder Einhaltung einer Kündigung, die Wahrung einer Frist, so bleibt stets den Gerichten überlassen, diese Fragen nachzuprüfen, „da die Entscheidungen über Rechtsfragen für die ordentlichen Gerichte nicht bindend sind" (LeipZ. 23 S. 563, bes. RG. 16. Nov. 1923 III 817/22). Das MEA. entscheidet also unter der Voraussetzung, daß es in rechtlicher Beziehung sich nicht geirrt hat. Daraus

[1] Schon der Ausgangspunkt obiger Entscheidung ist unhaltbar. Ist eine Wohnung mit Sammelheizung Gegenstand des Mietvertrags, so sind beide Teile darüber einig, daß die Wohnung nur auf diesem Wege erwärmt werden soll; jedenfalls hat der Mieter die Sache in Kenntnis des Mangels angenommen (§ 539 BGB.). Es geht nicht an, dem Vermieter jetzt noch die erheblichen Kosten der Ofensetzung aufzubürden, für die er in der gesetzlichen Miete kein Entgelt erhält. Von einem Verzicht des Mieters kann hier nicht gesprochen werden. Denn abgesehen davon, daß er nicht auf das Recht als solches für immer verzichtet, wird er von den drückenden Kostenvorschüssen für die Dauer der Einstellung frei. Ob ein Mieter widersprochen hat, ist wohl für das MEA. bei seiner Entscheidung nach billigem Ermessen beachtlich. Hat es aber schließlich die gänzliche Einstellung der Sammelheizung angeordnet, so gilt dies als vereinbarte Bestimmung des Mietvertrags u. z., da § 15 in dieser Beziehung nicht unterscheidet, für alle Beteiligten. Dieser Schluß wird dadurch bestätigt, daß der Reichstag einen in erster Lesung gestellten Antrag, den Vermieter zur Ofensetzung zu verpflichten, auf den Vorschlag des Regierungsvertreters abgelehnt hat. D. H.

aber folgt, daß wenn Nr. III[2] mehr sagen wollte, als daß das MEA. bei Gelegenheit eines sonstigen vor es gebrachten Streites für die Gerichte unverbindlich auch die Geschäftshauseigenschaft mitprüfen dürfe, sie ungültig wäre. Dem Gericht die Prüfung der Frage zu entziehen, fehlte dem Wohlfahrtsminister vollends die Zuständigkeit, weil sie ihm nirgends eingeräumt ist. Wird deshalb dem MEA. nur die Frage vorgelegt, ob ein Haus Geschäftshaus sei, so hat es die Entscheidung abzulehnen, weil sie, sofern sie mehr als ein Sühneversuch ist, doch niemand binden würde.[1] Kr.

k) α) **„Eine Wohnung ist nicht schon deshalb unbenutzt im Sinne der §§ 3, 4 WMVO. und des WMG. sowie der §§ 5, 6 des Groß-Berliner Wohnungsnotrechts, weil der Verfügungsberechtigte gestorben ist und sein Erbe nicht zu seinem Hausstande gehört hat."**

Kammergericht, 17. ZS. Rechtsentscheid v. 11. Februar 1924 (Y 7).

Nach § 4 WMVO. (§ 6Aa des NotR.) können zur Unterbringung wohnungsuchender Personen nur unbenutzte Wohnungen beansprucht werden. Um dies zu ermöglichen, verpflichtet § 3 (§ 5a[1] NotR.) den Verfügungsberechtigten, unverzüglich anzuzeigen, sobald eine Wohnung unbenutzt ist. Bei dem offen zutage liegenden Zusammenhange beider Bestimmungen ist zweifellos in ihnen der Begriff „unbenutzt" derselbe. Er wird aber in § 3[2] und damit also auch verbindlich für § 4 gesetzlich umschrieben, so daß eine davon abweichende oder ausdehnende Auslegung schlechterdings unzulässig ist. Danach ist die Wohnung nur dann unbenutzt, wenn a) sie völlig leer steht, b) nur zur Aufbewahrung von Sachen dient, oder c) der Berechtigte seinen Wohnsitz dauernd oder zeitweilig in das Ausland verlegt hat. Es fragt sich also allein, ob einer dieser Fälle hier gegeben ist. Fall a kommt nur in Frage, wenn der oder die Erben die Wohnung völlig ausräumen; dann aber wird ein Streit kaum entstehen; denn hier liegt die freiwillige Aufgabe der Wohnung offen. Fall c scheidet ganz aus, weil der Tod nicht mit dem Verziehen ins Ausland gleichgestellt werden kann. Es bleibt also nur der Fall b übrig. Er kann allerdings vorliegen, wenn die Erben eigene Wohnung haben, aber doch nur, wenn sie diese behalten wollen und die Nachlaßwohnung eben nur als Aufbewahrungsort für den Nachlaß behandeln. Erklären sie das oder macht keiner der Erben im Einverständnis mit den andern ernstliche Anstalten, die Nachlaßwohnung wirklich als Wohnung, dh. als Familienmittelpunkt binnen angemessener Frist in Benutzung zu nehmen, verzögern sie auch unbillig die Abholung oder Verwertung der Nachlaßsachen, so daß ersichtlich wird, daß sie die Nachlaßwohnung tatsächlich nur als Lagerraum verwenden, so ist damit allerdings der Fall gegeben; aber von Rechtswegen wird die Nachlaßwohnung noch nicht „unbenutzt", auch wenn keiner der Erben den Haushalt des Erblassers geteilt hatte. Dieses Ergebnis ist eine Folge der engen gesetzlichen Definition des Begriffes „unbenutzt" in

[1] Die Entsch. ist für viele andere Fragen von Bedeutung. Das MEA. hat zB. nicht zu prüfen, ob ein „Neubau" vorliegt, ob ein Mietvertrag gültig ist, ob Miete oder Pacht vorliegt. D. E.

§ 3² WMVO. Der § 857 BGB., wonach der Besitz auf den Erben übergeht, ist dagegen hier einflußlos. Besitz im Sinne des BGB. an einer Wohnung hat auch, wer sie nur zur Unterstellung von Sachen verwendet oder seinen Wohnsitz ins Ausland verlegt, sofern er nur den Besitz an der Wohnung dabei nicht besonders aufgibt. „Besitz" und „Benutzung" sind also zwei von völlig verschiedenenen Gesichtspunkten ausgehende Begriffe. Besitz im Sinne des BGB. ist durchaus möglich trotz Unbenutztheit im Sinne der WMVO.

Ob nach § 9 WMVO. (§ 6 WMG.) die oberste Landesbehörde berechtigt war oder ist, für noch andere als die in § 3² genannten Fälle ein Inanspruchnahmerecht zu gewähren, kann auf sich beruhen, weil solche Anordnung nicht ergangen ist. Die maßgeblichen Groß-Berliner Bestimmungen ergeben sogar, daß die Befugnisse aus §§ 2—5 WMVO. (ebenso des WMG.) den Gemeinden nicht schon kraft Reichsrechts zustehen, sondern ihnen erst, wie § 1 ergibt, durch die oberste Landesbehörde oder die dazu ermächtigte Behörde übertragen werden müssen. Dazu brauchen die gewährbaren Befugnisse nicht in ihrer Gesamtheit verliehen zu werden, vielmehr kann sich die Ermächtigung auch auf einzelne Befugnisse oder diese in beschränktem Umfange beziehen. Das NotRecht vom 12. Mai 1921 beruht aber auf der Ermächtigung des Oberpräsidenten vom 30. April 1921, durch die also die Befugnisse der Stadt Berlin umgrenzt sind. Unter C 2 ist der Magistrat ermächtigt, den jetzigen § 5 NotR. zu erlassen, der unter anderem die Anzeigepflicht für unbenutzte Wohnungen aufstellt. Hierzu hat der Oberpräsident angemerkt: „Unbenutzt ist eine Wohnung insbesondere nicht schon wegen Todes des bisherigen Inhabers oder weil der Inhaber sich auf Reisen von nicht mehr als 3 Monaten ununterbrochener Dauer befindet." Diese Anmerkung ist verbindlich; denn sie enthält eine Einschränkung der Ermächtigung: in den dort genannten Fällen darf die Stadt eine Wohnung nicht als unbenutzt behandeln. Daß es sich empfohlen hätte, diese Einschränkung in den Text der Ermächtigung selbst aufzunehmen, ist rechtlich bedeutungslos. Die Folge dieser Fassung aber ist gewesen, daß der Magistrat die Einschränkung ebenfalls beim amtlichen Abdruck des Notrechts im GemBl. in eine Anmerkung verwiesen hat, der man nicht ansehen kann, daß sie die Befugnisse der Wohnungsämter bindend beschränkt....

Damit erledigt sich im wesentlichen die weitere Frage, ob in solchem Falle der Erbe eine Doppelwohnung im Sinne des § 5b NotR. erhält. Hat er bereits eine andere, nicht zwangswirtschaftsfreie Wohnung und nimmt er die Nachlaßwohnung als Wohnung noch dazu in Benutzung, so kann das Wohnungsamt das in § 5b NotR. geregelte Verfahren zur Entziehung einer der beiden Wohnungen in Lauf setzen. Dasselbe gilt, wenn von mehreren Miterben einer die Wohnung übernimmt, bei dem obige Voraussetzungen gegeben sind.

Dieser Rechtsentscheid bezieht sich zwar nur auf das Recht, das vor dem Inkrafttreten des WMG. vom 26. Juli 1923 galt. Da aber das WMG., soweit die hier herangezogenen Bestimmungen in Betracht kommen, nichts als eine Neufassung der WMVO. ist, so gilt der Rechtsentscheid auch unter der Herrschaft des WMG. Kr.

β) **„Seit 1. Oktober 1923 darf das MEA. erst dann einen Zwangsmietvertrag festsetzen, wenn die Gemeindebehörde — vorbehaltlich noch weitergehender örtlicher Bestimmungen — dem Verfügungsberechtigten wenigstens zwei Wohnungsuchende bezeichnet hatte, die zum Abschluß eines Mietvertrags bereit waren."**

Kammergericht, 17. ZS. Rechtsentscheid v. 31. Januar 1924 (Y 3).

Bei der Fassung des § 4 WMVO. genügte es zweifellos nach Reichsrecht, wenn dem Verfügungsberechtigten auch nur ein Bewerber namhaft gemacht war. Er hatte also kein Recht darauf, aus einer Anzahl von Bewerbern eine ihm genehme Person auszuwählen. Obwohl die Vermieterkreise dies als sehr drückend empfanden, enthielt der Entw. zur Änderung der VO. (Drucks. Nr. 5967) keine Abänderung des § 4; im Gegenteil weist die Begr. darauf hin, daß § 4 mit altem Inhalt weiter gelten solle. Erst der Ausschuß faßte den § 4[1] dahin: „Die Gemeindebehörde kann ... von dem Verfügungsberechtigten verlangen, daß er mit einem der ihm bezeichneten Wohnungsuchenden ... abschließt." Der mündliche Bericht (StenBer. S. 11635) geht auf diese Änderung nicht ein. Dagegen hat sich der Abg. Eichhorn, ohne Widerspruch zu finden, dahin ausgelassen: „§ 4 soll die Hausbesitzer gegen ihnen aufgedrungene nicht genehme Mieter schützen. Der Vermieter soll möglichst das Recht haben, unter den auf der Wohnungsliste Vermerkten den ihm Passenden auszuwählen. Nun hat der Ausschuß allerdings die Versuche, eine direkte Auswahl zuzulassen, abgelehnt." Man hatte also erwogen, dem Vermieter das freie Wahlrecht unter den Wohnungsuchenden einzuräumen. Diese unmittelbare Auswahl, die die gesamte Zwangswirtschaft beseitigt hätte, ist dann allerdings nicht angenommen worden. Reste von diesen Vorschlägen sind aber doch in das Gesetz übergegangen. So gestattet der ebenfalls vom Ausschuß eingefügte § 4[3] dem Inhaber übergroßer Wohnungen, sich selbst aus der Wohnungsliste einen genehmen Bewerber auszusuchen. Nur in diesem gleichen Sinne lassen sich die Änderungen des Abs. 1 verstehen. Hier ist zunächst statt von „einem" nunmehr von „einem der ihm bezeichneten" Wohnungsuchenden die Rede und es ist dann weiter sogar dem Verfügungsberechtigten durch Satz 3 das (inzwischen durch Art. II Nr. 1 der VO. vom 24. Dez. 1923 wieder beseitigte) Recht verliehen worden, durch die bloße Erklärung, „er erhebe Widerspruch" jeden Zwangsmietvertrag unwirksam zu machen, ohne daß dagegen irgendwelche Behelfe gegeben waren. Nach alledem entspringen die Änderungen des § 4 dem bewußten Willen, die Zwangsbefugnisse gegenüber den Verfügungsberechtigten einzuschränken. Das aber hat im Gesetz seinen hinreichend erkennbaren Niederschlag gefunden. Wer verpflichtet wird, mit „einem der ihm bezeichneten" Wohnungsuchenden einen Mietvertrag zu schließen, hat einen Anspruch darauf, daß ihm mehrere, also mindestens zwei Wohnungsuchende bezeichnet werden, unter denen er die Wahl hat. Soweit in örtlichen Anordnungen die Zwangsrechte noch mehr eingeschränkt sind, insbesondere eine noch größere Zahl von Bewerbern zur Auswahl gestellt werden muß, hat es selbstverständlich dabei sein Bewenden. Da das MEA. in jedem Falle nachzuprüfen hat, ob alle Voraussetzungen vorliegen, die für eine Beugung des Willens des Verfügungsberechtigten vorgeschrieben sind, so ist auch stets zu prüfen, ob ihm die nötige Gelegenheit zur Auswahl gelassen war. Nur wenn das der Fall war und der Berechtigte keinen der Vorgeschlagenen gewählt hat, geht das Recht auf die Gemeindebehörde über, in dem Antrag an das MEA. nunmehr einen bestimmten Bewerber bindend zu bezeichnen.

Demgegenüber weist das LG. darauf hin, daß in Gemeinden, wo nur ein Wohnungsuchender vorhanden sei, diesem bei obiger Auslegung des Gesetzes keine Zwangswohnung verschafft werden könne. Allein in solchen Gemeinden herrscht überhaupt keine Wohnungsnot und wäre die Anwendung des WMG. ein Unding. Der andere vom LG. erwähnte Fall, daß jemand nie eine Wohnung erhalten könne, weil immer gerade der Verfügungsberechtigte den andern Bewerber wähle, ist zwar in der Theorie denkbar, vermag aber die Auslegung des klaren Wortlautes des Gesetzes nicht zu beeinflussen. Im übrigen wird es nirgends vorkommen, daß kein Verfügungsberechtigter es zu einem Zwangsmietvertragsverfahren kommen läßt.

Keiner besonderen Begründung bedarf, daß die mehreren dem Berechtigten bezeichneten Wohnungsuchenden solche sein müssen, die auch ihrerseits bereit sind, abzuschließen; denn sonst bestände sein Wahlrecht in Wahrheit nicht.

γ) **Hat der Verfügungsberechtigte ein Gebäude mit Zuschüssen aus den für die Wiederherstellung der während des Krieges zerstörten Gebäude bereitgestellten Mitteln neugebaut, dabei aus eigenen Mitteln einen oder mehrere neue Räume geschaffen und sind diese nach 1. Juli 1918 bezugsfertig geworden, so findet auf sie das WMG. keine Anwendung.**

Kammergericht, 17. ZS. Rechtsentscheid v. 31. Januar 1924 (Y 1).

Die WMVO. enthielt keine Bestimmungen, daß irgendwelche Privatgebäude von der Zwangsbewirtschaftung ausgenommen wären. Dies hatte zur Folge, daß die Bautätigkeit im wesentlichen zum Erliegen kam, weil sie keinen Nutzen abzuwerfen versprach. Der Wohlfahrtsminister hat deshalb am 2. Nov. 1920 (Reichsanz. Nr. 27) für ganz Preußen bestimmt, daß die nach der Verkündung fertig gestellten Neubauten den auf Grund der WMVO. erlassenen Anordnungen nicht unterliegen sollten. Damit wurde eine gewisse Belebung der Neubautätigkeit erreicht. Trotzdem hat die Reichsregierung in den Entwurf zur Änderung der WMVO. eine Regelung der Neubaufrage nicht aufgenommen. Der Ausschuß hat indessen den jetzigen § 12 WMG. geschaffen.... Der Abs. 1 wiederholt die Anordnung vom 2. Nov. 1920; darüber hinausgehend bezieht er die Ausnahme bis auf 1. Juli 1918 zurück und befreit auch die durch Um- oder Einbauten neu geschaffenen Räume. Es ist nicht anders denkbar, als daß hiermit eine Förderung der Neubautätigkeit erstrebt und die Anregung zu raumgewinnenden Umbauten, besonders Aufstockungen, gegeben werden und rückwirkend eine Belohnung für bereits auf diesem Gebiete geleistete Arbeit gewährt werden sollte. Es handelt sich also um dieselben Erwägungen, die zur Aufnahme gleichlautender Bestimmungen in das RMG. (§ 16) und das MSchG. (§ 33) geführt haben und die in der Begr. des RMG. (Drucks. Nr. 2052 § 15) dargelegt sind. Von dieser Ausnahme enthält wieder § 12² WMG. eine Unterausnahme („dagegen"). Auch dieser Satz findet sich in § 16 RMG. und § 33 MSchG., ist also einheitlich für die gesamte neuzeitliche Mietgesetzgebung aufgestellt. Der entsprechende § 15² Abs. 2 Entw. RMG., lautend: „Auf Neubauten, die mit staatlichen Zuschüssen errichtet worden sind, bei denen aber eine öffentliche Behörde bei der Festsetzung der Mieten nicht mitwirkt, finden die Vorschriften dieses Gesetzes Anwendung", ist dahin begründet: die Mietzinsbildung des Entw. beruhe auf den durchschnittlichen Baukosten der Friedenszeit. Die seit 1. Juli 1918 eingetretene Steigerung mache nötig, den Zins nach anderen Grundsätzen zu bemessen; deshalb dürfe das RMG. für diese Neubauten nicht angewandt werden. Soweit inzwischen Gebäude mit Überteuerungszuschüssen aus öffentlichen Mitteln errichtet seien, sei den Gemeinden oder anderen Stellen entscheidender Einfluß auf die Mietzinsbildung gesichert; die Zinshöhe werde hier von der Höhe des Zuschusses beeinflußt. Eine Ausnahme machten die wiederhergestellten kriegszerstörten Gebäude; hier sei eine staatliche Mitwirkung nicht vorgesehen; deshalb solle hier das RMG. gelten. Der Ausschuß billigte anscheinend diese Gründe, ersetzte aber die allgemeine Fassung des Entw. durch die Gesetz gewordenen Worte. Hieraus ist der Sinn der Unterausnahme zu entnehmen: an die gesetzliche Mietzinsbildung sollte nicht gebunden sein, wer nach dem 1. Juli 1918 baute und deshalb erheblich größere Mittel aufwenden mußte, die sich unter den gesetzlichen Bestimmungen nicht bezahlt gemacht hätten. Wer für den Bau öffentliche Zuschüsse in Anspruch nahm, dem sollte die Behörde vorschreiben dürfen, wie hoch er mit der Miete gehen dürfe, wobei die Höhe des Zuschusses ausschlaggebend war. Für die wiedererbauten kriegszerstörten Gebäude schließlich ließ man das RMG. voll zur Anwendung kommen, weil hier damit zu rechnen war, daß die Überteuerung durch die Zuschüsse voll gedeckt würde, so daß das Gebäude nicht mehr als ein im Frieden errichtetes kosten würde, wenn nicht gar die gesamten Baukosten aus dem Zuschusse gedeckt werden konnten. Eben diese Grundsätze haben dann offensichtlich dazu geführt, diese Neubauten auch hinsichtlich der Mieterschutz- und Wohnungsmangelgesetzgebung den vor 1. Juli 1918 errichteten Gebäuden gleichzustellen (vgl. auch Art. II Nr. 2 der VO. vom 24. Dez. 1924, RGBl. I 1247).

Hiernach kann es grundsätzlich keinen Unterschied machen, ob der Eigentümer zunächst das Gebäude in alter Größe wieder aufrichtet und dann umbaut, oder ob er beides gleichzeitig tut. Maßgebend ist allein, daß ihm der Zuschuß lediglich zu dem Zwecke und in dem Umfange gewährt worden ist, das alte Gebäude wieder zu errichten. Wenn er es darüber hinaus aus eigenen Mitteln vergrößert, so setzt er notwendig so erhebliche Beträge zu, daß die Bedingung eintritt, von der der Gesetzgeber die Befreiung von jenen Gesetzen abhängig machen wollte. Das LG. hebt zwar hervor, daß die Eigentümer viele Gebäude in Ostpreußen aus eigenen Mitteln größer neu errichtet haben. Allein hätten sie dieses Bestreben nicht gehabt und nur die Gebäude im alten Umfange neu errichtet, so wäre ebenfalls kein neuer Wohnraum gewonnen worden. Die Tatsache also, daß viele Eigentümer mehr getan haben, als nötig war und so ihre Geldmitttel festlegten, gibt den Wohnungsbehörden kein Recht zum Eingreifen. Das LG. erwähnt schließlich, daß sich, besonders bei Vergrößerungen des Grundrisses, vielfach nicht sagen lasse, was Wiederherstellung des alten Hauses und was neu hinzukommender Raum sei. Das aber ist eine Frage der tatsächlichen Würdigung des Einzelfalles und hat mit der grundsätzlichen Feststellung nichts zu tun. K.

δ) **„Die Gemeindebehörde kann eine unbenutzte oder als unbenutzt geltende Wohnung beschlagnahmen, ohne gleichzeitig dem Verfügungsberechtigten Wohnungsuchende zum Abschlusse eines Mietvertrags zu bezeichnen."**

Kammergericht, 17. ZS. Rechtsentscheid v. 8. Mai 1924 (Y 24).

Auszugehen ist von § 4 WMG.; denn die allgemeinen Bestimmungen über Inanspruchnahme von Wohnraum müssen auch auf eine Inanspruchnahme auf Grund von Anordnungen in Notstandsbezirken Anwendung finden, soweit diese Anordnungen nichts Abweichendes bestimmen. Diese Inanspruchnahme ist ein Hoheitsakt, durch den dem Inhaber der unbenutzten Wohnung die bürgerlich-rechtliche Verfügung über die Wohnung für Zwecke der Allgemeinheit entzogen wird, also eine Verfügungsbeschränkung, die gegen jedermann wirkt. § 4 geht zwar davon aus, daß dieser Eingriff zur Unterbringung bezeichneter Wohnungsuchender erfolge. Hierauf beschränkt er sich aber nicht, sein Hauptzweck ist, Wohnraum für die Allgemeinheit zu sichern und nur zu dessen Durchführung soll der Mietvertrag mit einem der bezeichneten Wohnungsuchenden abgeschlossen werden. Nach dem Sinn des Gesetzes ist also sehr wohl möglich, daß der Eingriff sich zunächst darauf beschränkt, den ungenutzten oder einen ihm gleichgestellten Wohnraum für die Allgemeinheit zu beschlagnahmen. Daß eine derartige Trennung des allgemeinen Eingriffs vom besonderen Eingriff möglich ist, zeigt auch § 13 WMG., der für diesen Fall die Trennung ausdrücklich anordnet.

Dieser allgemeine Eingriff stellt sich aber sowohl für den Verfügungsberechtigten als für die Allgemeinheit nicht als nachteilig dar und enthält für ersteren die geringere Beschränkung. Für ihn ist das Wesentliche die Entscheidung, ob sein Verfügungsrecht fortbesteht, er wird daher auch um dieses vor allem den Streit führen. Eine ihn erst in zweiter Reihe treffende Frage ist die, wem er die Mieträume überlassen soll. Ist jener Streit unter Erschöpfung der Rechtsmittel zu seinen Gunsten entschieden, so steht rechtskräftig fest, daß er weiter verfügungsberechtigt ist. Dieser Streit wird sich um so schneller zu Ende führen lassen, wenn er nicht mit der Frage verquickt ist, ob aus der Person der Bezeichneten Einwendungen erwachsen. Auch für die Allgemeinheit hat dieses Verfahren keine Nachteile. Denn die Wohnungsuchenden werden nur solchen Verfügungsberechtigten zugewiesen, bei denen es voraussichtlich zum Abschluß eines Mietvertrags kommt; während sie sonst Gefahr laufen, in der Erwartung auf die Entscheidung die Gelegenheit zur Übernahme einer anderen freigestellten Wohnung zu verpassen. Der allgemeine Eingriff enthält aber auch für den Verfügungsberechtigten keine Beschwerung. Denn in den getrennten Verfahren kann er nacheinander dieselben Einwendungen erheben, die er im vereinigten Verfahren gleichzeitig erheben müßte. Hierbei ist auch im zweiten besonderen Verfahren der zurzeit der Entscheidung gegebene Tatbestand nach billigem Ermessen zu berücksichtigen. D.n.

ε) **„Das MEA. darf eine auf § 11 der Berliner Bek. v. 12. Mai 1921 gestützte Räumungsaufforderung des Wohnungsamts aufheben, wenn das billige Ermessen dazu führt, den Betroffenen weiter wohnen zu lassen."**
Kammergericht, 17. ZS. Rechtsentscheid v. 19. Mai 1924 (Y 41).

§ 11 enthält eine auf § 9 WMVO. (jetzt § 6 WMG.) gestützte Ausführungsbestimmung. Gegen die auf Grund dieser Bestimmungen ergangenen Verfügungen der Gemeindebehörde ist den Betroffenen die Beschwerde nach Nr. 1 der Pr. AusfVorschr. vom 3. Juli 1920 gegeben, dh. die Anrufung des MEA. Auf das Verfahren vor diesem kommt (vgl. oben S. 238) der 2. Abschnitt des MSchG. in seiner Gesamtheit zur Anwendung, daher auch § 40[3], wonach das MEA. nach billigen Ermessen entscheidet. Dieses hat sich im Rahmen der in § 37 bezeichneten Vorschriften und der dazu erlassenen Anordnungen zu halten. Es ist aber weder aus der Pr. AusfVorschr., die nur in Nr. 4 die Nachprüfung der Notwendigkeit und Zweckmäßigkeit der allgemeinen behördlichen Anordnungen, aber nicht der auf Grund dieser im Einzelfall erlassenen Verfügung ausschließen, noch aus dem angef. § 11, der die Entfernung des Wohnungsinhabers zuläßt, aber nicht zwingend vorschreibt, eine Beschränkung des Ermessens der Spruchbehörden zu entnehmen. D.n.

ζ) **Der Amtmann der westf. LandGO. ist zu Anordnungen auf Grund der WMGesetzgebung befugt, wenn das Amt für die Wohnungszwangswirtschaft einen Kommunalbezirk mit den Rechten einer Gemeinde bildet. Er bedarf dann zu solchen Anordnungen nicht der Mitwirkung der Amtsversammlung.**
Kammergericht, 17. ZS. Rechtsentscheid vom Mai 1924.

Als der Amtmann in K. die beanstandete VO. über die Beschlagnahme übergroßer Wohnungen am 9. Okt. 1919 erließ, konnten nach der damaligen Fassung des § 1[1], 9 WMVO. vom 23. Sept. 1918 die Ermächtigungen sowohl aus § 1 wie aus § 9 nur an Gemeindebehörden gegeben werden. Die westf. Ämter haben aber eine eigenartige Gestaltung, die sich von ähnlichen Einrichtungen anderer Provinzen wesentlich unterscheidet. Nach § 5 LGO. vom 19. März 1856 kann das Amt zugleich in Ansehung von Angelegenheiten, die ein gemeinschaftliches Interesse für alle zu ihm gehörenden Gemeinden haben, einen Kommunalbezirk mit den Rechten einer Gemeinde bilden. Soweit also diese Voraussetzungen gegeben sind, erscheint der Amtsbezirk nicht als die zu Verwaltungszwecken zusammengefaßte Mehrheit von Gemeinden, sondern als eine größere Einheitsgemeinde, und nichts steht im Wege, dieser die Befugnisse beizulegen, welche Gemeinden sonst übertragen werden können. Welche Gegenstände der Verwaltung dieser Einheitsgemeinde anheimfallen, bestimmt nach § 5 die Amtsversammlung unter Genehmigung des Landrats. Nach Wortlaut des § 1 WMVO. setzte jede Ermächtigung voraus, daß für den Gemeindebezirk ein MEA. durch einen genehmigten Beschluß der Amtsversammlung errichtet war. Liegt ein derartiger Beschluß aber vor, so hat die Amtsversammlung in nicht mißzuverstehender Weise hierdurch zum Ausdruck gebracht, daß die Angelegenheiten des Mieterschutzes und der Wohnungsmangelbekämpfung als gemeinsame Angelegenheit des Amtsbezirks gelten.

Die weitere Frage, ob der Amtmann allein die auf § 9 WMVO. sich stützende Verordnung erlassen kann oder ob er dazu der Genehmigung der Amtsversammlung bedarf, ist in §§ 74, 75 LGO. ausdrücklich nicht geregelt. Während für das RMG. die Nr. 1 der Pr. AusfBest. vom 4. 8. 23 (jetzt v. 17. 4. 24) den Begriff der Gemeindebehörde bindend umschreibt, ist eine gleiche Regelung für das Wohnungsmangelrecht nicht ergangen. Insbesondere kann hier nicht die Nr. 5 der AusfVorschr. vom 3. Juli 1920 herangezogen werden; denn hier handelt es sich nicht um diejenige Stelle, die die allgemeine VO. zu erlassen hat, sondern um die Stelle, die auf Grund jener VO. die einzelne Verfügung gegen den Wohnungsinhaber erläßt, und das kann natürlich im Amtsbezirk nur der Amtmann und nicht die Amtsversammlung sein. Die Beantwortung der Frage, wer die allgemeinen Anordnungen erlassen darf, hängt allein davon ab, ob die Angelegenheiten der Wohnungszwangswirtschaft kommunale Angelegenheiten sind oder nicht. Die Frage ist bisher im ersteren Sinne beantwortet worden. Auch die Ministerialinstanz vertrat diesen Standpunkt und sie beschränkte deshalb die Kontrolle der wohnungswirtschaftlichen Anordnungen in Nr. 7 der AusfVorschr. vom 3. Juli 1920 darauf, daß sie die Regierungspräsidenten als die Träger der Kommunalaufsicht zur Nachprüfung wohnungswirtschaftlicher Entscheidungen in dem beschränkten Umfange ermächtigte, den das Gesetz für die Beaufsichtigung der selbstverwaltenen Kommunen zuläßt. Diese Auffassung trifft aber nicht zu. Auf Grund des Ermächtigungsgesetzes vom 4. Aug. 1914 ergriff der Bundesrat in der VO. vom 23. Sept. 1918 die Initiative zur Behebung der Wohnungsschwierigkeiten. Er nahm aber diese Angelegenheit nicht für das Reich in Anspruch, sondern begnügte sich damit, ein Rahmengesetz zu schaffen und die Ausgestaltung, zum Teil unter der Kontrolle von Reichsbehörden (vgl. § 9) den obersten Landesbehörden zu überlassen. Dadurch wurde die Wohnungsfürsorge zur Landesangelegenheit gemacht. Als ausführende Organe wurden nicht die Gemeinden selbst bestimmt, sondern nur Gemeindebehörden. Es wurde also damit reichsrechtlich verfügt, daß sich die Länder bei der Wohnungsfürsorge nicht der unmittelbaren Landesbehörden bedienen sollten, sondern daß sie dazu die hierfür vorzugsweise geeigneten, weil auf dem Gebiete der örtlichen Fürsorge vorzugsweise geschulten Kommunalbehörden heranziehen sollten. Die Kommunen selbst wurden überhaupt nicht erwähnt, nur ihre Beamtenorganisation wurde in den Dienst der Sache gestellt, und auch sie erhielten keine unmittelbare Ermächtigung, sondern es wurde ihre Berechtigung zum Einschreiten von jedesmaligen besonderen Ermächtigungen (oder Verpflichtungen) der obersten Landesbehörde abhängig gemacht. Nach alledem fehlt jede Möglichkeit, die Gemeinden selbst als Träger der Wohnungszwangswirtschaft anzusprechen; sie haben mit der Sache nichts zu tun. Es handelt sich vielmehr um eine reine Landesangelegenheit, die das Land nur durch Behörden der Gemeinden verwalten läßt (so jetzt auch grundsätzlich das Urteil des OVG. v. 18. Dez. 1923 und sich dem anschließend Erlaß des Wohlfahrtsmin. v. 4. März 1924 II 6 1037). Daraus folgt aber zwingend, daß mangels einer anderweiten gesetzlichen Regelung (§ 74 Westf. LGO.) als Gemeindebehörde im Sinne der WMVO. und jetzt des WMG. die Gemeindebehörde zu verstehen ist, die nach den bestehenden Gesetzen „die örtlichen Geschäfte in Landesangelegenheiten" zu erledigen hat. Das ist der westf. Amtmann allein. Er bedarf daher weder zum Erlaß der erforderlichen Verordnungen, wenn er zu solchen überhaupt befugt ist, noch zu den auf ihrer Grundlage ergehenden Verfügungen der Mitwirkung der Amtsversammlung. [Rechtsentscheid v. 19. Mai 1924 (Y 15).] Kr.

7) **„Auf Grund der WMGesetzgebung erlassene Anordnungen sind nach § 50² MSchG. insoweit außer Kraft getreten, als sie zur Aufhebungsklage (§§ 1f. das.) die Zustimmung des MEA. erfordern."**

Kammergericht, 17. ZS. Rechtsentscheid v. 12. Juni 1924 (Y 31).

Die VO. des Magistrats vom 10. Juli 1920, nach deren § 3 auf Räumung nur mit Zustimmung des MEA. geklagt werden darf, ist auf Grund des § 9 WMVO. erlassen. Derartige Anordnungen sind am 1. Oktober 1923 insoweit außer Kraft getreten, als die Vorschriften des MSchG. entgegenstehen. Das ist hier der Fall. Daß der Vermieter zur Aufhebungsklage nicht der Zustimmung des MEA. bedarf, ist zwar dort nicht ausdrücklich bestimmt, ergibt sich aber aus Sinn und Zweck des Ges. Allerdings hat das Amtsgericht bei der Entscheidung darüber, ob das Mietverhältnis aufzuheben ist, nur die privatrechtlichen Aufhebungsgründe des Vermieters zu berücksichtigen, während vor 1. Oktober 1923 das MEA. diese Gründe gegen die aus der Allgemeinheit abzuwägen hatte. Aber damals war die dem Vermieter nach dem BGB. oder nach dem Mietvertrage zustehende Befugnis, nach Beendigung des Mietverhältnisses infolge Zeitablaufs oder Kündigung Räumung zu verlangen, privatrechtlich noch unbeschränkt. Damals bestand also ein Bedürfnis und hatte es einen guten Sinn, die Räumungsklage von der Zustimmung des MEA. abhängig zu machen und dadurch gegenüber dem an sich begründeten Räumungsanspruch schwerer wiegende Interessen des

Mieters und der Allgemeinheit zu schützen. Das MSchG. hat aber jene Befugnis der Vermieters, das Mietverhältnis zu kündigen und daraufhin oder sonst wegen Ablaufs der Mietzeit Räumung zu verlangen, fast vollständig beseitigt. Es läßt die Aufhebung eines Mietverhältnisses gegen den Willen des Mieters grundsätzlich nur aus den in seinen §§ 2—4 bezeichneten Gründen zu. Diese sind aber so schwerwiegend, daß dem Vermieter die Fortsetzung des Mietverhältnisses ohne schwere Unbilligkeit nicht zugemutet werden kann, darüber, ob sie vorliegen, wird durch richterliches Urteil entschieden. Hierdurch wird der Mieter ausreichend geschützt, zumal in den meisten Fällen die Vollstreckung des Urteils von der Sicherung eines Ersatzraumes abhängig zu machen sein wird. Auch das öffentliche Interesse des WMRechts bedarf keines besonderen Schutzes mehr; denn die Gründe der §§ 2—4 MSchG. sind so erheblich, daß das öffentliche Interesse hinter ihnen zurücktreten muß, und daß, wenn sie vorlagen, schon vor 1. Oktober 1923 das MEA bei richtiger Anwendung des billigen Ermessens der Räumungsklage hätte zustimmen müssen. Andererseits gibt das MSchG. dem Vermieter das Recht, beim Vorliegen der §§ 2—4 die Aufhebung des Mietverhältnisses durch Richterspruch zu verlangen, und dieses Recht darf ihm nicht durch eine Mitwirkung des MEA beeinträchtigt werden. Dieses würde die Zustimmung erst versagen dürfen, nachdem es auch die privatrechtlichen Aufhebungsgründe geprüft hätte. Diese Prüfung ist ihm aber jetzt entzogen und ausschließlich dem Gericht zugewiesen. D.n.

9) **„Hatte der Verfügungsberechtigte nach WMG. § 4[1] a. F. Widerspruch erhoben, so konnte das MEA. über diesen entscheiden und einen neuen Zwangsvertrag mit demselben Mieter festsetzen; diese Befugnis steht ihm dagegen nicht zu, wenn der Wohnungssuchende widersprochen hat. — Das MEA. kann seine nach 1. Okt. 1923 ergangene Entscheidung nicht abändern oder aufheben, es sei denn, daß es der Rechtsbeschwerde gemäß § 42[1] MSchG. abhilft."**

Kammergericht, 17. ZS. Rechtsentscheid v. 12. Juni 1924 (Y 48).

1. Schon § 4 WMVO. sah die Festsetzung eines Zwangsmietvertrages zwischen dem Verfügungsberechtigten (Verf.Ber.) und dem Wohnungssuchenden durch das MEA. vor. Parteien in dem Verfahren, das einen Antrag der Gemeindebehörde erfordert, sind nur diese und der Verf.Ber. Da aber jene Festsetzung über den Kreis dieser Parteien hinaus auch auf den Wohnungssuchenden wirkt, indem sie ihn zum Vertragsteil macht, bestimmte die VO., daß er, der im übrigen am Verfahren nicht beteiligt war, den Eintritt seiner Bindung und damit die Wirkung der Entscheidung durch seinen Widerspruch schlechthin beseitigen konnte. Ob er diese Möglichkeit gebrauchen wollte, stand in seinem freien Belieben, denn die VO. gab keine Gründe für den Widerspruch und unterscheidet nicht zwischen gerechtfertigten und ungerechtfertigten Widersprüchen. Eine andere Regelung wäre auch unverständlich. Dem Ziele, den Wohnungsbedürftigen zur Erlangung von Wohnungen zu verhelfen, dient es auch allein, wenn die Schaffung von Verträgen angeordnet ist, die den einer Vermietung entgegenstehenden Willen des Vermieters beugt und seine Mitwirkung beim Vertragsschluß ersetzt. Eine ähnliche Einwirkung auf den

Willen des Wohnungssuchenden auszuüben, fehlt jeder Grund. Seiner eigenen Entschließung kann und muß überlassen bleiben, ob er die zu seinem Schutze geschaffene Einrichtung im Einzelfall gebraucht. Daß grundlose Ablehnungen die ordnungsmäßige Bewirtschaftung der verfügbaren Wohnungen beeinträchtigen können, ist zuzugeben und mag durch geeignete Regelung der weiteren Berücksichtigung des Ablehnenden bekämpft werden; dazu kann es aber nicht führen, daß ihm eine Rechtswohltat aufgedrängt wird. Nicht anders verhält es sich nach § 4 WMG. in der Fassung, die ihm der Art. II Nr. 1 VO. vom 24. Dezember 1923 gegeben hat, denn diese stimmt mit § 4 WMVO. insoweit völlig überein.

Hier hat jedoch das MEA. am 5. November 1923 entschieden, als noch der § 4 S. 3 WMG. in seinem unveränderten Wortlaute galt und auch dem Verf.Ber. einen Widerspruch gestattete. Allerdings spricht diese auf eine Gleichwertigkeit beider Widersprüche hindeutende Fassung für die Gleichwertigkeit auch der Wirkungen. Allein der Widerspruch des Wohnungssuchenden ist der Behelf eines Dritten, mit dem er die Rechtsfolgen eines zwar in seinem Interesse zugelassenen, aber ohne seine Mitwirkung durchgeführten Verfahrens von sich abweist und auf eine Rechtswohltat verzichtet. Der Widerspruch der Verf.Ber. dagegen ist der Behelf derjenigen Partei des Verfahrens, deren Wille aus Gründen der Wohnungswirtschaft, also im öffentlichen Interesse gebrochen werden soll. Könnte dieser Behelf jeden Zwangsvertrag unbedingt vermeiden, so wäre ein Zwang überhaupt nicht durchführbar und das Verfahren voraussichtlich stets erfolglos. Durch die Einräumung dieses Widerspruchsrechts hat man in gleicher Art wie durch die Vorschrift, die dem Vermieter die Auswahl unter mehreren Wohnungssuchenden sichert (vgl. Y 3/24, oben S. 251) die von dem Vermieter als drückend empfundene Härte mildern wollen. Da man den notwendigen Zwang aber nicht aufgeben konnte, auch wie die Bestimmungen über die Festsetzung von Zwangsverträgen beweisen, nicht preiszugeben beabsichtigte, so kann der Widerspruch des VerfBer. nur ein Mittel darstellen, das MEA. zu einer nochmaligen Prüfung und Entscheidung zu veranlassen. Dieses muß also über jenen Widerspruch entscheiden und ist nicht gehindert, nach billigem Ermessen denselben Vertrag aufs neue festzusetzen. In den Gründen der erwähnten Rechtsentscheides findet sich ein Satz, der eine andere Rechtsauffassung anzudeuten scheint. Doch hatte der Senat damals keine Veranlassung, diese Rechtsfrage zu prüfen, und vermag jene gelegentliche Äußerung nicht mehr aufrecht zu erhalten.

2. Das vor 1. Oktober 1923 geltende Recht enthielt keine ausdrückliche Zulassung der Änderungsbefugnisse. Man entnahm sie daraus, daß die Entscheidungen der MEA. durch § 7 MSchVO. jeder Art Anfechtung entzogen waren, deshalb eine Notwendigkeit bestand, ihre Nachprüfung durch das MEA. selbst zu gewähren. Nachdem jedoch das Ges. v. 1. Juni 1923 die Anfechtung der Entscheidungen vorgesehen hat, fällt dieser Grund, der allein aus der

Unanfechtbarkeit und den Bedürfnissen des Rechtslebens erwachsen war. Daß das Gesetz die Anfechtung nur innerhalb der für die Rechtsbeschwerde gesetzten Schranken zuläßt, muß dabei unerheblich sein. Mit dieser Regelung hat das Gesetz offenbar die Möglichkeit der Abänderung in dem Umfange gegeben, in welchem ein Bedürfnis dafür als berechtigt anerkannt werden sollte. Es wäre höchst auffällig, wenn neben der Nachprüfung und beschränkten Änderungsmöglichkeit, wie die Rechtsbeschwerde sie eröffnet, noch eine nicht erwähnte, an keine Schranken gebundene Abänderung und Aufhebung der Entscheidungen durch die MEÄ. einherginge. Eine solche Befugnis, die die Beschränkung der Anfechtung auf die Rechtsbeschwerde unverständlich erscheinen ließe, wäre nur anzuerkennen, wenn sich eine klare Grundlage für sie im Gesetze fände. Das ist aber nicht der Fall; der § 43² steht vielmehr entgegen. Danach ist die endgültige Entscheidung eine solche, deren Änderung nicht mehr zu erwarten ist. Könnte aber das MEA. auch späterhin jederzeit ändern, so wäre die Hervorhebung der Endgültigkeit zwecklos. Man darf auch nicht einwenden, daß in anderen Gesetzen, besonders in der ZPO., die Beseitigung rechtskräftiger Entscheidungen vorkommt. Eine solche Wiederaufnahme des Verfahrens ist neben den ordentlichen Rechtsbehelfen jeweils besonders im Gesetze geordnet und an erschwerte Voraussetzungen geknüpft. Deshalb ist sie schon als ausgeschlossen zu betrachten, wenn das MSchG. über sie schweigt. Hier kommt aber dem §§ 44 ausschlaggebende Bedeutung zu; er ist unvereinbar mit einer allgemeinen Befugnis des MEA., seine endgültigen Entscheidungen abzuändern, das Verfahren wieder aufzunehmen. Er handelt von der Wiederholung eines abgewiesenen Antrags, also vom Beginn eines neueu Verfahrens über das gleiche Begehren, und schließt diese bei unverändertem Sachverhalt aus. Kann aber der Antrag nicht beliebig wiederholt werden, so kann auch eine Wiederaufnahme des Verfahrens nicht erlaubt sein, die ohne die Beibringung neuer Tatsachen dem Antrage, der nicht neu gestellt werden darf, zum Erfolge verhelfen könnte. Liegen aber die Voraussetzungen der Antragswiederholung vor, also des neuen Verfahrens, das allein § 44 im Auge hat, so besteht für die Wiederaufnahme kein Bedürfnis, also kann sie nicht als zulässig gelten. Hier ist nicht zu prüfen, ob §§ 44 auf Entscheidungen, die einen Antrag abweisen, sich beschränkt, oder über den Wortlaut hinaus auch andere Fälle regelt; vielmehr genügt es, daß § 44 eine Wiederaufnahme, also die Befugnis zur Änderung und Aufhebung, bei abweisenden Entscheidungen ausschließt, denn mangels jeglichen Grundes für eine abweichende Behandlung anderer der Rechtsbeschwerde unterliegenden Entscheidungen muß dieser Ausschluß auch für sie allgemein gelten. Er muß sogar auf die Fälle ausgedehnt werden, in denen die Rechtsbeschwerde versagt und die Entscheidung des MEA. endgültig ist, denn hier hat das Gesetz die Grenze, innerhalb deren es das Bedürfnis einer Nachprüfung befriedigt, nur enger gezogen, ohne von seiner Regelung im übrigen erkennbar abzuweichen. D. n.

ı) **„Verf.Ber. im Sinne des § 4 WMG. ist, wer auf Grund bürgerlichen Rechts fähig ist, über die Wohnung zu verfügen: zunächst der Wohnungs-**

inhaber und, wenn das Wohnungsamt dessen Verfügungsfähigkeit aufhebt, der, von dem er sein Recht herleitete."

Kammergericht, 17. ZS. Rechtsentscheid v. 30. Juni 1924 (Y 22).

Die Inanspruchnahme unbenutzter Wohnung wird durch Beschlagnahme (oben S. 254) beansprucht u. z. dem Verf.Ber. gegenüber. Wer dies ist, sagt das Gesetz selbst nicht. Die Bezeichnung ist auch in der WMVO., aus der sie übernommen ist, nicht erklärt. Wohl aber heißt es in ihrer Begründung, daß man hierunter den zu verstehen habe, „der über die Wohnung zu verfügen berechtigt ist, also in der Regel den Eigentümer, je nach den Umständen aber auch den Nießbraucher, gesetzlichen Vertreter, Verwalter ꝛc." Dies wäre also, da im Regelfall die Benutzung durch Miete überlassen wird, der Vermieter. Das WMG. kann aber diesen in § 3² nicht meinen, denn dort wird als Verf.Ber. der ins Ausland gegangene Wohnungsinhaber bezeichnet, also der Mieter. Fände nur bürgerliches Recht Anwendung, so hätte, wenn man den Vertreter als den Verf.Ber. ansieht, dieser dadurch, daß mit ihm der Zwangsvertrag geschlossen wird, nunmehr zwei Mieter, was ihn in die schwierigsten Verwicklungen stürzen würde, für deren Kosten er möglicherweise keinen Ersatz fände. Sähe man aber den Mieter als den Verf.Ber. an, so wäre mit diesem abzuschließen und der Zwangsmieter auf die geringen Rechte eines Untermieters angewiesen. Er hätte die Miete dem Untervermieter zu bezahlen, ohne daß er die Gefahr vermeiden könnte, daß der Vermieter gegen beide wegen Nichtzahlung der Miete die Aufhebungsklage anstrengt. Auch andere Gründe könnten das Recht zu dieser gegen den Willen und das Verhalten des Zwangsmieters in der Person des Untervermieters geben. Allein aus den nach BGB. zu beurteilenden Rechtsverhältnissen der Beteiligten kann daher die Frage nicht gelöst werden, diese Lösung ist vielmehr der Besonderheit der wohnungsrechtlichen Bestimmungen zu entnehmen. Das WMG. will nur die tatsächliche Benutzung der Wohnung zugunsten der vom Wohnungsmangel betroffenen Allgemeinheit regeln, ohne Rücksicht auf das Recht, das den Inhaber der Wohnung zur Verfügung über sie befähigt. Verf.Ber. im Sinne jenes Ges. ist daher jeder, der auf Grund eines Rechts über die Wohnung verfügen kann, gleichgültig, ob kraft dinglichen Rechts (Eigentum, Nießbrauch, Altenteil) oder kraft Schuldverhältnisses (Pacht, Miete). Im allgemeinen wird es der unmittelbare Besitzer sein. Der Verf.Ber. muß aber nicht nach bürgerlichem Recht, sondern nach WMRecht zur Verfügung über die Wohnung fähig sein.

Die Gemeindebehörde (das Wohnungsamt) hat unter Umständen die Möglichkeit, besonders aus den Gründen des § 3² WMG. und der zu dessen § 6 erlassenen Bek., eine Wohnung, sei es ganz oder teilweise, zu beschlagnahmen (zB. als Nebenwohnung, wegen Unbenutztheit, wegen Übergröße) und hierdurch dem Verf.Ber. die Möglichkeit weiterer Verfügung zu nehmen. Soweit dies geschieht, erlischt die Verfügungsfähigkeit des bisher Verf.Ber., soweit sie sich auf die Nutzung der Wohnung beschränkte. Hatte daher der

Mieter eine Doppelwohnung inne, so erlischt durch die Beschlagnahme sein Verfügungsrecht an der Nebenwohnung völlig, Verf.Ber. wird dadurch sein Vermieter. Hatte aber der Eigentümer eine Doppelwohnung inne, so erlischt damit nur sein Recht, die Nebenwohnung selbst zu nutzen, nicht aber das Recht, über sie im Einverständnis mit der Gemeindebehörde zu verfügen. Nach § 4 WMG. ist mit dem jeweils zur Verfügung Fähigen abzuschließen, also wenn die Gemeindebehörde dem Verf.Ber. das Recht zur Nutzung der Wohnung nicht unbedingt nehmen kann oder will, mit dem bei Eintritt des Inanspruchnahmegrundes Verfügungsberechtigten, zB. dem Mieter, wenn aber die Gemeindebehörde dem damals Verfügungsfähigen das Recht zur Nutzung der Wohnung nehmen kann oder will, der nunmehr verfügungsfähig Gewordene, zB. der Eigentümer, Untervermieter. D. n.

l) α) **„Das MEA., das die Friedensmiete festgesetzt hatte, kann seine Entscheidung auch nach dem Inkrafttreten des MSchG. abändern, wenn es die Abänderung nach billigem Ermessen für erforderlich hält."**

Kammergericht, 17. SZ. Rechtsentscheid v. 5. Juni 1924 (Y 50).

Aus dem Umstande, daß ein Rechtsmittel und eine Klage gegen die Entscheidung des MEA. durch § 7 MSchVO. ausgeschlossen ist, hat das RG. (103 S. 314) gefolgert, daß das MEA. zur Abänderung (Aufhebung) seiner Entscheidung befugt ist. Die überzeugende Begründung des RG. erweist, wenngleich sie sich auf die zur Räumungsklage erteilte Genehmigung beschränkte, die Änderungsbefugnis ganz allgemein für sämtliche Entscheidungen der MEÄ., so daß für die Festsetzung der Friedensmiete nichts anderes gilt (vgl. übrigens für WMSachen RG. in LZ. 1923 S. 563). An diesem Rechtszustande hat das MSchG. bezüglich der vorher ergangenen Entscheidungen nichts geändert. Ihre Abänderung ist weder ausdrücklich ausgeschlossen noch das Bedürfnis dafür weggefallen, denn das Gesetz schafft durch die Rechtsbeschwerde eine Möglichkeit der Anfechtung nur bei den nach seinem Inkrafttreten erlassenen Entscheidungen des MEA.... Über die Anwendung dieser Befugnis hat es nach billigem Ermessen zu befinden, da § 40³ dieses allgemein für die entscheidende Tätigkeit des MEA. vorschreibt. Es lassen sich deshalb allgemeine Schranken gegen die Abänderung einer Entscheidung, die die Friedensmiete festsetzt, nicht aufrichten, wie es die Beschwerdestelle versucht. Vielmehr muß die Entscheidung, ob eine erneute Festsetzung den Anforderungen des billigen Ermessens entspricht, der Prüfung aller Umstände des Einzelfalles vorbehalten bleiben, und es lassen sich wohl Fälle denken, in denen die Abänderung des früheren Beschlusses geboten ist, obwohl keine der von der Beschwerdestelle erwähnten Voraussetzungen vorliegen. D. n.

β) **„Die Beschwerdestelle ist nicht befugt, ihre Entscheidung über die Rechtsbeschwerde nach der Bekanntgabe an die Parteien abzuändern."**

Kammergericht, 17. ZS. Rechtsentscheid v. 5. Juni 1924 (Y 47).

Ist nach § 43² die Entscheidung endgültig und damit formell rechtskräftig geworden, so folgt daraus nach allgemeinen Grundsätzen wiederum, daß die rechtskräftig gewordene Entscheidung nicht mehr abgeändert werden kann, soweit dies nicht im Gesetze vorgesehen ist; das ist aber nicht geschehen. Aus § 44 ist ersichtlich, daß das Gesetz auch die Verwendung solcher Tatsachen, deren Geltendmachung nicht durch § 44 ausgeschlossen ist, nur in einem neuen Verfahren infolge Erneuerung des abgewiesenen Antrags zuläßt, keinesfalls aber davon ausgeht, daß die Entscheidung der Beschwerdestelle auf Grund solcher Tatsachen abgeändert werden kann. Deshalb kann auch § 44 nur zu einem neuen Verfahren vor dem MEA. führen, und er bestätigt, daß die Beschwerdestelle nicht mehr ihre Entscheidung ändern darf, sobald diese den Parteien bekannt gegeben ist. Bis dahin allerdings ist der Beschluß noch nicht endgültig erlassen und die Beschwerdestelle in der Einwirkung auf ihn unbeschränkt.

Die vorstehenden Ausführungen beziehen sich zunächst auf solche Verfahren, die reichsrechtlich dem MEA. übertragen sind. Sie treffen aber unverändert auch insoweit zu, als Preußen durch § 2 AusfBest. vom 11. 9. 23 die Entscheidung über die dem unmittelbar Betroffenen zustehende Beschwerde gegen eine auf Grund des WMG. getroffene Verfügung dem MEA. übertragen hat. Wie bereits oben S. 238c dargelegt ist, gelten auch für diese Entscheidungen die reichsrechtlichen Bestimmungen über das Verfahren, soweit nicht preuß. Vorschriften im einzelnen entgegenstehen, solche fehlen aber für die hier zu entscheidende Rechtsfrage. D. n.

γ) **„§ 51² MSchG. bezieht sich auch auf Vergleiche, die vor 1. Oktober 1923 vor einem Gerichte geschlossen sind. Die Rechtsbeschwerde ist auch gegen eine auf Grund jenes § 51² und des § 16 Berl. Bek. vom 17. September 1922 getroffenen Entscheidung des MEA. zulässig."**

Kammergericht, 17. ZS. Rechtsentscheid v. 12. Juni 1924 (Y 35).

1. Im § 51 wird die Vollstreckung geregelt; für sie ist aber der Vergleich dem Urteile gleichgestellt, denn er hat wie dieses die Wirkungen der Vollstreckbarkeit und der Prozeßbeendigung. Weiter sind Urteile und Vergleiche in einander ähnlicher Weise mit Vollstreckungsschutz umgeben (vgl. §§ 16, 27³, 36¹, 52 MSchG.). Der Zusammenhalt dieser Bestimmungen beweist, daß, wer es nicht zum Urteil kommen läßt, sondern einen ihn zur Räumung verpflichtenden Vergleich schließt, nicht schlechter gestellt werden soll, als der zur Räumung Verurteilte. Es fehlt jeder Grund dafür, bei den vor 1. Oktober 1923 geschlossenen Vergleichen eine Ausnahme zu machen und hier den beim Vergleichsschlusse *vorhanden* gewesenen Vollstreckungsschutz, auf den sich der Vergleichschließende verließ, zu streichen. Auch die Entstehung des § 51² gibt für eine derartige Absicht keinen Anhalt. Im Gegenteil sagt die Begründung (Drucks. Nr. 4185 zu § 40), „*Vollstreckungsverfahren* sollen ... nach den bisherigen Vorschriften erledigt werden". Der ganz allgemeine Ausdruck „Vollstreckungsverfahren" weist darauf hin, daß man die Vollstreckung aus den den Urteilen sonst gleichgestellten Vergleichen ebenfalls nicht des früheren Schutzes berauben wollte (a. A. LG. München I BayZ. 1923, S. 247).

2. Nach § 51² hat der § 16 Bek. vom 12. Mai 1921 in der Fassung vom 17. September 1922 noch heute volle Wirksamkeit, soweit der Vollstreckungstitel vor 1. Oktober 1923 ergangen ist. Das Verfahren jedoch, das das MEA. anzuwenden hat, regelt sich stets nach den jeweils geltenden Gesetzen, sofern nichts anderes ausdrücklich vorgeschrieben ist. Dies ist aber durch § 51² nicht geschehen. Ist auch die „Zwangsvollstreckung" ein Verfahren, so gehört doch zu ihr die Zustimmung des MEA. nur als Voraussetzung. Wie sich dabei seine Tätigkeit abzuspielen hat, gehört nicht mehr zur Vollstreckung selbst. Deshalb hat es bei seinem Verfahren bereits das neue Recht anzuwenden; dazu gehört aber der Rechtsmittelzug an das LG. D.n.

m) **„Die Reichspost ist ein gewerblicher Betrieb im Sinne des § 10¹ RMG."**
Kammergericht, 17. ZS. Rechtsentscheid v. 23. Juni 1924 (Y 53).

Die beiden Absätze des § 10 beziehen sich auf Räume, die gewerblich verwendet werden, und gestatten für diesen Fall besondere Zuschläge zur gesetzlichen Miete. In ihrer Bedeutung weichen sie jedoch erheblich voneinander ab. Schon aus dem Umstande, daß wohl Abs. 2, nicht aber der hier allein fr. Abs. 1 auf die GewO. hinweist, ist zu schließen, daß sich der Begriff des gewerblichen Betriebes in Abs. 1 nicht notwendig mit dem der GewO. decken muß. Allerdings fand sich schon Abs. 1 als § 9 im Entwurf, nicht aber Abs. 2, der erst später geschaffen wurde. Es liegt aber nahe zu vermuten, daß man nicht ohne Grund die Begriffsbestimmung, die man in Abs. 2 einsetzte, für den Abs. 1 unterlassen hat. Vor allem jedoch läßt die Fassung klar erkennen, daß die Bewilligung von Sonderzuschlägen in den beiden Fällen ganz verschiedene Ursachen und Zwecke hat, und daraus folgt wiederum, daß nur für den Zuschlag des Abs. 2 eine Beschränkung auf die nach der GewO. als gewerblich geltenden Unternehmungen gerechtfertigt war. Dieser an keine weiteren Voraussetzungen geknüpfte Zuschlag soll für die Fälle, in welchen der Vermieter unter dem Einfluß der Zwangswirtschaft Räume gegen geringes Entgelt abgeben muß, die der Mieter zu seinem gewinnbringenden und gerade wegen des geringfügigen Mietzinses besonders ertragreichen Betriebe nutzt, einen gewissen Ausgleich ermöglichen. Ein solches Mißverhältnis liegt dann nahe, wenn in den Räumen ein Gewerbebetrieb im Sinne des § 1 GewO. untergebracht ist, in ihnen also eine Tätigkeit ausgeübt wird, die vornehmlich Gewinn erzielen soll. Um Unternehmungen mit anderen Zwecken auszunehmen, war hier also die Verweisung auf die GewO. notwendig. Man traf für die Regel das Richtige, wenn man den Sonderzuschlag, der eine Erhöhung der gesetzlichen Miete darstellt, für alle derartigen Betriebe zuließ, und beachtete hinreichend die Ausnahmefälle, in welchen die Mieterhöhung nicht am Platz erschien, indem man Rücksicht auf die Lage einzelner Gewerbe und die wirtschaftliche Beschaffenheit des Einzelbetriebes vorschrieb.

Ganz anders liegt es in Abs. 1. Hier soll nicht ein Mißverhältnis zwischen dem Entgelt für die Raumüberlassung und deren Wert ausgeglichen werden, sondern es wird dafür gesorgt, daß der Vermieter eine Deckung für außergewöhnlich hohe Betriebs- und Instandsetzungskosten erhält, die ihm der Betrieb verursacht. Ob sie erforderlich ist, hängt allein davon ab, ob die Art und Eindringlichkeit, mit der der Mieter infolge der Eigenart seines Betriebes die Räume benutzt, von der Norm, wie sie aus der Gesamtheit der Mietverhältnisse zu entnehmen ist, abweicht und besondere Kosten für den Vermieter erzeugt. Wenn in diesem Zusammenhange von der Vermietung an den Unternehmer „eines gewerblichen Betriebes" gesprochen wird, so kann es nur geschehen, um die Benutzungsart klarzustellen, die das Gesetz als eine außerordentliche ansieht. Der Hinweis ergibt also, daß der Zuschlag für Räume gefordert werden kann, welche in solcher Art benutzt werden, wie es bei einem Gewerbebetrieb zu beobachten ist. Nicht aber ist erforderlich, daß der Einzelbetrieb rechtlich der GewO. untersteht. Der Betrieb der Reichspost entspricht aber allen tatsächlichen Merkmalen des Gewerbebetriebes, mag er auch wegen seiner besonderen Ziele rechtlich nicht als ein solcher gelten. In den Postanstalten findet ebenso wie in einem größeren Gewerbebetrieb ein reger Verkehr sowohl der Angestellten wie auch vor allem des Publikums statt, der geeignet ist, eine besondere Abnutzung der Räume herbeizuführen. Ob im Einzelfall besonders hohe Betriebs- und Instandsetzungskosten entstehen, die einen Sonderzuschlag erforderlich machen, ist nicht allgemein zu entscheiden, sondern Sache der tatsächlichen Feststellung. Die Entstehung solcher Kosten gehört auch nicht zum Begriff eines „gewerblichen Betriebes", sondern ist eine weitere Voraussetzung, die beim Vorhandensein jenes Betriebes unerläßlich ist, um den Zuschlag zuzulassen. D.n.

n) **„Die Beschwerdestelle darf vor ihrer Entscheidung einstw. Anordnungen erlassen. Sie und das MEA. dürfen dem Wohnungsamt durch einstw. Anordnung untersagen, seine Verfügungen vor eingetretener Rechtskraft zu vollstrecken."**

Kammergericht, 17. ZS. Rechtsentscheid v. 5. Juni 1924 (Y 44).

1. Für das Verfahren vor der Beschwerdestelle gelten nach § 27 VerfA. die Vorschriften über das Verfahren vor dem MEA. entsprechend, also hier § 40^5 MSchG. Danach darf auch jene Stelle Anordnungen erlassen. Es ist kein Grund erfindlich, der die entsprechende Anwendung des § 40^5 ausschlösse, wohl aber spricht für sie das Bedürfnis der Praxis, damit das zu erstreitende Recht gesichert und nicht seine Verwirklichung gefährdet und erschwert werde.

2. Auf das Verfahren vor dem MEA. und den Beschwerdestellen findet auch in Wohnungsbeschlagnahmesachen der gesamte 2. Abschnitt des MSchG. Anwendung (17. Y 11. 24), mithin auch der § 40^5. . . . Da es sich um einen durch preuß. Landesrecht geschaffenen Rechtszug gegen Verfügungen des WA. handelt, hätte es die allgemeinen Verfahrensbestimmungen einschränken, besonders die einstw. Anordnungen untersagen können. Ausdrücklich ist dies, obwohl auch diesmal schon § 7 MSchG. das MEA. zu einstw. Anordnungen ermächtigte, durch die AusfBest. vom 3. 6. 1920 nicht geschehen. Auch Nr. 6

das. hat nur angeordnet, daß die von selbst eintretende aufschiebende Wirkung der Anrufung des MEA., wenn nach dem Ermessen des WA. diese Wirkung Nachteil für das Gemeinwesen hat, ausgeschlossen werden kann. Es soll verhütet werden, daß das WA. schon durch die Einlegung der Beschwerde allein, also automatisch, an der Durchführung seiner Verfügung gehindert wird; nicht aber wird das MEA. an seinen Befugnissen eingeschränkt. Untersagt dieses durch einstw. Anordnung die Vollstreckung, so ist es nicht die Beschwerde, die das WA. an der Durchführung seiner Verfügung hindert, sondern eben die Anordnung, die den Spruch des MEA. vorbereitet und dem Ausgleich der durch Verzögerung der endgültigen Entscheidung entstehenden Nachteile dient. Bedenken gegen das Eingreifen des MEA. können auch nicht daraus hergeleitet werden, daß das WA. die Belange des Gemeinwesens wahrzunehmen hat und sie etwa besser überblicken könne. Denn das MEA. ist durch die AusfBest. gerade dazu bestellt, im Streit zwischen WA. und Wohnungsbesitzer zu entscheiden, also zum Richter auch über das WA. gesetzt und hat als unparteiische Behörde zu prüfen, ob das Recht des von der Verfügung Betroffenen begründet erscheint. Ihm dann aber die Vorbereitung seiner Entscheidung durch einstw. Anordnung zu versagen, erscheint nicht angängig. Da entsprechendes für die Beschwerdestelle gilt, kann auch diese derartige Anordnungen treffen. D.n.

o) **Gesetzliche und freie Miete bei Geschäftshäusern.**

Kammergericht, 17. ZS. Urteil v. 15. Mai 1924.

1. Die Pr. AusfVO. A III vom 4. Aug. 1923 hat Räume in Gebäuden, die ausschließlich gewerblichen, geschäftlichen oder industriellen Zwecken dienen („Geschäftshäuser"), vom RMG. ausgenommen. Durch VO. vom 7. Nov. 1923 hob jedoch der Wohlfahrtsminister mit Wirkung vom 1. Dezember 1923 ab diese Sonderbestimmung wieder auf. Hierzu war er auch befugt. Der § 22 RMG. wollte der obersten Landesbehörde auf dem Gebiet der Mietzinsbildung (-regelung) freie Hand lassen und unter Einräumung weitgehender Rechte in ihr Ermessen stellen, ob die Anwendung des RMG. für alle Gemeinden und sämtliche Arten von Mieträumen oder nur für bestimmte Gemeinden und Mieträume zweckmäßig sei. Hieraus folgt, daß sie auf dem vorgeschriebenen Weg auch die VO., durch die sie bestimmte Mieträume vom RMG. ausgenommen hatte, wieder aufheben und durch neue Anordnungen ersetzen kann. Dies brauchte nicht besonders ausgedrückt zu werden, da es schon aus der allgemeinen Fassung des § 22 hervorgeht. Nicht erforderlich war auch, daß der Arbeitsminister der Aufhebung zustimmte, vielmehr genügte seine Anhörung; diese ist erfolgt. Ebensowenig ist eine Zustimmung des Staatsrats im Gesetze vorgesehen. Wenn sich der Minister trotzdem an ihn wandte, so geschah dies zu keinem anderen Zweck als dessen gutachtliche Äußerung zu hören. Auf den rechtlichen Bestand der VO. ist diese Äußerung einflußlos. Die spätere Anordnung v. 12. Januar 1924, die die zur Grundmiete tretenden Zuschläge neu festgesetzt und die Betriebskostenfrage anders

geregelt hat, bestimmt allerdings im letzten Absatz, daß entgegenstehende Bestimmungen aufgehoben werden, besonders auch die, durch die für besondere Arten von Mieträumen abweichende Vorschriften erlassen sind, daß aber im übrigen die AusfBest. unberührt bleiben. Schon dieser Wortlaut ergibt, daß die VO. für sämtliche Arten von Mieträumen eine gleichmäßige Regelung der Mietzinsbildung erstrebte, daß also namentlich auch die rein gewerblichen Räume dem RMG. unterstellt bleiben sollten. Es blieben deshalb jene AusfBest. nur insoweit unberührt als sie nicht abweichende Vorschriften für besondere Arten von Mieträumen enthielten, soweit sie dagegen etwas anderes bestimmten, gelten sie als aufgehoben. Es wurde hiernach für Geschäftshäuser nur nochmals das gesagt, was bereits die VO. vom 7. Nov. 1923 ausgedrückt hatte.

2. Der Kläger, der auf Grund der VO. v. 4. Aug. 1923 statt der bis dahin gezahlten gesetzlichen Miete eine um 50 % aufgewertete Friedensmiete erhalten hat, verlangt diese auch für Januar und Februar 1924. Die Auffassung des LG., daß die nach § 1[1] RMG. abgegebene Erklärung — trotz vorübergehender Außerkraftsetzung dieses Ges. für Geschäftshäuser — fortwirke, ließe sich vielleicht halten, wenn die VO. v. 4. Aug. 1923 von vornherein als vorübergehende Maßnahme gedacht worden wäre. Hiefür fehlt jede Grundlage. Die VO. selbst enthält keine zeitliche Beschränkung; sie gilt bis auf weiteres, d. h. wenn sie nicht vorher geändert wird, so lange wie das RMG. selbst. Daran, daß sie bezüglich der Geschäftshäuser schon nach einigen Monaten wieder aufgehoben werden würde, hat bei ihrem Erlaß sicher niemand gedacht. Der Umstand, daß sie tatsächlich nur kurze Zeit bestanden hat, ist also hier einflußlos. Die Erklärung aus § 1[1] erhält als einseitige empfangsbedürftige Willenserklärung ihre Wirksamkeit ohne Rücksicht auf den Willen des anderen Teils lediglich aus dem RMG. Sie verlor also für Geschäftshäuser dadurch, daß diese vom RMG. ausgenommen wurden, die einzige Grundlage ihrer Wirksamkeit und nunmehr konnte der zu zahlende Mietzins frei vereinbart werden oder, wenn eine Einigung nicht zustande kam, der Vermieter eine angemessene Aufwertung der vertraglichen Miete verlangen. Würde der gleiche Mietzins wie vor der VO. vom 4. Aug. 1923 weiter gezahlt, so war das nicht mehr gesetzliche, sondern ausdrücklich oder stillschweigend vereinbarte Miete. An diesem Zustande hat die Aufhebung der VO. zunächst noch nichts geändert. Sie hat wohl jene VO. für die Zukunft aufgehoben, nicht aber die bereits eingetretene Wirkung, daß die Erklärung aus § 1[1] unwirksam geworden, wieder beseitigt. Es erscheint auch rechtlich nicht angängig, eine unwirksam gewordene Willenserklärung durch VO. wieder wirksam zu machen, und dafür fehlt jeder Anhalt, daß der Minister diesen Erfolg gewollt hätte. Die Aufhebung kann demnach nur die Wirkung haben, daß nunmehr auch bei Geschäftshäusern jeder Vertragsteil wieder das Recht hat, gemäß § 1[1] die gesetzliche Miete zu wählen. D.n.

p) α) **„Die Pr. PSchO. ist auf das Verhältnis zwischen Hauptverpächter und Unterpächter unanwendbar."**

Kammergericht, 17. ZS. Rechtsentscheid v. 1. Oktober 1923.

Der Hauptverpächter und der Unterpächter stehen zueinander in keinem Vertragsverhältnis, auch dann nicht, wenn der erste der Unterpacht zugestimmt hat. Könnte auf einen Antrag, den der Unterpächter gegen den Hauptverpächter ohne Beteiligung des Unterverpächters stellt, eine Fortsetzung der Pachtnutzung angeordnet werden, so würde dadurch zugleich ein Vertragsverhältnis zwischen den beiden ersten hergestellt werden, das bisher nicht vorhanden war, da eine Verlängerung des Hauptvertrags und der durch ihn begründeten Pflichten für den Hauptpächter ohne seine Mitwirkung nicht möglich ist. Die Befugnis zum Abschluß solcher Zwangspachtverträge ist aber in der PSchO. an keiner Stelle vorgesehen. Vielmehr läßt der Wortlaut der §§ 1, 2 Pr. PSchO. in Übereinstimmung mit § 1 RPSchO. klar erkennen, daß die Befugnisse des PEA. auf die Erhaltung, Fortsetzung oder Aufhebung bestehender Verträge beschränkt sind. Allerdings ist bei dieser Rechtslage der Schutz des Unterpächters unvollkommen, doch kann dem nur durch die Gesetzgebung abgeholfen werden.[1] Dr. G.

β) **Das PEA. wird nicht dadurch sachlich zuständig, daß eine Partei den Einwand der Unzuständigkeit zurücknimmt.**

Kammergericht, 17. ZS. Rechtsentscheid v. 12. Juli 1923 (Y 19).

Eine Vereinbarung der sachlichen Zuständigkeit ist in der Pr. PSchO. vom 27. Sept. 1922 nicht vorgesehen, die Bestimmungen der ZPO. aber sind mangels der gesetzlichen Verweisung auf sie nicht anwendbar. Bei dieser Rechtslage ist die Zuständigkeit des PEA. in § 1 erschöpfend geregelt. Das PEA. hat sie jederzeit von Amts wegen zu prüfen und wird davon nicht dadurch enthoben, daß eine Partei ihren Einwand der Unzuständigkeit zurücknimmt. Dr. G.

γ) **„Das PEA. hat über seine Zuständigkeit selbst zu entscheiden und ist nicht befugt, unter Aussetzung des Verfahrens den Beteiligten aufzugeben, eine Entscheidung des ordentlichen Gerichts über das Bestehen eines Pachtverhältnisses herbeizuführen."**

Kammergericht, 17. ZS. Rechtsentscheid v. 12. November 1923 (Y 24).

... Die PSchO. selbst verweist nicht auf § 148 ZPO. Dieser enthält aber auch keinen allgemein gültigen Grundsatz. Abgesehen davon, daß er die Aussetzung nur zuläßt, wenn bereits ein für das Verfahren erheblicher Rechtsstreit anhängig ist, also nicht dazu führen kann, daß das PEA. die Anrufung der Gerichte erst veranlaßt, paßt er für das PSchVerfahren überhaupt nicht. Der § 1 PSchO. stellt den Pachtverträgen alle sonstigen Vereinbarungen gleich, bei denen der Genuß der Erzeugnisse gegen Entgelt übertragen ist. Wenn also das ordentliche Gericht etwa das Vorliegen eines

[1] Obige Gründe träfen nicht zu, wenn die Unterpacht in ihrer Zeitdauer hinter der der Hauptpacht zurückbleibt und bis zu deren Ablauf verlängert werden kann. Darüber hinaus könnte sie nach § 3 Pr. PSchO. v. 27. Febr. 1924 verlängert werden, wenn und soweit es bei Abwägung der Interessen beider Teile der Billigkeit entspricht, also nur dann, wenn die Zustimmung des Hauptverpächters bereits vorliegt oder ohne jede Schwierigkeit zu beschaffen ist. D. H.

Pachtvertrags verneint, so hat das PEA. trotzdem seine Zuständigkeit selbst zu prüfen. Dr. G.

q) **Zur Auslegung der §§ 1¹, 3¹ Pr. PSchO.**

Kammergericht, 17. ZS. Rechtsentscheid v. 17. September 1923 (Y 43).

Die Pächter, die in einem Arbeitsverhältnis zum Verpächter stehen, verwenden Landflächen zum Anbau landwirtschaftlicher Erzeugnisse für den eigenen und den Bedarf ihrer Familienangehörigen. Sie bestreiten ihren Unterhalt in der Hauptsache aus ihrer Fabriktätigkeit. Der Verpächter hat die Verträge gekündigt. Der Antrag einiger Pächter, die Kündigung für unwirksam zu erklären, blieb erfolglos.... Aus den Gründen:

Der § 1¹ fordert eine gewerbsmäßige Nutzung nur für gärtnerisch benutzte Grundstücke; weil der nicht gewerbsmäßige Gartenbau bereits durch die KleingartenO. vom 31. Juli 1919 in ähnlicher Weise geschützt ist. Nach dem Zweck und der Entstehung der PSchO. sollen offensichtlich die Pachtungen, besonders die kleineren, die der Volksernährung dienen, unter dem besonderen Schutze stehen. Dieser wird, soweit nicht die KleingartenO. reicht, durch die RPSchO. gewährt. Nutzt der Pächter das Grundstück landwirtschaftlich, so findet die PSchO. Anwendung. Ob die Nutzungen zum eigenen Verbrauch oder zur Veräußerung gewonnen werden, ist dann bedeutungslos.

Der § 3¹ ist ebenfalls nicht deshalb unanwendbar, weil der Pächter das Land nicht gewerbsmäßig nutzt. Für diese Auffassung bietet die PSchO. keinerlei Anhalt. Auch die Entstehung der RPSchO. läßt erkennen, daß man eine Verringerung des Schutzes gegen Entziehung des Pachtlandes gegenüber solchen Pächtern nicht beabsichtigt hat. Es gilt vielmehr auch in solchen Fällen gemäß § 3¹ die Belassung des Pachtlandes, abgesehen von besonders schlechter Wirtschaft, als die Regel. Das PEA. kann von dieser Regel jedoch abweichen, wenn der Fall nach billigem Ermessen zu beurteilende Gründe dafür aufweist. Ob ein solcher Grund besonders darin zu finden ist, daß der Pächter nicht notwendig des Landes bedarf, weil er seinen Lebensunterhalt ausreichend aus anderer Tätigkeit bestreitet, während der Verpächter zur Erreichung berechtigter Zwecke auf das Pachtland angewiesen ist, kann nur in Lage des Einzelfalles entschieden werden. Dr. G.

r) **„Leistungen, die ihrer Natur nach die Beendigung des Pachtverhältnisses voraussetzen, kann das PEA. nicht abändern."**

Kammergericht, 17. ZS. Rechtsentscheid v. 14. Januar 1924 (Y 27/23).

Die RPSchO. vom 9. Juni 1920 wurde durch die Nationalversammlung veranlaßt, die Maßnahmen forderte, um die grundlose Entziehung von Pachtland zu hindern und ungerechtfertigt hohen Pachtpreisen entgegenzuwirken. Es kam also in letzterer Beziehung darauf an, zunächst die Vertragsleistungen so zu regeln, daß eine gedeihliche Fortführung der Wirtschaft auf den Pachtländereien im Interesse der deutschen Volkswirtschaft gesichert war. Dieser Zweck erforderte jedoch nur eine Einwirkung auf die während der Vertragsdauer wiederkehrenden Leistungen. Hingegen kann den Leistungen, die nach der Beendigung der Pacht einmal zu bewirken sind, in diesem Zusammenhange keine irgendwie wesentliche Bedeutung zukommen. Daß die erste RPSchO. nur dem oben gekennzeichneten Zwecke genügen wollte, zeigt die Begründung (bei Ponfick-Wenzel S. 45). Auch in ihr kommt zum Ausdruck, daß die VO. einen Einfluß auf die sich wechselseitig bedingenden Pachtzinsen und Bodenpreise im Sinne einer Ermäßigung erstrebe (S. 49), ein Ziel, das wiederum nur eine Regelung der wiederkehrenden Leistungen erforderte. Allerdings ist der Entwurf nicht Reichsrecht geworden, sondern hat später für die Pr. PSchO. gedient, aber seine Begründung bleibt für die Auslegung der RPSchO. von Wert. Deshalb erscheint es gerechtfertigt, schon für die alte PSchO. von den abänderungsfähigen Leistungen die mit dem Pachtende verknüpften abzusondern. Diese (zB. aus der Überlassung des Inventars, Ersatz für die letzte Aussaat, für Herrichtung von Baulichkeiten 2c) können zwar für die Vermögenslage der Beteiligten erhebliches Gewicht haben, sie üben aber keinen Einfluß auf den Bestand des zurzeit ihrer Entstehung aufgelösten Vertrags aus und vermögen nicht die ruhige und für die Volksernährung förderliche Bewirtschaftung des Pachtlandes zu gefährden.

Das Ergebnis trifft für die jetzt geltende PSchO. ebenfalls zu, denn ihr Wortlaut und Zweck sind, soweit sie die Rechtsfrage betreffen, unverändert geblieben. Als weitere Stütze kommt hinzu die Begründung zum VerlängGes. (Nr. 4187 S. 9): „Insbesondere unterliegen die Rechtsverhältnisse am Inventar und die über dessen Rückgabe entstehenden Verpflichtungen nicht der Rechtsprechung der PEA." Ist hier auch nur der Überlassung von Inventar gedacht, so treffen die gleichen Erwägungen für die übrigen durch das Pachtende bedingten einmaligen Ansprüche zu. Gewiß beruhen sämtliche Ansprüche auf einem einheitlichen Vertrag, es ist auch nicht ausgeschlossen, daß eine oder die andere der einmaligen Leistungen, zB. für die letzte Bestellung, von größerem Einfluß auf die Bemessung der wiederkehrenden Ansprüche gewesen ist als gerade die aus der Überlassung des Inventars entspringende Verpflichtung. Indessen kann diese Wechselwirkung in ihren Folgen bei der etwa gebotenen Abänderung der wiederkehrenden Leistungen ausreichend beachtet werden. Nur dort ist sogar ihre Berücksichtigung zweckmäßig und geboten, denn sie vermögen lediglich durch die Auswirkung auf diese wiederkehrenden Leistungen den Bestand des Pachtverhältnisses zu gefährden, also die Anwendung der PSchO. im Hinblick auf ihren Zweck zu gebieten. . . . Dr. G.

8) **Pr. PSchO. § 2 im Falle von Nachtragsabkommen.**

Kammergericht, 17. ZS. Rechtsentscheid v. 18. Februar 1924.

A. hat sein Grundstück dem P. 1914 bis 1925 für jährlich 20500 Mark verpachtet. 1921 haben sie den Z. als Mitpächter in das gleichzeitig bis 1942 verlängerte Pachtverhältnis aufgenommen und den Pachtzins auf den Wert von 200 Ztr. Roggen jährlich erhöht. Auf den Antrag des Verpächters hat das PEA. für das Pachtjahr 1921 den Pachtzins auf 400 Ztr. Roggen festgesetzt. Da sich beide Parteien beschwert haben, fragt es sich, ob bei der

Prüfung der in § 1² RPSchO. und § 2² Pr. PSchO. aufgestellten Voraussetzungen vom Pachtvertrage oder vom Nachtragsabkommen auszugehen ist. Die PSchO. gestattet eine Abänderung der Leistungen nur, wenn diese unter den veränderten wirtschaftlichen Verhältnissen nicht mehr gerechtfertigt sind. Sie erfordert also eine Veränderung nach dem Vertragsschlusse, der den Verpflichtungen der Beteiligten ihre Gestalt gegeben hat, und bietet keine Handhabe, die Vertragsteile gegen ungünstige Folgen zu schützen, die sich schon unmittelbar aus dem Vertragsschluß ergeben. Deutlich kommt somit in der PSchO. zum Ausdruck, daß, wer einen ihm nachteiligen Pachtvertrag abgeschlossen hat, die Gefahr des Vertrages in gleicher Weise auf sich zu nehmen hat, wie bei anderen Verträgen vertragliche Vereinbarung über die Leistungen erfolgt, eine Folgerung, die auch durch § 3⁵ RPSchO. und den damit übereinstimmenden § 46¹ Pr. PSchO. unterstützt wird. Nach § 3⁵ RPSchO. gilt aber der Inhalt des Vergleiches und des rechtskräftigen Beschlusses über Änderung von Leistungen unter den Parteien als Vertragsinhalt, wird also in den Rechtswirkungen einer Abänderung der Leistungen durch Willenseinigung gleichgesetzt. Daß bei der Entscheidung über einen Abänderungsantrag bezüglich einer Pachtzeit, für die der Pachtzins nach der PSchO. festgesetzt worden war, die Prüfung der Voraussetzungen nur von dem Zeitpunkte des früheren rechtskräftigen Beschlusses ausgehen darf, folgt aus dem Wesen der Rechtskraft. Dann aber wird auch die im Gesetz angeordnete Gleichstellung der Wirkung des Beschlusses mit der eines Vertrages eine unterschiedliche Behandlung des Nachtragsabkommens der Parteien nicht zulassen.... Dr. G.

t) **„Auch wenn die Voraussetzungen des § 3¹ vorliegen, kann der Antrag des Pächters nach billigem Ermessen abgewiesen werden. Die Gründe für die Abweisung dürfen nur aus dem zwischen dem Verpächter und dem Pächter bestehenden Rechtsverhältnis und aus der wirtschaftlichen Lage oder dem Verhalten des einen oder beider Beteiligten entnommen werden."**

Kammergericht, 17. ZS. Rechtsentscheid v. 12. Juli 1923 (Y 14).

Der Pächter, dem 1 Morgen Acker bis 1. Okt. 1923 verpachtet ist und dem außerdem nicht 10 ha Land zur Bewirtschaftung verbleiben würden, hat die Verlängerung der Pacht erfolglos beantragt.... Bei der Auswahl der Gründe für die Abweisung ist das PEA. auf solche beschränkt, die mit der Person des Verpächters oder des Pächters oder mit dem Rechtsverhältnisse zusammenhängen, über das zu befinden ist. Dem Wesen des Pachtschutzes widerspräche es, wenn die Ablehnung auf Erwägungen gestützt würde, die außerhalb dieses Kreises sich bewegen. So geht es nicht an, die Gründe aus der Person eines Unbeteiligten zu entnehmen. Die Erwägung, daß sich um die Neupachtung des Landes jemand bewirbt, der dessen noch bedürftiger ist als der Pächter, wird fast stets auszuscheiden haben, denn die PSchO. macht zur Richtlinie für die Entscheidungen lediglich die Interessen des Verpächters und des Pächters. Wo danach die Grenze zu ziehen ist, läßt sich nicht allgemein feststellen, sondern hängt von der Gestaltung des Einzelfalles ab. So ist es zB. auch denkbar, daß verpachtet ist, um solchen Personen zu helfen, bei denen ein dringendes Bedürfnis nach Land bestand. In solchem Falle ist es nicht ausgeschlossen, daß dieser Beweggrund derart zum Inhalt des Pachtverhältnisses gemacht worden ist, daß das Vorhandensein bedürftigerer Personen die Ablehnung der Verlängerung rechtfertigt.... Dr. G.

u) **„Bei der Feststellung nach § 3 Pr. PSchO., wieviel Land dem Pächter oder Nutzungsberechtigten sonst zur Bewirtschaftung verbliebe, ist das Land, auf das sich der Antrag bezieht, nicht mitzurechnen."**

Kammergericht, 17. ZS. Rechtsentscheid v. 18. Februar 1924 (Y 6).

Der § 3 stellt eine Sonderreglung dar, daß die PEA. die im § 2[1a] Nr. 1, 2 geschaffenen Befugnisse zur Beseitigung von Kündigungen und zur Verlängerung von Verträgen ohne den besonderen Nachweis des Abs. 2 ausüben sollen (Rsp. 43 S. 64). Danach ist § 3 eine Regel für die Anwendung dieser Befugnisse und bezweckt nicht, diese selbst inhaltlich zu bestimmen oder gar zu ändern. Dazu würde aber die Auslegung des LG. führen, denn § 2 Abs. a für sich allein betrachtet gibt dem PEA. keine Möglichkeit, über einzelne Abschnitte des Pachtlandes verschieden zu erkennen. Schon aus der Einheitlichkeit der Kündigung selbst folgt, daß diese in Hinsicht auf das von ihr betroffene Vertragsverhältnis nur im ganzen entweder wirksam oder unwirksam sein kann. Das gleiche ergibt sich für die Verlängerung eines ablaufenden Vertrages: das PEA. hat lediglich zu entscheiden, ob der Vertrag zu der vereinbarten Zeit enden oder ob seine Dauer auf eine weitere Zeitspanne von höchstens zwei Jahren ausgedehnt werden soll. Da es sich aber nur um die Verlängerung des, also des ganz bestimmten, bereits vorhandenen Vertrages handelt, so würde es den Vertragsinhalt ganz wesentlich ändern, wenn es den Vertrag nur für einen Teil des Pachtlandes verlängert, dagegen es für den Rest der Fläche bei seinem Ablaufe beließe. Ob eine solche Maßnahme mit Zustimmung der Beteiligten getroffen werden könnte, ist hier nicht zu untersuchen. Es genügt die Feststellung, daß das PEA. solche Teilungen von sich aus auf Grund des § 2 nicht vornehmen darf. Dann aber kann auch § 3 den vom LG. angenommenen Sinn nicht haben, denn wenn das Pachtland mit dem übrigen für den Pächter verfügbaren Lande zusammenzurechnen wäre, so hätte das nur dann Zweck, wenn die beantragte Verlängerung des einheitlichen Vertrages teils abgelehnt, teils bewilligt werden dürfte. Hinsichtlich der an 10 ha fehlenden Fläche müßte nämlich der Antrag ohne weiteres Erfolg haben, hinsichtlich des Restlandes dagegen nur, wenn der Pächter darzutun vermag, daß die Voraussetzungen des § 2² in seiner Person vorliegen. Ein solches Ergebnis ist aber nicht aus der Sonderregel des § 3 klar zu begründen. Das Wort „sonst" (nicht insgesamt 10 ha Land) ist mehrdeutig und kann bedeuten nicht nur „außer dem streitigen Lande", sondern ebensogut „ohne die Verlängerung". Ebenso kann das „sonst genutzte Land" auch recht wohl den Gegensatz zu dem vom Pächter bewirtschafteten Lande bilden und etwa weitverpachtete Flächen bezeichnen. Hieraus ergibt sich also noch nicht, daß die Befugnisse des PEA. über § 2 hinaus auf eine teilweise Aufrechterhaltung des Pachtvertrages durch § 3 ausgedehnt worden sind. Daß diese Auslegung dem Pächter unter Umständen nahezu 20 ha sichere und dies zuweilen vom Zufall abhänge, ist zuzugeben, aber unerheblich, weil die Richtigkeit jener Auslegung deutlich aus der PSchO., besonders aus § 2 ersichtlich ist. Übrigens haben diese Folgen schon deshalb keine erhebliche Bedeutung, weil das PEA. von der Regel des § 3 abweichen und den Antrag ablehnen darf, wenn nach billigem Ermessen dafür ausreichende Gründe vorliegen (17. Y 14. 23). Solche können unbedenklich auch aus der Größe der Grundstücke entnommen werden. Dr. G.

v) **„Nach § 5 ist ein im voraus erfolgter Verzicht des Pächters auf die künftige Verlängerung des Pachtvertrages auch dann unwirksam, wenn der Verzicht in einem Vergleich über die Dauer des Pachtverhältnisses enthalten ist."**

Kammergericht, 17. ZS. Rechtsentscheid v. 22. November 1923.

Der § 5 unterscheidet nicht, ob der Verzicht schon in den Pachtvertrag aufgenommen oder später vereinbart ist. Deshalb gilt auch nichts besonderes für den Verzicht in einem Vergleich über die Vertragsdauer. Eine einschränkende Auslegung läßt sich weder der Entstehung noch dem Zwecke des § 5 entnehmen. Dieser beruht auf § 4 RPSchO., der dem § 19 RMG. nachgebildet ist. Über die Bedeutung geben weder die Vorarbeiten der RPSchO. noch die des RMG. Aufschluß. Indessen ist der Zweck klar: es soll verhindert werden, daß Pächter (Verpächter) sich des großenteils im öffentlichen Interesse geschaffenen Schutzes aus irgendwelchen Gründen zB. unter dem Drucke wirtschaftlicher Schwierigkeiten zu einer Zeit begeben, zu der sie noch nicht dieses Schutzes bedürfen. Jedem Vertragsteil steht wohl die Verfügung über bereits entstandene Rechte aus der PSchO. frei, da er nach seinem Willen die Anrufung des PEA. unterlassen kann. Bezüglich künftig entstehender Rechte auf Pachtschutz nimmt aber § 5 einem Verzicht jede Wirkung. Ebenso wie der wesentlich gleiche § 9 MSchVO. zuläßt, daß der Mieter bei oder nach Ablauf des Mietverhältnisses mit diesem Ablauf sich einverstanden erklärt (RG. 104 S. 308), kann sich auch der Pächter (Verpächter) des Pachtschutzes begeben, wenn er seine Schutzrechte nach ihrer Entstehung oder kurz vorher, also bei völliger Übersicht über die Folgen seines Tuns, fallen lassen will. Dr. G.

w) **§ 32 letzter Halbsatz gilt nur für die mündliche Verhandlung vor dem Beschwerdegericht.**

Kammergericht, 17. ZS. Rechtsentscheid v. 26. Januar 1924 (Y 4).

Das LG. meint, daß die Vorschrift über die Ausschließung geschäftsmäßiger Vertreter zu einer Beschleunigung des Beschwerdeverfahrens dienen soll. Allein unzweifelhaft kann die Partei persönlich oder durch einen nichtgeschäftsmäßigen Laien ihre Rechte vor dem LG. in und außerhalb der etwaigen mündlichen Verhandlung geltend machen. Daß ungeeignete, unvollständige oder überflüssige Ausführungen die Erledigung verzögern, wird dann aber weit häufiger zu besorgen sein, als wenn geschäftsmäßige Vertreter die

Schriftsätze anfertigen. Diese Vertreter werden häufig von den Verbänden gestellt sein und über besondere Erfahrung im Pachtschutzrecht und auf dem Gebiete der Landwirtschaft verfügen, so daß sie den Rechts- und Streitstoff oft vollständiger zu sammeln und richtiger zu beurteilen vermögen als die Partei oder ihr nicht geschäftsmäßig in Pachtschutzsachen arbeitender Laienvertreter. Andere Gesichtspunkte zeigen dagegen, daß die Vorschrift eingeschränkt zu verstehen ist. Nach § 32 S. 1 findet auf dies Beschwerdeverfahren das Verfahren vor dem PEA. entsprechende Anwendung. Daß in diesem Vertreter gestellt werden können, zeigt § 16³. Eine besondere Regelung der Vertretung, bes. des Kreises der Vertretungsberechtigten fehlt; § 19² spricht nur über die Zulassung des Vertreters zur Verhandlung. Diese Rechtslage würde also auch hier gelten, wenn nicht § 32 S. 2 vorhanden wäre, dessen Halbsatz 1 eine Abweichung von § 16³ enthält. Während die Parteien regelmäßig zum persönlichen Erscheinen vor dem PEA. verpflichtet sind, können sie sich hier vertreten lassen, soweit nicht das persönliche Erscheinen angeordnet wird. Da die Möglichkeit einer Vertretung schon aus Satz 1 folgt, ist Satz 2 nicht als eine allgemeine Regel über die Zulassung der Vertretung zu betrachten, sondern stellt eine Sonderbestimmung über die Pflicht zum persönlichen Erscheinen vor dem BeschwGericht dar, kann also nur für die etwaige Verhandlung gelten. Dann kann auch die Regelung der geschäftsmäßigen Vertretung nur für die Verhandlung gedacht sein, denn andernfalls wäre sie mindestens in einem selbständigen Satze erfolgt. Ihre Unterbringung im zweiten Halbsatz zeigt den gewollten engen Zusammenhang mit der Vorschrift über die Pflicht zum Erscheinen in der Verhandlung. Ihr Zweck ist dann darin zu sehen, daß das geschäftsmäßige Verhandeln vor dem LG. wie im übrigen, so auch in Pachtschutzsachen den bei ihm zugelassenen Rechtsanwälten vorbehalten bleiben soll. Daß sie keinesfalls für die Einlegung der Rechtsbeschwerde gilt, zeigt schon seine Stellung in der VO., denn sie folgt erst auf die eingehende Regelung über die Zulässigkeit, Einlegung und Behandlung der Beschwerde in §§ 23—31, setzt also offensichtlich ein ordnungsmäßig in Gang gebrachtes Beschwerdeverfahren voraus und kann deshalb nicht einen ganz neuen Grund für die Unzulässigkeit des Rechtsmittels abgeben. Kann dieses aber eingelegt werden, dann ist nicht einzusehen, weshalb für den späteren Schriftverkehr etwas anderes gelten sollte. Dr. G.

10. Handelsrecht.

a) Handelsregister[1]: α) Einreichung der „Anmeldungen" nach § 12.

Bayer. Oberstes Landesgericht, 3S. Beschluß v. 20. November 1922.

Der Notar meldete die Erhöhung des Grundkapitals zu den 12 Zweigniederlassungen in der Weise an, daß er einem der Amtsgerichte die vom

[1] a) Das Handelsregister ist nur zur Aufnahme der im Gesetze vorgesehenen Eintragungen bestimmt; dazu gehört aber nicht die durch Vertrag einem Gesellschafter (Kommanditisten) verliehene Geschäftsführungsbefugnis (Bay. ObLG. 22. März 1924, III 19).

b) Dient der Gewerbebetrieb nicht den Bedürfnissen des Verkehrs nach Zahlungsmitteln oder Kredit, sondern zur Beschaffung von eigenem Kapital zum gewerbsmäßigen Glücksspiel

Vorstand unterschriebene und von ihm beglaubigte Anmeldung in Urschrift, den anderen aber nur eine beglaubigte Abschrift übersandte. Nach der Absicht des Gesetzes sind allerdings regelmäßig „die Anmeldungen", dh. die tatsächlichen zur Anmeldung ins Register abgegebenen Erklärungen einzureichen; diese Anforderung wird regelmäßig die beglaubigte Abschrift nicht genügen. Hier handelt es sich aber um eine von 12 in ebensovielen Amtsgerichtsbezirken gelegene Zweigniederlassungen. Die Eintragung bei der Hauptniederlassung ist vollzogen. Die Herstellung 12 weiterer Urschriften würde nach der Art, wie nun einmal die Kostengesetze und die NotariatsgebührenO. ihre Anforderungen steigern mußten, sehr erhebliche Kosten verursachen. Ein ernstlicher Zweifel, daß der Urschrift die Abschriften gleichkommen, kann sich nicht erheben. Unter diesen Umständen ist daher dem § 12[1] genügt.[1] — Auch die zweite Beanstandung geht zu weit. Nach §§ 286 S. 2, 284[5], 195[3] kann zweifellos das Registergericht auf die Frage, zu welchem Betrage die Aktien ausgegeben werden, Antwort und die erforderlichen Nachweise erwarten und verlangen. In der Anmeldung braucht aber die Angabe dieses Betrages nicht enthalten zu sein.

β) **Anmeldungen öffentlicher juristischer Personen.**

Kammergericht, ZS. 1a. Beschluß v. 3. November 1922.

Die in K. eingetragene Bank: „Giro-Zentrale für Pr., öffentliche kommunale Bank" hat eine in H. bestehende Zweigniederlassung zum Handelsregister angemeldet. Das Schriftstück hat der nach der Satzung vertretungsberechtigte Verbandsvorsteher unterzeichnet und das Verbandssiegel beigedrückt. Die Eintragung ist mit Recht abgelehnt worden. Der Giroverband, ein Zusammenschluß mehrerer kommunaler Verbände i. S. des Ges. vom 19. Juli 1911 (GS. S. 115), hat von der Vergünstigung des § 36 keinen Gebrauch gemacht und ist deshalb zur Anmeldung der Zweigniederlassungen verpflichtet, u. z. in gleicher Weise, wie die zum Hauptregister (§ 13[1] HGB.). . . . Die Firma der im § 33 benannten juristischen Personen haben aber sämtliche Mitglieder des Vorstands anzumelden. Von dieser herrschenden Ansicht, der sich bereits KGJ. 11 S. 24 angeschlossen hat, abzugehen, besteht kein Anlaß. Die Vorzugsstellung, die der § 36 gewährt, erschöpft sich in der Festsetzung eines bloßen Eintragungsrechts und in der Beschränkung der Eintragung auf die Firma, Sitz und Gegenstand des Unternehmens, einer Beschränkung, die nur den Inhalt der Anmeldung erleichtert.

Auch an dem aO. ausgesprochenen weiteren Satze, daß bei den von juri-

---

u. z. in Gestalt von hochverzinslichen, auf bestimmte Zeit gegebenen Darlehn, so sieht der Verkehr darin keine Bankiergeschäfte des § 1[2] Nr. 4 (RGSt. 57 S. 361).

c) Bei einer unter § 2 fallenden Gesellschaft wirkt die Eintragung rechtserzeugend; sie ist daher durch das Vorhandensein einer Gesellschaft bedingt und unzulässig, wenn diese nicht mehr besteht (KG. 11. Mai 1923, 1 x 153).

[1] Dem Erfordernisse des § 12[1] ist nicht bloß nach Lage des Einzelfalls, sondern weitergehend in allen Fällen genügt, wenn die in öffentlich beglaubigter Form erklärte Anmeldung in beglaubigter Abschrift überreicht wird (KG. 29. Juni u. 11. Okt. 1923, 1 x 226, 358).

stischen Personen des öffentlichen Rechts ausgehenden schriftlichen Anmeldungen die gerichtliche (notarielle) Unterschriftsbeglaubigung erforderlich ist, ist festzuhalten. Nach §§ 12 HGB., 129 BGB., reicht es, wie auch die Gegenüberstellung des § 12 Abs. 1 und Abs. 2 S. 2 ergibt, nicht aus, daß die Anmeldung in öffentlicher Form erklärt ist. Der abweichenden Ansicht von Staub und Brand ... ist nicht zu folgen. Allerdings hat die Registeranmeldung regelmäßig keinen rechtsgeschäftlichen Charakter. Ein gewollter Rechtserfolg fehlt in dem Regelfalle, daß die Anmeldung nicht eine rechtsbegründende, sondern nur eine rechtsbeurkundende Eintragung herbeizuführen bestimmt ist. Sie geschieht aber auch regelmäßig nicht in der für ein Rechtsgeschäft wesentlichen freien Betätigung des Willens, sondern in Erfüllung eines gesetzlichen Formzwanges. Nur dann, wenn sie freiwillig in der Absicht erklärt wird, gewisse Rechtswirkungen hervorzubringen, wie nach § 3^2, erscheint sie als rechtsgeschäftliche Erklärung (Ehrenberg Handb. 1 S. 551). Das Fehlen des rechtsgeschäftlichen Charakters kann es aber nicht rechtfertigen, von den an die Beglaubigung des § 129 BGB. zu stellenden Anforderungen zugunsten der juristischen Personen des öffentlichen Rechts irgendwie abzugehen. Der § 129 ist im 3. Abschnitt „Rechtsgeschäfte" u. z. im 2. Titel „Willenserklärungen" enthalten. Indessen gestattet schon sein Wortlaut nicht die Annahme, daß er grundsätzlich nur rechtsgeschäftliche Willenserklärungen betreffe; denn er vermeidet den im 2. Titel sonst verwendeten Ausdruck „Willenserklärung" (§§ 116—124, 130—133) und gibt durch die umfassendere Bezeichnung „Erklärung" zu erkennen, daß er für alle Erklärungen gelte, für die „das Gesetz" — also nicht nur das BGB., sondern auch jedes andere Reichsgesetz — eine öffentliche Beglaubigung verlangt. Auch in der 2. Komm. (Prot. 6 S. 131) ist ohne Widerspruch bemerkt worden, daß der jetzige § 129 auf die §§ 1035, 2215 BGB., in denen eine Willenserklärung nicht in Frage steht, auszudehnen sei.

γ) **Schutz des Dritten nach § 15^2.**

OLG. Hamburg, 8. ZS. Zwischenurteil v. 29. Januar 1924.

Der Inhaber der beklagten Firma M. & Co. hat sich am 1. März 1922 verpflichtet, dem Kläger für alle durch ihn vermittelten Geschäfte 5% Provision zu zahlen. Allein die jetzigen Inhaber der Beklagten L. und N. haben das Handelsgeschäft erst am 28. Juli 1922 erworben und dabei die im bisherigen Geschäftsbetriebe entstandenen Forderungen und Verbindlichkeiten nicht übernommen. Diese Ausschließung ist unverzüglich auch in das Handelsregister eingetragen und bekannt gemacht und wirkt nach § 25^2 unbedingt gegenüber Dritten, so daß sich diese wegen früher begründeter Verbindlichkeiten in keinem Fall an die Erwerber halten können (vgl. Staub § 15^{16}, § 25^{21}, RG. 75 S. 139). Mit Unrecht beruft sich daher der Kläger auf § 15^2, weil ihm auf seine Anfrage v. 28. Juli 1922 die Beklagte die Anlage 2 gesandt worden sei, der er habe entnehmen müssen, daß der bisherige Inhaber A. in der Firma der Beklagten verblieben und L. und N. lediglich neben

A. als weitere Gesellschafter eingetreten seien. Der § 15 bezieht sich nur auf „einzutragende", dh. solche Tatsachen, die der Eintragung bedürfen, um Dritten gegenüber wirksam sein zu können. Der in § 15² zugelassene Nachweis schützt den Dritten daher nur dann, wenn es sich um eine „einzutragende", also eintragungspflichtige Tatsache handelt. Eine solche Tatsache ist aber der im § 25² behandelte Ausschluß der Haftung für frühere Verbindlichkeiten nicht, wenn wie hier ein Handelsgeschäft unter Lebenden mit der Firma übernommen und fortgeführt wird. Hier wirkt die Ablehnung der Haftung einem Dritten gegenüber, wenn sie in das Handelsregister eingetragen und bekannt gemacht oder dem Dritten mitgeteilt ist. Es genügt also zum Ausschluß die Mitteilung an den Dritten und eine Eintragung ist nicht erforderlich; der § 15² ist daher nicht anwendbar. Die Eintragung in das Handelsregister wirkt nach § 25² ohne weiteres gegen den Kläger, ohne daß es darauf ankommt, ob die Anlage 2 ihn in den Glauben versetzen konnte, daß A. in der Firma der Beklagten verblieben sei. Aus diesem Grunde kommt es auch auf die weiteren Beziehungen der Parteien hinsichtlich der Benutzung der gemeinsamen Kontorräume nicht an. B.

b) **Handelsfirma:** α) **Bedeutung der „Treuhandelsgesellschaft".**

Kammergericht, ZS. 1a. Beschluß v. 20. Oktober 1922.[1]

... Nach der Auskunft der hiesigen Handelskammer v. 9. Okt. 1922 hat die Entwicklung der letzten 10 Jahre zu einer weiteren Klärung der Bezeichnung „Treuhandelsgesellschaft" geführt und dürfen nur solche Unternehmen sie wählen, die sich ausschließlich befassen: 1. mit Anlage und Verwaltung von Vermögen dritter in eigenem Namen; 2. Fürsorge für Gläubiger bei Verlustgefahr und Schutzvereinigung gegenüber fremden Staaten und Unternehmungen (Sanierung und Pfandhalterschaft); 3. Revision von Büchern und Bilanzen Dritter; 4. Wirtschafts- und Beratung in Steuer- und Vermögensangelegenheiten.

Auf Grund des hiernach in der Verkehrsauffassung eingetretenen Wandels ist der Beschluß (KGJ. 42 S. 135) insoweit nicht mehr aufrecht zu erhalten. Die hier fr. GmbH. betreibt keine Geschäfte, die unter eine der vorstehend aufgeführten 4 Gruppen fallen könnten. Der vom LG. hervorgehobene Umstand, daß sie als eine im wesentlichen von Landwirten gegründetes und finanziertes Unternehmen zu den Erzeugern, deren Belange sie vornehmlich verfolge, in innigeren Beziehungen als ein nur von Kaufleuten gegründeter und geleiteter Betrieb stehe, vermag die gewählte Bezeichnung nicht zu rechtfertigen, da eine Treuhandtätigkeit weder im engeren (Nr. 1) noch im weiteren Sinne (3, 4) in Frage kommt. Die Bezeichnung ist daher geeignet, eine Täuschung über die Art des Unternehmens herbeizuführen. Allerdings hat dafür das Gesamtbild der Firma zu entscheiden und ist durch die in die Firma aufgenommenen Worte „für Bezug und Vertrieb landwirtschaftlicher Erzeugnisse" der Gegenstand des Unternehmens klar erkennbar. Allein ist

[1] KG. 15. Febr. 1923, 1 x 35 ist beigetreten.

schon an sich bedenklich jene Gefahr bei einem nicht nur unklaren und der Erläuterung bedürftigen, sondern **unrichtigen** Zusatz unter Heranziehung der übrigen Bestandteile zu verneinen, so neigt der Verkehr bei einer schwerfälligen Firmenbildung wie der vorliegenden zu Abkürzungen und wird hier dazu gerade die sich als Merkwort dienende Bezeichnung „Treuhandelsgesellschaft" allein oder in Verbindung mit den Worten „pommerscher Landwirte" benutzen. Hierdurch wird aber die Täuschungsgefahr wesentlich gesteigert. . . .[1]

Nicht begründet ist dagegen die Beschwerde der Handelskammer, soweit sie das Löschungsverfahren des § 144, 143 FGG. wegen der in der Gegenstandsbezeichnung enthaltenen Worte „unter Ausschluß des Zwischenhandels" erstrebt. Diese Worte könnten nur in einem Verfahren nach § 142 FGG. gelöscht werden. Ihre Eintragung wäre wegen Mangels einer wesentlichen Voraussetzung unzulässig gewesen, wenn sie in dem sonstigen Inhalte des Gesellschaftsvertrages, besonders zum Gegenstande des Unternehmens, wie der Vertrag solchen im übrigen kennzeichnet, widerspräche (KGJ. 27 S. 235). Sie stellen aber die Tatsache, daß die Gesellschaft als solche Handel treibt, nicht in Frage und können nur dahin verstanden werden, daß die Gesellschaft, soweit sie im Rahmen des Gegenstandes ihres Unternehmens landw. Erzeugnisse vertreibt, den Zwischenhandel ausschaltet, aber nur von Erzeugern kaufen und nur an Verbraucher verkaufen will. M.

β) **„Handelsgesellschaft" als Gegenstand des Unternehmens.**

Kammergericht, 1. ZS. Beschluß v. 10. April 1924.

[1] a) Darüber, ob die Bezeichnung „Immobiliengesellschaft" notwendig auf einen Handel mit Grundstücken hinweist oder richtig und ohne Täuschungsgefahr dem Gegenstand eines mit Immobilienvermittlungsgeschäfte sich befassenden Unternehmens entlehnt ist, entscheidet die herrschende Verkehrsanschauung (KG. 13. Dez. 1923, 1 x 475).

b) Der Zusatz „Grudeherd-Vertrieb" nötigt sprachlich nicht zur Annahme einer vertraglichen Übertragung des Verkaufs von Grudeherden, sondern besagt nur, daß solche überhaupt verkauft, vertrieben werden, deckt also auch eine auf einen Handel mit ihnen im Wege des Kaufs und Verkaufs gerichtete Tätigkeit (KG. 8. Dez. 1922, 1a x 860).

c) Der § 18² ist nicht verletzt, wenn in der Firma, die die Namen aller Gesellschafter mit dem Zusatz „Buch- und Kunsthandel" enthält, die Worte „H.er Antiquariat" vorangeschickt werden; denn sie erwecken nicht den Anschein, als handele es sich um das einzige oder hauptsächlichste Geschäft dieser Art in H., sondern besagen nur, daß es sich um ein Antiquariat daselbst handelt (OLG. Karlsruhe, 1. ZS. Beschluß v. 23. Dez. 1922).

d) Ein Kleinbetrieb, der als Firma die Telegrammadresse „Frumentum" einer allgemein bekannten Einfuhrgesellschaft für Getreide benutzt, verstößt nicht gegen § 18²; denn das Wort besagt nur, daß das Unternehmen Getreidegeschäfte zum Gegenstande hat, was tatsächlich auch der Fall ist, und erweckt keineswegs die Vorstellung, daß es sich um ein Geschäft von großem Umfange handelt (Karlsruhe 1. ZS. Beschluß v. 30. Nov. 1922).

e) Der Zusatz „Landwirtschaftliche Buchstelle für die Provinz Sachsen und Anhalt" deutet, wie der Zusatz „Provinzial" (KGJ. 22 S. 100), Beziehungen zu behördlichen Organisationen der Provinz Sachsen und des Freistaats Anhalt an (KG. 8. Dez. 1922, 1 a x 859).

f) Da der Geschäftszweig überhaupt nicht angemeldet und eingetragen zu werden braucht, hätte die Bezeichnung des Geschäftszweigs: „Handelsanwalt" auch keine die Firmeneintragung in Frage stellende Beanstandung rechtfertigen können (KG. 6. Okt. 1922, 1 a x 671).

Der satzungsmäßige Gegenstand der im Register eingetragenen „Deutsch-Dänische Handelsgesellschaft mbH." ist der Vertrieb von Molkereiprodukten, besonders Einfuhr der Molkereiprodukte aus Dänemark nach Deutschland. Die Vorinstanzen haben die Löschung wegen unzulässiger Firma angeordnet. Die weitere Beschwerde ist begründet. Das Erfordernis des § 4 GmbHG. ist erfüllt, wenn die Firma den Gegenstand des Unternehmens irgendwie in charakteristischer Weise ersichtlich macht, so daß das Publikum ihn im allgemeinen, wenn auch nicht erschöpfend, aufgeklärt wird (KGJ. 34 S. 150). Hierzu wäre die inhaltlose, nur auf einen Handelsbetrieb hinweisende Bezeichnung „Handelsgesellschaft", die über den Gegenstand des Unternehmens völlig im Unklaren läßt, nicht geeignet.[1] Hier dient aber der Kennzeichnung des Gegenstandes auch die Bezeichnung „Deutsch-Dänische", die in Verbindung mit „HG" ersichtlich auf die Pflege von Handelsbeziehungen mit Dänemark hinweist. Für die Frage der Täuschungsabsicht ist die herrschende Anschauung des Verkehrs maßgebend. Danach kann „Deutsch-Dänische" eine falsche Vorstellung über die Ausdehnung des Unternehmens jedenfalls nicht in der Richtung erregen, daß es sich über ganz Deutschland und Dänemark ausbreite. Fraglich kann aber sein, ob nicht die Meinung aufkommen kann, daß sich das Unternehmen auf die gesamten Handelsbeziehungen zwischen Deutschland und Dänemark erstrecke, also auch einen bedeutenden Umfang aufweise. Allein abgesehen davon, daß man für Deutschland gerade Molkereiprodukte als wesentlichsten dänischen Einfuhrartikel wird betrachten können, hat sich infolge des überaus häufigen Vorkommens von Firmenbezeichnungen der hier vorliegenden Art in neuerer Zeit ein Wandel in der allgemeinen Verkehrsanschauung vollzogen. Das Publikum hat sich an derartige Bezeichnungen gewöhnt; es verbindet mit ihnen nicht mehr die Vorstellung großzügiger Unternehmungen und führt die in ihnen liegenden Übertreibungen auf das richtige Maß zurück. Sollten hiernach noch gewisse Bedenken zurückbleiben, so sind die Grundsätze (RJA. 10 S. 13) zu beachten, daß von der Löschung mit Rücksicht auf die schweren wirtschaftlichen Nachteile der davon Betroffenen dann abzusehen ist, wenn es sich nicht um einen klaren Verstoß gegen gesetzliche Vorschriften, um eine unzweifelhafte Richtigkeit handelt.[2]

Dazu: a) Nach der z. Z. im Verkehre geltenden Anschauung können die Worte „Deutsch-Amerikanische" jedenfalls mit der Vereinigung deutscher und amerikanischer Interessen, wie die GmbH. sie durch ihre Betätigung (Filmdramaturgie, -fabrikation, -Verleihung, Erwerb und Betrieb von Filmtheatern) beabsichtigt, zwanglos erklärt werden; das niedrige Stammvermögen läßt nicht den Schluß zu, daß die Gesellschaft nicht ihre Absichten zu verwirklichen vermag (KG. 22. März 1923, 1 x 45).

---

[1] Auch nicht bei Voranstellung einer Orts- oder Länderbezeichnung (KG. 8. Dez. 1922, 1 a x 889; 9. Mai 1923, 1 x 143).

[2] Von der Löschung ist auch dann abzusehen, wenn der Grund nach der Rechtskraft der Verfügung (FGG. § 144) fortgefallen ist (KG. 1 a x 649/22; 1 x 152/24).

b) Die in neuerer Zeit gebräuchlicher gewordene Verwendung von Firmenzusätzen der hier vorliegenden Art (Mitteldeutsche Textilgesellschaft) gibt zu den Bedenken Anlaß, ob damit immer noch die Vorstellung verbunden wird, daß es sich um ein den mitteldeutschen Textilmarkt beherrschendes oder merkbar beeinflussendes Unternehmen handelt oder ob nicht vielmehr nach der Bedeutung, die einem solchen Zusatze zurzeit beigelegt wird, eine Täuschungsmöglichkeit deshalb verneint werden muß, weil die Kundschaft des Unternehmens, das in Mitteldeutschland seinen Sitz hat, sich über ganz Deutschland verteilt. Auch würde bei einer aus den tatsächlichen Ermittlungen herzuleitende Annahme eines Grenzfalls von der Löschung abzusehen sein (KG. 12. April 1923, 1 x 111). — Dagegen läßt die Firma „Ein- und Verkaufsgesellschaft mbH. für den schlesischen Adel" zwanglos die Erklärung zu, daß sie, wie sie es vorzuhaben angibt, nur mit Mitgliedern jenes Adels, nicht mit dem schlesischen Adel in seiner Gesamtheit geschäftliche Beziehungen unterhalten will. Der Zusatz ist auch nicht deshalb unzulässig, weil die Gesellschaft durch die Satzung nicht gehindert ist, auch mit Nichtadligen in Geschäftsverkehr zu treten (KG. 24. Januar 1924, 1 x 526/23).

γ) **Zur Anwendung der §§ 19, 20, 26.**

a) Nach § 19 darf in die Firma der Kommanditgesellschaft „S. & Co." der Name des (in der betr. Gegend wohlbekannten) Kommanditisten Graf Prasch auch nicht in der Form: „Prasch Bank S. & Co." aufgenommen werden (Bay. ObLG. 1. Okt. 1923, III 87).

b) Handelt es sich im Falle des § 20 um zwei voneinander unabhängige Geschäftszweige — Holzvertrieb; Errichtung und Verwaltung von Häusern —, besteht also kein Hauptgegenstand des Unternehmens, so reicht die nur auf den einen Zweig hinweisende Sachbezeichnung nicht aus (KG. 28. Juni 1923, 1 x 230).

c) Die Firma „Edeka Großhandel" ist einzutragen, wenn der Zusatz „Edeka" den beteiligten Kreisen, das sind die Lieferer und die zum Bezuge berechtigten Genossen, als die Abkürzung von Einkaufsgenossenschaft der Kolonialwarenhändler bekannt ist, was vermutlich durch eine Auskunft der Handelskammer festgestellt werden könnte (KG. 24. Mai 1923, 1 x 163).

d) Die Eintragung der angemeldeten Firma ist nur dann abzulehnen, wenn die Beschwerdeführer den Geschäftsbetrieb, der jedenfalls als dauernd gewollt ist, nicht dauernd aufrecht erhalten können; bloße Möglichkeiten und Vermutungen genügen nicht, das Vorhandensein einer Niederlassung (§§ 29, 6) zu verneinen (KG. 14. Juni 1923, 1 x 202).

δ) **Fortführung der abgeleiteten Firma. Spätere Änderung.**[1]

Kammergericht, 1. ZS. Beschluß v. 18. Oktober 1923.

[1] Haben die Inhaber der offenen HG. „Geschwister Jung" das Geschäft unter Firmenfortführung verkauft, so kann der Käufer den Zusatz „Inh. Heinrich Jung" annehmen, auch wenn er nicht ersehen läßt, ob es sich um eine nach § 22 bei vollständigem oder um eine nach § 24 bei teilweisem Wechsel der Inhaberschaft fortgeführte Firma handelt (KG. 10. April 1924, 1 x 154).

... Die 1889 eingetragene Firma A. Ulrich hätte nicht gemäß § 22 fortgeführt werden können, wenn 1914 der Beschwerdeführer H. in jenes Geschäft als Gesellschafter eingetreten wäre. Es ist aber das Geschäft zunächst auf H. als Einzelkaufmann übergegangen und er hat es mit Zustimmung des Ulrich unter der bisherigen Firma fortgeführt. Die Entstehung der offenen HG. kam erst durch einen Wiedereintritt des Ulrich in das Geschäft und zu einer Zeit (1915) in Frage, als H. das Geschäft bereits unter abgeleiteter Firma betrieben hatte, wenn auch der Wechsel der Inhaberschaft zunächst nicht eingetragen war. Dadurch hat die Firma nicht ihren Charakter als abgeleitete Firma nicht in Frage. Tatsächlich ist aber Ulrich gar nicht als Gesellschafter beigetreten, weil er keinen Beitrag geleistet hat noch an dem Geschäftsergebnis irgendwie beteiligt war. War die Firma A. Ulrich seit dem Erwerb durch H. eine abgeleitete, so ist es auch die jetzt eingetragene, nach dem formellen Austritte des Ulrich angenomme Firma „A. Ulrich Nachf. H.", die sich lediglich durch den nach § 22 gestatteten Nachfolgezusatz unterscheidet. Die Zulässigkeit der beanstandeten Firmenänderung in „H. vormals A. Ulrich gegründet 1847" haben daher die Vorinstanzen ohne Rechtsirrtum aus dem Gesichtspunkte geprüft, daß es sich bei der eingetragenen, jetzt zu ändernden Firma um eine abgeleitete handelt.

Diese kann der Geschäftserwerber, der nur das Recht der Firmenfortführung hat, auch in der Weise ändern, daß er sie überhaupt ablegt und eine dem § 18 entsprechende Firma annimmt. Es erscheint fraglich, ob H. bei der neuen Firmierung die Firma A. Ulrich überhaupt noch fortführt. Die Ansicht ließe sich vertreten, daß H. eine Firma gemäß § 18¹ gewählt hat und der Zusatz „vormals ..." im Sinne des § 18² zur Unterscheidung der Person oder des Geschäfts dient (Z. für HR. 49 S. 123, vgl. aber RG. 5 S. 113). Einer Entscheidung dieser Frage bedarf es indessen nicht. Selbst wenn H. die bisherige Firma fortführt, wäre der von den Vorinstanzen beanstandete Zusatz „gegründet 1847", sofern er der Wahrheit entspricht, doch unbedenklich... Der vom § 22 verfolgte Zweck der unveränderten Erhaltung schon bestehender und vielleicht rühmlich bekannt gewordener Firmen wird durch einen das Alter der bisherigen Firma kennzeichnenden Zusatz der hier vorliegenden Art nicht vereitelt sondern gefördert...

ϵ) **§ 30 bei Vorliegen mehrerer Anmeldungen.**[1]

Kammergericht, 1. ZS. Beschluß v. 22. Februar 1923.

Nach § 30¹ wird die Ausschließlichkeit der Firma erst durch deren Eintragung, nicht schon durch die Anmeldung gesichert. Nach allgemeinen Grundsätzen besteht wohl eine Pflicht des Registergerichts, bei Vorliegen mehrerer

[1] Decken sich die Gegenstandsbezeichnungen zweier Firmen vollkommen, so genügt der Zusatz „Inbeag", der lediglich jene Bezeichnung (Industrie-Beteiligungaktienges.) in schlagwortartiger Abkürzung wiedergibt, nicht zur deutlichen Unterscheidung (KG. 18. Okt. 1923, 1 x 411). Dagegen unterscheidet sich die Adolf Film GmbH. deutlich von der bereits eingetragenen „Adolf Film Company GmbH." infolge des nur in dieser Firma enthaltenen charakteristischen, dem Auge u. Ohr sich einprägenden Zusatzes „Company" (KG. 3. Nov. 1922, 1 a x 759).

Anmeldungen sich nicht deutlich unterscheidender Firmen die erste Anmeldung zu berücksichtigen. Indessen kann eine Außerachtlassung dieser Pflicht die firmenrechtliche Unzulässigkeit der trotz ihrer späteren Anmeldung zuerst eingetragenen Firma nach § 30¹ selbst dann nicht begründen, wenn die frühere Anmeldung unbeanstandet blieb. Welche Stellung das Gericht gegenüber der späteren Anmeldung einzunehmen hat, wenn wie hier die frühere beanstandet und die Nachfrist noch nicht abgelaufen ist, bedarf nicht der Prüfung. Denn da der Grundsatz der Firmenausschließlichkeit ohne Rücksicht auf den Zeitpunkt der Anmeldung nur zugunsten der früher eingetragenen Firma gilt, liegt hier ein Verstoß gegen § 30¹ nicht vor und ist ein Löschungsgrund nach § 144¹ FGG. nicht gegeben.

ζ) **Firmenrecht aus § 12 BGB., Art. 2 EG. u. § 37² HGB.**[1]

OLG. Hamburg, 3. ZS. Urteil v. 23. Januar 1924.

Die hierselbst begründete Speditionsfirma Eugen Lüden, eine Kommanditgesellschaft, deren persönlich haftender Gesellschafter der Beklagte Anders war, wurde Anfang 1919 aufgelöst; der Beklagte hat das Geschäft mit Aktiven und Passiven unter der Firma Wilhelm Anders in der Branstwiete fortgesetzt. Am 3. Mai 1919 errichtete ein Stettiner Speditionshaus Eugen Lüden hierselbst im „Klosterhof" unter ihrer Firma eine Zweigniederlassung. Unstreitig hat die Firma Anders wiederholt Bahn- und Postsendungen, die an „Eugen Lüden" gerichtet waren, angenommen und geöffnet. Sie hält sich dazu für befugt, weil der Beklagte hierselbst bis 1919 eine gleichlautende Firma geführt hat. Allein in der Empfangnahme und Eröffnung solcher Zusendungen liegt ein unbefugter Gebrauch einer fremden Firma, eines fremden Namens. Ob die Sendungen inhaltlich für den Beklagten bestimmt waren oder sind, ist gleichgültig. Es kann unter keinen Umständen für statthaft erachtet werden, daß Post- und Bahnsendungen ohne Erlaubnis des Adressaten von einem anderen als diesem ngenommen und gar eröffnet werden. Namens(Firmen)recht werden dadurch schuldhaft verletzt und dem Berechtigten steht der absolute Schutz der §§ 12 BGB. mit Art. 2 EG. zum HGB., 37² HGB, ferner auch des § 16 UWG. zur Seite. Diese Vorschriften sollen das Namensrecht im bürgerlichen wie im Handelsverkehr gegen jede Verletzung oder Beeinträchtigung, welcher Art auch immer, schützen, und zwar in erster Linie durch Gewährung des Anspruchs auf Unterlassung. Wiederholungsgefahr liegt vor, weil sich Beklagter im Prozeß und auch jetzt noch zur Empfangnahme solcher Sendungen für berechtigt hält. B.

c) α) **Prokura bei einer gemäß § 232² geregelten Vorstandsvertretung.**

Kammergericht, 1. ZS. Beschluß v. 13. März 1924.

... Vorfrage für die Entscheidung ist, welche Bedeutung eine Regelung der Gesamtvertretung durch Vorstandsmitglieder und Prokuristen, wie sie hier auf Grund des § 232² getroffen ist, für die Prokura hat. Düringer (HGB.

[1] Nur eine solche Unleserlichkeit (Übersehbarkeit) des Vornamens, die dessen Nichtgebrauche gleichzustellen ist, kann die Annahme begründen, daß sich der Inhaber im Geschäftsverkehr einer andren als der eingetragenen Firma bedient (KG. 25. Januar 1923, 1 x 8).

§ 350[3]), Lehmann (HGB. § 124 Nr. 10 d) nehmen an, daß eine derartige Zuziehung von Prokuristen zur gesetzlichen Vertretung der Gesellschaft durch den Vorstand die allerdings im Gesetz nicht ausdrücklich gezogene Folge habe, daß alsdann auch die gewillkürte Vertretung der Gesellschaft durch die Prokuristen dahin beschränkt werde, daß sie nur in Gemeinschaft mit einem vertretungsberechtigten Vorstandsmitgliede die Gesellschaft vertreten könnten. Im Unterschied hierzu meinen neuerdings Staub-Könige (§ 48[9], 232[17]), daß die genannte Regelung der gesetzlichen Vorstandsvertretung nicht notwendig die Prokura beschränke. Dieser letzteren Ansicht ist beizutreten. Demnach läßt hier die aus der Eintragung Sp. 7 ersichtliche, die Vorstandsvertretung betreffende Regelung die Möglichkeit offen, daß hier eine von der Zuziehung eines Vorstandmitgliedes unabhängige Prokura besteht. ...[1]

β) **Abschlüsse des Handlungsreisenden. Beweislast.**

OLG. Hamburg, 3. ZS. Urteil v. 29. Mai 1923.

Geklagt ist auf Lieferung einer von dem Reisenden S. der Beklagten fest verkauften Einrichtung. Allein wer sich darauf beruft, daß der Reisende eine Vollmacht im Umfange des § 54 habe, muß zunächst nachweisen, daß er Handlungsbevollmächtiger ist (RG. 97 S. 1); dafür spricht keine Vermutung. Da S. keine Abschlußvollmacht hatte, kann die Klage nicht auf § 54, 55 HGB. gestützt werden. Daher kommt es darauf an, ob S. tatsächlich fest abgeschlossen hat. Er hat dem Kläger die Auftragsabschrift erteilt. Mag sich darin das Wort „fest" auch nur auf den Preis beziehen, so enthält sie keinen Vorbehalt, daß der Auftrag nur freibleibend sei, dh. Beklagte die Annahme zu den genannten festen Preisen erst noch genehmigen müsse. Die Abschrift ist bestimmt, die Abmachungen vollständig wiederzugeben; sie hat die Vermutung der Vollständigkeit für sich. Gegenüber dem mindestens zweideutigen Ausdruck „fest", der sich auch auf das ganze Geschäft beziehen **kann**, hatte S. erst recht Veranlassung, einen entsprechenden Vermerk in die Abschrift hineinzunehmen. Die Beweislast dafür, das S. nicht fest abgeschlossen hat, trägt also die Beklagte, sie hat aber nichts bewiesen ... Dagegen steht fest, daß der Beklagten der Auftrag am 22. März übersandt ist und alle wesentlichen Bedingungen enthielt. Sie konnte also daraus ersehen, daß S. sich nur eine Lieferzeit von 8 Wochen ausgedungen hatte. Ihr Vorbringen, daß solche Vordrucke nur zum Sammeln unverbindlicher Aufträge dienen, nicht aber für „Abschlüsse", ist abwegig. Vielmehr ist „Auftrag" nur eine rechtliche ungenaue Bezeichnung für den Abschluß eines Kauf- oder Werkvertrages und derartige Vordrucke werden auch von Reisenden verwandt, die Vollmacht zu festen Abschlüssen haben. Endlich hat Beklagte die Ablehnung nicht unverzüglich erklärt. Der Käufer wußte nicht, daß S. ohne Abschlußvollmacht gehandelt hatte, er soll durch § 85 davor geschützt werden, daß er

[1] Die Beschränkung der Prokura (§ 50[3]) ist nicht wirksam, wenn die Zweigniederlassung die Firma der Hauptniederlassung mit dem Zusatze „Werk II" führt; denn dadurch wird nach der maßgebenden Anschauung des Verkehrs nur auf weitere Fabrikationsstellen hingewiesen, denen die Merkmale der Selbständigkeit fehlen (KG. 22. März 1923, 1 x 71).

sich im Vertrauen auf die Gültigkeit des Vertrages selbst anderweitig bindet. Dieser Zweck würde aber nicht erreicht werden, wenn ihm noch nach 8—9 Tagen die Ablehnung erklärt werden dürfte. Da er einen festen Abschluß annahm, brauchte er nicht damit zu rechnen, daß der Verkäufer erst bei seiner Fabrik anfrägt; das war lediglich eine innere Angelegenheit des Verkäufers. Hätte dagegen S. mündlich die Bestätigung der Beklagten vorbehalten, dann wäre diese nach § 177[2] BGB. noch rechtzeitig abgelehnt (Staub § 85[4]). ... B.

γ) **Ersatzpflicht aus § 61 HGB. oder aus § 826 BGB.?**

OLG. Hamburg, 8. ZS. Urteil v. 22. Januar 1924.

Der Kläger, Assekuranzmakler, hatte eine Versicherung des X., die auf laufende Police bei verschiedenen Versicherungsunternehmungen genommen ist, vermittelt. Der Beklagte, der bis 29. September 1922 Handlungsgehilfe des Klägers war, hat am 28. August den X. veranlaßt, jene Versicherung zu kündigen. Damit ist jedoch der Tatbestand des § 60 nicht erfüllt, denn durch diese Handlung betrieb er weder ein Handelsgewerbe, noch machte er für eigene Rechnung im Handelszweige des Klägers ein Geschäft. Letzteres tat er erst dadurch, daß er am 30. September veranlaßte, daß die Versicherung auf diesen Tag als durch seine Vermittlung erneuert bzw. auf die alte Police fortgesetzt gelte; damals war er aber nicht mehr im Dienste des Klägers. Dagegen hat sich der Beklagte nach § 826 BGB. ersatzpflichtig gemacht, indem er vorsätzlich eine Versicherung, die für seinen Prinzipal laufende Courtagen einbrachte, durch Verleitung des Versicherten zum Erlöschen brachte, in der offenkundigen Absicht, diese Courtagen sich selbst für die Zeit zu sichern, in der er aus den Diensten des Klägers ausgeschieden sein und für eigene Rechnung Maklergeschäfte betreiben würde. Ein solches Verhalten verstößt gröblich gegen die Vertragspflichten eines Handlungsgehilfen gegenüber seinem Prinzipal und beweist ferner, daß dem Beklagten die Auffassung dafür fehlt, was Pflicht eines ehrbaren Kaufmannes ist. Zur Feststellung des Schadens ist die verlangte Rechnungslegung als vorbereitende Maßnahme erforderlich. Da aber die neue Versicherung auf 1. Oktober 1923 gekündigt ist, so erlischt mit diesem Zeitpunkt die Ersatzpflicht.[1] B.

d) **Provisionspflichtige Geschäfte „für" und „aus" dem Bezirk.**

OLG. Braunschweig, 2. ZS. Urteil v. 8. Januar 1924.

Die Parteien haben die Auslegungsregel des § 89 durch den Agenturvertrag vom 1. Mai 1923 insofern abgeändert, als nicht alle „im" Bezirk, sondern alle „für" ihn und „aus" ihm abgeschlossenen Geschäfte als provisionspflichtig bezeichnet sind. Unter den „im" Bezirk abgeschlossenen Geschäften werden nach der Verkehrsanschauung alle die verstanden, die ohne Rücksicht

[1] Kündigt gemäß § 75[2] der Prinzipal, so kann er an sich das Wettbewerbsverbot weiter geltend machen, sofern er die dort vorgesehene Erklärung abgibt; tut er das nicht, so bleibt — da die Voranstellung der Worte „in gleicher Weise" keinen andren Zweck verfolgen kann — dem Gehilfen nur die Wahl, in Monatsfrist durch einseitige schriftliche Erklärung die Unwirksamkeit des Verbotes herbeizuführen (OLG. Karlsr. 18. Nov. 1921, Rpr. 22 S. 74).

auf den Abschlußort mit Kunden abgeschlossen werden, die im Bezirke wohnen oder ihre Handelsniederlassung dort haben. Folgerichtig unterliegen dann Geschäfte, die zwar räumlich „im" Bezirk, aber nicht mit Kunden dieses Bezirks abgeschlossen werden, der Provisionspflicht nicht. Geschäfte „für" den Bezirk beschränken sich dagegen auf Lieferung von Waren, die für den Bezirk bestimmt sind, in ihn hineingelangen, so daß nicht genügt, wenn ein im Bezirk wohnender Kunde Waren für seine außerhalb liegende Niederlassung bestellt; auch hierbei kommt es also auf den Abschlußort nicht an. Im Gegensatz dazu können als „aus" dem Bezirk stammend dem Wortlaute nach nur Geschäfte über Lieferungen gelten, die „aus" dem Bezirke herausgelangen, sei es, daß es sich um Waren handelt, die aus dem Bezirke stammen, sei es, daß die Lieferungen nach außerhalb liegenden Orten ihre Grundlage im Bezirk haben, daß also die Abschlüsse im Bezirk vorgenommen sind; auch das sind Geschäfte, die aus dem Bezirke stammen (vgl. RG., Recht 1913 Nr. 1646). Von diesen beiden Alternativen kommt hier, da im klägerischen Bezirke weder die Haupt- noch eine Zweigniederlassung der Beklagten liegt, wesentlich nur die letztere in Frage, die erstere nur ausnahmsweise bei Schaffung eines Kommissionslagers nach § 9 des Vertrages. Bei dieser Auslegung fallen sämtliche auf der Leipziger Messe unmittelbar abgeschlossenen Geschäfte unter die Provisionspflicht. Den Einwand, Beklagte habe beim Vertragsabschluß noch keinen Stand auf der Messe besessen, Messegeschäfte deshalb damals nicht im Auge gehabt, ist unberechtigt. An den demnächstigen Umfang der provisionspflichtigen Geschäfte werden die Parteien damals überall nicht gedacht, vielmehr sämtliche einschlägigen Geschäfte darunter haben verstanden wissen wollen. Die Abschlüsse auf der Messe bilden aber einen wesentlichen Bestandteil der in Leipzig zustande kommenden Geschäfte. Um so weniger ist anzunehmen, daß mit ihnen nicht hätte gerechnet sein sollen. v. F.

e) **Haftung des Versicherungsmaklers.**

OLG. Hamburg, 8. ZS. Urteil v. 29. April 1924.

Der Kläger hat am 23. August 1922 durch den Versicherungsmakler B. bei der Beklagten, die hier verschiedene Versicherungsgesellschaften vertritt, für 4 Dampfer Versicherung genommen und zwar auf insgesamt 4 % der ganzen versicherten Summe. Die Beklagte deckte die Versicherung zu je 2 % bei zweien ihrer Gesellschaften, der „Europa" und der „Urania". Am 9. Okt. 1922 ist die „Europa" in Konkurs geraten. Von den versicherten Dampfern ist der Dampfer „Kayser" seit 6. Dezember 1922 verschollen. Der Kläger verlangt Schadensersatz, weil die Beklagte nach der Konkurseröffnung für anderweitige Deckung der ausfallenden Versicherung bei einer andern ihrer Gesellschaften zu sorgen, oder dem Kläger unverzüglich den Konkursfall mitzuteilen hatte. Der Anspruch ist jedoch unbegründet.... Wenn B. darauf hingewiesen hat, daß die Versicherung nur bei erstklassigen Gesellschaften genommen werden solle, so lag in dem Verhalten der Beklagten und in der Benennung der beiden Gesellschaften die Erklärung, daß diese erstklassig seien.

Abgesehen davon, daß V. in der Lage war zu prüfen, ob diese Versicherer genehm und sicher genug waren, liegt nichts dafür vor, daß im August 1922 die „Europa" nicht mehr als erstklassig anzusehen war. Irgendwelche weitere Verpflichtungen hat die Beklagte nicht übernommen, besonders keine Haftung dafür, daß die Gesellschaften auch zahlungsfähig blieben. Mit dem Abschluß des Versicherungsantrages war ihre Verpflichtung gegenüber dem Kläger erfüllt. Zwischen ihnen bestand fortan kein Rechtsverhältnis irgendwelcher Art; Vertragsbeziehungen bestanden nur zwischen dem Kläger und den beiden Gesellschaften. Die Beklagte war daher, als die „Europa" in Konkurs geriet, weder verpflichtet, für anderweitige Deckung des von dieser übernommenen Risikos zu sorgen noch dem Kläger den Konkurs mitzuteilen. Es war Sache des V., der die Versicherung selbständig besorgte und auch die Prämien zahlte, das Interesse seines Auftraggebers wahrzunehmen und eventuell nach § 47 SeeVB. eine neue Versicherung zu schließen. Ebensowenig haftet die Beklagte aus § 826 BGB. Die Benachrichtigung des V. von dem Konkurse der „Europa" ist nicht etwa absichtlich unterblieben, sondern versehentlich an die Maklerfirma L. & Co. gegangen. Dieser Irrtum ist erst bemerkt worden, als es zu Streitigkeiten zwischen den Parteien nach dem Unglück des „Kayser" kam. Es lag daher, als V. am 14. November 1922 die Versicherungsprämie gutbrachte, für die Beklagte kein Anlaß vor, diese Mitteilung, die sie als dem V. zugegangen erachten konnte, zu wiederholen. Im übrigen war jedenfalls die Prämie für die Kaskoversicherung für das erste Vierteljahr längst fällig und nicht auf den ersten Blick zu erkennen, für welche Zeit die gutgebrachten Prämien galten. Schließlich gehört das Prüfen solcher Abrechnungen und das Auseinanderziehen der Prämien nicht zu den Tätigkeiten des Geschäftsinhabers, so daß der Beklagten ohne weiteres zu glauben ist, daß die Inhaber von dem Eingang der Prämien auch für spätere Zeiten als das erste Quartal nichts gewußt haben. Diese Prämien schuldete der Kläger, da die „Europa" trotz des Konkurses die Versicherung fortgesetzt hatte. Ebensowenig läßt sich der Umstand verwerten, daß die Beklagte noch am 27. Dez. 1922 den Versicherungsschein gezeichnet und ausgegeben hat; dies war für sie nur eine Formsache, nachdem die Versicherung schon im August 1922 fest abgeschlossen war. Überdies konnte sie darauf rechnen, daß der Konkurs dem V. auch längst an der Börse oder sonst in seinem Berufe bekannt geworden war. V.

f) **Offene HG.:**[1] α) **Bedeutung des Reingewinns bei der Markentwertung.**

OLG. Hamburg, 2. ZS. Urteil v. 8. November 1923.

Die Parteien haben Ende 1914 für gemeinschaftliche Rechnung Waren eingekauft und sie 1922 in Lire weiterverkauft. Das LG. nimmt an, daß

[1] Das im Vertrage vereinbarte Stehenlassen eines Teils des Gewinns bedeutet keine Erhöhung der Geschäftseinlage (RFinanzH. 12 S. 68). — Der Wechsel im Personenstand einer offenen HG., Kommandit- oder Gesellschaft des bürgerlichen Rechts ist nicht nach § 1 GrEStG. steuerpflichtig (aO. S. 76). — Aufnahme in eine offene HG. als freigebige Zuwendung der Gesellschafter: aO. S. 57.

die Parteien im Sinne ihres Vertrages für ihre beiderseitigen Markeinschüsse gedeckt seien, wenn sie deren entwertete Beträge zahlengleich zurückerhielten und daß somit der diese Beträge übersteigende Lire-Erlös als Reingewinn zu verteilen sei. Allein die Frage, ob ein Geschäft Gewinn oder Verlust gebracht hat, ist regelmäßig nach rein wirtschaftlichen Gesichtspunkten zu beantworten und also im wesentlichen der Frage gleichzustellen, ob sich durch das Geschäft der Vermögensstand des Unternehmers verbessert oder verschlechtert hat. Danach kann ein Geschäftsmann sich selbst gegenüber nicht ernstlich von einem Gewinne sprechen, und sein Gesellschafter — in der Allgemeinheit seines Geschäftsbetriebes oder bei einem einzelnen Geschäft — kann ihm solches füglich nicht zumuten, wenn eine Unternehmung zwar mit ihrem Papiermarkertrage die darauf verwendeten Markbeträge übersteigt, aber infolge der fortgeschrittenen Markentwertung mit der Kaufkraft des Geldertrages und mit dessen internationalem Tauschwerte dahinter zurückbleibt. Wenn der Kläger darauf hinweist, daß die Mark auch nach Verlust ihrer Golddecke gesetzliches Zahlungsmittel geblieben ist und daß die Steuergesetze in weitem Maße den Schein ihres Vollwerts aufrecht erhalten haben, so ist mit diesen Notbehelfen eines Ausnahmezustandes der wirkliche Begriff des wirtschaftlichen Gewinns nicht aus der Welt geschafft. Tatsächlich nötigen jene gesetzlichen Fiktionen den Gläubiger, auf einen großen Teil seiner Forderung als eines wirtschaftlichen Wertes zu verzichten, den Steuerzahler, zugunsten des Fiskus wirtschaftliche Ergebnisse als Einkommen, Geschäftsgewinn und Vermögenszuwachs anzuerkennen, die in der wirtschaftlichen Wirklichkeit nur zum Teil oder überhaupt nicht diese Bedeutung haben. Aus diesem gesetzlichen Zwange kann aber ein Kaufmann in seinem Vertragsverhältnis zu einem anderen Kaufmann nicht das Recht herleiten, den Begriff des aus einem gemeinschaftlichen Geschäft erzielten Reingewinns anders als wie kaufmännisch-wirtschaftlich aufzufassen und den Grundsatz, daß die entwertete Papiermark dasselbe sei wie die einstige vollwertige Goldmark, mit der Wirkung einer wesentlichen Veränderung des bei Geschäftsschluß beabsichtigten und nach Treu und Glauben soweit wie möglich durchzusetzenden tatsächlichen Erfolges zur Geltung zu bringen. Das zeigt gerade der vorliegende Fall, wo, im schroffen Gegensatz zur Vertragsabsicht der Parteien, bei der vom Kläger gewünschten Verteilung des Lire-Erlöses, der nicht annähernd den Lirewert der beiderseitigen Einschüsse deckt, unter dem Scheine eines wirklichen Reingewinns den Kläger, der nur $^1/_3$ der Einschüsse der Beklagten aufgewendet hat, nahezu der gleiche Betrag wie dieser zurückerstattet werden würde. . . . V.

β) **Gewinnanteile, die nach dem Tode des einen Gesellschafters dessen Erben zu zahlen sind. Bedeutung des BGB. §§ 2325, 260.**

OLG. Hamburg, 5. ZS. Urteil v. 30. Mai 1923.

Die Klägerin, die Frau des am 1. Dezember 1921 verstorbenen A., ist von diesem auf den Pflichtteil gesetzt und hat ihn auf Grund der Aufstellung Anlage 2 gezahlt erhalten. Sie behauptet, daß nicht nur die Geschenke, die

die beklagten Kinder A. seit 1911 vom Erblasser erhalten hätten, sondern auch die für 5 Jahre nach dessen Tode den Erben gezahlten und zustehenden Gewinnanteile an der Firma A & Co. in jene Aufstellung hineingezogen werden müßten. Der Anspruch auf Auskunft ist nur bezüglich der Schenkungen begründet.

1. Der Wert des Anteils eines Gesellschafters am Handelsgeschäft besteht nicht ohne weiteres nur in dem Betrage seines Kapitalguthabens am Todestage; dazu können sein Anteil an Reserven und die Rechte treten, die ihm der Gesellschaftsvertrag sonst gewährt (Düringer 4 S. 578). Der Veräußerungswert seines Anteils wird, wie häufig so auch hier, durch das Recht des überlebenden Gesellschafters herabgedrückt, das Geschäft zum Bilanzwert mit der Pflicht der 5 jährigen Gewinnbeteiligung der Erben zu erwerben. Damit ist aber nicht gesagt, daß dieses Beteiligungsrecht ein Bestandteil des Nachlasses sei. Es ist im Gesellschaftsvertrage § 9 der Witwe und den Kindern, wenn sie den Erblasser beerben, ausbedungen. Das ist — ähnlich wie bei Lebensversicherungen — ein Vertrag zugunsten Dritter. Mit dem Tode fällt das Recht den Erben zu; es fällt nicht in den Nachlaß, wie es auch aus den nach dem Tode gemachten Gewinnen befriedigt werden soll. Das gilt auch von dem Gewinne des Todesjahres, der dem Erblasser erst mit dem Ende des Geschäftsjahres erwachsen wäre. Zwar werden die Erben die Entnahmen, die er im Sterbejahre auf seinen Gewinnanteil bezogen hat, allein zu tragen haben. Da die Klägerin nicht zu den Erben gehört, gehört sie nicht zu den im § 9 begünstigten Dritten. Ihre Auffassung, daß sich in den Gewinnbezügen ein Wertanteil ausdrücke, der in dem beim Tode vorhandenen Geschäftsanteil des Erblassers vorhanden sei, ist nicht zutreffend. Es ist vielmehr ein nicht zum Nachlasse gehörendes Recht, das den Kindern kraft Vertrages zufällt....

2. Das Recht auf Ergänzung des Pflichtteils enthält auch das Recht auf Auskunftserteilung, aber nicht über alle Geschenke in den letzten 10 Jahren, sondern nur über solche, die über Sitte und Anstand hinausgehen (RG. 73 S. 369), denn nach § 2330 findet das Ergänzungsrecht auf letztere keine Anwendung. Die Ansicht des LG., daß der Erbe zunächst alle Geschenke anzugeben und daß der Richter dann zu entscheiden habe, welche unter die Ausnahme fielen, hat im Gesetze keine Stütze. Die Begriffe, um die es sich dabei handelt, sind auch so allgemein bekannt, daß unbedenklich diese Sonderung dem Auskunftspflichtigen aufzuerlegen ist. Da die Beklagten schon in erster Instanz bestritten haben, daß sie andere als Geschenke des § 2330 erhalten hätten, so war damit die Auskunft erteilt und die Klägerin hatte sich nun schlüssig zu machen, ob sie eine eidliche Verstärkung dieser Angabe verlangen wollte. Der in § 260 zugelassene Eid hat aber dem Auskunftsersuchen gegenüber den Charakter einer Erweiterung und mag daher nach § 529 Nr. 2 ZPO. in dieser Instanz noch als zulässig gelten. Bei dem gespannten Verhältnisse zwischen Erblasser und Klägerin und bei der Größe

des Vermögens, die erheblichere Schenkungen ermöglichte, ist die Voraussetzung des § 260² BGB. gegeben und der Eid, der keineswegs zugeschoben, sondern auferlegt wird, im Anschlusse an die Behauptungen der Klägerin zu normieren. B.

γ) **Vereinbarung einer besonderen Auseinandersetzungsart.**[1]

Kammergericht, 1. ZS. Beschluß v. 7. Juni 1923.

Nach dem Gesellschaftsvertrage sollen im Fall einer nicht auf § 133 gestützten Kündigung eines Gesellschafters die betriebenen Geschäfte in solche der technischen und des chemischen Zweiges getrennt werden und dem andren Gesellschafter die Übernahme der einen oder der andren Geschäftsabteilung freistehen. Der Beschwerdeführer hat gekündigt und die Ernennung eines Liquidators erfolglos beantragt. Seine weitere Beschwerde ist unbegründet.... Vorliegend sollen die beiden Abteilungen in der Weise fortgesetzt werden, daß jeder Gesellschafter eine übernimmt. Diese Regelung (deren Richtigkeit übrigens das RG. am 22. Dez. 1922 verneint hat) verträgt sich nicht mit dem Inhalte der Liquidation, da sie die Flüssigmachung des abgesehen von den laufenden Geschäften und Forderungen vorhandenen Gesellschaftsvermögens verbietet und eine Auseinandersetzungsart bestimmt, die eine wichtige Phase der Liquidation ausschließt. Die Abwickelung der laufenden Geschäfte ermöglicht der § 158 den beiden Gesellschaftern, die dafür zur Vertretung der wie im Liquidationsstadium fortbestehenden Gesellschaft berufen sind (Staub § 158¹).... M.

Dazu: Die Bestimmung des Auseinandersetzungsvertrages, daß die Eigentumsänderung am Gesellschaftsgrundstück erst eingetragen werden kann, wenn die der Witwe des einen Gesellschafters zugebilligte Abfindung voll bezahlt ist, setzt keine Bedingung i. S. des § 158 BGB., sondern nur ein an den Übernehmer und den Notar gerichtetes Verbot, die Eintragung zu beantragen, begründet also für die Betroffenen nur eine Unterlassungspflicht, deren Verletzung für sie lediglich schuldrechtliche Folgen herbeiführen kann (RG. 6. März 1924, 1 x 81).

δ) **Zur Anwendung des § 142 HGB.**[2]

Da die Übernahme des Geschäfts mit Außenständen und Verbindlichkeiten auf einen Gesellschafter gesamtrechtlich wirkt (RG. 68 S. 415), so be-

---

[1] a) Die Witwe eines Gesellschafters kann als bloße Nießbraucherin die offene HG. nicht fortsetzen; eine Gesellschaft zwischen ihr und den übrigen Gesellschaftern wäre eine neue und erforderte zur Fortführung der den Namen des Erblassers tragenden Firma die Genehmigung der Erben (RG. 24. Mai 1923, 1 x 167).

b) Tritt bei einer Abrede des § 139¹ ein Miterbe des verst. Gesellschafters in die Gesellschaft ein, so ist dieser Eintritt schon mit Rücksicht auf § 143² von sämtlichen Miterben anzumelden (RG. 13. März 1914, 1 x 83).

[2] Hat gemäß § 142 der nicht schuldige Gesellschafter ein rechtskräftiges Urteil auf Auflösung erwirkt, so kann er nicht nachträglich aus den gleichen Gründen, die er für die Auflösung geltend gemacht hat, noch beanspruchen, daß er zur Übernahme des Geschäfts für berechtigt erklärt werde (RG. 24. Mai 1923, 1 x 170).

darf es zum Nachweise des Überganges der Hypothek von der offenen HG. auf den Gesellschafter A. eines solchen gesamtrechtlichen Übergangs, also eines in Form des § 29 GBO. geschlossenen Überlassungsvertrages oder der Erklärungen der Beteiligten in dieser Form. Der Registerauszug genügt nicht, da er nach § 33 GBO. die Vertretungsberechtigung für Handelsgesellschaften, nicht aber für Rechtsvorgänge in der Person eines Einzelkaufmanns bestimmt. Hat aber das Grundbuchamt dem Umschreibungsantrag auf Grund des Auszuges stattgegeben, so betrifft der Fehler das Verfahren, nicht den Eintrag selbst (KG. 1. Febr. 1923, 1 x 16).

ε) **Ernennung eines Liquidators vor Eintragung der Auflösung.**

Kammergericht, 1. ZS. Beschluß v. 8. Februar 1923.

Das LG. hat den Antrag mit Rücksicht auf Rsp. 41 S. 202 abgewiesen. Diese Entscheidung bedarf hier keiner Nachprüfung. Der Antrag ließe sich aus dem Gesichtspunkte rechtfertigen, daß ein alsbaldiges Einsetzen der Liquidationstätigkeit nach erfolgter Auflösung im Interesse der Gesellschaft erwünscht sei. Aus solcher Erwägung ist in KGJ. 49 S. 118 und Recht 1917 Nr. 1304 mangels einer abweichenden Vorschrift dann, wenn der Zeitpunkt der Auflösung nahe bevorstehe nnd wenn deren Eintritt gewiß sei, die Bestellung eines Liquidators für zulässig erklärt. Natürlich könnte sie erst mit dem Eintritt der Auflösung wirken. Besteht aber wie hier Ungewißheit darüber, ob die Bestellung überhaupt zur Wirksamkeit gelangt, so ist ein wichtiger Grund für sie nicht anzuerkennen. Sie ist davon abhängig, daß eine offene HG. bestanden hat und aufgelöst ist. Hier herrscht, da die Gesellschaft nicht eingetragen ist, schon über diese Voraussetzung Streit. Der eine Gesellschafter sieht in der Gesellschaft eine solche des bürgerlichen Rechts und hält deshalb eine Liquidation als Folge der Auflösung für ausgeschlossen. Ebenso bestreitet er auch die Auflösung selbst, die nicht durch ein ohne weiteres feststellbares Ereignis (§ 131 Nr. 1, 3/5), sondern nach der Angabe des Beschwerdeführers durch eine ihm nach dem Gesellschaftsvertrage zur sofortigen Kündigung berechtigende Gefährdung seiner Ansprüche eingetreten ist. Bei dieser Sachlage ist es ganz unsicher, ob die nachträgliche Eintragung der Gesellschaft und ihres Liquidators (§ 148[2]) überhaupt zustande kommt. Daß der Liquidator entsprechend dem hier eingeschlagenen Verfahren die Eintragung der in Liquidation befindlichen Gesellschaft selbst durch Anmeldung herbeiführt und damit die Grundlage für seine eigene von Amtswegen vorzunehmende Eintragung herstellt, kann nicht zugelassen werden. Denn das Gesetz hat die Anmeldung ausdrücklich den sämtlichen Gesellschaftern zugewiesen (§§ 108[1], 143[1]), so daß eine andere Person nicht anmeldeberechtigt ist. Das Registergericht darf wohl die Gesellschafter nach § 14 zur Anmeldung zwingen, es darf aber nicht durch Zulassung einer Anmeldeberechtigung des Liquidators die Rechte des sich weigernden Gesellschafters beeinträchtigen. Dieser hat einen Anspruch darauf, daß über seine Einwendungen gegen das Vorliegen einer offenen HG. und gegen die Auflösung, sofern er nicht im

Prozeßwege zur Anmeldung verurteilt ist, in dem durch §§ 132/9 FGG. geordneten Verfahren entschieden wird. . . .

ζ) Nach der Auseinandersetzung keine Liquidation. Beschwerde über ihre Eintragung.

Kammergericht, 1. ZS. Beschluß v. 20. März 1924.

Nach Auflösung der aus A. und B. bestehenden offenen HG. hat B. die Ernennung eines Liquidators gemäß § 146[2] beantragt und damit begründet, daß A. das Geschäft unter unveränderter Firma übernehmen und das Guthaben des B. Ende 1922 auszahlen solle, er habe diese Zahlung verweigert, weshalb B. nach Fristsetzung gemäß § 326 BGB. vom Auseinandersetzungsvertrage zurückgetreten sei. Das Amtsgericht hat abgelehnt, wurde jedoch vom LG. angewiesen, 1. ins Register einzutragen: Die offene HG. ist mit Ende 1922 aufgelöst und in Liquidation mit der Maßgabe getreten, daß A. den Betrieb nebst Firma fortführt; 2. einen unbeteiligten Dritten zum Liquidator zu bestellen und einzutragen. Darauf hat es noch vor Zustellung dieses Beschlusses die Anweisung befolgt. Die weitere Beschwerde des A. ist, soweit sie sich gegen die Anordnung zu 1 richtet — insoweit ist sie als einfache anzusehen — als unzulässig zu verwerfen, weil durch die Aufhebung dieser Anordnung die Eintragung nicht beseitigt werden könnte (Rsp. 25 S. 410, 40 S. 27 Note 1a; KGJ. 44 S. 169).

Das Registergericht hat allerdings auch die Anweisung zu 2 bereits befolgt und — unter Verletzung des § 26 FGG., da insoweit eine mit der sofortigen Beschwerde anfechtbare (§§ 145[1], 146[2] FGG.), noch nicht rechtskräftige und daher noch nicht wirksame Entscheidung vorlag — einen Liquidator bestellt und eingetragen. Gleichwohl ist das Rechtsmittel zulässig; denn mit der Aufhebung dieses Teils würde der Beschluß des Amtsgerichts hinfällig; dieses müßte die Bestellung des Liquidators rückgängig machen und die betr. Eintragung löschen. Eines förmlichen Löschungsverfahrens würde es nicht bedürfen; denn es handelte sich um eine Löschung, wie sie nach allgemeinen Regeln zu erfolgen hat, wenn eine Eintragung durch Änderung der eingetragenen Tatsache gegenstandslos wird; auch ein Antrag der Beteiligten wäre nicht erforderlich (§ 148[2] HGB.). Das Rechtsmittel ist auch insoweit sachlich begründet. . . .

Die unstreitige Vereinbarung des Geschäftsübergangs mit Aktiven und Passiven hatte zur Folge, daß A. ohne besondere Übertragungsakte Eigentümer des gesamten Gesellschaftsvermögens wurde (RG. 65 S. 238, 68 S. 415). Hiernach war mit der Auflösung der Gesellschaft ein ungeteiltes Gesellschaftsvermögen, wie es eine Liquidation begrifflich voraussetzt, nicht vorhanden und für die Erfüllung der einem Liquidator nach § 149 HGB. zugewiesenen Aufgaben ist kein Raum. Dadurch, daß dem B. ein Abfindungsanspruch auf Grund sei es besonderer Abmachung oder des § 738 BGB. zusteht, hat er keinen Anteil am Gesellschaftsvermögen. Denn dieser Anspruch ist ein reines Forderungsrecht. Ein Streit über die Höhe kann nur im Prozeß ausgetragen werden, nicht aber darf das Gericht einen „Liquidator" zur Feststellung des Betrages bestellen.... Auf die vom LG. entschiedene Frage, ob die Auflösungsvereinbarung nebst den getroffenen Abreden einem Rücktritt aus § 326 BGB. unterliegt, ist nicht einzugehen. Denn B. hat einen Rücktritt erklärt, der gar nicht jene Vereinbarung ergreift, sich vielmehr auf die Abrede über die andre Art der Auseinandersetzung (§ 145[1] HGB.) beschränkt. Bei der Auflösung will B. es ausdrücklich belassen; er hat sie auch im Laufe dieses Verfahrens zur Eintragung angemeldet. Für das Rücktrittsrecht aus § 326 BGB. läßt sich aber die Auflösung von dem Geschäftsübergang nicht trennen. Dieser ist die Form, in der sich die Auflösung vollziehen soll; er hat nicht neben der Auflösungsvereinbarung die Bedeutung eines selbständigen Vertrags. Die Zulassung des Rücktritts, durch den nur der Geschäftsübergang, nicht die Auflösung betroffen wird, liefe nicht auf eine Rückgängigmachung des Vertrags, sondern auf eine Änderung seines Inhalts hinaus: es träte anstelle einer Auflösung mit vertraglichen Ausschlusse der Liquidation eine solche mit der Gesetzesfolge der Liquidation. Vom Standpunkte des B. aus mußte A. infolge des Rücktritts das auf ihn übergegangene Gesellschaftsvermögen auf die Liquidationsgesellschaft übertragen. Das wäre keine Rückgewähr, da diese Gesellschaft vorher nicht bestanden hat....

Das Amtsgericht wird nunmehr zu prüfen haben, ob die erste Eintragung nach § 142 FGG. von Amtswegen zu löschen sei. Die Anordnung des LG. zu 1 verstößt nämlich gegen § 143[1], da hier nur ein Gesellschafter die Auflösung angemeldet hatte. Die fehlende Anmeldung des A. könnte nur das Prozeßgericht (§ 16 HGB.), nicht aber der Richter der frGer. ersetzen. Nun ist eine rechtsfeststellende Eintragung dann nicht von Amtswegen zu löschen, wenn sie der materiellen Rechtslage entspricht (KGJ. 48 S. 115). Vorliegend steht zwar die Auflösung außer Frage, dagegen ist die Eintragung der Liquidation sachlich unrichtig. Da die Eintragung, die die Auflösung und den Eintritt der Liquidation zum Gegenstand hat, einheitlich zu beurteilen ist, so ist ein Grund zur Löschung von Amtswegen nach § 142 FGG. ungeteilt gegeben. Nach der Löschung hat das Amtsgericht die Beteiligten zu der ihnen nach der wahren Rechtslage obliegenden Anmeldung der Auflösung anzuhalten.

g) Verletzung des § 182[1]. Heilung. Eintragung der Zweigniederlassung.

Kammergericht, 1. ZS. Beschluß v. 6. Dezember 1923.

In dem notariellen Protokolle v. 1. Mai 1921, in welchem die „St. Aktiengesellschaft" errichtet wurde, sind 5 Personen als erschienen aufgeführt, darunter A. und B., die erklärten, daß sie die einzigen Gesellschafter und Geschäftsführer der MetallGmbH. seien, und daß diese vom Grundkapital 120000 Mark übernehme. Nach Eintragung der AG. haben A. und B. als Vorstandsmitglieder zum Handelsregister angemeldet, daß die AG. eine Zweigniederlassung (ZN.) in Berlin errichtet habe. Die Eintragung ist jedoch grundlos abgelehnt. Die Frage, ob der Registerrichter der ZN. die Nichtigkeit der AG. mit Rücksicht auf die seinem Prüfungsrechte gezogenen Schranken überhaupt zu beachten habe, ist zu bejahen; denn er ist nicht gehalten, eine nichtige Gesellschaft in sein Register zu übernehmen. Etwas andres ist auch dem Beschlusse (Rsp. 14 S. 332) nicht zu entnehmen [unten S. 301 m, S. 318 t].

Ein Verstoß gegen § 182¹ macht allerdings die gleichwohl eingetragene AG. unheilbar nichtig. Zutreffend hat auch das LG. hier einen solchen Verstoß angenommen. Zwar sind im Protokolle 5 Personen aufgeführt; jedoch legt schon die Erklärung von A. und B., daß sie die einzigen Gesellschafter der GmbH. seien, die Annahme nahe, daß sie die nachfolgenden Erklärungen namens dieser Gesellschaft abgeben wollten, zumal sie auch die einzigen Geschäftsführer waren und als solche auch tatsächlich sie abgeben konnten. Die GmbH. ist denn auch ausdrücklich als Übernehmerin der Aktien bezeichnet und sie hat die Sacheinlage geleistet; ebenso haben A. und B. mit der Gesellschaftsfirma unter Beifügung ihres eigenen Namens unterzeichnet. Hätte sich die Prüfung der Zahl der Gründer allein auf das Errichtungsprotokoll zu beschränken, so wäre die eingetragene AG. nichtig, denn danach sind nur 4 Gründer vorhanden. Nun ist aber der Gesellschaftsvertrag vor der Eintragung fähig der Abänderung und Berichtigung, sofern sie einstimmig und in der vorgeschriebenen Form geschehen ist (Staub § 182³¹). Daher kann auch vorher ein Mangel geheilt werden, der die Nichtigkeit der trotz des Mangels eingetragenen AG. unheilbar zur Folge hat. Eine solche Heilung kann hier in der Verhandlung vom 9. Juni 1921, in der der Aufsichtsrat gewählt ist, gefunden werden. Dort haben dieselben 5 Personen, die im Errichtungsprotokolle benannt sind, erklärt, daß sie die Gründer der in der Gründung begriffenen AG. seien. Diese Erklärung kann eine Richtigstellung der in der Verhandlung vom 1. Mai enthaltenen Angaben, auch soweit sie die Übernahme von Aktien durch die GmbH. betreffen, bedeuten, wenn auch die Beteiligten eine Berichtigung nicht gewollt haben mögen, weil sie sich der irrigen Fassung ihrer in der Gründungsverhandlung abgegebenen Erklärungen nicht bewußt waren. Die Berichtigung ist auch, soweit sie von der GmbH. ausgehen mußte, bewirkt, da A. und B. deren einzige Geschäftsführer waren. Läßt man die Erklärungen vom 9. Juni als Berichtigung oder Abänderung des Gesellschaftsvertrages gelten, so stand nunmehr außer Frage, daß letzterer von 5 Personen, die die Aktien übernommen hatten, festgestellt war. Ungeklärt blieb allerdings noch die Höhe der Beteiligung der Gründer A. und B. an der von der GmbH. nach der Fassung des Protokolls v. 1. Mai übernommenen Aktien v. 120000 Mark. Dieser Mangel kann aber die Nichtigkeit der AG., nachdem sie eingetragen worden ist, nicht begründen. Ebensowenig kann ihre Entstehung deswegen bezweifelt werden, weil die Richtigstellung sich nicht auch auf den Teil der Gründungsverhandlung und der Satzung § 7 erstreckte, der die GmbH. als Einbringerin der Sacheinlage bezeichnete. Die den Tatsachen nicht entsprechenden Festsetzungen über die Sacheinlage hätten wohl dem Registerrichter der Hauptniederlassung Anlaß geben können, die Eintragung der AG. abzulehnen. Nach ihrer Eintragung ist aber der Mangel nur noch für die Frage der Wirksamkeit des Sacheinlage-Abkommens gegenüber der Gesellschaft von Bedeutung (§ 186⁴). Wegen der Bedenken, die sich gegen die Annahme einer Berichtigung ergeben könnten, sei darauf hingewiesen, daß sich der Registerrichter der ZN. bei der Prüfung, ob die eingetragene AG. nichtig sei, nicht auf denselben strengen Standpunkt zu stellen braucht, wie der der Hauptniederlassung ihn einzunehmen hat, wenn er der AG. durch Eintragung ein rechtlich anerkanntes Dasein verschaffen soll. Letzterer hätte sich nicht mit der Verhandlung vom 9. Juni begnügen dürfen, sondern zur Behebung aller Zweifel eine ausdrückliche Berichtigungserklärung, wie sie jetzt eingereicht ist, verlangen sollen. Der Registerrichter der ZN. wird sich fragen müssen, ob die Voraussetzungen gegeben sind, unter denen die AG. im Hauptregister von Amtswegen gemäß § 144¹ FGG., §§ 309, 310 HGB. als nichtig zu löschen ist. Hierbei aber sind die im Beschlusse (RJA. 10 S. 13) dargelegten Gesichtspunkte zu beachten. ... Vorliegend kann jedenfalls mit Rücksicht auf die am 9. Juni abgegebenen Erklärungen nicht von einer unzweifelhaft bestehenden Nichtigkeit der AG. gesprochen werden ...

h) Bar- oder Sachgründung. Geltung der GoldbilanzVO.

OLG. Braunschweig, 1. ZS. Beschluß v. 4. Februar 1924.

Zufolge Vertrages v. 5. Oktober 1923 haben die Beschwerdeführer eine AG. errichtet, alle 100 Aktien des auf 10 Millionen Mark festgesetzten Grundkapitals zum Kurse v. 100000 Mark übernommen und den Betrag nebst Aufgeld zugunsten des Vorstandes bei der D. Bank bar eingezahlt. Die Eintragung der AG. ist ohne Grund abgelehnt worden.

1. Das LG. nimmt an, daß nach der seit 30. Dezember 1923 geltenden VO. über Goldbilanzen für die Gesellschaft ein Eigenkapital von mindestens 50000 GM. zu fordern sei. Allein die dort im § 17 getroffene Regelung beschränkt sich auf Neugründungen. Hierdurch wird deutlich ausgedrückt, daß sie nicht auf bereits gegründete Gesellschaften ohne Rücksicht auf den Zeitpunkt ihrer Eintragung anwendbar ist. Die Gründung ist aber bei der Einheitsgründung mit der Übernahme der Aktien, der Stufengründung mit dem Errichtungsbeschluß durch die Generalversammlung vollzogen. Nach § 192¹ HGB. haben die Mitglieder des Vorstandes und des Aufsichtsrats den Hergang der „Gründung" zu prüfen, obgleich die Gesellschaft als solche vor der Eintragung noch nicht entstanden ist. ... Dem § 17 rückwirkende Kraft zu verleihen, ist umso weniger angängig, als das viel weniger weitgehende Ges. v. 12. Mai 1923 in § 2² die bisherigen Vorschriften für die Errichtung von AG., die vorher zum Handelsregister angemeldet waren, ausdrücklich aufrecht erhalten hat und die — in jedem Falle wünschenswerte — Aufstellung einer entsprechenden Übergangsvorschrift bei der VO. vom 28. 12. 23

als offenbar überflüssig angesehen ist (Schlegelberger, Goldbilanzen S. 26). — Ebensowenig läßt § 18 VO., der die Mindestbeträge der Aktien in Abänderung des § 180 HGB. auf 100 bzw. 20 GM. festsetzt, den Schluß zu, daß eine AG. mit einem Eigenkapital von weniger als 500 GM. nicht mehr eingetragen werden dürfe, auch wenn sie bereits vor der VO. gegründet wurde. Denn § 18 setzt durch den Hinweis auf §§ 10^2, 17^2 die Mindestbeträge der Aktien fest für die umgestellten und neugegründeten Gesellschaften, berührt aber nicht die Mindestbeträge der Aktien bei den noch in der Errichtung befindlichen Gesellschaften. Für diese bewendet es vielmehr hinsichtlich der Stückelung der Aktien und der Mindestgrenze des Grundkapitals bei den bisherigen Vorschriften (Schlegelberger, S. 27).

2. Auch die Ablehnungsgründe des Registerrichters erweisen sich als nicht bedenkenfrei. Er war, nachdem die Handelskammer gemäß § 126 FGG. auf Bedenken gegen die behauptete Bargründung hingewiesen hatte, nach § 12 das. zwar verpflichtet, den Gründungsvorgang daraufhin zu prüfen, ob nicht trotz der angemeldeten Kapitalsgründung feste Vereinbarungen getroffen waren, die eine Einbringung i. S. des § 186^2 HGB. darstellten. Solche Prüfungspflicht ist besonders anzuerkennen, wenn es sich wie hier um eine Eintragung von rechtserzeugender Wirkung nach § 200 HGB handelt (RJA. 6, S. 185; Staub, § 186^{11}, § 198^{11}; aA. anscheinend Lehmann-Ring, § 12^7). Die Ablehnung der Eintragung wäre aber nur zulässig gewesen, wenn nach der richterlichen Überzeugung bereits bindende Abmachungen über Sacheinlagen vorgelegen hätten. Bestehen solche nicht, sondern nur Absichten und vorläufige Besprechungen, so tritt die Verpflichtung der Gesellschaft aus der geplanten Einbringung nicht schon im Gründungszustand, sondern erst später ein, und es sind alsdann die Sonderbestimmungen des § 207 HGB. über Nachgründung zu beachten. — Anlangend die Geringfügigkeit des Grundkapitals darf der Registerrichter nicht aus wirtschaftlichen Erwägungen, so zutreffend sie auch sein mögen, die im Gesetz vorgesehene Mindestgrenze verändern und sich damit über das infolge des Währungsverfalls 1923 unzulänglich gewordene Gesetz hinwegsetzen. Sache des Gesetzgebers wäre es gewesen, den hieraus sich ergebenden Unzuträglichkeiten rechtzeitig entgegen zu treten und dem Grundsatze des deutschen Rechts, daß die AG. nicht ohne ausreichendes, den Gläubigern haftendes Grundvermögen entstehen sollen, schon früher Anerkennung zu verschaffen. v. F.

Dazu: α) Kammergericht, 1. ZS. Beschlüsse v. 14. und 21. Februar 1924.

Die GoldbilanzVO. ist auf Grund des ErmächtigungsGes. v. 8. Dez. 1923 erlassen und zunächst im Reichsanz. v. 29. Dez. 1923 verkündet worden. Nach dem Ges. v. 13. Okt. 1923 ist sie mithin am 30. Dez. 1923 in Kraft getreten.[1] Die einen Bestandteil der VO. nicht bildende Fußnote im RGBl. v. Ende 1923, die auf 14. Jan. 1924 als den 14. Tag nach Ablauf

[1] Ein Gesetz, daß „mit der Verkündung" in Kraft tritt, kann regelmäßig erst vom Beginn des dem Verkündungstage folgenden, also vom Tage nach der Verkündung ab, Geltung beanspruchen (RG. 27. Sept. 1923, 1 x 23).

des Ausgabetages verweist, läßt das Ges. v. 13. Okt. 1923 unberücksichtigt. Dieses Gesetz widerspricht nicht dem Art. 71 Reichsverf., der nur für formelle, gemäß Art. 68, 69 zustandegekommene Reichsgesetze gilt. Er ist dagegen nicht auf VO., also auch nicht auf RechtsVO. anwendbar, die die Reichsregierung auf Grund besonderer Ermächtigung erläßt. In dem hier vorliegenden Falle der Einheitsgründung bildet nach § 188¹ die Übernahme der Aktien den für die Gründung entscheidenden Akt. Da sie bei Feststellung des Gesellschaftsvertrages nach dem 30. Dez. 1923 erfolgte, handelt es um eine der VO. § 17 unterworfene Neugründung.

β) Kammergericht, 1. ZS. Beschlüsse v. 6. und 27. März 1924.

. . . Das LG. hält die Gesellschaftserrichtung erst mit der am 11. Januar 1924 beschlossenen wesentlichen Abänderung für rechtlich abgeschlossen. Allein für die Einheitsgründung ist die Ubernahme der Aktien durch die Gründer der entscheidende Akt (§ 188¹), vorausgesetzt, daß sie nicht mit wesentlichen Mängeln behaftet ist. Enthält der Vertrag nicht die Bestimmungen des § 182² oder ist einer davon nichtig, so ist die AG. erst dann errichtet, wenn der Vertrag die notwendige Verbesserung erfährt. Hier sind die Aktien auf das zuerst festgesetzte Grundkapital bei Feststellung des — von wesentlichen Mängeln freien — Vertrages am 13. Dezember 1923 übernommen. War hiernach aber die Gesellschaft wirksam errichtet, so konnte die Errichtung nicht dadurch ungeschehen gemacht werden, daß vor der Eintragung der Vertrag, wenn auch in einem wesentlichen Punkte geändert wird. Diese Änderung hatte keine Neuerrichtüng zur Folge, die durch wirksamen Vertragschluß entstandene Gesellschaft des bürgerlichen Rechts wurde durch sie nicht zu einer andren. Es kann hiernach nicht darauf ankommen, daß die Änderung einen wesentlichen Bestandteil der Errichtung betraf. Aus diesen Erwägungen hat der Beschluß (1 x 72/74) eine Neugründung in einem Falle verneint, in welchem die Gesellschaft mit zulässiger Firma errichtet war und nach dem Inkrafttreten der VO., aber vor der Eintragung eine andre Firma angenommen hat. Vorliegend ist die Eintragung überdies versagt, weil die Gesellschaft vor ihrer Eintragung durch eine freiwillige, an sich zulässige Kapitalserhöhung (auf 5000 GM.) vorgenommen hat, was sie nach ihrer Eintragung in Erfüllung einer gesetzlichen Pflicht tun mußte.

i) **Nichtigkeit der „Mantelgründung". Ermittlungspflicht.**

Kammergericht, 1. ZS. Beschluß v. 5. April 1923.

5 Gesellschaften m. b. H. haben notariell 3 Aktiengesellschaften (zum Vertrieb von Bureau-, bzw. Haushalt-, Bijouterieartikeln) mit einem Grundkapitel von je 20000 Mark gegründet und davon je 4000 Mark übernommen. Die Eintragung ins Handelsregister wurde abgelehnt, weil „Fasson(Mantel)-gründungen" vorlägen. Eine solche Gründung hat einen bestimmten Geschäftsbetrieb nicht im Auge, sie will namentlich nicht den im Gesellschaftsvertrag angegebenen Zwecke verwirklichen. Ein Gegenstand des Unternehmens wird nur benannt, um dem § 182² rein äußerlich zu genügen und

durch die Eintragung das Dasein einer AG. zu erlangen. Die Gründung ist dazu bestimmt, die Hülle für ein beliebiges anderes Unternehmen abzugeben, das später in der Rechtsform der AG. in den Verkehr treten soll. Es bedarf dann nicht mehr der Gründungsförmlichkeiten (§ 200¹), die bereits eingetragene AG. braucht nur den Gegenstand, wie ihn der Gesellschaftsvertrag enthält, zu ändern und gegebenenfalls einen Personenwechsel vorzunehmen.... Das Registergericht hat, wenn begründete Zweifel an der Richtigkeit der einzutragenden Tatsachen bestehen, das Recht und die Pflicht der materiellen Prüfung, jedenfalls dann, wenn die Eintragung wie hier zur Begründung der Rechtswirksamkeit gehört (KGJ. 39 S. 122). Es hat den Sachverhalt durch Ermittlungen gemäß § 12 FGG. aufzuklären und, wenn es sich hierbei von der Unwahrheit der Gegenstandsbezeichnung überzeugt, die Eintragung abzulehnen. Dieses Recht folgt schon aus dem Grundsatze, daß unwahre Tatsachen nicht in das Handelsregister eingetragen werden dürfen. Die Eintragung ist aber auch deshalb zu versagen, weil, wenn alle Gründer darüber einig sind, daß ein Geschäft der in der Satzung angegebenen Art nicht betrieben werden soll, die darauf bezügliche Erklärung zum Schein abgegeben ist. Die Nichtigkeit nach § 117¹ BGB. müßte selbst dann entgegenstehen, wenn sie sich auf die Gegenstandsbezeichnung beschränkt. Denn nach § 198¹ HGB. muß diese eingetragen werden. Kann sie nicht eingetragen werden, weil sie nichtig ist, so ist auch die Eintragung der Gesellschaft nicht möglich. Die Nichtigkeit ergreift aber nach § 139 BGB. auch den ganzen Vertrag, da dieser nach § 182² Nr. 2 HGB. ohne jene Bezeichnung nicht bestehen kann. Der § 309, der die Nichtigkeitsgründe im Interesse der Verkehrssicherheit einschränkt, gilt nur für die eingetragene AG. Auch der vom LG. mit Recht angenommene Verstoß gegen die guten Sitten (§ 138¹ BGB.) muß zur Ablehnung der Eintragung führen.

Das Amtsgericht hat eine Aufklärung des Sachverhalts für erforderlich erachtet und um die Prüfung die Handelskammer ersucht. Nachdem sich diese hierzu infolge des Verhaltens der Beteiligten außerstande erklärt hat, hat es diesen die Ablehnung der Eintragung in Aussicht gestellt, falls sie jener Kammer nicht die durch die Sachlage gebotene Prüfung ermöglichten. Diese Zwischenverfügung wird jedoch der dem Gericht nach § 12 FGG. obliegenden Ermittlungspflicht nicht gerecht und verkennt die der Handelskammer zugewiesenen Aufgaben. Unbedenklich kann nach § 126 FGG. das Registergericht die nötigen Ermittlungen durch sie vornehmen lassen, dagegen ist es der eigenen Ermittlungspflicht nicht überhoben, wenn ihr im Rahmen ihrer bloß unterstützenden Tätigkeit die erforderliche Aufklärung nicht gelingt. Dies muß besonders dann gelten, wenn sie keine Auskunft erhält. Denn eine Verpflichtung der Beteiligten, ihr über die Verhältnisse, von denen die Eintragung im Register abhängt, Auskunft zu geben, kann aus den gesetzlichen Bestimmungen nicht hergeleitet werden. Erst wenn bei Aufnahme der Ermittlungen dem Gerichte die Auskunft verweigert wird, können aus dem Verhalten der Beteiligten die entsprechenden Schlüsse gezogen werden.... Das LG. verweist zwar auf das niedrige Stammkapital, auf die Stellung der Gründer als Geschäftsführer der 5 GmbH. und auf die Erfahrungstatsache, daß Bureau-, Haushalts- und Bijouterie-Artikel nur in Warenhäusern und im Großhandel nur bei bedeutenden Kommissionshäuser in der Hand derselben Betriebssubjekte vereinigt sind. Nach Lage der Dinge werden noch nähere Aufklärungen der Beteiligten darüber, daß ein ernstlicher Geschäftsbetrieb gerade in Übereinstimmung mit den Gegenstandsbezeichnungen gewollt und über die Art, in der sie ihr Wollen zu verwirklichen gedenken, herbeizuführen sein.

k) **Umwandlung von Namens- in Inhaberaktien.**

OLG. Stuttgart, 1. ZS. Beschluß v. 7. März 1924.

Nach der Satzung lauten alle Aktien auf den Namen, sind ins Aktienbuch einzutragen und durch Indossament übertragbar. 1923 beschloß die Generalversammlung einstimmig: „Sämtliche Aktien lauten auf den Inhaber". Die Vorinstanzen lehnten die Eintragung ab, weil in der Versammlung 10000 Mark unvertreten waren. Demgegenüber beruft sich die Beschwerde darauf, daß die Satzungsänderung in den §§ 274—291 erschöpfend geregelt sei, und § 275 nur eine $^3/_4$-Mehrheit verlange, ohne daß etwas weiteres für den Fall bestimmt sei, daß die Art der Aktien geändert werde. Damit ist aber die Frage nicht beantwortet, ob durch bloße Satzungsänderung die Umwandlung schon ausgegebener Namens- und Inhaberaktien möglich ist. Die Denkschrift S. 122 verneint es, weil sie in Sonderrechte der Aktionäre eingreife. Was hier unter Sonderrechten gemeint wird, ist nicht klar. Es bestehen gesetzliche und wirtschaftliche Unterschiede; zB. ist bei den Namensaktien die Übertragung erschwert und besteht keine Aussicht auf Zulassung zum Börsenhandel; andererseits sind sie gegen Diebstahl besser geschützt (§ 367). Aber diese Unterschiede als Sonderrechte zu bezeichnen, wäre verfehlt. Der Ausdruck weist vielmehr auf Befugnisse hin, die nur einzelnen Mitgliedern zustehen. Es ist im Vereinsrecht (§ 35 BGB.) anerkannt, daß weder die Mitgliedschaft noch die aus ihr hervorgehenden, allen gemeinsamen Anrechte als Sonderrechte betrachtet werden dürfen, sondern zB. erhöhte Gewinnanteile, erhöhtes Stimmrecht, geringere Beitragspflicht einzelner. Ein solches Recht ist hier nicht verletzt, da die Befugnisse aus den Namensaktien allen Gesellschaftern gleichmäßig zustehen. Von Sonderrechten spricht man allerdings auch, wenn ein aus der Mitgliedschaft entsprungener Anspruch, zB. auf die beschlossene Dividende, als unantastbar gilt, weil er dem einzelnen Gesellschafter endgültig zugesprochen ist. Das RG. (68 S. 211) rechnet dazu die Befugnisse, die ein Mitglied ausschließlich zu seinem eigenen Nutzen hat, wie die Übertragbarkeit der Gesellschaftsanteile. Andererseits bildet nach RG. 73 S. 191 die allen Mitgliedern zustehende Benutzung des Vereinsvermögens für Privatzwecke kein Sonderrecht, ebensowenig nach Rsp. 37 S. 2 das Recht, daß neue Aktien den Gesellschaftern nach Verhältnis ihres Aktienbesitzes anzubieten sind. Nach RG. 80 S. 389 liegt selbst in der Befugnis zur persönlichen Teilnahme an der Gesellschafterversammlung kein Sonderrecht, wenn sie nicht in der Satzung der GmbH. als unabänderlich festgelegt ist. In gleicher Weise ist hier anzunehmen, daß die Bestimmung über die Ausgabe von Namensaktien nicht den einzelnen Aktionären einen Anspruch darauf verschaffen wollte, daß die Aktien auf immer diesen Charakter behalten. Aus den besonderen Verhältnissen des Aktienrechts ergibt sich nichts Gegenteiliges. Nimmt man mit Staub (§ 250[4]) das Sonderrecht als ein Recht, dessen Verletzung den grundlegenden Sätzen des Aktienrechts, besonders der Gleichberechtigung sowie dem Recht auf Mitgenuß und Mitverwaltung widersprechen würde, so denkt man ebenfalls an Gewinnbeteiligung und Ausübung des Stimmrechts. Hier sollen aber Aktionär und Vorstand von den Umständlichkeiten befreit werden, die an die Handhabung des Aktienbuchs, die Übertragung durch Indossament geknüpft sind. Liegt eine solche Änderung nach der überwiegenden Mehrheit im Interesse der Gesellschaft, so verstieße es gegen Sinn und Zweck des Gesellschaftsverhältnisses, dem einzelnen Aktionär ein Widerspruchsrecht einzuräumen. Auch bei Abänderung wirklicher Sonderrechte, wie sie in den Vorzugsaktien verkörpert sind, hat sich nach § 275[3] der einzelne der gesetzlichen Mehrheit zu unterwerfen. S.

l) **Einheitsgründung. Kapitalserhöhung noch vor der Eintragung. Rücknahme des Widerrufs einer Anmeldung.**

Kammergericht, 1. ZS. Beschluß v. 24. April 1924.

Am 1. August 1923 haben die Kaufleute A.—E. die AG. Paul A. mit 31 Millionen Mark Grundkapital unter gleichzeitiger Übernahme der Aktien gegründet. A. hat sein Handelsunternehmen als Sacheinlage eingebracht. In der Generalversammlung der noch nicht eingetragenen AG. vom 16. September ist das Kapital um 70 Millionen erhöht worden, davon sind dem F. 44 als Gegenwert für die Einbringung seiner Fabrik gewährt und die restlichen 26 dem Bankier G. überwiesen worden; gleichzeitig wurde eine Änderung der Firma beschlossen. Der Anmeldung dieser Beschlüsse zum Handelsregister sind Zeichnungsscheine von F. und G. beigefügt, die den Satz enthalten: „Diese Zeichnung wird jedoch unverbindlich, wenn nicht bis Ende 1923 die erfolgte Erhöhung eingetragen ist.“ Auf die Bedenken des Amtsgerichts haben die zwei Vorstandsmitglieder den Eintragungsantrag zurückgenommen, die Rücknahme jedoch nach Einlegung der Beschwerde widerrufen. Diese wurde zurückgewiesen, weil die Befristung der Zeichnungsscheine abgelaufen sei. Die weitere Beschwerde ist begründet.

Zunächst ist davon auszugehen, daß schon vor der Eintragung der AG. die Satzung abgeändert werden kann; als Änderung ist auch die Kapitalserhöhung anzusehen. ... Die § 278 ff. setzen aber eine bereits bestehende, also eingetragene AG. voraus. Diese kann nur mit einem Grundkapital ins Leben treten, das nach den für ihre Gründung geltenden Regeln aufgebracht ist. Vorliegend ist sie durch Einheitsgründuug (§ 188) errichtet worden. Die

Kapitalerhöhung ist ein diese Gründung ergänzender Akt und unterliegt daher den gesetzlichen Gründungsvorschriften. Die AG. muß so, wie sie durch die Verhandlungen v. 1. August und 16. September errichtet und gestaltet ist, den für die Einheitsgründung gegebenen Vorschriften entsprechen. Der § 197 sieht die entsprechende Anwendbarkeit der für die eingetragene AG. maßgebenden Vorschriften nur für die Berufung und Beschlußfassung vor.

Nach § 188[1] ist zwar die zeitliche Einheit des Gründungsaktes nicht geboten: die Übernahme der Aktien kann in besonderer Verhandlung der Feststellung der Satzung nachfolgen. Vorliegend wäre auch die Tatsache, daß die Aktien auf das ursprüngliche und auf das Zusatzkapital in zeitlich auseinanderfallenden Verhandlungen übernommen sind, an sich mit dem Wesen der Einheitsgründung vereinbar. Dagegen darf der diese beherrschende Grundsatz, daß alle Aktien von Gründern (§ 187) zu übernehmen sind, nicht verletzt werden. Die Personen, die bei der Gründung die Hauptbeteiligten sind, dürfen nicht in der Lage sein, sich der die Gründer treffenden Verantwortlichkeit (§§ 202, 313) dadurch zu entziehen, daß sie sich zunächst im Hintergrunde halten und erst bei der Kapitalserhöhung hervortreten. Hier kommen als Übernehmer der neuen Aktien nicht die bisherigen Gründer in Frage. Es kann schon zweifelhaft sein, ob F. und G. die Aktien auch wirklich übernommen haben. Dies ist aber anzunehmen. Denn sie haben die Erklärung in einer Generalversammlung abgegeben und die Aktienübernahme, die in der Gewährung, Übertragung und Überweisung der Aktien eingeschlossen sein sollte, durch Unterschrift des Protokolls bestätigt, dadurch aber anerkannt, daß sie die Einzahlungen auf das neue Aktienkapital bewirkt haben. Damit hat F. auch die Eigenschaft eines Gründers erlangt, weil als solcher der Sacheinleger nach § 187 selbst ohne Beteiligung an der Feststellung der Satzung zu gelten hat. Aber auch G. ist als Gründer anzusehen; denn er hat, wenn auch nicht als solcher und wenn es auch nicht erforderlich war, bei jener Feststellung mit Rücksicht auf seine im Anschlusse daran erfolgte Bestellung zum Aufsichtsratsmitgliede mitgewirkt. Andrerseits sind die überflüssigen Zeichnungsscheine nicht mit Rücksicht auf die ihnen enthaltenen Bindungsfristen und deren Ablauf geeignet, die Aktienübernahme zu beeinflussen; denn hier greifen die Grundsätze ein, die für die bei der Gründung erfolgende Übernahme gelten. Diese verträgt keine Bedingung oder Beschränkung, jedoch ist jeder in der Erklärung nicht ausgedrückte Vorbehalt unwirksam (RG. 33 S. 93). Die allein maßgebliche Verhandlung v. 16. Sept. weist auf keine Befristung hin. Die Zeichnungsscheine bilden aber keinen Bestandteil der Verhandlung und sind auch nur, um einer vermeintlichen Pflicht aus § 281 zu genügen, ausgestellt, also nicht für das Registergericht beachtlich.

Die AG. kann indessen aus andren, leicht behebbaren Gründen (KGJ. 50 S. 1) noch nicht eingetragen werden. Zunächst ist, da auch die Sacheinlage des F. als bei der Gründung erfolgt anzusehen ist und deshalb den Gründungsvorschriften unterliegt, noch ein von sämtlichen Gründern erstatteter Bericht gemäß § 191 (vgl. § 195² Nr. 2) nachzureichen. Ebenso müssen sich zu dem am 1. August über die A.sche Sacheinlage erstatteten Bericht die hinzugekommenen Gründer F. und G. gemäß § 191 erklären. Auch ist mit Rücksicht auf §§ 192¹, 193¹·², 195² Nr. 5 noch ein von den sämtlichen Mitgliedern des Vorstandes und des Aufsichtsrats erstatteter, auf den gesamten Gründungshergang sich erstreckender Prüfungsbericht nachzureichen. Schließlich bestehen hinsichtlich der Anmeldung Bedenken. Der Widerruf einer Anmeldung, der dazu führen soll, daß eine Eintragung unterbleibt, ist an keine Form gebunden; das folgt schon aus dem Fehlen einer Vorschrift, wie sie der § 32 GBO. und der § 109 FGG. enthalten. Wird dagegen der Widerruf einer Anmeldung zurückgenommen, soll also eine Eintragung doch wieder stattfinden, so muß durch Wahrung der Form des § 12¹ die Gewähr dafür geboten werden, daß die Wiederherstellung der Anmeldung dem erklärten Willen des Anmeldenden entspricht. Daran fehlt es hier. — Die Tatsache, daß die AG. und die Firmenänderung getrennt angemeldet worden, gibt ferner zu dem Zweifel Anlaß, ob der § 195¹ dabei eingehalten ist. Die Anmeldung jedes einzelnen Gründers, Vorstands- und Aufsichtsratsmitglieds muß den gesamten Gründungshergang decken.

m) **Prüfungsrecht des Registerrichters der Zweigniederlassung. Bedeutung des § 232² S. 2.**

Kammergericht, ZS. 1a. Beschluß v. 6. Oktober 1922.

In der Generalversammlung der Beschwerdeführerin ist der Gesellschaftsvertrag geändert. Die neue Fassung des § 8 unterscheidet sich von der früheren nur dadurch, daß sie die Ermächtigung zur Einzelvertretungsbefugnis, wenn der Vorstand aus mehreren Mitgliedern besteht, der Versammlung und nicht dem Aufsichtsrat überträgt. Zunächst fragt sich, ob der Registerrichter der ZN. die Eintragungsfähigkeit einer im Hauptregister eingetragenen Satzungsänderung selbständig zu prüfen befugt ist. Der im Schrifttume fast allgemein herrschenden bejahenden Ansicht (aA. Ehrenberg, Handb. 2 S. 514) ... ist zu folgen. Nach KGJ. 23 S. 89 gilt eine Ausnahme dann, wenn besondere Vorschriften die Anmeldung für die HN. und ZN. in verschiedener Weise regeln. In KGJ. 27 S. 219 sind die Voraussetzungen einer abweichenden Beurteilung für die Eintragung einer gewerblichen Niederlassung nach § 2 HGB. angenommen (vgl. das. 29 S. 93, 44 S. 138).... Auf gleicher Erwägung beruht KGJ. 31 S. 175. In Rsp. 14 S. 332 ist schließlich der allgemeine Grundsatz aufgestellt, daß die Nachprüfung bei allen im Hauptregister eingetragenen Änderungen des Gesellschaftsvertrages zu versagen sei. In sämtlichen Entscheidungen kam nur in Frage, ob die Voraussetzungen einer an sich zulässigen Eintragung gegeben waren. Hier dagegen war ihre *inhaltliche* Zulässigkeit nachzuprüfen, ob die neue Fassung des § 8 eine vom Gesetz ausgeschlossene Regelung der

Vertretung trifft. Diese Besonderheit nötigt dazu, die in Rsp. aO. allgemein ausgesprochene Regel im Sinne jener Ausnahme einzuschränken, mit der Ehrenberg aO. das von ihm auch bei nur beurkundenden Eintragungen grundsätzlich abgelehnte Nachprüfungsrecht gelten läßt. Handelt es sich nicht darum, ob der Änderungsbeschluß entsprechend dem Gesetz und der Satzung ordnungsmäßig zustandegekommen ist, konnte vielmehr ein solcher Beschluß überhaupt nicht gefaßt werden, weil sein Inhalt zwingenden Gesetzesvorschriften widerstreitet, so braucht sich der Richter der ZN. nicht dem der HN. unterzuordnen, er kann die schlechthin unzulässige Eintragung auch ablehnen. Der Eintragung im Hauptregister kommt keine formell entscheidende Bedeutung zu, sie äußert vielmehr überhaupt keine Wirkung. Ihr haftet ein Mangel an, der auch durch Unterlassung der Anfechtungsklage nicht zu heilen ist. Ist die Satzungsänderung durch die Eintragung im Hauptregister wirksam geworden, so muß allerdings der Gesichtspunkt entscheiden, daß die Wirksamkeit nicht mit örtlicher Beschränkung auf eine Niederlassung eintreten kann; deshalb muß sie ohne Prüfung ihrer Voraussetzungen in das Register der ZN. bei gehöriger Anmeldung übernommen werden. Ist aber die Änderung infolge ihrer inhaltlichen Unzulässigkeit nicht wirksam geworden, so kann der Richter der ZN. nicht an die Haupteintragung gebunden sein, bloß damit die Übereinstimmung des Registerinhalts gewahrt wird. Die Forderung einer einheitlichen Registerführung muß dann vielmehr dem Grundsatze weichen, daß der Registerinhalt von Tatsachen und Rechtsverhältnissen freizuhalten ist, die der Eintragung nicht fähig sind. [Vgl. S. 292 g, S. 318 t.]

Dagegen ist die Annahme rechtlich zu beanstanden, daß nach § 232² S. 2 zur Anordnung der Einzelvertretungsbefugnis auf Grund statutarischer Ermächtigung nur der Aufsichtsrat und nicht auch die Generalversammlung berufen werden kann. Unentziehbar sind dem ersteren durch das Gesetz solche Verrichtungen übertragen, die ihm nicht genommen werden können, ohne daß er aufhören würde, ein Aufsichtsrat im Sinne des Gesetzes zu sein. Für die Überwachung der Geschäftsführung (§ 246¹) vermag sich die Versammlung, wenngleich sie das oberste Gesellschaftsorgan ist, nicht an die Stelle des Aufsichtsrats zu setzen, da dieser dann sein Wesen einbüßen würde. Sind ihm dagegen durch die Satzung oder das Gesetz Befugnisse zugewiesen, die außerhalb der mit seinem Wesen als Aufsichtsorgan unlöslich verknüpften Aufgaben liegen, so muß, wenn seine Befugnis nach dem Willen der Gesellschaft oder des Gesetzes ausschließlich sein soll, dies klar erhellen. Damit, daß die Satzung ihm das Recht der Abberufung des Vorstandes einräumt, ist dem höchsten Willensorgan der Gesellschaft, sofern die Satzung das nicht ausschließt, nicht das Recht der Abberufung genommen (Ehrenberg 2 S. 215). Läßt der § 232² S. 2 überhaupt zu, daß ein Gesellschaftsorgan kraft Ermächtigung der Satzung die Einzelvertretung anordnet, so ist die Versammlung, selbst wenn ihr nicht wie hier die Bestellung des Vorstands obliegt, nicht dadurch ausgeschaltet, daß nur der Aufsichtsrat als das zu ermächtigende Organ benannt ist. Die Gesetzesworte „Auch kann ...“ lassen auch die einem praktischen Bedürfnis entsprechende Auslegung zu, daß in jedem Falle, selbst wenn er nicht den Vorstand bestellt, der Aufsichtsrat zur Anordnung der Einzelvertretung ermächtigt werden darf, daß durch die Satzung aber auch das oberste Gesellschaftsorgan berufen sein kann, über jene Befugnis durch einfachen Beschluß zu bestimmen.[1]

n) **Verschleierte Sachgründung. Löschungsverfahren nach § 144 FGG.**

α) Kammergericht, 1 S. 1 a. Beschluß v. 20. Oktober 1922.

Die Ende 1920 mit einem Grundkapital von 300000 Mark gegründete „C. Anders AG.“, zu deren Gründern Paul Anders gehörte, wurde am 20. März 1922 eingetragen. Durch notariellen Vertrag v. 5. April 1922 hat Paul Anders ihr seine Grundstücke und die von ihm unter der Firma „C. Anders“ betriebene Brauerei mit dem Rechte der Firmenfortführung für 300000 Mark verkauft. Am selben Tage hat eine außerordentliche Generalversammlung den Vertrag einstimmig genehmigt. Der Antrag der Handelskammer, die Gesellschaft von Amtswegen zu löschen, ist mit Recht zurückgewiesen.

Der Gegenstand der AG. ist die Herstellung von Bieren und anderen Artikeln, die mit Brauerei und Mälzerei zusammenhängen. Sie hat den Namen der am Orte bestehenden Brauerei angenommen, deren Inhaber zu den Gründern gehört und alsbald nach Eintragung der AG. an diese die Brauerei verkauft hat. Das von ihm übernommene Aktienkapital entspricht fast genau dem bar zu zahlenden Kaufpreise. Bei dieser Sachlage ist unbedenklich davon auszugehen, daß die Übernahme der Brauerei im Gründungsplane der AG. gelegen und daß schon damals vollkommene Übereinstimmung dahin geherrscht hat, die Brauerei solle fortan von der zu diesem Zweck ins Leben gerufenen AG. weiter betrieben werden. Wenn auch der Gesellschaftsvertrag eine Sacheinlage nicht erwähnt und der Kaufvertrag die Auszahlung des Kaufgeldes bestimmt, so stehen sich tatsächlich doch die Veräußerung der Brauerei und die Übernahme der Aktien im Verhältnisse von Leistung und Gegenleistung gegenüber.... Im allgemeinen herrscht kein Streit darüber, daß in solchem Falle verschleierter Sachgründung der Registerrichter die Eintragung der Gesellschaft ablehnen und dadurch die Befolgung der Schutzvorschriften (§§ 186, 191, 192) erzwingen kann (aM. neuerdings HansRZ. 1922 S. 651). Hier ist aber zu entscheiden, welche Stellung er gegenüber der bereits eingetragenen AG. einzunehmen hat, wenn die Verschleierung erst durch eine in der Form des § 207 vorgenommene Nachgründung erkennbar wird. Der Auffassung der Beschwerde, daß dann

[1] Der Wortlaut des § 232² S. 2 läßt wohl der Möglichkeit Raum, daß neben dem Aufsichtsrat noch die Generalversammlung als höchstes Gesellschaftsorgan treten darf, dagegen verbietet er, da ein Organ als solches benannt ist, schlechterdings die Auslegung, daß seine Ermächtigung auch einem einzelnen Aufsichtsratsmitglied, zB. dem Vorsitzenden, verliehen werden dürfe (KG. 15. Febr. 1923, 1 x 24).

das Löschungsverfahren wegen Nichtigkeit der AG. gegeben sei, kann nicht gefolgt werden. Es handelt sich hier nicht darum, ob eine der wesentlichen Bestimmungen des § 182² im Gesellschaftsvertrage nicht enthalten oder nichtig sei; vielmehr kommen als Nichtigkeitsgründe die Nichtfeststellung der Sacheinlage, die Unterlassung eines Gründerberichts und der Revisorenprüfung in Frage. Das LG. verneint die Zulässigkeit des Löschungsverfahrens auch deshalb, weil weitere Nichtigkeitsgründe als die in §§ 309, 182² aufgezählten nicht anzuerkennen seien. Einer bestimmten Stellungnahme zu dieser Streitfrage (Staub § 309²ᵃ) bedarf es nicht. Denn die auf der Grundlage einer gegenteiligen Gesetzesauslegung sich ergebenden Einschränkungen müßten doch zu dem Ergebnisse führen, daß in einem Falle wie hier das rechtliche Dasein der AG. nicht bezweifelt werden kann. Soviel ergeben die §§ 309, 182² jedenfalls zwingend, daß die Frage, wieweit das Fehlen oder die Nichtigkeit von Bestimmungen des Gesellschaftsvertrages die Nichtigkeit der AG. zur Folge hat, abschließend geordnet ist (Staub § 309³). Die Nichtigkeit kann ferner nicht solchen Grundsätzen des bürgerlichen Rechts entnommen werden, die dem Aktienrechte widersprechen. Soweit die Sacheinlage im Vertrage fehlt, ist hiernach eine Nichtigkeit schon deswegen nicht gegeben, weil der Mangel nicht ein allgemein im § 182², sondern ein im § 186² für den besonderen Fall der Sachgründung aufgestelltes Erfordernis betrifft. Abgesehen hiervon käme aber auch eine aus BGB. § 117 folgende Nichtigkeit nicht in Betracht, da alle Erklärungen des Vertrages ernstlich gewollt sind und dieser nur unerwähnt läßt, daß die Einlage des Gründers Anders durch ein Sacheinbringen geleistet werden soll. Auch der Tatbestand einer Gesetzesumgehung kann nicht die Nichtigkeit ergeben. Zunächst ist dem BGB. der allgemeine Satz fremd, daß zur Umgehung des Gesetzes geschlossene Verträge von der Nichtigkeit betroffen werden. Eine Umgehung ist aber auch bei Verbotsgesetzen möglich, während § 186 ein gebietendes Gesetz ist, das nicht umgangen, sondern erfüllt oder nicht erfüllt werden kann (Staudinger § 134²). Schließlich knüpft § 186⁴ an die Nichtoffenlegung der Sachgründung die Unwirksamkeit des die Sacheinlage betreffenden Abkommens und schließt damit die weitergehende Folge einer Nichtigkeit des Gesellschaftsvertrags aus. Wenn ferner § 207 die Nachgründungsverträge besonders erschwert, weil der Verdacht naheliegt, daß der Erwerb schon vorher mit den Gründern geplant und für später hinausgeschoben sei, und wenn § 208 die Verantwortlichkeit der Gründer für den Fall festsetzt, daß die Gesellschaft in Ausführung einer vor ihrer Eintragung von Gründern getroffenen Vereinbarung Vermögensstücke erworben hat, so gehen diese Vorschriften davon aus, daß durch einen Verstoß gegen § 186² die Gültigkeit des Gesellschaftsvertrags nicht in Frage gestellt wird. Die Unterlassung des Gründerberichts und der Prüfung durch besondere Revisoren sind bloße Ordnungswidrigkeiten und nicht so weittragende Verstöße, daß sie die Nichtigkeit der AG. nach den Grundsätzen des bürgerlichen Rechts herbeiführen könnten (Brand HGB. § 309²ᶜ). . . .

Das Löschungsverfahren ist auch nicht wegen Unzulässigkeit der Firma begründet. Verstößt diese gegen die Vorschriften der Firmenbildung, so ist die Bestimmung des Vertrages über die Firma wegen § 182² nichtig und das Löschungsverfahren nach § 144 FGG. gegeben. Nach § 20 HGB. kann der Registerrichter auch die Aufnahme von Personennamen zulassen; es müssen nicht gerade die Namen von Gründern sein. Die Firma „C. Anders AG." wäre also schon deshalb unzulässig, weil der Gründer Paul Anders heißt. Die Bezeichnung „C. Anders" ist aber nicht als Personenname, sondern als die Firma der Brauerei mit Zustimmung des bisherigen Inhabers in die Firma der AG. übernommen. Als abgeleitete Firma kann sie gar nicht anders lauten; sie wäre aber, da sie nach § 23 nur unter der Voraussetzung des Geschäftserwerbes geführt werden darf, dann unzulässig, wenn es bei der Unwirksamkeit des Kaufvertrags verblieben wäre. Nun herrscht darüber Streit, wie eine, schon bei der Gründung beschlossene Sacheinlage wirksam werden kann. ... Da aber hier der § 207 beobachtet ist, so genügt zur Ablehnung des Löschungsverfahrens, daß die Unzulässigkeit der Firma nicht zweifelsfrei festgestellt ist. Hier kommen die Grundsätze des Beschlusses (RJA. 10 S. 13) zur Anwendung. Der Registerrichter wird die ihm im § 144 FGG. eingeräumte Befugnis („kann") mit Rücksicht auf die durch das Löschungsverfahren eintretende Rechtsunsicherheit und die schweren wirtschaftlichen Nachteile, die schon die Androhung der Löschung für die davon Betroffenen mit sich zu bringen pflegt, nur dann ausüben, wenn es sich um einen klaren Verstoß gegen gesetzliche Vorschriften, um eine unzweifelhafte Nichtigkeit handelt.

β) Kammergericht, ZS. 1a. Beschluß v. 27. Oktober 1922.

Das LG. hat bedenkenfrei angenommen, daß die von der Gesellschaft gewählte Form der Bargründung nicht dem Sachverhalt entsprochen habe. Der Erwerb der Gegenstände von A. lag im Gründungsplane, so daß es sich nach den wahren Absichten der Gründer um eine Sachgründung in der Art der Sachübernahme handelte. Den Erschwernissen der §§ 186², 191, 192² war aber die Gesellschaft auch dann unterworfen, wenn sich die Abmachungen mit A. noch nicht zu förmlichen Verträgen verdichtet haben (KGJ. 25 S. 85). Denn A., von dem das Kaufangebot ausging, war bei der Gründung zum Vorstande bestellt worden, so daß die Annahme des Angebots nach der Eintragung der Gesellschaft schon damals feststand. Der Vertrag ist dann auch förmlich unter Einhaltung des § 207 abgeschlossen worden. Gleichwohl hält ihn das LG. für unwirksam und schließt hieraus, daß auch die gleichzeitig beschlossene Firmenänderung als auf ihm beruhend unwirksam sein müsse. Zu der Streitfrage, unter welchen Voraussetzungen ein im Gesellschaftsvertrage nicht festgesetztes Abkommen über eine Sacheinlage wirksam wird, braucht hier keine bestimmte Stellung genommen zu werden. Denn selbst vom Standpunkte seiner Unwirksamkeit aus, kann die Eintragung der Firmenänderung nicht abgelehnt werden.

Der rechtliche Bestand der einmal eingetragenen AG. wird auch durch das Vorliegen einer verschleierten Sachgründung keinesfalls berührt, selbst wenn die Nichtigkeitsgründe nicht auf die Tatbestände der §§ 309, 182² zu beschränken sind (§ 309²). Abgesehen davon, daß sich die Nichtigkeit wegen Verletzung der §§ 186², 191, 192² aus den Grundsätzen des BGB. nicht herleiten läßt, knüpft der § 186⁴ an die Unterlassung der statutarischen Festsetzung nur die Unwirksamkeit des Abkommens, nicht die des Gesellschaftsvertrages und die §§ 207, 208 ergeben, daß der Bestand der AG. durch die fr. Verstöße beim Hergang der Gründung nicht in Frage gestellt werden soll. Sie kann daher auch nicht gehindert sein, eine nach § 20 zulässige Firma im Wege einer Firmenänderung anzunehmen. Diese wäre nur dann zweifelhaft, wenn sie dazu bestimmt wäre, der unwirksamen Nachgründung zum Erfolge zu verhelfen. Ein solcher Tatbestand lag in KGJ. 33 S. 313 vor: die Eintragung der Firmenänderung war in einheitlichem Zusammenhang mit der der Kapitalserhöhung beantragt, durch die die Durchführung des Nachgründungsvertrages erst ermöglicht werden sollte. Hier aber handelt es sich allein um eine Firmenänderung, die zwar unter Berücksichtigung der Genehmigung des Kaufangebots beschlossen, also durch die Nachgründung veranlaßt ist, deren Schicksal jedoch in keiner Weise beeinflußt. Die Verbindung beider ist, zumal der in die Firma aufzunehmende Name des A. der Name des Vorstands ist, so lose, daß auch bei Unwirksamkeit des Nachgründungsvertrags die Eintragungsverweigerung nicht berechtigt ist.

γ) Kammergericht, 1. ZS. Beschluß v. 15. November 1923.

... Die Beschwerdeführer meinen, daß die Aktionäre oder Gläubiger nicht geschädigt werden können, wenn die vorbeabsichtigte Übernahme des Geschäfts im Wege der Nachgründung erfolgt. Allein die Formen und Prüfungsvorschriften sind nicht für den Fall der Sach- und der Nachgründung genau dieselben. Der § 207 sieht nicht die statutarische Offenlegung vor, wie sie der § 186² für die Sachgründung vorschreibt. Ist die trotz Vorliegens einer Sachgründung in der äußeren Form einer Bargründung errichtete AG. eingetragen, so bedarf es bei der Nachgründung nicht der nachträglichen Aufnahme des Sacheinlage-Abkommens in den Gesellschaftvertrag im Wege der Satzungsänderung. Aus dem Wortlaut des § 208 und der Entstehungsgeschichte der §§ 207, 208 ist vielmehr zu entnehmen, daß die in den Formen des § 207¹⁻⁴ ausgeführte Nachgründung gültig und daß der Schutz des § 186⁴ aufgegeben ist (Ehrenberg, Handbuch 3 S. 134; aM. Staub § 186¹⁸). Vor allem aber bestimmt § 207 nicht die Prüfung durch besonders von der Handelskammer zu bestellende Revisoren, vielmehr begnügt er sich mit der Zustimmung der Generalversammlung, der Prüfung durch den Aufsichtsrat und der Einrichtung des Prüfungsberichts. Diese Maßnahmen gewähren gegenüber unreellen Gründungen einen ganz unzulänglichen Schutz (Gruchot 64 S. 661). Allerdings würde die nachträgliche Einreichung eines den §§ 192, 193 entsprechenden Revisorenberichts gegen die Gründer, Vorstands- und Aufsichtsratsmitglieder gemäß § 132 FGG. verlangt werden können (1 a x 920/09, Düringer HGB. § 14 V; aA. Gruchot 64 S. 661). Diese Einreichung würde aber häufig zu spät kommen, nachdem bereits infolge der Überbewertung der Sacheinlagen oder Übernahme für Aktionäre oder Dritte ein Schaden entstanden ist. Daß im Einzelfalle die Unterlassung der Revisorenprüfung gefahrlos erscheinen kann, namentlich dann, wenn die Gründung unter Mitwirkung bedeutender Banken oder eines Konzerns erfolgt, ist zuzugeben. Allein die in der Entstehung begriffene, auf einer Sachgründung aufgebaute AG. verträgt keine verschiedene Behandlung, je nachdem sich die Befolgung der §§ 186, 191/2 als mehr oder weniger zweckmäßig erweist. Der Registerrichter könnte auch gar nicht mit der Verantwortung einer solchen Prüfung belastet werden.

δ) **Bedeutung des § 207³. Trifft die Unwirksamkeit des Kaufs auch die Auflassung?**

Kammergericht, 1. ZS. Beschluß v. 20. September 1923.

Am 21. Sept. 1922 ist ins Handelsregister die AG. M. eingetragen worden; von ihrem Grundkapital haben die beiden Gesellschafter der offenen HG. M. & Co., nämlich A. M. 3 und B. M. 2 Millionen übernommen. A. M. ist Vorstand der AG. Am 29. Okt. 1922 hat die offene HG. ihr gesamtes Unternehmen nebst Grundstücken an die AG. verkauft. Diesen Kaufvertrag haben die beiden Gesellschafter sowie der Aufsichtsrat der AG. vorbehaltlich der Genehmigung der Versammlung notariell genehmigt, im Anschluß daran haben sie die Grundstücke aufgelassen. Die Versammlung hat einstimmig bei Stimmenthaltung des A. M. den Kaufvertrag genehmigt. Die Vorinstanzen haben die beantragte Eigentumseintragung abgelehnt, weil dem § 207³ S. 2 nicht genügt sei, und die Unwirksamkeit des Kaufvertrags die der Auflassung zur Folge habe. Die weitere Beschwerde ist begründet.

... Das LG. hat allerdings mit Recht die Ansicht der Beschwerde zurückgewiesen, daß A. M. dem Vertrag im Sinne des § 207³ zugestimmt habe, indem er ihn abgeschlossen habe. Der klare Wortlaut läßt nicht den geringsten Zweifel darüber, daß es lediglich auf die Zustimmung in der Versammlung ankommt. Die besondere Sicherheit, die der § 207³ für Nachgründungen im ersten Jahre nach der Eintragung erfordert, verlöre ihre Bedeutung, wenn die Anteile von Aktionären, die in der Versammlung nicht zustimmen dürften, bei der Prüfung ob ein $^1/_4$ des gesamten Grundkapitals erreicht sei, in Betracht gezogen würden. Durch den Mangel des Verpflichtungsgeschäfts wird aber grundsätzlich die Gültigkeit des Erfüllungsgeschäfts nicht berührt, auch wenn beide Geschäfte in einer Urkunde zusammengefaßt sind. Ausnahmen können nur dann gelten, wenn derselbe Grund, der das erstere unwirksam macht, auch das letztere betrifft, wie zB. bei Geschäftsunfähigkeit eines Vertragsteils, Schein, Verstoß gegen gesetzliches Verbot oder die guten Sitten, oder wenn durch den Willen der Beteiligten, bes. durch Hinzufügung einer Bedingung die Gültigkeit des Erfüllungsgeschäfts von der des Grundgeschäfts abhängig gemacht wird (RG. 104 S. 102). Der letztere Fall liegt hier nicht vor. Die Auflassung selbst ist unbedingt erklärt worden. Daraus, daß die Beteiligten vorher erklärt haben, daß sie den Kaufvertrag vorbehaltlich der Genehmigung der GV. abschlössen, ist nicht zu entnehmen, daß sie die Auflassung von der Wirksamkeit des Kaufvertrags abhängig machen wollten. Auch wenn sie beabsichtigten, die Auflassungsverhandlungen erst nach der Genehmigung einzureichen, besteht kein Grund zu der Annahme, daß sie die Wirksamkeit der Auflassung hinausschieben wollten, da die Einreichung des Eintragungsantrags keine Voraussetzung für die Wirksamkeit der Auflassung ist, sondern nur dazu dient, das Eintragungsverfahren in Gang zu setzen.

Ebensowenig trifft der gesetzliche Grund für die Unwirksamkeit des Kaufvertrags die Auflassung. Die §§ 186²·⁴, 191/3, 195² HGB. bezwecken die bei den Übernahmeverträgen nicht beteiligten Aktionäre, die Gesellschaft sowie die Gründer, die später mit der Gesellschaft in Geschäftsverkehr treten, gegen unlautere Machenschaften bei der Gründung, die sich besonders in zu hoher Bewertung der übernommenen Gegenstände zeigen können, zu schützen. Im Zusammenhang hiermit trifft § 207 erschwerende Sonderbestimmungen für Nachgründungen durch Übernahme. Nach der Begründung zum Ges. vom 18. Juli 1884, aus dem sie entnommen sind, ist der Zweck des § 207 der gleiche wie der der §§ 186ff. Er soll hier mit Rücksicht darauf, daß es sich um eine bereits errichtete Gesellschaft handelt, in der Weise erreicht werden, daß der Vorstand nicht in der Lage ist, allein Erwerbsverträge der bezeichneten Art abzuschließen. Es liegt also eine Beschränkung seiner Vertretungsmacht vor, die, weil sie auf Gesetz beruht, nach außen wirkt (vgl. HGB. § 235). Ein dem entgegen geschlossener Erwerbsvertrag ist nicht nach § 134 BGB. nichtig, vielmehr kann die zunächst bestehende Unwirksamkeit in entsprechender Anwendung der §§ 182ff. BGB. durch nachträgliche Zustimmung der Versammlung geheilt werden. Hiernach ist der auf Fehlen dieser Zustimmung beruhende Mangel des Kaufgeschäfts nicht derart, daß er auch dem Erfüllungsgeschäft anhaften müßte. Zur Herbeiführung des vom Gesetz erstrebten Schutzes der Aktionäre genügt, wenn lediglich der Übernahmevertrag mit Unwirksamkeit bedroht ist, weil er geeignet ist, nachteilige Verpflichtungen für die Gesellschaft zu begründen. Vollzieht der Vorstand den Erwerb für die Gesellschaft, so ist diese bei fehlender Zustimmung zwar gehalten, das Erworbene nach §§ 812ff. BGB. herauszugeben, eine Vermögenseinbuße hat dies aber für die Gesellschaft nicht zur Folge. Nach dem Wortlaut des Gesetzes, der nur den auf den Erwerb gerichteten Vertrag für zustimmungsbedürftig erklärt, ist anzunehmen, daß für die Vertretungsmacht des Vorstands bei Vollziehung des Erwerbs Schranken nicht bestehen. Eine von ihm ohne Zustimmung entgegengenommene Auflassung ist daher wirksam und bildet eine ausreichende Unterlage für die Eigentumseintragung[1]

[1] Ebenso Beschluß v. 18. Oktober 1923, 1 x 372.

(Lehmann-Ring, Makower zu HGB. § 207, Güthe-Triebel GBO. § 33[16]; aA. Staub, Ritter, Brand, Goldmann, Pinner zu HGB. § 207, Oberneck GBR. 2 S. 502).

o) **Auferlegung von Hilfspflichten der Aktionäre.**

OLG. Karlsruhe, 1. ZS. Beschluß v. 12. Juli 1923.

Die Eintragung der AG. ist mit Recht abgelehnt worden. Durch den Grundsatz der §§ 211ff. ist allerdings nicht ausgeschlossen, daß dem Aktionär noch sekundäre Nebenverpflichtungen auferlegt werden (RG. 21, S. 155). Dies ist namentlich anzunehmen, wenn die Aktienbeträge auf längere Zeit nicht voll einbezahlt werden; dann hat die Gesellschaft ein wesentliches Interesse daran, daß die im Notfalle geltend zu machenden Nachzahlungspflichten (hier 75%) auch erfüllt werden. Deshalb muß als zulässig gelten, Hilfspflichten der Aktionäre satzungsgemäß einzuführen, die lediglich bezwecken, die noch nicht voll geleisteten Einzahlungen in objektiv angemessener Weise sicherzustellen. In diesem Sinn ist schon früher zugelassen worden, daß die Aktionäre für die noch ausstehenden Beträge Wechsel ausstellen (OLG. Dresden, GoldschmZ. 40, S. 501). Hier verpflichtet die Satzung die Aktionäre, ihren jeweiligen Wohnsitz anzugeben sowie den Wechsel in der Person eines Aktionärs anzuzeigen, und führt in Fällen, wo infolge des Todes eines Aktionärs über die Person des Berechtigten Zweifel entstehen, sowie in Fällen, wo die Zahlungsfähigkeit des Aktionärs begründeten Bedenken begegnet, eine Sicherungspflicht ein. Alle diese Hilfspflichten gewährleisten sachentsprechend die volle Einzahlung des Aktienkapitals für den Fall, daß sie verlangt werden muß, und sind deshalb grundsätzlich zuzulassen. Damit ist aber nicht gesagt, daß es auch angängig ist, dem noch nicht als Aktionär zugelassenen Erben die Pflichten aufzuerlegen, die die Satzung ihm aufbürdet. Ob nicht wegen dieser Vorschriften die Eintragung verweigert werden muß, ist nicht zweifelsfrei; es bedarf jedoch keiner Stellungnahme, weil die Eintragung aus anderen Gründen abzulehnen ist. Die Satzungsbestimmungen nämlich, nach denen zwangsweise Aktionäre in verschiedener Form ausgeschlossen werden können, verstoßen gegen das Gesetz. Die Beziehungen zwischen Gesellschaft und Gesellschaftern sind zwingend durch das Gesetz geregelt; in andren als den durch §§ 219, 227 bestimmten Fällen erlaubt es aber nicht den Ausschluß von Aktionären. Das Urteil v. 11. Juni 1902 (Holdheim 11 S. 268) behandelt ein Ausscheiden der Aktionäre durch ihren Tod; die Satzung regelte nur das Schicksal der Aktien, die zufolge des Todes dann inhaberlos wurden, wenn die Gesellschaft den Erben nicht als Aktionär aufnahm. Nicht die Ausschließung eines Aktionärs, sondern die Zuweisung einer inhaberlos gewordenen Aktie wurde sonach durch die Satzung geregelt ... Unerheblich ist, daß die Antragstellerin nur Namensaktien ausgibt, deren Übertragung von der Genehmigung des Aufsichtsrats abhängt. Allerdings legt sie hiernach Wert darauf, bei der Auswahl ihrer Aktionäre einen bestimmenden Einfluß auszuüben, zumal 3/4 des Aktienkapitals noch nicht einbezahlt ist. Daraus darf aber nicht geschlossen werden, daß sie ohne Beachtung der allgemeinen gesetzlichen Grenzen jeden Aktionär durch die Satzung ausschließen dürfe, wenn er für die pünktliche Einzahlung des Aktienkapitals keine Gewähr mehr besitzt. Zurzeit besteht immer noch die nicht fern liegende Möglichkeit, daß die 75% überhaupt nie einzuziehen sind und darum die Zahlungsfähigkeit des Aktionärs überhaupt keine praktische Bedeutung gewinnen wird.

p) **Übertragung einer Namensaktie.**

OLG. Hamburg, 3. ZS. Beschluß v. 12. Juli 1923.

Der gerichtliche Vergleich vom 15. März 1922 erklärt zunächst, daß der Kläger „hiermit seine Namensaktie Nr. 47 auf Otto S. überträgt und ferner, daß auf dessen Anfordern die Aktie in notarieller Form zu übertragen ist." Das LG. hat ihm, dem Kläger, bei Haftstrafe auferlegt, binnen zwei Wochen dem Vergleiche nachzukommen. Seine Beschwerde ist unbegründet. Die Übertragungserklärung ist durch den Vergleich, also gerichtlich, „beurkundet" (BGB. § 129²). Dadurch ist auch der weiter übernommenen Notariatsform gemäß § 129 BGB. genügt; es kann deshalb dahingestellt bleiben, ob sich der § 222⁴ HGB. auf die Übertragung (Erfüllungsgeschäft) oder die Übertragungspflicht bezieht. Der § 222⁴ erfordert allerdings die Zustimmung des Aufsichtsrates und der Generalversammlung, er schreibt aber nicht vor, daß sie vorher erfolgen muß; sie ist vielmehr ein Rechtsakt, der nach §§ 183/4 sowohl vorher wie auch nachträglich erfolgen kann. Der Kläger kann sich dem S. gegenüber jedenfalls auf diese Vorschrift, die im Interesse der Gesellschaft und ihrer Gläubiger getroffen ist, nicht berufen. Er muß vielmehr die Übertragung vornehmen und es dem S. überlassen, ob er sich die erforderliche Zustimmung der Gesellschaft verschaffen kann. Der Kläger hält endlich den Vergleich deshalb für unwirksam, weil der Aufsichtsrat im Rubrum des Vergleichs nicht vollständig aufgeführt sei, die Gesellschaft aber bei Anfechtungsklagen durch Vorstand und Aufsichtsrat vertreten sein müsse. Allein der Vergleich ist eine dem Urteil gleichgestellte vollstreckbare Urkunde, die, äußerlich in der erforderlichen Form errichtet, nur gemäß § 767 ZPO. oder durch Klage auf Feststellung der Unwirksamkeit der Eigenschaft als vollstreckbarer Titel entkleidet werden kann. Im Vollstreckungsverfahren können etwaige materielle Mängel des vollstreckbaren Titels (dazu gehört auch die unvollständige Anführung oder die mangelnde Vertretungsbefugnis der Aufsichtsratsmitglieder) nicht geltend gemacht werden. Die Abgabe einer notariellen Übertragungserklärung ist eine selbständige Verpflichtung, die dem Kläger offenbar für den Fall auferlegt wurde, daß die Übertragungserklärung im Vergleich nicht genügen sollte und sich für S. irgendwelche Weiterungen ergäben, die für ihn wünschenswert erscheinen ließen, noch eine notarielle Erklärung zu erhalten. Selbst wenn diese also nicht erforderlich sein sollte, so kann dem S. nicht zugemutet werden, diesen Standpunkt durchzufechten, vielmehr sollte er durch jene Bestimmung aller formellen Weiterungen überhoben werden. B.

q) **Aufsichtsrat:** α) **keine Beschränkung seiner Wahl.**

OLG. Dresden, 11. ZS. Urteil v. 16. November 1923.

Im Vertrage v. 1. Mai 1917 hat die beklagte AG. dem Kläger die Wahl eines Vertreters seines Kreisausschusses in ihren Aufsichtsrat dergestalt „gewährleistet", daß sie bei Nichteinhaltung dieser Gewähr eine Entschädigung von 5000 Mark zu zahlen hat. Darin liegt die Bestimmung, daß ein Vertreter des Kreises bei Vermeidung einer Strafe in den Aufsichtsrat gewählt werden müsse, also ein die freie Entschließung der GV. bei dessen Wahl, wenn auch nicht aufhebender, so doch wesentlich beeinträchtigender Zwang, insofern nämlich die durch die GV. vertretene AG., wenn sie dieser Verpflichtung nicht nachkommt, gezwungen werden soll, 5000 Mark zu zahlen. Daß dies keine unwesentliche Beeinträchtigung des freien Wahlrechts enthält, geht schon daraus hervor, daß sich der Kläger die Aufwertung der 5000 Mark vorbehalten hat. Wollte man mit Staub (§ 243[2,4] annehmen, der Vorstand habe nur nach Möglichkeit sorgen sollen, daß die GV. einen Vertreter des Kreisausschusses wähle, insofern also kein unzulässiger Zwang ausgeübt werde, so bleibt doch in der damit untrennbar verbundenen Verpflichtung, für den Fall der Nichtwahl 5000 Mark zu zahlen, immer noch eine derartige Beschränkung der Wahlfreiheit übrig, daß die Bestimmung gegenüber dem § 243 nicht gültig ist. Daß dieser Grundsatz in neuerer Zeit, besonders bei Kriegsgesellschaften und gemischt-wirtschaftlichen Unternehmungen durchbrochen worden ist, nimmt ihm nichts von seiner Geltung. —e—

β) **Teilnahmerecht des Aufsichtsrats an Generalversammlungen.**[1]

OLG. Braunschweig, 2. ZS. Urteil v. 12. Februar 1924.

1. Der Kläger, der als Mitglied des Betriebsrats in den Aufsichtsrat der Beklagten entsandt ist, beansprucht Zulassung zu ihren Generalversammlungen (GV.), weil allen Aufsichtsratsmitgliedern, mögen sie Aktionäre sein oder nicht, das Recht dieser Teilnahme zustehe. Die Berechtigung dieses Standpunkts gehört nicht dem Arbeitsrecht an, sondern ist nach dem HGB. zu entscheiden und unterliegt den ordentlichen Gerichten (ebenso „Schlichtungswesen" 1922 S. 15; a. A. das. 1923 S. 234). — Die Zulässigkeit des Rechtswegs ergibt sich auch aus der Fassung des Klagantrages, der nicht auf Feststellung gerichtet, sondern auf Gestattung des Zutritts zu den ordentlichen GV. Es wird also ein Urteil verlangt, das nach § 890 ZPO. vollstreckt werden kann. Vor dem Bezirkswirtschaftsrat ist nach § 93 BRG. eine vollstreckbare Entscheidung nicht zu erreichen; nur der Umstand, daß die Nichtbefolgung seiner Entscheidung als Beschränkung oder Benachteiligung der Arbeitnehmer im Sinne des § 95 nach § 99 das. strafbar sein kann,

[1] Die Satzungsänderung: „Der Aufsichtsrat kann Kommissionen ernennen, die ermächtigt sind, die ihm nach Vertrag und Gesetz zustehenden Befugnisse auszuüben," ist nach § 246 unzulässig, insofern sie einzelne Mitglieder des Aufsichtsrats von der das Kollegium in allen seinen Mitgliedern treffenden Verantwortlichkeit entlasten soll. Auch ein Zusatz, daß an dieser nichts geändert werden soll, wäre nicht einzutragen, da ihm nur die Bedeutung einer Ermächtigung des Aufsichtsrats zur internen Regelung der Geschäftsverteilung zukommt (KG. 22. Dez. 1922, 1a x 857).

vermag auf eine Beachtung der Entscheidung hinzuwirken. Die Zuständigkeit des § 93 kann deshalb jedenfalls nicht in dem Sinn als ausschließlich angenommen werden, daß eine Leistungsklage in den im § 93 aufgeführten Streitigkeiten, soweit sie überhaupt in Betracht kommt, vor den ordentlichen Gerichten unzulässig wäre (ebenso Feig-Sitzler, BRG. § 93)[2].

2. Das Recht der Aufsichtsratsmitglieder überhaupt, als solche an den GV. teilzunehmen, ist im HGB. nicht ausdrücklich geregelt. Nach § 250 ist diese das Organ, in der der Wille der Aktionäre sich gestaltet und zum Ausdruck kommt und das deshalb nach freiem Ermessen über alle Gesellschaftsangelegenheiten entscheiden kann, soweit nicht Gesetze oder Satzung seine Selbstherrlichkeit beschränken (Staub, Lehmann-Ring zu § 250; RG. 73 S. 236, JW. 1909 S. 509[44]). Es fragt sich also, ob sie durch irgendwelche Vorschriften gehindert ist, Personen auszuschließen, die an ihrer Willensbildung nicht unmittelbar beteiligt sind, d. h. Nichtaktionäre, auch wenn sie einem anderen Gesellschaftsorgan angehören. Mehrfach ist aus der gesetzlichen Stellung des Aufsichtsrats ein Recht seiner Mitglieder zu Teilnahme an den GV. gefolgert worden (Schlichtungswesen 1922 S. 237 1923 S. 234). Allein die §§ 246 ff. fordern keineswegs eine derartige Auslegung. § 246[1] verpflichtet allerdings den Aufsichtsrat zur Berichterstattung, schreibt aber nicht vor, daß der Bericht stets *mündlich* zu erstatten ist. Vielleicht kann die GV. mündliche Berichterstattung verlangen; daraus folgt aber nicht ein Recht, sondern gegebenenfalls eine Pflicht des Aufsichtsrats zur Anwesenheit. Ebensowenig umschließt die Pflicht zur *Berufung* einer GV. (§ 246[2]) das Recht zur *Teilnahme* daran; die Gegenstände der Tagesordnung können auch schriftlich aufgeklärt werden. Die Beschlüsse über Rechtsgeschäfte mit den Vorstandsmitgliedern oder über Rechtsstreitigkeiten gegen sie (§ 247) sind aus den Protokollen zu ersehen, ebenso die Beschlüsse, die sich auf die vom Aufsichtsrat zu überwachende Geschäftsführung der Gesellschaft beziehen oder die zum Handelsregister angemeldet werden müssen. Freilich wird in der Regel kaum zweckmäßig sein, Aufsichtsratsmitglieder von der GV. auszuschließen. Allein dieser Gesichtspunkt könnte hier nur dann herangezogen werden, wenn ihnen dadurch die Erfüllung *ihrer* Pflichten unmöglich gemacht oder doch so erschwert würde, daß ihnen die Führung des Amtes ohne das Teilnahmerecht nicht zuzumuten wäre. Diese Voraussetzung ist jedoch nicht gegeben. In der Regel werden die Lage der Gesellschaft und ihre Pläne sowie die an die GV. geleiteten Anträge im Aufsichtsrat ausführlicher erörtert und zumeist wird das Schicksal von Anträgen und Anregungen schon durch den regelmäßig die Mehrheit der Aktionäre bildenden Aufsichtsrat entschieden. Die Fälle, in denen die GV. Beschlüsse faßt, die nicht der Aufsichtsrat vorbereitet hat, sind so selten, daß es keine unbillige Zumutung an die nicht in der GV. beteiligten Aufsichtsratsmitglieder ist, sich dann die nötige Aufklärung gemäß § 246, besonders durch Einsichtnahme der schriftlich niedergelegten GV.-Beschlüsse zu verschaffen. Das Teilnahmerecht des Auf-

sichtsrats ist auch nicht durch die Vorschriften über seine Haftung geboten; sollten ausnahmsweise gegen seinen Willen in der GV. Beschlüsse gefaßt sein, deren Ausführung seine Strafbarkeit oder seine Haftung begründen würden, so ist nach § 271^3 jedes Mitglied zur Anfechtung befugt.

In beschränkterem Umfange sprechen einige Schriftsteller den Aufsichtsratsmitgliedern ein Teilnahmerecht zu, nämlich soweit und solange ihre Entlastung zur Erörterung steht (DJZ. 1922 S. 312; Arbeitgeber 1922 S. 170; Feig-Sitzler, Brandt BRG. § 3). Es kann dahingestellt bleiben, ob diese Ansicht richtig ist, denn die Beklagte hat in dem angegebenen Umfange den Klaganspruch anerkannt; sie ist deshalb entsprechend diesem Anerkenntnis zu verurteilen. . . . v. F.

γ) **Entsprechende Anwendung des § 256^1 im Falle des § 254. Bedeutung des § 254^3.**

Kammergericht, 1. ZS. Beschluß v. 22. November 1923.

1. Nach § 256^1 ist zugleich mit der Berufung der Zweck der GV., also das, worüber verhandelt und beschlossen werden soll, die Tagesordnung, anzukündigen. Dazu genügt die kurze Bezeichnung des Gegenstandes der beabsichtigten Verhandlung, so daß jeder Aktionär daraus entnehmen kann, um was es sich handelt. Der Angabe aller Einzelheiten, besonders der zu stellenden Anträge, bedarf es nicht; solche können vielmehr zum bekanntgemachten Gegenstande der Berufung auch noch in der GV. selbst gestellt werden (KGJ. 32 S. 146). Diese Grundsätze gelten entsprechend für den Fall des § 254^1. Die Ankündigung braucht sich der Zweckangabe des Antragstellers nicht dem Wortlaute nach anzuschließen; eine gedrängte Wiedergabe ihres Inhalts, die das Wesentliche hervorhebt, kann genügen. Dagegen dürfen Abweichungen in der Fassung nicht dahin führen, daß sich die Ankündigung nicht mehr mit dem vom Antragsteller angegebenen Zwecke deckt und nicht erkennen läßt, über welchen Gegenstand nach seinem Willen beschlossen werden soll. Hieran kann vorliegend nichts ändern, daß die Satzung § 21 die Bestimmung der Form der Tagesordnung dem Aufsichtsrate auch im Falle des § 254 zuweist. Damit ist ihm nur im Rahmen des vom Antragsteller angegebenen Zwecks die Fassung freigestellt. Dagegen darf er nicht eine ihm gut dünkende Tagesordnung festsetzen, die jenen Zweck nicht mehr ersehen läßt. Sollte die Satzung in einem andren Sinne gemeint sein, so wäre sie unzulässig, da der § 254 der Minderheit ein uneinschränkbares Recht gewährt, der Gesellschaftsvertrag daher erschwerende Bedingungen nicht aufstellen kann (Staub, Brand § 254). Vorliegend kann dahingestellt bleiben, ob sich eine Erörterung des Beitritts der AG. zum Stummkonzern GmbH., wie sie der Aufsichtsrat auf die Tagesordnung gesetzt hat, durch die mit einfacher Stimmenmehrheit zu erwartende Genehmigung des Beitritts erledigen würde und die Beschlußfassung über eine Satzungsänderung außerhalb der Erörterung gelegen wäre. Jedenfalls bringt die Tagesordnung des Aufsichtsrats nicht zum Ausdruck, daß es dem Antragsteller gerade darauf ankommt, die in seiner Tagesordnung angegebene „entsprechende Satzungsänderung“

zur Beschlußfassung zu unterbreiten. Ein Beschluß, der auf Grund der Tagesordnung des Aufsichtsrats über eine Satzungsänderung gefaßt würde, unterläge auch der Anfechtung aus § 271, da in der nach § 256[1] zu bewirkenden Ankündigung gemäß § 274[2] die beabsichtigte Satzungsänderung nach ihrem wesentlichen Inhalt erkennbar gemacht werden soll (Staub § 274[6]). Die Tagesordnung des Aufsichtsrats bedeutet also eine Ablehnung des Antrags i. S. des § 254[3].

2. Die Beschwerdeführer meinen, daß auch die sachliche Prüfung des Antrags seine Ablehnung rechtfertige. Unbedenklich hat das Gericht auch in eine sachliche Prüfung einzutreten. Aus dem Worte „kann" im § 254[3] erhellt schon, daß es trotz Vorliegens der förmlichen Voraussetzungen nicht verpflichtet ist, dem Antrage stattzugeben. Fraglich ist dagegen, welche Schranken ihm gezogen sind. Hier ist an den Grundsätzen (KGJ. 28 S. 216, 32 S. 140) festzuhalten. Danach soll die GV. nur vor Behelligung mit unzulässigen oder außerhalb ihrer Zuständigkeit liegenden Gegenständen geschützt werden. Ein unzulässiger Gegenstand liegt dann vor, wenn offenbar mißbräuchliche oder rechtswidrige Zwecke verfolgt werden, besonders auch solche, die gegen § 226 BGB. verstoßen. Hiernach ist die Rüge, daß das LG. nicht die beiderseitigen Interessen abgewogen habe, unbegründet; es hatte sich jeder wirtschaftlichen Kritik der Gesellschaftsverhältnisse zu enthalten. — Beträfe allerdings, wie die Beschwerde meint, der Antrag eine offenbar gegenstandslose Angelegenheit, so wäre die sachliche Zuständigkeit der GV. nicht gegeben; er diente dann nicht dem Schutze eines Aktionärrechts. Allein die Gegenstandslosigkeit kann sich nicht daraus ergeben, daß der Vorstand bereits dem Konzern beigetreten ist. Nach § 235 hat er die festgesetzten Beschränkungen einzuhalten; dazu gehören auch die, die aus der Satzung über den Umfang des Unternehmens folgen. Hat er hier, wie der Antragsteller meint, eine Handlung vorgenommen, die der satzungsmäßige Gegenstand des Unternehmens ausschließt, so liegt jedenfalls eine Angelegenheit vor, mit der sich die GV. zu befassen hat. Es muß ihr Gelegenheit gegeben werden, zum Verhalten des Vorstands Stellung zu nehmen, die nach außen wirksame Handlung im Innenverhältnisse zu genehmigen und den Gesellschaftsvertrag im Wege der Änderung mit der nach § 275[1,2] erforderlichen Mehrheit dem erweiterten Gegenstand des Unternehmens anzupassen oder die zur Beseitigung des Zustands nötigen Maßnahmen und die Haftbarmachung des Vorstands (§ 241) zu beschließen.... Gegenstandslos wäre der Antrag auch dann nicht, wenn sich der Antragsteller in seiner Auffassung irrte, daß der Beitritt eine Satzungsänderung bedinge. Diese Frage hat nicht das Gericht zu erörtern, der Streit darüber ist vielmehr in der GV. und nötigenfalls im Prozeßwege auszutragen....

δ) **Keine Beurkundung des Verzichts auf §§ 255, 256, 259 bei Universalversammlungen.**

Kammergericht, 1. ZS. Beschluß v. 8. Mai 1924.

Der Vorstand der AG., Kaufmann H., alleiniger Geschäftsführer der

Hauptaktionärin, der C. GmbH., ist von den übrigen 4 Aktionären unter Befreiung von § 181 BGB. bevollmächtigt worden, sie in den General- und Universalversammlungen der AG. zu vertreten. Zu notariellem Protokoll hat er namens aller von ihm vertretenen Aktionäre erklärt, daß er eine GV. abhalte, den Vorsitz übernommen und alsdann 2 Änderungen des Gesellschaftsvertrags beschlossen. Die weitere Beschwerde über die Ablehnung der Eintragung dieser Beschlüsse ist begründet ... Eine gültige Beschlußfassung ist auch ohne die im Gesetze vorgeschriebene Berufung und Ankündigung im Falle der UV. nämlich dann möglich, wenn die sämtlichen Aktionäre zu einer UV. zusammentreten und über Angelegenheiten der Gesellschaft förmlich beraten und beschließen (Staub § 256[9a], Ehrenberg Handb. 5 S. 206). Der Wille der sämtlichen Aktionäre, eine GV. abzuhalten, wird bei einstimmiger Beschlußfassung nicht der besonderen Erklärung bedürfen. Es liegt im Wesen der UV. begründet, daß die §§ 255[1], 256[1,2], 274[2] für sie außer Anwendung bleiben. Da Belege über die Berufung, wenn es sich um ein freiwilliges Zusammentreten sämtlicher Aktionäre handelt, nicht vorhanden sind, können auch nicht in Befolgung des § 259[3] die Belege dem Protokolle beigefügt oder inhaltlich darin aufgenommen werden. Nach KGJ. 41 S. 134 soll aber das Protokoll anstelle der Belege den diese ersetzenden Verzicht sämtlicher Aktionäre auf ordnungsmäßige Berufung beurkunden (so auch Ritter § 259[3]). Da § 259 (vgl. KGJ. 32 S. 148, 34 S. 142), gerade bezüglich des Abs. 3 zwingend ist, so hätte seine Nichtanwendung auch in Nebenpunkten unheilbare Nichtigkeit zur Folge; den Beschlüssen könnte daher auch nicht durch eine nachträglich vom Notar ins Protokoll gesetzten Vermerk, daß der Verzicht erklärt sei, zur Wirksamkeit verholfen werden.

Der Senat vermag jedoch an dieser Ansicht nicht festzuhalten. Will man die Zulässigkeit einer UV. überhaupt anerkennen, so muß es genügen, wenn aus dem Protokolle die Tatsachen erhellen, die die Versammlung als eine UV. erscheinen lassen und den Verzicht aller Aktionäre auf ordnungsmäßige Berufung und Ankündigung von selbst ergeben. Sind die sämtlichen Aktionäre zur Abhaltung einer GV. freiwillig erschienen, so haben sie zweifellos auf Einhaltung der erwähnten Vorschriften verzichtet. Es ist dann ein Fall gegeben, in welchem das Nichtvorhandensein von Berufungsbelegen den § 259[3] unanwendbar machen muß, und die Beschlüsse können nicht an die leere Form der Beurkundung eines ausdrücklichen Verzichts gebunden sein.... Zu Unrecht hält das LG. zum Schutze gegen unlautere Ausnutzung der Vollmachten eine vorherige Benachrichtigung der vertretenen Aktionäre von dem Termine für erforderlich, um ihnen die Ausübung eines etwaigen Anfechtungsrechts zu ermöglichen. Allein der in der GV. erschienene Aktionär kann nur dann aus § 271[3] anfechten, wenn er gegen den Beschluß gestimmt und Widerspruch zum Protokoll erklärt hat. Als erschienen gilt aber auch der durch einen Bevollmächtigten vertretene Aktionär. Hat er auch zur Vertretung in UV. bevollmächtigt, so hat er sich jedes Einflusses auf das Zustandekommen und die Gültigkeit der GV.-Beschlüsse begeben; er will auch nichts andres, da er dem Bevollmächtigten unbeschränkt vertraut. Dies gilt besonders in Fällen vorliegender Art, in denen es sich um eine FamilienAG. handelt. Der § 257 bietet aber auch dem Aktionär die Handhabe, unter dauernder Hinterlegung der Aktien zu verlangen, daß ihm die in den GV. gefaßten Beschlüsse ein für allemal mitgeteilt werden. Ersieht er daraus eine Überschreitung der Vollmacht, so kann er sich durch deren Widerruf für die Zukunft schützen.

r) **Eintragung gesetzwidriger Erhöhungsbeschlüsse und ihre Durchführung.**

α) Kammergericht, 1. ZS. Beschluß v. 7. Februar 1924.

... Der Registerrichter hat gesetzwidrigen Beschlüssen die Eintragung zu versagen (Staub §§ 198[9], 279[5]). Überzeugt er sich daher, daß der als reiner Gelderhöhungsbeschluß angemeldete Beschluß in Wirklichkeit dieser Eigenschaft entbehrt, daß vielmehr ein festes Abkommen vorliegt, nach welchem auf das erhöhte Grundkapital eine nicht in bar zu zahlende Einlage gemacht wird, so hat er die Eintragung in der beantragten Art abzulehnen. Denn es steht alsdann fest, daß der Beschluß nicht dem § 279[1] entspricht. Damit wird zugleich die Erledigung der Anmeldung der durchgeführten Erhöhung hinausgeschoben, da der Erhöhungsbeschluß als eine Abänderung des Gesellschaftsvertrags (RG. 55 S. 66) nach § 277[3] erst mit der Eintragung Wirkung erlangt, mithin die erfolgte Erhöhung vorher nicht eingetragen werden kann.

Bei der weiteren Behandlung ist noch zu beachten, daß hier die neuen Aktien über den Nennbetrag ausgegeben sind. Der Erhöhungsbeschluß schreibt jedoch lediglich vor, zu welchem Kurse das die neuen Aktien übernehmende Konsortium einen Teil davon den alten Aktionären anzubieten hat. Das ist aber nicht der Kurs, auf den sich der § 278[3] bezieht; bei diesem handelt es sich vielmehr um den Kurs, zu dem die neuen Aktien dem Konsortium überlassen werden sollen. Sie durften daher an dieses, zumal der Gesellschaftsvertrag ebenfalls nur die Ausgabe zum Nennbetrage vorsieht, gemäß § 184 nur zum Nennbetrag ausgegeben werden (Staub § 278[12], Ehrenbergs Handb. 3 I S. 321). — Weiter fehlt in der Anmeldung der durchgeführten Erhöhung die Erklärung, daß auf jede Aktie der eingeforderte Betrag b a r (§ 195[3] S. 3 HGB., VO. v. 24. Mai 1917) und in welcher Höhe eingezahlt ist. Soweit der Inhalt des nach § 284[2] Nr. 1 eingereichten Verzeichnisses reicht, wird dadurch jene Erklärung nicht ersetzt oder überflüssig; diese muß vielmehr im vollen Umfange dem § 195[3] S. 3 entsprechen. Die Eintragung der durchgeführten Erhöhung kommt aber aus einem andren Grunde jetzt überhaupt nicht in Frage. Nach dem Zeichnungsschein wird nämlich die Zeichnung der das Konsortium bildenden Zeichner unverbindlich, wenn die Erhöhung nicht bis 31. Okt. 1923 eingetragen worden ist (§ 281 Nr. 4). Auf Grund eines unverbindlichen Zeichnungsscheins soll aber eine Kapitalserhöhung grundsätzlich nicht eingetragen werden. Dies ergibt sich unzweideutig aus der Fassung des nach § 281[2] entsprechend anzuwendenden § 189[4] S. 2 (Staub § 189[7]).

β) **Kann das Grundkapital noch in Papiermark erhöht werden?**

Kammergericht, 1. ZS. Beschluß v. 6. März 1924.

... Die Erwägung des LG., daß eine im Verhältnisse zum neuen Gesamtgrundkapital beträchtliche Kapitalserhöhung zur Umgehung des § 17 VO. v. 28. 12. 23 bestimmt sein kann, ließe die Nichtigkeit einer — selbst in dem hier vorliegenden Ausmaß erfolgten — Erhöhung nicht allgemein und auch dann begründen, wenn sie im Einzelfalle den unlauteren Zweck der Gesetzesumgehung offensichtlich nicht verfolgt. Hier ist das Kapital (20 Millionen) zur Aufbringung des für die Übernahme eines Grundstücks erforderlichen Entgelts von 980 Mill. am 4. 1. 24 erhöht worden, nachdem dies bereits im Verkaufsangebote v. 15. 10. 23 vorgesehen war. Vor allem aber ist eine Erhöhung der hier vorliegenden Art kein für die Neubegründung notwendiger Akt. Zu einer Gesetzesumgehung unter Ausnutzung des Mantels einer bestehenden kleinen AG. ist gerade eine Kapitalserhöhung nicht erforderlich. Diese für sich allein ist daher unverdächtig. Nur wenn sie mit andren Änderungen zusammenhängt, könnte im Einzelfalle der Verdacht aufkommen, daß es sich in Wahrheit um eine Neubegründung handelt. Wie sich der Registerrichter dann zu verhalten hat, bedarf hier keiner Erörterung (vgl. § 39 DurchfBest. zur GoldB. VO.). Hiernach ist die grundsätzliche Frage, ob noch nach 30. 12. 23 eine Kapitalserhöhung in Papiermark zulässig war, zu bejahen, weil der § 10² VO. erst mit der Umstellung gilt, diese hier aber noch nicht erfolgt ist, vielmehr der AG. durch § 2² für die Eröffnungsbilanz in Goldmark eine Frist von 6 Monaten gewährt ist. Der Umstand, daß das Geschäftsjahr das Kalenderjahr ist, jene Bilanz nach § 2², also spätestens für 1. 1. 24 aufzustellen ist, schließt nicht aus, daß noch nachher neue Kapitalien in Papiermark geschaffen werden. Sie sind bei der Umstellung auf Goldmark mit zu berücksichtigen, da nach § 10¹ nach der Umstellung das Grundkapital nur noch in Goldmark, u. z. im Mindestbetrage von 5000, bestehen darf und nach Abs. 2 die Aktien auf mindestens 100 Goldmark gestellt werden müssen.

γ) Die bis auf weiteres eine Verminderung der Aktien verbietende VO. v. 5. 2. 24 ist rechtsgültig. Die Ausschüsse des Reichsrats und des Reichstags sind bei Erlaß der VO. v. 28. 12. 23 und ihres § 20 gehört worden und die Ermächtigung des § 20 darf unter diesen Umständen als Ermächtigung gerade der Ausschüsse für die vorübergehende, auf Grund des § 20 getroffene allgemeine Anordnung angesehen werden (Bay. ObLG. 22. März (1924).

s) Die Veräußerung des Vermögens im ganzen[1] bildet weder im Aktien-

[1] dh., wenn nichts zurückbehalten wird, was bestimmt und geeignet ist, die AG. wenn auch auf veränderter Grundlage als geschäftstätige fortzusetzen. Wird im Veräußerungsvertrage die Zahlung der Gegenleistung unmittelbar an die einzelnen Aktionäre vereinbart, so ist nach Sinn und Zweck der Abrede entsprechend der Verkehrsauffassung ein unmittelbares Recht der Aktionäre nach § 328 BGB. begründet. Die GV. kann den Beschluß andren Organen nicht ohne genaue Festlegung der dazu gehörigen Grundlagen überlassen (RFinanzhof 12 S. 87). — Grunderwerbsteuer für die übergehenden Grundstücke: aO. 309.

rechte, noch bei der GmbH. eine Satzungsänderung; da das Gesetz die Eintragung eines derartigen Beschlusses nicht vorsieht, ist sie auch nicht zulässig[1] (KG. 20. Dez. 1923, 1 x 489).

t) **Eintragung ins Zweigregister. Auslegung des § 323⁴.**

Kammergericht, 1. ZS. Beschluß v. 1. Februar 1923.

... Die Vorinstanzen haben die Eintragung der Zweigniederlassung in L. abgelehnt, weil § 18 der neuen Satzung der AktienKommGes. auch die Möglichkeit der Vertretung: „f) durch einen gemäß § 17 von dem persönlich haftenden Gesellschafter ernannten Bevollmächtigten und einem Prokuristen" schaffe, diese Regelung aber nicht nach § 323^4 HGB. in das Hauptregister ausdrücklich eingetragen worden sei. Dieser Ansicht kann nicht gefolgt werden. In das Register Sp. 7 sind besondere Bestimmungen über die gesetzliche Vertretungsbefugnis der p. h. Gesellschafter aufzunehmen, die sich also als vom Gesetz zugelassene Abweichungen von der Regel der Einzelvertretungsbefugnis darstellen (§ 32 Nr. 6 AVf. v. 7. Nov. 1899). Nach der erschöpfenden Regelung des Gesetzes kommen aus der Berufung mehrerer Gesellschafter zu Gesamtvertretern und bei mehreren Gesellschaftern die Gesamtvertretung eines von ihnen mit einem Prokuristen in Frage. Der Bevollmächtigte des § 17 tritt nicht etwa auf Grund der Vollmacht in die Stellung des Gesellschafters als gesetzlicher Vertreter; er ist vielmehr nur als Handlungsbevollmächtigter des § 54 anzusehen und kann deshalb die Gesellschaft auch in Gemeinschaft mit einem Gesellschafter nicht im Prozesse vertreten und nicht den Parteieid leisten, auch nicht Prokuristen bestellen (§ 48^1). Daher ist hier die Möglichkeit der Vertretung durch einen Gesellschafter in Gemeinschaft mit einem Bevollmächtigten von der Eintragung ins Register ausgeschlossen.... Allerdings ist auch die Auslegung möglich, daß die Handelsvollmacht der nach § 17 ernannten Vertreter nach § 54^3 HGB. dahin beschränkt werden soll, daß sie die Gesellschaft im Rahmen des § 54 nur in Gemeinschaft mit einem Gesellschafter vertreten dürfen (Staub § 54^2). Allein auch bei dieser Auslegung handelt es sich um eine Vertretungsmöglichkeit, die mit der Vertretungsbefugnis des Gesellschafters nichts zu tun hat, vielmehr nur die der Bevollmächtigten betrifft und auch deswegen nicht in das Register hineingehört. Ebenso verhält es sich übrigens mit der aus § 18 der Satzung zu entnehmenden Möglichkeit der Vertretung durch zwei Prokuristen; darin kann auch nur die nach § 48^3 zulässige Anordnung, daß nur Gesamtprokura erteilt werde, gefunden werden (Staub §§ 54^2a, $232^{18\ 27}$, 320^{80}). Die Beschwerdeführerin will selbst den § 18 der neuen Satzung nicht dahin verstanden wissen, daß er weitere Fälle der gesetzlichen Vertretungsbefugnis als die vom Gesetze zugelassenen und in Spalte 7 zu Nr. 1 eingetragenen einführen soll. So hat der § 18 auch der Registerrichter der

[1] Die entsprechende Anwendung des § 304^5 auf den Tatbestand des § 306 führt dahin, den Zeitpunkt, in welchem die Aktionäre der aufzunehmenden AG. Aktionäre der aufnehmenden werden, also die Eintragung der Kapitalerhöhung ins Handelsregister auch als den anzusehen, mit dem das gesamte Vermögen von der ersteren auf die letztere übertragen ist (aO. 13 S. 206).

Hauptniederlassung nicht verstanden; denn er hat diese Nr. 1 nicht geändert und sich in Spalte 7 zu Nr. 15 auf den Vermerk beschränkt, daß jener § 18 geändert sei. Danach hat es nicht in seiner Absicht gelegen, dem neugefaßten § 18 als einer neuen die Vertretungsbefugnis der Gesellschafter abändernde Bestimmung Geltung zu verschaffen, sonst hätte er die Änderung ihrem ganzen Inhalte nach eingetragen.

Das Ergebnis wäre aber auch dann kein andres, wenn der neue § 18 solche unzulässige Bestimmungen hätte treffen wollen. Wäre diese unter Abänderung der Spalte 7 zu Nr. 1 eingetragen, so hätte das Amtsgericht L. allerdings die Eintragung der Zweigniederlassung ablehnen können. Denn ihm steht auch gegenüber den im Hauptregister eingetragenen Satzungsänderungen ein selbständiges Prüfungsrecht in der Richtung zu, ob der Inhalt des Beschlusses nicht zwingenden Vorschriften des Gesetzes widerstreitet (oben S. 301 m). Hier sind aber im Hauptregister solche Änderungen nicht enthalten, es ist vielmehr bei der Eintragung Spalte 7 Nr. 1 belassen worden. Der Vermerk zu Spalte 7 Nr. 15 wäre mit Rücksicht auf §§ 323⁴, 277² keine Eintragung im Sinne des Gesetzes. Die Tatsache, daß sich in der Satzung eine unzulässige, nicht in das Hauptregister übernommene Bestimmung über die Vertretungsbefugnis vorfindet, könnte den Richter der Zweigniederlassung berechtigen, deren Eintragung abzulehnen.

u) **Stille Gesellschaft. Auseinandersetzung nach § 340.**

Kammergericht, 7. ZS. Urteil v. 19. Januar 1923.

Der Beklagte will seine Bilanz, die nur der Verteilung des sich Ende 1921 ergebenden Gewinns dient, auch der Auseinandersetzung mit dem ausscheidenden Kläger zugrunde legen. Allein zur Ermittlung des Geschäftswertes ist das Unternehmen als Ganzes abzuschätzen. Hierbei sind alle bisherigen Abschreibungen außer Ansatz zu lassen, soweit sie lediglich auf den Regeln der kaufmännischen Jahresbilanzierung beruhen; vielmehr ist ohne Rücksicht auf den Buchwert der wahre Wert des gesamten Unternehmens einschließlich der Firma (RG. 94 S. 106) zu ermitteln. Maßgebend ist der Preis, den der Beklagte für das Geschäft mit der Firma erzielt hätte, wenn er seinen Gewerbetrieb am Tage des Ausscheidens des Klägers an einen Dritten verkauft hätte. Dieser Preis muß als Gesamtsumme der Geschäftsaktien nach Abzug der Schulden in der Auseinandersetzungsbilanz erscheinen. Beklagte hat dagegen den wahren Wert der Waren, Rohstoffe und Zutaten erheblich höher angesetzt als der buchmäßige Anschaffungswert, selbst ohne Abschreibungen, beträgt; in dieser Hinsicht ist die allgemeine Preissteigerung infolge der Geldentwertung zu berücksichtigen. Ebenso hat er die Maschinen, Werkzeuge und Geräte unrichtig bewertet, indem er hier nur den Buchwert abzüglich 20 % Abschreibungen aufnahm. Ob diese niedriger waren, als sonst bei kaufmännischen Jahresbilanzen üblich ist, ist belanglos. Der wahre Wert dieser drei überaus wichtigen Konten geht aus der Bilanz nicht hervor. Sie leidet also in sehr wesentlichen Teilen an einem so erheblichen Mangel, daß der Kläger eine völlig neue Bilanz verlangen kann.

Die entwickelten Bilanzgrundsätze beruhen auf dem Gedanken, daß der stille Gesellschafter nicht nur am Gewinn, sondern auch am Stamme (Substanz) des Geschäfts beteiligt ist. Er steht nicht wie ein Gläubiger dem Unternehmen gegenüber. Selbst wenn er am Verluste nicht teilnimmt, trägt er insofern die Gefahr des Unternehmens mit, als er bei schlechtem Geschäftsgange keinen Gewinn erhält. Es wäre im hohen Grade ungerecht, wenn der im Geschäft verbleibende Gesellschafter sämtliche im Werte gestiegenen Vermögensstücke für sich behalten und den Ausscheidenden nur mit Papiergeld im Betrage seiner ursprünglichen Einlage abfinden dürfte. Eine derartige Bevorzugung des ersteren wäre mit dem Grundgedanken des Gesellschaftsrechts unvereinbar, wonach das Ergebnis der gemeinsamen Unternehmung sowohl hinsichtlich des Ertrages der einzelnen Geschäftsjahre, als der Wertsteigerung sämtlicher Vermögensstücke den einzelnen Teilhabern nach Verhältnis ihrer Anteile gleichmäßig zufließen soll. Auch bei der stillen Gesellschaft gilt im Innenverhältnis derselbe Grundsatz. Ln.

v) **Genossenschaft:** α) **Zusammenlegung mehrerer Geschäftsanteile. Umstellung in Goldmark.**

Bayer. Oberstes Landesgericht, 3S. Beschluß v. 28. Juni 1924.

Die Hauptversammlung der eGmbH. vom 30. März 1924 hat einstimmig die §§ 11—13 der Satzung dahin abgeändert:

§ 11. Jeder Geschäftsanteil beträgt 50 Rentenmark (RM.), die mindestens mit monatlich je 1 RM. einzubezahlen sind. Mit Zustimmung des Vorstandes kann jedes Mitglied sich mit mehreren, jedoch höchstens 50 Geschäftsanteilen beteiligen. . . . Für jeden Anteil ist ein Aufgeld zu zahlen, das dem Minderwert von 50 RM. gegenüber dem Wert von 50 Goldmark entspricht, berechnet. . . .

Alle bis Ende 1923 erworbenen Anteile eines Mitglieds werden zu einem Anteile zusammengelegt.

§ 12. Die bis Ende 1923 geleisteten Einzahlungen auf die bisherigen Papiermarkanteile werden nach dem GM.Wert am Tage des Zahlungseingangs gutgerechnet. . . .

§ 13. Die Mitglieder haften bis zum Betrag eines Anteils für jeden Anteil.

Die Anmeldung zum § 11² wurde zurückgewiesen, weil eine Zusammenlegung von Anteilen gesetzlich nicht zulässig, vielmehr veränderlich nur die Höhe des Anteils und die Höchstziffer der zulässigen mehrfachen Beteiligung sei. Die weitere Beschwerde ist begründet.

Die Streitfrage hat infolge der Inflationswirren besondere Bedeutung erlangt, die sich in den Bl. für GenWesen widerspiegelt. Nach Citron das. 1922 Nr. 18, 1923 S. 132 ist die Zusammenlegung auf Grund Satzungsänderung zulässig und muß auch eingetragen werden, wenngleich der Fall in der Bek. v. 1. Juli 1899 nicht erwähnt ist. Diese Lücke ist auszufüllen: die bisherige Zahl ist zu löschen, die neue einzutragen. Inzwischen erschien die VO. über das GenRegister v. 22. 11. 23 (RGBl. I 1125), die in § 30⁵ auch ausspricht, daß, wenn die Zahl der Anteile eines Genossen herabgesetzt wird, in der angegebenen Weise zu verfahren ist. Diese Bestimmung verdankt nach einem Aufsatze Citrons (aO. 1923 S. 271) ihren Ursprung dem GenVerbande, der die Regelung der Frage beim RJM. anregte. Dieses hielt die Zusammen-

legung für zulässig und eine Änderung des Gesetzes für unnötig, erkannte aber an, daß die Vorschriften v. 1. Juli 1899 mangelhaft seien und entschloß sich zu einer Ergänzung des § 30 Bek. Bei den Verhandlungen mit dem RJM. gebrauchte der Verband das Wort „Zusammenlegung" und schlug es für die Novelle vor. Diese Darstellung bestätigt das Schreiben des RJM. v. 25. 11. 22 Nr. III 4475, in welchem die Abänderung des § 30 in gleicher Weise begründet und auf Anregungen aus GenKreisen „über die Eintragung der sog. Zusammenlegung von Anteilen, richtiger einer Herabsetzung der Zahl der Anteile eines Genossen in der Liste der Genossen" zurückgeführt wird. In derselben Weise führt die Begründung einer VO. zur Änderung des Bek. v. 18. Mai 1923 die vorgeschlagene Regelung auf die Anregung aus GenKreisen zurück.

Immerhin bestanden auch nach Änderung des § 30 noch Bedenken. Citron (aO. S. 271) läßt nur eine gleichzeitig mit der Erhöhung der Anteile in Kraft tretende Herabsetzung zu, weil sonst § 22^II^ GenG. umgangen werden könne, und unterscheidet die Herabsetzung der Anteile, die ein Genosse in Zukunft erwerben könne, und die Zusammenlegung erworbener Anteile. Die Herabsetzung „der Zahl der Anteile eines Genossen bezieht sich auf bereits erworbene Anteile und ist nur ein andrer Ausdruck für Zusammenlegung." — Dr. Renn (aO. 1924 Nr. 20) empfiehlt diese Vorschläge Citrons, bes. dann, wenn einzelnen Genossen die Vollzahlung mehrerer neu beschlossener Anteile nicht möglich ist. Vgl. auch aO. 1923 S. 456, 1924 S. 119, 209. . . .

Prüft man nach diesem Material das Beschwerdevorbringen, so hat die Hauptversammlung vom 30. März 1924 Geschäftsanteil und Haftsumme auf RM. umgestellt, und gleichzeitig über die Umrechnung der bisherigen Guthaben auf RM. beschlossen. Der Beschluß ist einstimmig gefaßt, erfüllt daher alle Voraussetzungen. Der einen Teil dieser Umrechnung und Umstellung bildende Beschluß über die Zusammenlegung der Anteile ist gültig, ihm steht auch kein Verbot entgegen und er ist nach § 30 Bek. zu behandeln. Ohne ihn wäre die Durchführung der Umstellung in den meisten Fällen unmöglich. Auch der Umstand, daß nur alle bis Ende 1923 erworbenen Anteile zusammengelegt werden sollen, ändert an diesen Verhältnissen nichts, da tatsächlich das überhaupt keine irgendwie ins Gewicht fallende Beschränkung darstellt und der Grundgedanke der Reglung der ist, daß alle in der Inflationszeit erworbenen Anteile zusammengelegt werden sollen. Ein solche, mit der Umstellung der Anteile und der Haftsumme durchzuführende Zusammenlegung läuft nicht Gefahr zu einer nach § 22[2] Ges. unzulässigen Herauszahlung zu führen; sonst ist sie aber früher nur an die erschwerenden Bedingungen der §§ 33, 122 Ges. geknüpft gewesen und jetzt für die Umstellung in Gold- und Rentenmark auch von diesen Erschwerungen befreit worden. Von einer Unzulässigkeit der Zusammenlegung kann keine Rede sein. Das LG. nimmt auf 2 Stellen bei Parisius-Crüger Bezug, übersieht aber, daß diese Stellen von der Herausziehung einzelner Anteile handeln, daß Parisius-Crüger (§ 134[1f]) die Zusammenlegung als zulässig behandeln und ausdrücklich von jener Herausziehung unterscheiden. Daher ist mit dem LG. Kiel und Citron anzunehmen, daß die Zusammenlegung schon früher in der Weise eingetragen werden konnte, wie sie jetzt der § 30 Bek. über die Führung des GenReg. vorschreibt. Seinem Wortlaute nach handelt zwar § 30 von der Herabsetzung des Geschäftsanteils, also dem Falle des § 22¹ Ges., wobei an sich die Zahl der Anteile nicht vermindert wird. Nach dem Dargelegten sollte er gerade für die Zusammenlegung erlassen werden, die unter allen Umständen in gleicher Weise zu vollziehen ist. Die Bestimmung wäre daher mindestens analog anzuwenden. Die Bedenken der Vorinstanzen sind daher zurückzuweisen und nach den neuerlichen Bestimmungen (§§ 47, 48 der 2. VO. zur Durchführung der Goldbilanz VO. v. 20. März 1924, RGBl. I 393), mit denen auch die Formen der §§ 22, 133 GenGes. für diesen Fall überflüssig geworden sind, noch mehr zurückzuweisen.

β) Nach der Satzung sind zwar Vorstandsmitglieder von der Versammlung zu entheben, allein hier handelt es sich nicht um die Amtsenthebung der 3 Kläger, sondern um ihre Ausschließung, die dann den Verlust des Amtes nach sich zieht und nach der Satzung dem Vorstande zusteht. Ist dieser, da die Kläger nicht mitstimmen können, beschlußunfähig, so braucht er nicht durch Hinzuwahl verstärkt zu werden, vielmehr sind die Kläger nicht beschwert, wenn über ihren Ausschluß die Hauptversammlung beschließt (OLG. Kiel, 3. ZS. Urteil v. 12. 12. 23, SchlHAnz. 1924 S. 91).

γ) **Änderung des Vorstands. Löschung des alten.**

Kammergericht, ZS. 1a. Beschluß v. 12. Januar 1923.

... Der Generalversammlungsbeschluß (GVB.) v. 28. Mai 1922 enthält eine Vorstandsänderung: Der durch den GVB. v. 30. April 1922 und die späteren Aufsichtsratsbeschlüsse eingesetzte und am 14. Juli im Register eingetragene Vorstand ist, indem die Wahl v. 30. April für ungültig erklärt ist, abberufen; der alte Vorstand ist wieder eingesetzt und für einzelne Mitglieder dieses Vorstandes sind die durch Ausscheiden erforderlich gewordenen Ersatzwahlen vorgenommen. Zu solchen Beschlüssen war die Versammlung nach § 24³, S. 2 GenG. berechtigt. Die Löschung der Vorstandseintragung v. 14. Juli ist nicht die Voraussetzung, sondern wäre die Folge der Eintragung des neuen Vorstands. Für die alte Eintragung kommt nicht, wie das LG. annimmt, eine Löschung nach § 147³ FGG. wegen Nichtigkeit, sondern die allgemeine Regel in Betracht, daß bei Änderung eingetragener Tatsachen zugleich mit der Neueintragung die gegenstandslos gewordene Eintragung zu löschen ist. Das gilt hier auch für die nach 28. Mai gefaßten Aufsichtsratsbeschlüsse. Denn diese betreffen Änderungen und Ergänzungen des GVB. v. 30. April und sind von selbst hinfällig, wenn dieser Beschluß durch den späteren v. 28. Mai überholt ist. Auf die ordnungsmäßige Einberufung dieser Versammlung kann es nicht ankommen, da in dieser Richtung dem Registergericht kein Prüfungsrecht zusteht.[1]

[1] a) In das Register kann die Genossenschaft nur in der ausgeschriebenen Form, nicht

δ) **Löschung der Auflösungseintragung aus § 78a.**

Kammergericht, 1. ZS. Beschluß v. 17. Mai 1923.

Auf die Anmeldung des Vorstands ist Ende 1922 eingetragen, daß die Genossenschaft durch GV.B. aufgelöst sei. Der Revisionsverband hat angeregt, diese Löschung rückgängig zu machen, weil die Voraussetzungen des § 78a GenGes. nicht erfüllt seien. Dies kann jedoch die Löschung von Amtswegen nicht rechtfertigen. Ihre Zulässigkeit ist, da eine durch die Generalversammlung beschlossene Auflösung eingetragen ist, nicht nach § 142[1] zu beurteilen, also schon bei dem Mangel einer wesentlichen Voraussetzung für die Eintragung zu bejahen, richtet sich vielmehr nach § 147[3] FGG. Der § 78 GenG. betrifft aber nicht die inhaltliche Zulässigkeit des Beschlusses, sondern die Art seines Zustandekommens, also ein für die Löschung nicht zu berücksichtigendes Gebiet. Vorliegend fehlt es schon an der ersten Voraussetzung des § 147[3] FGG.: Der Auflösungsbeschluß widerstreitet nicht nach seinem Inhalte zwingenden Vorschriften des Gesetzes; die Auflösung der Genossenschaft ist vielmehr durch § 78 ausdrücklich zugelassen.[1]

Dazu: **Beschwerderecht des Revisionsverbandes.**

OLG. Jena, 2. ZS. Beschluß v. 30. Mai 1924.

Der Revisionsverband hat weitere Beschwerde eingelegt und wiederholt seinen Antrag auf Löschung des Auflösungsbeschlusses. Dabei kann die vom LG. offen gelassene Frage, ob der Verband überhaupt beschwerdeberechtigt ist, nicht dahingestellt bleiben; denn das OLG. hat nicht, wie nach § 143 FGG. das LG., von Amtswegen vorzugehen. Der Verband gehört nicht zu den Organen des Handelsstandes und eine entsprechende Anwendung des § 126 FGG. scheidet um so mehr aus, als der § 147[1] den § 126 nicht mit aufführt. Das Beschwerderecht könnte daher nur aus § 20 FGG. oder aus §§ 78a und b hergeleitet werden. Letztere lassen aber nicht erkennen, daß der Verband ein besonderes Recht zur Beschwerde haben soll oder ein eigenes Recht auf Einhaltung der Auflösungserschwerungen hat. Sie sind zur möglichsten Wahrung des Interesses des Mittelstandes am Nichtwegfall der be-

aber in der Abkürzung „e. G. m. u. H.", wie sie in der Anmeldung enthalten ist, eingetragen werden (KG. 26. Januar 1923, 1a x 920/22).

b) Ein Nichtgenosse kann wohl als Vorstand gewählt werden, die Wahl wird aber erst dann wirksam, wenn er in die Liste aufgenommen ist. Bis dahin kann der Beschwerdeführer allein nicht den Vorstand bilden (§ 24[2]), deshalb auch nicht an ihn eine Strafandrohung aus § 160 S. 2 erlassen werden (KG. 19. Januar 1923, 1a x 900/22).

c) Bei der „EGmuH." ist, da Spalte 4 des Registers nur für die EGmbH. gilt, nicht die Höhe des Geschäftsanteils einzutragen. Wird dieser später erhöht, so ist nach § 16 Bek. v. 1. Juli 1899 nur unter allgemeiner Bezeichnung ohne Veröffentlichung einzutragen: Sp. 6 „Die Bestimmung des § ... der Satzung über die Höhe des Geschäftsanteils ist abgeändert". Sp. 9 „Der Beschluß v. ... befindet sich in Abschrift Bl. ... der Akten" (KG. 12. Januar 1923, 1a x 934/22).

[1] Es besteht weder eine reichs- noch landesgesetzliche Vorschrift, aus der sich gemäß Art. 32 Pr. FG. die Zuständigkeit der Polizeibehörde für die durch § 58 GenG. vorgeschriebene Abschriftsbeglaubigung ergibt; diese ist also gerichtlich, notariell oder vom Gerichtsschreiber vorzunehmen (KG. 31. Mai 1923, 1 x 178).

stehenden Kreditgenossenschaften. Über dieses Interesse soll sich der Verband gutachtlich äußern und sein Gutachten soll den Genossen zur Kenntnis gebracht werden. Aber die Auflösung bedarf nicht etwa der Zustimmung des Verbandes, sondern steht im Ermessen der Genossen, allerdings einer besonders erschwerten Mehrheit. Dem Verband ist kein Einspruch, kein Rechtsmittel gegen den Beschluß eingeräumt. Die Bestimmungen sind nicht getroffen, um dem Verbande Mitglieder zu erhalten; die ihm angeschlossenen Genossenschaften können ohnedies austreten. Ebensowenig soll der Verband dagegen geschützt werden, daß aus ihm eine Genossenschaft durch Auflösung ausscheidet, ehe die etwaige Austrittsfrist abgelaufen ist. Auch ein eigenes Recht des Verbandes auf Verlesung seines Gutachtens und auf Zulassung zur mündlichen Begründung ist nicht verletzt. Diese Vorschriften sollen vielmehr die Interessen des Mittelstandes wahren. Damit ist noch nicht bestimmt, daß der Verband dazu berufen sei, diese Interessen von sich aus zu verfechten und als Vertreter des Mittelstandes — ähnlich einer Handelskammer — aufzutreten, Anträge bei Behörden zu stellen und Rechtsmittel einzulegen. . . . —e—

w) **Zur Auslegung der §§ 3, 4 GmbHG.**

α) Dem § 3 Nr. 4 ist genügt, wenn unter Berücksichtigung der eingetretenen Veränderungen für jeden Gesellschafter der Gesamtbetrag seiner Stammeinlagen, nicht die einzelnen Einlagen, angegeben werden und hierbei kenntlich gemacht wird (zB. durch die Worte „mit Geschäftsanteilen"), daß es sich um mehrere Stammeinlagen handelt. Dagegen muß der neu gefaßte Gesellschaftsvertrag ersehen lassen, ob es sich um einen schon bei der Gründung vorgesehenen Stammkapitalsbetrag oder um eine Erhöhung (Herabsetzung) des ursprünglichen Stammkapitals handelt (KG. 6. Juli 1923, 1 x 213).

β) Ihrem Sinne nach decken sich der § 4 S. 1 GmbHG. mit § 19[1] HGB. vollkommen, so daß sie auch derselben Auslegung unterliegen. Sind also mehrere, aber nicht alle Gesellschafter in der Firma — A., B. GmbH. — genannt, so läßt das Wort „Gesellschaft" nicht den erforderlichen notwendigen Schluß zu, daß die Gesellschaft noch andere Gesellschafter habe; die Firma mußte vielmehr etwa „A., B. & Co. GmbH." lauten (KG. 13. Oktober 1922 1a x 733).

Dazu: . . . Grundsätzlich kann nach § 4[1] die Firma den Namen eines jeden Gesellschafters, gleichviel, ob er eine natürliche Person ist oder nicht, enthalten . . . Ist aber der namengebende Gesellschafter seinerseits eine Gesellschaft, aber anderer Art, so ist es ein Gebot des das Firmenrecht beherrschenden Grundsatzes der Firmenwahrheit und Klarheit, daß der die gesellschaftliche Verfassung kennzeichnende Zusatz nicht in die Firma der GmbH. übernommen wird (KG. 21. Juni 1923).

γ) Nach § 4 kann auch eine fremdsprachliche Bezeichnung der Sache gewählt werden, sofern nur (wie hier bei „Frumentum") der Öffentlichkeit möglich ist, ihr die Kenntnis vom Gegenstande des Unternehmens, wenn auch mit Hilfe Dritter, zu entnehmen (OLG. Karlsruhe, 1. ZS. Beschluß vom 30. November 1922).

x) Die Anmeldung der abweichenden Haftungsvereinbarung gemäß § 25² HGB. fällt, selbst wenn es sich um eine bei der Gründung der GmbH. getroffene Vereinbarung handelt, nicht unter § 7¹ GmbHG., kann also durch den — nach dem Gesellschaftsvertrag ohne Mitwirkung des zweiten Geschäftsführers vertretungsberechtigten — Geschäftsführer gemacht werden[1] (KG. 20. Dez. 1923, 1 x 501).

y) **Geschäftsführer: α) Regelung der Vertretungsbefugnis.**

OLG. Stuttgart, 1. ZS. Beschluß v. 31. Dezember 1923.

Der neue Gesellschaftsvertrag schreibt vor: „Bei der Bestellung durch die Gesellschafterversammlung wird in jedem einzelnen Falle bestimmt, ob einer oder mehrere Geschäftsführer berufen werden und ob sie einzeln oder zusammen mit einem anderen Geschäftsführer oder mit einem Prokuristen zur Vertretung und zur Firmenzeichnung berechtigt sein sollen." Dies ist mit der herrschenden Ansicht als gesetzlich unzulässig anzusehen. Dem Gesellschaftsvertrage selbst müssen jene Befugnisse der Geschäftsführer zu entnehmen sein. Nach § 6² werden diese allerdings entweder in jenem oder nach §§ 35ff. bestellt. Das bedeutet, daß sie durch Gesellschafterbeschluß nach § 46 Nr. 5 bestellt werden, sofern nicht eine andere Art der Bestellung, zB. durch den Aufsichtsrat im Gesellschaftsvertrag, vorgesehen ist. Es steht danach nichts im Wege, sie dort nicht zu bestellen, sondern nur auszusprechen, wie sie zu bestellen sind. Aber daraus läßt sich nicht entnehmen, daß auch für § 35² dasselbe gilt. Schon der Wortlaut seines Satzes 1 „in der durch den Gesellschaftsvertrag bestimmten Form" steht einer Auslegung, wie sie die Beschwerde vertritt, entgegen. Auch aus der Natur der Sache ergibt sich keineswegs, daß für § 6² und § 35² die gleiche Auslegung zulässig ist, wenn diese auch die praktische Behandlung der Frage, ob Einzel- oder Gesamtvertretungsmacht festzulegen sei, erleichtern würde. Anderseits mag das Gesetz gerade darauf Wert legen, diese Frage schon im Gesellschaftsvertrage geregelt zu sehen. S.

β) Hat eine einstw. Verfügung die Abberufung der Geschäftsführer und die Bestellung neuer, also einen Wechsel in der Geschäftsführung angeordnet und die Auswahl mit der Maßgabe, daß unbeteiligte Personen zu bestellen seien, dem Registergericht überlassen, so ist dieses an die Weisung gebunden und kann bei einem tiefgehenden Zerwürfnisse der Gesellschafter nur solche Personen als unbeteiligt ansehen, die der einen Partei ebenso fremd gegenüberstehen, wie der anderen; die Bestellung gerichtlicher Konkursverwalter hält sich innerhalb der Weisung[2] (KG. 8. Dez. 1922, 1 a x 829).

[1] Beiträge, die ein Gesellschafter zu den Kosten der in wissenschaftlichen Untersuchungen bestehenden Unternehmungen der GmbH. zu leisten hat, sind als Nachschüsse (§ 26) anzusehen, wenn der Gesellschaftsvertrag ihre Umlegung vorsieht (RJH. 12 S. 217). — Eine dem Aufsichtsrate zur Verwaltung und freien Verfügung überwiesene Vermögensmasse gehört zum Vermögen der GmbH. (aO. 13 S. 19).

[2] Auch ein einzelner Gesellschafter kann die Enthebung des Geschäftsführers verlangen, wenn dieser bei der Geschäftsführung unerlaubt handelt (OLG. Dresden, 6. ZS. Beschluß v. 25. März 1924; JW. 1185).

z) **Die Umbenennung der Firma der Zweigniederlassung ist lediglich durch die Voranstellung des Zusatzes „Zweigniederlassung der Firma D. & Co. GmbH." erfolgt und enthält keine Änderung des Gesellschaftsvertrags i. S. des § 53** (KG. 11. Okt. 1823, 1x 358).[1]

11. Mieterschutz. Reichsmietengesetz. Wohnungsmangel.

a) Vollstreckung beim Fehlen eines Räumungsbefehls (§ 5³ MSchG.).

OLG. Braunschweig, 2. ZS. Beschluß v. 17. Juni 1924.

Der Gläubiger hatte Ende 1923, nachdem der Schuldner das Dienstverhältnis zum 31. 12. 1922 einseitig gelöst hatte und in eine andere Stellung getreten war, auf Räumung der „Deputatwohnung" geklagt. Das Amtsgericht hat als Mietgericht am 8. Januar 1924 auf Aufhebung des Nutzungsverhältnisses zum 1. März 1924 rechtskräftig erkannt. Am 8. April 1924 hat der Schuldner gegen die vom Gerichtsvollzieher ihm angedrohte Räumung „Widerspruch" erhoben. Darauf hat das Amtsgericht die Vollstreckung für unzulässig erklärt, weil kein Räumungsurteil vorliege. Die Beschwerde des Gläubigers hatte Erfolg. Die weitere Beschwerde ist an sich zulässig. **Denn der Schuldner wendet sich nicht gegen den rechtskräftig festgestellten Anspruch selbst (§ 767 ZPO.), sondern behauptet besonders, daß die Räumung von der Genehmigung des MEA. abhänge,** daß es mithin an einer Voraussetzung fehle, ohne die der Gerichtsvollzieher nicht zur Räumung schreiten dürfe. **Das ist eine „Einwendung, die das bei der Vollstreckung vom Gerichtsvollzieher zu beobachtende Verfahren" betrifft und derartige Einwendungen sind nicht erst gegeben, nachdem der Gerichtsvollzieher seine Tätigkeit begonnen hat — wo sie im Räumungsfalle regelmäßig zu spät käme** (Rsp. 2 S. 352; 18 S. 398) —, **sondern auch schon vor dem Beginn der Vollstreckung** (vgl. Recht 13 S. 255). **Der „Widerspruch" ist daher als „Erinnerung" nach § 766 ZPO. aufzufassen.**

Das Rechtsmittel ist auch begründet. Da der Rechtsstreit erst **Ende 1923** anhängig geworden ist, findet das MSchG. vom 1. Juni 1923 und die AusfVO. vom 6. Oktober 1923 **ausschließlich Anwendung** (§ 51¹·² MSchG.) **und zwar, weil die Wohnung nur mit Rücksicht auf ein Dienstverhältnis überlassen war, die §§ 20ff., 27 S. 1 und 3, Abs. 2 S. 2. Das gilt auch für die Zeit nach der Auflösung des Verhältnisses** (§ 21 S. 1) **und für den**

[1] a) § 73 GmbHG. ist eine zwingende Vorschrift; eine zu frühe Ausschüttung ist zwar nicht nichtig, aber sie läßt den Bestand der Gesellschaft unberührt; desgl. die Ersatzansprüche gegen den Liquidator und den Erstattungsanspruch aus §§ 30, 31 mindestens bis zum Ablaufe des Sperrjahrs (RFH. 10 S. 320).

b) Die Liquidation endet nicht vor Ablauf des Sperrjahrs, auch nicht durch Veräußerung des Geschäfts an den alleinigen Gesellschafter, noch durch die Löschung der Gesellschaft im Register. Die Pflicht zur Anmeldung des Erlöschens ist zwar nicht ausdrücklich vorgeschrieben, ergibt sich aber aus § 13² GmbHG. mit §§ 6, 29, 31 HGB. und liegt dem Liquidator ob. Sein Amt erlischt, wenn er in dem Glauben, daß alle Schulden bezahlt seien, das Vermögen ausgekehrt und die Löschung der Firma erwirkt hat (RFH. 12 S. 16).

c) Ein zum Liquidator bestellter Rechtsanwalt handelt in Erfüllung der §§ 65, 68, 70f. als gesetzlicher Vertreter und erhält keine Gebühren nach der GebO. (aO. S. 104).

Regelfall (§ 20 S. 1) ist daher der Anspruch des Arbeitgebers gemäß §§ 1—19 auf die Aufhebung des Nutzungsverhältnisses und Herausgabe der Räume zu richten, während das Mietgericht die Aufhebungsgründe und die Schutzbestimmungen für den Arbeitnehmer zu prüfen hat. Obwohl sich hier der Gläubiger nicht auf den Regelfall, sondern auf die Ausnahme, daß der Schuldner grundlos das Verhältnis aufgelöst hatte (§§ 626, 628 BGB.), gestützt und folgerichtig nur auf Räumung = Herausgabe der Wohnung geklagt hatte, hat das Mietgericht dennoch gemäß §§ 1—19, besonders § $5^{1.2}$ erkannt. Dieser Ausspruch allein aber wurde dem Klagantrage nicht gerecht und bot noch keinen vollstreckbaren Räumungsanspruch; dazu hätte es noch des Ausspruchs bedurft, daß die Wohnung zum 1. März 1924 auch herauszugeben sei. Weshalb das Gericht Bedenken trug, dem Räumungsanspruch stattzugeben — sei es unmittelbar wegen Unanwendbarkeit der §§ 1—19 nach dem Ausnahmefalle der §§ 20 S. 2, 21^1, 27^2 S. 2, sei es mittelbar nach § 5^3 —, ist hier nicht nachzuprüfen. Nach der bestimmten Vorschrift des Gesetzes muß der Herausgabe- (Räumungs-) Befehl im Urteil enthalten sein, um einen Titel für die Entsetzung des Mieters zu begründen. Bei der Umwandlung, die das bisherige Verfahren gefunden hat: Aufhebungsverfahren, Räumungsbefehl, Vollstreckungsschutz durch das Mietgericht, ist das Schwergewicht in das erstere gelegt und der § 5^3 als Mußvorschrift ausdrücklich deswegen aufgenommen, um eine weitere Klage auf Räumung, auch nach § 257 ZPO., dem Gläubiger zu ersparen. Ließe man ein reines Aufhebungsurteil etwa nach seinem sonstigen Inhalte, besonders nach seiner Begründung, als Räumungsurteil gelten, so wäre unter Umständen die Entscheidung in die Hände des Gerichtsvollziehers gelegt. Für diesen aber ist lediglich maßgebend, ob der Titel dem § 885^1 ZPO. entspricht. Es ist also kein übertriebener Formalismus, wenn an dem strengen Erfordernisse eines ausdrücklichen Räumungsbefehls festgehalten wird. [1]

Unbegründet sind dagegen die weiteren Beschwerdepunkte des Schuldners. Nachdem keine Partei die zulässigen Rechtsbehelfe — Ergänzung gemäß § 321 ZPO. oder Berufung (Beschwerde) nach § 14^1 — eingelegt hat, kann jetzt kein Ausspruch darüber mehr herbeigeführt werden, ob ein ausreichender Ersatzraum sicherzustellen sei (§ 6). Der im Urteile fehlende Hinweis gemäß § 14^2 ist nur instruktioneller Natur und vermag jene Unterlassung nicht zu rechtfertigen, jedenfalls deren Folgen nicht zu beseitigen. Eine Genehmigung des MEA. aber zur Vollstreckung eines gemäß § 5 erlassenen Räumungsurteils kommt — abgesehen von den hier nicht anwendbaren Ausnahmen des § 51^2 und der VO. Nr. 16 vom 22. Januar 1924 — nicht mehr in Frage,

[1] Obiger Beschluß wird nicht der Sachlage gerecht. Das Amtsgericht wollte dem Räumungsantrag entsprechen, vergriff sich aber im Ausdruck, indem es die „Aufhebung" der Räumung gleichsetzte. Daraus erklärt sich, daß es das Dienstverhältnis, das bereits seit 1. 1. 23 nicht mehr bestand, erst zum 1. März 1924 aufhob und den Räumungsantrag weder abwies noch sonst erörterte. Es stand also nichts entgegen, im Wege der Auslegung des Urteils oder nach dessen Berichtigung die Beschwerde zurückzuweisen. Vgl. auch den § 51^4 S. 2. D. H.

nachdem die in der VO. vom 10. Mai 1922 Nr. 68 enthaltene Anordnung, daß Urteile auf Räumung von Miet- und anderen Wohnungen nur mit Genehmigung des MEA. vollstreckt werden dürfen, durch § 50² außer Kraft getreten ist [unten S. 334 i]. v. F.

b) **Ausbesserungspflicht im Falle des § 6³ MSchG.**

OLG. Hamburg, 5. ZS. Urteil v. 6. Juni 1924.

Die Klägerin hat vom Beklagten 1919 eine Wohnung und ein Waschhaus gemietet und darin gewerbsmäßig Wäscherei betrieben. Sie verlangt Ersatz des Schadens, der ihr daraus entstanden ist, daß sie seit 1922 wegen der Unbenutzbarkeit des Schornsteins ihren Betrieb nicht ordnungsgemäß habe durchführen können, und Wiederherstellung des Schornsteins. Die Klage ist unbegründet. Allerdings stehen die Parteien noch im Mietverhältnis zueinander, obwohl das Mietverhältnis mit Genehmigung des MEA. zum 31. März 1921 gekündigt war. Es ist dies eine Folge davon, daß die Genehmigung zur Räumungsklage immer wieder hinausgeschoben worden ist. Das MSchG. vom 1. Juni 1923 bestimmt im § 6³ ausdrücklich, daß solchenfalls die Beteiligten die aus dem Mietverhältnis sich ergebenden Rechte und Pflichten haben. Man wird davon ausgehen können, daß § 6³ sinngemäß auch auf solche Verhältnisse anzuwenden ist, die bei dem Inkrafttreten des MSchG. schon vorlagen. Man wird aber auch das frühere Recht ebenso auffassen müssen, indem man § 568 BGB. entsprechend anwendet; denn der Zwang des öffentlichen Rechts, das die Räumung versagt, macht die Erklärung des entgegengesetzten Willens im Sinne des § 568 unmöglich.

Die Parteien stehen also heute noch in einem Mietverhältnis. Aber es ist doch ein eigenartiges insofern, als es jeden Tag enden kann, sobald die Klägerin anderweitig geeignete Räume findet. Diese besondere Lage kann nicht ohne Einfluß auf die beiderseitigen Rechte und Pflichten bleiben, da auch die Miete wie jedes andere Vertragsverhältnis unter dem Zeichen von Treu und Glauben steht. Hatte also der Beklagte an sich wie jeder Vermieter die Mietsache im vertragsmäßigen Zustande zu erhalten, so findet diese Verpflichtung doch wie in jedem anderen Mietverhältnis ihre Grenzen, soweit die erforderlichen Ausbesserungen dem Vermieter billigerweise nicht mehr zugemutet werden können. Hier bestand nun Ende 1922, als die Frage der Ausbesserung des Schornsteins zuerst auftauchte, schon seit $1^3/_4$ Jahren der Zustand, daß das Mietverhältnis an sich durch genehmigte Kündigung abgelaufen war. Damals bestand ferner schon das sich aus der Zwangsfestsetzung der Miete ergebende Mißverhältnis, daß die gesetzliche Miete nicht entfernt dazu ausreichte, die Grundstücke ordnungsgemäß zu erhalten. Selbst die Möglichkeit, für große Reparaturen den Mietern besondere Zahlungsverpflichtungen aufzuerlegen, war für den Vermieter nur eine spärliche Unterstützung, da er zunächst die Kosten aus Mitteln vorschießen mußte, die er nicht dem Grundstück entnehmen konnte. Er hat gleichwohl damals die erforderlichen Schritte getan, um die Ausbesserung in die Wege zu leiten. Er hat einen Beschluß des MEA. erwirkt, der die Ausbesserung als große Instandsetzung und die Klägerin für verpflichtet erklärte, zu den Kosten beizutragen. Er hat sie ersucht, solche Beträge vorschußweise zu zahlen, jedoch vergeblich. Er hat ferner die Gemeinde erfolglos gebeten, ihm als wirtschaftlich Schwachem die Kosten vorzustrecken, endlich auch versucht, von den Sparkassen sich Geld zu leihen. . . . V.

c) **Aussetzung nach § 20 S. 3 im Falle der Beschwerde aus § 6²?**[1]

OLG. Hamm, 10. ZS. Beschluß v. 7. Juni 1924.

Die Klägerin, die den Beklagten 1922 als Wagenführer annahm und ihm mit Rücksicht auf das Dienstverhältnis mehrere Räume überließ, hat behauptet, der Beklagte habe ohne Grund im Juni 1923 gekündigt, und verlangt Räumung. Das Mietsschöffengericht hat verurteilt; jedoch die Vollstreckung von der Sicherung einer ausreichenden Ersatzwohnung abhängig gemacht. Wegen dieser Beschränkung legte die Klägerin sofortige Beschwerde ein, diese erklärte jedoch das LG., als der Beklagte Berufung einlegte, für gegenstandslos geworden; die weitere Beschwerde hierüber wurde als unzulässig am 28. Februar 1924 (10 W 34) verworfen, da gegen die Berufung ein weiteres Rechtsmittel nicht stattfinde und daher auch gegen die Beschwerde, die hinsichtlich der Sicherung einer Ersatzwohnung aus Zweckmäßigkeitsgründen anstelle der Berufung gegeben sei, ein weiteres Rechtsmittel nicht zuzulassen sei.[2] Inzwischen hatte der Beklagte die Berufung zurückgenommen, worauf das LG. in dem Beschwerdeverfahren, einer Anregung des OLG. folgend, am 12. April seinen früheren Beschluß aufhob. Gleichzeitig beschloß es, das Verfahren gemäß § 20 MSchG. auszusetzen, weil streitig sei, ob ein begründeter Anlaß zur Auflösung des Arbeitsverhältnisses vorliege und dafür das Gewerbegericht zuständig sei. Wegen dieser Aussetzung legte die Klägerin Beschwerde ein, die nach § 252 ZPO. zulässig ist. In dem im MSchG. geordneten Verfahren finden die Bestimmungen und der Instanzenzug der ZPO. insoweit statt, als sich nicht aus dem MSchG. das Gegenteil ergibt. Zutreffend hat der Senat eine weitere Beschwerde im Falle des § 6 MSchG. in Ermangelung des Instanzenzuges nicht zugelassen. Gegen Aussetzungs-, Armenrechtsbeschlüsse 2c, die das LG. als Berufungs- oder Beschwerdegericht — auch in gewerbe- und kaufmannsgerichtlichen Sachen — erlassen hat, ist jedoch die Beschwerde zulässig. Sie ist hier auch begründet.

Ist ein Raum nur mit Rücksicht auf ein Dienst- (Arbeits-)verhältnis vermietet oder als Teil der Vergütung überlassen (§§ 20, 21), so unterscheidet das MSchG. drei Fälle. Besteht das Arbeitsverhältnis noch, dann gelten die §§ 1—19: Der Dienstherr kann also gemäß §§ 2—4 Rückgabe der Räume verlangen; § 6 gilt, ferner das besondere Verfahren nach §§ 7ff. — Im zweiten Fall, daß der Dienstherr ohne gesetzlichen Grund oder der Dienstverpflichtete, dem der Dienstherr Anlaß dazu gegeben hat, das Verhältnis

[1] Aussetzung nach § 20 S. 3: BayZ. 1924 S. 194; Ersatzraum bei Geschäften: das. 194; bei Ausländern: das. 219. — [2] Ebenso KG. Beschluß v. 9. Okt. 1924; 17 w 4426.

aufgelöst hat, gilt das vorstehend Gesagte. Außerdem kann nach § 22 der Dienstherr den Raum beanspruchen und anstelle der Sicherung eines Ersatzraumes kann auch eine Geldentschädigung treten. Der dritte Fall ist der, daß der Dienstverpflichtete dem Dienstherrn gesetzlich begründeten Anlaß zur Auflösung gegeben hat oder daß der Dienstverpflichtete das Verhältnis ohne Anlaß aufgelöst hat. Die §§ 1—19 finden keine Anwendung, vom Zeitpunkt der Auflösung des Dienstverhältnisses gelten vielmehr die Vorschriften des BGB. über Auflösung des Mietverhältnisses oder Rückgabe des überlassenen Raumes. Lediglich für das prozessuale Verfahren erklärt § 27^2 S. 2 gewisse Bestimmungen des MSchG. für anwendbar; es soll § 27 S. 1 und 3 gelten. § 6 ist darin nicht mit angezogen; auch Abs. 1 S. 2 ist nicht mit erwähnt. Daraus folgt, daß die Vollstreckung nicht von Sicherung eines Ersatzraumes abhängig gemacht werden darf (Warneyer, Wirtsch. Nebenges. § 20 Anm. Abs. 3). Wenn jedoch hier gleichwohl ein Ersatzraum zugesichert ist, so wird man, obwohl in § 27^2 S. 2 der § 6^2 nicht mit erwähnt ist, doch statt der Berufung die sofortige Beschwerde zulassen müssen; das entspricht wohl dem Sinne des Gesetzes.

Nach Vorstehendem ist also von wesentlicher Bedeutung, ob das Dienstverhältnis mit oder ohne Schuld des Dienstverpflichteten aufgelöst ist. Dieser Streit soll nach dem MSchG. § 20 nicht im Wohnungsstreit, sondern von den hierfür zuständigen Gerichten — im wesentlichen von den Gewerbe- und Kaufmannsgerichten — entschieden werden; ihre Entscheidungen sind für den Mietstreit bindend. Deshalb soll dieser ausgesetzt werden, und die Parteien sind auf den Weg der Feststellungsklage vor der anderen Stelle zu verweisen. Hier behauptet die Klägerin, der Beklagte habe grundlos gekündigt (Fall 3). Da hierüber Streit bestand, hätte das Amtsgericht, ebenso das LG., das Verfahren aussetzen müssen. Statt dessen hat das Amtsgericht Zeugenbeweis erhoben und dann verurteilt. Der Beklagte hat die Berufung zurückgenommen; die Streitfrage ist somit zugunsten der Klägerin erledigt. In dem Verfahren über Sicherung der Ersatzwohnung allein kann der Streit über die Schuld an der Auflösung nicht von neuem aufgerollt werden. Wenn das Gesetz die Vollstreckung von jener Sicherung abhängig macht, so soll damit der Aufhebungsanspruch des Vermieters nicht eingeschränkt werden; die Maßnahme ist nur aus Billigkeitsgründen im Interesse des Mieters „zur Vermeidung unbilliger Härten" zugelassen (vergleichbar mit der Räumungsfrist des § 721 ZPO.). Daran ändert nichts, daß der Ausspruch nach der Verschiedenheit des Falls zur Pflicht gemacht (§ 6^1) oder in das billige Ermessen gestellt ist (§ 6^2) oder gar durch eine Geldentschädigung abgelöst werden kann (§ 22). In dem Beschwerdeverfahren kann also nur über die Zulässigkeit und Zweckmäßigkeit dieser Nebenentscheidung auf Grund des festgestellten Sachverhalts entschieden werden. § 20 spricht von einer „Verhandlung", die auszusetzen ist. Damit kann das Gesetz nicht das Beschwerdeverfahren, das sich in der Regel ohne mündliche Verhandlung erledigt, gemeint haben. M. r.

d) **„Auch über die Einwendung, daß der zugewiesene Ersatzraum in einer anderen Gemeinde liegt, entscheidet das MEA. endgültig."**

Kammergericht, 17. ZS. Rechtsentscheid v. 12. Juni 1924 (Y 32).

... Der § 16 S. 2 erfordert zwei Voraussetzungen: Die Sicherung von Ersatzraum und seine Eignung. Ob die erste gegeben ist, prüft nur der Vorsitzende, der die vollstreckbare Urteilsausfertigung erteilen läßt, nicht aber das MEA. Unabhängig davon hat dieses zu prüfen, ob der bezeichnete, möglicherweise aber nicht gesicherte Ersatzraum geeignet ist; hierüber hat es die alleinige und abschließende Entscheidung. Das Gesetz ist hierbei offenbar davon ausgegangen, daß es mit seinem besonders gearteten Verfahren die Stelle sei, die am besten die Interessen der Parteien in billigem Ermessen abwägen könne, und zwar nicht nur vom privatrechtlichen, sondern auch vom wohnungswirtschaftlichen Standpunkt aus. Es hat die im Entwurf § 13 S. 2 vorgesehene Entscheidung der Beschwerdestelle gestrichen und besonders hervorgehoben, daß das MEA. über die Einwendungen endgültig entscheidet. Ob die Gemeindebehörde des bisherigen Wohnsitzes des Mieters den Ersatzraum gesichert hat, hat aber nur der Vorsitzende des Gerichts zu entscheiden, kann also nicht die Zuständigkeit des MEA. zur Prüfung der Eignung berühren. Daß die Zuweisung des in einer anderen Gemeinde liegenden Raumes unbillige Härten für den Mieter bringen kann, liegt auf der Hand, ist aber vom MEA. nach billigem Ermessen zu entscheiden, und zwar endgültig. Auch wenn es über die Eignung jenes Raumes entscheidet, bleibt es innerhalb seiner Zuständigkeit. Ob aber der Vermieter diese Entscheidung verwerten kann, hängt allein davon ab, ob der Vorsitzende des Gerichts das erste Erfordernis (Sicherung des Ersatzraums) für nachgewiesen erachtet. D.n.

e) **Die Erlaubnis des Vermieters, Dritten den Gebrauch des Wohnraums zu überlassen, besonders ihn unterzuvermieten, kann das MEA. auch dann ersetzen, wenn die Überlassung im Vertrage vor oder nach 1. Okt. 1923 ausgeschlossen worden ist.**

Kammergericht, 6. FerienZS. Rechtsentscheid v. 23. Juli 1924 (17 Y 84).

Anlehnend an den im § 4 MSchVO. (§ 29 MSchG.) enthaltenen Hinweis auf § 549[1] BGB. ist die Ansicht vertreten worden, eine Ersetzung der Erlaubnis des Vermieters sei nur insoweit zulässig, als sie nach dem Gesetz erforderlich, nicht aber in solchen Fällen, in denen die Gebrauchsüberlassung im Vertrage verboten oder von der Zustimmung des Vermieters abhängig gemacht sei. Diese Ansicht ist jedoch unrichtig. Soweit eine derartige Abrede nach dem Inkrafttreten jener Schutzvorschriften getroffen ist, würde sie einen Verzicht des Mieters auf seine Befugnis, das MEA. wegen des Ersatzes der Zustimmung anzurufen, bedeuten und nach § 9 MSchVO. (§ 49 MSchG.) nichtig sein. Dasselbe gilt aber auch für eine in früherer Zeit getroffene Abrede. Diese bedeutete stets nur, daß die Gebrauchsüberlassung der Zustimmung des Vermieters bedurfte, denn auch das vertragliche Verbot konnte durch Vereinbarung jederzeit abgeändert werden, so daß es immer nur darauf ankam, ob der Vermieter mit der Untermiete einverstanden war. Insoweit stellte sich also die Abrede als eine belanglose Wiederholung des Gesetzes dar. Darüber hinaus konnte ihre Wirkung je nach Lage des Einzelfalls allerdings im Ausschluß des außerordentlichen Kündigungsrechts des Mieters gefunden werden. Hielte man die Ersetzung der Zustimmung durch das MEA. für unzulässig, so bekäme die Abrede nunmehr eine Bedeutung, die ihr bisher gefehlt hat, ein Ergebnis, das dem Zweck des § 29 widerspricht. Im Interesse des Mieters und mit Rücksicht auf die Wohnungsnot sollten die Befugnisse, die das Gesetz dem Vermieter unter ganz anderen Umständen vorbehalten hatte, geschmälert werden, weil es als unerträglich empfunden wurde, wenn der Vermieter ohne wichtigen Grund nach seinem Belieben die Gebrauchsüberlassung, also vor allem die Untervermietung verhindern könnte. Hielt man es aber für nötig, dem Mieter diesen Schutz auf Kosten des Vermieters zu gewähren, so erscheint ausgeschlossen, daß man in der Rechtsbegrenzung unterschieden hat zwischen den Fällen, in denen völlig unnötig und zumeist wohl auch rein zufällig das Erfordernis des § 549 zugleich zu einem vertraglichen gemacht worden, und denen, in welchen das unterblieben war. D. n.

f) **„Dem Verfügungsberechtigten steht die Rechtsbeschwerde gegen die Festsetzung eines Zwangsmietvertrags durch das MEA. zu."**

Kammergericht, 17. ZS. Rechtsentscheid v. 30. Juni 1924 (Y 58).

Der im WMG. § 4 gegebene Rechtsbehelf des Widerspruchs ist von der Rechtsbeschwerde durchaus verschieden (vgl. oben S. 258). . . . Deshalb ist der Umstand, daß Art. II, 1 VO. vom 24. 12. 1923 dieses Widerspruchsrecht beseitigt hat, dafür bedeutungslos, ob dem Verfügungsberechtigten gegen die Festsetzung des Zwangsmietvertrags die Rechtsbeschwerde gegeben ist. Die Beantwortung dieser Frage kann vielmehr nur davon abhängen, ob jene Festsetzung auch eine „Entscheidung" des MEA. darstellt. Dies ist aber der Fall. Denn durch einen derartigen Beschluß erklärt das Amt, daß das Verfügungsrecht des Berechtigten über bestimmte Räume zugunsten der Allgemeinheit eingeschränkt und davon zugunsten der Gemeindebehörde oder des von ihr bezeichneten Bewerbers in bestimmter Weise Gebrauch gemacht werde. Es ist dies also ein sehr einschneidender Eingriff in die Rechte des Verfügungsberechtigten unter Prüfung der wohnungsrechtlichen Voraussetzungen und unter Abwägung der gegenseitigen Belange, also eine Entscheidung. Auch auf sie findet, da das Gesetz nicht das Gegenteil bestimmt hat, § 41 Anwendung. D. n.

g) **„Eine Entscheidung des MEA., die eine vor 1. Oktober 1923 ergangene Entscheidung nach diesem Tage abändert, ist zulässig, sofern sie noch sachlich Bedeutung haben kann. Gegen sie ist die Rechtsbeschwerde zulässig."**

Kammergericht, 17. ZS. Rechtsentscheid v. 30. Juni 1924 (Y 60).

1. Das MEA. hatte die Kündigung des Vermieters von Bureauräumen zum 1. April 1924 am 18. Sept. 1923 für wirksam erklärt. Auf den Antrag des Mieters hat es das Verfahren wieder aufgenommen und am 28. März 1924 „die Genehmigung zur Kündigung und Erhebung der Räumungsklage verweigert". Gegen diesen Beschluß ist die Rechtsbeschwerde zulässig; denn das

Verfahren regelt sich, sofern nichts anderes ausdrücklich vorgeschrieben ist, stets nach den jeweils geltenden Gesetzen; mit den am 1. Oktober 1923 in Kraft getretenen Verfahrensvorschriften ist daher auch der Rechtsmittelzug an das LG. gegeben (§ 41), gleichgültig, ob der angefochtene Beschluß der erste im Verfahren ist oder einen früheren abändert (17 Y 35, 50/24).

2. Das MEA. kann, wie bisher, seine vor 1. Okt. 1923 erlassenen Entscheidungen in einem späteren Verfahren ändern (17 Y 50); ob es diese Befugnis gebrauchen will, steht in seinem billigen Ermessen. Voraussetzung ist nur, daß die neue Entscheidung noch sachlich Bedeutung haben kann. Wie weit dies in den Fällen der § 2, 6 MSchVO. zutrifft, ist nach Lage des Einzelfalls zu entscheiden. Im Falle des § 15 des Berliner Bek. vom 12. Mai 1921/17. September 1924 ist zu berücksichtigen, daß die Genehmigung zur Räumungsklage gemäß § 51 MSchG. bei schwebenden Streitigkeiten noch erforderlich ist und bis zur Schlußverhandlung nachgebracht werden kann. Insoweit besteht auch kein Bedenken an der weiteren sachlichen Zuständigkeit des MEA. Für neu anzustrengende Aufhebungsklagen (§ 27) sind aber die bisherigen Vorschriften nicht weiter anwendbar. Für sie kommt daher eine Genehmigung nicht in Frage und eine Wiederaufnahme des Verfahrens durch das MEA. wäre insoweit als sachlich bedeutungslos nicht zulässig. D.n.

Dazu: **„Der Rechtsentscheid (oben S. 246) wird aufrecht erhalten."**

Kammergericht, 6. FerienZS. Rechtsentscheid v. 23. Juli 1924 (17 Y 88).

Bezüglich der Abänderungsbefugnis des MEA. will das LG. zwischen ablehnenden und rechtsgestaltenden Entscheidungen unterscheiden. Allein ohne gesetzliche Unterlage ist eine derartige Unterscheidung nicht zulässig; denn sämtliche Entscheidungen sind in § 7 MSchVO. in gleicher Weise der Anfechtung entzogen. Allerdings hat die Möglichkeit späterer Abänderung eine gewisse Unsicherheit zur Folge. Diese aber muß hingenommen werden, weil die Ablehnung der Änderung überhaupt ein weit unerträglicheres Ergebnis darstellen würde. Gerade bei der Natur der dem MEA. übertragenen Aufgaben, die nicht in der Entscheidung von Rechtsstreitigkeiten, sondern in der Interessenabwägung ihren Schwerpunkt haben, ist durchaus notwendig, daß Abhilfe erfolgen kann, wenn sich hernach herausstellt, daß, sei es auf Grund des unveränderten, sei es infolge eines durch neue Umstände umgestalteten Sachverhalts, billigem Ermessen widerspricht, was früher mit ihm in Einklang zu stehen schien. D.n.

h) **„Die Genehmigung des MEA. nach § 51² MSchG. darf nicht in bedingter Form ergehen."**

Kammergericht, 17. ZS. Rechtsentscheid v. 12. Juni 1924 (Y 43).

Dadurch, daß durch örtliche Bekanntmachung die Vollstreckung der auf Räumung lautenden Titel von der Zustimmung des MEA. abhängig gemacht ist, ist diesem die Entscheidung über die Frage übertragen, ob die bürgerlich-rechtlich festgestellte Räumungspflicht des Mieters auch trotz der im Mieterschutzrecht zu berücksichtigenden Billigkeitserwägungen und der im Wohnungsmangelrecht zu berücksichtigenden öffentlichen Belange im Zwangswege durchgeführt werden kann. Es hat, um einen solchen Spruch zu fällen, den Tatbestand selbst zu prüfen und kann zur Ergänzung des Tatbestandes den Beteiligten Auflagen (zB. über Stellung von Ersatzraum, Zahlung der Mietrückstände) machen. Auf Grund dieses nötigenfalls ergänzten Tatbestandes hat es aber in bestimmter Form zu erklären, ob es die beantragte Zustimmung erteile oder nicht. Es kann aber nicht die Prüfung eines Teiles des Tatbestandes einem Dritten überlassen, wie dies der Fall wäre, wenn es bedingt zustimmt, denn dann hätte der Gerichtsvollzieher, für den die Entscheidung bestimmt ist, über den Eintritt der Bedingung zu entscheiden. Abgesehen davon, daß Dritte nicht zur Entscheidung hierüber gesetzt sind, würde auch hierdurch das Erfordernis verletzt, daß das gesamte Sachverhältnis, also auch der Eintritt der Bedingung nach billigem Ermessen zu prüfen ist. D.n.

i) **„Anordnungen, die die Vollstreckung aus Räumungsurteilen von der Genehmigung des MEA. abhängig machen, gelten nicht für ein nach 1. Oktober 1923 erlassenes Räumungsurteil."**

Kammergericht, 6. FerienZS. Rechtsentscheid v. 23. Juli 1924 (17 Y 78).

... Nach § 51² MSchG. ist die Genehmigung nur noch für die vor 1. Oktober 1923 erlassenen Urteile erforderlich, nicht aber für die späteren. Unmöglich erscheint die Auffassung, daß trotzdem das gleiche Erfordernis auf Grund örtlichen Rechts dann noch gelten könnte, wenn es auf Grund der WMVO. aufgestellt worden war. Bei dem Zusammenhange zwischen den §§ 50², 51² kann die für § 51² gewählte Fassung nur als eine erschöpfende Regelung der Vollstreckungsgenehmigung gelten, so daß sie jede Fortgeltung dieses Erfordernisses auch auf Grund der WMVO. unbedingt ausschließt, zumal schon das Gericht die Vollstreckung gemäß § 51¹ von der Sicherung eines ausreichenden Ersatzraumes abhängig machen kann [oben S. 327 a. E.]. D.n.

k) α) **„Bei Mietverträgen mit gestaffeltem Mietzins, die am 1. Juli 1914 liefen, ist der Durchschnittsbetrag des Mietzinses, der für die ganze Vertragsdauer vereinbart ist, als Friedensmiete festzustellen."**

Kammergericht, 17. ZS. Rechtsentscheid v. 30. Juni 1924 (Y 55).

Die Vereinbarung eines gestaffelten Mietzinses soll dem Mieter die Erfüllung des Vertrags im Anfang erleichtern, und zwar bei gewerblichen Räumen besonders ihm ermöglichen, sich in den Mieträumen eine Erwerbsquelle zu schaffen. Die Ermäßigung der Ansprüche des Vermieters für den Anfang sollte aber bei zunehmender Erstarkung der Einnahmen des Mieters durch eine Erhöhung der Ansprüche des Vermieters ausgeglichen werden. Nun ist zwar nach § 2 RMG. Friedensmiete diejenige, die für die mit 1. Juli 1914 beginnende Mietzeit vereinbart war. Da aber für ihre Feststellung nur wirtschaftliche Gesichtspunkte maßgebend sind und auch in den damaligen Verhältnissen der Vertragsteile liegende Gründe eine anderweite Festsetzung begründen können (§ 2⁴), zB. wegen Verwandtschaft, Trockenwohnens (Begr. zu § 2) so widerspräche es dem Geiste des Gesetzes, wollte man die wirtschaftliche Einheit des vertraglichen Gesamtmietzinses zerreißen und es auf den Teil des Mietzinses abstellen, der je nach der abgelaufenen Vertragszeit zufällig auf den am 1. Juli 1914 laufenden oder mit 1. Juli 1914 beginnenden Zahlungsabschnitt entfiele. Mit Rücksicht darauf, daß die spätere Mietzinserhöhung einen Ausgleich für den früheren Mietnachlaß darstellt, kann vielmehr nur der durchschnittliche Mietzins als der vereinbarte im Sinne des § 2 angesehen werden, ohne daß dabei erheblich ist, wieweit die Vertragsdauer gerade am 1. Juli 1914 abgelaufen und welche Staffel daher zufällig erreicht war. Erforderlich ist nur, daß der Vertrag am und über 1. Juli 1914 lief. Hatte der Mieter nur das Recht, durch Unterlassen der Kündigung den Vertrag stillschweigend (zB. über 1. Juli 1914) zu verlängern, und zwar zum Mietzins der letzten Staffel, so liegt ein neuer Mietvertrag vor (RG. 86 S. 62, 97 S. 79), und die Preisbestimmung dieses neuen Vertrags allein ist für die Bildung der Friedensmiete maßgebend. Sollten sich trotzdem unbillige Nachteile ergeben, so bleibt den Vertragsteilen ein Antrag auf Festsetzung (im Gegensatz zur Feststellung) der Friedensmiete nach § 2⁴ unbenommen. D. n.

β) **„Die Friedensmiete für zwei Wohnungen, die 1922 aus einer einheitlichen Wohnung durch Teilung hervorgegangen sind, ist, auch wenn für die Mutterwohnung am 1. Juli 1914 eine Friedensmiete bestand, durch Festsetzung des ortsüblichen Mietzinses und nicht durch Feststellung des auf jede neue gebildete Wohnung entfallenden Anteils der Gesamtfriedensmiete zu ermitteln."**

Kammergericht, 6. FerienZS. Rechtsentscheid v. 23. Juli 1924 (17 Y 73).

... Ist eine Wohnung überhaupt nicht mehr in dem Bestande vorhanden, in welchem sie sich am 1. Juli 1914 befand, sondern sind aus der damals einheitlichen Wohnung inzwischen zwei geschaffen worden, so fehlt es auch an einer damals vereinbarten Friedensmiete; solche lag nur für die aus sämtlichen Räumen als Einheit bestehende Wohnung vor. Es ist auch nicht etwa der Fall gegeben, daß sich die Friedensmiete nicht mehr feststellen läßt; denn er setzt voraus, daß es eine vereinbarte Friedensmiete gegeben hat, und daß nur die Hilfsmittel zum Nachweise des Inhalts der Vereinbarung fehlen. Somit hat hier nach § 2⁴ die Festsetzung entsprechend dem ortsüblichen Mietzinse zu erfolgen. Wollte man den Gesamtmietzins der geteilten Wohnung verteilen, so wäre ein richtiges Ergebnis nur zu erwarten, wenn erfahrungsgemäß die Mietzinse zweier kleiner Wohnungen zusammen die gleiche Summe ergäben, die für eine einheitliche Wohnung von insgesamt ebensoviel Räumen in Friedenszeiten als Mietzins vereinbart zu werden pflegte. Es war aber eine allgemein beobachtete Erscheinung, daß eine solche rechnerische Übereinstimmung der Mieten nicht bestand. Will man die zutreffende Friedensmiete ermitteln, so kann das also nur geschehen, wenn man die neuen Wohnungen in ihrer Eigenart betrachtet. Der ortsübliche Mietzins ist nicht etwa eine einheitliche Größe für alle Wohnungen des Ortes, die eine bestimmte Größe haben, sondern selbst wiederum abhängig von der Lage und Beschaffenheit der Wohnung. In ihm können bei richtiger Anwendung besondere Vorzüge der Wohnung durchaus berücksichtigt werden. D. n.

γ) **„Der Antrag auf Festsetzung der Friedensmiete gemäß § 2⁴ wird nicht dadurch ausgeschlossen, daß sich die Parteien vorher über die Höhe jener Miete vor dem MEA. oder anderweitig verglichen haben."**

Kammergericht, 17. ZS. Rechtsentscheid v. 12. Juni 1924 (Y 42).

Das LG. erwägt, daß die Parteien trotz § 19 sich vor dem MEA. im Festsetzungsverfahren durch formgerechten Vergleich auf eine bestimmte Friedensmiete einigen und dadurch das Verfahren endgültig zum Abschluß bringen könnten. Diese Erwägungen erscheinen nicht überzeugend. Allerdings wäre für eine Wiederholung des Festsetzungsantrags dann kein Raum, wenn ein Vergleich das Verfahren vor dem MEA. rechtskräftig abschließen könnte. Allein der § 44 MSchG., der über den Eintritt der Rechtskraft für das Verfahren vor dem MEA. und den Beschwerdestellen bestimmt, schließt nur für den Fall eine Erneuerung des Verfahrens aus, daß eine endgültige Entscheidung getroffen ist; eine solche liegt aber nicht vor, wenn das Verfahren durch Vergleich beendet ist. Den § 44 in rechtsähnlicher Anwendung auf Vergleiche auszudehnen, erscheint bei dem grundlegenden Unterschiede zwischen der Entscheidung als einem zwingenden Hoheitsakt und dem auf freier Parteivereinbarung beruhenden Vergleich nicht angängig. Insbesondere spricht dafür auch nicht, daß vor dem MEA. oder der Beschwerdestelle geschlossene Vergleiche vollstreckbar sind. Dieser Umstand gibt nur dem aus dem Vergleiche Berechtigten die Möglichkeit, sein Recht schneller zu verwirklichen, im übrigen aber formell-rechtlich dem Vergleichsinhalt nicht eine stärkere Kraft als für jede andere Vereinbarung hat. Tritt aber bei einem vor der zuständigen Stelle geschlossenen Vergleiche keine formelle Rechtskraft ein, so muß dies erst recht für einen privaten Vergleich gelten.

Welche materiell-rechtliche Bedeutung der Vergleich für die Vertragsteile hat, hat nicht das MEA., sondern das ordentliche Gericht nachzuprüfen, da die Abänderbarkeit eines Vergleichs nach den Vertragsgrundsätzen des bürgerlichen Rechts zu beurteilen ist. Zudem ist die Festsetzung der Friedensmiete durch das MEA. nicht an die Voraussetzung geknüpft, daß die gesetzliche Miete zwischen den Parteien gilt (§ 5 Preuß. VO. vom 17. April 1924).

D n.

l) **Große Instandsetzung. Anwendung des früheren Rechts.**

α) Kammergericht, 17. ZS. Rechtsentscheid v. 4. Juli 1924 (Y 59).

Im Mai 1923 beantragte der Vermieter die Bewilligung von Zuschlägen für große Instandsetzungsarbeiten. Am 25. April 1924 wies das MEA. den Antrag ab, weil nach den inzwischen ergangenen Bestimmungen solche Arbeiten nicht mehr vorlägen. Auf die Rechtsbeschwerde wurde der Rechtsentscheid:

„1. Über Ansprüche auf Zuschläge zu großen Instandsetzungsarbeiten ist nach dem früheren Rechte zu entscheiden, wenn der Vermieter gegenüber dem Mieter den Anspruch vor dem Inkrafttreten der Pr. AusfBest. vom 4. August 1923 erhoben hatte.

2. Die oberste Landesbehörde ist befugt, bestimmte Arten von Teilarbeiten am Hause, deren Kosten mindestens einen bestimmten Hundertsatz der Grundmiete erfordern, als große Instandsetzungsarbeiten zu bezeichnen oder entsprechende Ermächtigungen zu erteilen.

3. Die Pr. AusfVO. vom 12. Juni 1922 Ziffer II 5, 6 zu § 7 ist gültig."

aus nachstehenden Gründen erlassen:

1. Der Wortlaut der Ziffer XXXVII Pr. AusfBest. v. 4. Aug. 1923 (GS. 382) ist insofern nicht glücklich gewählt, als sie von Streitigkeiten über die von Gemeindebehörden erlassenen Bek. spricht. Indessen sind zweifellos auch insoweit nur Streitigkeiten über die Anwendung und Auslegung solcher Bek. gemeint, so daß es sich um eine Regelung der Frage handelt, nach welchem Recht in der Übergangszeit entschieden werden soll. Zweifel können nur obwalten, welcher Zeitpunkt dafür maßgebend ist, ob der, in welchem die Arbeit notwendig geworden ist, die Aufforderung zum Kostenbeitrag, der Eingang des Antrags, die Entscheidung auf ihn oder die Vornahme der Arbeit. Da aber die Vorschrift nicht von der Anwendung des bisherigen Rechts, sondern nur von seiner Geltung für Streitigkeiten über den Anspruch spricht, so muß der Zeitpunkt gemeint sein, von dem an frühestens sich die Rechtsbeziehungen zwischen Vermieter und Mieter zu einer Streitigkeit gestaltet haben, so daß sie einer Entscheidung bedürfen. Das geschieht mit der Anforderung des Vermieters gegenüber seinem Mieter. Allerdings ließe sich auch der Eingang des Antrags als maßgebend ansehen, denn damit wird das Bestehen eines Streites offenbar. Indessen ist das Verfahren vor dem MEA. in erster Reihe nicht als ein Entscheidungs-, sondern als ein Schlichtungsverfahren gedacht und hat als das regelmäßige Ziel die gütliche Erledigung im Auge. Geht man davon aus, so ist als die Regel anzusehen, daß der Vermieter zunächst versuchen soll, sich ohne behördliche Mitwirkung mit seinen Mietern zu verständigen, daß also auch das Gesetz davon ausgeht, daß zunächst der Vermieter unmittelbar an den Mieter herantreten werde. Entsteht dabei ein Streit, so ist auch ersichtlich, daß er schon in jenem früheren Zeitpunkt der Aufforderung begonnen hat. . . .

2. Die AusfVO. vom 12. Juli 1922 (GS. 129) dehnte zu § 5 den Begriff der großen Instandsetzung aus und ermächtigte die Kommunalaufsichtsbehörde, auch noch andere Arbeiten als solche zu bezeichnen. Auf Grund einer Ermächtigung des Oberpräsidenten zog dann § 7 der Bek. des hiesigen Magistrats vom 8. September 1922 (Gemeindeblatt S. 437) den Kreis jener Arbeiten erheblich weiter und faßte darunter auch größere im Kostenbetrage 30 % der Grundmiete übersteigende Teilarbeiten am Dach, im Treppenhaus, an den Heizungsanlagen und am Fahrstuhl. Gegen die Gültigkeit dieser Vorschrift ist zunächst aus der AusfVO. nichts herzuleiten, denn ihre Ziffer II 1 zu § 7 weist nur darauf hin, daß Teilarbeiten am Dache nicht als große Instandsetzung nach § 5 RMG. anzusehen sind. Daraus folgt keineswegs, daß sie nicht infolge der Ermächtigung in § 5 S. 2 durch die zuständige Stelle dazu gemacht werden können. Das ist aber hier geschehen. Hiernach steht die Befugnis des Oberpräsidenten zu der Ermächtigung fest. Auch die Form, in der die Bek. die Arbeiten bezeichnet, ist nicht zu beanstanden. Bei der Auslegung des § 5 RMG. ist in Zweifelsfällen die vorzuziehen, die der Landesbehörde den weitesten Spielraum läßt; denn für die Ermächtigungen an die Länder war offenbar neben der Verschiedenheit

der Bedürfnisse in den einzelnen Teilen des Reichs auch die Erkenntnis maßgebend, daß die wirtschaftlichen Verhältnisse, denen die neuartige Mietzinsregelung gerecht werden mußte, mannigfaltig und schwer zu übersehen seien. Unter diesem Gesichtspunkte betrachtet, gibt § 5 den Ländern nur ganz allgemeine Richtlinien, die vor allem erkennen lassen, daß nur außerordentliche, mit höheren Kosten verbundene Arbeiten als große Instandsetzung bezeichnet werden sollen. Was aber außerordentliche Arbeiten sind und welche Geldmittel als ein größerer Kostenaufwand angesehen werden können, ist allein dem Ermessen der Länder überlassen. Ob diese Erwägung ausreichen würde, um eine Bestimmung zuzulassen, die nur den Kostenaufwand etwa unter Vergleich mit der Grundmiete entscheidend sein ließe, kann hier dahingestellt bleiben, da die Berliner Bek. nicht so weit geht. Sie bezeichnet vielmehr ganz bestimmte Arbeiten, die als große Instandsetzung aufgefaßt werden sollen, wenn sie einen bestimmten Bruchteil der Grundmiete als Aufwand erfordern. Diese Regelung ist aber ohne weiteres als zulässig zu erachten, denn hierbei ist die Kostenfrage nicht das einzige Merkmal der Arbeiten, sondern durch die Bezeichnung der in Betracht kommenden Ausbesserungen ihrer Art nach hat das Landesrecht bereits klargestellt, welche Arbeiten als ähnliche außerordentliche im Sinne des § 5 RMG. in Betracht gezogen werden. Das weitere Erfordernis, daß die Kosten eine gewisse Höhe erreichen müssen, dient nicht dazu, die Art der Arbeit zu bezeichnen, sondern soll dafür sorgen, daß es sich um Arbeiten mit einem größeren Kostenaufwande handelt, wie es § 5 verlangt. Wann aber ein solcher Aufwand vorliegt, hat wiederum die Landesbehörde oder die von ihr ermächtigte Stelle selbst zu entscheiden.

3. Auch die Ziffer II 5, 6 zu § 7 der AusfVO. vom 12. Juni 1922 ist nicht zu beanstanden.... Denn die Landesbehörde ist in § 22 S. 2 RMG. ganz allgemein ermächtigt worden, die gesetzlichen Zuschläge nach anderen Grundsätzen berechnen zu lassen. Da auch § 7[4] RMG. einen gesetzlichen Zuschlag betrifft, so sind die preuß. Bestimmungen durch § 22 voll gedeckt und gültig. D.n.

β) **„Eine große Instandsetzungsarbeit im Sinne des § 5 RMG. kann auch dann vorliegen, wenn nicht das ganze Dach eines Hauses, sondern nur ein Teil des Daches umgedeckt werden muß."**

Kammergericht, 17. ZS. Rechtsentscheid v. 23. Juni 1924 (Y 34).

Der § 5 bezeichnet als nicht zur laufenden Instandsetzung gehörig neben der vollständigen Erneuerung der Dachrinnen und Abfallrohre und dem Neuanstrich des ganzen Treppenhauses im Inneren auch „das Umdecken des Daches". Daraus ist zu schließen, daß hier nicht das vollständige Umdecken des ganzen Daches gemeint ist — denn sonst wäre das gesagt worden —, sondern daß auch ein teilweises Umdecken als große Instandsetzungsarbeit angesehen werden kann. Die Voraussetzungen, daß eine entsprechende Feststellung gerechtfertigt ist, müssen der allgemeinen Begriffsbestimmung des § 5 S. 2 entnommen werden. Danach ist ein teilweises Umdecken des

Daches nur dann eine große Instandsetzung, wenn die dazu notwendigen Arbeiten: 1. außerordentliche sind, also bei Dächern der jeweils in Frage kommenden Art nicht häufiger vorzukommen pflegen; 2. einen erheblicheren Kostenaufwand erfordern und 3. zur ordnungsmäßigen Erhaltung des Hauses als solchen erforderlich sind. Ob diese Voraussetzungen stets sämtlich vorliegen, ist Tatfrage und im Einzelfalle zu entscheiden. Unerheblich erscheint dabei, welche Schäden das Umdecken nötig machen, und ob sie in der eigentlichen Dachbedeckung oder in dem darunter liegenden Sparrenwerk entstanden sind. D.n.

m) α) **„Eine Wohnung, die der Mieter nicht selbst benutzt, sondern Dritten zur Untermiete überlassen hat, gilt im Sinne des WMG. als unbenutzt, es sei denn, daß die Gemeindebehörde (Wohnungsamt) ihr Beschlagnahmerecht gemäß § 10[1] des Groß-Berliner Notrechts verloren hat.“**

Kammergericht, 17. ZS. Rechtsentscheid v. 4. Juli 1924 (Y 54).

... Eine Wohnung ist nur dann „benutzt“, wenn derjenige, der zu ihrer Benutzung befugt ist, sie als Unterkunft für sich selbst verwendet. Dies ergibt sich aus dem Zwecke der Zwangswirtschaft, die dazu dienen soll, den vorhandenen, weit hinter dem Bedürfnis zurückbleibenden Wohnraum ordnungsmäßig zu bewirtschaften, dh. für die Unterbringung der Personen sicherzustellen und zu verwenden, deren Wohnbedürfnis nach den geltenden Bestimmungen vornehmlicher Berücksichtigung bedarf. Um diesen Zweck zu erreichen, ist der vorhandene Wohnraum — mit hier nicht interessierenden Ausnahmen — dem öffentlichen Zugriff unterstellt worden, soweit er nicht schon entsprechend benutzt wird. Hieraus folgt auch für Wohnungen, die nicht leer stehen, daß der Inhaber sie nicht beliebig der Verwendung als Wohnraum für seine eigene Person entziehen und einer anderen Benutzung zuführen darf. Dieser Grundsatz kommt in § 3 WMG. klar zum Ausdruck. Danach kommt es nur darauf an, ob der zum Bewohnen der Räume nach den wohnungsrechtlichen Vorschriften Berechtigte diese Art der Benutzung tatsächlich aufgegeben hat, und ist bedeutungslos, wenn er sie in anderer Weise, etwa durch Untermiete, verwendet, weil dies einer Vereitelung des Zugriffs der Gemeindebehörde gleichkäme. Es entsteht dann das Recht zur Inanspruchnahme der Wohnung für die Gemeindebehörde. Indessen ist diese nicht verpflichtet, ihre Befugnis zu gebrauchen; sie kann sich vielmehr ihres Rechts begeben, besonders eine andere Benutzungsart, also auch die Untervermietung gestatten. Dies ist in § 10[1] des Groß-Berliner Notrechts vom 12. Mai 1921 bedenkenfrei angeordnet. Danach gilt, wenn die Gemeindebehörde erklärt hat, daß sie einen Bewerber nicht zuweise, oder wenn 2 Wochen seit der Anzeige verstrichen sind, die Wohnung für die Folge nicht mehr als unbenutzt, solange die Untervermietung nicht wiederum geändert wird. Die Erklärung, ihre Rechte nicht zu gebrauchen, ist auch darin zu finden, wenn die Behörde der Aufnahme des Untermieters in Kenntnis der tatsächlichen Verhältnisse zustimmt, zB. durch Abstemplung der Anmeldung oder des Vertrags. Diese Erklärung kann sie nicht beliebig zurücknehmen, wie ohne weiteres daraus hervorgeht, daß die Fristversäumung einer solchen Erklärung in den Wirkungen gleichsteht, aber bedeutungslos wäre, wenn sie die Behörde an einer Inanspruchnahme bei gleichbleibender Sachlage nicht hinderte. Dabei ist davon auszugehen, daß ihr vor ihrer Entschließung der richtige Sachverhalt unterbreitet war. Sofern das nicht geschehen ist, braucht auch ihre Zustimmung zur Untervermietung nicht die Folge zu haben, daß sie die Wohnung weiterhin als unbenutzt nicht beanspruchen kann. D.n.

β) **„Als unbenutzt sind auch solche Wohnungen und Räume zu betrachten, die auf Grund eines nach den WMVorschriften rechtsunwirksamen Mietvertrags oder vom Hauseigentümer eigenmächtig in Benutzung genommen worden sind."**

Kammergericht, 17. ZS. Rechtsentscheid v. 4. Juli 1924 (Y 62).

Nach dem Wortlaut des § 3^2 kann allerdings der Anschein entstehen, es komme nur auf den Zustand der tatsächlichen Benutzung, nicht aber auf die Person des Benutzenden an. Allein das Gesetz stellt neben die völlig leeren Räume auch solche, die zwar nicht leer sind, die aber doch den Zwecken entzogen sind, für die sie mit Rücksicht auf die Wohnungsnot durch die WMBestimmungen allein vorgesehen sind. Bei der Beschaffung neuen Wohnraums für die Wohnungsbedürftigen macht das Gesetz nur vor den unbedingt schutzwürdigen Interessen halt. Diese Schutzwürdigkeit wird, von hier nicht interessierenden Ausnahmen abgesehen, allgemein anerkannt bezüglich der unveränderten Benutzung der Räume durch Personen, die diese Benutzung entweder schon vor Beginn der Wohnungsbewirtschaftung ausübten oder später im Einklang mit den wohnungsrechtlichen Vorschriften begonnen haben. Von dieser Tatsache aus gewinnt Abs. 2 den Sinn, daß er den völlig leeren Räumen die gleichstellt, bei welchen der berechtigte Benutzer die Benutzung, zu der er trotz der Wohnungsnot befugt ist, aufgibt. Dann aber kann es nur von Bedeutung sein, ob die Räume auch weiterhin von dem nach den wohnungsrechtlichen Bestimmungen dazu Befugten benutzt werden, während eine Benutzung durch andere, die im Widerspruch mit diesen Bestimmungen den Besitz an diesen Räumen erlangt haben, belanglos erscheint. Das muß in gleicher Weise gelten, wenn der Hauseigentümer sich eigenmächtig der Räume für seine Zwecke bedient, wie wenn ein Dritter sie auf Grund eines nach den WMVorschriften unwirksamen Vertrags benutzt, während natürlich eine Unwirksamkeit des Mietvertrags aus Gründen des bürgerlichen Rechts nicht von Bedeutung sein kann.

Diese Auslegung allein ist auch mit dem Zweck der Wohnungswirtschaft vereinbar. Sie steht auch mit dem Wortlaute des § 3^2 durchaus in Einklang, wenn man ihn im Zusammenhange würdigt; besonders wird sie noch durch die in § 3^1 begründete Anzeigepflicht des Verfügungsberechtigten bestätigt. Käme es nur auf den tatsächlichen Zustand des Benutzens an, so würde diese Anzeige gänzlich wertlos sein. Bei sofortiger Überlassung der Räume an einen Unbefugten könnte sie unterbleiben, denn die Räume würden überhaupt nicht zu unbenutzten. In allen anderen Fällen wäre sie zwar zu machen, verlöre aber jede Wirkung, wenn die Räume alsbald von jemand in Benutzung genommen würden. Sie soll aber ganz offensichtlich der Gemeindebehörde die Verfügung über die unbenutzten Räume sichern. D.n.

n) **„Bei der Beschlagnahme übergroßer Wohnungen ist der Untermieter als Verfügungsberechtigter für seine Räume selbständig zu berücksichtigen.“**
Kammergericht, 17. ZS. Rechtsentscheid v. 4. Juli 1924 (Y 45).

Nach § 6 A d des Groß-Berliner Notrechts können benutzte Räume oder Nebenräume solcher Wohnungen von mehr als zwei Zimmern und Küche beansprucht werden, die im Verhältnis zur Zahl der Bewohner als übergroß anzusehen sind. Schon dieser Wortlaut würde es nicht rechtfertigen, Personen, die in einer nach den wohnungsrechtlichen Vorschriften nicht zu beanstandenden Weise in die Wohnung aufgenommen worden sind, als Bewohner bei Prüfung der Raumverhältnisse außer acht zu lassen; solche Untermieter wären also mitzuzählen. Das Bedenken, daß diese Auslegung eine Vereitlung der Wohnungswirtschaft in gewissem Umfang ermögliche, vermag daran nichts zu ändern. Gewiß ist auf den Zweck der wohnungsrechtlichen Bestimmungen Rücksicht zu nehmen und bei mehreren an sich möglichen Auffassungen die vorzuziehen, die mit jenem Zweck am besten in Einklang steht. Indessen dürfen doch die mit der Entscheidung betrauten Stellen nicht mit Rücksicht auf die Zweckmäßigkeit vom klaren Inhalt abweichen, es sei denn, daß der Zusammenhang einer einzelnen Vorschrift mit der übrigen Regelung erkennen läßt, daß sie eine vom Wortlaut abweichende Bedeutung hat. Derartige Gründe liegen hier aber nicht vor; vielmehr ist der genaue Wortlaut maßgebend. Für die Lösung der Rechtsfrage müssen jedoch noch andere Erwägungen gefunden werden, die ihr eine wesentliche andere Gestalt geben.

Eine Vorschrift, die die Gemeindebehörde zum Zugriff auf übergroße Wohnungen berechtigt, findet sich im Reichsrecht, besonders im WMG. nicht; sie ist vielmehr für Groß-Berlin erst durch § 6 A d geschaffen worden. Somit handelt es sich um eine Maßnahme, die ihre reichsrechtliche Grundlage im § 9 WMVO. fand und jetzt in § 6 WMG. hat. Auch die insoweit inhaltlich übereinstimmenden reichsrechtlichen Vorschriften benutzen als Mittel zur Beschaffung von Wohnraum die Inanspruchnahme oder Beschlagnahme von Räumen unter bestimmten Voraussetzungen. Sie geben aber den Landesbehörden in § 9 (§ 6) die Befugnis, neben die unmittelbar reichsrechtlich zugelassenen Maßnahmen noch weitere zu setzen; besonders kann dabei in die Unverletzlichkeit der Wohnung eingegriffen werden, und ein solcher Eingriff ist auch die Inanspruchnahme übergroßer Wohnungen; sie kann im Rahmen des § 6 rechtlich geregelt werden. Die §§ 3, 4 WMG. kennen in dieser Richtung nur ein Vorgehen der Gemeindebehörde gegen den Verfügungsberechtigten. Als solcher gilt nur, wer tatsächlich in der Lage ist, den Raum zu benutzen oder durch andere ohne Verletzung fremder Rechte benutzen zu lassen, also in der Regel der unmittelbare Besitzer (oben S. 260). Das WMG. greift nur in die Rechte desjenigen ein, in dessen Vermögen die Raumnutzung sich dergestalt befindet, daß er sie tatsächlich gewähren kann und daß die Inanspruchnahme zu einer unmittelbaren Übertragung jener Nutzung vom jetzigen

Inhaber auf die Gemeindebehörde oder die von ihr bezeichnete Person als den neuen Inhaber zu führen vermag. Diese Regelung entspricht allein auch den Zwecken der Wohnungsbewirtschaftung, denn sie sollen Bedürftigen tatsächliche Wohngelegenheit verschaffen. Diese aber kann nur dem unmittelbaren Besitzer entzogen werden.

Es kann hier dahingestellt bleiben, ob die Landesbehörde auf Grund des § 6 WMG. zu Anordnungen befugt wäre, welche die Person des Gegners anders bestimmen, also die Beschlagnahme nicht gegen den Verfügungsberechtigten richten. Denn solange das Landesrecht eine derartige Abweichung nicht klar enthält, muß es in Übereinstimmung mit §§ 3, 4 WMG. verstanden werden. Deshalb ist davon auszugehen, daß auch § 6 Ad sich nur gegen den Verfügungsberechtigten richten kann und richten soll, daß also auch die Übergröße einer Wohnung nur bezüglich der Räume geprüft und festgestellt werden darf, für die er als Verfügungsberechtigter in Betracht kommt. Sobald aber ein Raum vermietet ist, wird der Untermieter der Verfügungsberechtigte über ihn im Sinne des WMG.; der Vermieter kann den Raum nicht mehr an einen anderen, besonders an die Gemeindebehörde, herausgeben, ohne die Rechte des Untermieters zu verletzen. Nur soweit dieser in einer gemäß den wohnungsrechtlichen Bestimmungen unwirksamen Weise aufgenommen worden ist, müßte anders entschieden werden, denn einer Gesetzesumgehung kann kein Rechtsschutz zuteil werden. Hierin liegt auch die Möglichkeit der Abhilfe gegen die vom LG. hervorgehobene Gefahr von Störungen der Wohnungswirtschaft durch Untervermietung. Dieser Gefahr ist durch die wohnungsrechtliche Regelung der Untermiete zu begegnen, sei es auf Grund des bestehenden Rechts, sei es durch ergänzende Vorschriften. D.n.

o) **„Im Geltungsbereich der Berliner Bek. vom 10. April 1924 ist dem § 4 WMG. genügt, wenn die Gemeindebehörde dem Verfügungsberechtigten auch nur einen Wohnungsuchenden zugewiesen hat."**

Kammergericht, 17. ZS. Rechtsentscheid v. 4. Juli 1924 (Y 63).

An dem Rechtsentscheid v. 31. 1. 24 (oben S. 251) und seiner mit dem Wortlaut und der Entstehungsgeschichte übereinstimmenden Auslegung des § 4 ist auch weiterhin festzuhalten.[1] Er erledigt jedoch die gestellte Rechtslage nicht; vielmehr hängt deren Beantwortung davon ab, ob auf Grund des § 6 für Notstandsbezirke eine anderweitige Regelung getroffen werden kann und für Berlin tatsächlich angeordnet worden ist. Das war zu bejahen. Der § 6 setzt nämlich einen anderen und weitergehende Maßnahmen erfordernden Tatbestand voraus und erteilt der zuständigen Behörde allgemein die Ermächtigung, über den Rahmen der §§ 2—5 hinaus alle nach ihrem Ermessen zur Beseitigung der außergewöhnlichen Mißstände notwendigen Anordnungen zu treffen (vgl. auch RG. 107 S. 220). Hiernach ist es allein der obersten Landesbehörde vorbehalten zu entscheiden, ob eine Maßnahme geeignet ist, der Wohnungsnot zu steuern, und die Gültigkeit ihrer Anordnung kann nicht

[1] Ebenso der 6. FerienZS. im Rechtsentscheid v. 23. Juli 1924: „Der zu § 4 ergangene Rechtsentscheid v. 31. 1. 24 wird aufrecht erhalten" (17 Y 77).

aus dem Gesichtspunkt angezweifelt werden, daß die Maßnahme die Wohnungsnot nicht zu lindern vermag. Aber auch wenn eine solche Nachprüfung zulässig wäre, würde der Senat die Anordnung, daß nur ein Wohnungsuchender zugewiesen werden muß, unbedenklich für förderlich erachten; denn sie ermöglicht die leichtere Unterbringung auch solcher Wohnungsbedürftiger, die wegen besonderer Verhältnisse, etwa wegen ihres Kinderreichtums, bei einer Wahlbefugnis des Vermieters hinter anderen gewöhnlich zurückgesetzt werden würden. Hätte selbst die Maßnahme nichts anderes im Gefolge, als die Tätigkeit der Wohnungsämter bequemer zu gestalten, so könnte das schon genügen; denn jede Vereinfachung der zuständigen Behörden, jede Verringerung ihrer Aufgaben fördert die Erreichung des Bewirtschaftungszweckes, weil sowohl die zur Verfügung stehenden Arbeitskräfte, wie auch vor allem die verfügbaren Geldmittel der tatsächlichen Durchführung der wohnungsrechtlichen Vorschriften gewisse Grenzen setzen und mit den vorhandenen Mitteln bei möglichster Vereinfachung der Aufgaben um so mehr Erfolg erzielt werden kann.

Zu prüfen ist dagegen, ob etwa die beanstandete Anordnung, weil sie dem Inhalt des § 4 widerspricht, unzulässig war. Das ist nicht der Fall. Bei der allgemeinen Fassung des § 6 verb. mit dem Hinweise auf die §§ 2—5 ist ersichtlich, daß nicht jede Abweichung von diesen Vorschriften ausgeschlossen ist. Es kann hier dahingestellt bleiben, in welchem Umfang Abweichungen von §§ 2—5 trotzdem der Landesbehörde verwehrt sind. Jedenfalls ist kein Grund ersichtlich, weshalb die Landesbehörde nicht das Erfordernis der Zuweisung von mindestens zwei Wohnungsuchenden aufgeben könnte. § 4 trifft die Regelung für das gesamte Gebiet, läßt aber für die Notstandsbezirke weitergehende Anordnungen zu, wenn das Bedürfnis danach besteht. Ihrer Natur nach ist der § 4 keineswegs eine solche Vorschrift, die nicht zur Behebung außergewöhnlicher Notstände außer Kraft gesetzt werden könnte; sonst hätte das besonderer Hervorhebung im Gesetze bedurft. Mangels einer solchen darf ihr eine derartige Bedeutung um so weniger beigelegt werden, als auch die Entstehungsgeschichte dafür keinerlei Stütze bietet.

Für Berlin ist die Anordnung durch die Bek. vom 10. April 1924 gültig getroffen worden. Die Bedenken des LG. gegen das Vorliegen einer entsprechenden Ermächtigung an die Stadt sind nicht begründet. Durch Erlaß vom 10. April 1924 hat der Pr. Wohlfahrtsminister den Magistrat ermächtigt, im § 12 des Berliner Notrechts das Wort „Wohnungsuchende" durch „Mietraumsuchende" zu ersetzen, indem er seinen Erlaß v. 10. August 1923 wiederholte. Diese Ermächtigung konnte sich nur auf eine entsprechende Abänderung des § 12 beziehen, also der Vorschrift, in der schon bisher die Zuweisung nur eines Wohnungsuchenden angeordnet war. Sie kann in ihrer Form nicht wohl anders verstanden werden, als daß der Minister den Magistrat dazu ermächtigte, den § 12¹ unter Veränderung des Wortes Wohnungsuchende im übrigen unverändert in Geltung zu lassen, ihn also mit dieser hier unwesentlichen Änderung erneut zu erlassen. Da diese Ermächtigung nach dem Inkrafttreten des WMG. erging, also zu einer Zeit, zu der die Zuweisung eines Wohnungsuchenden genügte, gegenüber der jetzigen Fassung eine Anordnung auf Grund des § 6 darstellt, dies auch dem Minister nicht wohl entgangen sein kann, so ist in dem Erlaß eine ausreichende Ermächtigung als Grundlage für die Bek. vom 10. April 1924 bezüglich des Abs. 1 zu finden. Da der Minister ferner durch Erlaß vom 7. April 1924 ermächtigt hat, dem § 12² die Fassung zu geben, wie sie sich in der Bek. vom 10. April 1924 findet, eine Fassung, die ohne weiteres zeigt, daß die Zuweisung nur eines Mietraumsuchenden genügen soll, so kann an dem Vorliegen einer ausreichenden Ermächtigung kein begründeter Zweifel mehr bestehen.

Auch das Bedenken, ob der Magistrat und nicht vielmehr der Bürgermeister die Bek. hätte erlassen sollen, erledigt sich, ohne daß es einer Untersuchung über die Zuständigkeit nach der StädteO. bedarf. Nach § 6 WMG. hätte der Minister die Anordnung auch selbst treffen können. Wenn er davon absieht und zu der von ihm im einzelnen selbst angegebenen Bek. den Magistrat ermächtigt, so kann diese Bek. jedenfalls nicht deshalb ungültig sein, weil der Magistrat statt des Bürgermeisters ermächtigt worden ist. Dieser selbst gehört dem Magistrat an, und es wäre ihm, sofern er überhaupt als die zuständige Stelle betrachtet werden müßte, unbenommen, die Beseitigung der Bek. des Magistrats zu betreiben, wenn sie seinem Willen nicht entspräche. Tut er das nicht, so rechtfertigt sich die Annahme, daß er der Maßnahme zugestimmt hat, dann aber ist die Mitwirkung weiterer Mitglieder des Magistrats vielleicht überflüssig gewesen, keinesfalls aber ein Grund für die Ungültigkeit der Bekanntmachung. D. n.

p) **„Auf Grund des § 6 WMG. kann die oberste Landesbehörde eine Gemeindebehörde ermächtigen, eine Zwangsbewirtschaftung gewerblicher Räume unter der Voraussetzung anzuordnen, daß dadurch mittelbar Wohnraum verfügbar wird."**

Kammergericht, 17. ZS. Rechtsentscheid v. 12. Juni 1924 (Y 46).

... Da der klare ersichtliche Zweck des WMG., wie ihn schon für die WMVO. v. 23. 9. 18 deren Begründung hervorhebt, der ist, durch Erfassung der für Wohnzwecke geeigneten Räume die Wohnungsnot zu mildern, so muß nach § 6 jede Anordnung zulässig erscheinen, durch die das Wohnungsamt bisher nicht verfügbaren Wohnraum für die Unterbringung Wohnungsuchender, sei es unmittelbar oder mittelbar, erfaßt. Daher erscheint auch die Beschlagnahme gewerblicher und diesen im § 5 WMG. gleichgestellter Räume zulässig, wenn dadurch mittelbar Raum zu Wohnzwecken frei wird. Ein abweichender Standpunkt läßt sich auch nicht den Gründen des Urteils vom 11. Januar 1923 (JW. S. 767) entnehmen, denn dieses gründet sich vornehmlich darauf, daß die Berliner Bek. v. 12. 5. 21 im § 12 Zwangsmietverträge nur für Wohnungsuchende, nicht wie die hier maßgebende Hagener Bek. im § 13 für Bewerber überhaupt zuläßt. Die abweichende Ansicht Mittelsteins (JW. aO.) dürfte vor allem dem Zweck des Gesetzes widersprechen, die Minderung des Wohnungsmangels auch durch einschneidendste Maßnahmen, selbst Eingriffe in die Unverletzlichkeit des Eigentums, herbeizuführen. Zur mittelbaren Erfassung ist aber ein ursächlicher Zusammenhang zwischen dem Freiwerden von Wohnraum und der Beschlagnahme erforderlich derart, daß diese nicht unmittelbar Wohnraum erfaßt, sondern daß durch die Verwendung der beschlagnahmten gewerblichen Räume zu anderen als Wohnzwecken Wohnraum für die Bewirtschaftung durch die Gemeindebehörde frei wird. Dies trifft zunächst zu, wenn ein in zu Wohnzwecken geeigneten Räumen untergebrachter Gewerbebetrieb in beschlagnahmte gewerbliche Räume eingewiesen wird; es ist aber auch dann der Fall, wenn einem neuen oder vergrößerten Gewerbebetriebe beschlagnahmte gewerbliche Räume überlassen werden und dieser Betrieb als Gegenleistung dafür neuen Wohnraum (zB. durch Ausbau oder Neubau) schafft und alsbald unter Mitwirkung des Wohnungsamtes Wohnungsuchenden zur Verfügung stellt. D.n.

q) **„Bei Prüfung der Frage, ob eine Wohnung übergroß ist, sind durch Neubau (§ 12 WMG.) gewonnene Räume außer Betracht zu lassen."**

Kammergericht, 17. ZS. Rechtsentscheid v. 12. Juni 1924 (Y 37).

Die Beschlagnahme übergroßer Räume — Bek. des Kreisausschusses Cassel vom 20. 4. 21 — findet ihre Stütze im § 6 WMG., § 9 WMVO. Ihm geht aber der § 12 WMG., als die Bestimmung über die Anwenbarkeit des Gesetzes vor. Der § 12, der die Freiheit der nach 1. Juli 1918 bezugsfertig gewordenen Bau- oder Umbauten von der Wohnungszwangswirtschaft neu festsetzt, wurde getroffen, weil der Ausschluß der Anwendbarkeit des RMG. auf diese Räume für sich allein nicht genügend Anreiz zur Belebung der Bautätigkeit gegeben hatte und diese Belebung mit allen Mitteln erfolgen sollte (Begründung zu § 25 MSchG. und § 15 RMG.). Ob diesem Zweck aber nur eine Auslegung des § 12 WMG. dahin gerecht wird, daß die Zwangswirtschaft weder unmittelbar noch mittelbar Neubauten erfassen könne, kann dahingestellt bleiben. Denn der Erlaß vom 21. 9. 1921 des Wohlfahrtsmin. (betr. der Frage, ob eine alte und eine Neubauwohnung eine Doppelwohnung bilden) erklärt: „In bezug auf die WMVO. werden Neubauten so behandelt, als ob sie nicht vorhanden wären." Diese Auffassung wird zwar von Brumby (Wohnungsmangel 95) und von Ruth (JW. 1924 S. 837 Nr. 18 II) nicht geteilt, sie erscheint aber insofern beachtlich, als sie die Auffassung der obersten Landesbehörde, die erst die Gemeindebehörden zur Inanspruchnahme übergroßer Wohnungen ermächtigt, wiedergibt, und eine Begrenzung dieser Ermächtigung dahin erkennen läßt, daß Neubauten in keiner Weise zuungunsten des Wohnungsinhabers zu berücksichtigen sind. D.n.

r) **„Die nach § 8 WMG. zum Wohnungstausch erforderliche Genehmigung der Gemeindebehörde kann das MEA. ersetzen."**

Kammergericht, 6. FerienZS. Rechtsentscheid v. 23. Juli 1924 (17 Y 74).

... Der § 8 WMG. sagt bezüglich der Zustimmung der Vermieter besonders, daß das MEA. sie ersetzen kann, während ein gleicher Satz für die Mitwirkung der Gemeindebehörden fehlt. Daraus aber folgt hier noch nichts, denn der § 16 gibt dem durch die Verfügung unmittelbar Betroffenen eine Beschwerde, dh. in Preußen die Befugnis, die Entscheidung des MEA. herbeizuführen. Zu diesen Verfügungen gehört aber auch die Versagung der Genehmigung zum Wohnungstausch. Im Schrifttum ist die Frage streitig, und die Antwort davon abhängig gemacht, ob dem Wohnungsinhaber von vornherein ein Tauschrecht zusteht (so JW. 1924 S. 789), oder ob es durch die Genehmigung überhaupt erst geschaffen wird (so Brumby zu § 8). Indessen gibt diese Unterscheidung keine sichere Lösung. Allerdings darf nach bürgerlichem Recht der Inhaber ohne weiteres seine Wohnung nach Belieben tauschen, sofern nur sein Vermieter einverstanden ist. Doch ist nach jenem Recht auch jeder befugt, eine Wohnung zu mieten und zu beziehen, sofern ein Vermieter mit ihm abzuschließen geneigt ist. Nach den wohnungswirtschaftlichen Bestimmungen sind diese Rechte aber in beiden Fällen eingeschränkt, indem sie nur mit der Zustimmung der Gemeindebehörde wirksam ausgeübt werden können. Trotzdem ist eine Beschwerde des Mietlustigen sicherlich nicht gegeben, wenn das Wohnungsamt ihm die Genehmigung versagt. Daß aber allgemeine Erwägungen schon eine unterschiedliche Behandlung beider Fälle notwendig machen und den Tauschlustigen als Betroffenen des § 16 erscheinen lassen, den Mietlustigen hingegen nicht, wird zu verneinen sein. Wohl aber rechtfertigt sich der Unterschied aus § 8. Denn die Entscheidung über die Genehmigung des Tausches findet ihre unmittelbare Grundlage eben im § 8, stellt also eine Verfügung des § 16 dar. Der Rechtsbehelf wäre also gegen die Verweigerung nur dann zu versagen, wenn der Tauschende aus bestimmten Gründen nicht als „unmittelbar betroffen" betrachtet werden dürfte. Solche Gründe fehlen aber. Der § 8 ergibt sogar, daß die Behörde bei der Entscheidung über die Genehmigung weniger frei gestellt ist, als es bei ihren sonstigen wohnungswirtschaftlichen Aufgaben die Regel bildet. Während sie sich in den meisten anderen Fällen zwar innerhalb der Grenzen ihres pflichtmäßigen Ermessens zu bewegen hat, andere Schranken für ihre Entschließung jedoch nicht findet, steht es hier anders. Liegen die übrigen Voraussetzungen vor, so ist nämlich die Genehmigung in 14 Tagen zu erteilen. Aus dieser Fassung ist nicht etwa zu folgern, daß die Verweigerung ausgeschlossen sei; dennoch geht aus ihr hervor, daß die Genehmigung als die Regel angesehen werden soll. Wichtiger noch ist die Bestimmung, daß eine Fristüberschreitung ohne weiteres als Genehmigung behandelt wird. In dieser sieht danach das Gesetz einen Eingriff in die Rechtsbetätigung desjenigen, der tauschen will, einen Eingriff, auf den man aus wohnungswirtschaftlichen Gründen nicht verzichten zu können glaubte, den man aber tunlichst einschränken wollte. Es ist auch nicht einzusehen, weshalb die Beteiligten gegen diesen Eingriff geringeren Schutz genießen sollten, als er bei Inanspruchnahme von Räumen durch den Instanzenzug gewährleistet ist. In dem einen wie im anderen Falle vermag die Nachprüfung des MEA. die Gemeidebehörde in der Bewirtschaftung des vorhandenen Wohnraums zu behindern. Daß dies aber etwa beim Wohnungstausch im öffentlichen Interesse weniger erträglich wäre, als in anderen Fällen, besonders bei der Inanspruchnahme von Räumen, ist nicht anzuerkennen.[1] D.n.

12. Familienrecht.

a) Eheschließung: α) Ersetzung der Einwilligung nach § 1304².

Kammergericht, ZS. 1a. Beschluß v. 29. September 1922.

... Wenn das Gesetz, wie § 1304 ergibt, entmündigten Geistesschwachen überhaupt die Eheschließung gestattet, obwohl hier von einer Ehe im vollen Sinne des Wortes wohl nur ausnahmsweise gesprochen werden kann, so liegt darin von vornherein der Verzicht darauf, daß der Mündel fähig sein müsse, alles das zu erfüllen, was normalerweise vorausgesetzt wird. Dies wird durch §§ 1409, 1676², 1678 bestätigt, die auch dann gelten, wenn wie hier bereits bei Eingehung der Ehe der Mann bevormundet ist. Er wird dann in den Rechten und Pflichten, die sich aus der Verwaltung und Nutznießung des eingebrachten Vermögens ergeben, durch den Vormund vertreten, auch wenn, was zulässig ist, die Frau Vormund des Mannes ist. Werden in der Ehe Kinder geboren, so steht die Personensorge dem Manne nur neben dem gesetzlichen Vertreter der Kinder zu; er selbst kann die Kinder nicht vertreten. Bei Meinungsverschiedenheiten geht die Meinung des gesetzlichen Vertreters vor. Hiernach sind die Bedenken des beschwerdeführenden Vormunds, insoweit sie sich auf die geistigen Kräfte des Mündels und seine Fähigkeiten zur Leitung des Hauswesens und zur Erziehung der künftigen Kinder betreffen, nicht durchschlagend. Die Frage ferner, ob mit Wahrscheinlichkeit auf die Erzeugung geistig minderwertiger Kinder gerechnet werden müßte, braucht hier nicht grundsätzlich entschieden zu werden. Nach der einwandfreien Feststellung des LG. ist diese Möglichkeit nur gering. Einen gerichtlich auszuwählenden Sachverständigen zu vernehmen, war das Gericht nicht verpflichtet, bei der Auswahl der Erkenntnisquellen und bei der Art ihrer Benutzung war es vielmehr grundsätzlich durch keine gesetzlichen Regeln gebunden, es konnte sich daher seine Überzeugung auch auf Grund überreichter Privatgutachten bilden. ... M.

β) eines durch ein unzuständiges Gericht Geschiedenen.

OLG. Hamburg, 1. ZS. Beschluß v. 3. Januar 1923.

Das Urteil des hiesigen LG. v. 1920 hat die Ehe des hier wohnhaften derzeit tschechoslowakischen Staatsangehörigen A. rechtskräftig geschieden. Nachdem darauf A. durch Erwerb der hamburgischen Staatsangehörigkeit Deutscher geworden, hat er hier das Aufgebot zur Schließung einer neuen Ehe beantragt. Der Standesbeamte hat unter Billigung des Amtsgerichts abgelehnt, wurde jedoch auf Beschwerde zur Vornahme der Eheschließung angewiesen. Die weitere Beschwerde seiner Aufsichtsbehörde ist unbegründet. Das tschechische Recht gestattet den tschechischen Staatsangehörigen allerdings

[1] Im Falle des § 4 KleinGO. v. 31. 7. 19 ist der Rechtsweg zulässig: BayKompetenzGH. Urteil v. 16. Febr. 1924 (BayZ. 20 S. 198).

nicht, für die Regelung ihrer Ehestreitigkeiten nichttschechische Gerichte anzurufen, verneint also im Sinne § 606⁴ ZPO. die Zuständigkeit deutscher Gerichte für solche Streitigkeiten. Nachdem jedoch das Urteil des hiesigen LG. in Rechtskraft übergegangen ist, das LG. sich also rechtskräftig für zuständig erachtet hat, in dem Ehestreite trotz der tschechischen Staatsangehörigkeit beider Teile sachlich zu erkennen, ist für die Frage und für einen Zweifel, ob das Gericht hierzu berufen gewesen sei, nach deutschem Rechte kein Raum mehr. ... An diesem Ergebnisse wird auch durch EG. Art. 17^1 nichts geändert. Selbst wenn diese Regel sich nicht nur darauf beziehen sollte, welche materiell-rechtlichen Bestimmungen über die Scheidung, ob die des deutschen Rechts oder die eines fremden Staates im Einzelfalle maßgeblich seien, sondern auch auf prozeßrechtliche Normen, so Zuständigkeitsvorschriften (vgl. übrigens § 606^4 ZPO.) und ihre Folgen, so muß ihre Geltung doch gegenüber der rechtschaffenden Kraft eines rechtskräftigen deutschen Scheidungsurteils zurücktreten und fortfallen.

Eine andere Frage ist freilich, ob die Eheleute A., nachdem ihre Ehe nach deutschem Rechte vollwirksam geschieden war, damit auch jeder die Möglichkeit erlangt hatte, alsbald wieder anderweitig eine Ehe einzugehen. Dies müßte im Hinblick auf EG. Art. 13 S. 2 allerdings vielleicht verneint werden, woraus jedoch nicht etwa zu folgern wäre, daß danach die vom LG. ausgesprochene Scheidung im Grunde rechtlich völlig bedeutungslos gewesen sei. Ihr kam vielmehr von Anfang an nach deutschem Rechte in mancherlei Hinsicht Bedeutung zu: Der Mann war unter anderem nicht mehr gemäß §§ 1360ff. BGB. unterhaltspflichtig; für die Frau bestand nicht mehr die eheliche Folge und für keinen Teil mehr die Pflicht zur ehelichen Treue. Einer Entscheidung jener Frage bedarf es indessen nicht. Denn nachdem A. Deutscher geworden ist, sind für ihn, wenn er im Inlande eine neue Ehe eingehen will, jetzt nur noch die deutschen Gesetze maßgebend. Diese gestatten ihm aber, nachdem seine frühere Ehe nach deutschem Rechte durch das nunmehr voll zur Geltung gelangte Urteil rechtskräftig geschieden ist, falls nicht etwa sonstige Ehehindernisse bestehen, uneingeschränkt eine neue Ehe zu schließen. ... B.

b) **Auflösung der Ehe im Sinne des § 1329.**

OLG. München, 2. ZS. Urteil v. 7. Juli 1922.

Die Eheleute Julius und Therese Berg wurden 1907 durch Urteil des Landesgerichts Wien von Tisch und Bett getrennt, nachdem Ehebruch der Frau mit Johann W. festgestellt war. 1911 schlossen dieser und Therese Berg eine Ehe vor dem Standesbeamten in London. Auf die Klage des Berg, der inzwischen die deutsche Staatsangehörigkeit erworben hatte, wurde am 1. März 1921 seine Ehe mit Therese aus beiderseitigem Verschulden vom hiesigen LG. rechtskräftig geschieden. Nunmehr klagte der Staatsanwalt auf Nichtigkeitserklärung der in London geschlossenen Ehe. Ende 1921 haben dann die beiden Beklagten vor dem Standesbeamten in München die Ehe geschlossen und unter Hinweis hierauf die Abweisung der Klage beantragt. Das LG. hat jedoch mit Recht nach dem Klagantrag erkannt. Da das Urteil auf die Nichtigkeitsklage nicht Recht schafft, sondern nur mit Wirkung für und gegen alle (§ 629 ZPO.) feststellt, daß nur der Schein einer Ehe vorlag, kann man von einer „Auflösung" der nichtigen Ehe nicht sprechen; denn was nicht besteht, kann auch nicht aufgelöst werden. Wenn gleichwohl § 1329 BGB. davon spricht, so ist das dahin zu verstehen, daß bezüglich der Scheinehe eine der Tatsachen eingetreten sein muß, die das Gesetz für gültige Ehen als Auflösungsgründe ansieht und bezeichnet. Als Auflösungsgründe werden allgemein nur bezeichnet der Tod (§ 1342[1]), die Scheidung (§ 1564 S. 2) und die Wiederverheiratung (§ 1348[2]). Für sonstige Tatsachen bedient sich das BGB. des Ausdruckes „Auflösung" der Ehe nirgends, es gebraucht ihn auch nicht als allgemeinen, umfassenden Begriff.

Die Wiederholung der Eheschließung beendet, wenn die frühere Ehe nichtig war, einen gesetzwidrigen tatsächlichen Zustand. Als „Auflösungsgrund" kann sie aber auch deshalb nicht schlechthin angesprochen werden, weil sie ohne Rücksicht darauf zulässig ist, ob die bisherige Ehe nichtig ist; sie ist besonders auch zulässig, um Zweifel über die Gültigkeit der Ehe für die Zukunft zu beseitigen. Dies ist der eine Sinn des § 1309 S. 2. Dieser Vorschrift ist aber auch zu entnehmen, daß die Wiederholung, selbst wenn die frühere Ehe nichtig war, ohne deren vorgängige Nichtigkeitserklärung zulässig sein soll. In diesem Sinne war eine Vorschrift wegen des § 1329[1] notwendig; den Scheinehegatten, die jetzt eine gültige Ehe schließen wollen, hätte sonst nach der Regel des § 1329[1], die den § 1309 S. 2 durchbricht, entgegengehalten werden müssen, daß sie noch als verheiratet gelten und deshalb eine Ehe nicht schließen können, solange nicht die frühere Ehe für nichtig erklärt ist. Der Zusammenhang der §§ 1309, 1329 läßt ersehen, daß der Gesetzgeber der Wiederholung der Eheschließung gedacht hat. Wenn er trotzdem unterließ, die Wirkung einer Wiederholung ausdrücklich dahin zu regeln, daß nach dieser die Nichtigkeitserklärung in dem besonderen Verfahren ausgeschlossen sein solle, so ist der Schluß gerechtfertigt, daß er diese Wirkung nicht wollte. Eine ausdehnende Auslegung des „Aufgelöst" in § 1329 dahin, daß damit auch die Beendigung des durch die nichtige Ehe geschlossenen Zustandes gemeint ist, ist damit ausgeschlossen; denn sie ist nur dann zulässig, wenn der Gesetzgeber nicht des unter ein Gesetz zu bringenden Falles gedacht hat und ihn anderenfalls im gleichen Sinne geregelt hätte und wenn der im Gesetz ausgesprochene Rechtsgrundsatz auch auf den weiteren Fall anwendbar ist.

Die gegenteilige Anschauung des OLG. Hamburg (Rsp. 14 S. 215) wird damit begründet, daß man von einer „Auflösung" auch dann sprechen könne, wenn die nichtige Ehe dadurch beendet wird, daß die Ehegatten eine gültige Ehe schließen. Gerade dieser Satz ist aber streitig und wäre erst zu beweisen gewesen. Dieser Beweis wird auch damit nicht erbracht, wenn das Urteil weiter von einem Fortfalle des Rechtsverhältnisses, das die Grundlage des Streites bilde, eben der nichtigen Ehe, spricht. Das ist richtig für die Zukunft; dagegen bedürfen die Rechtsverhältnisse der Vergangenheit trotz der Wiederholung mitunter der Klärung, soweit sie von der Gültigkeit oder Nichtigkeit der Ehe abhängen. Auch der weitere Satz des Urteils, daß § 632 ZPO. von den „Ehegatten" spricht und damit „offenbar" nicht Ehegatten meint, die einmal in nichtiger Ehe gelebt haben, sondern solche, die in ihr leben, ist kein Beweisbehelf, sondern selbst des Beweises bedürftig. Gerade weil solche Ehegatten die Nichtigkeitserklärung nach § 1309 nicht abzuwarten haben, können an sich auch Ehegatten, die jetzt in gültiger Ehe leben, Beteiligte am Nichtigkeitsstreit im Sinne des § 632 ZPO. sein. Auch gegenüber Ehegatten, die wegen Zweifel an der Gültigkeit ihrer Ehe die Eheschließung wiederholen, muß beim Mangel der rückwirkenden Kraft der Wiederholung die Nichtigkeit der früheren Ehe noch geltend gemacht werden können. Nicht immer liegen wie anscheinend im Hamburger Fall und auch jetzt die Verhältnisse so klar, daß die Nichtigkeit der Ehe ohne weiteres feststeht und nicht bestritten wird. Für die Zulässigkeit der Nichtigkeitsklage kann es aber keinen Unterschied begründen, ob die Nichtigkeit noch streitig und bestreitbar ist und ob an deren Feststellung ein besonderes Interesse besteht.

Das RG. (28 S. 290) hat für das Pr. ALR. die — jetzt im Hinblick auf § 1329 S. 1 BGB., §§ 628, 632² ZPO. nicht mehr streitige — Frage verneint, ob der Staatsanwalt die Nichtigkeitsklage nach dem Tode eines Ehegatten erheben könne. Der Fall liegt also tatsächlich ganz anders und deshalb ist nur zu prüfen, ob die damaligen Erwägungen auch jetzt zutreffen. Dies ist zu verneinen. Was für das ALR. II 1 §§ 950/1 galt, daß nämlich der Staatsanwalt nur zur Verhinderung der Fortsetzung der verbotswidrigen Ehe berufen sei, ist jetzt weder im BGB. noch in der ZPO. ausgesprochen. Allerdings macht § 1329 eine Ausnahme für die Fälle, in denen ein Auflösungsgrund vorliegt, in denen also auch die verbotswidrige Ehe nicht mehr fortgesetzt wird. Aber mit der Anführung bestimmter abgegrenzter Fälle spricht das Gesetz noch nicht den Satz aus, daß immer, wenn die Scheinehe nicht fortgesetzt wird, die bis dahin bestandene Nichtigkeit nicht mehr in dem besonderen Verfahren festzustellen ist. Gegen die Ableitung eines solchen Satzes aus § 1329 sprechen auch Vorschriften der ZPO. Der § 628, der auch für die Nichtigkeitsklage neben den §§ 632 ff. gilt, sieht nur den Tod eines Ehegatten als Grund für die Erledigung des Ehestreites an. Es wäre demgegenüber willkürlich, jeder anderen Tatsache den nämlichen Einfluß einzuräumen, die ähnlich wie der Tod das durch die nichtige Ehe geschaffene Verhältnis tatsächlich beendet. Diese Beschränkung ergibt sich auch aus § 632², wenn er gegen beide Ehegatten die Klagerhebung verlangt. Diese ist damit stillschweigend ausgeschlossen, wenn durch Tod ein Ehegatte weggefallen ist. Als Auflösungsgrund für die nichtige Ehe kommt überhaupt ernstlich nur der Tod in Betracht und nicht einmal die Scheidung, weil bei ihr gewöhnlich die Nichtigkeit offen gelegt und die Scheidung deshalb abgelehnt werden wird. Mit den Mot. zum BGB. liegt deshalb jetzt das öffentliche Interesse an der Nichtigkeitsklage nicht bloß in der Verhinderung der Ehefortsetzung, sondern weit darüber hinaus darin: regelmäßig und besonders solange beide Scheineheleute leben, ist mit einem einheitlichen für und gegen alle wirkenden Rechtsspruche die Grundlage für die Beurteilung aller öffentlich- und privatrechtlichen Rechtsverhältnisse, die durch die Scheinehe beeinflußt sind, zu schaffen. Dieses Interesse ist so wichtig, daß auch deshalb nicht gesetzliche Ausnahmen ausgedehnt werden dürfen. Wahrzunehmen hat es nach § 632 ZPO. der Staatsanwalt, ohne daß er darlegen müßte, ob und welche öffentliche Interessen im besonderen Ehestreite gegeben sind. Auch private Interessen der Beteiligten, daß das Verfahren nicht stattfinde, sind unbeachtlich. Das Rechtsschutzbedürfnis ist, wenn die Scheinehe einmal bestanden hat, gegeben, sollten auch augenblicklich Rechtsverhältnisse, für die die Entscheidung von Bedeutung ist, nicht ersichtlich sein, da ihr späteres Zutagetreten niemals ausgeschlossen ist. — Daß sich das LG. auf die 1911 geschlossene Ehe der Beklagten beschränkt, ist in der Urteilsformel ausgesprochen. Daraus ergibt sich zweifelsfrei, daß sich das Urteil nur auf die vor der Widerholung der Eheschließung entstandenen Rechtsbeziehungen und Rechtsverhältnisse bezieht. H.n.

c) **Schlüsselgewalt. Aufhebung des Haushalts.**

α) OLG. Braunschweig, 2. ZS. Urteil v. 21. Februar 1922.

Gegen die Klage aus § 135 S. 2 macht der Beklagte geltend, daß er aus dem Herrenhause des Gutshofes in das Altenteilshaus seiner Mutter übergesiedelt sei und mit dieser dort eine vollkommen selbständige Haushaltung geführt habe, bis durch den Vergleich vom 6. Juli 1920 seine Frau auch zum Verlassen des Herrenhauses bewogen sei. Bis dahin sei diese im ungestörten Gebrauche des Herrenhauses verblieben und habe darin nach wie vor als die Hausfrau im Besitze der Schlüssel über Küche und Keller, Hausstand und Personal geschaltet. Die bloße Entfernung des Mannes bedingt aber nicht schlechthin die Aufhebung der Schlüsselgewalt (Rsp. 36 S. 196; anders 12 S. 300), vielmehr regelmäßig nur dann, wenn auch der eheliche Haushalt aufgelöst wird oder wenn die Frau den Haushalt zwar fortführt, aber nicht als Frau des getrennt lebenden Mannes, sondern selbständig (Staudinger § 1357 [2b]). Hier bestand jedenfalls Anfang 1920, als die eingeklagten Kleidungsstücke bestellt wurden, der Haushalt des Mannes im Herrenhause und damit der häusliche Wirkungskreis seiner Frau als Gattin und Hausfrau unverändert fort und die Behauptung, daß zwei getrennte Haushalte bestanden hätten, ist nur insoweit richtig, als im Herrenhause der des Beklagten von dessen Frau weitergeführt wurde und im Leibzuchtshause der seiner Mutter, an dem er teilnahm, nicht aber hier ein besonderer Haushalt des Beklagten unter Leitung seiner Mutter. War also auch die häusliche Gemeinschaft bereits aufgehoben, so hatte doch der häusliche Wirkungskreis der Frau noch nicht aufgehört, sie leitete nach wie vor das Hauswesen des Mannes im Herrenhause, auch wenn der Mann selbst es mied. Daran würde auch nichts geändert, wenn Beklagter ihr 1920 zur Bestreitung ihrer Bedürfnisse 10000 Mark gegeben hätte, da der Mann den ehelichen Aufwand zu tragen hat (§ 1389[1]), Vorschüsse dazu üblich sind (Recht 16 Nr. 2673) und regelmäßig der Mann nicht einwenden kann, daß er genügend Haushaltsgeld zur Bestreitung solcher Bedürfnisse hergegeben habe (Rsp. 23 S. 408), im übrigen aber weder behauptet noch ersichtlich ist, daß solche Zahlung etwa im Sinne des § 1361[1] erfolgt und angenommen sei. B.

β) OLG. München, 2. ZS. Urteil v. 21. April 1922.

Die Gemeinschaftlichkeit des Hauswesens wird allerdings nicht unter allen Umständen schon durch ein tatsächliches Getrenntleben aufgehoben. Hier hat sich aber Frau A. im Herbste 1916 von ihrem Manne in Berlin mit dessen Zustimmung getrennt und in München Wohnung genommen. Sie mögen zunächst nur eine vorübergehende Trennung beabsichtigt haben; die Zerwürfnisse hatten aber im Frühjahr 1917 einen solchen Grad erreicht, daß an eine Aussöhnung nicht mehr zu denken war. Am 14. April 1917 hat die Frau beim hiesigen LG. auf Scheidung wegen Ehebruchs geklagt und eine einstw. Verfügung wegen Getrenntlebens und Unterhalts beantragt. Nachdem sie diese Klage wegen Unzuständigkeit des Gerichts zurückgezogen hat, klagte sie in Berlin, welcher Klage der Beklagte mit Widerklage begegnete. Die Ehe wurde auch aus beiderseitigem Verschulden geschieden. Diese Tatsachen rechtfertigen den Schluß, daß die Gemeinschaftlichkeit des Hauswesens schon geraume Zeit vor der durch die Frau bei dem Kläger gemachten Warenbestellung endete. ... H.n.

d) **Kündigungsrecht des Mannes nach § 1358.**

Bayer. Oberstes Landesgericht, ZS. Beschluß v. 13. September 1924.

Der Antragsteller war damit einverstanden, daß seine Frau nach ihrer Rückkehr von Bozen sich Ende 1924 wieder dorthin begab, um ihren Dienst noch eine Zeitlang fortzusetzen. Er war also, wenn auch nicht mit der Eingehung, so doch mit der Fortsetzung des Dienstverhältnisses einverstanden und dadurch schon an sich gemäß § 1358[2] sein Kündigungsrecht jedenfalls für das damalige Dienstverhältnis ausgeschlossen gewesen. Er hat jedoch diese Erlaubnis nur unter der Bedingung erteilt, daß seine Frau bis Ostern 1924 wieder zurückkehre. Eine solche Zustimmung ist rechtlich wirksam und schließt das Kündigungsrecht des Mannes nach Ablauf der Frist nicht aus. Nach § 1358[2] fällt es jedoch weg, solange die häusliche Gemeinschaft aufgehoben ist. Wie das Amtsgericht mit Recht annimmt, ist diese Vorschrift nicht anwendbar, wenn sich die Frau gerade zur Erfüllung der von ihr übernommenen Verbindlichkeit aus dem Haushalt entfernt hat. Ob diese Voraussetzung hier zutrifft, ist zweifelhaft; kann jedoch dahingestellt bleiben; denn wenn sich die Frau zu jenem Zweck entfernt hat, stehen ihr jetzt jedenfalls Gründe zur Seite, die Wiederherstellung der ehelichen Gemeinschaft zu verweigern. ... M.

e) α) Ziffernmäßige Bestimmung der Geldrente.

OLG. Dresden, 6. ZS. Beschluß v. 16. Oktober 1923.

Die Geldrente muß, da sie auf Geldleistungen geht, ziffernmäßig bestimmt sein. Daraus folgt jedoch nicht, daß ihr Geldbetrag in einer von vornherein fest bestimmten Summe angegeben werden müsse, vielmehr genügt, daß der Betrag der Leistungen zweifelsfrei festgestellt zu werden vermag.. Nach bürgerlichem Rechte steht nichts im Wege, den Anspruch nicht nur nach seinem Entstehungsgrunde, sondern auch nach seinem Betrage durch Angabe bestimmter Merkmale darzulegen. Nur ausnahmsweise muß namentlich bei Hypotheken (§§ 1115, 1192, 1200) der Gegenstand des Rechts unmittelbar in einer ziffermäßig bestimmten Geldsumme ausgedrückt werden. Aus § 253[2] Nr. 3 ZPO. läßt sich auch nicht folgern, daß das Prozeßrecht bei Geldansprüchen grundsätzlich die unmittelbare Angabe einer bestimmten Geldsumme erfordere. Bestimmt kann ein Anspruch auch dann sein, wenn die Bezifferung seines Betrags durch Angabe bestimmter Faktoren gekennzeichnet wird. Nach Lage des Einzelfalles bemißt sich, welche Kennzeichnung dafür ausreicht. Wo die Eigenart des Anspruchs nicht entgegensteht, kann der Betrag nur durch allgemein anerkannte oder doch durch solche Faktoren gekennzeichnet werden, die aus den besonderen Verhältnissen des Anspruchs heraus zu zweifelsfreier Bestimmtheit führen. Deshalb genügt regelmäßig nicht eine Kennzeichnung, bei der die Feststellung des Betrags erst dem Ermessen oder der Entscheidung Dritter überlassen wird. Wohl darf in gewissen Fällen die Bezifferung dem richterlichen Ermessen unterstellt werden, namentlich dann, wenn die Klage für dessen Ausübung zugleich genügende Grundlagen enthält; dasselbe gilt für die Fälle, in denen das Gericht den Leistungsinhalt bestimmen oder ermäßigen soll (Stein ZPO. § 253 III 4[2]). Aber nicht statthaft ist, daß die Entscheidung einen Betrag festsetzt, der erst durch die Entscheidung eines anderen ausgemittelt wird. ...

Bei der überwiegenden Zahl der Lohn- (Gehalts)- Empfänger erschöpft sich das Einkommen im Lohn (Gehalt); alsdann bestimmt sich das Maß des Unterhalts nach dem jeweiligen Betrage jenes Lohns. In diesem Falle kann der Unterhalt sehr wohl im Wege der Festsetzung eines Bruchteils des Einkommens festgesetzt werden. Bei der Ausmessung des Bruchteils lassen sich auch besondere Umstände berücksichtigen, die auf das Maß des Unterhalts einwirken und mit den jeweiligen Bedürfnissen des Berechtigten und des Verpflichteten zusammenhängen, die wiederum durch das Einkommen bestimmt werden. Durch diese Zubilligung eines Bruchteils erhält die Rente aber auch gegenüber den Beteiligten die hinreichende Bestimmtheit. Der Verpflichtete weiß, welchen Lohn er für den fr. Zeitraum empfängt und welchen Teil davon er abzugeben hat. Aber auch der Berechtigte wird sich hierüber unterrichten können. Ihm mag aus eigenem Recht ein erzwingbarer Anspruch gegen den Dienstberechtigten auf Vorlegung der Lohnleistung aus § 810 nicht zustehen. Dagegen ist dem pfändenden Gläubiger wenigstens nach der Überweisung der Forderung zur Einziehung der Vorlegungsanspruch nicht, wie in Seuff. 60 S. 419 angenommen ist, abzusprechen. Auch der Pfändungsgläubiger tritt zum Drittschuldner in das Rechtsverhältnis ein (Stein § 422 II 3 b). Es trifft auch nicht zu, daß eine Entscheidung, die einen Bruchteil des Einkommens zuerkennt, sich überhaupt nicht vollstrecken lasse. Mag auch der Gerichtsvollzieher auf Grund eines solchen Titels nicht pfänden können, weil der Betrag nicht ziffernmäßig erkennbar ist und ihm eine sichere Grundlage nicht immer beschafft werden kann, so kommt doch bei der Pfändung der Lohnforderung in Betracht, daß zwischen ihr und dem zu vollstreckenden Anspruch ein innerer Zusammenhang in der Weise besteht, daß der Betrag der Forderung zugleich der Bestimmung des Anspruchs dient. Wird, was erforderlich ist, im Pfändungsbeschlusse gemäß der Angabe des Berechtigten der Zeitraum, für den die fällig gewordenen Leistungen begehrt werden, festgestellt, so ist der Drittschuldner in der Lage, aus seinen Unterlagen festzustellen, wie hoch sich auf den Zeitraum der Teilbetrag der Bezüge des Verpflichteten beläuft; danach vermag er auch den Betrag zu ermitteln, den er zufolge der Pfändung einzubehalten und abzuführen hat ... —e—

β) **Umfaßt die Geldrente auch außerordentliche Ausgaben?**

OLG. Hamburg, 6. ZS. Urteil v. 3. April 1924.

Ist nach § 1361 eine Rente gerichtlich festgesetzt, so kann sie, wenn die Frau nachher erkrankt, nach § 323 ZPO. nur für die Zeit nach der Erhebung der Klage erhöht werden; in diesem Zeitpunkte wird aber oft die Operation bereits erfolgt sein. Es muß also ein Weg bestehen, auf dem die unterhaltsberechtigte Ehefrau die vollen Kosten des Unterhalts auch in solchen Fällen verlangen kann, in denen durch schwere Erkrankungen oder andere vorübergehende Ereignisse besondere Aufwendungen erforderlich werden. Diese Rechtsauffassung läßt sich zwanglos mit dem Wortlaut der §§ 1360/1 vereinigen; während § 1360 Gewährung des Unterhalts in Natur anordnet, schreibt § 1361 für die Zeit der Trennung Unterhalt durch Entrichtung einer Geldrente vor. Damit soll lediglich gesagt sein, daß der Unterhalt in diesem Falle durch Geldleistung zu gewähren ist und daß diese nicht in schwankenden Einzelzahlungen bestehen soll, die sich nach dem von der Frau zu belegenden Bedarf jedes Einzeltages zu richten haben, sondern daß, wie dies aus praktischen Gründen unumgänglich ist, für die regelmäßigen Bedürfnisse eine feste Rente zu berechnen ist. Damit ist aber nicht gesagt, daß besondere und vorübergehende Ausgaben nicht zu begleichen wären, vielmehr führt der Grundsatz des BGB., daß der volle Unterhalt zu decken ist, dahin, daß der Frau neben der Rente ein selbständiger Anspruch auf Gewährung dieser Kosten zu geben ist (so auch Rsp. 40 S. 66; a. A. 42 S. 118). B.

f) α) **Mitbesitz des Mannes an eingebrachten Sachen?**

OLG. Hamburg, 6. ZS. Urteil v. 5. Mai 1923.

Nach dem Beweisergebnisse hat der herauszugebende Flügel im Alleineigentum der Klägerin A. auch während ihrer Ehe gestanden. Auch hat sie, solange der Flügel in der ehelichen Wohnung sich befand, den unmittelbaren

Besitz an ihm ausgeübt; sie hat ihn verschlossen und den Schlüssel sogar in der Regel in persönliche Verwahrung genommen. Das LG. nimmt jedoch irrig Mitbesitz des Mannes am Flügel an. Denn im Ehe- und Erbvertrage haben die Eheleute A. bereits als Verlobte ausdrücklich vollständige Gütertrennung unter Ausschließung aller Verwaltung und Nutznießung des Mannes verabredet. Wenn unter diesem Rechtsverhältnis die Frau ihre Sachen in die eheliche Wohnung einbringt, so behält sie den Alleinbesitz ihrer Sachen (vgl. JW. 1914 S. 146[9], Seuff. 77 Nr. 83), zumal sie auch während der ganzen Zeit ihres Besitzes den Willen, ihrem Manne den Mitbesitz in irgendeiner Weise einzuräumen, niemals geäußert, sondern den Flügel ausschließlich allein, besonders zu den Zwecken als Musiklehrerin, benutzt hat.

Danach konnte das Eigentum- und Besitzrecht der Klägerin nicht dadurch beeinträchtigt werden, daß ihr Mann gegen ihren Willen und daher widerrechtlich zur Sicherheit für ein ihm gewährtes Darlehen an Schmidt den Flügel zu Eigentum übertrug. Wenn später Schmidt ein Urteil auf Herausgabe gegen den Mann erwirkte und auf Grund dessen der Gerichtsvollzieher den Flügel mit Hilfe eines Schlossers gewaltsam aus der Wohnung der Eheleute A. in deren Abwesenheit entfernte, so liegt der Tatbestand des Abhandenkommens im Sinne des § 935 vor, der lediglich den Besitzverlust ohne Willen des unmittelbaren Besitzers voraussetzt. Beklagter, der den Flügel von Schmidt gutgläubig erworben hat, genießt daher nicht den Schutz des § 932 (vgl. Seuff. 77 Nr. 83).[1] B.

β) Unmittelbare Haftung des Mannes für Prozeßkosten.

OLG. Kiel, 1. ZS. Urteil v. 22. Dezember 1922.

Der § 1416[1], nach welchem grundsätzlich die Kosten eines Rechtsstreits zwischen den Ehegatten dem Vorbehaltsgute zur Last fallen, beschränkt sich nicht auf das Innenverhältnis der Ehegatten zueinander, vielmehr kommt ihm auf Grund § 1388 gleichzeitig Tragweite über dieses Verhältnis hinaus für das des Mannes zu den Gläubigern der Frau zu (Planck § 1416[4]). Den Mann treffen aber nach § 1416[1] gegenüber der Frau und in Verbindung mit § 1388 im Verhältnis zu den Gläubigern die Prozeßkosten nur dann, wenn er dazu nach den Kostengesetzen verpflichtet ist oder aus einem anderen Grund als kostenpflichtige Partei anzusehen ist. Hier ist er jedoch nicht zur endgültigen Tragung der Kosten verpflichtet; denn weder ist ein Urteil gegen ihn ergangen, das ihn zu den Prozeßkosten verurteilte, noch hat er sich hierzu besonders verpflichtet. RG. 47 S. 72 steht den Klägern nicht zur Seite; denn dort ist lediglich die Kostenpflicht als solche behandelt. Die für diese vor-

[1] Der Mann kann von seiner getrennt lebenden Frau das ihr vorher gemachte Weihnachtsgeschenk (Klavier) nicht herausverlangen; denn Eigentum steht ihm deshalb nicht zu, weil das Klavier nicht bloß zur Benutzung, sondern zum Eigentum regelmäßig überlassen wird. Ebenso hatte er nicht den Besitz; denn wer einem Ehegatten eine Sache schenkt, die zu dessen Gebrauch bestimmt ist, muß ihm vernünftigerweise ihren Besitz überlassen; insofern ist eine Ausnahme von § 1373 anzunehmen (OLG. Karlsruhe, 3. ZS. Urteil v. 10. Okt. 1922; Rpr. 134).

läufige Regelung entwickelten Grundsätze auch für die endgültige Kostentragung rechtsähnlich und ausdehnend anzuwenden, verbietet die Rücksicht auf die klare Fassung des § 1416[1] verb. mit § 1388. Zufolge dieser Haftung des Vorbehaltsguts fällt auch der Antrag der Kläger, daß Beklagter die Vollstreckung in das eingebrachte Gut dulde. Der § 1412[2] versteht aber „als Kosten des Rechtsstreits" nur die Gerichtskosten und die dem Gegner zu erstattenden, nicht aber auch die von der Frau ihrem Anwalt auf Grund Rechtsgeschäfts geschuldeten Gebühren; diese letzteren fallen vielmehr unter § 1412[1] (Rsp. 24 S. 36). Dr. B.p.

γ) **Bestimmte Bezeichnung des Rechtsgeschäfts nach § 1402.**

Bayer. Oberstes Landesgericht, ZS. Beschluß v. 27. Februar 1924.

Auf Antrag der Frau A. hat das Amtsgericht die Zustimmung des Mannes dazu ersetzt, daß die Frau mit Wirkung für das Gesamtgut die notwendigen Reisen zu Beweis- und Sühneterminen, in denen das persönliche Erscheinen der Parteien angeordnet ist, in dem anhängigen Scheidungsprozesse zum Sitze des LG. unternimmt. Das LG. hat mit Recht aufgehoben. Denn die Zustimmung des Mannes kann ebenso wie nach § 1402, so auch nach § 1451 immer nur für ein einzelnes bestimmt zu bezeichnendes Geschäft ersetzt werden. Das VormGericht muß in der Lage sein zu prüfen, ob das Geschäft dem § 1451 entspricht und ob besonders der Mann noch zurzeit der Beschlußfassung seine Zustimmung ohne ausreichenden Grund verweigert. Eine solche erschöpfende Prüfung, bei der auch die jeweiligen Verhältnisse des Mannes und die Lage des Gesamtguts zu berücksichtigen sind, wäre aber hier, wo nicht einmal sicher feststeht, ob und unter welchen Umständen die Fahrten stattfinden werden, nicht möglich. Der Frau stände überdies künftig immer noch frei, im Wege des Prozeßkostenvorschusses von ihrem Manne die Mittel für die Fahrten zu verschaffen.[1]

Dazu: Unter der Voraussetzung des § 1405 sind nicht nur solche Geschäfte der Frau, die der Betrieb des betr. Handelsgewerbes gewöhnlich mit sich bringt, sondern auch die von ihr vorgenommenen außerordentlichen Rechtshandlungen, wenn sie nur im Rahmen jenes Handelsgewerbes liegen, ohne Zustimmung des Mannes gültig, hier also das von der Frau als Gesellschafterin in Verbindung mit der Auflösung getroffene Vergleichsabkommen, daß sie gegen eine Abfindung das Geschäft mit Aktiven und Passiven übernimmt (RG. 31. Mai 1923, 1 x 180).

g) α) **Begriff des Sonderguts im § 1439 BGB.**

Bayer. Oberstes Landesgericht, ZS. Beschluß v. 28. April 1923.

Es fragt sich, ob der Anteil der 1922 verstorbenen Barbara Stein an der von ihrem Vater mit ihr und ihren Geschwistern fortgesetzten GG. in das Gesamtgut der zwischen ihr und ihrem Manne bestandenen GG. gefallen

[1] Die Gesichtspunkte, nach denen die Unterhaltsansprüche der Frau und die zu deren Befriedigung dienenden Rechtsgeschäfte zu den persönlichen Angelegenheiten gerechnet werden (Rsp. 18 S. 265), treffen auch auf die einer Frau obliegende Unterhaltspflicht zu (RG. 13. April 1923, 1a x 232).

und in Grundbuch eintragbar oder aber ihr Sondergut nach § 1439 geworden ist. Dieser schließt vom Gesamtgute die Gegenstände aus, die nicht übertragen werden können. In der Rechtslehre werden diese Gegenstände meist als Sondergut bezeichnet. Der Teilhaber an einer fortgesetzten GG. kann allerdings über seinen Anteil am Gesamtgut und an den einzelnen dazu gehörenden Gegenständen nach § 1487 mit 1442 während des Bestehens und nach § 1497 mit 1442 auch nach Beendigung der GG., solange ihre Liquidation dauert, nicht verfügen. Der Anteil kann also nicht durch Rechtsgeschäft übertragen werden. Nach dem Wortlaute des § 1439 wäre mithin, wenn von den gütergem. Ehegatten der eine Teilhaber an einer f. GG. ist, sein Anteil an dieser sein Sondergut (so auch Samml. 5 S. 111, 287). Allein für diesen Anteil ist der § 1439 rechtlich nicht berechnet, weil der Ehegatte über ihn wenigstens mittelbar, wenn auch nur in beschränktem Umfange, dadurch verfügen kann, daß er auf ihn — sei es während des Bestehens jener GG. (§ 1491) oder nachher (Samml. 17 S. 170) — verzichtet. Dann wächst er den übrigen anteilsberechtigten Abkömmlingen und, wenn solche nicht vorhanden sind, dem überlebenden Ehegatten an (§ 1491[4] mit § 1490). Auf diesem Wege kann letzterer seinen Anteil übertragen und, da über die dafür zu leistende Vergütung unter den Teilhabern besondere Abmachungen getroffen werden können (§§ 1491[2], 1501[2], 1503[3]), kann er den Anteil wirtschaftlich sogar einer bestimmten Person übertragen. — Aber auch wirtschaftlich paßt der § 1439 deshalb nicht, weil der Anteil Sondergut des Ehegatten wurde, damit in Fällen, in denen der eine Ehegatte von gütergem. Eltern abstammt und deren GG. noch nicht auseinandergesetzt ist, der oberste Grundsatz der allgemeinen GG., daß in der Regel alles Vermögen beider Ehegatten Gesamtgut werden soll, vereitelt würde. Denn tatsächlich ist, wenn ein Ehegatte Teilhaber an einer f. GG. ist oder wenn seine Eltern noch in allgemeiner GG. leben, er also später Teilhaber an der f. GG. wird, der Anteil dieses Ehegatten an letzterer sein einziges oder doch sein hauptsächlichstes Vermögen, das er in die Ehe bringt bz. während der Ehe erwirbt. Er würde also am Vermögen des andren Gatten, da dieses Gesamtgut wird, zur Hälfte mitberechtigt werden, während sein Vermögen, solange die f. GG. dauert, sein Sondergut wäre, dessen Nutzungen allerdings in das Gesamtgut fallen, demgegenüber aber in erbrechtlicher Hinsicht der andre Gatte nur die gleiche Rechtsstellung hat, wie gegenüber dem Vorbehaltsgut. Das liegt aber nicht im Sinne des Vertrags, durch den die allgemeine GG. eingeführt wird. Der § 1439 bezieht sich nur auf selbständige Vermögensrechte, die infolge ihrer unlösbaren Beziehung, sei es zu einer bestimmten Person (höchst persönliche Rechte) oder zu einer gebundenen Vermögensmasse (Fideikommiß, Lehen 2c) der freien Übertragung durch Rechtsgeschäft entzogen sind und die aus gleichem Grunde auch entweder überhaupt unvererblich sind (höchst persönliche Rechte) oder einer besonderen Rechtsnachfolge unterliegen (Fideikommisse 2c). Dagegen bezieht sich die Ausnahmevorschrift nicht auf Rechte, die nur deshalb eine Verfügungsbeschränkung in sich schließen, weil sie als unlösbare Bestandteile eines umfassenderen Rechtes dessen Schicksale notwendig teilen (Bourier bay. NotZ. 1918 S. 27). Aus diesem Grunde hat der Senat schon in dem ähnlichen Falle, daß ein gütergem Gatte an einem ungeteilten Nachlasse Miterbe ist, angenommen, daß sein Erbanteil (§ 2032) nicht Sondergut des Gatten wird, sondern in das Gesamtgut fällt (Samml. 20 S. 386). Ist aber der Anteil der Barbara an der f. GG. von Anfang an in das Gesamtgut ihrer eigenen Ehe gefallen, so gehört er auch zum Bestande der vom Witwer Stein und den gemeinschaftlichen Abkömmlingen fortgesetzten GG. Er hat auch hinsichtlich der grundbuchamtlichen Behandlung als gedeckt zu gelten durch das vom Nachlaßgericht ausgestellte Zeugnis über Fortsetzung der GG., ohne daß es insoweit eines besonderen Erbscheins bedarf. Kn.

β) Die Notwendigkeit einer Veräußerung gemäß § 1447 kann durch vorübergehende Erkrankung auch an Typhus oder Gallensteinen nicht begründet werden; auch bleibt zu prüfen, ob nicht durch Einsetzung eines besonderen Verwalters, durch Verpachtung eine ordnungsmäßige Verwaltung erzielt werden kann. Ein ausreichender Weigerungsgrund kann auch dann, wenn die Notwendigkeit an sich anzuerkennen ist, gegeben sein, zB. daß der Kaufpreis nicht angemessen sei; dabei kommt es nach §§ 1445, 183 auf den Zeitpunkt des Geschäftabschlusses an (RG. 2. März 1923, 1 a x 946/22).

γ) **Einwilligung der Abkömmlinge nach §§ 1487, 1445. Anwendung des § 181, wenn der Vertreter die Zustimmung der Vertretenen dem Vertragsgegner erklärt.**

Kammergericht, 1. ZS. Beschluß v. 1. Mai 1924.

Die Witwe A. und ihre 3 Kinder, von denen erst die Tochter Käthe volljährig ist, sind als Miteigentümer kraft fortgesetzter GG. eingetragen. Ende 1912 machte ihnen der Beschwerdeführer M. ein — bis jetzt noch nicht angenommenes — Kaufangebot, das für die minderjährigen Kinder vom VormGericht genehmigt worden ist. Am 5. Februar 1923 ließen Käthe und die Witwe, diese auch als gesetzliche Vertreterin der Kinder, das Grundstück notariell an M. auf. Auch die Auflassung hat das VormGericht genehmigt. Die Vorinstanzen haben mit Recht die Eigentumseintragung abgelehnt.

Träfe die Auffassung der Beschwerde zu, daß die minderjährigen Kinder durch die für sie von ihrer Mutter abgegebenen Erklärungen lediglich das Grundstück aufgelassen hätten, so fände allerdings der § 181 keine Anwendung; denn es handelte sich um einen dinglichen Vertrag, den die Witwe für sich und ihre Kinder mit M. abgeschlossen hätte und für den die Vertretungsmacht des Gewalthabers nicht ausgeschlossen ist (§§ 1630^2, 1886, 1795^2; Warn. 5 Nr. 399). Die von den Kindern angenommene Auflassung konnte jedoch nicht die Grundlage für die Eigentumseintragung abgeben. Abweichend von der Erbengemeinschaft (§§ 2038, 2040^1) ist bei der fortgesetzten GG. ausschließlich der überlebende Gatte zur Verwaltung und Verfügung über das Gesamtgut befugt (§§ 1487, 1443) und nur insofern beschränkt, als er zu gewissen Rechtsgeschäften der Einwilligung der Abkömmlinge bedarf (§§ 1487, 1445).

Da diesen hiernach zwar Miteigentum zur gesamten Hand, aber nicht das Verfügungsrecht über das Grundstück zusteht, so ist ihre Auflassungserklärung unwirksam. Ebenso entbehrt die der Witwe für sich allein der Wirksamkeit. Die Erklärungen der Mutter und ihrer Kinder vermögen nur dann das Eigentum zu übertragen, wenn entweder die der Abkömmlinge als Zustimmung zu der der Mutter oder die Erklärungen der Witwe als Einwilligung zu den der Abkömmlinge (§ 185) aufgefaßt werden können. Da die Erklärung des Überlebenden nur als Auflassungserklärung in Betracht kommen kann, so müssen die Erklärungen der Kinder, wenn sie rechtserheblich sein sollen, als die nach §§ 1487, 1445 vorgeschriebene Einwilligung verstanden werden. Das LG. hat nicht dazu Stellung genommen, wem gegenüber (§ 182) sie eingewilligt haben, sondern eine dem Vertragsgegner erklärte Zustimmung in der an ihn erfolgten Auflassung gefunden. Diese Auffassung ist zu billigen. Während die Witwe, soweit die Zustimmung der Kinder in Frage kommt, nach §§ 1686, 1630^2, 1795^2 nicht in der Lage gewesen wäre, sich diese selbst zu erteilen, wäre sie nach dem Wortlaut des § 181 nicht gehindert, im Namen ihrer Kinder deren Einwilligung dem M. auszusprechen. Es fragt sich jedoch, ob nicht der Mutter dieses Recht auch insoweit abzusprechen ist, als sie nicht sich, sondern dem andren Teile gegenüber zustimmt. Das RG. (76 S. 89, vgl. auch 102 S. 410, 103 S. 418) hat diese Folgerung aus § 181 abgelehnt. Ebenso hat das Bay. ObLG. (KGJ. 29 S. 252) den § 181 nicht für anwendbar erklärt, wenn die Einwilligung dem Erwerber gegenüber abgegeben wird; ebenso Güthe[3] 2 S. 1790; Staudinger § 1487^{2b}; Planck § 181^{c}. Das KGJ. 39 S. 235 hat sich ebenfalls grundsätzlich einer über den Wortlaut des § 181 hinausgehenden Anwendung des § 181 verschlossen; diese Stellungnahme läßt sich jedoch nicht aufrecht erhalten.

Der gesetzgeberische Grund des § 181, daß das Selbstkontrahieren stets die Gefahr eines Widerstreits der Interessen mit sich bringe, läßt nicht gerechtfertigt erscheinen, daß eine verschiedene Behandlung Platz greift, je nachdem der Vertreter die erforderliche Zustimmung des Vertretenen sich selbst oder dem Dritten erklärt. Denn geht ihm die Vertretungbefugnis für den ersteren Fall ab, so kann sie ihm auch dann nicht zustehen, wenn er die Einwilligung dem Dritten erklärt; sonst wäre es dem Zufall oder dem Belieben des Vertreters überlassen, ob das Rechtsgeschäft wirksam wird oder nicht. Damit würde zugleich dem Vertreter ermöglicht, den dem Schutze des Vertreters dienenden § 181 auszuschalten. Ferner kommt es bei Geschäften, deren Wirksamkeit von der Zustimmung des Vertretenen abhängt, nicht so sehr auf die Art ihrer Erteilung wie auf die Tatsache der Zustimmung selbst an. Ihre Wirkung ist dieselbe, ob der Vertreter sich selbst oder dem andren Teil gegeüber zustimmt, zumal er es ist, der zu seinem Rechtsgeschäft der Zustimmung bedarf. — Die Möglichkeit, daß das VormGericht dem gesetzlichen Vertreter gemäß §§ 1630^2 S. 2, 1796 die Vertretung entzieht, vermag keinen ausreichenden Ersatz für den Schutz des § 181 zu gewähren. Abgesehen davon, daß dadurch eine verschiedene Beurteilung bei gesetzlicher und gewillkürter Vertretung Platz griffe, wird regelmäßig die Entziehung der Vertretung gemäß § 1796 nicht in der gleichen Weise und ebenso sicher zugunsten des Vertretenen wirken. Sie wird erst mit der Bekanntmachung wirksam und hat nur für die Zukunft Bedeutung. Sie schützt hiernach den Vertretenen nur dann, wenn sie angeordnet wird, bevor die Zustimmung erklärt wird. . . .

Ebensowenig kann von Bedeutung sein, daß in vielen Fällen das Vorm.-Gericht die Auflassung zu genehmigen hat. Denn die hier zu gebende Entscheidung muß in gleicher Weise für genehmigungspflichtige wie für nicht genehmigungsbedürftige Geschäfte Geltung haben. Außerdem kann die Genehmigung nicht die Prüfung durch einen besonderen Pfleger ersetzen. Allerdings liegt hier der Schluß nahe, daß dadurch, daß nicht das Verfügungsrecht, sondern nur die Wirksamkeit der von der Mutter vorgenommenen Verfügung an die Einwilligung der Abkömmlinge gebunden ist, sich die Vertretungsmacht der Mutter nicht vermindern könne, so daß sie auch dem Erwerber die Einwilligung für ihre minderjährigen Kinder aussprechen dürfe. Indessen wird dadurch höchstens aufgedeckt, daß der Schutz des § 181 noch nicht weit genug greift. Dagegen kann die Erwägung nicht dazu führen, da, wo der § 181 nach Sinn und Zweck anzuwenden ist, ihn auszuschließen. Ebenso RGKomm. § 181[1], Lindemann § 181[5b], ZBl. FG. 4 S. 182, 11 S. 155; Bay. ObLG. Samml. 13 S. 22. M.

δ) **Darf der Überlebende das Gesamtgut gegen Ersatz des Wertes Dritten überlassen? Bedeutung des § 1502.**

Bayer. Oberstes Landesgericht, 3S. Beschluß v. 9. Juni 1923.

Der 1923 gestorbene A., der 1887 die allgemeine GG. vereinbart hatte, hat nach dem Tode seiner Frau 1917 mit den aus der Ehe stammenden 3 Kindern die GG. fortgesetzt. Im Testamente von 1922 bestimmte er, daß sein Sohn berechtigt sein solle, das gesamte Anwesen um den Schätzungspreis zu übernehmen, und setzte die 2 Töchter für den Fall, daß sie die Übertragung des Anwesens verweigern, auf den Pflichtteil. Die Töchter halten diese Bestimmung nach § 1487[1] für unwirksam. Allein diese Vorschrift bezieht sich nur auf Verfügungen von Todeswegen; inwieweit jeder Ehegatte berechtigt ist, über das Gesamtgut letztwillig zu verfügen, ergibt sich aus §§ 1482ff, 1505, 1509ff. verb. mit den Bestimmungen des Erbrechts. Die hier fr. Vorschrift des Testaments legt das LG. mit Recht dahin aus, daß die Töchter unter der Bedingung als Miterben eingesetzt sind, daß sie ihren Anteil am Anwesen auf ihren Bruder übertragen. . . . Diese Bedingung widerstreitet weder einer Gesetzesvorschrift (§ 134) noch den guten Sitten (§ 138). Nach § 1502 darf der Überlebende bei der Auseinandersetzung das ganze Gesamtgut oder einzelne Gegenstände gegen Ersatz des Wertes übernehmen; dagegen darf er nicht letztwillig bestimmen, daß ein anteilsberechtigter Abkömmling zur Ausübung dieses Rechts befugt sein soll (§§ 1502 S. 2, 1518). Eine solche Bestimmung war aber auch nicht erforderlich, da „der Überlebende den Zweck, der Familie den Grundbesitz ... zu erhalten, auch dadurch erreichen kann, daß er bei seinen Lebzeiten durch einseitige Erklärung die Auflösung der fortgesetzten GG. herbeiführt und dann von dem dem ihm nach § 1406[5] (jetzt 1502 S. 1) zustehenden Rechte Gebrauch macht" (Mot. 4 S. 482). A. wäre also in der Lage gewesen, die fortgesetzte GG. aufzuheben (§ 1492), sodann gemäß § 1502 das Anwesen gegen Ersatz des Wertes zu übernehmen und über dieses hierauf zugunsten seines Sohnes unter Lebenden oder von Todeswegen zu verfügen. Ebensowenig ist die Bedingung sittenwidrig. Freilich ist, solange die Geldentwertung andauert, jeder Besitzer von Sachwerten gegenüber dem Besitzer von Papiergeld wesentlich im Vorteil. Allein die Bestimmung verfolgt den wohlberechtigten Zweck, das Anwesen im Besitze der Familie zu erhalten, ein Bestreben, dem das Gesetz selbst durch §§ 1502, 1515 entgegenkommt. Daß der Erblasser eine zuweitgehende Benachteiligung seiner Töchter vermeiden wollte, ergibt sich nicht nur aus der Anordnung, daß der Wert von beeidigten Schätzleuten festgestellt werden soll, sondern auch daraus, daß nach dem Testamente der Mehrerlös bei einem Verkauf des Anwesens innerhalb der nächsten 10 Jahre den Töchtern gleichmäßig zufallen soll....[1]

s) Fahrnisgemeinschaft. Recht des Überlebenden.

Kammergericht, 1. ZS. Beschluß v. 3. April 1924.

Infolge des Todes des Julius A. ist die Fahrnisgemeinschaft der Eheleute aufgelöst. Der Anteil des Mannes am Gesamtgute gehört zwar zu seinem Nachlaß (§§ 1549, 1557, 1482); vorerst gilt jedoch der § 1442, bis zur Auseinandersetzung dauert also die Gesamthandsgemeinschaft fort mit der Maßgabe, daß in diese anstelle des Mannes dessen Erben als Rechtsteilhaber neben die Witwe treten. Außer dieser das ganze frühere eheliche Gesamtgut umfassenden Gemeinschaft bestand seit dem Tode eine zweite Rechtsgemeinschaft, nämlich eine Erbengemeinschaft (§ 2032), deren Gegenstand der frühere Anteil des Mannes am Gesamtgut und sein etwaiges Sondergut ist und deren Teilhaber die Erben (Erbeserben) des Mannes sind. Diese Teilhaber sind, da die Witwe auch zu den Erben gehört, dieselben wie bei der Gesamtgutsgemeinschaft, jedoch kann bei dieser der Miterbe nicht wie bei der Erbengemeinschaft über seinen Anteil verfügen (Rsp. 32 S. 402). Hier hat aber die Witwe nicht nur ihre Erbanteile, sondern auch ihren Gesamtgutsanteil auf S. übertragen. Dieser Teil des Vertrags war daher nichtig und zu prüfen bleibt, wie diese Nichtigkeit auf die Wirksamkeit seiner sonstigen Bestandteile, bes. die Übertragung der Erbanteile der Witwe einwirkte (§ 139). ... Vorliegend spricht nichts dafür, daß den Beteiligten am Eintritt des S. zu diesem geringen Erbanteilsverhältnis gelegen gewesen wäre, so daß der ganze Vertrag nichtig ist und das bisherige Gemeinschaftsverhältnis bestehen geblieben ist. Die Witwe und ihr Sohn konnten daher nach wie

[1] Bei der Verschiedenheit der rechtlichen Stellung eines Miterben und der anteilsberechtigten Abkömmlinge ist im Zeugnis des § 1507 nicht die Größe der Anteile der letzteren anzugeben (KG. 7. Sept. 1922, 1 x 254).

vor gemeinschaftlich als die alleinigen Gesamthandbeteiligten über das Grundstück verfügen (§ 1472[1]) und das Alleineigentum am Grundstück auf den Sohn überragen. Diese Einigung (Auflassung) konnte wirksam in der Form von Bewilligung und Antrag erklärt werden (Güthe § 20[3b]).[1]

h) α) **Verhältnis des § 68 Pr. AG. vom 8. März 1871/11. Juli 1891 zum UnterstWG. vom 6. Juni 1870/30. Mai 1908.**

OLG. Kiel; 1. ZS. Urteil v. 5. Dezember 1922.

Der Zusatz der Novelle vom 11. Juli 1891 (GS. 300) zum § 68 bedeutet nicht nur eine das Gerichtsverfahren betreffende Vorschrift, die den ordentlichen Rechtsweg einführt, er enthält vielmehr eine materiell-rechtliche Bestimmung: „es wird der Erstattungsanspruch im gerichtlichen Verfahren als bestehend anerkannt und auch den Kreisen und weiteren Verbänden zugestanden" (RG. 75 S. 89). Im Anschluß an die Rechtsprechung (RG. 76 S. 69) ist weiter der Unterstützte selber verpflichtet, die für ihn vom Orts- oder Landarmenverbande gemachten Aufwendungen dann zu erstatten, wenn er dazu später in die Lage kommt. Eine derartige Verpflichtung selbständig zu begründen, war das öffentliche Recht, auch der Einzelstaaten, abgesehen vom Ges. vom 6. Juni 1870 zweifelsfrei in der Lage; denn Normen des Privatrechts wurden hierdurch nicht berührt. Aber es kann nicht eingeräumt werden, daß die Länder mit Wirkung über 1900 hinaus, seitdem das BGB. einen einheitlichen Begriff der Unterhaltspflicht, ihrer Voraussetzungen und ihres Umfangs geschaffen hatte, nun noch einen hierüber weit hinausgehenden, völlig eigenartigen Begriff der „Unterhaltspflicht" der nahen Verwandten gegenüber ihren Angehörigen zugunsten nur der Armenverbände neu schaffen konnte; denn sonst würden zwei selbständig nebeneinander bestehende Unterhaltsbegriffe bestehen, nämlich eine allgemeine, zivilrechtliche und zweitens eine darüber weit hinausgehende, öffentlich-rechtliche Pflicht der nahen Verwandten eines Unterstützungsbedürftigen und Unterstützten diesem gegenüber zugunsten der öffentlich-rechtlichen Unterstützungsverbände. Aus § 68² S. 2 läßt sich in keiner Weise der Wille des Gesetzgebers entnehmen, in solcher weitgehenden Weise, wie es der Kläger (Ortsarmenverband) vermeint, den Umfang der Unterhaltspflicht auszudehnen und den Angehörigen eine solche mit rückwirkender Kraft für die Vergangenheit dann aufzuerlegen, wenn sie später einmal zu Vermögen gelangt sind. Ebenso wie sich der Kreis der unterhaltspflichtigen Verwandten nach privatrechtlichen Normen regelt (StenBer. des AbgH. 1890 III S. 2336), bestimmt sich auch der Umfang der Unterhaltspflicht, besonders der Zeitpunkt der Unterstützungsmöglichkeit nach bürgerlichem Rechte.

Aber selbst bei Annahme eines solchen Willens des Gesetzgebers hätte er jedenfalls seit 1900 seine frühere Geltung eingebüßt. Denn nach EG. Art. 103

[1] Hat der verstorbene Mann sowohl in erster als auch in zweiter Ehe nach Anklamer Statutarrecht — einer Abart des lübischen Rechts — gelebt, so ist die Witwe verpflichtet, sich mit erstehelichen Stiefkindern über den Nachlaß des Mannes auseinanderzusetzen (OLG. Stettin, Urteil v. 1. Februar 1924; 5 U 236/23). Dr. F.

ist der maßgebliche Zeitpunkt nicht die Gegenwart, der Zeitpunkt, zu dem der öffentlich-rechtliche Unterstützungsverband seinen Erstattungsanspruch geltend macht, sondern die Vergangenheit, während der er seine Leistungen gewährte (Rocholl, Armenpflegerecht S. 247; ObTr. 28 S. 297; Striethorst 65 S. 289). Hierfür spricht auch der dem § 68 vorausgehende § 65, der die Vorschriften des bürgerlichen Rechts über den Umfang der unterhaltspflichtigen Verwandten als maßgeblich heranzieht.

Bei ihrer Zugrundelegung verliert der § 68² S. 2 gegenüber dem § 62 RG. vom 30. Mai 1908 keineswegs jede selbständige Bedeutung. Denn während dieser § 62 dem Ortsarmenverbande nur abgeleitete Ansprüche des Unterstützten gegen seine nahen Verwandten zuweist, also beschränkt und belastet mit allen persönlichen Einreden des Unterstützungspflichtigen, gewährt ihm der § 68² S. 2 hierüber hinausgehend ein eigenes, selbständiges Recht auf Erstattung bereits bezahlter Unterstützungen, allerdings nur im Rahmen und Umfange des bürgerlichen Rechts. RG. 75 S. 84 steht dem Kläger nicht zur Seite; denn dort wird ausschließlich die eine Frage behandelt, ob der Unterstützungsberechtigte selber, der später zu eigenem Vermögen gelangt, erstattungspflichtig sei. Dadurch, daß hier zufolge Erbgangs die Schuld der Unterstützten auf den Beklagten übergegangen ist, ändert sich nichts an der Rechtsnatur des Anspruchs, er ist und bleibt vielmehr ein Ersatzanspruch gegen den Unterstützten selber (so RG. 72 S. 336 oben 2. Satz). Dr. B.p.

β) **Erhöhung des durch vollstreckbare Urkunde übernommenen Unterhalts gemäß § 323⁴ ZPO.**[1]

OLG. Dresden, 6. ZS. Beschluß v. 24. April 1924.

Das LG. verkennt nicht, daß dem Kläger, der in einer Großstadt aufgezogen wird, an sich zur Bestreitung des gesamten Lebensbedarfs sowie der Kosten der Erziehung und der Berufsvorbildung für den Zeitraum, auf den sich die Unterhaltspflicht des Vaters erstreckt, eine durchschnittliche Geldrente von jährlich 240 GM. zuzubilligen wäre (so auch der Beschluß des Senats v. 22. 1. 24 6a Reg. 38). Es lehnt aber eine Erhöhung der dem Kläger durch das amtsgerichtliche Urteil vom 30. 1. 24. zuerkannten Rente von jährlich 180 GM. auf diesen Betrag deshalb ab, weil sich der Beklagte in dem Abkommen vom 7. 1. 10 nur zu einer vierteljährlichen Geldrente von 37 Mark verpflichtet habe und diese nach den damaligen Verhältnissen hinter dem dem Kläger gebührenden vollen Unterhalt zurückgeblieben sei. Allein nach § 323 ZPO. ist auf Grund der später eingetretenen, im früheren Urteile noch nicht berücksichtigten Umstände eine neue Bemessung der Leistungen vorzunehmen. Gemäß dem neu eingefügten Abs. 4 ist nach dem Inhalte des in der Form des § 794 Nr. 5 abgeschlossenen Abkommens v. 7. 1. 10. zu beurteilen, welche Verhältnisse damals für die Bestimmung der Leistungen als maßgebend erachtet worden sind. Regelmäßig ist davon auszugehen, daß dem Kinde durch

[1] Dagegen sind Abfindungsverträge des § 1714 nicht im Wege ergänzender Vertragsauslegung mit Rücksicht auf die fortschreitende Geldentwertung abänderlich (OLG. Braunschweig, 2. ZS. Beschluß v. 19. Dez. 1922).

ein Abkommen, worin sich der Vater zu einer Geldrente verpflichtet, der ihm nach § 1708 ff. BGB. gebührende Unterhalt gewährt wird; nur dann wird in der Regel das Abkommen die erforderliche Genehmigung des VormGerichts finden. Allerdings kann vorkommen, daß sich der Vater nicht zum vollen Unterhalte verpflichtet, die Annahme der unzureichenden Leistungen durch das Kind aber in dessen Interesse liegt, weil ein ungewisser Rechtsstreit vermieden werden soll oder sonstige Gründe dafür sprechen; unter solchen Umständen kann die Erteilung der Genehmigung geboten erscheinen und alsdann erlangt das Abkommen die Bedeutung eines Vergleichs (§ 779 BGB.). Hier hat jedoch der Beklagte nicht nur die Vaterschaft anerkannt und sich dadurch der Einrede der mehreren Zuhälter begeben (§ 1718), sondern sich auch verpflichtet, die Verpflichtungen der §§ 1708/13 zu erfüllen. Hiernach haben die Beteiligten diese Leistungen als den den Bedürfnissen des Kindes entsprechenden Unterhalt betrachtet, wie denn auch an dem kleinen Orte, wo das Kind aufgezogen wird, die hinter den damals ausgeworfenen Sätzen zurückbleibende Rente nicht ohne weiteres als unzureichend angesehen werden kann. Wie im Beschlusse vom 24. April 1924 (6a Reg. 249) näher ausgeführt ist, kommt es nicht sowohl auf den Betrag der im Urteile zuerkannten oder der im Schuldtitel nach § 794 Nr. 5 ZPO. übernommenen Leistungen, als vielmehr auf die Umstände an, die in der früheren Entscheidung oder dem Abkommen für maßgebend erachtet worden sind. Infolgedessen erscheint die Annahme bedenklich, daß die Erhöhung der Leistungen auf den Betrag, der dem Kinde unter Berücksichtigung der inzwischen eingetretenen, in keiner Weise voraussehbaren Verteuerung des Lebensbedarfs zuzubilligen wäre, ausgeschlossen sei. Jedenfalls hat aber das Amtsgericht dem Kläger auf dessen Änderungsklage am 7. März 1923 ohne Rücksicht auf das Abkommen den vollen den damaligen Verhältnissen entsprechenden Unterhalt zuerkannt. Diese Entscheidung muß den Ausgangspunkt für die jetzt erstrebte Änderung bilden, indem es darauf ankommt, ob in den ihr zugrunde gelegten Verhältnissen eine wesentliche Änderung eingetreten ist. Diese ist in dem weiter herabgesunkenen Geldwerte gegeben. Kr.

i) α) **Adelsführung eines vor 1900 unehelich Geborenen.**[1]

OLG. Karlsruhe, 1. ZS. Beschluß v. 3. Mai 1924.

... Die Frage, ob Art. 109³ S. 2 Reichsverfassung (RV.) im ersten Teil rückwirkende Kraft in dem Umfange hat, daß er sich auf die schon vorher geborenen noch unehelichen Kinder einer adligen Frau erstreckt, läßt sich unmittelbar aus der RV. nicht beantworten.... Der Art. 208 EG. BGB. bietet aber dafür eine Grundlage. Wie aus seinem Abs. 1 zu schließen ist, ging

[1] Aus den Schlußworten des Art. 109³ RV. geht der allgemeine Grundsatz hervor, daß keinesfalls neue Adelsbezeichnungen entstehen und nur diejenigen als Namensteil fortgeführt werden sollten, die nach dem bisherigen Recht von allen Familienangehörigen hätten geführt werden können; dahin gehört nicht der persönliche Adel; dieser Standpunkt kommt besonders im Pr. Ges. v. 23. Juni 1920 § 22 zum Ausdruck (Bay. ObLG. 25. Januar 1922, Samml. 22 S. 39).

der Gesetzgeber davon aus, daß neue Gesetze über die rechtliche Stellung unehelicher Kinder rückwirkende Kraft haben. Hiernach hätten die von einer verwitweten Frau vor 1900 geborenen Kinder, die nach der im badischen Rechte herrschenden Ansicht den Familiennamen der Mutter z. Z. der Geburt, nämlich den Namen ihres gewesenen Mannes führten, von 1900 ab gemäß § 1706 BGB. den Mädchennamen ihrer Mutter führen müssen. Dagegen ist nicht zu billigen die Ansicht, daß sich aus dem 2. Halbsatz des Art. 208[1] eine rückwirkende Kraft auch hinsichtlich der Vorschriften über die Namenführung der unehelichen Kinder ergibt. Jener Halbsatz befaßt sich nur mit deren rechtlicher Stellung gegenüber ihrem Vater. Die Ausführungen der Motive S. 297 lassen aber einen nicht lediglich im Verhältnis der Unehelichen zu ihrem Vater, sondern einen für ihre Rechtsstellung allgemein gültigen Grundsatz erkennen, von dem der Gesetzgeber ausgegangen ist. Aus dem Umstand, daß dieser Grundsatz lediglich im Halbs. 2 ausgedrückt worden, kann nicht geschlossen werden, daß ihm auch im Verhältnis der Kinder zur Mutter Geltung zukommt.... Deshalb hält der Senat an der bereits am 26. März 1921 vertretenen und vom Bad. Justizm. (JMBl. 1922 S. 133) gebilligten Auffassung fest, daß der Art. 109[3] S. 2 RV. keine rückwirkende Kraft hat und daß der Namen des unehelichen Kindes durch die bei seiner Geburt vorliegende Sach- und Rechtslage ausschließlich und abschließend bestimmt ist und durch eine während seines Lebens eintretende Änderung der Gesetze nicht beeinflußt werden kann. Die Mutter des Beschwerdeführers war zwar adlig von Geburt, sie hat aber 1880 einen — 1890 verstorbenen — bürgerlichen Mann geheiratet. Deshalb darf sich der 1895 geborene Beschwerdeführer jetzt nicht das Adelsprädikat seiner Mutter beilegen.

β) **Feststellung des Interesses des Kindes nach § 1796². Beschwerde nach FGG. § 57 Nr. 9.**

OLG. Hamburg, 1. ZS. Beschluß v. 7. Mai 1923.

Nach §§ 1630, 1796 kann das VormGericht dem Vater die Vertretung für einzelne Angelegenheiten entziehen; nach § 1796² soll dies nur geschehen, wenn das Interesse des Kindes zu dem des Vaters in erheblichem Gegensatze steht. Der Abs. 2 redet nicht von möglicherweise sich ergebendem, sondern vom Interesse des Kindes. Ein solches muß also vorliegen und muß vom Gericht festgestellt werden. Daran fehlt es bisher. Das LG. sagt: „Der Vater wünscht seinen Kindern seinen Namen zu erhalten, während das Interesse der Kinder möglicherweise die Änderung des Namens fordert; dabei kann es sich nicht darum handeln, schon jetzt festzustellen, daß eine Änderung wirklich erfolgen soll, es genügt vielmehr, daß Anhaltspunkte vorliegen, die sie, als vielleicht im Interesse der Kinder liegend, erscheinen lassen." Von diesen Erwägungen erscheint lediglich zutreffend, daß es sich nicht darum handelt, festzustellen, daß eine Änderung erfolgen soll. Über diese Frage haben die Gerichte überhaupt nicht zu entscheiden (§ 1616); dafür ist vielmehr — soweit nicht § 68 AG. zum BGB. Platz greift — der Hamburger Senat zuständig. Es handelt sich nur um eine Vorprüfung, zu deren

Erledigung die Beschränkung der Vertretungsmacht des Vaters und die Bestellung eines Pflegers erforderlich ist. Aber diese Vorprüfung soll nur erfolgen, wenn sie durch ein Interesse des Kindes geboten erscheint; daher wird das LG. zu prüfen haben, ob es vorliegt. Daß die Bejahung des Interesses als eine Vorentscheidung weder den Pfleger, der selbständig zu prüfen haben wird, noch den Senat bindet, ist selbstverständlich; aber ohne ein festgestelltes Interesse des Kindes an der Namensänderung hat der Eingriff des Gerichts in die Vertretungsmacht des Vaters zu unterbleiben. Zutreffend dagegen ist, daß es auf ein Verschulden des Vaters, wie solches bei Entziehung des Sorgerechts nach § 1666 erforderlich ist, nicht ankommt. B.

Dazu: Kammergericht, ZS. 1a. Beschluß v. 20. Oktober 1922.

Der geschiedene Vater will sich mit dem Kinde wegen rückständiger Unterhaltsbeiträge vergleichen und ihm zu diesem Zwecke Möbel überlassen, die die zum Unterhaltspfleger bestellte Mutter besitzt und für sich als ihr Eigentum beansprucht. Die vom Vater deshalb aus § 1796 beantragte Bestellung eines Sonderpflegers hat das Amtsgericht abgelehnt, das LG. dagegen angeordnet. Die weitere Beschwerde der Mutter ist unbegründet.

Das LG. hält den Vater nach § 57 Nr. 9 FGG. für beschwerdeberechtigt, weil mittelbar auch für die Person des Kindes gesorgt werden würde. Dabei geht es offenbar davon aus, daß der Vater die Angelegenheit auch tatsächlich im Interesse des Kindes wahrnimmt, wie die Nr. 9 dies voraussetzt. Diese Auffassung des LG. ist nicht zu beanstanden. Der Hinweis der Beschwerde, daß hier nur die sofortige Beschwerde gegeben sei, ist verfehlt. Zunächst bezieht sich § 60 Nr. 3 FGG. überhaupt nicht auf die Entziehung der Vertretung nach § 1796 BGB., denn hier bleibt ja der Vormund (Pfleger) im Amte, während § 60 Nr. 3 die Entlassung voraussetzt. Überdies hatte das Amtsgericht abgelehnt, so daß die Beschwerde auch dann die einfache hätte sein können, wenn jene Erziehung an sich unter § 60 Nr. 3 fiele.

In der Sache führt das LG. aus, eine objektive Prüfung des Vergleichsangebots sei von der Mutter nicht zu erwarten, wenn sie selbst Eigentümerin der Möbel zu sein glaubt; vielmehr werde erst der neue Pfleger zu prüfen haben, ob etwa die Unsicherheit bezüglich der Eigentumsverhältnisse den Vergleich als nicht im Interesse des Kindes liegend erscheinen lasse. Ein Rechtsirrtum ist nicht erkennbar.

k) **Kein Zuchtmittel (§ 1631[2]) zur Durchführung eines Aufenthaltswechsels des Kindes.**

Kammergericht, ZS. 1a. Beschluß v. 2. Februar 1923.

... Die Personensorge umfaßt das Recht und die Pflicht, das Kind zu erziehen, zu beaufsichtigen und seinen Aufenthalt zu bestimmen. Kraft des Erziehungsrechts können angemessene Zuchtmittel gegen das Kind angewendet werden. Das VormGericht hat den Erziehungsberechtigten auf dessen Antrag durch Anwendung geeigneter Zuchtmittel zu unterstützen. Deshalb ist es dazu bei der Durchführung eines Aufenthaltswechsels des Kindes nur dann nach § 1631[2] S. 2 befugt, wenn sich dieser Wechsel selbst als Anwendung eines Zuchtmittels darstellt. Das ist aber nur dann der Fall, wenn das Kind am neuen Aufenthaltsort erzogen werden soll und gerade dies den Grund für den Ortswechsel bildet. Soll lediglich ein Wohnungswechsel eintreten, so ist das eine Maßnahme, die nicht „kraft des Erziehungsrechts“, sondern lediglich kraft des Aufenthaltsbestimmungsrechts getroffen wird und die der Erziehungsberechtigte selbst, wenn nötig, durchzuführen hat, ohne hierfür die Unterstützung des VormGerichts nachsuchen zu dürfen. Hieran ändert sich auch dann nichts, wenn der Aufenthaltswechsel als solcher, wie häufig, einem erzieherischen Gedanken entspringt und nach Plan und Absicht der Erziehung förderlich sein soll. Um solchen Wechsel handelt es sich hier. Das A.-Heim für Kontoristinnen ist keine Erziehungsanstalt, sondern ein „Heim“ für weibliche Angehörige einer bestimmten Berufsklasse ohne Unterschied des Alters; es bietet nicht Erziehung, sondern Unterkunft. Die Anordnung des VormGerichts, daß die Beschwerdeführerin sich dorthin zu begeben habe, daß sie dort oder „in einem andren geeigneten Heim“ unterzubringen sei, stellt sich auch dann nicht als ein „Zuchtmittel“ dar, wenn dieser Aufenthaltswechsel als solcher etwa mit Rücksicht auf die Umstände, besonders wegen ihrer gegenwärtigen Unterbringung (bei X.) bestimmt und geeignet wäre, die „Erziehung“ der Minderjährigen durch „Stärkung ihres moralischen und ethischen Empfindens“ zu fördern.

l) **Religiöse Erziehung**[1]: α) **bei Mischehen.**

Kammergericht, ZS. 1a. Beschluß v. 23. März 1923.

Der evang. A. und seine kath. Frau beabsichtigen, das uneheliche Kind der kath. X. mit deren Einwilligung an Kindesstatt anzunehmen. Das Amtsgericht hat abgewiesen, wurde aber auf Beschwerde des A. angewiesen, das Verfahren fortzusetzen. Die weitere Beschwerde des kath. Geistlichen und des Waisenrats rügt, daß die Frau A., deren frühere Ehe mit M. geschieden ist, in einer nach kirchlichen Begriffen ehebrecherischen Verbindung lebe, die solange der ihr kirchlich angetraute M. lebe, nicht in Ordnung gebracht werden könne. Deshalb sei für die Frau A. nach kirchlichen Gesetzen eine Beteiligung an den Gnadenmitteln der Kirche, somit eine praktische Ausübung des Glaubenslebens ausgeschlossen. Diese Bedenken gegen die Möglichkeit einer gedeihlichen kath. Erziehung sind grundsätzlicher Natur und greifen über den vorliegenden Fall einer Kindesannahme weit hinaus. Da das bürgerliche Recht die Wiederverheiratung geschiedener kath. Ehegatten gestattet und den Eltern der neuen Ehe, auch wenn diese eine Mischehe ist, die freie Einigung über die religiöse Erziehung der aus dieser Ehe hervorgehenden Kinder mit bestimmter Wirkung einräumt (§ 1 Gesetz v. 15. Juli 1921), also auch die Bestimmung der kath. Erziehung trotz der dem Gesetzgeber sicherlich bekannt gewordenen Bedenken zuläßt, so kann bürgerlich-rechtlich aus

[1] Das Ges. v. 11. Juni 1920 Art. I Nr. 2 hat nur den § 22 Nr. 5 PStG. durch Streichung des Wortes „Religion“ geändert; dagegen verbleibt es für Registerauszüge über die vorherigen Eintragungen beim § 15 PStG.; sie müssen sich mithin als beglaubigte Abschriften der entsprechenden Haupteintragung darstellen (KG. 19. Januar 1923, 1a x 886/22).

jenen Bedenken allein auch kein Grund zur Nichtgenehmigung der Kindesannahme, die lediglich zu einem völlig gleichliegenden Zustande führt (vgl. § 1757) entnommen werden. Wäre den Eheleuten A. ein Kind geboren, so bestände gegen eine Einigung der Eltern, dieses Kind im kath. Glauben zu erziehen, auf seiten des kath. Geistlichen kaum ein Bedenken.

β) **Unterschied zwischen § 2 und § 5 Ges. v. 15. Juli 1921.**

Bayer. Oberstes Landesgericht, ZS. Beschluß v. 8. April 1924.

... Im § 2 handelt es sich darum, zu verhüten, daß ein Kind, das nach dem Willen beider Eltern in einem bestimmten Bekenntnis erzogen worden ist, während der Ehe von einem Elternteil ohne Zustimmung des andren einem andren Bekenntnis zugeführt wird, bevor es selbst das unterscheidungsfähige Alter erreicht hat. Daß hier dem Widerspruch des andren Ehegatten nicht mit dem Einwand begegnet werden kann, daß das Kind schon bisher, wenn auch zu Unrecht, im andren Bekenntnis erzogen worden sei, ist klar. Daraus ergibt sich aber nicht, daß für § 5 Ges. dasselbe zu gelten hat. Der § 5, der die sich aus §§ 2, 3 ergebenden Rechte des Fürsorgeberechtigten einschränkt, bezweckt, das Selbstbestimmungsrecht des Kindes zu schützen. Er soll verhindern, daß auf Kinder, die in einem nach der Ansicht des Gesetzes bereits unterscheidungsfähigen Alter ein Gewissenszwang ausgeübt wird. Die Rechte des § 5 stehen dem Kind auch im Falle des § 2 zu, es kann also auch während der Ehe, wenn es das 12. Lebensjahr vollendet hat, nicht gegen seinen Willen zu einem andren Bekenntnisse gezwungen werden, auch dann nicht, wenn beide Eltern über die Änderung einverstanden sind. Aus diesem Zwecke des Gesetzes ergibt sich, daß es sich hier nicht, wie im Falle des § 2 bei jüngeren und deshalb noch nicht unterscheidungsfähigen Kindern darum handeln kann, *wie* die Erziehung in dem andren Bekenntnisse zustande gekommen ist, sondern nur darum, *ob* tatsächlich bisher eine solche Erziehung stattgefunden hat und ob das Kind bei ihr verbleiben will. Es ist nicht einzusehen, wie dieser Wille des Kindes in dem einen Fall entscheidend sein soll und im andren nicht. Der Gewissenszwang wäre der gleiche, ob nun die „bisherige Erziehung" auf gesetzmäßige oder gesetzwidrige Weise zustande gekommen ist. Bei ihr muß es sich aber tatsächlich um eine länger fortgesetzte Unterweisung in einem bestimmten Bekenntnisse gehandelt haben, die geeignet ist, bei dem Kinde eine feste Überzeugung und ein Zugehörigkeitsgefühl zu begründen; dagegen genügt nicht ein Hin- und Herschwanken zwischen verschiedenen Bekenntnissen, bei dem schließlich der Zufall, in welchem Zeitpunkt die Sache aufgegriffen wird, entscheidend wäre. Das Gesetz ist nicht, wie die meisten früheren Landesgesetze, dazu bestimmt, den religiösen Frieden unter den verschiedenen Konfessionen zu wahren. Es legt vielmehr den ausschließlichen Nachdruck auf das Interesse des Kindes. Darum ist es auch im engen Anschluß an die Vorschriften des bürgerlichen Rechts über die Erziehung aufgebaut. Der Erziehungsberechtigte soll nur über die religiöse Erziehung entscheiden; sobald aber das Kind alt genug ist, selbst sich ein Urteil in religiösen Dingen zu bilden, soll ihm das Selbstbestimmungsrecht zustehen und zwar vom 14. Lebensjahr unbeschränkt, von 12—14 aber wenigstens in dem beschränkten Maße, daß es nicht zu einem andren Bekenntnisse gezwungen werden darf.

γ) Die Erklärung des Kindes gemäß § 5 S. 1 kann mündlich, ausdrücklich oder stillschweigend gegenüber dem gesetzlichen Vertreter, dem Vorm.-Gericht oder einer andren Person der Behörde erfolgen. — Die bisherige religiöse Erziehung im Sinne des § 5 S. 2 kommt dagegen nur dann in Betracht, wenn sie den gesetzlichen Vorschriften entsprochen, nicht aber wenn sie ihnen widersprochen hat (KG. 23. Febr. 1923, 1a x 951/22).

m) **Fürsorgeerziehung gegen die Mutter (§ 1685²). Späterer Wegfall des § 1677.**

Bayer. Oberstes Landesgericht, ZS. Beschluß v. 12. April 1924.

Die Ehe des Beschwerdeführers W., aus der 4 Kinder vorhanden sind, ist aus seinem Verschulden rechtskräftig seit 1. Febr. 1921 geschieden. Von da an stand nach § 1635¹ die Personensorge der Mutter zu. Schon 1920 hat er sich von seinem Wohnsitz entfernt, ohne sich weiter um Frau und Kinder zu bekümmern. Von da ab blieb sein Aufenthalt unbekannt, weshalb das Amtsgericht N. seine elterliche Gewalt gemäß § 1677 für ruhend erklärte und deren Ausübung gemäß § 1685² der Mutter übertrug. Am 7. 9. 21 ordnete es sodann für die Kinder die Fürsorgeerziehung an. Auf den Antrag des W., ihm die elterliche Gewalt wieder zu übertragen, stellte das Amtsgericht N. mit Beschluß v. 8. Juni 1923 fest, daß W. nunmehr nach Wegfall der Voraussetzungen des § 1677 wieder im Besitze jener Gewalt sei, jedoch mit Ausnahme der Personensorge, die nach wie vor gemäß § 1635 der Mutter zustehe. Der Antrag auf Aufhebung der Fürsorgeerziehung wies es unter Billigung des LG. zurück. Die weitere Beschwerde hierüber ist begründet.

Die FE. ist wegen der Gefahr völliger Verwahrlosung der Kinder angeordnet; in den Gründen ist anerkannt, daß die Mutter daran keine Schuld trifft; der § 1666 ist deshalb nicht angewendet worden. Gleichwohl hat sie das ihr bis dahin zugestandene Personensorgerecht für die Dauer der FE. verloren; denn neben dieser ist für jenes Recht kein Raum. Mit der am 8. Juni 1923 getroffenen Feststellung, daß die Voraussetzungen für das Ruhen der elterlichen Gewalt weggefallen seien, ist auch das der Mutter entzogene Personensorgerecht kraft Gesetzes wieder dem Vater zugefallen. Allerdings hat dieser gegen die FE. die Beschwerde im eigenen Namen erfolglos eingelegt. Damit ist aber ihm gegenüber rechtskräftig nur festgestellt, daß aus der Person der damals erziehungsberechtigten Mutter die FE. mit Recht angeordnet ist. Ob die FE. auch Bestand hat, wenn das Erziehungsrecht von der Mutter auf den Vater übergeht, ist durch die Abweisung der Beschwerde nicht entschieden. Der Fall, daß während der FE. die Personensorge auf ihn überging, liegt aber hier vor (RG. 102 S. 283). Dem W. steht daher aus sich das Recht aus § 1631 zu, solange es ihm nicht auf

Grund eines nach § 1666 durchzuführenden Verfahrens ausdrücklich entzogen ist. Von der Entscheidung dieser Vorfrage hängt also die Beschlußfassung darüber ab, ob die FE. aufzuheben sein wird, wesentlich ab. Dies haben die Vorinstanzen verkannt.[1]

n) α) **Gefährdung des geistigen Wohls des Kindes.**[2]

Bayer. Oberstes Landesgericht, ZS. Beschluß v. 25. April 1923.

... Ein ehelicher Vater, der seinem im frühesten Lebensalter stehenden Kinde die Wohltat der mütterlichen Pflege und Erziehung dadurch entzieht, daß er in seiner Häuslichkeit Zustände duldet, die der Mutter des Kindes das Verbleiben in der häuslichen Gemeinschaft und die Wiederaufnahme eines geordneten gemeinschaftlichen Familienlebens unmöglich machen, mißbraucht das ihm nach §§ 1627, 1631 zustehende Personensorgerecht. Hierdurch wird jedenfalls die seelische Entwicklung und damit das geistige Wohl des Kindes gefährdet. Bei den zarten Banden, die Mutter und Kind verknüpfen, kann die mütterliche Pflege und Erziehung nie ganz ersetzt werden. Auch die Unterbringung des Kindes bei nahen Verwandten kann, selbst wenn ihm hier die aufmerksamste Pflege zuteil wird, keinen vollen Ersatz schaffen. Das Kind erleidet eine nicht wieder gutzumachende Einbuße an Geist und Gemüt, wenn es der Obhut und Fürsorge der Mutter dauernd entzogen wird. Alle diese Gefährdungen haben hier schon vor der Fernhaltung der Mutter begonnen; sie sind daher tatsächlich schon jetzt vorhanden. Auch läge hier unter allen Umständen eine — den § 1666 rechtfertigende — nahe Wahrscheinlichkeit einer Gefährdung vor, da das Kind nicht bloß jetzt, sondern nach dem Willen des Vaters dauernd der Mutter entzogen bleiben soll. Mit der täglich wachsenden Intelligenz des Kindes würde sich naturgemäß die Gefahr für dessen geistiges Wohl aber immer mehr vergrößern. ... M.

[1] α) Der von RG. 102 S. 283 vertretenen Ansicht ist jedenfalls insoweit beizutreten, als § 1635 unanwendbar ist, wenn wie hier das VormGericht nach § 1677 festgestellt hat, daß der nach § 1635 S. 1 sorgeberechtigte Vater an der Ausübung der Gewalt verhindert ist; wird dann nach § 1698, der auch bei Auflösung der Ehe gilt, für das Kind ein Vormund bestellt, so steht der Mutter die Personensorge nur in dem beschränkten Umfange des § 1634 zu (Bay. ObLG. 6. April 1923 III 19).

b) Ist einem Ehegatten während der Ehe die Personensorge auf Grund des § 1666 entzogen worden, so erhält er sie nach der Scheidung auch dann, wenn sie ihm nach § 1635 S. 1 zufiele, nicht wieder, sofern nicht Gründe vorliegen, jenen durch das Scheidungsurteil berührten Beschluß abzuändern (KG. 23. Febr. 1923, 1 a x 40).

c) In RJA. 17 S. 41 ist die Wohnung des sorgeberechtigten Elternteils als Art des Verkehrs des andren Teils mit dem Kinde für den Regelfall als ungeeignet bezeichnet. Dasselbe gilt von der Wohnung der Großmutter, wenn zwischen dieser und dem Beschwerdeführer ein gespanntes Verhältnis besteht (KG. 19. Januar 1923, 1 a x 33).

[2] Eine solche Gefährdung kann der Umstand allein, daß die Eltern, die das Kind unterrichten, keine „ausgebildeten Lehrpersonen" sind, nicht rechtfertigen, da das Ziel des Elementarunterrichts nicht selten auch bei Unterweisung durch Personen, die nicht für den Lehrberuf besonders ausgebildet sind, erreicht wird (KG. 15. Dez. 1922, 1 a x 878). — Ob die tatsächliche Trennung der Eltern auf einem gesetzlichen Grunde (§ 1353) beruht, ist wohl für die Rechtsbeziehungen der Eltern untereinander von Bedeutung, nicht aber für ihre Beziehungen zu den Kindern (KG. 3. Nov. 1922, 1 a x 807).

β) **Bestellung eines Beistandes zur Anlegung des Kindesvermögens.**[1]

Bayer. Oberstes Landesgericht, ZS. Beschluß v. 20. Oktober 1922.

Die Bestellung eines Beistandes ist nach §§ 1666/7 gerechtfertigt. Über den Umfang seines Wirkungskreises entscheidet die Bestellung; ist er nicht bestimmt, so fallen alle Angelegenheiten in jenen Kreis. Die Anordnung, daß hier die Anlegung der zum Vermögen der Kinder gehörigen Gelder dem Beistande zustehen soll, ist daher zulässig und die Beschwerde somit unbegründet.

Für das weitere Verfahren ist aber darauf hinzuweisen, daß durch jene Anordnung der vom VormGerichte verfolgte Zweck der Sicherstellung des Kindesvermögens nicht erreicht wird. Denn sie führt lediglich die entsprechende Anwendung der §§ 1809f. herbei. Der Beistand hat hiernach an sich die Mutter auch bei der (ihr zustehenden) Anlegung der Kindergelder zu unterstützen, zu überwachen und das Einschreiten des VormGerichts zu veranlassen (§ 1689). Nach §§ 1686, 1642 ist aber die Mutter zur verzinslichen Anlegung nur verpflichtet, als das Geld nicht „zur Bestreitung von Ausgaben bereit zu halten" ist. Sie ist also nicht gehindert, das Geld in andrer Weise, zB. durch Ankauf eines Grundstücks, Anlegung in Handelsgewerben (vgl. LZ. 1922 S. 55) nutzbar zu machen; dies ist zunächst ihrem pflichtgemäßen Ermessen (§ 1664) überlassen (JW. 1922 S. 397). Allerdings kann die Wahl einer derartigen Nutzbarmachung unter Umständen die mit der Vermögensverwaltung verbundenen Pflichten verletzen und daher das Vorm.-Gericht zum Einschreiten gemäß § 1667 verpflichten. Dieses kann dann insbesondere anordnen, daß die Gelder bei einer Sparkasse mit Sperrvermerk angelegt werden (KGJ. 33 S. 29). Reichen die im § 1667² erwähnten Maßregeln nicht aus, so kann es dem Gewalthaber Sicherheitsleistung auferlegen, auch wenn dieser dazu voraussichtlich nicht imstande sein wird; die Nichterlegung der Sicherheit hat dann zur Folge, daß nunmehr aus § 1670 ihm die Verwaltung entzogen werden kann (RJA. 8 S. 90). Lediglich aus § 1667 ist diese Entziehung auch in zeitlich oder inhaltlich beschränktem Umfange und die Bestellung eines Pflegers nicht zulässig (KGJ. 35 S. 9, Samml. 17 S. 70). Deshalb wird hier zunächst zu prüfen sein, ob die von der Mutter geplante Nutzbarmachung das Einschreiten nach § 1667 rechtfertigt. Ist dies der Fall, so steht der Anordnung, das Geld verzinslich anzulegen (§§ 1807 Nr. 5, § 1691, 1807), kein Bedenken entgegen. ...

γ) **Überweisung minderjähriger Ausländer zur FE.**

Kammergericht, ZS. 1a. Beschluß v. 16. Mai 1924.

... Das LG. geht zutreffend davon aus, daß die FE. nunmehr auf Grund des § 63 Nr. 2 auszusprechen sei, weil sie zur Beseitigung der Verwahrlosung wegen Unzulänglichkeit der Erziehung erforderlich sei. Jene Vor-

[1] Hält das Amtsgericht eine gewisse Beschränkung der elterlichen Gewalt des Vaters für erforderlich, so ist die Bestellung einer Schutzaufsicht keine im Sinne des § 1666 geeignete und hinreichende Maßregel; denn sie soll ihn bei der Besorgung der Angelegenheiten der Kinder unterstützen; vgl. ABf. v. 18. Febr. 1918 zu 1 (KG. 9. Febr. 1923, 1a x 938/22).

schrift hat im wesentlichen den gleichen Inhalt wie die des § 1 Nr. 3 Pr. FEG. und bezweckt wie die Begründung (Verh. des RT. 1920 Nr. 1666 S. 1270) besagt, die Heilung bereits eingetretener Verwahrlosung, ohne Rücksicht darauf, ob diese im Beginn ihrer Entwicklung oder bereits fortgeschritten ist. Wenn sodann das LG. auf Grund der Voraussetzungen des § 63 Nr. 2 die Ansicht des Beschwerdeführers (Landeshauptmann), das JWG. dürfe nur auf Inländer Anwendung finden, weil § 1¹ bestimmte, daß jedes deutsche Kind ein Recht auf Erziehung ... habe, im Anschluß an KGJ. 47 S. 48 nicht als zutreffend anerkennt, so kann dem nur beigetreten werden.... Die dortigen Rechtsgrundsätze müssen auch unter der Herrschaft des jetzt geltenden JWG. als noch zutreffend bezeichnet werden. Die Begründung (S. 1237) sagt: „Der Krieg hat die Verwilderung und Verwahrlosung der Jugend in sittlicher und körperlicher Beziehung nach Grad und Umfang so gesteigert, daß daraus die schwersten sittlichen Schäden und Gefahren für die Jugend und damit für Deutschlands Zukunft und Wiederaufrichtung erwachsen können, wenn nicht schnellstens die notwendigen Gegenmaßnahmen in die Wege geleitet werden; vgl. auch die Begr. zum Entw. der FE. §§ 63, 64" (aO. S. 1269). Die sozialpolitischen Gesichtspunkte, die den Bestimmungen des JWG., besonders auch denjenigen über die FE. zugrunde liegen, sind also im wesentlichen die gleichen, wie die, die den Pr. Gesetzgeber geleitet haben und die im KGJ. aO. hervorgehoben sind. Da im übrigen auch der § 63 Nr. 2 JWG. inhaltlich mit § 1 Nr. 3 FEG. wesentlich übereinstimmt und auch nach der Begründung des Pr. Entw. des AG. zum JWG. (Pr. Landt. 1921 Drucks. Nr. 5396 S. 6354) „die Regelung der FE. durch das JWG. im Anschluß an das FEG. erfolgt", so muß wegen Gleichheit des Zwecks und Inhalts der beiden Vorschriften die Anordnung der FE. gegen ausländische Minderjährige auch jetzt für zulässig erachtet werden.

Der in der Beschwerde angeführte Satz in § 1¹ soll offenbar nur besagen, daß an sich und in erster Linie die Fürsorge des Gesetzes der deutschen Jugend zuteil werden solle. Die Erziehung gerade der deutschen Kinder zur leiblichen, seelischen und gesellschaftlichen Tüchtigkeit wird nur gefördert, wenn die vom verderblichen Einflusse verwahrloster ausländischer Minderjähriger durch deren Unterbringung in FE. ferngehalten werden. Auch aus dem Satze der Begr. (aO. 1269): „Die Ersatzerziehung ist an sich nur für deutsche Minderjährige vorgesehen, für ausländische greift indes Art. 23 EG. zum BGB., auf Grund dessen zB. in Preußen die FE. für Ausländer zur Verhütung des völligen sittlichen Verderbens das KG. zugelassen hat" und aus einer weiteren Stelle (aO. 1245 unten), nach der es der Satzung der einzelnen Jugendämter nach Maßgabe des Landesrechts überlassen ist, im Bedürfnisfalle die Zuständigkeit nach § 5 auf die Fürsorge für Ausländer zu erstrecken, muß entnommen werden, daß auch der Gesetzgeber des JWG. nicht die Anwendung seiner Vorschriften gegen Ausländer für unzulässig hat erklären wollen, wenngleich der Satz über die Rechtsprechung des KG. und ihre angebliche Grundlage nicht zutrifft, da das KG. ständig den Art. 23 Abs. 1 wie 2 nur auf die Anordnung der Vormund(Pfleg)schaft im eigentlichen Sinne bezieht und Maßnahmen, die nicht unter jene Anordnung fallen, nicht zu den Maßnahmen rechnet, die das deutsche VormGericht aus Art. 23 treffen kann. Jedenfalls ist eine ausdrückliche Bestimmung, daß Ausländer nicht in FE. gebracht werden dürfen, nirgends in das Gesetz aufgenommen worden. Ob aber die Durchführung mit finanziellen Schwierigkeiten verknüpft ist, darauf kann es nicht ankommen; denn „der Jugend Wohlfahrt muß höchstes Gesetz sein" (Begr. aO. 1237).

δ) Ordnet das Jugendgericht nach § 5² S. 3 JugendGG. die FE. selbst an, so handelt es sich um ein reines Strafverfahren, für das nach § 18¹ im allgemeinen die StPO. gilt. Deshalb ist das Urteil nicht der FE.=Behörde zuzustellen; diese hat auch nicht das Recht, das Urteil mit einem Rechtsmittel, bes. mit der sofortigen Beschwerde der FGG. anzufechten; ihr liegt lediglich dessen Ausführung ob, entweder gemäß § 7³ S. 1 JGG. nach §§ 70/1 JWohlfG., oder für die Übergangszeit gemäß § 51 II JGG. nach § 9 FEG. (KG. 1. Febr. 1924, 1a x 23).

o) **Bedeutung der im § 1717² festgesetzten Empfängniszeit.**

OLG. Dresden, 6. ZS. Beschluß v. 25. Juni 1924.

... Die Unterhaltspflicht des Schwängerers beruht auf dem Grunde der Vaterschaft (Mot. 4 S. 868). Zur Erleichterung der Durchführung des Unterhaltsanspruchs und zur Verminderung der Unterhaltsprozesse knüpft das Gesetz den Nachweis der Vaterschaft, der dem Kinde sonst obliegen und den Regeln der freien Beweiswürdigung (ZPO. § 286) unterstehen würde, an die den natürlichen Verhältnissen sich anschließende Vermutung des § 1717¹. Als Empfängniszeit gilt der im Abs. 2 festgesetzte Zeitraum. Hierdurch wird die Vermutung des Abs. 1 ohne Einschränkung dahin ausgestaltet, daß lediglich die in jener Zeit liegende Beiwohnung die Vermutung begründet; nicht die Beiwohnung schlechthin, sondern die in diese Zeit fallende macht den Mann zum Vater des Kindes. Da der strenge Nachweis der Vaterschaft nicht erfordert, sondern durch den bloßen Nachweis der Beiwohnung mit der daran geknüpften Vermutung ersetzt wird, mußten die Voraussetzungen, unter denen die Vermutung Platz greift, durch die Festsetzung des Zeitraums bestimmt begrenzt werden. Dies ist durch die Festsetzung der Zeit geschehen, innerhalb deren nach allgemeinen Erfahrungen unter weitgehender Berücksichtigung von der regelmäßigen Dauer der Schwangerschaft abweichender Fälle die Beiwohnung die Geburt eines Kindes zur Folge haben kann. Infolgedessen vermag eine außerhalb jener Zeit liegende Beiwohnung die Vermutung nicht zu begründen. Im Sinne des § 1717 hat aber die Festsetzung dieser Zeit nicht nur beweiserleichternde Bedeutung; sie schließt auch zugleich den Beweis aus, daß das Kind aus einer außerhalb der Frist liegenden Beiwohnung empfangen sei. Die Zulassung dieses Beweises ist mit dem Inhalte des Gesetzes nicht vereinbar. Sie findet auch in dem § 1592² keine Stütze. Eine entsprechende Anwendung dieser Vorschrift ist ausgeschlossen, weil sie ausdrücklich nur den Schutz der ehelichen Abstammung bezweckt und die Absicht des Gesetzes, den Nachweis einer längeren Schwangerschaftsdauer hierauf zu beschränken, deutlich erkennbar ist. Dies geht aus der Entstehungsgeschichte des Gesetzes zweifelsfrei hervor (Mot. 4 S. 649, 890 ff.; Prot. S. 5784 ff., 6205). . . . Hiernach läßt sich aus der gleichmäßigen Festsetzung der Empfängniszeit für die ehelichen und die unehelichen Kinder nicht folgern, daß bei den letzteren die Zulassung des Nachweises einer längeren Empfängniszeit dem Gesetz entspräche. Für die Aufnahme des § 1592² sind Beweggründe maßgebend gewesen, die für die unehelichen Kinder, denen nur zum Unterhaltsanspruche verholfen werden soll, nicht in gleicher Weise zutreffen. Die Annahme, daß dem aus einer Spätgeburt hervorgegangenen Kinde die Vorteile der Legitimation durch nachfolgende Ehe entzogen würden, trifft nicht zu, weil es sich dabei um die Ehelichkeit des Kindes handelt und deshalb eine erweiternde Auslegung des § 1592² gerechtfertigt erscheint. Es kann dahingestellt bleiben, ob die angegebenen Berechnungen über die Anzahl der Spätgeburten, wonach durchschnittlich auf 208 oder auf 347 reife Geburten eine Spätgeburt entfallen sollen, Anspruch auf Richtigkeit haben, weil erfahrungsgemäß derartige Angaben häufig auf unzureichenden Feststellungen oder täuschenden Angaben beruhen (Winkels Deutsche Klinik 9 S. 15; Bucheler Berichte der 2. Tagung der Berufsvormünder S. 37; Harnack Gerichtl. Medizin S. 88). Jedenfalls handelt es sich nur um eine sehr geringe Anzahl von Ausnahmefällen. Die große Schwierigkeit des zu erfordernden Gegenbeweises, der sich nicht auf die Möglichkeit einer Abweichung von der Regel beschränken darf, sondern eine wirkliche Gewißheit, soweit eine solche in menschlichen Dingen überhaupt erreichbar ist, ergeben muß, wird sich außerdem der erfolgreichen Geltendmachung des Unterhaltsanspruchs entgegenstellen. Hierüber ist das Gesetz mit Vorbedacht hinweggegangen. Es muß deshalb als die Aufgabe des Gesetzgebers bezeichnet werden, das Gesetz dementsprechend zu ändern, wenn sich dafür ein wirkliches Bedürfnis ergeben sollte. Hiernach ist das Armenrechtsgesuch des Klägers mit Recht abgelehnt worden. Kr.

p) **Kindesannahme. Vertragschluß nach § 1750.**

Kammergericht, ZS. 1a. Beschluß v. 20. April 1923.

. . . Nach § 1750 S. 1 kann der Annahmevertrag nicht durch Vertreter geschlossen werden uz. können die Beteiligten weder im Willen noch in der Abgabe der Erklärung vertreten werden (KGJ. 45 S. 8). Folgeweise darf sich auch ein gemäß S. 2 handelnder Vormund (Pfleger) weder durch Bevollmächtigte (§§ 164, 166⁶) noch durch Boten (§ 120) vertreten lassen. Demzufolge sind hier die Vorschriften über die Vollmacht, besonders auch der Grundsatz des § 177 unanwendbar. . . . Der § 1750² stellt eine Abweichung vom Grundsatze des § 128 dar und schließt damit für den Annahmevertrag eine sukzessive Beurkundung aus. Nach den Mot. 4 S. 972 sollen die Beteiligten gleichzeitig vor der Urkundungsperson bei dem Vertragschluß anwesend sein, um vor ihr selbst zweckentsprechend miteinander zu verhandeln. Dieser Zweck wird aber vereitelt, wenn wie hier der allein mit Vertretungsmacht für den Mündel versehene Pfleger einem bereits früher abgeschlossenen Annahmevertrage lediglich genehmigend beitritt, ohne mit den Vertragsgegnern über den Abschluß vor der Urkundsperson verhandelt zu haben. Zwar ist der Grundsatz des § 177 auch auf eine Auflassung angewendet worden, den jemand ohne Vertretungsmacht im Namen eines andern erklärt hat (KGJ. 22 S. 146); auch stimmen die §§ 925, 1750[2] hinsichtlich der Worte „bei gleichzeitiger Anwesenheit beider Teile" überein. Allein der wesentliche Unterschied beider Fälle liegt darin, daß für die Auflassungsbeteiligten Vertreter handeln dürfen, ihre persönliche Anwesenheit also nicht notwendig ist, während bei dem Abschluß des Annahmevertrags eine Vertretung der Beteiligten, abgesehen vom § 1750 S. 2 gesetzlich ausgeschlossen ist.[1]

q) **Vormund- (Pfleger-)Bestellung: α) ohne ihre Voraussetzungen.**[2]

OLG. Stuttgart, 1. ZS. Beschluß v. 10. November 1922.

Als das Amtsgericht die Pflegschaft anordnete, war für sie nach § 1909 kein Raum; in solchem Fall ist sie nicht (wie zB. Staudinger § 1773 annimmt) nichtig. Die Gesetze haben diese Frage nicht allgemein geregelt; sie beschränken sich darauf, für einzelne Fälle die Gültigkeit, für andre die die Nichtigkeit der Vormundschaft (Pflegschaft) anzuordnen oder vorauszusetzen (§§ 7, 32 FGG., § 1780 BGB.). Soweit besondere Vorschriften nicht bestehen, ist die Frage nach Lage des Falls aus allgemeinen Erwägungen zu beantworten (RGSt. 5 S. 311). Im Zweifel davon ist auszugehen, daß, wenn das Gesetz einer Behörde eine Verfügung der freiwill. Gerichtsbarkeit überläßt, es ihr zugleich die Entscheidung über die Voraussetzungen überträgt, unter denen es die Verfügung zuläßt. Dies ist auch zur Rechtssicherheit und zu sachgemäßem Zusammenwirken der Behörden nötig. Dem Rechtsschutzbedürfnis der Beteiligten wird regelmäßig durch die Eröffnung des Instanzenzugs ausreichend genügt; auch kann eine ohne die gesetzlichen Voraussetzungen angeordnete Vormundschaft die Vertretungsbefugnis des gesetzmäßig vorhandenen Vertreters nicht hindern. Vorliegend hat die Witwe während der ganzen Pflegschaft bis zum Eintritt der Volljährigkeit des Sohnes nie geltend gemacht, daß es an einer gesetzlichen Voraussetzung fehle und daß sie zur Verwaltung des Stammguts und des Allodvermögens des Sohnes berechtigt sei; sie hat im Gegenteil an das VormGericht Anträge hinsichtlich der Aus-

[1] Dem Beschlusse (Rsp. 42 S. 186) ist das Bay. ObLG. am 1. Okt. 1923 (III 84) beigetreten. — Die ohne vorherige Genehmigung des VormGerichts erteilte Einwilligung des Vormunds zur Ehelichkeitserklärung des Mündels (§ 1728[2]) ist nach § 1831 unwirksam (KG. 5. und 19. Januar 1923, 1 a x 870/22, 11/23).

[2] Dadurch, daß eine Vormundschaft ohne die gesetzlichen Voraussetzungen eingeleitet worden ist und wegen dieses Mangels wieder aufgehoben werden mußte, werden die aus der vormundschaftlichen Verwaltung entstandenen Ansprüche, bes. die Vergütung des Vormunds, nicht berührt (Bay. ObLG. 29. März 1924 III 14). Ebenso kann die Vergütung dem Pfleger nicht deshalb verweigert werden, weil für die Pflegschaft kein ausreichender Grund gegeben war (KG. 23. Febr. 1923. 1 a x 96).

wahl des Pflegers gestellt und hat in der Folge dem Pfleger die Verwaltung überlassen; hier muß die Pflegschaft so lange als wirksam erachtet werden, als sie nicht aufgehoben ist (vgl. § 32 FGG.). Ihre Aufhebung nach § 1919 kam nicht mehr in Frage, nachdem sie nach § 1918[1] mit der Volljährigkeit des Mündels geendet hatte. Bei dieser Sachlage erscheint die Bewilligung einer Vergütung für den Pfleger nach § 1836 BGB. als rechtlich zulässig. S.

Dazu: Kammergericht, 1. ZS. Beschluß v. 4. Januar 1923.

Liegen die Voraussetzungen des § 1836 vor, so kann die Vergütung nicht deshalb verweigert werden, weil die Vormundschaft angeordnet war, obwohl hierfür kein Grund vorlag; es kommt lediglich darauf an, ob die Vormundschaft wirksam angeordnet ist. Glauben die Erben, daß sie zu Unrecht eingeleitet, sie also durch die Vergütung geschädigt seien, so bleibt ihnen überlassen, ihre Ansprüche gegen den Fiskus zu richten. Auch die angeblich schlechte Geschäftsführung schließt eine Vergütung nicht aus; auch hier bleibt es den Erben unbenommen, ihre Ansprüche anderweit geltend zu machen (KGJ. 35 S. 30). Unzutreffend ist ferner die Ansicht des Beschwerdeführers, daß er jedenfalls nicht mit seinem Erbteile hafte, da von vornherein festgestanden habe, daß er mindestens zur Hälfte Erbe sei. Die Nachlaßpflegschaft ist — mit Recht oder Unrecht — über den ganzen Nachlaß des X. für alle nach Ansicht des Amtsgerichts unbekannten Erben wirksam eingeleitet worden. Deshalb muß die Vergütung von der ganzen Nachlaßmasse bewilligt werden, sie ist eine einheitliche Nachlaßverbindlichkeit.

β) **durch eine unzuständige Behörde (Rechtspfleger).**

Kammergericht, ZS. 1a. Beschluß v. 6. April 1923.

... Die eigentliche Anordnung der Vormundschaft (Pflegschaft) ist nicht Sache des Gerichtsschreibereibeamten, wie überhaupt von der Übertragung alle „Entscheidungen" ausgenommen sind, die dem VormGerichte gesetzlich übertragen sind (vgl. AVf. v. 11. Juni 1921 III 2 Satz 2). Nach §§ 1779, 1915 stellt sich besonders auch die Auswahl des Vormundes (Pflegers) als eine zur Anordnung der Vormundschaft (Pflegschaft) gehörige Verrichtung des Vorm.-Gerichts dar, wie zu III 1[3] aO. erläuternd bemerkt ist, daß in das Gebiet der Verpflichtung des Vormundes neben der Terminsanberaumung die Anordnung der Ladung des „vom Richter bestimmten Vormundes" fällt (Ia Gen. IV 1 21; JW. 1922 S. 1334). Lagen aber die Anordnung der Pflegschaft (zur Einklagung des Unterhalts) und die Auswahl nicht im Bereiche der sachlichen Zuständigkeit des Rechtspflegeorgans, so waren seine auf diese Punkte bezüglichen Entscheidungen ohne weiteres nichtig, also auch ohne besondere Aufhebung unbeachtlich. Die erwähnten Ausnahmen hätten rechtswirksam erst dann erfolgen können, wenn der VormRichter nach der Prüfung, ob hier in rechtlicher und tatsächlicher Hinsicht die gesetzlichen Voraussetzungen einer Pflegschaft erfüllt seien, ob also ein Bedürfnis zur Erhebung einer Klage der Kinder auf Unterhalt in Geld gegen ihren Vater vorliege und ob insoweit die Interessen beider in erheblichem Gegensatze ständen (Rsp. 33 S. 346) oder ob etwa der Anspruch völlig unbegründet sei (aO.), die Pflegschaft angeordnet und ferner nach § 1779, also auch unter besonderer Berücksichtigung des Abs. 2 den Pfleger ausgewählt hätte. Die nachträgliche Genehmigung des VormRichters war für die Bestellung des Pflegers bedeutungslos, weil dadurch Akte einer unzuständigen Behörde nicht von ihren Mängeln geheilt werden. Sie kann aber als erneute Vornahme der nichtigen Akte aufgefaßt werden, so daß sie als solche ohne rückwirkende Kraft wirksam sind (Gruchot 46 S. 1142).

Anlaß zu rechtlichen Bedenken gibt aber die Folgerung des LG., daß der Prozeß nur scheinbar anhängig geworden sei, die Kinder an ihm nicht beteiligt seien. Durch die Zustellung der Klageschrift ist nach § 263[1] ZPO. die Rechtshängigkeit der Streitsache, das tatsächliche Vorhandensein des Prozesses in dem Sinne begründet worden, daß das Gericht ihn durch Urteil erledigen muß. Die prozeßrechtlichen Wirkungen der Rechtshängigkeit werden aber dadurch nicht ausgeschlossen, daß die Prozeßvoraussetzungen für ein Urteil in der Hauptsache, zu denen die gesetzliche Vertretung, nicht aber die Klagerhebung nebst ihren Erfordernissen gehört, nicht vorliegen. Der Mangel dieser Prozeßvoraussetzungen ist nur von aufschiebender Bedeutung, weil eine Heilung durch Nachholung erfolgen kann ... Hiernach war die Frage, ob ein Bedürfnis vorliegt, einen Prozeß im Namen der Kinder gegen den Vater anzustrengen, bereits durch die Erhebung der Klage entschieden. Der Prozeß ist aber eine Angelegenheit, an deren Besorgung für die Kinder der Vater kraft §§ 1630[2] S. 1, 1795 gehindert ist, weil seine Vertretungsmacht durch § 181 beschränkt ist, auch für die Führung von Prozessen, so daß ein Fürsorgebedürfnis im Sinne des § 1909 anzuerkennen ist. Das Amtsgericht wird aber zu erwägen haben, ob nicht der Wirkungskreis des bestellten Pflegers anderweit dahin zu bestimmen sein möchte, daß er die Vertretung der Kinder im anhängigen Prozeß umfaßt.

γ) **Übergehung eines Berufsvormunds wegen Religionsverschiedenheit. Bedeutung des EG. Art. 136 Nr. 1. Sofortige Beschwerde.**

Bayer. Oberstes Landesgericht, ZS. Beschluß v. 8. April 1922.

Die Beschwerden des Stadtsekretärs A. und die des Stadtrats Erlangen sind darauf gestützt, daß ein ihnen zustehendes Recht, nämlich das Recht, als Vormund über das Kind K. aufgestellt zu werden, bz. das Recht der Stadtgemeinde darauf, daß der auf Grund der Gemeindesatzung vom 6. Oktober 1921 von ihr aufgestellte Beamte als Vormund dieses Kindes bestellt wird, verletzt ist (FGG. § 20, KGJ. 35 S. 21). Jede der Beschwerden ist nach § 60 Nr. 1 FGG. die sofortige. Denn danach ist diese gegen eine Verfügung, die einen als Vormund Berufenen übergeht[1], unter allen Umständen gegeben, nicht nur dann,

[1] Ein nach § 1917[1] Berufener ist im Sinne des § 1778[1] „übergangen", wenn ein andrer Pfleger bestellt ist, gleichviel ob die Übergehung bewußt oder unbewußt erfolgte und in der Bestellung ausgedrückt ist; vgl. KGJ 39 S. 5 (KG. 12. Januar 1923, 1a x 4). Dagegen kann eine gesetzliche Berufung zum Pflegschaftsamt und damit das Beschwerderecht über die Bestellung eines andern als Pflegers nicht bei der Nachlaßpflegschaft in Frage kommen, weil die Person, für die der Pfleger bestellt wird, nicht bekannt ist. — Auch erscheint bedenklich die Bestellung des einen Bruders, der bei Ergebnislosigkeit der Nachforschungen nach 3 andren unbekannten Brüdern oder deren Kinder selbst erben würde (KG. 23. Nov. 1922, 1 x 322).

wenn der Übergangene, sondern auch dann, wenn ein Dritter sie einlegt. Denn dem Zwecke des § 60 Nr. 1, daß die Frage, wer Vormund sein soll, im Interesse des Mündels möglichst bald entschieden werden soll, liefe es zuwider, wenn ein beschwerdeberechtigter Dritter die Frage, ob ein Berufener übergangen worden ist, noch nach Jahren im Wege der einfachen Beschwerde zum Austrag bringen könnte. Die Frist des § 22 FGG. ist gewahrt.

Soweit die Beschwerdeführer behaupten, der angefochtene Beschluß verstoße gegen Art. 136 Reichsverfassung, kann ihnen allerdings nicht beigetreten werden. Zur Entscheidung stand lediglich die Frage, ob bei der von der Stadtgemeinde eingeführten Form der Berufsvormundschaft der § 1779² S. 2 BGB, die durch jenen Art. 136 zweifellos nicht beseitigt ist, anzuwenden ist oder nicht. Durch die Bejahung dieser Frage wurde in keiner Weise in die bürgerlichen oder staatsbürgerlichen Rechte des Beschwerdeführers R. oder in dessen Recht, ohne Rücksicht auf sein religiöses Bekenntnis zu öffentlichen Ämtern zugelassen zu werden, eingegriffen.

Der Art. 136 wäre auch dann nicht verletzt, wenn das VormGericht die Angelegenheit vom Standpunkte des § 1779² S. 2 aus sachlich geprüft hätte. Dazu wäre es auf Grund des Art. 136 Nr. 1 EG. z. BGB. „unbeschadet der Befugnis des VormGerichts einen anderen Vormund zu bestellen" zweifellos unter allen Umständen berechtigt gewesen. Denn wenn man auch mit KGJ. 22 S. 217, 35 S. 21 der Ansicht ist, daß dadurch nicht in das freie Belieben des VormGerichts gestellt ist, anstelle des Berufsvormunds einen anderen Vormund zu bestellen, so ist es doch zweifellos hierzu dann berechtigt, wenn es nach den Umständen des Einzelfalls die Aufstellung eines anderen Vormunds aus wichtigen Gründen für geboten erachtet. Da das Gesetz die Wahrung der religiösen Interessen des Mündels als einen der bei der Auswahl des Vormunds ausschlaggebenden Gesichtspunkte erachtet, könnte von einer Verletzung des Gesetzes wohl kaum gesprochen werden, wenn ein VormGericht zu der Überzeugung gelangt, daß jene Interessen bei der Bevormundung durch einen keinem Bekenntnis angehörenden Berufsvormund nicht hinreichend gewährleistet ist und wenn es deshalb die Aufstellung eines anderen Vormunds für geboten erachten würde.

Diese Frage kann aber hier dahingestellt bleiben, da die Vorinstanzen ihre Entscheidung ausschließlich darauf abgestellt haben, ob bei der durch Art. 98 Armenges. eingeführten und von der Stadtgemeinde gewählten Form der Berufsvormundschaft bei der Bestellung des Vormunds auf das Religionsbekenntnis des Mündels Rücksicht zu nehmen ist. Ihre Ansicht, daß diese Form mit Art. 136 Nr. 1 EG. nicht im Einklang steht, ist jedoch irrig. Nach dem in Art. 98 Armenges. eingeführten Art. 2⁴ des bayer. Ges. über die Berufsvormundschaft kann auf Grund Gemeindestatuts von den Staatsministerien der Justiz und des Inneren bestimmt werden, daß Gemeindebeamte vom VormGericht für solche Minderjährige, die unter der Aufsicht der Beamten in einer von ihnen ausgewählten Familie oder Anstalt erzogen...

werden, zum Vormund bestellt werden. Zweck dieser Bestimmung war, den Mißhelligkeiten vorzubeugen, die sich bei der kraft Gesetzes eintretenden Berufsvormundschaft zB. daraus ergeben hatten, daß das Gericht unter Umständen gar keine Kenntnis hatte von dem Eintreten der gesetzlichen Berufsvormundschaft und einen anderen Vormund bestellte, oder daß, wenn nach Aufstellung eines Spezialvormunds die Voraussetzungen der Berufsvormundschaft eintraten, unter Umständen weder das VormGericht noch der bestellte Vormund hiervon Kenntnis erhielten. Außerdem sollte die Möglichkeit geschaffen werden, daß die Berufsvormundschaft nur dann in Wirksamkeit trat, wenn es im Interesse des Mündels für nötig erachtet wurde. Wenn nun Art. 135 Nr. 1 landesgesetzliche Vorschriften vorbehielt, nach denen die dort bezeichneten Personen kraft Gesetzes Vormünder gewisser Minderjähriger sind, so enthält gegenüber diesem Vorbehalt Art. 98 Armenges. nicht etwas Anderes, Neues, sondern lediglich ein Weniger.

Mit Art. 136 Nr. 3 EG. hat Art. 98 überhaupt nichts zu tun. Bei Nr. 3 handelt es sich um eine selbständige Bestimmung, die sehr wohl neben den in Art. 136 Nr. 1 EG. und Art. 98 Armenges. gegebenen Vorschriften bestehen kann. Dieser Art. 98 findet seine Rechtfertigung ausreichend in der Erwägung, daß der Landesgesetzgebung, wenn sie nach Art. 136 Nr. 1 EG. Vorschriften treffen kann, nach denen bestimmte Personen *kraft Gesetzes* Vormünder sind, auch nicht verwehrt sein kann, unter Abstandnahme von dem Momente des gesetzlichen Eintritts der Vormundschaft jener Personen zu bestimmen, daß sie *auf ihren Antrag* hin im einzelnen Fall als Vormünder *zu bestellen sind*.

Die rechtliche Zulässigkeit der durch Art. 98 eingeführten Form der Berufsvormundschaft ist also nicht zu bezweifeln. Bei ihr aber kann der § 1779² S. 2 BGB. nicht zur Anwendung kommen. Er bezieht sich, wie aus ihrem Wortlaut deutlich hervorgeht, nur auf die Fälle, in denen dem Gericht *die Auswahl* des Vormunds zusteht, also besonders auch nicht auf die Fälle des § 1776. Zweifellos ist das Gericht nicht berechtigt, einen nach § 1776 Berufenen lediglich deshalb zu übergehen, weil er anderen Glaubensbekenntnisses ist als der Mündel. Ebensowenig kann aber in anderen Fällen, in denen dem Gerichte keine Befugnis der Auswahl zusteht, in denen es vielmehr kraft gesetzlicher Vorschrift eine bestimmte Person als Vormund zu bestellen hat, der § 1779² zur Anwendung kommen. Nur wo das Gericht bezüglich der als Vormund zu bestellenden Personen einen Spielraum hat, kann es das religiöse Bekenntnis „berücksichtigen".[1] Kn.

r) **Führung der Vormundschaft:** α) **Anwendung des § 1793.**

Kammergericht, ZS. 1a. Beschluß v. 13. Oktober 1922.

---

[1] Nimmt die vorgesetzte Behörde des städtischen Berufsvormunds die ihm zur Übernahme der Sammelvormundschaften erteilte Erlaubnis wirksam zurück (AG. Art. 72²), so muß das VormGericht von Amtswegen ihn in allen den Sachen, in denen er als Vormund, Pfleger oder Beistand bestellt ist, entlassen; eine besondere Bezeichnung der einzelnen Sachen ist dabei nicht geboten (KG. 7. Juli 1922, 1a x 471).

... Der Vormund, der den zur Fürsorge überwiesenen Kindern — nach Entziehung der väterlichen Gewalt gemäß § 1666 — zu bestellen ist, ist infolge des Übergangs des Erziehungsrechts auf den Kommunalverband nicht in der Lage, irgendwie auf die Kinder erziehlich einzuwirken; daher ist diese Frage für seine Auswahl bedeutungslos. Überdies wird die vom Vater erstrebte individuelle Erziehung der Kinder gerade durch die unter öffentlicher Aufsicht erfolgende Fürsorgeerziehung erreicht.[1]

β) **Wann entspricht ein Vertrag dem Mündelinteresse?**

Kammergericht, 3S. 1a. Beschluß v. 8. Juni 1923.

... Daß bei der Verwaltung des Mündelvermögens nicht schlechthin das reine Geldinteresse maßgebend sein soll, ergibt der § 1804[2]. Der hierin liegende Gedanke leitet dahin, daß auch bei entgeltlichen Verträgen des Mündels auf die Gesichtspunkte der sittlichen Pflicht und des Anstands Rücksicht zu nehmen ist. Das kann im Einzelfalle dazu führen, das wohlverstandene Interesse des Mündels in andrer Richtung zu suchen, als sich bei einseitiger Berücksichtigung seiner geldlichen Interessen ergeben würde. Die Stellung des Mündels, seine Beziehungen zum Vertragsgegner, die Vermögensverhältnisse beider, Gegenstand und Zweck des Vertrags und die Berücksichtigung der in den beteiligten Volkskreisen herrschenden Anschauungen über Sitte und Anstand können unter Umständen die Erwägung rechtfertigen, den Gesichtspunkt des geldlichen Vorteils in die zweite Reihe oder auch gänzlich zurücktreten zu lassen. Diese Prüfung haben aber die Vorinstanzen hier, wo für 3000 Mark 50 ar der Gemeinde zu Friedhofszwecken verkauft sind, unterlassen.[2]

γ) **Pachtvertrag über Landgüter fällt unter § 1822 Nr. 5. „Nächste Anwärter". Zuständigkeit des VormGerichts.**

Kammergericht, 3S. 1a. Beschluß v. 20. Oktober 1922.

Der Fideikommißbesitzer hat am 1. Juli 1922 Güter bis Ende 1940 verpachtet. Diesem Vertrag ist die Beschwerdeführerin als Gewalthaberin ihrer beiden 15- und 13jährigen Söhne genehmigend beigetreten. Mit der Angabe, daß diese die nächsten Fideikommißanwärter seien, hat sie die vormundschaftsgerichtliche Genehmigung des Beitritts erfolglos beantragt. Die weitere Beschwerde ist begründet. Der Zweck des Antrags, daß der Pachtvertrag über den Tod des jetzigen Fideikommißbesitzers hinaus Wirksamkeit behält, läßt sich auf dem eingeschlagenen Wege nur beschränkt verwirklichen. Die VO. v. 30. Dez. 1920 (GS. 1921 S. 77) § 8 Abs. 1, 2 Nr. 4 gewährt

[1] Die Eignung zum Gegenvormunde können dessen etwaige freundschaftliche Beziehungen zum Vormund nicht in Frage stellen (KG. 16. März 1923, 1a x 163).

[2] Unter den heutigen Umständen, die dringend erheischen, für die aus dem Auslande und den Grenzbezirken zuströmenden vertriebenen Reichsangehörigen Unterkunft zu schaffen, ist es sittliche Pflicht eines Großgrundbesitzers, die bestehende Not zu lindern; das Versprechen des Stammgutsbesitzers, mehrere zum Stammgute gehörige Grundstücke von 2 ha unentgeltlich der Stadt A. zur Erbauung von Wohnhäusern abzutreten, fällt daher unter § 1804 S. 2 (Bay. ObLG. 26. Mai 1923, III Nr. 23). — Zweckzuwendungen bei Gelegenheit eines Turniers als übliche Gelegenheitsgeschenke: RFH. 12 S. 39.

allerdings auch in den Fällen, in denen stiftungsmäßige Bestimmungen fehlen, die Möglichkeit, unter Zuziehung der beiden nächsten Anwärter Pachtverträge mit unmittelbarer Wirkung gegen das Fideikommiß abzuschließen (AVf. v. 10. Juni 1919, JMBl. 321). Allein im Sinne dieser Bestimmungen sind die beiden Söhne nicht die nächsten Angehörigen, weil nach § 6² Nr. I S. 4 FGB. nächste Anwärter nur die unbeschränkt geschäftsfähigen Anwärter sind, die hinter dem Inhaber des Familienguts und seinen Abkömmlingen zur Nachfolge berufen sind. Auch nach altem Rechte (Ges. v. 15. Febr. 1840) läßt sich eine Bindung des Fideikommisses an den Pachtvertrag nicht ohne Familienschluß erreichen.... Insbesondre setzt sein § 15 Nr. 2 voraus, daß eine das Fideikommiß bindende obligatorische Verpflichtung, mag sie auf Gesetz oder Rechtsgeschäft beruhen, bereits vorhanden ist, und ermöglicht, sie durch eine dingliche Verfügung mit Zustimmung der beiden nächsten Anwärter zu erfüllen (Rambohr FF. 385). Daran fehlt es hier....

Dagegen haben die Vorinstanzen nicht geprüft, ob eine Genehmigung nicht aus einem andren Gesichtspunkt in Frage kommt. Durch den Beitritt haben die Söhne für ihre Person den Pachtvertrag auf den Fall genehmigt, daß sie zur Nachfolge gelangen. Dies hat also jedenfalls die Wirkung, daß der Vertrag auch für sie persönlich und für ihre mögliche spätere Besitzzeit wirksam ist, auch als von ihnen geschlossen und sie bindend gilt (Mobersohn S. 101⁶). Ob sie der Genehmigung bedarf, bestimmt sich nach dem bisherigen materiellen Rechte (JW. 1922 S. 840²). Aus §§ 1821 Nr. 1, 1643, 1686 ist die Notwendigkeit jener Genehmigung nicht zu folgern; denn von einer „Verfügung" kann nur dann gesprochen werden, wenn ein Rechtsgeschäft geschlossen wird, dessen Rechtswirkung auf eine Sache unmittelbar gerichtet ist und deren Rechtslage unmittelbar ändert, das also nicht wie ein Pachtvertrag lediglich eine Verpflichtung zur Vornahme einer Rechtsänderung begründet. Dagegen liegt ein Fall des § 1822 Nr. 5 vor, der auch gegenüber dem § 1822 Nr. 4 anwendbar ist. Dieser findet allerdings auf den Inhaber der elterlichen Gewalt keine Anwendung (§§ 1643, 1686), weil der Gesetzgeber in die auf einer natürlichen Grundlage beruhende und deshalb mit der Vormundschaft nicht ohne weiteres gleichzustellende elterliche Gewalt nicht beschränkend eingreifen wollte (Mot. 4 S. 767). Eine Ausnahme tritt aber nach § 1822 Nr. 5 dann ein, wenn der Pachtvertrag über ein Landgut — als solches erscheint im Gegensatze zu einzelnen landw. Grundstücken eine zum selbständigen landw Betrieb eingerichtete Grundstückseinheit oder -mehrheit (Staudinger § 1515³) — über die Volljährigkeit des Kindes fortdauern soll. Es erschien nämlich gefährlich, dem gesetzlichen Vertreter eine solche Macht einzuräumen (Mot. 4 S. 1141). Keineswegs ist aus dem Zusammenhalte der Nr. 4, 5 § 1822 zu folgern, daß Nr. 5 Pachtverträge über ein Landgut nicht enthalte. Demgemäß ist anerkannten Rechtens, daß die Nr. 5 allgemein auf Pachtverträge Anwendung findet, gleichviel ob bewegliche oder unbewegliche Sachen in Frage stehen (aO.).

... Nach § 28[10] VO. v. 19. Nov. 1920 und § 3[4] FGB. sind jetzt die VormGerichte für Erteilung von Genehmigungen zu fideikommißrechtlichen Erklärungen der gesetzlichen Vertreter von Fideikommißbeteiligten allgemein unzuständig (vgl. auch Recht 1922 S. 115). Allein da die Nutzungen des Fideikommisses in das Allod fallen, betrifft der vom Besitzer abgeschlossene Pachtvertrag und somit auch die Zustimmung der Kinder nicht das Fideikommiß, sondern das Allod, so daß es sich nur um allodiale Verpflichtungen der Kinder handelt, die lediglich ihr später etwa entstehendes Nutzungsrecht berühren.

Dazu: Kammergericht, ZS. 1a. Beschluß v. 20. Oktober 1922.

... Das VormGericht darf die Genehmigung nur erteilen, wenn es die Überzeugung gewonnen hat, daß die Vornahme des Geschäfts dem Interesse des Mündels entspricht. Dies kann aber nur nach den zurzeit der Entscheidung obwaltenden Verhältnissen, nicht nach denen beurteilt werden, die im Zeitpunkte des Vertragsschlusses (1916) geherrscht haben. Deshalb müssen die inzwischen in den Geld- und Wertverhältnissen eingetretenen Veränderungen berücksichtigt werden; sonst wäre eine Schädigung der Mündelinteressen zu besorgen. Demgemäß hat der Vormund, der die Genehmigung nachgesucht hat, dem VormGerichte die nachträglich eingetretene Möglichkeit, einen höheren Kaufpreis zu erzielen, besonders auch etwaige Steigerungen des Grundstückswerts, zB. durch Anlegung einer Eisenbahn, Erteilung einer Apotheken-, Schankerlaubnis 2c mitzuteilen. Auch mußte er in derartigen Fällen davon absehen, eine ihm gegenüber erklärte Genehmigung dem Käufer mitzuteilen (§ 1829). An dieser Rechtslage ändert auch der Umstand nichts, daß die Entscheidung über die Genehmigung durch ungewöhnliche und zeitraubende Schwierigkeiten bei Wegschaffung der Hypotheken ohne Zutun der Beteiligten verzögert wurde....

δ) **Doppelvollmacht zur Entgegennahme und Mitteilung der Genehmigung.**[1]

Bayer. Oberstes Landesgericht, ZS. Beschluß v. 20. Januar 1923.

Die Witwe A. und der Pfleger ihrer Kinder schlossen notariell einen Auseinandersetzungsvertrag, der die Hypotheken aus dem Gesamtgute der fortgesetzten GG. den Kindern überwies. In Nr. 4 heißt es: „Der Pfleger ersucht das VormGericht um Genehmigung; der Notariatssekretär X. ist zu deren Entgegennahme, zur Mitteilung hiervon und zu deren Empfangnahme ermächtigt." Die Genehmigung wurde erteilt, der Vermerk hierüber der Urkunde beigefügt; sie enthält ferner die Worte „Kenntnis genommen. X." und die notarielle Beglaubigung der Unterschrift. Die Umschreibung der

[1] Die Vertragsbestimmung, daß die Genehmigung durch den Eingang beim Notar für alle Beteiligten bindend werden soll, könnte allenfalls dahin verstanden werden, daß der Vormund und der Vertragsgegner den beurkundenden Notar bevollmächtigen, einerseits die gerichtliche Entscheidung für den Vormund entgegenzunehmen und in dessen Namen dem Gegner mitzuteilen, andrerseits die Mitteilung für den letzteren zu empfangen; allein nach § 171 Nr. 1 FGG. ist der Notar gehindert, eine Vollmacht auf sich selbst zu beurkunden; sie kann daher nicht die Erklärung des Gerichts an den Vormund (§ 1829) und die Mitteilung an den Gegner ersetzen (KG. 12. Juli 1922, 1a x 481).

Hypotheken wurde abgelehnt, weil den Erfordernissen des § 1829 nicht genügt sei. Die weitere Beschwerde ist begründet.

... Der Pfleger kann einen Dritten bevollmächtigen, in seinem Namen die Genehmigung des Gerichts entgegenzunehmen. Dieses ist allerdings an sich nicht verpflichtet, auf solche Bevollmächtigung einzugehen, wenn es nach Lage des Falles sie nicht für entsprechend erachtet. Es ist aber hier darauf eingegangen, jedenfalls wollte es nichts dagegen einwenden. Da es ferner aus der Urkunde entnehmen konnte, daß X. zur Entgegennahme der Genehmigung für den Pfleger bevollmächtigt war, so erachtete es, wie ohne weiteres unterstellt werden darf, bei Rücksendung der Urkunde als selbstverständlich, daß X. zufolge der ihm durch seine Dienststellung gewährten Gelegenheit von der Genehmigung Kenntnis nehmen werde.

Das LG. bemängelt außerdem, aus der Erklärung der Kenntnisnahme gehe keineswegs hervor, daß X. auch für die Vertragsgegnerin Kenntnis genommen und demgemäß als Vertreter des Pflegers die Genehmigung mitgeteilt habe. Allein aus der in der Urkunde niedergelegten Doppelbevollmächtigung darf ohne weiteres gefolgert werden, daß, wenn X. seine „Kenntnisnahme" bestätigt, er nicht nur für den Pfleger, sondern zugleich auch für dessen Vertragsgegnerin tätig werden wollte. Einer tatsächlichen Ausführung der Mitteilung an diese bedurfte es nicht, da X. ja auch sie vertrat. Im Grunde genommen bildet hier die Mitteilung der Genehmigung und deren Empfangnahme für die A. einen **einheitlichen inneren** Vorgang in der Person des X., der die Bestätigung der Kenntnisnahme in Verbindung mit der Doppelvollmacht ohne weiteres als ausgewiesen gelten darf. Auch den Erfordernissen des § 29 GBO. ist hierbei genügt. Der innere Vorgang selbst kann nicht „beurkundet" werden. Die Doppelvollmacht ist durch notarielle Urkunde erwiesen. Daß X aber selbst die Erklärung der Kenntnisnahme, die im vorstehenden Sinne zu würdigen ist, abgegeben hat, ist durch die Beglaubigung seiner Unterschrift genügend dargetan.

Die Vorinstanzen gehen weiterhin davon aus, daß eine **vor** der Genehmigung erteilte **Vollmacht** zur Mitteilung rechtlich wirkungslos sei. Dieser Auffassung kann nicht beigepflichtet werden. Die Ansicht der Beschwerde freilich dahin, daß der gesetzliche Vertreter **nach** erteilter Genehmigung vom Vertrag überhaupt nicht mehr zurücktreten könnte, ist rechtsirrig. Der gesetzgeberische Zweck des § 1829 geht vielmehr gerade dahin, ihm die Möglichkeit zu belassen, trotz der Genehmigung vom Vertrage wieder loszukommen, wenn er sich hinterher davon überzeugen sollte, daß die Vereinbarung für den von ihm Vertretenen doch nicht günstig sei, besonders im Hinblick auf inzwischen eingetretene Veränderungen der Wirtschaftslage. Trotz Aufstellung eines Sonderbevollmächtigten wie hier bleibt aber dem gesetzlichen Vertreter dieses nachträgliche Rücktrittsrecht noch gewahrt; denn er ist bis zu dem Augenblick, in welchem der Bevollmächtigte tätig wird, in der Lage, die Vollmacht zu widerrufen, so daß ihm auch bis dahin die Möglichkeit zusteht, das endgültige Zustandekommen des Vertrags zu verhindern, wenn ihm nachträglich Bedenken aufsteigen. Übt er gleichwohl dieses Widerrufsrecht nicht aus, so trifft die Verantwortung hierfür ihn allein (vgl. § 1833). Der Beschluß (Rsp. 41 S. 75 Anm.) steht nicht entgegen, da sie von dem Falle der Erteilung einer Generalvollmacht ausgeht.[1]

ε) **Verzicht auf die Mitteilung der Genehmigung.**

Bayer. Oberstes Landesgericht, ZS. Beschluß v. 1. Dezember 1922.

... Ob auf die Mitteilung der Genehmigung (§§ 1643[3], 1829 S. 2) verzichtet werden kann, ist bestritten. Daß der andere Vertragsteil nicht durch einseitigen Verzicht die Befugnis des gesetzlichen Vertreters zur freien Entschließung darüber, ob er von der Genehmigung Gebrauch machen will, beeinträchtigen kann, ist nicht zu bezweifeln. Dagegen kann ersterer auf die Mitteilung in dem Sinne verzichten, wie bei der Vertragschließung nach § 151 auf die Annahmeerklärung verzichtet werden kann. Daher ist eine Vereinbarung dahin zulässig, daß der gesetzliche Vertreter in anderer Weise als durch Mitteilung an die Gegenpartei seinen Entschluß ausdrücken kann (Samml. 2 S. 748). Der gegenteilige Beschluß (das. 17 S. 216) wird aufgegeben.

Nach Nr. 4 der Urkunde soll, wenn das Gericht seine Genehmigung dem gesetzlichen Vertreter eröffnet und eine Abschrift des Beschlusses unter Bestätigung des Tages dieser Eröffnung beigefügt hat, der Beschluß als durch jenen Vertreter den übrigen Beteiligten zur Kenntnis gebracht gelten und damit auch diesen gegenüber wirksam werden. Eine derartige Vereinbarung ist zulässig. Mit Recht läßt die herrschende Meinung eine Vereinbarung zu, wonach der gesetzliche Vertreter einen Dritten bevollmächtigt, die Entscheidung des Gerichts entgegenzunehmen und dem Vertragsgegner mitzuteilen, und daß dieser den Dritten zur Entgegennahme bevollmächtigt. Davon weicht die hier fr. Vereinbarung in ihrem praktischen Ergebnis nicht wesentlich ab. Allerdings entspricht der Befugnis des gesetzlichen Vertreters, nach Empfang der Genehmigung durch Mitteilung über das endgültige Zustandekommen des Vertrags zu entscheiden, seine Pflicht, sich in diesem Zeitpunkte darüber schlüssig zu machen, ob der Vertrag auch jetzt noch im Interesse des Vertretenen liegt. Daraus folgt, daß er einer Einschränkung dieser Befugnis, wie sie hier vorliegt, bei Meidung seiner Haftung nur zustimmen darf, wenn sich daraus nach seinem pflichtgemäßen Ermessen keinerlei Gefahr für den Vertretenen ergibt. Bei der Kürze der regelmäßig in Betracht kommenden Zeitspanne wird aber eine wesentliche Veränderung der Verhältnisse nur in

[1] Hat der Vormund dem Vertragsgegner die Erteilung der Genehmigung mitgeteilt, so wird damit gemäß §§ 55[1], 62 FGG. jede Änderung der Verfügung ausgeschlossen, also auch das selbständige Beschwerderecht der Minderjährigen (§ 59) hinfällig, gleichviel ob sie die Verfügung kannten und ob sie gemäß § 1837[2] gehört worden sind (KG. 15. Dez. 1922, 1a x 892). Ob aber die Genehmigung und ihre Mitteilung (§§ 1828, 1915) materielle Rechtswirksamkeit gegenüber dem Gegner zu äußern geeignet ist, weil zB. der Kaufpreis zu niedrig angegeben worden, kann nur im Prozeßweg ausgetragen werden (KG. 22. Febr. 1923, 1 x 44).

seltenen Ausnahmefällen eintreten. Glaubt der Vertreter die damit verbundene Gefahr übernehmen zu können, so ist nicht einzusehen, warum er das ihm nach § 1829 S. 2 zustehende Rücktrittsrecht nicht dadurch sollte einschränken dürfen, daß er der erwähnten Vereinbarung im Interesse der Vereinfachung zustimmt. Zudem ist auch das VormGericht in der Lage, gelegentlich der Prüfung eine Schädigung der Minderjährigen zu verhüten. ...

s) **Vergütung für den im städtischen Dienste stehenden Berufspfleger.**

Kammergericht, 1. ZS. Beschluß v. 7. Dezember 1922.

Der § 1836 ist auf die Pflegschaft, also auch auf die Nachlaßpflegschaft nach § 1915 entsprechend anwendbar. Die Vorinstanzen haben jedoch den Antrag des Beschwerdeführers zurückgewiesen, weil dieser als Berufspfleger im Dienste der Stadt stehe. ... Allein nach der Beschwerde hat die Stadt lediglich wegen der finanziellen Deckung ihrer Aufwendungen an der Vermögensverwaltung durch einen von ihr zur Verfügung gestellten, besoldeten Beamten ein Interesse, während sie an der weiteren Erledigung der Geschäfte unbeteiligt ist und dazu nicht die von ihr anderweit voll beanspruchte und nur insoweit durch die Dienstbezüge abgegoltene dienstliche Tätigkeit des Beschwerdeführers zur Verfügung gestellt hat. Danach unterscheidet sich der vorliegende Fall von dem in KGJ. 45 S. 60 entschiedenen dadurch, daß der Pfleger hier nur zu einem Teil in anderweit abgegoltener Beamtenstellung, im übrigen als Privatmann die Geschäfte geführt hat. Daraus ergibt sich, daß, soweit letzteres vorliegt, der § 1836 anwendbar ist; nur der in Beamtenstellung geführte Teil der Geschäfte hat auszuscheiden. ...

t) **Zur Anwendung des § 1906 BGB.**

α) Die Einleitung des Entmündigungsverfahrens ist so wenig wie die Zustellung des es einleitenden Beschlusses an den zu Entmündigenden Voraussetzung des § 1906 (KG. 17. Nov. 1922, 1a x 831).

β) Die Tatsache, daß nach Eingang der weiteren Beschwerde über die Anordnung der vorläufigen Vormundschaft der Antrag auf Entmündigung des Beschwerdeführers rechtskräftig zurückgewiesen wird, ist keine neue i. S. des § 23 FGG., sondern eine prozessuale, die für eine Entscheidung keinen Raum läßt (KG. 9. März 1923, 1a x 99).

u) **Pflegschaft zur Schutzaufsicht. Anwendung des § 43² FGG.**

Kammergericht, ZS. 1a. Beschluß v. 16. Mai 1924.

... Die Ehe des Beschwerdeführers A. ist am 3. April 1922 geschieden worden. Schon Anfang 1921 hatte das Amtsgericht, in dessen Bezirk A. damals noch seinen Wohnsitz hatte, eine Pflegschaft zur Schutzaufsicht eingeleitet, die noch fortbestand, als die Frau A. am 26. Juli 1923 bei diesem Gerichte die Verkehrsregelung beantragte. Bei jener Pflegschaft handelte es sich nicht um eine Pflegschaft des § 1909, deren Anhängigsein eine Zuständigkeit des VormGerichts nach § 43² FGG. begründen würde; vielmehr fand die Zulässigkeit der „Pflegschaft" (vgl. KGJ. 30 S. 44, 48 S. 5) ihre rechtliche Grundlage in § 12 FGG (RG. 64 S. 16). Die AVf. v. 18. Febr. 1918 Nr. 5 (Pr.JMBl. 49) hat sodann dem VormGerichte nahegelegt, von der

Schutzaufsicht durch Bestellung eines Helfers (Pflegers) weitgehendsten Gebrauch zu machen. Gesetzlich hat sie später ihre Anerkennung im JugendWG. v. 9. Juli 1922 §§ 56ff. gefunden. Im § 58 sind jetzt dem Helfer fast die gleichen Befugnisse eingeräumt, wie sie nach § 1689 dem Beistand der Mutter zustehen. Die Bestellung eines Aufsehers soll sonach ganz ähnlichen Zwecken dienen, wie sie den im § 43² FGG. genannten Einrichtungen der Pfleg(Beistand)schaft verfolgt werden, und deshalb ist nach § 68² JWG. der § 43² auch dann anzuwenden, wenn über die Person eine Schutzaufsicht oder ein FEVerfahren anhängig ist. Wenn auch § 68² erst am 1. April 1924 in Kraft getreten ist, so entspricht es doch nur dem Zweck und der Absicht des § 43² FGG., möglichst alle Angelegenheiten eines Schutzbedürftigen durch dasselbe Gericht zu behandeln (Beschluß v. 21. Dez. 1923), wenn man annimmt, daß auch die Anhängigkeit andrer Schutzpflegschaften, die ihre Grundlage außerhalb des JWG. oder des § 1909 BGB. haben, die Zuständigkeit dieses VormGerichts für andre Verrichtungen nach sich zieht, die nicht eine Vormund(Pfleg)schaft betreffen (§ 43¹ FGG.). Daß hier das Gericht erst am 15. März 1924, also nach Aufhebung der Schutzpflegschaft entschieden hat, ist unerheblich; denn nach dem Gesetz entscheidet der Zeitpunkt, in welchem das Gericht mit der Angelegenheit befaßt wird.

v) **Verkehrsregelung nach § 1636 BGB.**

Bayer. Oberstes Landesgericht, ZS. Beschluß v. 13. September 1924.

Die Ehe ist aus beiderseitigem Verschulden geschieden, so daß die Personensorge für den Sohn dem Vater und die für die Tochter der in einer anderen Straße wohnhaften Mutter zusteht. Die Vorinstanzen haben angeordnet, daß die Tochter dem Vater und der Sohn der Mutter alle 7 Tage zum persönlichen Verkehr zu überlassen seien und daß dieser Verkehr abwechselnd am 1. und 3. Sonntag und am 2. und 4. Sonnabend von Nachm. 2—7 Uhr stattzufinden habe. Die weitere Beschwerde der Mutter ist begründet. Es widerspricht dem natürlichen Empfinden und der erforderlichen Pflege der geschwisterlichen Beziehungen der beiden Kinder, mithin ihrem Interesse, wenn sie gerade zu der Zeit, während der ihnen der Verkehr mit dem nicht personenberechtigten Elternteil gestattet und ermöglicht ist, voneinander getrennt werden ... Auch ist das Verlangen der Mutter, daß ihr ein gemeinschaftlicher Verkehr mit beiden Kindern zu ermöglichen sei, berechtigt und in den erziehlichen Belangen der Kinder selbst gelegen.

13. Erbrecht.

a) **Berufung zu mehreren Erbteilen aus „demselben Grunde".**

Kammergericht, 1. ZS. Beschluß v. 11. Januar 1923.

... Infolge der Ausschlagungen der erstberufenen Geschwister der ohne Testament verstorbenen A. sind die Kinder dieser Geschwister, darunter Friedrich K. und dessen Ehefrau Erben geworden. Nachdem auch diese ausgeschlagen hatten, fiel ihren Kindern an: 1. der Anteil ihres Vaters, 2. der ihrer Mutter (§ 1953). Bezüglich des Anteils 1 hat der Vater notariell am 3. Juni auch für seine Kinder ausgeschlagen. Zu dieser Zeit war ihnen der Anteil der Mutter noch nicht angefallen; denn diese hat erst später (4. Juni) ausgeschlagen. Der Vater war also, als er für die Kinder ausschlug, noch nicht neben ihnen (§ 1643² S. 2) berufen. Nach § 1945 erfolgt aber die Ausschlagung gegenüber dem Nachlaßgericht; sie ist also eine empfangsbedürftige Willenserklärung, die dem Nachlaßgericht zugehen muß (§ 130). Die Erklärungen des Vaters und der Mutter gingen dem Gericht gleichzeitig (7. Juni) zu. Zu dieser Zeit fiel also den Kindern auch der mütterliche Erbteil zu. Zu der Zeit, als die Ausschlagung des Vaters wirksam für seine Kinder werden konnte, war er mithin neben den Kindern berufen und bedurfte nach § 1643² der Genehmigung, die jetzt nach Ablauf der Ausschlagungsfrist nicht nachgebracht werden kann. Hinsichtlich des Erbteils des Vaters sind also die Kinder Miterben geworden.

Hinsichtlich des von der Mutter stammenden Anteils sind sie Miterben geworden, weil insoweit eine Ausschlagung überhaupt nicht erklärt ist ... Der § 1951² ist hier nicht anwendbar, weil die Berufung zu den Erbteilen aus dem Vaterstamm und dem aus dem Mutterstamm nicht auf „demselben Berufungsgrunde" beruht. In der Rechtslehre ist streitig, ob im Falle gesetzlicher Erbfolge stets nur ein und derselbe einheitliche Berufungsgrund, nämlich das „Gesetz" vorliegt oder ob als Berufungsgrund der im Einzelfalle das Erbrecht für einen bestimmten Erbteil begründende Tatbestand, also das — in Verbindung mit bestimmten Gesetzesvorschriften — die Erbberechtigung schaffende Familienverhältnis zu erachten ist ... Entscheidungen der oberen Gerichte sind bisher nicht veröffentlicht. Die Motive (5 S. 510) bemerken zwar, daß bei Beerbung in mehreren Stämmen nur **ein** Berufungsgrund vorliege; hiermit stimmen jedoch die Ausführungen S. 363 nicht überein (Staudinger § 1949³). Auch aus der ausdrücklichen Bestimmung der §§ 1927, 1934, daß, wenn jemand in verschiedenen Stämmen erbt, jeder Anteil als besonderer Erbteil gelte, ergibt sich nichts dafür, ob dieser auch dem Berufungsgrunde nach als selbständig hat behandelt werden sollen. Anderseits kann jedoch auch gegen die Annahme einer Mehrheit gesetzlicher Berufungsgründe beim Erben in mehreren Stämmen nicht § 1951² S. 2 verwertet werden ... Für diese Vorschrift war, wie allgemein anerkannt wird, die Erwägung maßgebend, daß das auf mehrfachen Verfügungen beruhende Erbrecht doch letzten Endes seinen Ursprung in dem einheitlichen Willen des Erblassers habe. Von solchem Willen als Quelle eines in verschiedenen Stämmen unter teils selbständigen Voraussetzungen (Wegfall von Vorberufenen) entstehenden Erbrechts läßt sich aber nicht sprechen. Das Gesetz gewinnt erst Gestalt in einem bestimmten Tatbestand, an den es die Entstehung eines Erbrechts knüpft, und es äußert seinen Willen jedesmal nur bezüglich dieses Tatbestandes, indem es sagt, was für die Beerbung aus ihm folgen soll. Berufungsgrund ist deshalb nicht das Gesetz in seiner allgemeinen Eigenschaft als rechtsordnende Einrichtung, sondern der Tatbestand, der nach der Rechtsordnung geeignet und erforderlich ist, ein Erbrecht — sei es hinsichtlich des ganzen Nachlasses oder zu einem bestimmten Bruchteil — zugunsten einer bestimmten Person zu erzeugen. Liegt der Berufung zu mehreren Erbteilen je ein andrer Tatbestand zugrunde, so beruht sie nicht auf „demselben" Grunde. Ein andrer, die Berufung begründender Tatbestand liegt aber stets dann zugrunde, wenn einem Erben mehrere Erbteile aus verschiedenen Gründen anfallen. Ob die einzelnen Tatbestände gleichartig sind, kann für die Bestimmung des Begriffs „derselbe" Berufungsgrund nicht wesentlich sein (aA. Hellwig, zivArch. 102 S. 435). Folgerecht beruht hier einerseits die Berufung zu demjenigen Erbteil, der den Kindern vom Vater her aus dem Brüderstamme Paul A. anfiel, und andererseits zu demjenigen Erbteil, der ihnen von der Mutter her aus dem Schwesterstamm Bertha St. geb. A. anfiel, je auf einem verschiedenen Berufungsgrunde. Demgemäß konnte der letztere Erbteil nur mittels einer besonderen Erklärung innerhalb der gesetzlichen Frist und auch nur unter Genehmigung des VormGerichts ausgeschlagen werden ...

b) **Voraussetzungen und Wirkungen**[1] **der Nachlaßpflegschaft.**

α) Kammergericht, 1. ZS. Beschluß v. 29. September 1922.

Der Erblasser war zurzeit des Erbfalls (1907) Deutscher und hatte damals seinen Wohnsitz im Bezirke des jetzt polnisch gewordenen Amtsgerichts Schubin. Für die Entgegennahme der Erbschaftsausschlagung ist daher jenes Amtsgericht jetzt nicht mehr zuständig. Seine Zuständigkeit kann auch nicht aus Art. 3 § 12 des Abk. v. 20. Sept. 1920 (RGBl. 2058) hergeleitet werden, da es sich dabei nicht um ein bei Inkrafttreten des Friedensvertrags bereits anhängiges Verfahren handelt. Die Zuständigkeit ist vielmehr (vgl. Gutachten im Pr. JMBl. 1920 S. 278) aus § 73² FGG. zu bestimmen. Bei dieser Sachlage läßt sich eine Gewißheit über Annahme oder Ausschlagung der Erbschaft nicht alsbald feststellen, und es ist die Annahme als ungewiß i. S. der §§ 1960/1 zu behandeln.

β) Kammergericht, 1. ZS. Beschluß v. 12. Oktober 1922.

Für die Frage, ob hier die Personen der Erben als bekannt anzusehen sind, ist zu beachten, daß die Testamente eine große Anzahl von Bedachten erwähnten, bei denen Zweifel bestehen können, ob sie alle Erben und nicht etwa nur Vermächtnisnehmer sein sollen, und ob durch etwaige Erbeinsetzung die gesetzliche Erbfolge hinsichtlich des anscheinend über die Zuwendungen

[1] a) Der Vertragsgegner des Vormunds (Pflegers) wird durch die Erteilung oder Verweigerung der Genehmigung nicht berührt; dasselbe gilt auch für das Verhältnis zwischen Nachlaßpfleger und Nachlaßgericht; vgl. RJA. 6 S. 119 (KG. 8. Mai 1923, 1 x 148).

b) Ist eine Nachlaßpflegschaft zur Erhebung von Ansprüchen gegen den Beschwerdeführer angeordnet, dadurch also die Möglichkeit zur Prozeßführung geschaffen worden, so hat er doch kein Recht darauf, daß ein Nachlaßpfleger zur Wahrung der Rechte seines Gegners nicht bestellt werde (KG. 24. April 1924, 1 x 186).

c) Das Gericht darf von der Richtigkeit des vom Nachlaßpfleger selbst eingereichten, mit sachverständiger Hilfe angefertigten Verzeichnisses ausgehen, ohne über die objektive Richtigkeit der Wertangaben Ermittelungen anstellen zu müssen (KG. 7. Juni 1923, 1 x 189).

hinaus vorhandenen Nachlasses nach dem Willen des Erblassers ausgeschlossen sein sollte. Tritt überhaupt — nämlich wenn sämtliche Zuwendungen nur als Vermächtnisse anzusehen sind — oder hinsichtlich des nicht erschöpften Überschusses — nämlich wenn sämtliche oder einige Zuwendungen Erbeinsetzungen enthalten, aber den Nachlaß nicht erschöpfen — gesetzliche Erbfolge ein, so beginnt nach § 1944 die Ausschlagungsfrist nicht vor Kenntnis des Erben vom Berufungsgrunde, so daß insoweit Ungewißheit über die Annahme i. S. des § 1960 so lange besteht, als der Eintritt gesetzlicher Erbfolge nicht objektiv feststeht oder als auch nur Zweifel bestehen, ob der etwaige Eintritt der gesetzlichen Erbfolge subjektiv den einzelnen Berufenen zum Bewußtsein gelangt ist. Keine genügende Unterlage für die Bekanntheit von Erben können die — durch objektive Sachumstände nicht bestätigten — Erklärungen einzelner Beteiligten bilden . . .

γ) Dagegen rechtfertigen auch bedeutungsvolle Zweifel bezüglich der künftigen Nacherbenrechte nicht eine Pflegschaft nach §§ 1960/1, da gegenwärtig der Nachlaß durch den Vorerben vertreten wird (KG. 24. Mai 1923, 1 x 173).

c) Im Sinne des § 1967 sind Todesanzeigen und Danksagungen Nachlaßschulden. Dagegen sind die Schulden aus der Bestellung von Trauerkleidern der Angehörigen keine den Erben als solchen berührende Verbindlichkeiten (KG. 29. März 1922, 3 U 6659/21).

d) **Auskunfterteilung nach § 2027/8.**

OLG. Braunschweig, 2. ZS. Urteil v. 17. Oktober 1922.

Die Parteien sind zusammen gesetzliche Erben der 1915 verstorbenen ersten Frau des Beklagten geworden. Der Klaganspruch auf Auskunfterteilung ist an sich nach §§ 2027/31, die sich auch gegen Miterben richten (RG. 80 S. 285), gerechtfertigt. Der Einwand, die Kläger kämen nicht mehr als Miterben in Frage, weil sie zugunsten des Beklagten auf ihren Erbanteil verzichtet hätten, ist schon nach § 2033 unbeachtlich; denn mangels Auseinandersetzung hatten sie kein Verfügungsrecht über ihren Anteil an den einzelnen Nachlaßgegenständen, während Verfügungen über ihre Nachlaßanteile im ganzen nach § 2033¹, der sich auch auf Verfügungen zugunsten von Miterben bezieht (RGKomm. § 2033²), der gerichtlichen oder notariellen Beurkundung bedurft hätten, zumal es sich hier um Schenkungen handeln würde und mangels Anwendbarkeit des § 518² auch die §§ 2385, 2321 zur Anwendung kämen.

Nach der vom Beklagten erteilten Auskunft hat seine Frau überhaupt nichts hinterlassen: sie hätte 1890 zwar 5000 Mark und eine Aussteuer eingebracht, beides aber seinem Bauernhofe inkorporiert, während die hinterlassene Kleidung und Leibwäsche nicht nennenswert gewesen und schließlich zur Ostpreußenhilfe hingegeben sei; jedenfalls könne er jetzt die einzelnen Gegenstände nicht mehr angeben. In diesen Angaben läge eine unberechtigte Verweigerung der Auskunft, wenn sie offensichtlich auf nichtigen Gründen beruhte; das ist aber nicht der Fall. Denn der Brautschatz, zu dem auch die Naturalaussteuer rechnet, konnte, soweit er aus Mobilien bestand, jedenfalls nach dem bisherigen Rechte, sofern beide Teile darüber einig waren, auch stillschweigend einem Bauernhofe mit der Wirkung inkorporiert werden, daß er ein untrennbarer Bestandteil des Hofes wurde. Ob das hier wirklich der Fall gewesen, haben die Kläger zunächst zu ihren Gunsten zu klären. Dann erst können sie — ungeachtet Haushaltungsgegenstände nach § 1932 zum voraus gehören (Seuff. 66 S. 141) — darüber erneut Auskunft beanspruchen (RG. 84 S. 44).

Kleidung und Leibwäsche haben nach § 1362^2, der gemäß Art. 199 EG. auch auf alte Ehen Anwendung findet (Staudinger § 1362^{12}, Art. 199^2) im Eigentume der Frau des Beklagten gestanden. Wenn er auch selbst die Unvollständigkeit seiner Auskunft zugesteht, so hat er sie doch gegeben, soweit er nach so langer Zeit noch dazu in der Lage ist. Er lehnt nicht etwa die Auskunft über einen Teil der Nachlaßsachen ab, seine Auskunft umfaßt vielmehr die Gesamtheit der Erbschaftsgegenstände. Zu Weiterem ist er infolgedessen nicht verpflichtet und eine Ergänzung seiner Auskunft kann deshalb weder nach § 2027 (RG. 84 S. 44) noch nach § 2028 verlangt werden (Ztschr. 67 S. 37, Dresden Seuff. 66, 140 a. A. Staudinger § 2028^3, Stuttgart Recht 1912 Nr. 3381) und es verbleibt gegebenenfalls nur der Weg des Offenbarungseides. v. F.

e) Art. II^2 VO. v. 18. Dez. 1923 steht einer Berücksichtigung der 3. SteuerNV. nicht entgegen, da sie lediglich eine Umrechnung für den Fall vorschreibt, daß der Wert in Reichswährung bestimmt ist. Hier stellte aber der auf Reichswährung lautende Nennbetrag der Hypotheken in dem für die Gebühren maßgebenden Zeitpunkte nicht mehr den Wert der Hypotheken dar, ihr damaliger wirklicher Wert ist vielmehr erst zu ermitteln. Da die Darlehne vor 1918 hingegeben und die Hypotheken in der ersten Hand verblieben sind, so würde nach § 2^2 die Aufwertung 15 % darstellen; da sie aber erst am 1. Jan. 1932 fällig wird, kann die Bewertung des Gegenstandswerts nur eine geringere sein, etwa 10 % (KG. 7. März 1924, lax 161).

f) α) **Aufwertung der für Miterben entstandenen Hypotheken, wenn Erbfall und Erbteilung erst nach 1918 eintrat.**

Kammergericht, 1. ZS. Beschluß v. 18. September 1924.

In Abt. III Nr. 8, 9 hasten Hypotheken von 2000 und 18000 Mark, von denen die erstere einen Kaufgelderrest darstellt, für den im Mai 1918 verstorbenen Vater des Beschwerdeführers A. Ende 1919 sind die Hypotheken im Erbteilungswege auf A. umgeschrieben. Mit Schreiben v. März 1924 beantragt er, bei den Hypotheken zu vermerken: „Die Hypotheken werden auf Grund der III. StNVO. vorbehaltlich aller Rechte durch spätere Abänderungen auf 15 % ihres Nenngoldbetrags herabgesetzt und lauten demnach über 3000 GMark bz. deren Gegenwert in Feingold, kg $^1/_{2790}$

gerechnet". Die Eintragung wurde abgelehnt. Die weitere Beschwerde ist begründet:

Der Grund des LG. (2./7. 24), daß eine Aufwertung nicht ohne Einwilligung des Eigentümers eingetragen werden könne, ist rechtsirrig. Wie bereits der Beschluß v. 5. Juni 1924 (1 X 230) eingehend begründet hat, vollzieht sich die Aufwertung nach der VO. außerhalb des Grundbuchs kraft Gesetzes; das eingetragene Recht besteht nicht mehr so, wie es eingetragen steht, sondern mit dem ihm in der VO. gegebenen Inhalt. Das anders lautende Grundbuch ist also unrichtig geworden; der Beseitigung dieser Unrichtigkeit dient der gemäß § 2^3 VO. vom Gläubiger oder Eigentümer gestellte Eintragungsantrag. Dieser Berichtigungsantrag des § 22 GBO. kann ohne Bewilligung der außer dem Antragsteller Betroffenen zum Erfolge führen, wenn die Unrichtigkeit, dh. also die Aufwertung, in der beantragten Höhe nachgewiesen wird (Schlegelberger, Mügel zu § 2). Nur wenn dem Grundbuchamt vor der Entscheidung bekannt wird, daß die Mitbetroffenen die beantragte Aufwertung bestreiten, kann und muß es gemäß § 9^9 die Beibringung einer Entscheidung der Aufwertungsstelle verlangen. Andernfalls hat es selbständig zu prüfen, ob die Aufwertung in der Form des § 29 GBO. — unter Beachtung der in § 3^2 der 1. DurchfVO. v. 1. Mai 1924 — nachgewiesen oder offenkundig ist. Auch sonstige Gründe stehen dem Antrage nicht entgegen:

1. Dieser verlangt mit Recht die Aufwertung von 15 % des eingetragenen Nennbetrags: Gläubiger i. S. des § 2^2 S. 1 ist der die Aufwertung beanspruchende Inhaber des Rechts, Erblasser des Gläubigers der frühere Rechtsinhaber, von dem das Recht im Erbrechtsgang auf den — nunmehrigen — Gläubiger übergegangen ist. Während sich bei der Alleinerbfolge der Rechtsübergang vom „Erblasser" unmittelbar kraft Gesetzes vollzieht, geht bei Miterbfolge das Recht zunächst als gemeinschaftliches auf die Erbengemeinschaft über (§§ 1922, 2032 BGB.) und es bedarf zum Erwerbe des Alleinrechts des als „Gläubiger" auftretenden Teilerben noch der Auseinandersetzung mit den Miterben, also eines rechtsgeschäftlichen Akts der bisherigen Berechtigten. Gleichwohl bleibt hier der Rechtserwerb des Gläubigers ein im Erbrecht nach dem früheren Gläubiger begründeter: dieser hat das Recht als „Erblasser" des nunmehrigen Gläubigers i. S. des § 2^2 VO. innegehabt. War also der Erblasser vor 1918 Inhaber des aufgewerteten Rechts, so ist auch für den Teilerben das Recht nach dem vollen Nennbetrag aufzuwerten. Für die Annahme, daß die VO. den § 2^2 S. 1 auf den unmittelbar auf den Alleinerben stattfindenden Rechtsübergang habe beschränken wollen, bietet das Gesetz selbst keinen Anhalt. Es hat bei der Festsetzung des Stichtages (1. Januar 1918) für die Zugrundelegung des vollen Nennbetrags und der Berücksichtigung des Grades der Geldentwertung und des Erwerbspreises im übrigen, in erster Linie den spekulativen Rechtserwerb treffen wollen, der regelmäßig bei Erbteilungen nicht in Frage kommt. Der abweichende Standpunkt würde dahin führen, daß Nachlaßhypotheken, die der Erblasser vor

1918 erworben hatte, beim Alleinerben stets die höchstzulässige Aufwertung erhielten, im Fall von Miterben aber nur dann, wenn die Gemeinschaft bis zum Inkrafttreten der VO. bestehen bleibt, während bei vorheriger Auseinandersetzung der Hypothek nur die dem Geldstande zZ. der Teilung entsprechende geringfügige Aufwertung zuteil würde. Auch wer als Miterbe ein für den Erblasser vor 1918 entstandenes Recht im Wege der Erbteilung erworben hat, kann also die 15 % Aufwertung des eingetragenen Nennbetrags verlangen, u. z. ohne Rücksicht darauf, ob der Erbfall vor oder nach 1918 eingetreten und in welchem Zeitpunkt die das Alleinrecht begründende Erbteilung vorgenommen ist.

2. Rechtlich belanglos ist für die dingliche Aufwertung, welcher Art die der Hypothek zugrunde liegende Forderung ist. Auch die für Kaufgeld bestellte Hypothek ist eine Vermögensanlage und ist daher aufzuwerten. Der § 3 VO. und § 7 der 1. DurchfVO. v. 1. 5. 24 behandeln nur die persönliche, durch die Hypothek gesicherte Forderung, berühren also nicht die Aufwertbarkeit der Hypothek, gleichviel welcher Art die Forderung ist. Die Anwendung des § 12 ist auf Vermögensanlagen anderer Art, als die im § 1[2] genannten — dazu gehören auch die Hypotheken und die durch sie gesicherten Forderungen (vgl. Nr. 1, 4 das.) — beschränkt, kommt hier also gar nicht in Frage.

3. Die Verzinsung und Rückzahlung bestimmt sich für die aufgewertete Hypothek kraft Gesetzes. Einer besonderen Angabe dieser Bestimmungen bedarf es nicht im Antrage. Die aufgewertete Hypothek ist gemäß §§ 2, 3 der 1. DurchfVO. v. 1. 5. 24 (RGBl. 430) als Goldmarkhypothek mit der Maßgabe einzutragen, daß eine GMark die Bezeichnung für den amtlich festgesetzten Preis von $^1/_{2790}$ kg Feingold ist. Sie wird also kraft Gesetzes zu einer wertbeständigen i. S. des Ges. v. 23. Juni 1923 verb. mit der 5. DurchfVO. v. 17. April 1924 (RGBl. 415). Die Fassung des Eintragungsvermerks unterliegt dem Ermessen des Grundbuchamts, das also an die vorgeschlagene Fassung nicht gebunden ist. Der dort eingefügte Vorbehalt gehört nicht in den Vermerk und bedingt hier nicht die Erledigung des Antrags.

β) Beschränkung der Auseinandersetzung in persönlicher Beziehung.

Kammergericht, 1. ZS. Beschluß v. 31. Januar 1924.

... Während eine gegenständliche Beschränkung der Auseinandersetzung, also das Fortbestehen der Gemeinschaft sämtlicher Miterben untereinander oder mit etwaigen Erbteilserwerbern (§ 2033[1]) an einzelnen Nachlaßgegenständen allgemein zugelassen wird, herrscht Streit darüber, ob sie auch in persönlicher Beziehung beschränkt werden darf dergestalt, daß unter Abfindung eines oder einiger Miterben die Gemeinschaft unter den übrigen als Erbengemeinschaft bestehen bleiben kann oder ob dies ohne Übertragung der Erbanteile der abgefundenen auf die anderen Miterben rechtlich nicht möglich ist (vgl. im ersteren Sinne: RGKomm. § 2032[3], Staudinger § 2042 A II 1, Leonhard Erbr. § 2042 C, Enneccerus Erbr. 87 VI[4], Güthe GBO.[3] 1668, Schlegelberger FGG. § 86[7], Strohal Erbr. 3 S. 126, Rsp. 4 S. 119, anscheinend auch RG. Recht 1911 Nr. 3490; im letzten Sinne Kretschmar Erbr. S. 592, 633, Strube Recht 1906 S. 606 zu 4, Josef ZBlfrG. 1912 S. 104, Binder Rechtsst. III 40, Colmar Rsp. 21 S. 216, BayObLG. Recht 1916 Nr. 1734, KG. 23 April 1906 1 Y 369, Weißler Nachl. 2 S. 45). Der vorliegende Fall gibt keine Veranlassung, zu der Frage grundsätzlich Stellung zu nehmen. Denn das durch die Erbfolge mit dinglicher Wirkung begründete Gemeinschaftsverhältnis unter den Miterben, das Miteigentum kraft und in Erbengemeinschaft hört bezüglich der einzelnen Nachlaßbestandteile auf, wenn sie zur Auseinandersetzung aus dem Nachlaß ausgeschieden und durch Rechtsgeschäft der Erben von diesen als den der bisherigen Gesamthandsgemeinschaft an andere Rechtssubjekte übereignet werden. Die Erwerber erlangen das Eigentum, auch wenn sie zu den Miterben gehörten, dann zwar aus dem Nachlaß, aber auf Grund eines Rechtsgeschäfts unter Lebenden, das nunmehr den Rechtsgrund für ihr Eigentum bildet und für das künftig unter ihnen bestehende Gemeinschaftsverhältnis maßgebend ist.... Nunmehr kann durch Vereinbarung der Erwerber eine „Erbengemeinschaft" am Grundstücke nicht wirksam begründet werden; ein Gesamthandseigentum aus anderem Gesichtspunkte wäre nur durch Eingehung eines Gesellschaftsverhältnisses der Erwerber möglich gewesen (§§ 705, 718.)

γ) **Schreibversehen bei der Beurkundung der Teilung.**

OLG. Karlsruhe, 3. ZS. Urteil v. 6. Dezember 1923.

Dem Notar ist, als er bei der Auseinandersetzung das Grundstücksverzeichnis mit den Beteiligten durchging, ein Schreibversehen untergelaufen; infolgedessen ist bei der Beurkundung des Teilungsvertrags und der Auflassung ein Waldstück an den Beklagten statt an den Kläger aufgelassen worden. Dem LG. ist darin beizutreten, daß es hier keiner Anfechtung wegen Irrtums bedarf, weil beide Teile das nicht haben erklären wollen, was in die Urkunde aufgenommen ist. Es hat vielmehr Willensübereinstimmung geherrscht. Daher liegt nur eine falsche Bezeichnung vor. Freilich ist nur dem Richter der streitigen Gerichtsbarkeit die Befugnis eingeräumt, derartige Fehler auch von Amtswegen zu berichtigen (ZPO § 319). Der Begriff der offenbaren Unrichtigkeit aber ist keine Verfahrensvorschrift, sondern kehrt in allen Rechtsgebieten wieder. Wie eine solche Unrichtigkeit berichtigt werden kann, ist nicht bestimmt. Soweit die Beteiligten nicht selbst zur Berichtigung bereit sind, ist der Rechtsweg gegeben. Das Ziel der Klage aber ist die Feststellung, daß der Wald nach der Erklärung aller Beteiligten dem Kläger zugeteilt und aufgelassen worden und in dessen Grundbuchheft eingetragen werden könnte, wenn es noch auf den Namen des Erblassers vermerkt wäre. Da er aber auf das Gesamtgut der zwischen dem Beklagten und seiner Frau bestehenden GG. eingetragen wurde, steht der Inhalt des Grundbuchs insoweit mit der wirklichen Sachlage nicht im Einklang und der Beklagte ist daher mit Recht gemäß § 894 BGB. zur Berichtigung verurteilt worden. Ob das Grundbuchamt noch eine Zustimmung der Frau verlangen kann (RJA. 11 S. 76), kann hier dahingestellt bleiben.

g) **Zur Auslegung und Anwendung des § 2065.**

Kammergericht, 1. ZS. Beschluß v. 21. Februar 1924.

... Der § 2 des gemeinschaftlichen Testaments läßt sich in 2 Bestimmungen zerlegen. Zunächst ist als Erbe der Sohn Wilhelm, aber nicht bedingungslos, sondern nur „vorausgesetzt", dh. in der Voraussetzung eingesetzt, daß er „unserem Willen", also auch dem des Überlebenden, „voll und ganz entspricht". Ist das nicht der Fall, so ist nach der zweiten Bestimmung jener Gatte berechtigt, den Erben aus der Zahl der übrigen Kinder zu ernennen. Die Vorinstanzen halten die Bestimmung wegen § 2065 für nichtig und haben deshalb den Antrag des Wilhelm auf Erteilung eines Erbscheins zurückgewiesen. Allein § 2065 schließt eine Vertretung im Willen des Erblassers aus: ein anderer kann weder über die Gültigkeit der Verfügung (Abs. 1), noch darüber, wer eine Zuwendung erhalten und worin diese bestehen soll (Abs. 2), bestimmen. Das Verbot wäre allerdings verletzt, wenn die Erbeinsetzung von der Bedingung, daß sie dem Willen der Eheleute entspricht, abhängig gemacht worden wäre. In diesem Falle wäre der überlebenden Frau die Macht verliehen, die nur dem Erblasser zustehende Entscheidung über die Person des Erben durch eigenes rein willkürliches Wollen zu ersetzen. Hier ist aber zur Bedingung der Erbeinsetzung gesetzt, daß Wilhelm dem Willen der Eheleute entspricht. Mit dieser Fassung verträgt sich die Auslegung, daß er unter der Bedingung seines Wohlverhaltens, wie es von den Eltern gewollt ist, Erbe werden und daß über den Eintritt der Bedingung der Überlebende entscheiden soll. Diese Auslegung ist anderen möglichen Auslegungen vorzuziehen, da bei ihr das Testament teilweise, wenigstens soweit Wilhelm in Betracht kommt, Erfolg hätte (§§ 2084/5). Ist nämlich dessen Einsetzung durch sein Wohlverhalten bedingt und befindet über den Eintritt der Bedingung die Witwe, so ist ihr nicht die Verfügungsmacht des Erblassers übertragen, vielmehr hat dieser seine Entscheidung selbst getroffen. Die Überlebende wird nur, gewissermaßen als Schiedsrichter, für die Beurteilung der Frage, ob die Bedingung erfüllt sei, herangezogen. Eine solche Regelung ist zulässig, da sie nicht auf eine Vertretung des Erblassers im Willen hinausläuft (Staudinger RGKomm.). Dagegen enthält die zweite Bestimmung einen klaren Verstoß gegen § 2065² und insoweit ist das Testament nichtig. Der Antrag ist hiernach unter der Voraussetzung begründet, daß die Überlebende sich für den Eintritt der Bedingung entschieden hat.

h) **Anwendung des § 2094 bei nichtiger Erbeinsetzung. „Wegfall" nach § 2096.**

Kammergericht, 1. ZS. Beschluß v. 9. November 1922.

... Grundlegende Voraussetzung des § 2094 ist der testamentarische Ausschluß der gesetzlichen Erbfolge (§ 1938). Ist ein dahingehender Wille des Erblassers festzustellen — dafür spricht hier der Umstand, daß die Eheleute X. als Alleinerben und ihre Abkömmlinge als Ersatzerben eingesetzt sind —, so fragt sich, ob die Nichtigkeit einer Miterbeinsetzung (§ 2235²) als „Wegfall" des nichtig Bedachten aufzufassen ist. Die bejahende Meinung verdient den Vorzug. Allerdings kann strenggenommen von einem „Wegfall" eines „Erben" nur gesprochen werden, wenn er als „Erbe", dh. als wirksam zum Erben Berufener, vorhanden war, nicht dagegen dann, wenn er als „Erbe" von vornherein mangels wirksamer Berufung nicht in Frage kommt. Gleichwohl würde man dem Zwecke des § 2094 nicht gerecht werden, wenn man ihn auf die Fälle beschränken wollte, in denen ein wirksam zum Erben Berufener nicht Erbe wird, weil der Erbanfall (§ 1942) nicht eintritt (vorheriger Tod § 1923, Erbverzicht § 2352) oder als nicht eingetreten gilt (Ausschlagung § 1953, Unwürdigkeit § 2344, Nichterleben der aufschiebenden Bedingung § 2074). Denn die Vorschrift soll den mutmaßlichen Willen des Erblassers ergänzen, dh. eine Rechtsnachfolge herbeiführen, wie er sie mutmaßlich angeordnet hätte, wenn er mit dem Nichterbewerden des Eingesetzten gerechnet hätte. Die Ursache davon ist hierbei bedeutungslos; deshalb müssen auch in ausdehnender Auslegung des § 2094 diejenigen Fälle betroffen sein, in denen ein als Erbe Genannter wegen Nichtigkeit der Erbeinsetzung nicht Erbe werden kann. Allgemein anerkannt ist die Anwendung des § 2094 auf den Fall der Anfechtung (§ 2078). Auch in solchem Falle wird aber die Erbeinsetzung als von vornherein nichtig angesehen (§ 142[1]). Den Fall ursprünglicher Nichtigkeit anders zu behandeln, würde jeder inneren Rechtfertigung entbehren. Der § 2089 kommt für Fälle dieser Art nicht in Frage (aA. Enneccerus Lehrb. § 47 S. 139, Planck § 2094 N. 2b).

Ist somit § 2094 anwendbar, so ist damit doch noch nicht die Entscheidung im Sinne eines Alleinerbrechts des Mannes gewonnen. Denn für die Berufung eines Ersatzerben ist nach § 2096 der „Wegfall" des Haupterben Voraussetzung. „Wegfall" bedeutet hier etwas anderes als im § 2094. Nach § 2099 geht das Recht des Ersatzerben dem Anwachsungsrechte vor. Der der Frau X. nichtig zugewendete Erbanfall fiele also, falls Abkömmlinge der Eheleute X. zurzeit des Erbfalls vorhanden waren, diesen und nicht dem Manne zu, es ließe denn das Testament eine Auslegung dahin zu, daß die Abkömmlinge erst bei Wegfall beider Eheleute erben sollten. Eine Anordnung in diesem Sinne wäre gleichbedeutend mit einer gegenseitigen Ersatzerbenberufung der Eheleute X. an erster Stelle (§ 2098). Sie hätte hier zur Folge, daß der Mann Alleinerbe geworden wäre. Für solche Auslegung könnte der Umstand verwertet werden, daß die Eheleute ohne Bestimmung von Anteilen als Alleinerben eingesetzt sind, vielleicht in der Vorstellung, daß der Nachlaß als Einheit der Eltern so lange verbleiben solle, als einer von ihnen Erbe wäre....

i) α) **Nach- oder Ersatzerbschaft.**[1] **Eintragung aus § 52 GBO. nach Auflösung der fortgesetzten GG. Beschwerderecht.**

Kammergericht, 1. ZS. Beschluß v. 26. Oktober 1923.

[1] Das Testament, in welchem dem A. das ganze Vermögen mit der Auflage „vermacht" wird, den „Erbteil" an B. bis zu dessen 21. Lebensjahre herauszugeben, ist als Vorerbschaft auszulegen (Bay. ObLG. 4. März 1921, Samml. 21 S. 113). Dagegen begründet die Verfügung: „Meine Kinder erhalten den Pflichtteil als Vermächtnis; sollte meine Frau,

Die Witwe L., die als Eigentümerin des Grundstücks in fortgesetzter GG. des BGB. mit ihrem Sohne Max (Beschwerdeführer) eingetragen stand, hat in ihrem Testamente von 1921 den Max zum Alleinerben eingesetzt und unter Ziffer 4 bestimmt: „Stirbt Max ohne Testament, so sollen allein meine noch lebenden Geschwister zu gleichen Teilen Erben sein." Nach dem Tode der L. ist Max als Alleineigentümer eingetragen worden und in Abt. II die Ziffer 4 vermerkt worden. Demnächst wurde in Abt. II nachgetragen: „Nach dem Testament v. 1921 ist Max befreiter Vorerbe nach § 2136 BGB., während die Geschwister der Witwe L. bedingt als Nacherben in Betracht kommen." Die Löschung dieser Beschränkung hat der Pfleger des Max, weil in Ziffer 4 nicht Nach-, sondern Ersatzerben eingesetzt seien, erfolglos beantragt. Die weitere Beschwerde ist zum Teil begründet.

Bedenken gegen das Beschwerderecht des Max könnten sich nur daraus ergeben, daß die Witwe L. ihren ältesten Bruder zum Vollstrecker ernannt hat, der auch das Amt angenommen hat. Da dieser aber zugleich zu den durch den Nacherbenvermerk geschützten Personen gehört, mithin bei der hier betriebenen Löschung ein Interessenwiderstreit besteht, ist Max schon aus diesem Grunde nicht an der eigenen Wahrnehmung seiner vermeintlichen Rechte gehindert. Die Löschung gründet sich darauf, daß infolge falscher Testamentsauslegung das Grundbuch unrichtig sei. Es handelt sich also um einen Antrag auf Berichtigung gemäß § 22 GBO. Die Unrichtigkeit hat der Beschwerdeführer in vollem Umfange nachzuweisen. Dabei steht ihm freilich der § 2102[2] zur Seite. Das LG. hält diese Regel hier nicht für anwendbar, weil Max weder vor noch nach Eintritt des Erbfalls als Erbe weggefallen sei, mithin die Geschwister nicht als Ersatzerben hätten eingesetzt werden können. Allein der § 2096 setzt voraus, daß es dem Erblasser bei der Testamentserrichtung ungewiß ist, ob der zunächst eingesetzte Erbe wegfallen wird oder nicht. Es geht also nicht an, aus der Tatsache, daß der Erbe nicht weggefallen ist, auf den bei der Errichtung vorhandenen Willen des Erblassers zu schließen; vielmehr hat die nachträgliche Feststellung des Nicht-Wegfalls nur die Bedeutung, daß der als Ersatzerbe Eingesetzte nicht Erbe wird. Gleichwohl ist die Annahme des LG., daß eine Nacherbfolge angeordnet sei, im Ergebnisse nicht zu beanstanden. Dafür spricht nicht nur die Unwahrscheinlichkeit, daß der 14jährige Max vor der Mutter sterben würde, sondern auch die Erwägung, daß bei ihm in absehbarer Zeit mit der Errichtung eines Testaments nicht zu rechnen war. Alles dies läßt darauf schließen, daß die Erblasserin nur an den Fall eines nach ihrem Tode eintretenden Todes des Sohnes gedacht hat; dann sind aber die Geschwister als Nacherben eingesetzt (§ 2100; vgl. RG. 95 S. 278).

die ich als Alleinerbin ernenne, wieder heiraten, so hat sie das ganze Vermögen an die Kinder hinauszuzahlen", nicht eine Nacherbschaft; denn nach den bestimmten und eingehenden Angaben des Notars wollte der Erblasser für den Fall der Wiederverheiratung der Frau nur die vermächtnisweise Hinausgabe seines Vermögens an seine Kinder anordnen, diesen also nur einen schuldrechtlichen Anspruch zuwenden (Beschluß v. 28. Juni 1922, aO. 22 S. 94).

Zu prüfen bleibt, ob der Vermerk mit Recht als Belastung des ganzen Grundbesitzes eingetragen worden ist. Die fortgesetzte GG. der Witwe L. mit Max ist durch ihren Tod beendigt worden; ihr Anteil am Gesamtgut ist auf ihre Erben übergegangen, während der des Max für diesen frei geworden ist. Da er zugleich Alleinerbe der Witwe ist, so haben sich beide Anteile in einer Hand vereinigt und Max ist, ohne daß es einer Auseinandersetzung bedurft hätte, Alleineigentümer aller Gegenstände geworden, die bisher zum Gesamtgute gehört hatten (Planck, RGKomm. § 1497). Da aber die angeordnete Nacherbfolge nur für den im Erbgange auf Max übergegangenen Anteil Bedeutung hatte, so ist auch bei den Gegenständen, die früher zum Gesamtgut gehört haben, die Belastung entsprechend einzuschränken. Dies erscheint nur in der Weise durchführbar, daß die Gegenstände in dem Verhältnisse, in welchem sie von der Belastung getroffen werden, als in Bruchteile zerlegt gedacht werden. Dem Wesen der Gesamthandgemeinschaft ist eine solche Regelung nicht fremd. Wenn auch während ihres Bestehens die Anteile der Genossen an den einzelnen Gegenständen nicht in die Erscheinung treten, so können sie doch nach der Auflösung der Gemeinschaft einen sonderrechtlichen Gehalt erlangen (Gierke PrR. 1 S. 605). Demgemäß verwandelte sich nach ALR. II 1 § 653 durch den Tod eines gütergem. Ehegatten die GG. in gewöhnliches Miteigentum (RG. 21 S. 254). Das BGB. läßt die GG. allerdings bis zur Auseinandersetzung fortbestehen (§§ 1471 ff., 1497², 1442). Immerhin nimmt sie für deren Zwecke Bruchteile als vorhanden an (§§ 1476¹, 1498). Das Vorhandensein solcher ist aber auch anzuerkennen, wenn sich bei der Verschmelzung der Gesamtgutsanteile in einer Hand eine rechtliche Sonderung als notwendig erweist, hier mit der Maßgabe, daß die Bruchteile, da ein Gesamtgut nicht mehr da ist, für die einzelnen Gegenstände, die es gebildet haben, bestehen bleiben. Ihre Größe bestimmt sich entsprechend dem § 1476¹. Hiernach ist der Löschungsantrag gerechtfertigt, soweit der Vermerk mehr als die Bruchteilshälfte des Grundstücks belastet.

Dazu: **Nacherbschaft oder Nießbrauchsvermächtnis.**

Kammergericht, 1. ZS. Beschluß v. 7. Juni 1923.

Die 1902 gestorbenen Eheleute A. haben sich 1896 gegenseitig und ihre 3 Kinder sowie noch zu erwartende weitere Kinder zu Erben eingesetzt, jedoch mit der Maßgabe, daß der Überlebende den unbeschränkten Nießbrauch und die Verwaltung sowie die Befugnis, über die Substanz unter Lebenden zu verfügen, haben und nur das nach dem Tode beider Eltern noch vorhandene Vermögen an die Kinder nach Stämmen fallen soll. Im späteren Testament haben sie sodann bestimmt, daß die 3 Kinder „an ihrem Erbteil bz. Vermächtnis nur die Nutznießung auf Lebenszeit haben, während die Substanz an ihre Deszendenz entfällt". Die Ausführung des LG., das Testament von 1896 enthielte nicht unzweifelhaft die Anordnung einer Vor- und Nacherbschaft, es könnte vielmehr, was nach preuß. ALR. möglich war, ebensogut dahin gedeutet werden, daß der Überlebende Alleinerbe und die Kinder nach dem Tode des Letztlebenden nur dessen Erben sein sollen, ist nicht zu beanstanden; sind also beide Auslegungen möglich, so ist nach § 2269 die letztere anzuwenden. Ebenso ist nicht zu beanstanden, wenn das LG. die abändernde spätere Bestimmung dahin versteht, daß den Kindern nur ein Nießbrauchsvermächtnis zugewendet ist und als Erben erst die Enkel in Betracht kommen und daß alle Abkömmlinge, auch die erst noch zu erwartenden, bedacht sind und bei deren Geburt eine Nacherbfolge dergestalt eintritt, daß sich innerhalb des Stammes der Erbteil der Vorerben um einen Anteil mindert. Was die Beschwerde hiergegen vorbringt, ist nicht stichhaltig. Daß im ersten Testament gesagt ist, „zu unseren Erben ernennen wir uns gegenseitig und die Kinder", steht der Anwendung des § 2269 keineswegs entgegen, denn beide Ehegatten haben auch diesem Falle die Kinder zu Erben einsetzen wollen, nämlich ein jeder für den Fall, daß er der Überlebende sein werde. Auch die Berechtigung, über die Substanz des beiderseitigen Vermögens zu verfügen, hat, wenn auch nicht unbeschränkt, der befreite Vorerbe sowohl wie der Vollerbe; der Ausdruck „Nießbrauch" paßt auf beide nicht.... Nicht zutreffend ist die Annahme der Beschwerde, es seien die „ähnlichen" Bestimmungen in § 3 des ersten und in § 2 des späteren Testaments verschieden ausgelegt. Beide Bestimmungen unterscheiden sich wesentlich dadurch, daß in ersterer dem Ehegatten neben dem Nießbrauch auch Verwaltung und Verfügung zugestanden wird, während in der letzteren den Kindern nur die Nutznießung zugewendet ist. Letztere kann nur als Vermächtnis angesehen werden....

β) **Ermittlung der Nacherben aus dem Gesamtinhalt des Testaments.**

Kammergericht, 1. ZS. Beschluß v. 7. Juni 1923.

Der Erblasser hat seine Frau zur Vorerbin eingesetzt und muß auch den Willen gehabt haben, daß nach ihrem Wegfall ein andrer als Nacherbe eintritt. Wer eintreten soll, ist aus dem Testament zu ermitteln, jedoch nicht aus dessen ausdrücklichen Worten, sondern aus dessen Gesamtinhalt, aus dem in ihm irgendwie, wenn auch unvollkommen ausgedrückten Gedanken, unter Berücksichtigung außerhalb der Urkunde liegender Umstände, soweit diese für die Willensrichtung des Erblassers Bedeutung haben können (§ 133). Wenn aber Eheleute einander zu Vorerben einsetzen, so kann der Beweggrund nicht allein die Begünstigung des anderen Ehegatten sein — solche ließe sich durch Berufung zum Vollerben ohne weiteres erreichen —, sondern es muß, da die Beschränkungen des Vorerben zur möglichsten Erhaltung des Nachlasses im Interesse der Nacherben geschaffen sind (§§ 2113, 2130), der Vorteil derjenigen mitbezweckt sein, die nach dem Wegfall des Vorerben zur Erbfolge gelangen. Von diesem Gesichtspunkt aus findet die Beschränkung des Ehegatten auf ein Vorerbenrecht ihre natürlichste Erklärung darin, daß die Erblasser das Wohl der gemeinschaftlichen Kinder dabei im Auge gehabt und nur an sie als Nacherben gedacht haben, zumal wenn sie sich wie hier in einem Lebensalter befunden haben, das den Gedanken an eine Wiederheirat des Überlebenden nicht wahrscheinlich macht. Der Erblasser hat also mit der Bestimmung, daß die Frau Vorerbin sein solle, gleichzeitig mitausdrücken wollen, daß ihre gemeinschaftlichen erwachsenen Söhne Nacherben sein sollen, m. a. W.: daß er eine **ausdrückliche** Erklärung dieses Willens für überflüssig hielt, weil er glaubte, diese dem natürlichen elterlichen Gefühl entsprechende Absicht hinreichend kenntlich gemacht zu haben. Sind hiernach die Nacherben auch der Person nach im Testament erkennbar bestimmt, so ist § 2104 unanwendbar, weil er voraussetzt, daß darin eine Bestimmung darüber, wer Nacherbe sein soll, nicht enthalten ist....

γ) **Bedeutung des § 2108 BGB.**

OLG. Hamburg, 4. ZS. Urteil v. 3. Februar 1923.

Der 1908 verstorbene A. hat seine jetzt beklagte Frau zur Vorerbin und seine Kinder A., B., C. zu Nacherben berufen und im § 2 bestimmt: „Im Falle der Wiederverheiratung meiner Frau erlischt die Vorerbschaft und erhält sie alsdann zur gänzlichen Abfindung $^1/_4$ meines Nachlasses.“ Noch vor dem Eintritt der Nacherbfolge sind B. und C. gestorben. Demnächst hat sich die Beklagte wiederverheiratet. Nunmehr beantragt A. festzustellen, „daß er zu $^3/_4$, die Beklagte zu $^1/_4$ Erben des Nachlasses sind“; denn nach dem Willen des Erblassers sollte die Beklagte bei Wegfall eines Nacherben von der Nacherbschaft ausgeschlossen und unter allen Umständen auf $^1/_4$ der Erbschaft beschränkt sein. Das LG. hat sich dieser Auffassung angeschlossen. Allein bei § 2108 handelt es sich um einen ergänzenden Rechtssatz, der nur dann nicht gilt, wenn ein entgegenstehender Wille des Erblassers festzustellen ist (RG. 99 S. 86). Daher genügt nicht, wie in den Fällen der gesetzlichen Auslegungsregeln, die Annahme, daß der Erblasser bei Berücksichtigung der später sich ergebenden wirklichen Sachlage möglicher- und vielleicht verständigerweise die gesetzliche Regelung ausgeschlossen hätte, sondern es sind tatsächlich Anhaltspunkte dafür erforderlich, daß sein Wille wirklich auf jenen Ausschluß gegangen ist; also anders als im Falle einer reinen Auslegungsregel, ist hier nicht „durch Auslegung zu ermitteln, was nach seiner Willensrichtung zu der Zeit, da er die Verfügung traf, als von ihm gewollt anzusehen ist, sofern er vorausschauend das spätere Ereignis bedacht hätte“, sondern es ist seine tatsächlich auf den Ausschluß der gesetzlichen Regelung gehende Willensrichtung zu ermitteln. An solchen Anhaltspunkten aber fehlt es hier durchaus. Es handelt sich hier um eine erst auf dem Todenbette getroffene Verfügung, bei der nach dem äußeren Sachverhalt nichts vorliegt, daß der Erblasser willens oder auch nur in der Lage gewesen wäre, sich weitere Möglichkeiten, als die im Testament berührten, zu vergegenwärtigen und für ihren Fall vorzusorgen; vielmehr ist die Sachlage die denkbar einfachste: Er will seine Frau zeitlebens im Genuß des Vermögens erhalten, nach ihrem Tode sollen die 3 Kinder gemeinschaftlich erben; aber im Falle der Wiederverheiratung soll die Frau nur $^1/_4$ behalten und die Erbschaft im übrigen von den Kindern geteilt werden. Diesem klaren Willen des Erblassers hat der Verfasser des Testaments die juristische Fassung des § 2 verliehen. Dafür, daß der tatsächlich eingetretene Fall, daß eines der Kinder vor der Wiederverheiratung versterben würde, irgendwie in den Kreis der Erwägungen einbezogen wäre, liegt schlechterdings nichts vor. Vielmehr hat der Erblasser eine in ihrem Sinn völlig klare rechtsgeschäftliche Erklärung abgegeben, ohne sich über die Rechtsfolge, die sie bei dem Eintritt eines von ihm nicht vorgestellten Tatbestandes haben könnte, klar zu sein.

Aus dem Ausschluß des § 2108 hat der Kläger gefolgert, daß er nicht nur unmittelbar auf Grund des Testaments zu $^1/_4$ Erbe geworden sei, worüber kein Streit ist, sondern darüber hinaus infolge Wegfalls der beiden weiteren Nacherben zu $^3/_4$ Erbe geworden sei; zweckmäßig wäre der Anspruch daher entsprechend zu fassen gewesen. Da indessen weder darüber Streit herrscht, daß er zu $^1/_4$ von vornherein Erbe ist, noch darüber, daß er als gesetzlicher Erbe seiner Geschwister und demgemäß an ihre Stelle tretender Nacherbe zu ihrem Anteil berufen ist, konnte die auf den Ausschluß der Regel des § 2108 gestützte Feststellungsklage allen Umfangs abgewiesen werden, ohne daß die Gefahr bestände, daß infolge der Rechtskraftwirkung der Kläger seines Anspruchs auf das ursprüngliche $^1/_4$ bz. auf den als Erbe der Nacherben ihm gemäß § 2108 zukommenden Teil verlustig ginge; durch das abweisende Urteil wird vielmehr lediglich verneint, daß ein Erbanspruch auf mehr als $^1/_4$ lediglich auf Grund des Umstandes begründet ist, daß die beiden Nacherben weggefallen sind. Wie sich das Verhältnis der Erbportionen der Parteien im Hinblick auf die Erbfolge nach den beiden Verstorbenen gestaltet, soll dahinstehen.[1]

δ) **Befreite Vorerbschaft, Testamentsvollstreckung oder Nießbrauchsvermächtnis?**

Bayer. Oberstes Landesgericht, ZS. Beschluß v. 10. Oktober 1922.

A. hat im § 1 des Testaments seine Frau und seine 3 Kinder zu Erben eingesetzt. Nach § 2 erhält die Frau bis zu ihrem Tode den Nießbrauch und die Verfügung über den ganzen Nachlaß, so daß sich die Kinder damit zu begnügen haben, was nach dem Tod ihrer Mutter übrig sein werde. Der § 3 bestimmt für den Fall der Wiederverheiratung der Frau, daß sie vorher den Nachlaß teilen und wie jedes Kind $^1/_4$ des Nachlasses erhalten soll.... Die Beschwerdeführer sehen im § 1 die Anordnung einer Vollstreckung. Allerdings ist rechtlich nicht ausgeschlossen, daß ein Miterbe zum Vollstrecker ernannt ist und dann auch zu solchen Verfügungen über den Nachlaß befugt sein kann, die in seinem Interesse liegen (RG. 61 S. 139). Eine Vollstreckung ist aber nur dann angeordnet, wenn gewisse Befugnisse nicht ausschließlich im eigenen Interesse des Berechtigten übertragen sind. Hier spricht aber dafür die Annahme, daß der Witwe mit dem Nießbrauch auch die Verwaltung und die Ver-

[1] § 2124 ist nicht zwingender Natur, vielmehr kann der Vorerbe durch Vereinbarung mit dem Nacherben ermächtigt werden, die nicht unter § 2124[2] fallenden Aufwendungen aus der Erbschaft zu bestreiten (Bay. ObLG. 8. Januar 1921, Samml. 21 S. 1).

fügung lediglich im eigenen Interesse übertragen ist, namentlich die Bestimmung, daß ihr diese Rechte nur bis zur Wiederverheiratung zustehen sollen. Abgesehen davon wäre die Witwe als Vollstrecker für ihre Verwaltung und ihre Verfügungen den Erben verantwortlich. Auch dürfte sie das, was sie durch eine Verfügung erlangte, nicht für sich verbrauchen (§ 2218); daran würde die Einräumung nichts ändern, da auch der Nießbraucher eines Nachlasses (§ 1089) nicht die Substanz für sich verwenden darf. Nach § 2 soll aber die Witwe zu ihren Gunsten über den Nachlaß verfügen und das so Erlangte für sich verbrauchen dürfen. Diese Erwägungen sprechen auch gegen die Annahme eines Nießbrauchsvermächtnisses (§ 2174). Die Anordnung des Erblassers hat ersichtlich nicht die Begründung eines Rechts, von anderen die Übertragung des Nießbrauchs und der freien Verwaltung nebst Verfügung zu fordern, sondern die unmittelbare Zuweisung dieser Befugnisse an die Witwe zum Gegenstande. Diese soll eine freiere Stellung haben, wie sie dem Nießbraucher zusteht.

Ungezwungen lassen sich die §§ 2, 3 nur auslegen, wenn man mit den Vorinstanzen annimmt, daß zunächst die Witwe als Vorerbin, die Kinder als Nacherben eingesetzt werden sollen. Der § 2 ist der Ausdruck dafür, daß der Erblasser die Vorerbin von den Beschränkungen durch die Nacherbfolge befreien wollte (§ 2136); die Fassung entspricht den im § 2137[1, 2] aufgestellten Auslegungsregeln über die Befreiung des Vormundes von allen im § 2136 bezeichneten Beschränkungen und Verpflichtungen. Die Nacherbfolge kann auch in der Weise erfolgen, daß ihr Eintritt alternativ an eines von mehreren Ereignissen geknüpft wird, sei es nämlich an den Tod des Vorerben (Einräumung des lebenslänglichen Nutzgenusses und Verfügungsrechts nach § 2), sei es an den Fall der Wiederverheiratung (sofortige Aushändigung des Nachlasses nach § 3). Wenn in diesem letzteren Falle die Frau und die Kinder je $^1/_4$ des Nachlasses erhalten, so ist hierin die Anordnung zu sehen, daß die wieder heiratende Witwe und Vorerbin gegenüber den als Nacherben berechtigten 3 Kindern einen Vermächtnisanspruch in Höhe von $^1/_4$ erhält. . . .

k) **Testamentsvollstrecker**[1]; α) **Nachweis der Ablehnung.**

Kammergericht, 1. ZS. Beschluß v. 17. Mai 1923.

Der Hypothekengläubiger A. ist verstorben und hat seine Frau zur Allein-

[1] a) Die Testamentsbestimmung, daß A., dem der Nießbrauch am Nachlasse vermacht ist, im Einverständnisse mit den Eltern der eingesetzten Erben und, wenn für diese ein Vorteil in Aussicht stehe, Grundstücke zu kaufen und wieder zu verkaufen, vorhandene Geschäfte aufzulösen, Kapitalien zu kündigen und wieder auszuleihen und etwaige Überschüsse für die Erben anzulegen befugt sei, ordnet eine Vollstreckung an, weil jene über den Nießbrauch hinausgehenden Befugnisse im Interesse der Erben ausgeübt werden sollen (KG. 27. Sept. 1923, 1 x 369).

b) Die Bestimmung, daß dem Vorerben auf Lebenszeit die Verwaltung entzogen und einem Vollstrecker übertragen sein soll, ist regelmäßig i. S. eines Ersuchens gemäß § 2200 zu verstehen (KG. 20. März 1924, 1 x 102). Es ist gesetzlich zulässig, daß das Nachlaßgericht den Erben oder einen Miterben oder dessen Vertreter zum Vollstrecker ernennt, jedoch nicht gegen den Willen des Erblassers (OLG. Hamburg, 1. ZS. Beschluß v. 16. April 1923, F 31).

erbin und den M. zum Vollstrecker ernannt. Die Witwe A. bewilligte die Löschung und berief sich zum Nachweise dafür, daß M. das Vollstreckeramt ausgeschlagen habe, auf die Nachlaßakten. Bei diesen befindet sich ein mit M. unterzeichnetes Schreiben, in welchem er das Amt ablehnt, sowie ein Protokoll des Gerichtsschreibers, in welchem M. um eine gerichtliche Nachricht darüber bittet, daß er schriftlich dem Amtsgericht die Ablehnung erklärt habe. Die Vorinstanzen haben jedoch entweder ein Zeugnis des Nachlaßgerichts oder eine Ausfertigung „der zu Protokoll dieses Gerichts erklärten Ausschlagung" erfordert. Allein, ist eine Vollstreckung wirksam angeordnet, so kann der Erbe über Nachlaßgegenstände nur verfügen, wenn diese Anordnung durch Ablehnung der Amtsannahme oder aus sonstigen Gründen hinfällig geworden ist. Der Wegfall ist also eine Vorbedingung für das Verfügungsrecht des Erben und mithin eine Voraussetzung für die von ihm bewilligte Eintragung im Sinne des § 29 S. 2 GBO. Derartige Voraussetzungen bedürfen des Nachweises durch öffentliche Urkunden nur dann nicht, wenn sie bei dem Grundbuchamt offenkundig sind. Sollte nun das Testament des A. kein öffentliches sein, so könnte nach § 36 GBO. die Erbfolge nur durch einen Erbschein nachgewiesen werden. Dieser muß auch die Anordnung der Vollstreckung enthalten, diese Angabe hat jedoch zu unterbleiben, wenn der Ernannte die Annahme abgelehnt hat (KGJ. 48 S. 143); nach § 2365 gelten Beschränkungen als nicht bestehend, wenn der Erbschein solche nicht enthält. Sollte also hier ein Erbschein vorzulegen sein, so würde er zugleich darüber Auskunft geben, ob die Erbin noch durch eine Vollstreckung beschränkt ist.

Liegt dagegen ein öffentliches Testament vor, so fehlt es an einer Vorschrift, die die Ausstellung des von den Vorinstanzen verlangten Zeugnisses zuläßt (KGJ. 50 S. 103). Nach § 2202[3] BGB. kann das Nachlaßgericht dem Ernannten eine Frist zur Erklärung bestimmen. Daß dies geschehen und eine Annahme innerhalb der Frist nicht erklärt ist, kann es in der Form des § 29 GBO. bescheinigen (PrFG. Art. 31). Dabei ist jedoch vorausgesetzt, daß die Erklärung noch aussteht. Liegt dagegen bereits eine Ablehnungserklärung vor und ist sie vom Nachlaßgericht als echt behandelt, so liefe eine Fristbestimmung auf eine zwecklose Förmlichkeit hinaus. Denn erklärte der Ernannte nunmehr, daß er annehme, so wäre diese Erklärung mit Rücksicht auf die Unwiderruflichkeit der Ablehnungserklärung unwirksam (KGJ. 29 S. 45). Erklärte er aber nochmals die Ablehnung oder verweist er auf die frühere Erklärung, so wäre dadurch, da die Erklärungen keiner Form bedürfen, sachlich nichts gewonnen. Was das LG. mit der in zweiter Linie erforderten „Ausfertigung" meint, ist unklar. Sollte es das Protokoll des Gerichtsschreibers meinen, so ist es keine öffentliche Urkunde des § 29 S. 2 GBO., sondern lediglich die Niederschrift der Erkärungen der als erschienen aufgeführten, als diese aber nicht nachgewiesenen Person (§ 11 das.). Dabei hat der Gerichtsschreiber nicht die Stellung einer mit öffentlichem Glauben versehenen Urkundsperson des § 415 ZPO., sondern lediglich eines

Beistandes des die gerichtliche Tätigkeit in irgendeiner Rechtsangelegenheit beanspruchenden Publikums.... Die Ablehnung ist hier also für das Grundbuchamt nicht „offenkundig".... Die Verfügungsbefugnis der Witwe A. kann mithin auch im Fall eines öffentlichen Testaments nur durch einen Erbschein nachgewiesen werden; dieser ist ihr durch Zwischenverfügung aufzugeben.

β) **Entgeltlichkeit der Verfügung des Vollstreckers.**

Kammergericht, 1. ZS. Beschluß v. 9. Juli 1923.

Der Eigentümer hat Anfang 1917 letztwillig angeordnet, daß sein Grundstück nicht unter 250000 Mark verkauft werden darf, sein Sohn es für 200000 Mark übernehmen kann, dann aber am Barerlös keinen Anteil haben soll. Der Vollstrecker hat am 12. Februar 1923 dem Sohn das Grundstück für 200000 Mark übereignet und aufgelassen. Das LG. führt aus, der Erblasser sei von dem Geldwert ausgegangen, den er bei Errichtung des Testaments gekannt habe, er habe also verhindern wollen, daß das Grundstück unter dem angemessenen Werte verkauft werde. Auch dem Sohn gegenüber habe er ein dem Werte entsprechendes Entgelt beabsichtigt; die Summe von 200000 Mark entspreche aber nicht dem, was sich der Erblasser als Mindesterlös gedacht habe. Diese Auslegung ist frei von Rechtsirrtum. Daraus ergibt sich, daß diese Überlassung an den Sohn eine Ausführung des Testaments nicht bedeutet. Zutreffend hat daher das LG. weiter geprüft, ob es sich um eine unentgeltliche Verfügung handelt. Die Vergleichung des jetzigen Wertes des Hausgrundstücks mit dem Betrage des dafür gewährten Entgelts ergibt ohne weiteres, daß eine Gleichstellung beider Leistungen weder beabsichtigt, noch dem Vollstrecker bei ordnungsmäßiger Verwaltung gestattet war. Z.r.

Dazu: OLG. Hamburg, 1. ZS. Beschluß v. 16. Mai 1924.

... Besondere Umstände, welche die Prüfung der Unentgeltlichkeit der Abtretung dem Grundbuchamte geboten, lagen hier vor. Am 24. November 1923, als der Vollstrecker die Abtretung der Darlehnshypothek von 22000 Mark erklärte, war die Mark völlig entwertet. Es bestand also, wenn er erklärte, er habe den Gegenwert von 22000 Mark empfangen, immer der durchaus nicht fernliegende Verdacht, daß sein Empfangsbekenntnis unrichtig sei, daß er in Wirklichkeit wirtschaftlich ein Nichts erhalten habe und daß demgemäß seine Verfügung über die von ihm verwaltete Hypothek eine unentgeltliche, also unwirksam sei. Deshalb hätte dem Grundbuchamte obgelegen, bevor es die Abtretung der Hypothek eintrug, festzustellen, daß keine „unentgeltliche" Verfügung über das dem Nachlasse zustehende Recht getroffen sei. Darin, daß diese Feststellung unterblieb, lag eine Gesetzesverletzung, durch die das Grundbuch, wenn der bezeichnete Verdacht begründet sein sollte, unrichtig geworden wäre (GBO. § 54). B.

γ) **Verzicht des Vollstreckers auf § 2215. Anwendung des § 181.**

OLG. Hamburg, 6. ZS. Urteil v. 3. Januar 1924.

... Der § 2220 dient einer im öffentlichen Interesse und zum Schutze der Erben sowie der Nachlaßgläubiger beliebten Ausgestaltung der Stellung des Vollstreckers als einer ein selbständiges Amt bekleidenden Persönlichkeit (Mot. 5 S. 242, 244). Es ist nicht ersichtlich, weshalb der Erbe selbst (oder dessen gesetzlicher Vertreter) auf solchen Schutz nicht wirksam sollte verzichten können. Die Ansicht Oertmanns, der (nach § 2218 hier entsprechend anwendbare) § 666 enthalte zwingendes Recht, da das Gegenteil hier praktisch einem Freibrief für vorsätzliche Benachteiligung gleichkommen müßte, kann nicht gebilligt werden. Auch die Gründe (JW. 1916 S. 673) enthalten mittelbar die Anerkennung des Grundsatzes, daß der Erbe die Mitteilung eines Nachlaßverzeichnisses dem Vollstrecker wirksam erlassen könne.

Ein vom Nachlaßpfleger A. kundgegebener Verzicht wäre auch nicht nach § 181 unzulässig. Selbst wenn er diesen Verzicht zugleich als Vertreter der Vollstrecker entgegengenommen hätte, so fände doch § 181 auf diese keine Anwendung. Denn A. übte dann das Amt des Vollstreckers aus, wobei er an den Willen der Erben nicht gebunden war, besonders nicht in deren Vertretung handelte. Wie nach RG. 61 S. 145 der Vollstrecker befugt ist, einen anderen als Vertreter zu bestellen mit der Ermächtigung, in des Vollstreckers Namen mit sich selbst als Bevollmächtigtem der Erben die Auflassung von Nachlaßgrundstücken zu erklären, so war A. auch als Vertreter der Vollstrecker befugt, durch Vertrag mit sich selbst als Vertreter der Kläger auf die Mitteilung eines Mobiliarverzeichnisses zu verzichten. . . . B.

δ) **Befreiter Vorerbe. Umfang seiner Befugnisse.**

Bayer. Oberstes Landesgericht, ZS. Beschluß v. 30. Juni 1923.

Der 1903 gestorbene A. hat seine Witwe zur Vorerbin und seine 7 Kinder zu Nacherben nach dem Tode der Witwe ernannt. Diese ist von den Beschränkungen der §§ 2113¹, 2114, 2116/9, 2123, 2127/31, 2133/4 befreit und darf nach ihrem Ermessen über die Erbschaft verfügen. Diese letztere Anordnung legt das LG. dahin aus, daß die Witwe letztwillig nur im Rahmen der Nacherbschaft befugt sein solle, zB. eine Teilungsanordnung zu treffen oder die Anrechnung von Vorempfängen zu verfügen; die Nacherbeneinsetzung selbst aber müsse unangetastet sein. Allein der Erblasser hatte zu seiner Witwe offenbar unbegrenztes Vertrauen; darum hat er den Eintritt der Nacherbfolge auch nur auf ihren Tod, nicht aber auf ihre Wiederverheiratung abgestellt. Der Nachlaß war fast überschuldet, die Witwe mußte schwer kämpfen, um der Familie das Anwesen zu erhalten. Die Ermächtigung des Erblassers bot ihr die Möglichkeit, diejenigen von ihren Kindern, die mit ihr an der Erhaltung des Anwesens tätig teilnahmen, zu Erben zu ernennen; davon hat sie — sicherlich im Sinne des Erblassers — auch Gebrauch gemacht. Ein Nacherbe kann aber unter der Bedingung eingesetzt werden, daß der Vorerbe nicht anders über den Nachlaß verfügt (RG. 95 S. 278).[1]

[1] Hat jemand durch Testament einem andern das Recht eingeräumt, ein Nachlaßgrundstück für einen bestimmten Preis zu kaufen, so liegt Vermächtnis eines Kaufrechts vor; der den Preis übersteigende Teil des gemeinen Werts ist erbschaftssteuerpflichtig, während der Preis selbst der Grunderwerbsteuer unterliegt (RFinH. 12 S. 276).

Sachverzeichnis.

Nachträge, Zusätze, Druckfehler.

12 S. 1. Vgl. dagegen RG. 108 S. 307.
34 „ 226. Vgl. RG. 106 S. 112/3.
35 „ 82. Ebenso RG. 105 S. 401.
41 „ 92g. Vgl. RG. 106 S. 142.
„ „ 150. Vgl. RG. 106 S. 112/3.
42 „ 118. RG. 108 S. 176 tritt bei.
„ „ 170. Vgl. RG. 106 S. 147.
„ „ 207 N. 1b. Abgeändert durch RG. 107 S. 111.
„ „ 260. Bestätigt: RG. 106 S. 231.
43 „ 13β. Vgl. dagegen RG. 108 S. 176.
„ „ 151 Z. 4 v. u. statt „Die Klage" l. „der Klage".
„ 208 Z. 4 v. u. statt „Pr. FG. Art. 193". l. „FGG. § 193".
„ „ 208 Z. 13 v. u. statt „hernach" l. „hiernach".
„ „ 218. Bestätigt RG. 108 S. 310.
„ „ 236 Z. 1 v. o. statt „Arresturteil" l. „Arrestbeschlüsse".
„ „ 318 Z. 1 v. u. statt „aO. 13" l. „RFH. 13".
„ „ 370 Z. 12 v. u. statt „berührten" l. „nicht berührten".
„ „ 370 Z. 11 v. u. statt „Art" l. „Ort".

Kolibri 360 GmbH
Ferdinand-Jühlke-Straße 7
99095 Erfurt, Deutschland
produktsicherheit@kolibri360.de